Johannes Münder | Thomas Trenczek
Arne von Boetticher | Britta Tammen

Kinder- und Jugendhilferecht

Eine praxis- und sozialwissenschaftlich orientierte Darstellung des gesamten Kinder- und Jugendhilferechts

9., aktualisierte und erweiterte Auflage

Onlineversion
Nomos eLibrary

Die Deutsche Nationalbibliothek verzeichnet diese Publikation in
der Deutschen Nationalbibliografie; detaillierte bibliografische
Daten sind im Internet über http://dnb.d-nb.de abrufbar.

ISBN 978-3-8487-6595-9 (Print)
ISBN 978-3-7489-0736-7 (ePDF)

9. Auflage 2020
© Nomos Verlagsgesellschaft, Baden-Baden 2020. Gesamtverantwortung für Druck
und Herstellung bei der Nomos Verlagsgesellschaft mbH & Co. KG. Alle Rechte, auch
die des Nachdrucks von Auszügen, der fotomechanischen Wiedergabe und der Übersetzung, vorbehalten. Gedruckt auf alterungsbeständigem Papier.

Vorwort

Das »Kinder- und Jugendhilferecht« befasst sich mit dem SGB VIII, ist jedoch nicht hierauf beschränkt, da insb. auch landesrechtliche Regelungen für die Kinder- und Jugendhilfe von Bedeutung sind. Die Darstellung des vorliegenden Buches orientiert sich weitgehend an der Systematik des SGB VIII. In umfassender Weise werden sozial- und humanwissenschaftliche Erkenntnisse sowie empirische Daten einbezogen, denn das Kinder- und Jugendhilferecht ist in seiner inhaltlichen Auslegung vielfach auf außerjuristische, vornehmlich sozialpädagogische Erkenntnisse und Erfahrungen angewiesen.

Didaktisch liegt der Schwerpunkt dieses Buches auf der Darstellung der rechtlichen Grundstrukturen des Kinder- und Jugendhilferechts und der rechtlich maßgeblichen Bestimmungen für die verschiedenen Sachgebiete des SGB VIII. Als Lehrbuch wendet es sich vornehmlich an Studierende der sozialen Arbeit, der Sozial- und der Rechtswissenschaften, aber auch an Praktiker*innen in diesen Bereichen, die sich mit dem Kinder- und Jugendhilferecht befassen wollen oder müssen. Mit seiner Ausrichtung auf Grundlagen und seiner systematischen Einzeldarstellung ist das Buch zugleich für alle Personen, die detaillierte Rechtsinformationen über das Kinder- und Jugendhilferecht benötigen, von Bedeutung.

Zu Beginn eines jeden Kapitels findet sich eine Zusammenstellung der jeweils ausführlich behandelten Bestimmungen. Am Ende jeden Kapitels finden sich Hinweise auf weiterführende Publikationen und auf wichtige, interessante Entscheidungen der Gerichte.

Die 9. Auflage wurde umfassend überarbeitet und aktualisiert und erscheint nun – zusammen mit dem Band Strafrecht (*Cornel/Trenczek* 2019) und dem Lehrbuch Familienrecht (*Münder/Ernst/Behlert/Tammen*, 8. Aufl. 2020) – in der neuen Lehrbuchreihe des Nomos Verlags.

Die mit dem Corona-Krisenmanagement verbundenen Einschränkungen haben zu Verzögerungen bei der Neuauflage geführt. Gleichwohl war der u.a. in der Bundes-AG »SGB VIII: Mitreden - Mitgestalten« geführte Diskussionsprozess im Hinblick auf eine umfassende, »große« SGB VIII Reform Anfang 2020 noch nicht so weit vorangeschritten, um hinreichend konkrete Einigungslinien in dieser Auflage berücksichtigen zu können. Die Überarbeitung berücksichtigt die bis Anfang 2020 in Kraft getretenen Änderungen des SGB VIII (hierzu Kap. 3.2.3) und weiterer relevanter Gesetze (z.B. JGG, hierzu Kap. 12.4.1). Rechtsprechung und Fachliteratur wurden bis zum Stand 31.03.2020 berücksichtigt. Gerichtsentscheidungen ab dem Jahr 2000 werden mit Datum und Aktenzeichen zitiert damit ein schnelles Auffinden im Internet möglich ist. Beiträge aus Fachzeitschriften werden aus Platzgründen nicht im Literaturverzeichnis, sondern im Text mit abgekürztem Hinweis auf die Fundstelle angegeben (hierzu s. Abkürzungsverzeichnis). Statistische Angaben über die Praxis der Kinder- und Jugendhilfe stammen aus der aktuellen Ausgabe der vom Statistischen Bundesamt online veröffentlichten Zahlenwerke (www.destatis.de - Statistiken der Kinder- und Jugendhilfe) und wurden soweit möglich noch in den Druckfahnen aktualisiert.

Wir haben uns um eine gendergerechte Sprache bemüht und bitten um Verständnis, wenn uns dies im Hinblick auf den Lesefluss nicht immer gelungen sein sollte.

Der Text des Lehrbuchs basiert auf dem von *Johannes Münder* und *Thomas Trenczek* für die Vorauflagen verfassten Text. Mit der 9. Auflage sind aus dem Team des Frankfurter Kommentars *Prof. Dr. Britta Tammen* (FH Neubrandenburg) und *Prof. Dr. Ar-*

ne von Boetticher (FH Potsdam) hinzugekommen, die insb. Kap. 6–9 (Tammen) bzw. Kap. 9.3, 14–16 (von Boetticher) mit überarbeitet haben.

Über Anregungen, Hinweise und Kritik freuen wir uns.

Hannover/Berlin, im April 2020

Thomas Trenczek
Johannes Münder

Inhalt

Vorwort	5
Abbildungsverzeichnis	15
Tabellenverzeichnis	17
Abkürzungsverzeichnis	19

1.	Einführung: Das Lehrbuch und die Arbeitsgrundlagen	29
	1.1 Das Ziel des Lehrbuchs und einige Anmerkungen über die Zusammenhänge von Recht und Sozialpädagogik	29
	1.2 Hinweise auf Lern- und Arbeitsmaterialien	30
	1.3 Internetquelle	34

1. Teil: Grundlegung

2.	Kindheit und Jugend: Die Situation, Verfassung, Politik	36
	2.1 Die Situation von Kindern und Jugendlichen und ihren Familien	36
	2.2 Kind, Eltern, Staat – Verfassungsrechtliche Grundlagen und politische Gestaltungsspielräume	44
	2.3 Internationale Bezüge - Über- und zwischenstaatliches Recht	48
	2.3.1 Recht der Europäischen Union	49
	2.3.2 Konvention zum Schutz der Menschenrechte und Grundfreiheiten – Europäische Menschenrechtskonvention (EMRK)	49
	2.3.3 UN-Übereinkommen über die Rechte der Kinder (UN-KRK)	50
	2.3.4 UN-Konvention über die Rechte von Menschen mit Behinderungen (UN-BRK)	50
	2.3.5 Haager Kinderschutzübereinkommen (KSÜ)	51
	2.3.6 Fürsorgeabkommen	52
	2.4 Kinderrechte ins Grundgesetz?	52

3.	Das Kinder- und Jugendhilferecht	56
	3.1 Was, wo, weshalb und für wen?	56
	3.1.1 Was gehört zum Kinder- und Jugendhilferecht?	56
	3.1.2 Wo: Bund – Länder – Kommunen?	57
	3.1.3 Weshalb? Ziel und Zweck des Kinder- und Jugendhilferechts	60
	3.1.4 Für wen? – Personeller Geltungsbereich und Zielgruppen des SGB VIII	61
	3.2 Wie es wurde, was es ist: Vom Sicherheitsrecht zur Sozialleistung	67
	3.2.1 Die historischen Wurzeln: RJWG und JWG ff Sicherheit, Ordnung, Fürsorge	67
	3.2.2 Das Kinder- und Jugendhilferecht: im Vordergrund Sozialpädagogik und Sozialleistung	71
	3.2.3 Änderungen und Reform des SGB VIII	73
	3.2.4 Reformbedarf im Hinblick auf das SGB VIII	75
	3.2.4.1 Zusammenführung aller Jugendhilfe- und Eingliederungsleistungen im SGB VIII	75

Inhalt

	3.2.4.2 Eigene Rechtsansprüche für Minderjährige nach SGB VIII	76
	3.2.4.3 Weiterer Reformbedarf in der Kinder- und Jugendhilfe	77

4. **Grundlegende Regelungsbereiche und Spannungsfelder** — 79
   - 4.1 Allgemeine Regelungen — 79
   - 4.2 Nachrang und Eigenständigkeit der Kinder- und Jugendhilfe — 80
     - 4.2.1 Das Verhältnis öffentlicher Kinder- und Jugendhilfe zur Familienerziehung — 80
     - 4.2.2 Das Verhältnis der Kinder- und Jugendhilfe zu anderen (Sozial-) Leistungsträgern — 82
   - 4.3 Zwischen Sozialleistungen und hoheitlichen Interventionen — 85
     - 4.3.1 Leistungen und andere Aufgaben — 86
     - 4.3.2 Sozialleistung und Schutzauftrag — 88
       - 4.3.2.1 Aufgaben und Verfahren bei Anhaltspunkten einer Kindeswohlgefährdung — 88
       - 4.3.2.2 Fachlichkeit und Kooperation im Kinderschutz - KKG — 95
     - 4.3.3 Partizipation: Mitwirkungs- und Beteiligungsrechte — 96
     - 4.3.4 Wunsch- und Wahlrecht – § 5 SGB VIII — 97
   - 4.4 Öffentliche und private/freie Träger ff §§ 3, 4, 75 SGB VIII — 98
     - 4.4.1 »Freie« und »öffentliche« Jugendhilfe in § 3 f. SGB VIII — 98
     - 4.4.2 Anerkannte Träger der freien Jugendhilfe - § 75 SGB VIII — 99
     - 4.4.3 Die Trägerlandschaft — 100
     - 4.4.4 Das Verhältnis zwischen den öffentlichen und freien Trägern der Jugendhilfe — 102
       - 4.4.4.1 Subsidiarität — 103
       - 4.4.4.2 Korporatismus — 104

5. **Kinder- und Jugendhilfe, Sozialverwaltung und Verfahren** — 105
   - 5.1 Aufgabenzuweisungen und Leistungsversprechen — 105
     - 5.1.1 Programmsätze, Aufgabenzuweisungen und objektive Rechtsverpflichtungen — 105
     - 5.1.2 Individuelle Rechtsansprüche — 107
     - 5.1.3 Rechtsqualität bei Rechtsansprüchen — 109
   - 5.2 Das Sozialverwaltungsverfahren — 111
     - 5.2.1 Sozialleistung, Sozialpädagogik und (Verwaltungs-)Verfahren — 111
     - 5.2.2 Das klassische Verwaltungsverfahren bei den Sozialbehörden — 113
     - 5.2.3 Besonderheiten des Verwaltungsverfahrens in der Kinder- und Jugendhilfe — 114
       - 5.2.3.1 Antrag und Selbstbeschaffung — 114
       - 5.2.3.2 Kooperative Entscheidungsfindung, anspruchskonkretisierender Bericht — 116
   - 5.3 Verwaltungskontrolle und Rechtsschutz — 117
     - 5.3.1 Interne Verwaltungskontrolle — 117
     - 5.3.2 Das Widerspruchsverfahren — 117
     - 5.3.3 Das Gerichtsverfahren — 119
       - 5.3.3.1 Der Umfang der (gerichtlichen) Überprüfung — 120
       - 5.3.3.2 Der vorläufige Rechtsschutz — 122
   - 5.4 Ombudschaft in der Kinder- und Jugendhilfe — 123

2. Teil: Leistungen der Jugendhilfe

6. Jugendarbeit, Jugendsozialarbeit, Kinder- und Jugendschutz: §§ 11 - 15 SGB VIII 126
   6.1 Jugendarbeit – § 11 SGB VIII 126
      6.1.1 Das Arbeitsfeld 126
      6.1.2 Rechtscharakter der Regelungen 128
   6.2 Jugendsozialarbeit – § 13 SGB VIII 130
      6.2.1 Das Arbeitsfeld 130
      6.2.2 Rechtscharakter, Leistungsvoraussetzungen, Rechtsfolgen 132
   6.3 Erzieherischer und sonstiger »gesetzlicher« Kinder- und Jugendschutz – § 14 SGB VIII 134
   6.4 Landesrechtliche Regelungen 136

7. Förderung der Erziehung in der Familie: §§ 16 - 21 SGB VIII 138
   7.1 Die allgemeine Erziehungsförderung – § 16 SGB VIII 138
      7.1.1 Leistungsinhalt 138
      7.1.2 Rechtscharakter 139
      7.1.3 Landesrecht 140
   7.2 Die Beratungsleistungen – §§ 17, 18 SGB VIII 141
      7.2.1 Leistungsinhalt 141
      7.2.2 Rechtscharakter, Tatbestandsvoraussetzungen, Rechtsfolgen 145
      7.2.3 Rechtliche Problemzonen 147
   7.3 Die Unterstützung in konkreten Lebenslagen – §§ 19 - 21 SGB VIII 148
      7.3.1 Leistungsinhalt 148
      7.3.2 Rechtscharakter, Anspruchsvoraussetzungen, Rechtsfolgen 149
         7.3.2.1 Gemeinsame Wohnformen für Mütter/Väter und Kinder – § 19 SGB VIII 149
         7.3.2.2 Betreuung und Versorgung des Kindes in Notsituationen – § 20 SGB VIII 151
         7.3.2.3 Unterstützung bei notwendiger Unterbringung zur Erfüllung der Schulpflicht – § 21 SGB VIII 152

8. Förderung von Kindern in Tageseinrichtungen und in Kindertagespflege: §§ 22 - 26 SGB VIII 154
   8.1 Bedeutung und Standort des Arbeitsfeldes 154
      8.1.1 Quantitative Dimensionen 155
      8.1.2 KiTas - Inhaltliche Konzeption zwischen Betreuung, Bildung und Erziehung 158
      8.1.3 Kindertagespflege 161
   8.2 Bundesrechtliche Regelungen 161
      8.2.1 Förderung in Tageseinrichtungen 162
      8.2.2 Förderung in Kindertagespflege 163
      8.2.3 Rechtsansprüche bei der Förderung von Kindern in Tageseinrichtungen und in Kindertagespflege 165
   8.3 Landesrecht 171
   8.4 Trägerschaft, Finanzierungssystem 172
   8.5 Beteiligung der Eltern an den Kosten 173

9.	Die »klassischen« individuellen Hilfen – Erziehungshilfe, Eingliederungshilfe, Volljährigenhilfe: §§ 27 - 41 SGB VIII		176
	9.1	Grundsätzliches: Rechtsstruktur – Hilfe und Kontrolle	176
	9.2	Hilfen zur Erziehung – §§ 27 - 35 SGB VIII	177
		9.2.1 Personensorgeberechtigte als Anspruchsinhaber	178
		9.2.2 Leistungsvoraussetzungen bei der Hilfe zur Erziehung – § 27 SGB VIII	178
		9.2.2.1 Erzieherischer Bedarf	179
		9.2.2.2 Geeignetheit und Notwendigkeit	181
		9.2.3 Rechtsfolgen: Die verschiedenen Hilfearten	184
		9.2.3.1 § 28 SGB VIII – Erziehungsberatung	187
		9.2.3.2 § 29 SGB VIII – Soziale Gruppenarbeit	187
		9.2.3.3 § 30 SGB VIII – Erziehungsbeistand, Betreuungshelfer	188
		9.2.3.4 § 31 SGB VIII – Sozialpädagogische Familienhilfe	190
		9.2.3.5 § 32 SGB VIII – Erziehung in einer Tagesgruppe	190
		9.2.3.6 § 33 SGB VIII – Vollzeitpflege	191
		9.2.3.7 § 34 SGB VIII – Heimerziehung, sonstige betreute Wohnform	192
		9.2.3.8 § 35 SGB VIII – Intensive sozialpädagogische Einzelbetreuung	194
	9.3	Eingliederungshilfe – § 35a SGB VIII	195
		9.3.1 Zur Entstehung	195
		9.3.2 Verhältnis zum Rehabilitationsrecht nach dem SGB IX	197
		9.3.3 Anspruchsinhaber	198
		9.3.4 Leistungsvoraussetzungen	198
		9.3.5 Rechtsfolgen	200
		9.3.6 Abgrenzungsprobleme	202
	9.4	Hilfen für junge Volljährige – § 41 SGB VIII	203
		9.4.1 Anspruchsinhaber	203
		9.4.2 Leistungsvoraussetzungen	203
		9.4.3 Rechtsfolgen	205
	9.5	Leistungsbewilligung und Inanspruchnahme – statistischer Überblick	206
	9.6	Zusammenarbeit bei Hilfen außerhalb der eigenen Familie – §§ 37, 38 SGB VIII	208
	9.7	Annexleistungen – §§ 39, 40 SGB VIII	209
		9.7.1 Leistungen zum Unterhalt	209
		9.7.2 Krankenhilfe	211
	9.8	Verfahren und gerichtliche Kontrolle	212
		9.8.1 Mitwirkung und Beteiligung	212
		9.8.2 Hilfeplanverfahren und Hilfeplan	214
		9.8.3 Steuerungsverantwortung	220
		9.8.4 Aufwendungsersatz bei Selbstbeschaffung der Hilfen	220
		9.8.5 Zuständigkeit und Kostenbeteiligung	221
		9.8.6 Rechtsschutz und Umfang der gerichtlichen Überprüfung	222

3. Teil: Andere Aufgaben der Jugendhilfe

10. Schutz von Minderjährigen in akuten Krisensituationen — 226
    10.1 Inobhutnahme – § 42 SGB VIII — 226
        10.1.1 Rechtscharakter – sozialpädagogische Krisenarbeit zwischen Rechtsanspruch und Eingriff — 231
        10.1.2 Voraussetzungen — 232
        10.1.3 Rechtsfolgen — 233
        10.1.4 Freiheitsentziehende Maßnahmen, geschlossene Unterbringung — 237
        10.1.5 Zuständigkeit, Kostenerstattung, Kostenbeteiligung — 239
    10.2 Vorläufige Inobhutnahme unbegleitete, ausländischer Minderjährige – §§ 42a ff. SGB VIII — 240
        10.2.1 Clearingphase und Unterbringung — 241
        10.2.2 Alterseinschätzung — 241
        10.2.3 Rechtliche Vertretung und Interessenswahrnehmung — 242
        10.2.4 Bundesweites Verteilungsverfahren — 243

11. Schutz von Kindern und Jugendlichen und Qualitätssicherung in Familienpflege und in Einrichtungen – §§ 43 - 49 SGB VIII — 245
    11.1 Erlaubnis zur Kindertagespflege – § 43 SGB VIII — 246
    11.2 Vollzeitpflegeerlaubnis – § 44 SGB VIII — 247
    11.3 Betriebs- und Einrichtungserlaubnis – § 45 SGB VIII — 248

12. Mitwirkung der Jugendhilfe im gerichtlichen Verfahren: §§ 50 – 52 SGB VIII — 252
    12.1 Jugendhilfe und Justiz – Grundsätzliches — 252
        12.1.1 Aufgaben der Jugendhilfe – Unterschiede zu den Gerichten – Kooperation — 252
        12.1.2 Verfahrensrechtliche Stellung des Jugendamtes — 255
    12.2 Mitwirkung im familiengerichtlichen Verfahren – § 50 SGB VIII — 257
        12.2.1 Mitwirkung im Hinblick auf den zivilrechtlichen Kindesschutz – § 8a SGB VIII, § 157 FamFG — 261
        12.2.2 Mitwirkung bei Trennung und Scheidung — 265
        12.2.3 Exkurs: Verfahrensbeistandschaft — 266
    12.3 Mitwirkung im Adoptionsverfahren – § 51 SGB VIII — 268
    12.4 Jugendhilfe im Strafverfahren – § 52 SGB VIII — 269
        12.4.1 Wandel im Aufgaben- und Rollenverständnis — 269
        12.4.2 Verfahrensbegleitende Mitwirkung – §§ 52 Abs. 1 und 3 SGB VIII — 273
            12.4.2.1 Sozialpädagogische Aufgaben — 274
            12.4.2.2 Verfahrensrechtliche Stellung — 279
        12.4.3 Leistungsorientierte Aufgaben des Jugendamts — 280

13. Beistandschaft, Pflegschaft, Vormundschaft – §§ 52a - 58a SGB VIII — 283
    13.1 Beratung und Unterstützung von Pflegern und Vormündern — 284
    13.2 Das Jugendamt als Vormund, Pfleger und Beistand — 285
        13.2.1 Beistandschaft — 286
        13.2.2 Jugendamt als Amtsvormund — 287
        13.2.3 Jugendamt als Amtspfleger — 287
    13.3 Aufgaben als Beistand, Amtspfleger, Amtsvormund — 288

4. Teil: Sozialdatenschutz

14. Sozialdatenschutz – Voraussetzung für sozialpädagogisches Handeln: §§ 61 – 68 SGB VIII 291

  14.1 Datenschutz und Kinder- und Jugendhilfe – §§ 61 – 68 SGB VIII 292
  14.2 Der Anwendungsbereich – für was und für wen gelten die Bestimmungen? 293
    14.2.1 Begriffsdefinitionen 293
    14.2.2 Die Adressaten des Datenschutzes 296
  14.3 Grundsätze für die Datenverarbeitung 297
    14.3.1 Rechtsmäßigkeits- und Transparenzgebot 298
    14.3.2 Zweckbindung und Speicherbegrenzung 298
    14.3.3 Datenminimierung und Erforderlichkeit 299
    14.3.4 Richtigkeit, Integrität und Vertraulichkeit 299
  14.4 Überblick über die einzelnen Schutzbereiche 300
    14.4.1 Datenschutz bei der Erhebung und Speicherung 300
    14.4.2 Datenschutz bei der Nutzung und Übermittlung 301
    14.4.3 Recht der betroffenen Person 302
  14.5 Besonderheiten und Probleme 304
    14.5.1 Besonderheiten für die Beistandschaft, Amtspflegschaft, Amtsvormundschaft 304
    14.5.2 Probleme: Datenschutz zwischen Jugendhilfe und Justiz 304
    14.5.3 Exkurs: Datenschutz und Zeugnisverweigerungsrecht 306

5. Teil: Leistungsverpflichtung und -erbringung, Aufgabenverpflichtung und -wahrnehmung sowie deren Finanzierung

15. Organisation und Zuständigkeit 309

  15.1 Eigenständige Jugendämter - § 69 SGB VIII 309
    15.1.1 Der örtliche Träger und das Jugendamt 309
    15.1.2 Der überörtliche Träger und das Landesjugendamt 311
  15.2 Die Zweigliedrigkeit des Jugendamtes – §§ 70, 71 SGB VIII 311
    15.2.1 Der Jugendhilfeausschuss 312
    15.2.2 Die Verwaltung des Jugendamtes 315
  15.3 Das Personal – §§ 72, 72a SGB VIII 316
  15.4 Zuständigkeit der kommunalen Ebene – §§ 85 - 88 SGB VIII 319
    15.4.1 Sachliche Zuständigkeit 319
    15.4.2 Örtliche Zuständigkeit – §§ 86 - 88 SGB VIII 319
  15.5 Kostenerstattung – §§ 89 - 89h SGB VIII 320
  15.6 Zuständigkeit der Landes- und Bundesebene – §§ 82 - 84 SGB VIII 321

16. Leistungserbringung, Aufgabenwahrnehmung und ihre Finanzierung 323

  16.1 Wer kann Leistungen erbringen, wer andere Aufgaben wahrnehmen? 323
  16.2 Wie können Leistungen erbracht werden? 325
    16.2.1 Leistungserbringung ohne individuelle Prüfung – allgemeine Daseinsvorsorge 325

16.2.2	Leistungserbringung nach individueller Prüfung – das jugendhilferechtliche Dreiecksverhältnis	325
16.3	Die Finanzierung der Leistungen – §§ 74, 77, 78a - 78g SGB VIII	329
16.3.1	Die zweitseitigen Finanzierungsformen	330
16.3.1.1	Die Zuwendung/Subvention	330
16.3.1.2	Der gegenseitige (Beschaffungs-/Leistungs-)Vertrag	334
16.3.2	Die dreiseitige Finanzierung beim jugendhilferechtlichen Dreiecksverhältnis: Vereinbarungen über Leistungsangebot, Leistungsentgelte und Qualitätsentwicklung	334
16.4	Subventionen, Verträge, Leistungsentgelte und (nationales und EU-rechtliches) Wettbewerbsrecht	336
16.5	Die Beteiligung der Leistungsberechtigten an den Kosten	340
16.5.1	Überblick	340
16.5.2	Pauschalierte Kostenbeteiligung – Kostenbeiträge § 90 SGB VIII	342
16.5.3	Individuelle Kostenbeteiligungen – Heranziehung, Überleitung – §§ 91 ff. SGB VIII	344

17.	**Exkurs: Rechtsfolgen bei der Verletzung fachlicher Standards**	**346**
17.1	Rechtliche Ausgangssituation	346
17.2	Rechtsfolgen für die Anstellungsträger	346
17.2.1	Rechtsfolgen für die Träger der öffentlichen Jugendhilfe	346
17.2.2	Rechtsfolgen für die Träger der privaten/freien Jugendhilfe	347
17.2.3	Rechtsfolgen für die Beschäftigen selbst	348
17.2.4	Strafrechtliche Folgen	349

6. Teil: Kinder- und Jugendhilfe im sozial- und gesellschaftspolitischem Kontext

18.	**Gesamtverantwortung des öffentlichen Trägers – §§ 79 - 81 SGB VIII**	**351**
18.1	Die Gesamtverantwortung	351
18.2	Jugendhilfeplanung, Jugendhilfestatistik	353
18.2.1	Jugendhilfeplanung	353
18.2.2	Datenerhebung und Jugendhilfestatistik – §§ 98–103 SGB VIII	354
19.	**Jugendhilfe als kinder- und jugendpolitische Gestaltungsaufgabe**	**356**
19.1	Die Bedeutung der einzelnen Felder der Kinder- und Jugendhilfe	356
19.2	Die Finanzierung der Kinder- und Jugendhilfe – die ökonomischen Dimensionen	358
19.3	Der gesamtgesellschaftliche Stellenwert	359

Literaturverzeichnis	**361**
Stichwortverzeichnis	**377**

Abbildungsverzeichnis

Abb. 1:	Jugendhilfe für Ausländer	66
Abb. 2:	Umgang mit Gefährdungsmeldungen - Idealtypisches Vorgehen bei »gewichtigen Anhaltspunkten« für eine Kindeswohlgefährdung	90
Abb. 3:	Interventionsschwellen von Jugendhilfeleistungen und sorgerechtlicher Entscheidung des Familiengerichts	180
Abb. 4:	Idealtypischer Verlauf des Hilfeplanungsprozesses	217
Abb. 5:	Anzahl der Inobhutnahmen, Anrufung des FamG/»Anträge« auf Entzug der Elterlichen Sorge und entsprechender gerichtlicher Entscheidungen bzw. §8a-Verfahren 1995-2018	230
Abb. 6:	Chronologischer Ablauf und Verfahren der Inobhutnahme (§42 SGBVIII)	237
Abb. 8:	Die verschiedenen Rollen des JA im familiengerichtlichen Verfahren	258
Abb. 9:	Systematik rechtlicher Beziehungen im Kinderschutz	262
Abb. 10:	Jugendkriminalrechtliches Dreieck und Steuerungsverantwortung des JA	271
Abb. 11:	Aufbau der Verwaltung eines Jugendamtes (Beispiel)	315
Abb. 12:	Leistungsberechtigte – Leistungsträger	327
Abb. 13:	Bürgerin – Leistungserbringer	327
Abb. 14:	Jugendamt – Leistungserbringer	328
Abb. 15:	Das jugendrechtliche Dreiecksverhältnis	329
Abb. 16:	Kostenbeteiligung bei Leistungen und anderen Aufgaben	342

Tabellenverzeichnis

Tab. 1:	Freie/private Träger, Tageseinrichtungen für Kinder - Anzahl der betreuten Kinder (1.3.2019; Destatis 2020)	102
Tab. 2:	Anzahl der Plätze und beschäftigten Personen in sog. sonstigen Einrichtungen (d.h. ohne Tageseinrichtungen für Kinder); 31.12.2018 (Destatis 2020):	103
Tab. 3:	Anzahl der betreuten Kinder und beschäftigte Personen in Tageseinrichtungen für Kinder (1.3.2018; Destatis 2020)	103
Tab. 4:	Kinder- und Jugendschutz	136
Tab. 5:	Inhalt und Verpflichtungsgrad der Kindertagesbetreuung	166
Tab. 6:	Situation des Kindes, Haltung der Eltern und Handlungsoptionen des Jugendamtes	183
Tab. 7:	Arbeitsschritte und Klärungspunkte im Rahmen der Hilfeplanung	218
Tab. 8:	Inobhutnahmen - Anzahl und Anlass (1995 - 2018)	229
Tab. 9:	Verfahren nach §8a SGBVIII und sorgerechtliche Maßnahmen des Familiengerichts	264
Tab. 10:	Minderjährige unter Beistand-, Amtspfleg-, Amtsvormundschaft (Destatis 2019)	286
Tab. 11:	Finanzierung bei Leistungserbringung durch Dritte	330
Tab. 12:	Ausgaben der Träger der öffentlichen Jugendhilfe 2018 insgesamt nach Leistungsbereichen	357
Tab. 13:	Jugendhilfe und Sozialbudget	359

Abkürzungsverzeichnis

a.A.	anderer Ansicht
aaO	am aufgeführten Ort
Abb.	Abbildung
Abs.	Absatz/ Absätze
AdVermiG	Adoptionsvermittlungsgesetz
a.E.	am Ende
AEUV	Vertrag über die Arbeitsweise der Europäischen Union
a.F.	alte Fassung
AFET	AFET - Bundesverband für Erziehungshilfe e.V (früher Allgemeine Fürsorge-Erziehungs-Tag)
AG	Amtsgericht, Ausführungsgesetz (z.B. AGVwGO) oder Arbeitsgemeinschaft
AGFAD	Arbeitsgemeinschaft für Forensische Altersdiagnostik
AGJ	Arbeitsgemeinschaft für Jugendhilfe
AGKJHG	Ausführungsgesetz zum KJHG
AGSG	Gesetz zur Ausführung der Sozialgesetze
AJS	Arbeitsgemeinschaft Kinder- und Jugendschutz NRW e.V.
AKI	Arbeitskreis Inobhutnahme in der IGfH
AK KrimSoz	Arbeitskreis HochschullehrerInnen Kriminologie/Straffälligenhilfe in der Sozialen Arbeit
AKJ[Stat]	Arbeitsstelle Kinder- und Jugendhilfestatistik
ÄndG	Änderungsgesetz
Anm.	Anmerkung
AO	Abgabenordnung
ArchsozArb	Archiv für soziale Arbeit (Zeitschrift)
Art.	Artikel
ASD	Allgemeiner Sozialdienst
AsylVfG	Asylverfahrensgesetz
AufenthG	Aufenthaltsgesetz
Aufl.	Auflage
B.	Beschluss
BA	Bundesagentur für Arbeit
BaföG	Bundesausbildungsförderungsgesetz
BAG	Bundesarbeitsgemeinschaft
BAGFW	Bundesarbeitsgemeinschaft der Freien Wohlfahrtspflege

BAG KJPP	Bundesarbeitsgemeinschaft der Leitenden Klinikärzte für Kinder- und Jugendpsychiatrie, Psychosomatik und Psychotherapie e.V.
BAG LJÄ	Bundesarbeitsgemeinschaft der Landesjugendämter
BAG NAM	Bundesarbeitsgemeinschaft für ambulante Maßnahmen nach dem Jugendrecht
BAGüS	Bundesarbeitsgemeinschaft der überörtlichen Träger der Sozialhilfe und der Eingliederungshilfe
BB	Brandenburg
BBiG	Berufsausbildungsgesetz
BBO	Berliner Beratungs- und Ombudsstelle Jugendhilfe
BDSG	Bundesdatenschutzgesetz
BE	Berlin
BerBiFG	Berufsausbildungsförderungsgesetz
BerHG	Beratungshilfegesetz
BGB	Bürgerliches Gesetzbuch
BGBl.	Bundesgesetzblatt
BGG	Behindertengleichstellungsgesetz
BGHZ	Bundesgerichtshof Entscheidungen in Zivilsachen
BHO	Bundeshaushaltsordnung
BKischG	Bundeskinderschutzgesetz
BKKG	Bundeskindergeldgesetz
BMAS	Bundesministerium für Arbeit und Sozialordnung
BMJ	Bundesministerium für Justiz
BMJFFG	Bundesminister für Jugend, Familie, Frauen und Gesundheit
BMWA	Bundesministerium für Wirtschaft und Arbeit
BR	Bundesrat
BRD	Bundesrepublik Deutschland
BRJ	Berliner Rechtshilfefond Jugendhilfe e.V.
BSG	Bundessozialgericht
BSHG	Bundessozialhilfegesetz
BT	Bundestag
BT-Drs.	Bundestagsdrucksache
BTHG	Bundesteilhabegesetz
BT-WD	Deutscher Bundestag – Wissenschaftlicher Dienst
BUMF	Bundesfachverband unbegleitete minderjährige Flüchtlinge e.V.

Abkürzungsverzeichnis

BVerfG	Bundesverfassungsgericht
BVerfGE	Entscheidungen des BVerfG
BVerwG	Bundesverwaltungsgericht
BVerwGE	Entscheidungen des Bundesverwaltungsgerichts
BVG	Bundesversorgungsgesetz
BW	Baden-Württemberg
Bay./BY	Bayern
BZRG	Bundeszentralregistergesetz
bzw.	beziehungsweise
CRPD	Convention on the Rights of Persons with Disabilities (UN-Konvention über die Rechte von Menschen mit Behinderungen)
DAVorm	Der Amtsvormund
DBJR	Deutscher Bundesjugendring
DE	Dialog Erziehungshilfen (Fachzeitschrift des AFET)
ders./dies.	derselbe/dieselbe
Destatis	Statistisches Bundesamt
d.h.	das heißt
DIJuF	Deutsches Institut für Jugendhilfe und Familienrecht
DPWV	Deutscher Paritätischer Wohlfahrtsverband – Gesamtverband e. V. (Der Paritätische)
Drs.	Drucksache
DSGVO	Datenschutz-Grundverordnung
DV	Deutscher Verein
DVBl	Deutsches Verwaltungsblatt
DVJJ	Deutsche Vereinigung für Jugendgerichte und Jugendgerichtshilfen
DVJJ-Journal	Deutsche Vereinigung für Jugendgerichte und Jugendgerichtshilfen – Journal (Zeitschrift)
E	Entscheidungssammlung (z.B. des BVerfG oder des BVerwG)
Einl.	Einleitung
et al.	(et alii, et aliae oder et alia) entspricht bei einer Mehrheit von Autorennamen dem deutschen Kürzel »u. a.« (= »und andere«)
e.V.	eingetragener Verein
EFA	Europäisches Fürsorgeabkommen
EGV	Vertrag zur Gründung der Europäischen Gemeinschaft
EinglHVO	Eingliederungshilfeverordnung
EGMR	Europäische Gerichtshof für Menschenrechte

EMRK	Europäische Menschenrechtskonvention
EREV	Evangelischer Erziehungsverband e.V.
etc.	et cetera (= und die übrigen [Dinge])
EuGH	Europäischer Gerichtshof
EUV	EU-Vertrag (Lissabon 2007; konsolidierte Fassung, in Kraft seit 01.01.2009)
f., ff.	folgende (Singular/Plural)
FamFG	Gesetz über das Verfahren in Familiensachen und in den Angelegenheiten der freiwilligen Gerichtsbarkeit
FamRZ	Zeitschrift für das gesamte Familienrecht (Zeitschrift)
FEH	Forum Erziehungshilfe (Zeitschrift)
FEVS	Fürsorgerechtliche Entscheidungen der Verwaltungs- und Sozialgerichte (Zeitschrift)
FGC	Family Group Conference - Familienkonferenz
FGG	Gesetz über die Angelegenheiten der Freiwilligen Gerichtsbarkeit
FGG-RG	Gesetz zur Reform des Verfahrens in Familiensachen und in den Angelegenheiten der freiwilligen Gerichtsbarkeit (FGG-Reformgesetz)
FK-SGB VIII	Frankfurter Kommentar zum SGB VIII - Kinder- und Jugendhilfe (siehe Münder, /Meysen /Trenczek 2019)
FPR	Familie Partnerschaft Recht (Zeitschrift)
FuR	Familie und Recht (Zeitschrift)
gA	gewöhnlicher Aufenthalt
GG	Grundgesetz
ggf.	gegebenenfalls
grds.	grundsätzlich
GjS	Gesetz über die Verbreitung jugendgefährdender Schriften
GK-SGB VIII	Gemeinschaftskommentar zum SGB VIII, siehe Wabnitz/ Fieseler/Schleicher 2013 ff.
GWB	Gesetz gegen Wettbewerbsbeschränkungen
H.	Heft
HB	Bremen
HB-KJHR	Handbuch Kinder- und Jugendhilferecht (hrsg. von Münder/ Wiesner/Meysen 2011)
HE	Hessen
HH	Hamburg
h.M.	herrschende Meinung

Abkürzungsverzeichnis

Hrsg./hrsg.	Herausgeber / herausgegeben(e)
Hs	Halbsatz
HzE	Hilfe(n) zur Erziehung
i.d.F.	in der Fassung
i.d.R.	In der Regel
i.S.d.	im Sinne des
i.V.m.	in Verbindung mit
IGfH	Internationale Gesellschaft für erzieherische Hilfen e.V.
InfAuslR	Informationsbrief Ausländerrecht (Zeitschrift)
info also	Informationen zum Arbeitslosenrecht und Sozialhilferecht (Zeitschrift)
insb.	insbesondere
IzKK	Informationszentrum Kindesmisshandlung / Kindesvernachlässigung (gleichzeitig auch Abkürzung für die vom IzKK hrsg. Fachzeitschrift)
JA/JÄ	Jugendamt/Jugendämter
JAmt	Das Jugendamt (Zeitschrift)
JArbSchG	Jugendarbeitsschutzgesetz
JGG	Jugendgerichtsgesetz
JH	Jugendhilfe (Zeitschrift)
JÖSchG	Gesetz zum Schutz der Jugend in der Öffentlichkeit
JugendfördG	Gesetz zur Förderung der Jugendarbeit (Niedersachsen)
juris	Onlineportal für Rechtsinformationen
JuSchG	Jugendschutzgesetz
JustG	Justizgesetz (z.B. NW)
JW	Jugendwohlfahrt (Zeitschrift)
JWG	Jugendwohlfahrtsgesetz (1961)
K.	Kammerbeschluss
Kap.	Kapitel
KBBG	Kinderbetreuungs- und -bildungsgesetz
KGSt	Kommunale Gemeinschaftsstelle für Verwaltungsvereinfachung
KICK	Kinder- und Jugendhilfeweiterentwicklungsgesetz
KibeG	Kinderbetreuungsgesetz (Hamburg)
KiBiG	Kinderbildungs- und -betreuungsgesetz (Bayern)
KiBiz	Kinderbildungsgesetz (NW)

KiföG	Gesetz zur Förderung von Kindern in Tageseinrichtungen und in Kindertagespflege - Kindertagesförderungsgesetz
KiJuP-online	Online-Informationsdienst des DIJuF und der Nomos Verlagsgesellschaft
KindPrax	Kindschaftsrechtliche Praxis (Zeitschrift)
KiTa	Kindertagesstätte
KTBertrG	Kindertagesstättenbetreuungsgesetz
KiTaFöG	Kindertagesstättenförderungsgesetz
KiTaG	Kindertagesstättengesetz/Kindertagesstättenbetreuungsgesetz
KJB	Kinder- und Jugendbericht
KJfG	Kinder- und Jugendförderungsgesetz (MV)
KJFöG	Kinder- und Jugendförderungsgesetz (NRW)
KJH	Kinder- und Jugendhilfe
KJHG	Kinder- und Jugendhilfegesetz
KJGB	Kinder- und Jugendhilfegesetzbuch (Hessen)
KJHR	Kinder- und Jugendhilferecht
KJVVG	Kinder- und Jugendhilfeverwaltungsvereinfachungsgesetz
KJSG	Kinder- und Jugendstärkungsgesetz
KKG	Gesetz zur Kooperation und zur Information im Kinderschutz
KWG	Kindeswohlgefährdung
KomDat	Kommentierte Daten der Kinder- und Jugendhilfe. Informationsdienst Dortmunder Arbeitsstelle Kinder- und Jugendhilfestatistik, Universität Dortmund
KStG	Körperschaftsteuergesetz
KSÜ	Haager Kinderschutzübereinkommen
KTG	Gesetz zur Förderung von Kindern in Tageseinrichtungen und in Tagespflege (Bremen)
LG	Landgericht
LHO	Landeshaushaltsordnung
LJÄ	Landesjugendämter
LKJHG	Landesgesetz zum KJHG
LJHG	Landesjugendhilfegesetz (Sachsen)
LJA	Landesjugendamt
LKV	Landes- und Kommunalverwaltung (Verwaltungsrechts-Zeitschrift für die Länder Berlin, Brandenburg, Sachsen, Sachsen-Anhalt, Thüringen)
LPK	Lehr- und Praxiskommentar

LPK-SGB II	Lehr- und Praxiskommentar zum SGB II (siehe Münder 2017)
LSG	Landessozialgericht
LVR	Landschaftsverband Rheinland
Mio.	Millionen
Mj/mj	Minderjährige/r; minderjährig
Mrd.	Milliarde
MschKrim	Monatsschrift für Kriminologie und Strafrechtsreform (Zeitschrift)
m.w.N.	mit weiteren Nachweisen
m.W.v.	mit Wirkung vom
MV	Mecklenburg-Vorpommern
NAM	Neue Ambulante Maßnahmen (= ambulante Rechtsfolgen des JGG)
NDV	Nachrichtendienst des Deutschen Vereins für öffentliche und private Fürsorge (Zeitschrift)
NDV-RD	Rechtsprechungsdienst Beilage zum Nachrichtendienst des Deutschen Vereins (Zeitschrift)
Nds./NI	Niedersachsen
NFJD	Naturfreundejugend Deutschlands
NJG	Niedersächsisches Justizgesetz
NJW	Neue Juristische Wochenschrift (Zeitschrift)
NJWE-FER	Neue Juristische Wochenschrift Entscheidungsdienst-Familien- und Erbrecht (Zeitschrift)
NK	Neue Kriminalpolitik (Zeitschrift)
np	neue praxis (Zeitschrift)
NStZ	Neue Zeitschrift für Strafrecht (Zeitschrift)
NVwZ	Neue Zeitschrift für Verwaltungsrecht (Zeitschrift)
NVwZ-RR	Neue Zeitschrift für Verwaltungsrecht Rechtsprechungs-Report (Zeitschrift)
NW/NRW	Nordrhein-Westfalen
NZFH	Nationales Zentrum Frühe Hilfen
o.Ä.	oder Ähnliche(s)
OB	Oberbürgermeister*in
o.g.	oben genannte(n)
OLG	Oberlandesgericht
OVG	Oberverwaltungsgericht

PDV 382	Polizeiliche Dienstvorschrift (bundesweit angewendete, behördeninterne Verfahrensvorschrift zur Bearbeitung von Jugendsachen)
PlPr	Plenarprotokoll (BR bzw. BT)
RBerG	Rechtsberatungsgesetz
RDG	Rechtsdienstleistungsgesetz
RdJB	Recht der Jugend und des Bildungswesens (Zeitschrift)
RJGG	Reichsjugendgerichtsgesetz
RJWG	Reichsjugendwohlfahrtsgesetz
RP	Rheinland-Pfalz
RPsych	Zeitschrift Rechtspsychologie
RR	Rechtsprechungsrundschau (Zeitschrift)
RsDE	Beiträge zum Recht der sozialen Dienste und Einrichtungen (Zeitschrift)
Rspr.	Rechtsprechung
RStGB	Reichsstrafgesetzbuch
Rn/Rz	Randnummer/Randziffer
s.	siehe
s.a.	siehe auch
SchlHA	Schleswig-Holsteinischer Anzeiger (Zeitschrift)
SDSRV	Schriftenreihe des deutschen Sozialrechtsverbandes
SG	Sozialgericht
SGb	Die Sozialgerichtsbarkeit (Zeitschrift)
SGB	Sozialgesetzbuch (nachgestellte Ziffer = Buch des SGB)
SGG	Sozialgerichtsgesetz
SH	Schleswig-Holstein
SJD	Sozialistische Jugend Deutschlands
SjE	Sammlung jugendrechtlicher Entscheidungen
SL	Saarland
SN	Sachsen
s.o.	siehe oben
sog.	sogenannte
SorgeRefG	Sorgerechtsreformgesetz vom 16.4.2013
SPFH	Sozialpädagogische Familienhilfe
SPI	Sozialpädagogisches Institut
ST	Sachsen-Anhalt

Abkürzungsverzeichnis

StGB	Strafgesetzbuch
StPO	Strafprozessordnung
StV	Strafverteidiger (Zeitschrift)
s.u.	siehe unten
SZ	Süddeutsche Zeitung
Tab.	Tabelle
TAG	Tagesbetreuungsausbaugesetz
TH	Thüringen
TKBG	Tagesbetreuungskostenbeteiligungsgesetz (Berlin)
ThürKJHAG	Thüringer Kinder- und Jugendhilfe-Ausführungsgesetz
ThürKO	Thüringer Kommunalordnung
U. / u.	Urteil / und
u.a.	unter anderem; und andere
u.Ä.	und Ähnliche(s)
UJ	Unsere Jugend (Zeitschrift)
UMF/UMA	Unbegleitete minderjährige Flüchtlinge/Ausländer
UN-BRK / UN-CRPD	UN-Konvention über die Rechte von Menschen mit Behinderungen
UN-KRK	Übereinkommen der Vereinten Nationen über die Rechte der Kinder /UN-Kinderrechtskonvention
usw	und so weiter
u.U.	unter Umständen
UhVorschG	Unterhaltsvorschussgesetz
VA	Verwaltungsakt
VG	Verwaltungsgericht
VGH	Verwaltungsgerichtshof
vgl.	vergleiche
VPK	Vereinigung der privaten Anbieter in der Kinder- und Jugendhilfe
VorKap	Vorbemerkung zu einem Kapitel
VSSR	Vierteljahresschrift für Sozialrecht (Zeitschrift)
VwGO	Verwaltungsgerichtsordnung
wtl.	wöchentlich
z.B.	zum Beispiel
ZEW	Zentrum für Europäische Wirtschaftsforschung
ZfF	Zeitschrift für das Fürsorgewesen (Zeitschrift)

Abkürzungsverzeichnis

ZfJ	Zentralblatt für Jugendrecht (Zeitschrift)
ZfSH/SGB	Zeitschrift für Sozialhilfe und Sozialgesetzbuch (Zeitschrift)
ZJJ	Zeitschrift für Jugendkriminalrecht und Jugendhilfe (vormals DVJJ-Journal)
ZKJ	Zeitschrift für Kindschaftsrecht und Jugendhilfe (Zeitschrift)
ZPO	Zivilprozessordnung
z.T.	zum Teil

1. Einführung: Das Lehrbuch und die Arbeitsgrundlagen

1.1 Das Ziel des Lehrbuchs und einige Anmerkungen über die Zusammenhänge von Recht und Sozialpädagogik

Lehrbuch – das bedeutet Einführung in eine bestimmte Materie, in diesem Fall Rechtsmaterie. Ein Lehrbuch wird deswegen nicht alle Einzelfragen behandeln, sondern die **Grundstrukturen**, die Entwicklungslinien des Rechtsgebietes und die Vorstellungen, die hinter den einzelnen Bestimmungen stehen, vermitteln. Wir konzentrieren uns in diesem Lehrbuch auf die wesentlichen Regelungen des Kinder- und Jugendhilferechts, weil nicht alle Paragrafen des SGB VIII von gleicher Bedeutung sind. Aber auch deswegen, weil es nie gelingen wird, alle Einzelheiten und Details in dem uns zur Verfügung stehenden Seitenumfang darzustellen und wir insoweit auf die aktuelle 8. Auflage des **Frankfurter Kommentars** (*Münder/Meysen/Trenczek* et al. FK-SGB VIII 2019) verweisen können. Vielmehr gilt es die Fähigkeit zu erwerben, sich in neue Bereiche einzuarbeiten und mit Bestimmungen zu arbeiten, mit denen man bisher noch nichts zu tun hatte. Dazu ist neben der Kenntnis der wichtigsten Grundregeln der juristischen Arbeitstechnik (hierzu *Trenczek* et al. 2018, 133 ff.) auch im Hinblick auf die spezifischen Regelungen eines Arbeitsfeldes – hier der Kinder- und Jugendhilfe – vor allem strukturelles Wissen notwendig. Deswegen muss ein Lehrbuch Schneisen in den zunächst unüberschaubaren Dschungel schlagen: Wer die Grundstrukturen verstanden hat, den »Durchblick« durch das Dickicht hat, kann sich orientieren und weiß sich auch bei neuen Fragen zu helfen. Die Kenntnis von Grundstrukturen entbindet aber nicht vom Detailwissen. Deswegen ist eine Schwerpunktsetzung ebenso wie Verweise zur weiterführenden Fachliteratur notwendig. Die **Schwerpunkte** dieses Lehrbuches liegen in der Darstellung der Grundstrukturen und Handlungsprinzipien (Kap. 3 - 5), der Leistungen (Kap. 6 - 9) und Aufgaben (Kap. 10 - 13) der Kinder- und Jugendhilfe, dem Sozialdatenschutz nach dem SGB VIII (Kap. 14) sowie in der Organisation der Kinder- und Jugendhilfe (Kap. 15) und dem sog. Leistungserbringungsrecht (Kap. 16).

Die Beschäftigung mit Recht, Gesetzen, Urteilen und Rechtslehre erscheint oft als eine Tätigkeit, die sich darauf beschränkt, nur das zu lernen und nachzuvollziehen, was die Rechtsprechung der obersten Bundesgerichte (z.B. BVerfG, BVerwG) und die herrschende Meinung (h.M.) sind. Das hat seine »Vorteile«: Wer der h.M. und der höchstrichterlichen Rechtsprechung folgt, scheint sich nicht selbst anstrengen und im Einzelnen begründen zu müssen, warum er/sie diese Positionen oder jene Meinung vertritt. Sicher, das geltende Recht und seine durch Rechtsprechung und Rechtslehre geprägte Auslegung müssen Ausgangspunkt jeglicher rechtlichen Darstellung sein. Aber: Die Aneignung des geltenden Rechts wird nicht besonders gut gelingen, wenn man nur das, was einem vorgegeben ist, wiedergibt. Vielmehr muss man die Materie eigenständig durchdringen. Deswegen muss man sich mit den **Vorverständnissen, Wertungen, Interessen** und was sonst noch in die juristische Argumentation einfließt, auseinandersetzen (zu den Grundlagen der Rechtsanwendung *Trenczek* et al. 2018, 133 ff.). Nur so kann man Meinungen verstehen, eigene Gedanken entwickeln und möglicherweise gar eigene Positionen vertreten.

Das ist gerade im Kinder- und Jugendhilferecht von besonderer Bedeutung, denn hier fließen in die Auslegung des Rechts, mehr als in anderen Gebieten, oft **außerjuristische Überlegungen** mit ein (die – um besser eingebracht zu werden – nicht selten als juristische Argumente ausgegeben werden). Das liegt an der Struktur des SGB VIII: Es be-

1. Einführung: Das Lehrbuch und die Arbeitsgrundlagen

zieht sich auf die soziale Realität und stellt den Rahmen für vornehmlich sozialpädagogisches Handeln dar. Deswegen muss es mit entsprechend offenen Begriffen arbeiten.

4   Wie will man etwa den in § 27 Abs. 1 SGB VIII verwendeten Begriff, dass »eine dem Wohl des Kindes oder des Jugendlichen entsprechende Erziehung nicht gewährleistet ist«, inhaltlich füllen, ohne sich damit zu befassen, was überhaupt das »Wohl des Kindes« ist? (zum Umgang mit solchen »unbestimmten Rechtsbegriffen« s. *Trenczek* et al. 2018, 140 ff.). Und wie will man die Verpflichtungen des § 36 SGB VIII, Personensorgeberechtigte, Kinder und Jugendliche »zu beraten und auf mögliche Folgen für die Entwicklung des Kindes oder Jugendlichen hinzuweisen«, inhaltlich umsetzen ohne auf außerjuristische, sozial- und humanwissenschaftliche Erkenntnisse zurückzugreifen? (zur Realisierung dieser Verknüpfungen s. Kap. 9.8.2). An diesen Beispielen wird besonders deutlich, dass eine auch juristisch solide Arbeit nicht geleistet werden kann, wenn diese interdisziplinären Aspekte nicht gesehen werden und darauf nicht entsprechend reagiert wird.

1.2 Hinweise auf Lern- und Arbeitsmaterialien

5   Für die Erarbeitung von Rechtsgebieten muss man die wichtigsten Arbeitsgrundlagen kennen und z.T. auch zur Verfügung haben. Dies sind Gesetzestexte, Lehrbücher, Kommentare, Zeitschriften und Entscheidungssammlungen. **Gesetzestexte** sind Ausgangspunkt der rechtlichen Information – und müssen deswegen auch bei der Durcharbeitung eines Lehrbuches stets präsent sein und (ein ausdrücklicher Hinweis!) gelesen werden. Will man sich systematisch in ein Fachgebiet einarbeiten, so greift man am besten zu **Lehrbüchern** oder zu einem **Handbuch**. Wichtigstes Instrument zur detaillierten Auslegung der Gesetze sind die **Kommentare**. In ihrer Darstellung folgen sie den Paragrafen der kommentierten Gesetze. Sie erläutern im Einzelnen die jeweilige Rechtsnorm, geben den aktuellen Stand der Rechtsprechung, der wissenschaftlichen Bearbeitung und (teilweise) der fachlichen Kontroversen wieder. Aktuelle Auseinandersetzungen über Rechtsfragen finden vornehmlich in **Fachzeitschriften** statt, insb. in Aufsätzen, in denen Rechtsprobleme abgehandelt und neue Rechtsentwicklungen dargestellt werden. In diesen wird auch die für den fachlichen Diskussions- und Weiterentwicklungsprozesses in Wissenschaft und Praxis relevante **Rechtsprechung** abgedruckt.

Gesetzessammlungen

6   Das Kinder- und Jugendhilferecht ist zentral im **SGB VIII** geregelt. Dieses findet sich zum Teil in entsprechenden auf das Jugendrecht ausgerichteten Gesetzessammlungen (wie z.B. »Jugendrecht« im Beck-Texte im dtv) oder in einer entsprechenden Sammlung der verschiedenen Bücher des Sozialgesetzbuches. Das SGB VIII ist – wie alle Gesetze – immer auch gesetzlichen Änderungen unterworfen. Aktuelle Versionen der Texte der Bundesgesetze findet man im Internet unter http://www.gesetze-im-internet.de/ (s. u. Kap. 1.3; die landesrechtlichen Regelungen findet man in der Regel über die Internetseiten der Landesjustizministerien bzw. über deren Vorschrifteninformationssysteme). Das Kinder- und Jugendhilferecht ist vor allem in das **Recht der Sozialen Arbeit** eingebettet. Auch hierzu gibt es spezielle Gesetzessammlungen, z.B. »Gesetze für die Soziale Arbeit« (Nomos-Verlag) sowie die »Gesetze für Sozialberufe« (Fachhochschulverlag). In diesen in regelmäßigen Abständen aktualisierten Gesetzessammlungen fin-

1.2 Hinweise auf Lern- und Arbeitsmaterialien

den sich Zusammenstellungen so gut wie aller Gesetze (zum Teil in Auszügen), die weit über das SGB VIII hinaus für die gesamte soziale Arbeit in der Kinder- und Jugendhilfe von Bedeutung sind.

Lehrbücher

Einige Lehrbücher, die das Kinder- und Jugendhilferecht behandeln, konzentrieren sich wie das vorliegende auf das SGB VIII, andere beziehen auch andere Gebiete ein (z.b. *Schleicher* Jugend- und Familienrecht 2014). Andere Bücher (z. B. *Kepert/Kunkel* 2018) setzen ihren Schwerpunkt auf die Erörterung und Lösung einschlägiger Fälle. Im Hinblick auf die für die Praxis der Kinder- und Jugendhilfe insb. (nicht nur!) im JA unverzichtbaren Kenntnisse des **Familienrechts** verweisen wir vor allem das Lehrbuch Familienrecht (*Münder et al.* 8. Aufl. 2020). Zudem verweisen wir wiederholt auf die »Grundzüge des Rechts« (*Trenczek/Behlert/Tammen/von Boetticher* 5. Auflage München 2018), in dem nicht nur die für Nichtjuristen schwierige Rechtsanwendung/Subsumtionstechnik, insb. die Auslegungsmethoden im Hinblick auf unbestimmte Rechtsbegriffe und der Umgang mit Ermessen erklärt sowie die Möglichkeiten des Rechtsschutzes erläutert, sondern auch die verfassungsrechtlichen wie bereichsspezifischen Grundlagen der für die Arbeit der Kinder- und Jugendhilfe wesentlichen Rechtsbereiche außerhalb des SGB VIII (z. B. das Jugendschutzrecht) dargestellt werden.

7

Kommentare

In den Kommentaren werden die gesetzlichen Regeln nach Paragrafen geordnet erläutert. Zum SGB VIII liegen verschiedene Kommentierungen vor, teilweise sehr umfangreich als sog. Loseblattsammlungen (*Hauck/Noftz*; *Jans/Happe/Saurbier/Maas*; *Wabnitz/Fieseler/Schleicher*) oder als gebundene Ausgaben (z.B. *Kunkel/Kepert/Pattar*, *Mrozynski* und *Schellhorn et al.*). In der Anwendungspraxis der Träger und der Gerichte sind von besonderer Bedeutung:

8

Münder/Meysen/Trenczek: **Frankfurter Kommentar zum SGB VIII**: Kinder- und Jugendhilfe. Der 2019 in der 8. Auflage erschienene Kommentar ist die Fortführung des vorher in vier Auflagen erschienenen Frankfurter Kommentars zum JWG. Er wird von den beiden Verfassern des vorliegenden Lehrbuchs zusammen mit Thomas Meysen herausgegeben und einem interdisziplinären Team von Juristen, Sozialwissenschaftlern und Sozialpädagogen erstellt. Er erläutert umfassend das Recht der Kinder- und Jugendhilfe und stellt dessen praktischen Bezüge dar, bezieht in die juristische Auslegung systematisch sozialwissenschaftliche und sozialpädagogische Erkenntnisse ein und zeigt die Handlungsspielräume für eine emanzipatorische soziale Arbeit in der Kinder- und Jugendhilfe auf.

Wiesner: SGB VIII, Kinder- und Jugendhilfe. Dieser 2015 in 5. Auflage erschienene (zum Teil mit Online-Ergänzungen aktualisierte) Kommentar wird in wesentlichen Teilen vom ehemals für das SGB VIII zuständigen, mittlerweile pensionierten Referenten des entsprechenden Bundesministeriums, Reinhard Wiesner, herausgegeben. Er stellt eine ausführliche und gründliche Kommentierung des SGB VIII dar, in der auf viele Fragen detailliert und sachkundig eingegangen wird.

Handbücher

Ein (den Namen verdienendes) Handbuch liegt »zwischen« einem Lehrbuch und einem Kommentar: in einzelnen Artikeln werden die verschiedenen Felder des Kinder- und Jugendhilferechts ausführlich behandelt (ausführlicher als in einem Lehrbuch), ohne dass immer umfassend auf alle Einzelfragen (wie in einem Kommentar) eingegangen wird. Mittlerweile gibt es das von *Münder/Wiesner/Meysen* herausgegebene, das SGB VIII und das Gesamtsystem der Kinder- und Jugendhilfe umfassend darstellende

9

Handbuch (HB-KJHR 2011), auf das wir in diesem Lehrbuch jeweils mit der entsprechenden Kapitelangabe verweisen. Einen guten Überblick insb. über die jugendsoziologischen und sozialpädagogischen Grundlagen, die gesetzlichen und institutionellen Rahmenbedingungen sowie Handlungsfelder und -formen der Kinder- und Jugendhilfe gibt das Handbuch Kinder- und Jugendhilfe von *Schröer/Struck/Wolff* (2016). Hinzu kommen noch das von Textor et al. herausgegebene SGB VIII Online Handbuch und einige Handbücher zu Teilbereichen des SGB VIII, z.B. zu den Arbeitsfeldern des ASD (*Merchel* 2019), das Handbuch unbegleitete mj. Flüchtlinge (*Brinks/Dittmann/Müller* 2016) sowie detaillierte Monographien zur Krisenintervention und Inobhutnahme nach §§ 8a, 42 ff. SGB VIII (*Trenczek et al.* 2017a) oder zur Mitwirkung der Jugendhilfe im Strafverfahren nach § 52 SGB VIII (*Trenczek/Goldberg* 2016), die eine Kombination von (sozialwissenschaftlichen) Handbuch und (juristischem) Kommentar darstellen.

Fachzeitschriften

10   Über die im Lehrbuch Familienrecht (*Münder et al.* 2020, Kap. 1) erwähnten Zeitschriften hinaus, die sich vornehmlich auf das Familienrecht beziehen und in diesem Zusammenhang auch jugendhilferechtliche Probleme ansprechen, gibt es weitere Zeitschriften, die sich speziell mit der Kinder- und Jugendhilfe befassen, allerdings kaum ausschließlich mit dem Kinder- und Jugendhilferecht, sondern immer auch mit dem nichtjuristischen Gegenstandsbereich:

FORUM Jugendhilfe, die Fachzeitschrift der AGJ, bietet Beiträge zu aktuellen Themen der Kinder- und Jugendhilfe, insb. Informationen zu den Themenbereichen Kinderrechte, Kinder- und Jugendhilferecht, Kinderschutz und (deutsche und europäische) Kinder- und Jugend(hilfe)politik.

Forum Erziehungshilfen wird von der IGfH zu Themenschwerpunktes rund um die Hilfen zur Erziehung (§§ 27 ff. SGB VIII) herausgegeben und enthält u.a. Rubriken zu Recht, Internationales, Literaturumschau und Forschungsnotizen.

JAmt - Das Jugendamt wird vom Deutschen Institut für Jugendhilfe und Familienrecht (DIJuF) herausgegeben und enthält umfangreiches juristisches Material speziell zur Kinder- und Jugendhilfe (sowie aus dem Familienrecht schwerpunktmäßig zum Unterhaltsrecht und zum Recht der elterlichen Sorge).

Jugendhilfe: Wie der Name der Zeitschrift bereits deutlich macht, befasst sich diese Zeitschrift nicht schwerpunktmäßig mit Recht, beinhaltet jedoch kontinuierlich auch rechtliche Fragen, so z.B. in einer Rechtsprechungsübersicht.

NDV und NDV-RD: Nachrichtendienst des Deutschen Vereins für öffentliche und private Fürsorge. In dieser Zeitschrift finden sich immer wieder auch Abhandlungen und Gerichtsentscheidungen aus dem Bereich des Kinder- und Jugendhilferechts; daneben erscheint vierteljährlich ein Rechtsprechungsdienst zum NDV (NDV-RD), in dem wichtige Entscheidungen zum Sozialrecht dokumentiert sind.

RdJB: Recht der Jugend und des Bildungswesens. Neben dem bildungspolitischen Schwerpunkt dieser Zeitschrift werden dort auch immer jugend- und jugendhilferechtliche Fragen behandelt.

ZfF: Die Zeitschrift für das Fürsorgewesen widmet sich rechtlichen Fragestellungen der Jugendhilfe und der Sozialhilfe

ZJJ: Zeitschrift für Jugendkriminalrecht und Jugendhilfe. Diese von der DVJJ herausgegebene Fachzeitschrift umfasst den Bereich der strafrechtlichen Sozialkontrolle, der (Jugend-)Kriminologie sowie der Jugendhilfe für gefährdete und straffällige junge Menschen.

ZKJ: Zeitschrift für Kindschaftsrecht und Jugendhilfe (seit 2006 Zusammenlegung der Zeitschriften ZfJ und KindPrax) behandelt kontinuierlich Rechtsprobleme des Kinder- und Jugendhilferechts.

Rechtsprechung

Für die Wissenschaft und Praxis des SGB VIII (und der verwandten Rechtsgebiete) unabdingbar ist die Berücksichtigung der relevanten Rechtsprechung insb. der Obergerichte. Die Entscheidungen insb. der obersten Bundesgerichte werden zum Teil in gesonderten Entscheidungssammlungen veröffentlicht. Rechtsstreitigkeiten aus dem Bereich des Jugendhilferechts werden im Verwaltungsgerichtsweg verhandelt, insofern ist die amtliche Sammlung der Entscheidungen des Bundesverwaltungsgerichts (BVerwGE) einschlägig. Relevant für das Jugendhilferecht sind auch Entscheidungen des Bundesverfassungsgerichts (BVerfGE). Zunehmend von Bedeutung werden auch die Entscheidungen der europäischen Gerichte, so des Europäischen Gerichtshofes (EuGH) und des Europäischen Gerichtshofes für Menschenrechte (EGMR). Für den Bereich des Kinder- und Jugendhilferechts (und des Sozialhilferechts) ist darüber hinaus die Sammlung der fürsorgerechtlichen Entscheidungen der Verwaltungs- und Sozialgerichte (FEVS) von Bedeutung. Der Vollständigkeit halber sei auf den Rechtsprechungsdienst als Beilage zur NDV, also NDV-RD, hingewiesen (vgl. bei den Zeitschriften). Mittlerweile lassen sich aber nahezu alle für relevanten Gerichtsentscheidungen direkt online über die Internetseiten der Gerichte, Online-Datenbanken bzw. über Rechtsprechungsportale beschaffen (s. nachfolgend Kap. 1.3).

Einführende sowie sozialpädagogische/-wissenschaftliche Literatur

Einen ersten Einstieg in das Arbeitsfeld und guten Überblick über die rechtlichen Regelungen der Kinder- und Jugendhilfe sowie nützliche Adressen der Institutionen erhält man über die vom *BMFSFJ* kostenlos herausgegebene Broschüre Kinder- und Jugendhilfe - Achtes Buch Sozialgesetzbuch (2020). Das SGB VIII ist in besonderer Weise auf außerjuristische Erkenntnisse vornehmlich sozialwissenschaftlicher und sozialpädagogischer Art angewiesen. Am Ende der einzelnen Kap. geben wir jeweils die wichtigste weiterführende Literatur zum Thema an. Vorweg soll hier auf einige einschlägige Werke hingewiesen werden.

Jordan/Maykus/Stuckstätte: Kinder- und Jugendhilfe (2015). Dieses Buch vermittelt einen ausführlichen und fundierten Ein- und Überblick über den gesamten Gegenstandsbereich der Jugendhilfe und damit den Bezugsbereich des Kinder- und Jugendhilferechts. Zudem eröffnet es Zugriff auf für die einzelnen Bereiche wichtige sozialwissenschaftliche und sozialpädagogische Materialien.

Für eine erste Information und für das gezielte Nachschauen zu Einzelfragen sind Wörterbücher, Lexika, Handbücher usw hilfreich:

Die *Arbeitsgemeinschaft Jugendhilfe* (AGJ) hat 2008 ein Lexikon »Kinder- und Jugendhilferecht von A-Z« herausgegeben, welches allerdings mittlerweile etwas veraltet ist.

Kreft/Mielenz (Hrsg.): Wörterbuch Soziale Arbeit. Dieses zuletzt 2017 erschienene Wörterbuch beinhaltet eine Vielzahl ausführlich beschriebener Begriffe, die für den gesamten Gegenstandsbereich der Kinder- und Jugendhilfe von Bedeutung sind, und vermittelt so einen inhaltlich fundierten Überblick.

Merchel (Hrsg.): Das in dritter Auflage (2019) erschienene Handbuch Allgemeiner Sozialer Dienst (ASD) stellt die Aufgabenbereiche, rechtlichen Grundlagen und Handlungsansätze sowie die verschiedenen Organisationsformen des Allgemeinen Sozialen Dienstes der kommunalen Sozialverwaltung und damit auch der Kinder- und Jugendhilfe vor und behandelt Fragen der Qualitätssicherung und des Personalmanagements.

1. Einführung: Das Lehrbuch und die Arbeitsgrundlagen

Otto/Thiersch et al. (Hrsg.): Handbuch der Sozialarbeit/Sozialpädagogik. Dieses von Hans-Uwe Otto und Hans Thiersch begründete, mittlerweile in der 6. Auflage (2018) erschienene Standardwerk konzentriert sich auf zentrale Begriffe und Felder der Sozialen Arbeit und befasst sich deshalb auch mit der Kinder- und Jugendhilfe.

Deutscher Verein für öffentliche und private Fürsorge (Hrsg.): Fachlexikon der sozialen Arbeit (zuletzt 2016). Hier wird eine große Zahl von Schlagwörtern stichwortartig behandelt, so dass ein breites Feld mit ersten Informationen abgedeckt wird.

Im von *Düring* et al. 2014 herausgegebenen »Kritischen Glossar Hilfen zur Erziehung« werden wesentliche Begriffe, die im öffentlichen und fachlichen Diskurs der Hilfen zur Erziehung eine zentrale Rolle spielen, kritisch analysiert und diskutiert.

15 Unter dem Stichwort sozialpädagogische und sozialwissenschaftliche Literatur wären noch einschlägige Zeitschriften zu nennen (z.B. neue praxis, Unsere Jugend) sowie die (Mitglieder-)Zeitschriften der Fachverbände (z.B. AJS-Forum, Dialog Erziehungshilfe des AFET, EREV). In diesen Zeitschriften werden immer auch wieder rechtliche Fragen des Kinder- und Jugendhilferechts erörtert.

1.3 Internetquelle

16 Viele Materialien finden sich inzwischen auch auf verschiedenen Internetseiten. Dies gilt besonders für Gesetzestexte und Entscheidungen, eingeschränkt für Zeitschriften (regelmäßig unter ihrem jeweiligen Titel zu finden), die zum Teil einzelne Beiträge (zum Teil auch nur in Auszügen) im Internet abdrucken. Lehrbücher und Kommentare finden sich (zumindest kostenlos) regelmäßig nicht im Internet. Im Hinblick auf Internetquellen fehlt es oftmals an einer von Verlagen und Herausgebern durchgeführten **Qualitätskontrolle**, weshalb insb. Studierende die warnenden Hinweise vor einem unkritischen Umgang ernst nehmen sollten.

17 Kostenfreie Ausgaben der **Gesetzestexte** u.a. des Kinder- und Jugendrechts finden sich, z.T. als Broschüre zum Herunterladen, auf den folgenden Portalen:
- http://www.gesetze-im-internet.de/
- https://www.bmfsfj.de/bmfsfj/service/publikationen/kinder--und-jugendhilfe/90470
- www.buzer.de

18 Das umfangreichste juristische Material in jeglicher Hinsicht (also Gesetzestexte, Entscheidungen, Aufsätze usw) findet sich unter www.juris.de sowie www.beck-online.de. Diese Datenbanken sind allerdings kostenpflichtig und werden nur vereinzelt in einigen Universitätsbibliotheken für Studierende kostenfrei zur Verfügung gestellt. Entsprechendes gilt für die juristischen Datenbanken anderer Verlage.

19 Ebenfalls kostenpflichtig (allerdings deutlich günstiger), aber fokussiert auf die Kinder- und Jugendhilfe ist das Modul KiJuP-online – Recht der Kinder- und Jugendhilfe des Deutschen Instituts für Jugendhilfe und Familienrecht eV (DIJuF) und des Nomos Verlags. Neben dem Frankfurter Kommentar zum SGB VIII werden hier weitere für das Arbeitsfeld Kinder- und Jugendhilfe relevante Kommentare, Lehrbücher und Monographien zu den materiellen und verfahrensrechtlichen Aspekten des Kinder- und Jugendhilferechts sowie die Zeitschrift JAmt und die Themen- und Rechtsgutachten des DIJuF zugänglich gemacht.

20 Seit einigen Jahren ist die relevante **Rechtsprechung** im Internet auffindbar, wenn man die Gerichtsbezeichnung, das Datum, das Aktenzeichen oder entsprechende zentrale Stichworte der Entscheidung kennt (deswegen wird in dem vorliegenden Lehrbuch bei

1.3 Internetquelle

Entscheidungen ab ca. 2000 das Datum und das Aktenzeichen angegeben). Die Internetadressen der europäischen Gerichte und der obersten Bundesgerichte sind Folgende:
- EuG und EuGH: https://curia.europa.eu
- Bundesverfassungsgericht: https://bundesverfassungsgericht.de
- Bundesgerichtshof: https://www.bundesgerichtshof.de
- Bundesverwaltungsgericht: https://bverwg.de
- Bundessozialgericht: https://bundessozialgericht.de

Im Übrigen sei insoweit verwiesen auf kostenlose juristische Datenbanken, z.B.
- https://dejure.org (Juristischer Informationsdienst)
- https://openjur.de

Ministerien und andere Institutionen 21
- Bundesministerium für Familie, Senioren, Frauen und Jugend [https://bmfsfj.de]
- Bundesjustizministerium [https://www.bmjv.de]
- Deutsches Institut für Jugendhilfe und Familienrecht [https://www.dijuf.de]
- Deutsches Jugendinstitut [https://www.dji.de]

Fachverbände der Kinder- und Jugendhilfe, z.B. 22
- AFET – Bundesverband für Erziehungshilfe e.V. [https://afet-ev.de/]
- AGJ – Arbeitsgemeinschaft für Kinder- und Jugendhilfe [https://www.agj.de/]
- DVJJ – Deutsche Vereinigung für Jugendgerichte und Jugendgerichtshilfen e.V. [https://www.dvjj.de/]
- IGfH – Internationale Gesellschaft für erzieherische Hilfen [https://igfh.de/]

Weitere für die Kinder- und Jugendhilfe interessante Online-Portale und Links 23
- https://familienhandbuch.de
- https://familienportal.de/
- https://www.fruehehilfen.de/
- https://www.jugendhilfeportal.de
- https://www.jugendmigrationsdienste.de/
- http://www.netzwerk-kinderrechte.de/
- https://www.sgbviii.de/

1. Teil: Grundlegung

1 Die Lebenslagen von Kindern, Jugendlichen, jungen Menschen und ihren Familien sind Gegenstand des Kinder- und Jugendhilferechts, das Verfassungsrecht liefert den rechtlichen Grundrahmen, der von der Politik gestaltet wird (Kap. 2). In diesem Rahmen gilt das Kinder- und Jugendhilferecht für – fast – alle jungen Menschen in Deutschland. In Kap. 3 - 5 werden wesentliche Begrifflichkeiten, Grundstrukturen und Normkonstruktionen des SGB VIII sowie einige (gesellschaftliche und rechtliche) Spannungsverhältnisse erläutert, die für das Verständnis des Arbeitsfeldes Kinder- und Jugendhilfe und seiner im Teil 2 und 3 des Lehrbuches ausführlich behandelten Teilgebiete unverzichtbar sind.

2. Kindheit und Jugend: Die Situation, Verfassung, Politik

1 Die Reichweite des Kinder- und Jugendhilferechts hängt von der realen Situation von Kindern, Jugendlichen und ihren Familien ab. Die Kenntnis über ihre Lebenslagen (dazu Kap. 2.1) ist deswegen nicht nur orientierend, sondern auch bedeutsam für die Wirkung von Recht. Das SGB VIII als Sozialrecht wird gestaltet durch kinder- und jugendpolitische Vorstellungen, die eng mit der Familienpolitik verbunden sind. Diese Vorstellungen müssen sich innerhalb der verfassungsrechtlichen Vorgaben (dazu Kap. 2.2) bewegen. Aktuell wird deshalb die Frage diskutiert, ob und in welcher Weise spezifische Kinderrechte im Grundgesetz verankert werden sollten (Kap. 2.4). Hierzu ist es wichtig, auch den internationalen Kontext des Kinder- und Jugendrechts zu beleuchten (Kap. 2.3).

2.1 Die Situation von Kindern und Jugendlichen und ihren Familien

Einschlägige Bestimmungen:
- § 1 Abs. 3, §§ 2, 8 und 9 SGB VIII

2 Es ist nicht immer einfach, sich die relevanten Informationen zur Situation von jungen Menschen (und ihren Familien) in dieser Gesellschaft zu erschließen. Hier gibt es zunächst die einschlägigen statistischen Materialien des **Statistischen Bundesamts** (und entsprechender statistischer Landesämter). Soweit nicht anders angegeben, sind die hier wiedergegebenen empirischen Daten den Fachveröffentlichungen und Pressemeldungen des Statistischen Bundesamtes entnommen (vgl. www.destatis.de).

3 Gutes Informationsmaterial findet sich auch in den **Familienberichten** (zuletzt *BMFSFJ* 8. Familienbericht 2012) und den **Kinder- und Jugendberichten** (zuletzt *BMFSFJ* 15. KJB, 2017, s.a. BT-Drs. 18/11050). Diese Berichte werden vom zuständigen Ministerium (Kap. 15.6) veröffentlicht. Die Berichte werden von Sachverständigenkommissionen (die vom zuständigen Ministerium berufen werden) erarbeitet, sind also keine »Regierungsberichte«. In jeder Legislaturperiode muss gemäß § 84 SGB VIII »ein Bericht über die Lage junger Menschen und die Bestrebungen und Leistungen der Jugendhilfe« vorgelegt werden (zu den bisherigen Jugendberichten und ihren Themenstellungen *Schäfer/Weitzmann* in: FK-SGB VIII § 84 Rn 2). Über diese Berichte hinaus findet sich auch immer wieder in Bundestagsdrucksachen oder in von dem zuständigen

2.1 Die Situation von Kindern und Jugendlichen und ihren Familien

Ministerium herausgegebenen Material Informationen über die Situation von Kindern und Jugendlichen, oft beruhend auf entsprechenden Anfragen der Bundestagsfraktionen.

Von Bedeutung sind schließlich die zahlreichen **wissenschaftlichen Veröffentlichungen**. Besondere Bedeutung in der Jugendhilfe kommt der Arbeit des Deutschen Jugendinstituts (DJI) zu, da es dessen Aufgabe ist, sich forschend mit dem gesamten Bereich der Jugendhilfe zu befassen. Dies geschieht etwa im Rahmen des auf 7 Jahre (2014–2020) ausgelegten Projekts »Jugendhilfe und sozialer Wandel – Leistungen und Strukturen«, so dass aus dem DJI einschlägige Publikationen entstehen (www.dji.de). Über die Fachwelt hinaus bekannt wurden insb. die Ergebnisse der sog. Shell-Studien (zuletzt 18. Jugendstudie 2019 »Eine Generation meldet sich zur Wort«, *Shell Deutschland* 2019; zur 17. Jugendstudie 2015 s. *Albert* et al. 2015; *Leven/Quenzel/Hurrelmann* 2015) und die Sinus-Jugendstudien (»Wie ticken Jugendliche«, *Calmbach* et al. 2016), die in regelmäßigen Abständen von 4-5 Jahren junge Menschen (in den Shell-Studien im Alter zwischen von 12 bis 25 Jahren, in den Sinus-Studien im Alter zwischen 14 und noch nicht 18 Jahren) zu ihrem Alltag, ihrer Lebenssituation, ihren Erwartungen, Wert- und Glaubensvorstellungen sowie ihrer Einstellung zur Gesellschaft und Politik befragen. Einen aktuellen Überblick über die klassischen und derzeitigen Themen der Jugendforschung fassen *Gaupp/Berngruber* in der ZJJ 2019, 133 ff. zusammen.

Insgesamt leben derzeit in Deutschland etwa 83 Mio. Bürger*innen, die sich auf etwa 41 Mio. Haushalte aufteilen. In nur etwa 11,6 Mio. davon lebt mindestens ein mj. Kind. Insgesamt betrug Ende 2018 die Anzahl der mj. Kinder in Familien etwa 13,5 Mio.; die Zahl der jungen Volljährigen zwischen 18 und noch nicht 27 Jahre betrug knapp 8.3 Mio. (*Statistisches Bundesamt* 2019). Betrachtet man die **demographische Entwicklung,** so zeigt der langfristige Verlauf, dass die Geburtenzahl auf einem niedrigen Niveau verbleibt (ausführlich und instruktiv zum demografischen Wandel und seinen Auswirkungen auf junge Menschen s. *Bürger* 2015 und aktualisiert in ZJJ 2019, 247 ff.): Die durchschnittliche Kinderzahl ist auf unter zwei Kinder gesunken. Damit liegt Deutschland im europäischen Vergleich im unteren Drittel und zählt zu den »kinderarmen« Ländern der Welt. Die Geburtenrate je 1.000 Einwohner ist von ca. 11,5 im Jahre 1980 auf ca. 8,4 (2014) zurückgegangen und mittlerweile seit 2011 leicht wieder auf mittlerweile 9,5 (2017) gestiegen (zum Vergleich Irland 12,5; Schweden 11,5; Italien 7,6). Das sind gegenwärtig 1,57 Kinder je Frau. Die Anzahl der lebend geborenen Kinder hat zwar 2018 gegenüber den Vorjahren wieder leicht zugenommen, das sog. Geburtendefizit (d.h. Differenz aus Geburten und Sterbefällen) beträgt aber weiterhin etwa 150 000 bis 180 000 (*Statistisches Bundesamt* 2019). Während der **Anteil der jungen Menschen** unter 20 Jahren an der Bevölkerung von 30,4 % im Jahr 1950 auf 18,4 % im Jahr 2017 gesunken ist, nimmt die Altersgruppe der über 65-Jährigen u.a. aufgrund der Verlängerung der Lebenserwartung immer weiter zu. Die Gruppe der Kinder und Jugendlichen entwickelte sich demgegenüber zu einer Minderheit in unserer Gesellschaft. Dies galt insb. für die deutsche Bevölkerung ohne Migrationshintergrund; die Bevölkerungsgruppe der Familien mit Migrationshintergrund dagegen ist in ihrer Zusammensetzung relativ jung. Während bezogen auf die Gesamtbevölkerung der Anteil der Personen mit Migrationshintergrund im Jahr 2017 23,6 % beträgt, liegt er bei der Gruppe der 15- bis 20-Jährigen bei 30,8 % (*Statistisches Bundesamt* 2018, 35). Aber selbst die vorübergehend hohe Zuwanderung in den letzten Jahren (mit Höchstzahlen 2015 von 2,1 Mio., seitdem wieder abnehmend) schlägt sich zwar kurzzeitig in einem (unter Berücksichtigung der hohen Auswanderzahlen) leichten (Netto-)Anstieg der Bevölkerungszahl nieder, hat aber nur sehr begrenzte Auswirkungen auf die langfristige Bevölkerungsentwicklung. Nach den Ergebnissen der jüngsten Bevölkerungsvorausrechnung des Statistischen Bundesamtes (*Statistisches Bundesamt* 2019a; hierzu *Bürger* ZJJ 2019, 247 ff.) wird damit gerechnet, dass die Bevölkerungszahl der Bundesrepublik in der Langfristperspektive von 83,2 Mio. im Jahr 2019 auf 78,2 Mio. im Jahr 2060, und damit über einen Zeitraum von 40 Jahren um 6 Prozent rückläufig sein wird. Anlass zur Sorge geben dabei vor allem die gravierenden Verschiebungen in den Anteilen der Altersgruppen. Auch wenn sich in der jüngeren Zeit der Anteil junger Menschen unter 20 Jahren zu stabilisieren scheint, wird der Trend zur zunehmenden Alterung der Bevölkerung nicht umgekehrt (*Bundesinstitut für Bevölkerungsforschung* 2016; *Statistisches Bundesamt* 2016 und 2019). Der Anteil der jungen Menschen unter 20 Jahren wird voraussichtlich bis 2030 relativ stabil bleiben, danach aber bis zum Jahr 2050 wieder kontinuierlich zurückgehen, während die älteren Bevölkerungsgruppen der über 65-Jährigen deutlich zulegen wird. Die Umbrüche im demografischen Wandel laufen zum einen darauf hinaus, dass »junge Menschen vermehrt zu einem »knappen Gut« für die Gesellschaft und ihr Gemeinwesen werden. Zugleich geraten Kinder, Jugendliche und Heranwachsende stärker in die Rolle einer Minderheit, deren Interessen und Bedürfnisse in mancherlei Hinsicht nicht deckungsgleich mit denen der anderen Alters- und Bevölkerungsgruppen sind« (*Bürger* ZJJ 2019, 249 f.). Dies wird »unausweichlich zu Verteilungskonflikten zwischen den beiden genannten Altersgruppen führen, …[d]eren politische Bearbeitung … angesichts der objektiven Problemstellungen im demografischen Wandel Gefahr [läuft], in den kommenden Jahrzehnten vermehrt zu Lasten der jungen Menschen und ihrer Familien zu gehen.….Entgegen einer auf den ersten Blick plausiblen Annahme erfordert der demografische Wandel und der damit verbundene Rückgang in der Zahl der jungen Menschen gerade jetzt nicht weniger, sondern mehr Engagement und mehr Investitionen in Kinder und Familien« (*Bürger* ZJJ 2019, 251 f.; zu den klassischen und aktuellen Themen aus Sicht der Jugendforschung s. *Gaupp/Berngruber* ZJJ 2019, 133).

6   Die Mehrheit (knapp 70%) der mj. Kinder wächst derzeit bei verheirateten Eltern auf, knapp 19% der Kinder/Jugendlichen bei einem alleinerziehenden Elternteil. 2017 gab es rund 77.000 Ehescheidungen von denen Kinder und Jugendliche betroffen waren. Seit 2011 nimmt die Zahl der mj. Scheidungskinder in Deutschland wieder leicht ab und betrug zuletzt (2017) unter 125.000, die Anzahl der Alleinerziehenden betrug rund 2,6 Mio. Nichteheliche Geburt, Verheiratung, Trennung, Scheidung bringen es mit sich, dass Kinder im Verlauf ihres Kinderlebens einen **Wechsel von Familienformen** erleben: vom alleinerziehenden Elternteil zu verheirateten, zusammenlebenden Eltern, zum wiederum alleinerziehenden Elternteil und zur neuen Stieffamilie (zum Wandel der Familienformen s. *Peukert* 2012). In diesen Veränderungen der verschiedenen Familienformen sind Kinder und Jugendliche bisweilen das einzig »Stabile«. Dies geht aber nicht selten einher mit einer emotionalen Überforderung und Instrumentalisierung von Kindern und Jugendlichen (z. B. als Partnerersatz, in Elternauseinandersetzungen).

7   Innerhalb der Familien ist es zu einer allmählichen **Veränderung des Erziehungsklimas** gekommen, weg von rigiden, autoritären Erziehungsstilen hin zum eher partnerschaftlichen Verhältnis, zum »Aushandeln von Verhalten« zwischen Familienmitgliedern. Auch diese Entwicklung hat zwei Seiten. Deutlich wird das dort, wo die Erwachsenen ihrer Aufgabe als Eltern, die sich aus den strukturellen Unterschieden zwischen Kindern und Erwachsenen ergibt, nicht gerecht werden. Dies führt einerseits zu einer stei-

2.1 Die Situation von Kindern und Jugendlichen und ihren Familien

genden Verunsicherung, Orientierungslosigkeit bis hin zur kindeswohlgefährdenden Vernachlässigung, bewirkt andererseits Entwicklungschancen für Kinder und Jugendliche, sich aus traditionellen, den Kindern selbst nicht zugänglichen Zuschreibungen zu lösen.

Auch jenseits des Aufwachsens in der Familie ergeben sich für junge Menschen tiefgreifende Veränderungen. Die Begriffe **Kind(heit)** und **Jugend** bezeichnen sozialwissenschaftlich – mittlerweile als eigenständig angesehen – Lebensphasen und zwar unabhängig von der gesetzlichen Definition (hierzu Kap. 3.1.4). Sie sind geprägt durch besonders dynamische und mitunter widersprüchliche biologische, psychologische und soziale Prozesse sowie vom Stand und der Entwicklung der jeweiligen Gesellschaft. Besonders erkennbar wird dies bei der **Verlängerung und Wandlung der Lebensphase Jugend** (Hurrelmann 2012; *Leven/Quenzel/Hurrelmann/* 2015; *Trenczek/Goldberg* 2016, 25 ff.). War ehedem die Jugendphase eine Übergangszeit zwischen Beendigung der Schulausbildung und Abschluss der beruflichen Ausbildung (die wiederum Voraussetzung für wirtschaftliche Selbstständigkeit und damit der Möglichkeit, einen eigenen Haushalt zu gründen, war), so hat sich diese Phase heute erheblich ausgeweitet. Dies hängt mit dem größeren Stellenwert von Bildung und Ausbildung zusammen, aber auch damit, dass die Einmündung in Beschäftigung und wirtschaftliche Selbstständigkeit nicht ohne Weiteres gegeben ist. Insofern umfasst die Jugendphase gegenwärtig eher die Altersgruppe der bis 30jährigen und ist damit keine Übergangsphase mehr, sondern Ausdruck einer eigenständigen Lebensphase (*Shell Deutschland* 2019 und 2015).

Kindheit erfährt in Deutschland durch den **Ausbau der Tagesbetreuung** eine zunehmende **Institutionalisierung** (*Nentwig-Gesemann* et al. 2016). Seit einigen Jahren nehmen Eltern Angebote der Förderung in Tageseinrichtungen und in Kindertagespflege (hierzu §§ 22 ff. SGB VIII, Kap. 8) nicht nur die KiTa-Plätze ab 3 Jahren bis zum Schuleintritt, sondern vermehrt auch für ihre Kinder im Alter ab Vollendung des ersten Lebensjahrs wahr (vgl. auch § 10 Abs. 1 Nr. 3 SGB II: Verpflichtung zur Vermeidung von Bedürftigkeit eine Berufstätigkeit und zur Ermöglichung die Betreuung in einer Tageseinrichtung anzunehmen).

Einen Bedeutungszuwachs hat die **Bildung und Ausbildung** erfahren. Dies gilt sowohl für Beschäftigung und Integration als auch für die Entwicklungschancen junger Menschen. Ab dem Schuleintritt ist zentraler Sozialisationsort für Kinder und Jugendliche die **institutionalisierte schulische Bildung**. Festzustellen ist nicht nur eine im historischen Vergleich deutliche Verlängerung der Schulzeit, die Schule wird zum Lebensort (vgl. bereits 14. KJB 2013 BT-Drs. 17/12200, 41 ff.). Der Schulabschluss bleibt der Schlüssel zum Erfolg (*Leven/Quenzel/Hurrelmann* 2015, 67). Insgesamt zeigt sich ein anhaltender Trend zu höheren Bildungsabschlüssen (*Autorengruppe Bildungsberichterstattung* 2018, 120). Hauptschulabschlüsse sind von 27 % (2006) auf 21 % (2016) zurückgegangen, andererseits erwarben 41 % der Schulabgänger die Hochschulreife, davon rund ein Drittel in beruflichen Schulen. Andererseits darf nicht übersehen werden, dass in Deutschland Schulerfolg und Schuldabschluss sehr stark von der sozialen Herkunft und dem Bildungsstand der Eltern bestimmt ist, wobei die Unterschiede von den Schulen nicht hinreichend kompensiert werden (können). So ist die Schülerschaft von Haupt-, Real- und Gesamtschulen in stärkerem Umfang von sozial benachteiligten und Jugendlichen mit Migrationshintergrund geprägt, als dies für Gymnasien der Fall ist (*Autorengruppe Bildungsberichterstattung* 2018, 90 ff.). Zudem ist festzustellen, dass eine nicht zu vernachlässigende Zahl von Jugendlichen (insb. aus sozial benachteiligten Bevölkerungsschichten und/oder mit Migrationshintergrund) die Schule schwänzt oder sogar längerfristig den Schulbesuch verweigert (Schulabsentismus), was nicht nur entsprechende Ordnungswidrigkeitsverfahren zur Folge hat (*Mollik* 2016, 168; *Trenczek/ Goldberg* 2016, 39 f.). Etwa 6 % der Jugendlichen bleibt ohne Hauptschulabschluss (*Autorengruppe Bildungsberichterstattung* 2018, 120). Diese landen nicht selten im **Übergangs- und Auffangsystem** von außerbetrieblichen Ausbildungsstätten, schulischen Ausbildungen sowie zusätzlichen Angeboten unterschiedlichster Art. Das Fehlen einer beruflichen Ausbildung erhöht anschließend deutlich das Risiko der Arbeitslosigkeit beim Übergang in den Beruf. Durch den tiefgreifenden wirtschaftlichen Strukturwandel wurde die berufliche Zukunftsplanung für junge Menschen unberechenbarer, risikoreicher und hat Auswirkungen bereits weit in das Vorfeld der schulischen und beruflichen Bildung von Menschen. Für viele junge Menschen (insb. ohne Schulabschluss) ist die Einmündung in den Arbeitsmarkt zu einem prekären Prozess geworden.

11   **Armut** ist für eine zunehmende Zahl von Kindern und Jugendlichen zu einer zum Teil langfristigen Lebenserfahrung geworden (hierzu *Gathen/Liebert* 2016, 35 ff.; *Schneider/Stilling/Woltering* 2016; *Trenczek/Goldberg* 2016, 41 ff.; *Volf/Laubstein/Sthamer* 2019; *Zander* 2005). Dies zeigt sich (seit 1.1.2005 – Inkrafttreten des SGB II) vornehmlich am Sozialgeldbezug, der häufig als Kriterium für die Grenze zur Armut herangezogen wird (zu einem kindergerechten Armutsbegriff vgl. *Lutz* np 2004, 42 ff. dazu auch BVerfG 9.2.2010 - 1BvL 1/09, 1 BvL 3/09, 1 BvL 4/09). Nach den Angaben der Bundesagentur für Arbeit hat sich der Anteil der Kinder (unter 18 Jahren), die auf Leistungen nach dem SGB II (»Hartz IV«) angewiesen sind, im Juni 2017 im Bundesdurchschnitt auf 14,6 Prozent erhöht (mit deutlichen regionalen Unterschieden zwischen 7,5 und 32 %). In absoluten Zahlen bedeutet dies, dass mehr als 1,9 Mio. Mj. von SGB II leben mussten (*Bundesagentur für Arbeit* 2017; *Sells/Baumann/Höhne* 2017). Besonders betroffen sind Kinder in Haushalten von Alleinziehenden sowie Familien mit mehreren Kindern (*Bertelsmann-Stiftung* 2016, 6; *Schneider/Stilling/Woltering* 2016, 24). Die Armuts- und Reichtumsberichte der Bundesregierung (2001, 2005, 2008, 2013 und zuletzt 5. Bericht *BMAS* 2017) sowie die Bildungsberichte (vgl. *Autorengruppe Bildungsberichterstattung* 2018) haben deutlich gemacht, dass Armut nicht nur eine materielle Dimension, sondern andauernde Armutserfahrungen vor allem auch negative Auswirkungen hinsichtlich von Bildungs- und Teilhabechancen und die Entwicklung von Kindern hat.

12   Außerhalb von Familien, Schule / Ausbildung ist die Freizeit der Bereich, in dem Kinder und Jugendliche ihre individuelle Selbstentfaltung erproben können. Veränderungen kennzeichnen auch dieses Feld: Der **Freizeitbereich** wird zunehmend **kommerzialisiert**. Die Freizeitindustrie vermittelt das Bild, dass sich die Freizeitaktivitäten von jungen Leuten an Orten des Konsums, in Diskotheken, Kinos, Fitnessstudios usw abspielen. Dabei kann es bei einem gleichzeitigen Abbau von nichtkommerziellen Freizeitangeboten und Lebensräumen in den Kommunen nicht ausbleiben, dass sich die Möglichkeiten gerade arbeits- und einkommensloser Jugendlicher, am öffentlichen oder kommerziellen Freizeit- und Kulturangebot teilzuhaben, immer stärker reduzieren (*Trenczek/Goldberg* 2016, 42 ff.).

13   Eine besondere Bedeutung in diesem Zusammenhang haben die neuen **Medien** und die **Informationstechnologien** gewonnen (**Digitalisierung der Gesellschaft**). Der 15. Kinder- und Jugendbericht (2017) spricht von einem digital-vernetztem Leben Jugendli-

cher. Digitale Medien sind mittlerweile selbstverständlicher Teil des alltäglichen Lebens von jungen Menschen: 97% der 12- bis 19-Jährigen besitzen ein Smartphone, 94% nutzen es täglich (*Feierabend/Rathgeb/Reutter* 2018, 31), wobei insb. im Hinblick auf den Zugang zum Internet und im Nutzungsverhalten durchaus Unterschiede feststellen lassen (*Tillmann* DJI Impulse 1/2017, 16 ff.; *Shell* 2019, 31 ff.). Digitale Medien erfüllen für Jugendliche dabei vielfältige Funktionen (Kontaktpflege, Informationszugang, Autonomie- und Erprobungsräume, Selbstinszenierung, Unterhaltung, soziale, kulturelle und politische Teilhabe, ...). Den mit den »neuen Medien« und Informationstechnologien verbundenen Möglichkeiten und Chancen stehen ebenso zahlreiche Gefährdungsmomente und Risikopotentiale gegenüber (z.B. Verbreitung rechtsextremer Ideologien, gewaltverherrlichende Inhalte; Suchtverhalten, Vereinsamung und digitale Parallelwelten), wobei der verantwortliche Umgang mit den digitalen Medien stark von der sozialen Herkunft und der Bildung geprägt bzw. beeinflusst wird. Je höher die soziale Herkunft von Jugendlichen, desto stärker nutzen sie das Internet zu Informationszwecken, etwa für Schule, Ausbildung oder Beruf oder über Themen zu Politik und Gesellschaft. Das Internet entfaltet Möglichkeiten der Kommunikation, das permanente Online-sein fordert junge Menschen aber auch und kann mit einem Gefühl, etwas zu verpassen oder verpassen zu können einhergehen. Private und öffentliche Sphären verschwimmen und die jungen Menschen sind Konsumenten und Produzenten zugleich. Teilweise sind auch Anzeichen eines Abhängigkeitsverhältnisses von Internet und Smartphone zu erkennen. Die Qualifizierung im Umgang mit digitalen (nur vermeintlich »sozialen«) Medien und der Online-Welt insgesamt ist eine pädagogische Aufgabe, nicht zuletzt in Bezug auf Prozesse der Meinungsbildung, Rezeption von Information und Achtung von Interessen anderer (ausführlich *Leven/Schneekloth* 2015, 111 ff.; *Moser* 2019; *Rosenkranz* et al. 2013; s. Kap. 6.3).

Wenn sich so auch allgemeine Entwicklungslinien für alle Kinder und Jugendliche zeigen, so sind hier auch Differenzierungen zu beachten. Dies zeigt sich etwa hinsichtlich der geschlechtsspezifischen Unterschiede. **Mädchen** wachsen immer noch unter Bedingungen auf, die sie in der Tendenz **strukturell benachteiligen**. Zwar ist nicht zu verkennen, dass sich für Mädchen in den letzten Jahrzehnten die Möglichkeiten zur Entfaltung verbessert haben, sie werden aber weiterhin mit tradierten Rollenbildern konfrontiert und in höherem Maße als Jungen in ihrer Entwicklung eingeschränkt und sozial kontrolliert. Mit § 9 SGB VIII ist die Jugendhilfe verpflichtet, die geschlechtsspezifische Lebenssituation und die Benachteiligung von Mädchen in ihrer Arbeit zu berücksichtigen.

Spezifisch ist auch die Lebenssituation von **Kindern und Jugendlichen mit Migrationshintergrund** (vgl. *Trenczek/Goldberg* 2016, Kap. 2.1.2.8, S. 56 ff. m.w.N.). Man spricht von einem Migrationshintergrund, wenn die Person selbst oder mindestens ein Elternteil nicht mit deutscher Staatsangehörigkeit geboren ist. Hierzu gehören alle Ausländer*innen, (Spät-)Aussiedler*innen und Eingebürgerten, ebenso wie Personen, die zwar mit deutscher Staatsangehörigkeit geboren sind, bei denen aber mindestens ein Elternteil nichtdeutscher Staatsangehörigkeit oder eingebürgert ist. Mit dem Migrationsansatz wird auf den besonders auch für die Kinder- und Jugendhilfe wichtigen Aspekt der Zuwanderung bzw. Herkunft (eigene, der Eltern) abgestellt und nicht auf die staatsrechtliche Frage der Nationalität. Der Anteil von Personen mit Migrationshintergrund ist bei Kindern und Jugendlichen überdurchschnittlich hoch: Beträgt er in der Gesamtbevölkerung etwas weniger als ein Viertel, so liegt er bei den 0-5 Jährigen derzeit bei 39%, bei den 5-10 Jährigen unter 38%, den 10-15-Jährigen bei knapp 36%

und bei den 15-20-Jährigen etwas über 30%, jeweils mit z. T. erheblichen regionalen Unterschieden. Die meisten dieser Kinder und Jugendlichen wurden schon in Deutschland geboren und sind deutsche Staatsangehörige. Bei den unter 10-Jährigen sind 83% Deutsche, von den 10- bis 15-Jährigen knapp 80% und bei den 15- bis 20-Jährigen immer noch fast zwei Drittel. Über eine eigene Migrationserfahrung im engeren Sinne (insb. Flucht, Vertreibung, ...) verfügen relativ wenige Personen, nur etwa 6,5% der deutschen Bevölkerung mit Migrationshintergrund und knapp 10% der ausländischen Bevölkerung in Deutschland. Auch darüber hinaus handelt es sich bei den in Deutschland lebenden Menschen mit Migrationshintergrund um eine durchaus heterogene Gruppe. Sie besteht aus Kindern und Jugendlichen von ausländischen Arbeitnehmern, Asylbewerbern, Geflüchteten und Aussiedlern aus osteuropäischen Ländern. Die quantitativ größte Gruppe stellen die Kinder und Jugendlichen ausländischer Arbeitnehmerfamilien. Ihre Lebenslage unterscheidet sich von denen deutscher junger Menschen ohne Migrationshintergrund deutlich. So konzentrieren sich ausländische Familien in bestimmten Wohnquartieren mit der Folge sozialer Ab- und Ausgrenzung. Kinder in diesen Familien wachsen häufiger in anderen Familienstrukturen auf (Mehrgenerationenfamilie, höhere Anzahl von Kindern, eingeschränkte materielle Situation, z. T. stark tradierte Rollenzuweisungen). Als weiteres Belastungselement kommt hinzu, dass diese Mj. lernen müssen, gleichzeitig mit zwei unterschiedlichen Kulturen umzugehen. Die Zugehörigkeit zu einer besonderen ethnischen Gruppe bedeutet den Status einer Minderheit mit häufig geringer sozialer Anerkennung, Tendenzen sozialer Diskriminierung, Benachteiligung und Ausgrenzung. Personen mit Migrationshintergrund haben häufiger einen schlechteren Bildungsstand als Personen ohne Migrationshintergrund, sind fast doppelt so häufig erwerbslos oder gehen häufiger nur geringfügigen Beschäftigungen nach, müssen also mit einem deutlich geringeren Haushaltseinkommen auskommen (Statistisches Bundesamt 2018). Viele Familien mit Migrationshintergrund leben demnach in prekären Lebenssituationen, die sich belastend auf die Entwicklungs- und Bildungsprozesse der Kinder und Jugendlichen auswirken können (*Autorengruppe Bildungsberichterstattung* 2018, 38 f.).

16 Die Lebenslagen von **jungen Menschen mit Behinderungen** rücken in der Kinder- und Jugendhilfe so richtig erst mit der 2009 als nationales Recht geltende **UN-BRK** (s. Kap. 2.3.4) in den Blickpunkt (vgl. *Gaupp/Bernhuber* ZJJ 2019, 136). In wie vielen Familien Kinder und Jugendliche mit einer schweren körperlichen und geistigen Behinderung leben, ist nicht genau bekannt (vgl. BT-Drs. 18/7672, 2). Von den zum Ende des Jahres 2017 in Deutschland lebenden etwa 7,8 Mio. Menschen mit einer Schwerbehinderung (von mehr als 50%) waren 182.275 unter 18 Jahre und 121.408 zwischen 18 und 25 Jahre alt. Im Hinblick auf die Gesamtzahl der Menschen mit Behinderungen machen die Mj. damit zwar nur einen kleinen Teil von etwa 2,3% (und 1,6% bei den zwischen 18 und 25-Jährigen) aus. Auch im Hinblick auf die insg. 13,5 Mio. Kinder und Jugendlichen sind diejenigen mit einer schweren Behinderung eine relativ kleine Gruppe von 1,35% (bzw. 1,9% bei den jungen Menschen zwischen 18 und 25 Jahren). Andererseits macht die Betreuung und Förderung eines behinderten Kindes einen sehr großen Anteil der zu leistenden Familienarbeit aus, der Alltag ist nicht selten von finanziellen und persönlichen Sorgen sowie insb. Sorgen um die Zukunft des Kindes, von Überforderung und von mangelnder Unterstützung geprägt (hierzu vgl. *Raila* 2012). Auf der anderen Seite ist das staatliche Unterstützungs- und Regelungssystem für Menschen mit Behinderungen in unterschiedliche Bereiche aufgesplittert, in Sozialleistungen (u. a. Kranken- und Pflegeleistungen, Eingliederungshilfen

2.1 Die Situation von Kindern und Jugendlichen und ihren Familien

und Existenzsicherung, Hilfen im Hinblick auf die Wohnung), schulrechtliche Bestimmungen und Leistungen im Rahmen von Ausbildung und Beruf, steuerrechtliche Erleichterungen und sonstige Nachteilsausgleichsregelungen und für die Adressat*innen ohne professionelle Hilfe nicht durchschaubar (*Kruse* 2016). Von der Kinder- und Jugendhilfe kommt bislang kaum Hilfe. Zu den Jugendhilfeleistungen gehören seit 1993 zwar auch die Eingliederungshilfen für seelisch behinderte Kinder und Jugendliche nach § 35a SGB VIII (hierzu Kap. 9.3), während spezifische Leistungen aufgrund einer körper- und geistiger Behinderung derzeit noch nicht vom SGB VIII umfasst sind, sondern im Rahmen der Eingliederungshilfe nach §§ 53 ff. SGB XII von der Sozialhilfe erbracht werden (s. Kap. 4.2.2). Das führt in der Praxis zur Exklusion von Bedarfslagen junger Menschen, bei Mehrfachbehinderungen zu erheblichen Abgrenzungs- und Zuständigkeitsproblemen (»Verschiebebahnhöfe«; vgl. bereits 13. Kinder- und Jugendbericht der Bundesregierung) und damit letztlich zu Versorgungslücken (zum Reformbedarf s. Kap. 3.2.3.1).

Der Anteil der jungen Menschen, die sich nach eigenen Angaben sozial und/oder politisch engagieren, scheint ausweislich der Shell-Jugendstudien über die Jahre insgesamt rückläufig zu sein (*Shell* 2019, 19 f.). Zwar engagiert sich ein Teil besonders aktiv, während eine größer werdende Gruppe sagt, dass sie überhaupt kein Interesse an einem gesellschaftlichen Engagement haben. Für die Jugendlichen in Deutschland ist insgesamt eine pragmatische Grundorientierung kennzeichnend. Sie sind weiterhin bereit, sich in hohem Maße an Leistungsnormen zu orientieren, und hegen gleichzeitig den Wunsch nach stabilen sozialen Beziehungen im persönlichen Nahbereich. Zunehmend legt ein großer Teil der jungen Menschen Wert auf eine deutlich bewusstere Lebensführung, ihre Ansprüche an eine nachhaltige Gestaltung von Umwelt und Gesellschaft artikulieren sie z. T. deutlich. Problematisch sind die vor allem durch **soziale Herkunft** und **Bildungsniveau** gekennzeichneten Unterschiede insb. im Hinblick auf gesellschaftliche Teilhabe und populistische Einstellungen von immerhin eines knappen Drittels der Jugendlichen bis hin zu rechtsextremen/»deutsch-nationalen« Einstellungen eines (bislang noch kleineren) Teils der Jugendlichen.

Diese Schlaglichter machen deutlich, dass Kinder und Jugendliche in heterogenen, z. T. unübersichtlichen Lebenswelten aufwachsen (Pluralisierung und Diversität von Lebenslagen) und welche Herausforderungen von ihnen und ihren Familien zu bewältigen sind. Was Kind(heit) und was »Jugend bedeutet – und zwar sowohl für die Gesellschaft als auch für die jungen Menschen selbst – wird weitaus stärker durch die gesellschaftlichen Muster, durch die ›Vergesellschaftung‹ der Jugendphase bestimmt, als durch das Lebensalter selbst« (*Münchmeier* 2001, 816). Beide, Kind(heit) und Jugend sind deshalb als soziale Phänomene und inhaltlich nur transdisziplinär zu begreifen. Die »Vergesellschaftung des Subjekts« (*Geulen* 1977) im Laufe der Sozialisation erfolgt durch die Bewältigung einer Reihe von **Entwicklungsaufgaben**, womit kulturell und gesellschaftlich vorgegebene Erwartungen und Herausforderungen beschrieben werden, denen (junge) Menschen im Verlaufe ihrer Entwicklung entsprechen bzw. die sie bewältigen und dabei in ihrem Verhalten dokumentieren müssen (*Havighurst* 1948/1972, 43 ff.; *Oerter/Dreher* 2008, 279 ff.; vgl. auch das Lebensphasenkonzept sowie das Modell der produktiven Realitätsverarbeitung von *Hurrelmann* 2012 u. 2015). Solche Entwicklungsaufgaben verändern sich in Anpassung an den gesellschaftlichen Wandel im Laufe der Zeit und unterscheiden sich auch zwischen männlichen und weiblichen jungen Menschen (*Albert/Hurrelmann/Quenzel* 2015, 39 ff.).

19 Eine gelingende positive Entwicklung und soziale Integration und Inklusion (zu den Begriffen, s. Kap. 3.1.3) setzen dabei heute nicht mehr nur die Bewältigung der klassischen Entwicklungsaufgaben voraus, sondern darüber hinaus die Herausbildung positiver Potentiale zur Bewältigung sich wandelnder soziokultureller Herausforderungen (**Risikogesellschaft**). Hier muss (insb. öffentliche) Kinder- und Jugendhilfe ansetzen (zum gesetzlich normierten Ziel nach § 1 SGB VIII, s. Kap. 3.1.3), nicht nur bei Situationen, die die Entwicklung von Kindern und Jugendlichen gefährden, sondern zugunsten eines gelingenden Alltags (zum Ansatz der Lebensweltorientierung in der Sozialen Arbeit vgl. *Thiersch* 2014) von junger Menschen und Familien (§ 2 Abs. 1 SGB VIII; zur sozialen Anwaltschaft s. Kap. 3.1.3) frühzeitig mit Angeboten und Förderung zur Nutzung von (Entwicklungs-)Chancen und zum Abbau von Benachteiligungen sowie um dazu beitragen, positive Lebensbedingungen für junge Menschen und ihre Familien sowie eine kinder- und familienfreundliche Umwelt zu erhalten oder zu schaffen (s. § 1 Abs. 3 SGB VIII). Dieses Spannungsverhältnis zeigt sich auch auf der staatlichen und gesellschaftlichen Ebene, sowohl bei den verfassungsrechtlichen Vorgaben als auch im Hinblick auf die jugend- und rechtspolitischen Perspektiven (vgl. Kap. 2.2 und 2.4).

2.2 Kind, Eltern, Staat – Verfassungsrechtliche Grundlagen und politische Gestaltungsspielräume

Einschlägige Bestimmungen:

- Art. 2, Art. 6 GG; § 1 SGB VIII

20 Die verfassungsrechtlichen Überlegungen müssen sich inhaltlich-materiell (zu den formell-rechtlichen Aspekten, insb. den Gesetzgebungskompetenzen s. Kap. 3.1.2) auf die drei in diesem Zusammenhang Beteiligten beziehen: Auf Kinder / Jugendliche, also in rechtlicher Sicht noch Mj. (definiert als noch nicht Volljährige gemäß § 2 BGB, derzeit also noch nicht 18jährige und gem. § 1626 Abs. 1 BGB unter elterliche Sorge stehende Personen), auf die Eltern sowie auf den »Staat« (ausführlich *Jeand'Heur* 1993; *Jestaedt* in HB-KJH, Kap. 1.5; *Trenczek* et al. 2017a, 145 ff.). »Staat« (genauer gesagt: die »öffentlichen Träger«) umfasst insoweit auch die Kommunen als die im Wesentlichen für die Kinder- und Jugendhilfe verantwortlichen Selbstverwaltungsträger (s. Kap. 3.1.2; zur Doppelrolle der Kommunen vgl. *Trenczek* et al. 2018, 171 ff.). Lange Zeit befasste sich die Verfassungsrechtsdogmatik fast ausschließlich mit dem **Verhältnis Eltern und Staat** (vgl. z.B. die Entscheidungen BVerfG 20.10.1954 – 1 BvR 527/52 – BVerfGE 4, 52 ff.; BVerfG 10.3.1958 – 1BvL 42/56 – BVerfGE 7, 320 ff. – jeweils zur Frage der zulässigen/unzulässigen Eingriffe des Staates in das elterliche Erziehungsrecht). Alleiniger Bezugspunkt war hier **Art. 6 Abs. 2 GG** mit dem Spannungsverhältnis zwischen Elternrecht und staatlichem Wächteramt (*Münder* et al. 2020, Kap. 2).

21 Im Spannungsverhältnis **Minderjährige-Eltern-Staat** stellen sich für das Kinder- und Jugendhilferecht vornehmlich folgende **verfassungsrechtliche Fragen**:
- Können (oder gar: müssen) Mj. ausgehend von ihrem Persönlichkeitsrecht aus **Art. 2 Abs. 1 GG** eigenständige, elternunabhängige Rechte haben und damit auch eigene, unabhängige Zugänge zur Jugendhilfe, so dass es möglich ist, ihnen unmittelbare Rechte einzuräumen, ohne dass sie durch das »Nadelöhr der elterlichen Sorge« hindurch müssen?

2.2 Kind, Eltern, Staat – Verfassungsrechtliche Grundlagen

- Kann (oder gar: muss) Jugendhilfe eigenständig, unabhängig vom Willen und vom Wollen der Eltern auf dem Feld der Kinder- und Jugendhilfe tätig werden; hat sie einen eigenständigen, elternunabhängigen Auftrag?

Das **Elternrecht** unterscheidet sich von anderen Grundrechten dadurch, dass es kein Recht im Interesse (allein) der Eltern ist: »Eine Verfassung, welche die Würde des Menschen in den Mittelpunkt ihres Wertesystems stellt, kann bei der Ordnung zwischenmenschlicher Beziehungen grds. niemandem Rechte an der Person eines Anderen einräumen, die nicht zugleich pflichtgebunden sind und die Menschenwürde des Anderen respektieren« (BVerfG 29.7.1968 – 1 BvL 20/63, 31/66 und 5/67 – BVerfGE 24, 119, 144; ausdrücklich wiederholend BVerfG 1.4.2008 – 1620/04 Rn 71). Das BVerfG hat dabei klargestellt, dass Kinder/Mj. nicht Gegenstand elterlicher Rechtsausübung sind, sondern eigenständige Rechtssubjekte. Mit dem in Art. 6 Abs. 2 Satz 1 GG normierten Recht korrespondiert die Pflicht der Eltern gegenüber dem Kind, es zu pflegen und zu erziehen. Eltern haben deshalb ihr Handeln an dem Wohl ihrer Kinder auszurichten (BVerfG 1.4.2008 – 1 BvR 1620/04 – BVerfGE 121, 69 ff.). Art 6 Abs. 2 GG beschreibt vordringlich die **Verpflichtung und Verantwortung der Eltern**, für die Erziehung und den Schutz ihrer Kinder zu sorgen. Das Elternrecht ist mithin nicht nur oder vorrangig als Freiheitsrecht, sondern den Eltern als Verantwortung um das Wohl des Kindes willen gegeben und damit ein sog. **fremdnütziges** »Recht« im Interesse des Kindes (grundlegend *Böckenförde* 1980, 67 f.; vgl. *Jestaedt* HB-KJHR Kap. 1.5; *Trenczek* et al. 2017a, Kap. 3.1). Art. 6 Abs. 2 GG verknüpft das (Freiheits-)Recht mit der Verantwortung der Eltern (und nicht mit einem »Machtanspruch«) für die Pflege und Erziehung ihrer Kinder (BVerfG 13.06.1986 – 1 BvR 1542/84). Die Eltern haben zwar die Freiheit, Erziehungsziele und -methoden selbst zu bestimmen, sie sind aber verpflichtet, diese Freiheit im Interesse des Kindes auszuüben.

Kinder und Jugendliche sind nach dem Grundrechtsverständnis selbst autonome Rechtssubjekte, Wesen mit eigener Menschenwürde, mithin selbst **Grundrechtsträger** (BVerfGE 29.07.1968 – 1 BvL 20/63 – 24, 119 [144]) und verfügen deshalb grds. über alle Rechte, die sich aus den Freiheits-, Gleichheits- oder Verfahrensrechten des Grundgesetzes ableiten lassen (sog. Grundrechtssubjektivität; zur weitergehenden Diskussion über die Verankerung spezifischer Kinderrechte in das GG, s. Kap. 2.4). Einschränkungen gibt es lediglich im Hinblick auf die Staatsangehörigkeit: die sog. Jedermanns- und Menschenrechte (z.B. Art. 1–6 GG) gelten für alle Menschen, die sog. Bürgerrechte dagegen nur für deutsche Staatsangehörige (z.B. Art. 8 Abs. 1 GG »Alle Deutschen haben …«; hierzu *Trenczek* et al. 2018, Kap. 2.2.2, 117 f.) und aufgrund des EU-rechtlichen Diskriminierungsverbots (Art. 18 AEUV) auch für EU-Bürger (Kap. 2.3.1). Dies wird insb. im Hinblick auf die Rechtsstellung von jungen Ausländern zu berücksichtigen sein (s. Kap. 3.1.4).

Der Verfassungsgeber geht davon aus, dass »die Interessen des Kindes in aller Regel am besten von den Eltern wahrgenommen werden« (BVerfG 19.11.2014 – 1 BvR 1178 – FamRZ 2015, 112). Allerdings setzt das Recht den Eltern auch Grenzen und statuiert ein sog. »**staatliches Wächteramt**«, um den Schutz des Kindes – mitunter auch gegen die Interessen der Eltern - sicherzustellen (*Jeand'Heur* 1993; *Münder* et al. 2020, Kap. 9; *Trenczek* et al. 2017a, 147 ff.). Dieser Schutzauftrag ist bereits in § 1 Abs. 3 SGB VIII genannt und wird insb. in den allgemeinen Vorschriften nach §§ 8a f. SGB VIII konkretisiert (hierzu Kap. 4.3). Die **Kindeswohlgefährdung** (ausführlich Kap. 4.3.2) markiert die äußerste Grenze, an der ein Einschreiten aufgrund des staatlichen

Wächteramts erforderlich sein kann und zwar dann, wenn die Eltern nicht in der Lage und/oder nicht gewillt sind, diese Gefährdung zum Schutz des Kindes abzuwenden (s. Kap. 10.1.2 und 12.2.1).

25 In welchem Umfang die **Rechte von Minderjährigen** schon im Vorfeld dieser Markierung zu berücksichtigen sind, wurde über die Jahre hinweg von der Verfassungsrechtsprechung erarbeitet. Zentraler Ausgangspunkt war für das BVerfG die Aussage, dass »für die Ausübung höchstpersönlicher Rechte der Grundsatz zu gelten (hat), dass der zwar noch Unmündige aber schon Urteilsfähige die ihm um seiner Persönlichkeit willen zustehenden Rechte soll eigenständig ausüben können« (BVerfG 9.2.1982 –1 BvR 845/79 – BVerfGE 59, 360, 366). Mit dieser Aussage hat das BVerfG an die Eigenschaft des Kindes als Grundrechtsträger (s. Kap. 2.4) angeknüpft, konkret hinsichtlich der Schweigepflicht von (Schüler-) Beratern gegenüber den erziehungsberechtigten Eltern für die Fälle, in denen Mj. die vertrauliche Beratung nachgefragt haben. Das Verfassungsgericht hat diese Regelung akzeptiert, da nicht zu verkennen ist, dass in solchen Fällen eine Information der Eltern zu Reaktionen führen kann, die im Interesse des Kindeswohls nicht zu verantworten sind. Es kann im Interesse des Kindes geboten sein, dass der Berater auch den Eltern gegenüber schweigt, um das Vertrauensverhältnis zwischen ihm und dem Kind – und damit den Erfolg der Beratung – nicht in Frage zu stellen. Die damit verbundene Einschränkung des elterlichen Informationsrechts ist mit Art. 6 Abs. 2 GG vereinbar, denn der treuhänderische Charakter des elterlichen Erziehungsrechts bindet dieses an das Kindeswohl (BVerfG 9.2.1982 – 1 BvR 845/79 – BVerfGE 59, 360, 384).

26 In Fortsetzung dieser Linie hat das BVerfG später noch deutlicher für Gerichtsverfahren gefordert, dass die Interessen von Mj. nicht durch die Eltern (sondern durch einen eigenständigen, damals sog. Verfahrenspfleger) zu vertreten sind, wenn **Interessensgegensätze zwischen Eltern und Minderjährigen** denkbar sind (BVerfG 18.6.1986 – 1 BvR 857/85 – BVerfGE 72, 122 ff.; BVerfG 14.4.1987 – 1 BvR 332/86 – BVerfGE 75, 201 ff.) – was schließlich zur Einführung des **Verfahrensbeistands** nach §§ 158, 174, 191 FamFG führte (*Münder* et al. 2020, Kap. 9; *Hoffmann/Trenczek* in FK-SGB VIII § 50-Anhang Rn 79 ff.; *Salgo* et al. 2019).

27 Das gegen den Staat gerichtete Elternrecht steht der Zuweisung von Rechtspositionen an Mj. nicht entgegen (vgl. z.B. das Sozialgeld nach § 19 Abs. 1 Satz 2 SGB II; Eingliederungshilfen nach §§ 53 SGB XII; Ansprüche nach BaFöG), solange die vorrangige Elternverantwortung gewahrt bleibt (*Jestaedt* in HB-KJH, Kap. 1.5, Rn 117). Selbst dort, wo die Gesetze Mj. eigenständige Rechte einräumen (zu den Altersstufen im Recht s. *Trenczek* et al. 2018, 816 ff.), werden sie regelmäßig durch die Sorgeberechtigten vertreten.

> Im Hinblick auf ärztliche Untersuchungen und Eingriffe reicht die rechtsgeschäftliche Vertretungsmacht allerdings nicht aus; insoweit ist auch die eigene Einwilligungs- und Verstandesreife der/s Mj. zu berücksichtigen (BGH NJW 1964, 1177 f.; ausführlich zur ärztlichen Behandlung mj. Personen *Trenczek* et al. 2018, 775 ff.).

28 Für das SGB VIII lässt sich dementsprechend festhalten, dass aus verfassungsrechtlichen Gründen keine Bedenken bestehen, Mj. im Kontext der Jugendhilfe eigenständige, d.h. **elternunabhängige Rechtspositionen** einzuräumen. Klar allerdings ist als verfassungsrechtlich vorgegebene Grenze, dass die Kinder- und Jugendhilfe keine eigenständigen rechtlichen Kompetenzen etwa im Sinne eines staatlichen Erziehungsrechts erlangt. Ob der jeweilige Gesetzgeber – d.h. die jeweilige parlamentarische Mehrheit –

2.2 Kind, Eltern, Staat – Verfassungsrechtliche Grundlagen

die von der Verfassung eingeräumten Handlungsspielräume nutzt, weitere eigene Leistungsansprüche von Mj. zu normieren (hierzu s. Kap. 3.2.) wird von den jeweils familien-, kinder- und jugendpolitischen Vorstellungen abhängig sein. Damit ist auch das jetzige SGB VIII Ergebnis von Politik.

Kinder- und Jugendhilfe ist ein **Politikbereich,** der Beziehungen zu vielen anderen Bereichen hat. Wie das Verhältnis zu anderen Politikbereichen und damit Kinder- und Jugendpolitik selbst ausgestaltet wird, das ist wegen der Offenheit der verfassungsrechtlichen Grundlagen dem Gesetzgeber nicht vorgegeben. Die verschiedenen parlamentarischen Mehrheiten haben diesen Freiraum zu verschiedenen Zeiten verschieden genutzt (vgl. die Darstellung bei *Münder* et al. 2020, Kap. 2).

29

Allein die Tatsache, dass es das SGB VIII als eigenständiges Sozialleistungsgesetz gibt, weist darauf hin, dass **Kinder- und Jugendhilfepolitik** ein **eigenständiger Bereich** und keinem anderen Bereich untergeordnet ist. Gleichzeitig steht sie in **besonders enger Nähe zur Familienpolitik–** schon deswegen, weil 80% bis 90% aller Mj. in Familien aufwachsen. Aus diesem Grund bedarf es einer wechselseitigen Abstimmung und Ergänzung von Kinder- und Jugendpolitik sowie Familienpolitik. Diese beiden Politikbereiche sind auf Komplementarität angelegt. Kinder- und Jugendhilfe ist insofern als »Querschnittsaufgabe« zu verstehen. Ausgehend von diesem Verständnis umfasst Kinder- und Jugendpolitik viele Felder von Politik, nicht nur die klassischen Bereiche der Kinder- und Jugendhilfe, sondern auch z. B. den gesamten Schulbereich, den die Kinder und Jugendlichen betreffenden Arbeitnehmerschutz und den Schutz der Jugend in der Öffentlichkeit (zum JuSchG und dem sog. »gesetzlichen« Jugendschutz s. einführend *Tammen/Trenczek* 2018). Neben diesen deutlich auf Kinder und Jugendliche bezogenen Politikfeldern gehören dazu aber auch die Bereiche, die für das Aufwachsen und Leben von Kindern von Bedeutung sind, etwa der sozial-räumliche Erfahrungsbereich, die Ausbildung und Beschäftigung und nicht zuletzt wegen der ausländischen Kinder und Jugendlichen die Ausländerpolitik.

30

In einem weitesten Sinn gehören fast alle Bereiche von Politik dazu, da Kinder und Jugendliche die zukünftige Generation sind und deswegen von heutiger politischer Gestaltung mannigfach betroffen sind. Das führt zu der Forderung, dass sämtliche Gesetze (in denen politische Gestaltung Gesetzesform gewinnt) auf ihre Kinder- und Jugendverträglichkeit zu überprüfen sind. Mit der rechtsverbindlichen Rücknahme der früheren Vorbehaltserklärung durch die Bundesregierung am 15.07.2010 hat sich die Bundesrepublik Deutschland zu der aus Art. 3 Abs. 1 **UN-KRK** (hierzu s. Kap. 2.3.3) folgenden Verpflichtung bekannt, dafür Sorge zu tragen, dass »bei allen Maßnahmen, die Kinder betreffen, gleichviel ob sie von öffentlichen oder privaten Einrichtungen der sozialen Fürsorge, Gerichten, Verwaltungsbehörden oder Gesetzgebungsorganen getroffen werden, ... das Wohl des Kindes ... vorrangig zu berücksichtigen« ist. Es ist mithin auch Pflicht der Politik, dem **Kindeswohlvorrang** Geltung zu verschaffen, und es wird deutlich, dass Kinder- und Jugendpolitik weit über das SGB VIII hinausreicht. Die Kinder- und Jugendhilfe ist damit »Ausdruck öffentlicher Verantwortung« (so der 11. Jugendbericht – *BMFSFJ* 2002, 60) und das SGB VIII stellt den zu Gesetz gewordenen Kernbereich der Kinder- und Jugendpolitik dar.

31

Ungeachtet dessen hat es die KJH im alltäglichen Politikbetrieb und im Spannungsfeld unterschiedlichster Interessen nicht leicht, Gehör zu finden, um den Interessen von jungen Menschen und ihren Familien Geltung (vgl. § 2 Abs. 1 SGB VIII) zu verschaffen. Das gilt insb. auch in Krisenzeiten, wobei die **Systemrelevanz der Kinder- und Jugend-**

32

hilfe von Politik und öffentlicher Wahrnehmung nicht selten auf die Aufgabe Kinderschutz verkürzt wird. Soweit der Ausfall des Schulunterrichts oder die Kita-Schließungen im Rahmen des Corona-Krisenmanagement problematisiert wurden, schien es vor allem um die Folgen der mangelnden Vereinbarkeit von Familien und Beruf für den Wirtschaftsstandort Deutschland zu gehen. Shutdown und Lockerungen wurden vornehmlich im Hinblick auf die (Reise-, Religions-, Versammlungs-)Freiheitsrechte der Erwachsenen diskutiert (Biergarten und Bundesliga auf – Kita und Schule zu). Die – gem. Art. 3 UN-KRK (s.o.) vorrangig zu berücksichtigenden – Interessen von Kindern/jungen Menschen und ihren Familien wurde hingegen in der Öffentlichkeit nachrangig behandelt. Dabei stell(t)en die mit dem Corona-Krisenmanagement verbundenen Einschränkungen und Belastungen für junge Menschen und ihre Familien (vor allem für die Mütter/Frauen) eine beispiellose Herausforderung dar (vgl. die erste Ergebnisse der *DJI-Studie* »Kindsein in Zeiten von Corona«; s.a. *Fegert* et al. JAmt 2020, 178 ff.): Keine Schule, keine Kita, keine Freunde – für Kinder und ihre Familien ist das schwer auszuhalten. Nicht unerwartet ist, dass Familien mit eher niedrigeren Bildungsabschlüssen und bei einer angespannten finanziellen Situation die Belastung ihrer Kinder deutlich höher einschätzen als diejenigen, die über breitere Ressourcen verfügen. Welche langfristige Wirkung aber der Einbruch der gewohnten Betreuungs- und Kommunikationsstrukturen, der Wegfall protektiver Netzwerke und (Hilfe-)Systeme, die Zunahme von innerfamiliären Konflikten und häuslicher Gewalt, die Folgen von Quarantäne und Isolation für die psychische Gesundheit und die Bildungs- und Entwicklungsmöglichkeiten von jungen Menschen haben werden, ist noch nicht abzusehen. Die Corona-bedingten Beschränkungen in der Sozialen Arbeit, die Unterbrechung von Beratungs- und Unterstützungsleistungen in einer Zeit, in der Präsenztermine, persönliche Kontakte, Hausbesuche, Hilfekonferenzen sowie gruppenpädagogische Aktivitäten aus Infektionsschutzgründen nicht mehr oder deutlich seltener erfolgten, stellt(e) auch die Fachkräfte der KJH (nicht nur im Hinblick auf die Umsetzung des Schutzauftrages!) vor enorme Herausforderungen. Die vorschnelle Forderung von Politik und Teilen der Verwaltung, das Fachkräftegebot (hierzu Kap. 15.3) in der KJH zu lockern, wirft gleichzeitig Licht bzw. Schatten auf die Frage nach der wahrgenommenen »Systemrelevanz« der Kinder- und Jugendhilfe bzw. welche Rolle sie (und ihre zumeist schlecht bezahlten, weiblichen Fachkräfte) in einer (nur begrenzt familienfreundlichen und solidarischen?) Gesellschaft in und außerhalb von Krisenzeiten spielt (zum gesamtgesellschaftlichen Stellenwert der KJH, s. a. Kap. 19.3).

2.3 Internationale Bezüge - Über- und zwischenstaatliches Recht

33 Neben dem Verfassungsrecht müssen in der Kinder- und Jugendhilfe auch eine Reihe internationaler Regelungen (hierzu *Trenczek* et al. 2018, Kap. I-1.1.5) zur Wahrung der Menschen- und spezifischer Minderjährigenrechte berücksichtigt werden. Auch das SGB VIII weist in **§ 6 Abs. 4 SGB VIII** klarstellend darauf hin, dass das über- bzw. zwischenstaatlichem Recht »unberührt«, d.h. uneingeschränkt Geltung beansprucht, womit nicht nur auf das EU-Gemeinschaftsrecht, sondern auf eine Reihe spezifisch dem Schutz von Mj. dienende internationaler/völkerrechtlicher Konventionen und Abkommen Bezug genommen wird. Einige dieser Regelungen gelten für alle Menschen ungeachtet ihres Alters, einige der Regelungen für alle Mj. ungeachtet ihrer Staatsangehörigkeit und einige dieser Regelungen wirken sich besonders auf die Rechtsstellung von (jungen) Ausländer*innen aus (hierzu Kap. 3.1.4).

2.3 Internationale Bezüge - Über- und zwischenstaatliches Recht

2.3.1 Recht der Europäischen Union

Als **Recht der Europäischen Union** oder schlicht Europarecht bezeichnet man die Gesamtheit des Europäischen Gemeinschaftsrechts (EU-Recht) und der sonstigen im Bereich der EU geltenden Rechtsnormen (hierzu *Trenczek* et al. 2018, Kap. I-1.1.5.1). Art. 23 GG ist die verfassungsrechtliche Grundlage für die Übertragung von Hoheitsrechten auf die EU und führt zum Teil zu einem Dualismus von nationalem und europäischem Recht. Das Verhältnis der beiden zueinander ist nicht ganz einfach und z. T. auch zwischen EuGH und BVerfG umstritten. Im Wesentlichen besteht aber darüber Konsens, dass das (sog. primäre) EU-Vertragsrecht (EUV und AEUV) sowie die auf Grundlage des und im Einklang mit dem EU-Vertrages erlassenen, unmittelbar geltenden EU-Verordnungen (z.B. die europäische DSGVO) entgegenstehendes nationales Recht jeder Art und Form, also auch Verfassungsrecht, verdrängen. Das europäische Gemeinschaftsrecht geht also in weiten Teilen dem deutschen Recht vor und hat nicht nur für den Wirtschafts- und Kapitalverkehr, sondern auch für den Bereich der Sozialen Arbeit in der Kinder- und Jugendhilfe eine besondere Bedeutung. So haben die Staatsangehörigen **aller Mitgliedstaaten der EU** (sog. Unionsbürger, Art. 9 S. 2 EUV) im EU-Raum (also auch in Deutschland) im Wesentlichen dieselben Rechte, was sich insb. aus dem **Diskriminierungsverbot** (Art. 18 AEUV) und dem Recht auf **Freizügigkeit** (Art. 21 AEUV), ergibt. Letzteres umfasst u.a. auch die Arbeitnehmer-Freizügigkeit (Art. 45 AEUV), die Niederlassungsfreiheit (Art. 49 AEUV) sowie die Freiheit des Dienstleistungsverkehrs (Art. 56 AEUV). Umgesetzt wurden diese Rechtsgarantien in nationales Recht im deutschen Gesetz über allgemeine Freizügigkeit von Unionsbürgern (Freizügigkeitsgesetz/EU). Danach haben die sog. freizügigkeitsberechtigten Unionsbürger und ihre Familienangehörigen das Recht auf Einreise und Aufenthalt. Freizügigkeitsberechtigt sind sie insb., wenn sie sich als Arbeitnehmer, zur Arbeitssuche, zur Berufsausbildung, zur Ausübung einer selbstständigen Tätigkeit, zum Zwecke der Niederlassung, zum Empfang von Dienstleistungen bzw. nach Beendigung eines Arbeitsverhältnisses in Deutschland aufhalten. Ebenso haben Familienangehörige dieser Personen das Recht, sich im Gebiet der EU aufzuhalten. Nicht erwerbstätige Unionsbürger (und ihre Familienangehörigen), d.h. alle anderen und damit alle Unionsbürger, haben ein Recht auf Aufenthalt nach § 4 Freizügigkeitsgesetz/EU, wenn sie über einen ausreichenden Krankenversicherungsschutz und über ausreichende Existenzmittel verfügen. Unter diesen Voraussetzungen haben freizügigkeitsberechtigte Unionsbürger Ansprüche auf Sozialleistungen und damit als Ausländer auch auf alle Leistungen nach dem SGB VIII. Für Angehörige der EWR-Staaten (Island, Liechtenstein, Norwegen) gelten wegen § 12 FreizügigkeitG/EU dieselben Regelungen wie für die Staatsangehörigen der EU-Staaten.

2.3.2 Konvention zum Schutz der Menschenrechte und Grundfreiheiten – Europäische Menschenrechtskonvention (EMRK)

Auch die **EMRK** des Europarates (dieser ist nicht zu verwechseln mit der EU!) wurde bereits 1952 durch ein bundesdeutsches Gesetz in nationales Recht umgesetzt und hat damit den Rang eines innerstaatlichen Gesetzes. Bedeutsam für die Jugendhilfe sind insb. Art. 8 und 14 EMRK. Durch Art. 8 EMRK wird in erster Linie das Privat- und Familienleben (Familien umfassend verstanden) geschützt, besondere Bedeutung haben Art. 8 und 14 EMRK im Bereich der Sorge- bzw. des Umgangsrechts. Der **Europäische Gerichtshof für Menschenrechte** (EGMR) in Straßburg entscheidet über die Auslegung der EMRK. Umstritten war, welche Wirkung die Urteile des EGMR für deutsche Gerichte haben. Das BVerfG (14.10.2004 – 2 BvR 1481/04 – BVerfGE 111, 307 ff. = FamRZ 2004, 1857 ff.) hat ausgeführt, dass die EMRK den Rang eines förmlichen Bundesgesetzes hat und dass die Entscheidungen des EGMR bei den nationalen Gerichtsentscheidungen zu berücksichtigen und in ihren Auswirkungen auf die nationale Rechtsordnung einzubeziehen sind.

2.3.3 UN-Übereinkommen über die Rechte der Kinder (UN-KRK)

36 Das »Übereinkommen der Vereinten Nationen über die Rechte der Kinder« (UN-KRK) vom 20.11.1989 (hierzu *Schorlemer/Schulte-Herbrüggen* 2010) wurde 1992 in Deutschland zunächst »unter Vorbehalt« in nationales Recht umgesetzt. Nachdem die Bundesregierung 2010 ihre ehemaligen Vorbehalte aufgegeben hat, gilt die UN-KRK uneingeschränkt. Sie ist also geltendes Recht, wenn auch derzeit nach Art. 59 Abs. 2 GG »nur« im Rang eines »einfachen« Bundesgesetzes (*Münder/Eschelbach* in FK-SGB VIII § 6 Rn 12; *Lorz* 2010). Umstritten ist insb., ob sie unmittelbare rechtliche Wirkung hat (so *Hofmann/Donath* 2017, 7) oder nur rechtlich zu berücksichtigen sei (vgl. OVG Lüneburg 2.10.2012 – 8 LA 209/11; *von Boetticher* HB-KJHR, Kap. 1.6 Rn 50). Neben den einzelnen Regelungen der UN-KRK, z.B. zu Schutz-, Mitwirkungs- und Teilhaberechten von Mj. (hierzu ausführlich *Cremer* 2011), hat insb. **Art. 3 UN-KRK** eine besondere Bedeutung. Danach ist es Verpflichtung aller Vertragsstaaten, dafür Sorge zu tragen, dass das »Wohl des Kindes« als ein Gesichtspunkt »bei allen Maßnahmen, die Kinder betreffen, gleichviel ob sie von öffentlichen oder privaten Einrichtungen der sozialen Fürsorge, Gerichten, Verwaltungsbehörden oder Gesetzgebungsorganen getroffen werden, [...] vorrangig zu berücksichtigen ist.« Es ist mithin die gesetzliche Pflicht und Aufgabe aller deutschen Behörden und Gerichte, im wohlverstandenen Kindesinteresse (»best interest of the child«) tätig zu werden und dem **Kindeswohlvorrang** Geltung zu verschaffen. Alle nationalstaatlichen/deutschen Rechtsbestimmungen sind so auszulegen, dass die Realisierung der Bestimmungen der UN-KRK gesichert wird. Besondere Bedeutung hat dies etwa bei unbestimmten Rechtsbegriffen, von denen es ja im SGB VIII viele gibt (hierzu Kap. 5.1.2). In Art. 3 UN-KRK schlummert mithin ein enormes und bislang noch nicht hinreichend berücksichtigtes Potential für die innerstaatliche Rechtssetzung und -anwendung, sowohl in inhaltlich-/materiell- wie prozessrechtlicher Hinsicht. Der Staat muss auch in verfahrensrechtlicher Hinsicht Vorkehrungen treffen, um den Grundrechten der Kinder Geltung zu verschaffen und eine am Kindeswohl orientierte Entscheidung zu ermöglichen (BVerfGE 18.06.1986 – 1 BvR 857/85 – 72, 122 [124], 81, 124 [126]). So wurde durch das dritte Zusatzprotokoll vom 29.12.2011 das Individualbeschwerdeverfahren zur UN-KRK beschlossen (in Deutschland ratifiziert am 28.02.2013). Danach können sich Mj. an den **UN-Ausschuss für Kinderrechte** wenden, allerdings erst nachdem der innerstaatliche Rechtsweg erschöpft ist (*Münder/Eschelbach* in FK-SGB VIII § 6 Rn 12). Darüber hinaus hat es sich die sog. National Coalition von mehr als 100 Organisationen und Initiativen zur Aufgabe gemacht, die Rechte der Kinder in Deutschland einzufordern (zur Verankerung der Kinderrechte im Grundgesetz, s. Kap. 2.4).

2.3.4 UN-Konvention über die Rechte von Menschen mit Behinderungen (UN-BRK)

37 Bei der im Jahr 2006 verabschiedeten **UN-Konvention über die Rechte von Menschen mit Behinderungen (UN-CRPD/BRK)**, die in Deutschland seit 2009 als innerstaatli-

2.3 Internationale Bezüge - Über- und zwischenstaatliches Recht

ches Recht gilt, wird ähnlich wie bei der UN-KRK die rechtliche Wirkung erörtert. Auf jeden Fall ergibt sich auch hier aus Art. 4 Abs. 1 u. 2 UN-BRK die Verpflichtung Deutschlands (insb. auch gegenüber den Menschen mit Behinderungen) die Konvention einzuhalten und umzusetzen (*Trenczek* et al. 2018, Kap. I-1, S. 76). Teilweise ist dies auch durch das BGG und SGB IX erfolgt (*Schmitt* NZS 2018, 247 ff.). Im Hinblick auf das SGB VIII hat die UN-BRK vornehmlich bei § 35a SGB VIII Bedeutung (s. Kap. 9.3), aber auch bei der Anwendung der anderen Vorschriften, soweit deren Inhalte auch Menschen mit Behinderungen betreffen können. Die UN-Konvention geht über das BBG und SGB IX hinaus, begreift Behinderung nicht als ein persönliches Defizit, sondern vielmehr als Folge gesellschaftlicher Barrieren, die die gleichberechtigte Teilhabe von Menschen mit Beeinträchtigungen be- bzw. verhindern. Dieses Verständnis wurde durch das Bundesteilhabegesetz im allgemeinen Teilhaberecht m.W.v. 1.1.2018 bereits nachvollzogen (§ 2 SGB IX, dazu *von Boetticher/ Kuhn-Zuber* 2019, Rn 15 ff.). Zudem verpflichtet die UN-BRK die Unterzeichnerstaaten, wirksame und geeignete Maßnahmen zu treffen, um Menschen mit Behinderungen eine volle Einbeziehung (inclusion) und Teilhabe in der Gemeinschaft (participation) zu erleichtern. Der Versuch der umfassenden **Inklusion** (s. Begriffsdefinition s. Kap. 3.1.3) von jungen Menschen mit Behinderungen in das SGB VIII durch eine sog. »Große Lösung« (inklusives SGB VIII) scheiterte Ende 2016 nach heftiger Fachkritik der Wissenschaft und Praxis an der damit einhergehenden Aufgabe bewährter Grundstrukturen der Kinder- und Jugendhilfe sowie dem Abbau jugendhilferechtlicher Standards (zum entsprechenden Reformbedarf s. Kap. 3.2.4.1).

2.3.5 Haager Kinderschutzübereinkommen (KSÜ)

Das **KSÜ** von 1996 hat in Deutschland mit Inkrafttreten zum 1.1.2011 das ehemalige Haager Minderjährigenschutzabkommen (MSA) abgelöst (*Münder/Eschelbach* in FK-SGB VIII § 6 Rn 13 ff.; *Schwarz* JAmt 2011, 438 ff.). Es gilt für alle »Kinder« i.S. der KSÜ, die – anders als § 7 Abs. 1 Nr. 1 SGB VIII (Kap. 3.1.4) – alle Personen bis zur Vollendung des 18. Lebensjahrs umfasst (Art. 2 KSÜ), unabhängig davon, ob diese aus einem Vertragsland kommen und ob dort ggf. ein anderes Alter der Volljährigkeit gilt. Maßgeblich für das Geburtsdatum ist gemäß § 33a Abs. 1 SGB I die Erstangabe vor einem Sozialleistungsträger bzw. nach Abs. 2 eine im Original zuvor ausgestellte Urkunde. Das KSÜ regelt nicht nur das anzuwendende Recht und die Zuständigkeit von Gerichten und Behörden, sondern verpflichtet die Bundesrepublik Deutschland zum Schutz aller Mj., die sich in Deutschland aufhalten.

Voraussetzung für die Anwendung des KSÜ ist grds., dass das Kind seinen **gewöhnlichen Aufenthalt** (gA) in Deutschland hat (Art. 5 KSÜ). Der gA nach dem KSÜ ist zwar nicht identisch mit dem sozialrechtlichen Begriff des gewöhnlichen Aufenthalts nach § 30 Abs. 3 S. 2 SGB I (vgl. Kap. 3.1.4, Rn 21), wird aber im Ergebnis in ähnlicher Weise ausgelegt. Der gA-Begriff des KSÜ ist nach dem Zweck des KSÜ zu bestimmen. Entscheidend ist, ob der wirkliche Lebensort den Schwerpunkt der sozialen Bindungen, insb. in familiärer, schulischer bzw. beruflicher Hinsicht ausmacht, also den Daseins- bzw. Lebensmittelpunkt darstellt. Damit kann bereits zu Beginn des Aufenthalts ein gA entstehen, es sei denn, dass dem beabsichtigen Aufenthalt objektive Umstände entgegenstehen. Und selbst wenn dies der Fall (gewesen) sein sollte, liegt zumindest nach sechs Monaten der Daseinsmittelpunkt in Deutschland (vgl. BVerwG 24.6.99 - 5 C 24/98 noch auf Grundlage des Haager MSA). Im Falle unbegleiteter Mj. liegt damit bereits mit ihrer Einreise regelmäßig ein gA i.S.d. KSÜ vor, da wegen der rechtlichen oder tatsächlichen Abschiebungshindernisse nicht absehbar ist, dass sie in kurzer Zeit abgeschoben werden können (*Münder/Eschelbach* in FK-SGB VIII § 6 Rn 14). Ohnehin ist bei Flüchtlingskindern das KSÜ auch anzuwenden, wenn deren gA nicht, sondern nur ein tatsächlicher Aufenthalt festgestellt werden kann (Art. 6 Abs. 1 und 2 KSÜ). Auch in dringenden Fällen (Art. 11 Abs. 1 KSÜ) ist der Ort maßgeblich, an dem sich das Kind »befindet«, was begrifflich dem tatsächlichen Aufenthaltsort entspricht.

40 Rechtsfolge ist, dass die »Kinder« i.S.d. KSÜ die »(Schutz-)Maßnahmen«, die in Art. 3 KSÜ näher bezeichnet und nicht nach Art. 4 KSÜ ausdrücklich ausgenommen sind, in Anspruch nehmen können. **Schutzmaßnahmen** i.S.d. KSÜ sind neben familienrechtlichen Entscheidungen (z.B. Bestellung eines Vormunds) auch sämtliche Leistungen sowie die anderen Aufgaben des SGB VIII (*Münder/Eschelbach* in FK-SGB VIII § 6 Rn 15). Klarstellend ist darauf hinzuweisen, dass diese Hilfen auch dann unter den Anwendungsbereich des KSÜ fallen, wenn sie von privat-rechtlichen Leistungserbringern im Auftrag des leistungsverpflichteten öffentlichen Jugendhilfeträger erbracht werden. Sofern das KSÜ auf zivilrechtliche Maßnahmen eingeht (Art. 3a – d KSÜ), stimmt es inhaltlich weitgehend mit dem Anwendungsbereich der sog. Brüssel-IIa-Verordnung überein (ausführlich *Münder* et al. 2020, Kap. 2).

2.3.6 Fürsorgeabkommen

41 Während das KSÜ für alle mj. Ausländer in Deutschland gilt, gelten die sog. Fürsorgeabkommen nur für die Mj. der jeweiligen vertragsschließenden Staaten. So gilt die deutsch-schweizerische Fürsorgevereinbarung vom 04.07.1952 bzw. das **Freizügigkeitsabkommen** zwischen der Schweiz und der EG vom 21.06.1999 (in Kraft seit 01.06.2002) nur für Schweizer Staatsangehörige. Einen weiteren Anwendungsbereich hat das Europäische Fürsorgeabkommen (EFA) vom 11.12.1953, da Vertragspartei nicht nur ein einzelner weiterer Staat ist, sondern Belgien, Dänemark, Frankreich, Griechenland, Großbritannien, Irland, Island, Italien, Luxemburg, Malta, Niederlande, Norwegen, Schweden, Spanien, Türkei. Voraussetzung ist allerdings, dass es sich um einen erlaubten Aufenthalt handelt, was sich wiederum aus dem internationalen bzw. deutschen Recht ergibt.

2.4 Kinderrechte ins Grundgesetz?

42 Seit einigen Jahren wird verstärkt darüber diskutiert, ob und in welcher Weise die Kinderrechte in die Verfassung ausdrücklich aufgenommen werden sollten (zu den verfassungsrechtlichen Grundlagen s. Kap. 2.2). Kinder finden zwar bereits in Art. 6 Abs. 2 GG ausdrücklich Erwähnung, werden darin aber eher als Regelungsgegenstand der Norm behandelt. Im Koalitionsvertrag von CDU/CSU und SPD vom 12.3.2018 (S. 22) für die 19. Legislaturperiode wird deshalb die Verankerung von Kinderrechten im Grundgesetz mit einem **besonderen Kindergrundrecht** erwähnt. Entsprechende Forderungen finden sich auch in den Parteiprogrammen der Grünen und der Linken sowie im einstimmigen Beschluss der Konferenz der Landesjustizminister*innen 2016. Im Juni 2018 wurde eine Bund-Länder-Arbeitsgruppe eingesetzt, die bis Ende 2019 einen Vorschlag für eine Grundgesetzänderung ausarbeiten soll. Fraglich ist aber, ob sich dadurch tatsächlich etwas an der Lebenssituation oder doch zumindest an der Rechtsstellung von Mj. (z.B. im Hinblick auf eigene Rechtsansprüche) ändert oder ob es sich le-

2.4 Kinderrechte ins Grundgesetz?

diglich – wie so oft im Hinblick auf Kinder- und Jugendhilfe bzw. den Kindesschutz – um Symbolpolitik handelt.

Im Hinblick auf die Forderungen, Kinderrechte in die Verfassung zu verankern, ist zunächst festzuhalten, dass die im Grundgesetz verankerten Grundrechte für Menschen unabhängig von ihrem Alter gelten, damit selbstverständlich auch für Mj., also Kinder und Jugendliche i.S.d. SGB VIII (zur sog. Grundrechtssubjektivität von Kindern, s. Kap. 2.2; Rn 23). Es ist aber zweifelhaft, ob die Gewährung von Rechten, die für alle Menschen gelten, auch die Beachtung von **spezifischen Kinderbedürfnissen und -rechten** hinreichend sicherstellt (*Aktionsbündnis Kinderrechte* 2018, 2; ausführlich *Hofmann/Donath* 2017), abgesehen davon, dass die Grundrechte des Kindes nicht immer in die gleiche Richtung weisen wie die Interessen der Eltern (vgl. *Britz* JAmt 2015, 286 ff.). Die Bedürfnisse und rechtliche Stellung von Kindern und Jugendlichen unterscheiden sich erheblich von denen der Erwachsenen. Dies betrifft insb. das Recht auf Entwicklung und auf Bildung sowie den Schutz vor Vernachlässigung, Missbrauch und Gewalt. Auch die UN hatte deshalb trotz der allgemeinen Menschenrechtskonventionen (Internationaler Pakt über bürgerliche und politische Rechte und Internationaler Pakt über wirtschaftliche, soziale und kulturelle Rechte) eine spezielle Konvention für Kinder (**UN-KRK**, s. Kap. 3.1.4.1) für notwendig erachtet.

43

Die Bundesrepublik Deutschland hat sich zwar dazu verpflichtet, die in der **UN-KRK** verbrieften Rechte von Kindern zu achten und das Kindeswohl bei allen staatlichen Entscheidungen, die Kinder betreffen, als einen »vorrangigen Gesichtspunkt« zu berücksichtigen (Art. 3 UN-KRK; s. Kap. 2.3.3, Rn 36). In der deutschen Verwaltungs- und Rechtspraxis sind aber zum Teil weitreichende Umsetzungsdefizite zu beobachten, die auch auf das fehlende Verständnis der Vorgaben der UN-Kinderrechtskonvention zurückzuführen sind. Zwar gilt die UN-KRK in Deutschland unmittelbar, allerdings kann sich »das Kindeswohl im Rang des einfachen Rechts ... bei der Rechtsanwendung gegenüber gleichrangigen Normen schwerer durchsetzen, als wenn es ausdrücklich in Form einer spezifischen Bestimmung zu materiellen Kinderrechten in das deutsche Verfassungsrecht gehoben würde« (*Hofmann/Donath* 2017, 12). Mit der Verankerung von spezifischen Kinderrechten im Grundgesetz ist die Hoffnung verbunden, die Rechte von Kindern an prominenter Stelle sichtbar machen und dadurch eine größere Sensibilität für ihre Bedürfnisse, Lebenslagen und Rechte zu schaffen. Zentraler Maßstab für die Verankerung der Kinderrechte im Grundgesetz sollte dabei die UN-KRK sein.

44

Auf europäischer Eben gibt es bereits ein gesetzlich normiertes Vorbild, die die Forderungen der UN-KRK zumindest teilweise abbildet. So werden nach Art. 6 Abs. 1 EUV die Rechte, Freiheiten und Grundsätze, die in der **Charta der Grundrechte der Europäischen Union** (hierzu *Trenczek* et al. 2018, 70) in der am 12.12 2007 angepassten Fassung niedergelegt sind, und damit auch die spezifischen in **Art. 24** der **Europäischen Grundrechtecharta** genannten Rechte als unmittelbar geltendes EU-Recht anerkannt. Dort ist insb. ausgeführt:

45

(1) Kinder haben Anspruch auf den Schutz und die Fürsorge, die für ihr Wohlergehen notwendig sind. Sie können ihre Meinung frei äußern. Ihre Meinung wird in den Angelegenheiten, die sie betreffen, in einer ihrem Alter und ihrem Reifegrad entsprechenden Weise berücksichtigt.

(2) Bei allen Kinder betreffenden Maßnahmen öffentlicher Stellen oder privater Einrichtungen muss das Wohl des Kindes eine vorrangige Erwägung sein.

46 Auch in den Landesverfassungen einiger Bundesländer sind Rechte von Kindern bereits ausdrücklich hervorgehoben (Art. 2a, 11 BW; Art. 125 ff BY; Art. 13 Berlin; Art. 25 Bremen; Art. 6 NW; Art. 24a Saarland), sie haben aber bislang keine wesentliche Wirkung im Hinblick auf die Lebenssituation von Kindern und Jugendlichen entfalten können. Deshalb bedarf es einer Verankerung im GG – entsprechend zur bundesrechtlichen Regelung des SGB VIII. Freilich kommt es dabei auch auf die konkrete Regelung an. Aus einer **Staatszielbestimmung** (wie z.B. dem Sozialstaatsprinzip in Art. 20 und 28 GG) kann zwar der einzelne (junge) Mensch keine individuellen Rechtsansprüche herleiten, andererseits ist zu hoffen, dass eine solche verfassungsrechtliche Bestimmung die Auslegung und Anwendung des einfachen Rechts in sämtlichen Rechtsgebieten – stärker als bislang Art. 3 UN-KRK – prägen und damit letztlich - wie in § 1 Abs. 3 SGB VIII in Aussicht gestellt – dazu führen wird, dass positive Lebensbedingungen für junge Menschen und ihre Familien sowie eine kinder- und familienfreundliche Umwelt erhalten bzw. geschaffen werden. Es geht bei einer Verankerung der Kinderrechte nicht darum, die Elternrechte zu schwächen, sondern darum, die Kinderrechte zu stärken. Im Gegenteil könnten Eltern durch die Einführung der Kindergrundrechte bessere Möglichkeiten erhalten, die Rechte ihrer Kinder gegenüber staatlichen Einrichtungen durchzusetzen (*Aktionsbündnis Kinderrechte* 2018, 7).

47 Nach einem ersten Entwurf, den das BMJV Ende November 2019 auf der Grundlage des Berichts der hierzu eingesetzten Bund-Länder-Kommission »Kinderrechte ins Grundgesetz« vorgelegt hat, soll die geplante Vorschrift im Wesentlichen drei Aspekte berücksichtigen:

- das Recht auf Achtung, Schutz und Förderung der Grundrechte des Kindes einschließlich des Rechts auf Entwicklung zu einer eigenverantwortlichen Persönlichkeit in der staatlichen Gemeinschaft.
- den Grundsatz der angemessenen Berücksichtigung des Wohls des Kindes bei allem staatlichen Handeln sowie
- das Recht auf rechtliches Gehör bei staatlichen Entscheidungen, die die Rechte des Kindes unmittelbar betreffen.

48 Damit bleibt der Entwurf – entgegen der Ankündigung, die UN-KRK in Deutschland besser umzusetzen – weit hinter deren Forderungen zurück, insb. von Art. 3 Abs. 1 UN-KRK nach dem das Wohl des Kindes nicht nur »angemessen«, sondern »*vorrangig*« zu berücksichtigen ist. Zudem richtet sich die UN-KRK nicht nur an staatliche Institutionen, sondern auch an private Einrichtungen der sozialen Fürsorge, während sich die o.g. Formulierung ausdrücklich nur an staatliche Institutionen richtet (zur sog. mittelbaren Drittwirkung von Grundrechten vgl. Trenczek et al. 2018, Kap. I-2.2.4). Und selbst dieses Kompromissangebot der großen Koalition ist zwischen den im BT vertretenen Parteien noch umstritten, so dass die 2/3-Mehrheit für die erforderliche Verfassungsänderung noch nicht gesichert ist.

Wichtige, interessante Entscheidungen:

- *Zum Verhältnis Eltern-Kind-Staat:* BVerfG 29.7.1968 – 1 BvL 20/63 – BVerfGE 24, 119 ff.; BVerfG 9.2.1982 – 1 BvR 845/79 – BVerfGE 59, 360 ff.; BVerfG 1.4.2008 – 1 BvR 1620/04 – BVerfGE 121, 69 ff.; BVerfG 19.11.2014 – 1 BvR 1178 – FamRZ 2015, 112

2.4 Kinderrechte ins Grundgesetz?

Weiterführende Literatur
- *Zu verfassungsrechtlichen Grundlagen:* Jeand'Heur 1993; Jestaedt in HB-KJH, Kap. 1.5; Trenczek et al. 2017a, Kap. 3.1., S. 145 ff.
- *Zum Verfahrensbeistand:* Salgo et al. 2019
- *Zur UN-KRK:* Cremer 2011; Lorz 2003 und 2010; Hofmann/Donath 2017

3. Das Kinder- und Jugendhilferecht

1 Das SGB VIII legt den Kern des Kinder- und Jugendhilferechts fest. An den Rändern des Kinder- und Jugendhilferechts gibt es Überschneidungen und z.T. Abgrenzungsprobleme zu anderen Gebieten des Jugendrechts (s. Kap. 3.1.1). Kinder- und Jugendhilferecht ist nicht nur Bundesrecht, sondern auch Landesrecht und zum Teil Kommunalrecht (s. Kap. 3.1.2). Ziel und Zweck des SGB VIII werden im Kap. 3.1.3 zusammengefasst. In Kap. 3.1.4 wird der personelle Geltungsbereich des SGB VIII (insb. auch die Rechtsstellung von Ausländern) und dabei wichtige Begriffsdefinitionen erläutert. Viele Regelungen des SGB VIII lassen sich vor dem Hintergrund der historischen Entwicklungen des Kinder- und Jugendhilferechts besser verstehen (Kap. 3.2).

Ausführlich behandelte Bestimmungen:

- Anwendungsbereich des SGB VIII: § 6 SGB VIII, § 30 SGB I
- Begriffsbestimmungen: § 7 SGB VIII
- Rechtsstellung Minderjähriger: § 36 SGB I, §§ 8, 9, 36 SGB VIII
- Rechtsstellung ausländischer Minderjähriger: § 6 SGB VIII i.V.m. internationalen Rechtsnormen

3.1 Was, wo, weshalb und für wen?

2 Zunächst ein Überblick, was zum Kinder- und Jugendhilferecht gehört, wo es geregelt ist und für wen es überhaupt gilt.

3.1.1 Was gehört zum Kinder- und Jugendhilferecht?

3 Blickt man in Gesetzessammlungen, um sich zu informieren, was zum Kinder- und Jugendhilferecht SGB VIII gehört, so wird man in der Tat fündig. Allerdings nicht unter der Überschrift Kinder- und Jugendhilferecht, sondern zumeist unter dem Stichwort (Kinder- und) **Jugendrecht**.

4 Zu den drei großen **Teilbereichen des Jugendrechts** gehören neben dem SGB VIII die Regelungen zum Kinderschutz (z.B. Gesetz zur Kooperation und Information im Kinderschutz – KKG, s. Kap. 4.3.2.2) und **Jugendschutz** wie das Jugendarbeitsschutzgesetz (JArbSchG) und das Jugendschutzgesetz (JuSchG) inklusive des Jugendmedienschutzes (hierzu *Liesching/Schuster* 2011, *Tammen/Trenczek* 2018; *Wabnitz* HB-KJHR 7.3). Das **Jugendstrafrecht**, d.h. die Sonderbestimmungen für Jugendliche und Heranwachsende im Strafrecht (hierzu *Trenczek/Goldberg* 2016), sind im Jugendgerichtsgesetz (JGG) bzw. in den landesrechtlichen Bestimmungen im Bereich des Jugendstraf- und Arrestvollzugs geregelt. In beiden Bereichen Jugendschutz- und Jugendstrafrecht gibt es wichtige Überschneidungen zum Kinder- und Jugendhilferecht, z.B. im Hinblick auf den sog. »erzieherischen« Jugendschutz nach § 14 SGB VIII i.V.m. den landesrechtlichen Bestimmungen (z.B. § 20 ThürKJHAG; hierzu Kap. 6.3) bzw. im Hinblick auf die Mitwirkung des JA im strafrechtlichen Verfahren nach § 52 SGB VIII (hierzu Kap. 12.4).

5 Unter den Begriff Jugendrecht (nicht -hilferecht) fallen zudem die vielfältigen Gesetze im Bereich der **Berufsausbildung**, wie das Berufsbildungsgesetz (BBiG), das Berufsbil-

dungsförderungsgesetz (BerBiFG) oder das Bundesausbildungsförderungsgesetz (BAföG). Entsprechende Abgrenzungsfragen werden in Kap. 6.2 behandelt.

Aufgenommen in Gesetzessammlungen zum Jugendrecht werden zudem eine Reihe von Sozialleistungsgesetzen (z.B. UhVorschG, hierzu *Tammen* 2018) bzw. weitere Bücher des Sozialgesetzbuches (z.B. SGB II und III, aber auch SGB I und SGB X), da das Kinder- und Jugendhilferecht mit seinem bundesrechtlichen Kern SGB VIII selbst **Teil des Sozialgesetzbuches** ist (zum Verhältnis der verschiedenen Sozialleistungsträger s. Kap. 4.2.2), andererseits aber eine sehr heterogene Rechtsmaterie darstellt. So zählen einerseits auch die landesrechtlichen Regelungen zum (präventiven) Gesundheitsschutz von Kindern und Jugendlichen zum Kinder- und Jugendrecht (z.B. Kindergesundheitsschutzgesetz HE), während das BKKG nicht dazu gerechnet wird, da das Kindergeld (mit Ausnahme des Kinderzuschlags nach § 6a BKKG) keine Sozialleistung, sondern eine steuerliche Leistung für die Eltern nach dem EstG darstellt.

Das **Familienrecht** ist für das Kinder- und Jugend(hilfe)recht von enormer Bedeutung. Es ist im 4. Band des BGB (§§ 1297 – 1921 BGB) geregelt. Besonders relevant sind hier die Bestimmungen über die Ehe, die Abstammung, den Unterhalt, die elterliche Sorge, die Annahme als Kind, die Beistandschaft, die Vormundschaft und die Pflegschaft. Ohne die Kenntnisse des Familienrechts ist das Kinder- und Jugendhilferecht in Teilen nur schwer zu erschließen, weshalb es sich ebenso wie das FamFG oder das AdVermiG zumindest in Auszügen auch in den Gesetzessammlungen zum Jugendrecht findet und im »Geschwisterband« *Münder* et al. 2020 ausführlich dargestellt wird. Das Verhältnis zwischen Familienrecht und Kinder- und Jugendhilferecht ist nicht eindeutig und klar – und vielleicht auch nicht eindeutig und klar regelbar. Hier besteht ein kontinuierliches Spannungsverhältnis, das sich auch in Regelungen des Kinder- und Jugendhilferechts selbst zeigt (ausführlich Kap. 4.2.1 und 9.8, 12.2.1).

Mit dem **Gesetz über die Vermittlung der Annahme als Kind und über das Verbot der Vermittlung von Ersatzmüttern** (AdVermiG) gibt es eine Regelung, die einerseits eine spezielle Tätigkeit der Jugendhilfe (nämlich die Adoptionsvermittlung) in einem gesonderten Gesetz regelt und insofern ein Spezialgesetz ist. Andererseits sind in diesem Gesetz Sonderregelungen für die Ersatzmutterschaft (dazu *Münder* et al. 2020, Kap. 4) aufgenommen, die allgemeinen (verwaltungsrechtlichen) Charakter haben und mit Kinder- und Jugendhilferecht im engeren Sinne nichts zu tun haben (*Sünderhauf-Kravets* HB-KJHR, Kap. 7.2).

3.1.2 Wo: Bund – Länder – Kommunen?

Nach § 6 Abs. 1 und 2 SGB VIII gilt das Kinder- und Jugendhilferecht – wie nicht anders zu erwarten – auf dem Gebiet der **Bundesrepublik Deutschland**. Insoweit wird allerdings personell differenziert zwischen deutschen- und nicht-deutschen Staatsangehörigen (hierzu Kap. 3.1.4). Für Deutsche ist der räumliche Geltungsbereich nach § 6 Abs. 3 SGB VIII nicht auf Deutschland begrenzt, vielmehr stehen ihnen die im SGB VIII geregelten Sozialleistungen (zum Leistungsbegriff s. Kap. 4.3.1) ggf. auch dann zu, wenn sie ihren Aufenthalt im **Ausland** haben und insoweit keine Hilfe vom Aufenthaltsland erhalten. Im Hinblick auf das in Deutschland geltende Recht muss nach § 6 Abs. 4 SGB VIII zum einen ggf. vorrangiges **internationales/europäisches Recht** (s. Kap. 2.3) beachtet werden sowie die für die deutsche Rechtsordnung charakteristische Unterscheidung auf die drei Ebenen des Bundes-, Landes- und Kommunalrechts.

10 Das **SGB VIII** ist das nationale Gesetz für die Kinder- und Jugendhilfe, die zentral in diesem **Bundesgesetz** geregelt ist (zu den zu beachtenden internationalen Regelungen, s. Kap. 2.3). Betrachtet man die verfassungsrechtlichen Vorgaben für die **Gesetzgebungskompetenz** von **Bund** und **Ländern**, so springt dies nicht sofort ins Auge. Die Kinder- und Jugendhilfe ist unter dem Stichwort »öffentliche Fürsorge« in **Art. 74 Abs. 1 Nr. 7 GG** bei der konkurrierenden Gesetzgebung angesprochen, für die nach Art. 72 GG der **Bund** von seiner **Gesetzgebungskompetenz** Gebrauch gemacht hat (*Jestaedt* HB-KJHR, Kap. 1.5). Zur Regelungskompetenz des Bundes hat das BVerfG in seiner großen Verfassungsentscheidung zur Jugendhilfe (ausführlicher Kap. 4.3) umfangreiche Ausführungen gemacht und klargestellt, dass zur »öffentlichen Fürsorge« auch alles das gehört, was wir heute unter dem Begriff der Kinder- und Jugendhilfe verstehen, insb. die präventiven Leistungen (BVerfG 18.7.1967 - 2 BvF 3 - 8/62; 2 BvR 139 f., 334 f./62 - BVerfGE 22, 180 ff.).

11 **Konkurrierende Gesetzgebung** bedeutet, dass der **Bund** nach **Art. 72 Abs. 2 GG** in der Kinder- und Jugendhilfe das Gesetzgebungsrecht hat, wenn und soweit dies zur Herstellung gleichwertiger Lebensverhältnisse oder zur Wahrung der Rechts- oder Wirtschaftseinheit im gesamtstaatlichen Interesse erforderlich ist. Ob diese zusätzlichen Voraussetzungen des Art. 72 Abs. 2 GG gegeben sind, war strittig, kann aber dahingestellt bleiben, denn nach Art. 125a Abs. 2 GG gilt Recht, das bis zum 15.11.1994 erlassen wurde, als Bundesrecht fort selbst wenn es nicht mehr als Bundesrecht erlassen werden könnte. Das Problem: es gilt nur solange fort, solange keine Veränderungen vorgenommen werden, die substanziell und strukturell das unter dem Schutz des Art. 125a Abs. 2 GG stehende Recht ändern, so dass insofern dem Bundesgesetzgeber für grundlegende Änderungen die Hände gebunden sind. Soweit der Bund allerdings seine Gesetzgebungszuständigkeit nicht ausgeschöpft hat, sind nach Art. 72 Abs. 1 GG die **Länder berechtigt**, entsprechende Gesetze zu erlassen. Deshalb haben die Länder generell – aber auch für Bereiche, die im SGB VIII noch mal extra benannt sind (z.B. §§ 15, 26, 49, 71 Abs. 5, 74a SGB VIII) – das Recht, eigene Landesgesetze zu erlassen. So haben wir in allen Bundesländern Landesgesetze, zumeist als **Ausführungsgesetze** zum SGB VIII bezeichnet. Darüber hinaus gibt es Landesgesetze und Landesrechtsverordnungen für spezielle Materien, so z.B. zum Bereich der Kindergärten, Tagesstätten usw (Kap. 9.3), die von Land zu Land unterschiedlich sein können – und es zum Teil auch sind (vgl. die folgende Übersicht; zum jeweiligen Stand der letzten Änderungen s. www.jugendhilfeportal.de):

Baden-Württemberg: Kinder- und Jugendhilfegesetz für Baden-Württemberg i.d.F. vom 14.04.2005; KiTaG vom 19.03.2009; Kinderschutzgesetz vom 22.03.2016

Bayern: Gesetz zur Ausführung der Sozialgesetze (AGSG) vom 18.12. 2006; KiBiG vom 08.07.2005

Berlin: Gesetz zur Ausführung des Kinder- und Jugendhilfegesetzes (AG-KJHG) vom 27.04.2001; KiTaFöG vom 23.06.2005; TKBG vom 23.04.2010

Brandenburg: Erstes Gesetz zur Ausführung des Achten Buches Sozialgesetzbuch – Kinder- und Jugendhilfe (AGKJHG) vom 26.06.1997; KiTaG vom 27.06.2004

Freie Hansestadt Bremen: Gesetz zur Ausführung des Achten Buches – Sozialgesetzbuch: Gesetz zur Ausführung des Kinder- und Jugendhilfegesetzes im Land Bremen (AGKJHG) vom 17.12.1998; KTG vom 19.12.2000

Freie Hansestadt Hamburg: Hamburgisches Gesetz zur Ausführung des Achten Buches Sozialgesetzbuch Kinder- und Jugendhilfe – (AG SGB VIII) vom 25.06.1997; KibeG vom 27.04.2004

Hessen: Hessisches Kinder- und Jugendhilfegesetzbuch (HKJGB) vom 18.12.2006; Gesetz zur Verbesserung des Gesundheitsschutzes für Kinder vom 14.12.2007

Mecklenburg-Vorpommern: Gesetz zur Ausführung des Achten Buches des Sozialgesetzbuches Kinder- und Jugendhilfe – (AGKJHG-Org) vom 23.02.1993; KiFöG vom 01.04.2004; KJfG vom 07.07.1997

Niedersachsen: Gesetz zur Ausführung des Kinder- und Jugendhilfegesetzes (AG KJHG) vom 5.02.1993; KiTaG vom 07.02.2002; Gesetz zur Förderung der Jugendarbeit vom 15.07.1981;

Nordrhein-Westfalen: Erstes Gesetz zur Ausführung des Kinder- und Jugendhilfegesetzes – AG-KJHG vom 12.12.1990; Kinderbildungsgesetz vom 13.12.2013; KJFöG 12.10.2004

Rheinland-Pfalz: Landesgesetz zur Ausführung des Kinder- und Jugendhilfegesetzes (AGKJHG) vom 21.12.1993; KiTaG vom 15.03.1991; Gesetz zur Förderung der Jugendarbeit und Jugendsozialarbeit vom 21.12.1993; Landesgesetz zum Schutz von Kindeswohl und Kindergesundheit vom 07.03.2008

Saarland: Kinder und Jugendförderungsgesetz vom 01.06.1994; Saarländisches Ausführungsgesetz nach § 26 des Achten Buches Sozialgesetzbuch Saarländisches Kinderbetreuungs- und -bildungsgesetz (SKBBG) vom 02.09.2008;

Sachsen: Landesjugendhilfegesetz (LJHG) vom 04.09.2008; KiTaG vom 15.05.2009

Sachsen-Anhalt: Kinder- und Jugendhilfegesetz des Landes Sachsen-Anhalt (KJHG-LSA) vom 05.05.2000; KiFöG vom 05.03.2003; Familien- und Beratungsstellenfördergesetz vom 19.12.2005

Schleswig-Holstein: Erstes Gesetz zur Ausführung des Kinder- und Jugendhilfegesetz (Jugendförderungsgesetz – JuFöG) vom 5.02.1992; KiTaG vom 12.12.1991; Kinderschutzgesetz vom 29.05.2008;

Thüringen: Thüringer Kinder- und Jugendhilfe-Ausführungs-Gesetz (ThürKJHAG) vom 03.02.2009; KiTaG vom 16.12.2005

Die Kinder- und Jugendhilfe wird in erster Linie von den kommunalen Gebietskörperschaften, zumeist den Landkreisen und kreisfreien Städten, in einigen Ländern ggf. auch einzelne kreisangehörige Gemeinden (§ 69 Abs. 1 SGB VIII, § 1 Abs. 1, § 9 SN LJHG; § 1 Abs. 2 NI AGSGB VIII; s. Kap. 15.1) als **kommunale Selbstverwaltungsaufgabe** (»Aufgabe im eigenen Wirkungskreis«; hierzu *Trenczek* et al. 2018, Kap. 4.1.2) ausgeführt (vgl. z.B. Art. 15 AGSG By; § 1 Abs. 1 NdsAGKJHG; §§ 1, 2 AG-KJHG NW; § 1 LJHG SN; § 1 S. 2 ThürKJHAG). Den Kommunen ist durch Art. 28 Abs. 2 GG das Recht zugesichert, alle Angelegenheiten der örtlichen Gemeinschaft – hier also der Kinder- und Jugendhilfe als gesetzliche, aber weisungsfreie Pflichtaufgabe – im Rahmen der Gesetze in eigener Verantwortung zu regeln. Damit verfügen die Kommunen bei der Erfüllung dieser Aufgaben über eine sog. Organisations-, Personal- und Finanz- sowie Satzungshoheit. Sie können mithin für ihr Hoheitsgebiet nochmals Regelungen in Form von **Satzungen** (*Trenczek* et al. 2018, Kap. 1.1.3.4) treffen (vgl. § 71 Abs. 3 S. 1 SGB VIII). Manche Bundesländer schreiben den Erlass derartiger Satzungen (z.B. für die Jugendhilfeausschüsse, Kap. 15.2.1) ausdrücklich vor (z.B. § 1 Abs. 2 LK-JHG BW; § 3 AG KJHG BB).

12

13 Somit kann der Gegenstandsbereich Kinder- und Jugendhilferecht auf diesen drei Ebenen geregelt werden. Die Reihenfolge der Darstellung dieser Ebenen stellt auch eine »Hierarchie« dar: (verfassungskonformes) Bundesrecht geht allen anderen rechtlichen Regelungen vor (Art. 31 GG); Landesrecht geht kommunalen Satzungen vor, diese stellen die unterste Ebene entsprechender Regelungen dar. Deswegen muss man an manchen Stellen – wenn man genau wissen will, was in der jeweiligen kommunalen Gebietskörperschaft gilt – unter Umständen alle drei Regelungsebenen prüfen – und nicht zu vergessen, ggf. vorrangiges **EU-Recht** (s. Kap. 2.3.1).

3.1.3 Weshalb? Ziel und Zweck des Kinder- und Jugendhilferechts

14 Der Gesetzgeber hat – wie mittlerweile bei modernen Gesetzeswerken üblich – gleich zu Beginn des Gesetzes in § 1 und § 2 Abs. 1 SGB VIII den **Sinn und Zweck** der Kinder- und Jugendhilfe normativ festgelegt (lesen!). § 1 Abs. 2 SGB VIII wiederholt nahezu den Wortlaut von Art. 6 Abs. 2 GG. Nach § 1 Abs. 1 SGB VIII steht jedem jungen Menschen das Recht zu auf Förderung seiner Entwicklung und auf Erziehung zu einer eigenverantwortlichen und gemeinschaftsfähigen Persönlichkeit. Inhaltlich geht es mithin um die Balance von **Selbstbestimmung** auf der einen Seite und **sozialer Integration** oder gar **Inklusion** auf der anderen.

Integration bezeichnet die Einbeziehung von Menschen in ein System, insb. derjenigen, die aus welchen Gründen auch immer aus einem System ausgeschlossen (ausgegrenzt und separiert) waren. Auch Inklusion bezeichnet die Einbeziehung bislang ausgeschlossener Akteur*innen in die gesellschaftliche Entwicklung, geht aber darüber hinaus, indem sie deren Zugang zu gesellschaftlichen Teilsystemen garantiert. Während Integration von einer vorgegebenen homogenen Mehrheitskonstruktion der Gesellschaft ausgeht, in die integriert werden kann und soll, erfordert Inklusion vorab, dass gesellschaftliche Verhältnisse, die exkludieren, überwunden werden (*Kronauer* 2010, 56 f.). Inklusion verlangt, dass jeder Mensch in seiner Individualität von der Gesellschaft akzeptiert wird und die Möglichkeit hat, in vollem Umfang an ihr teilzuhaben oder teilzunehmen. Inklusion ist die Abkehr von einem Denken, das Abweichung von der Normalität als Defizit betrachtet. Der Anspruch auf soziale Inklusion erfordert, dass in einer vielfältigen und heterogenen Gesellschaft alle Menschen in ihrer Individualität akzeptiert werden und aufgrund der Umgestaltung der sozialen Umwelt die Möglichkeit haben, in vollem Umfang an ihr teilzuhaben. Dadurch wird Vielfalt zur Normalität.

15 Allerdings kann in rechtlicher Hinsicht weder aus § 1 Abs. 1 noch Abs. 3 SGB VIII ein konkreter (individueller) Rechtsanspruch abgeleitet werden. Denn es handelt sich im Wesentlichen um eine (Staats-)**Zielbestimmung** vergleichbar mit dem Sozialstaatsprinzip des GG (vgl. *Trenczek* et al. 2018, Kap. I-2.1.3; zum Unterschied zwischen Programmsatz und Rechtsanspruch im Einzelnen Kap. 5.1). Zum Teil wurde früher sogar vertreten, dass § 1 SGB VIII lediglich Appellcharakter besitze und somit eher eine symbolische und keine funktionale Norm sei (*Hoffmann* VSSR 1998, 67 ff.). Mittlerweile ist anerkannt, dass § 1 Abs. 1 und 3 SGB VIII nicht nur eine (sozialpädagogisch ausgerichtete) **Leitbildfunktion** hat, sondern im Hinblick auf die zahlreichen, im SGB VIII verwendeten unbestimmten Rechtsbegriffe eine zentrale Auslegungsrichtlinie darstellt (*Münder* in: FK-SGB VIII § 1 Rn 6). Von besonderer Bedeutung ist in diesem Zusammenhang auch die mitunter überlesene Zweckbestimmung in **§ 2 Abs. 1 SGB VIII** wonach die Jugendhilfe ihre Leistungen und anderen Aufgaben »zugunsten junger Men-

3.1 Was, wo, weshalb und für wen?

schen und Familien« erbringt, womit die besondere **sozialanwaltliche Funktion der Kinder und Jugendhilfe** ergibt (*Trenczek* in: FK-SGB VIII § 2 Rn 7). D.h. die Jugendhilfe muss sich im Interesse der jungen Menschen und ihrer Familien im Sinne eines Sozialanwalts (nicht Rechtsanwalts) einmischen. Dadurch wird § 17 SGB I konkretisiert, der die Sozialleistungsträger verpflichtet darauf hinzuwirken, dass die Berechtigten die ihnen zustehenden Sozialleistungen in zeitgemäßer Weise, umfassend und schnell erhalten. Auch im Hinblick auf die Gesamtverantwortung weist das Gesetz in § 79 SGB VIII (s. Kap. 18.1) darauf hin, dass die Träger der öffentlichen Jugendhilfe gewährleisten sollen, dass zur Erfüllung der Jugendhilfeaufgaben erforderlichen und geeigneten Einrichtungen, Dienste und Veranstaltungen den verschiedenen Grundrichtungen der Erziehung entsprechend rechtzeitig und ausreichend zur Verfügung stehen.

3.1.4 Für wen? – Personeller Geltungsbereich und Zielgruppen des SGB VIII

Die Regelung des **personellen Geltungsbereichs** in § 6 SGB VIII ist rechtstechnisch sehr verschachtelt konstruiert und aufgrund unterschiedlicher Begrifflichkeiten und Anknüpfungspunkten nicht einfach zu verstehen. Nur auf den ersten Blick scheint klar geregelt zu sein, für wen das SGB VIII gilt. § 6 Abs. 1 S. 1 SGB VIII spricht von »jungen Menschen, Müttern, Vätern und Personensorgeberechtigten«. In Satz 2 kommen noch die Umgangsberechtigten hinzu; insgesamt also ein größerer Personenkreis. Allerdings bezeichnet das Gesetz in **§ 6 Abs. 1 Satz 1 SGB VIII** zunächst nur den Kreis der möglichen **Leistungsadressaten und Leistungsempfänger** (d.h. der Person, bei der die Leistung »abgeliefert« wird), wobei diese Begriffe nicht klar definiert sind. Das sind jedenfalls nicht zwingend diejenigen, die einen Rechtsanspruch auf diese Leistungen haben (hierzu Kap. 5.1.2). Ob jemand auf eine Leistung einen individuellen Rechtsanspruch (= subjektiv-öffentliches Recht) hat (**Anspruchsberechtigte**), richtet sich nicht allein nach § 6 Abs. 1 - 4 SGB VIII, sondern nach und i.V.m. der konkreten Leistungsnorm (§§ 11 ff. SGB VIII, z.B. Personensorgeberechtigte nach § 27 SGB VIII, s. Kap. 9.2.1; junge Volljährige nach § 41 SGB VIII, s. Kap. 9.4). Im Hinblick auf § 6 SGB VIII und die Adressaten des SGB VIII ist nach dem BVerwG nicht maßgeblich, ob der Person ein Leistungsanspruch nach dem SGB VIII als subjektiv-öffentliches Recht zugeordnet ist, sondern die Norm ist vielmehr auf den Leistungsempfänger im weiteren Sinne gerichtet, d.h. ggf. Personen, die von der Leistung tatsächlich profitieren (BVerwG 12.05.2011 – 5 C 4/10 – juris Rn 21). Der Begriff des »Gewährens« in § 6 Abs. 1 Satz 1 und Abs. 3 SGB VIII sei in einem umfassenden Sinn zu verstehen und erfasse sowohl die (rechtliche) Bewilligung als auch die (tatsächliche) Erbringung einer Leistung. Die Bewilligung sei auf den Leistungsberechtigten ausgerichtet, die Erbringung aber auf den Leistungsempfänger, ggf. eben neben den Eltern auch das Kind oder der Jugendliche, dessen Wohl Ausgangspunkt und Ziel der Jugendhilfe ist (vgl. BT-WD 2016, 16).

Die Begriffe **Kind, Jugendlicher, junger Volljähriger und junger Mensch** sind durch § 7 Abs. 1 Nr. 1 – 4 SGB VIII gesetzlich definiert, unterscheiden sich z.T. aber von anderen Rechtsgebieten. So weist § 7 Abs. 1 Nr. 1 und Abs. 2 SGB VIII darauf hin, dass der Begriff »Kind« mitunter im Sinne eines Verwandtschaftsverhältnisses alle noch nicht 18 Jahre alten Mj. betrifft. Anderseits erweitert das SGB VIII den Anwendungsbereich des Kinder- und Jugendrechts im Einklang mit den sozialwissenschaftlichen Erkenntnissen (s. Kap. 2.1) über die Grenze der Volljährigkeit hinaus bis weit in das 3. Lebensjahrzehnt hinein. Auch die »jungen Volljährigen« im Alter von schon 18 aber noch nicht 27 Jahren sind Adressaten der Jugendhilfe. Das ist insb. mit Blick auf die Regelungen in anderen Rechtsbereichen, z.B. dem Strafrecht besonders relevant. So endet z.B. der Anwendungsbereich des Jugendstrafrechts nach §§ 1,105 JGG mit dem Ende des sog. Heranwachsendenalters mit Vollendung des 21. Lebensjahres. Ungeachtet dessen, hat die Jugendhilfe sich auch um diese Zielgruppe der über 21 Jahre jungen Menschen zu kümmern. Zu beachten sind auch die Unterschiede im Hinblick auf die sozialrechtlichen Regelungen. So können nach § 36 SGB I bereits 15-Jährige Anträge auf Sozialleistungen stellen und verfolgen sowie Sozialleistungen entgegennehmen. Diese Handlungsfähigkeit bezieht sich aber allein auf das verwaltungsrechtliche Verfahren und sagt nichts darüber aus, ob jemand einen individuellen Rechtsanspruch auf eine bestimmte Sozialleistung innehat (das richtet sich – s.o. – nach der entsprechenden Leistungsnorm §§ 11 ff. SGB VIII). Andererseits können z.B. Kinder, auch wenn ihnen (wie z.B. nach § 24 SGB VIII) selbst ein Rechtsanspruch zusteht, dieses mangels Handlungsfähigkeit nicht selbst geltend machen, sondern nur ihre gesetzlichen Vertreter (s. Rn 19 sowie Kap. 8.2.3).

18 Der Begriff **Personensorgeberechtigte** richtet sich gemäß § 7 Abs. 1 Nr. 5 SGB VIII nach dem BGB. Grundsätzlich sind dies beide Eltern (§§ 1626 ff. BGB), auch nach Trennung / Scheidung, es sei denn das FamG hat eine Entscheidung insb. nach § 1671 BGB getroffen (*Münder* et al. 2020, Kap. 8; vgl. die Übersicht bei *Trenczek* et al. 2018, 341). Auch bei nichtehelichen Kindern steht die elterliche Sorge den Eltern nach § 1626a Abs. 1 BGB in den drei dort geregelten Fallgestaltungen (Sorgeerklärung, Heirat nach Geburt des Kindes oder Entscheidung des FamG) gemeinsam zu; nur wenn keine davon vorliegt, hat die Mutter die alleinige elterliche Sorge inne (§ 1626a Abs. 3 BGB). Besondere Regelungen enthält das BGB auch für die selbst noch mj. Mutter eines Kindes, sofern sie nicht verheiratet ist oder eine Sorgeerklärung abgegeben wurde. Nach § 1791c Abs. 1 BGB setzt hier die gesetzliche Amtsvormundschaft des JA für das Kind ein, mit der Besonderheit, dass der mj. Mutter neben dem gesetzlichen Vertreter des Kindes (also: dem Vormund oder aber dem volljährigen sorgeberechtigten Vater) die Personensorge zusteht (§ 1673 Abs. 2 S. 2 BGB).

19 Die **Personensorge** ist Teil der elterlichen Sorge (§ 1626 Abs. 1 BGB) und umfasst nach § 1631 Abs. 1 BGB insb. die Pflicht und das Recht, das Kind zu pflegen, zu erziehen, zu beaufsichtigen und seinen Aufenthalt zu bestimmen (hierzu ausführlich *Münder* et al. 2020, Kap. 8). Hierzu gehört auch – besonders bedeutsam im Hinblick auf die Kinder- und Jugendhilfe – das Recht, (erzieherische) Hilfen und andere Leistungen für sich und das Kind anzunehmen oder eben auch abzulehnen (hierzu und zu den Grenzen Kap. 4.3.2). Neben der tatsächlichen Fürsorge beinhaltet die Personensorge auch die gesetzliche Vertretung. Der im Alltag viel häufiger, aber auch im SGB VIII an einigen Stellen verwendete Begriff **Erziehungsberechtigung** ist Teil der Personensorge, betrifft die tatsächliche Verantwortungsübernahme für ein Kind oder Jugendlichen und basiert im Übrigen nach § 7 Abs. 1 Nr. 6 SGB VIII stets auf einer Vereinbarung mit der personensorgeberechtigten Person (*Münder/Meysen* in FK-SGB VIII § 7 Rn 4). Diese muss »volljährig« sein, darüber hinaus bestehen keine besonderen (Form-)Erfordernisse für solche Vereinbarungen. Zumeist wird die Erziehungsberechtigung stillschweigend durch schlüssiges Handelns des Personensorgeberechtigten übertragen, wobei es im Rechtsverkehr durchaus ein berechtigtes Interesse an einer hinreichenden Dokumentation der Übertragung gibt (z.B. im Hinblick auf die Berechtigung, ein Kind von der Kita anzuholen). Im Unterschied zur sog. »erziehungsbeauftragten Person« i.S.v. § 1 Abs. 1 Nr. 4 JuSchG nimmt die erziehungsberechtigte Person die Aufgaben der Perso-

3.1 Was, wo, weshalb und für wen?

nensorge grds. (mangels anderslautender Bestimmungen in der Vereinbarung) umfassend, also nicht nur vorübergehend (für ein paar Stunden) und nicht nur für einzelne Verrichtungen oder Teilbereiche wahr. Deshalb sind z.b. Erzieher*innen in einer Kita, Mitarbeiter*innen in einem Spielkreis oder auch für die Versorgung der Kinder eingestellte Haushaltshilfen keine Erziehungsberechtigten, während die das Kind betreuende Oma oder die Lebenspartner das durchaus sein können. Für die Erziehungsberechtigung ist nicht erforderlich, dass das Kind bei der Person (über Tag und Nacht) lebt, sondern es reicht auch eine regelmäßige, nicht nur stundenweise Verantwortungsübernahme aus. Entscheidend ist sowohl für die Erziehungsberechtigung (7 Abs. 1 Nr. 6 SGB VIII) wie auch den Erziehungsauftrag (§ 1 Abs. 1 Nr. 4 JuSchG) immer die konkrete Vereinbarung mit den Personensorgeberechtigten, wobei in beiden Fällen die von diesen zur Erziehung berechtigten bzw. beauftragten Personen die Sorge- und Erziehungsaufgaben und die damit einhergehende Verantwortung tatsächlich (nicht nur pro forma) übernehmen (können).

Im Hinblick auf den personellen Geltungsbereich des Kinder- und Jugendhilferechts gilt es nach § 6 **SGB VIII** vier Anknüpfungspunkte zu beachten, wobei die Regelung aufgrund von Sonderregelungen in Abs. 2 und 4 etwas unübersichtlich ausgestaltet ist. Zunächst unterscheidet das Gesetz in § 6 Abs. 1 SGB VIII in Satz 1 und 2 nach den beiden **Aufgabenbereichen** der Kinder- und Jugendhilfe, den Leistungen gemäß § 2 Abs. 2 SGB VIII und den sog. anderen Aufgaben gemäß § 2 Abs. 3 SGB VIII (hierzu ausführlich Kap. 4.3.1), verknüpft dies in Abs. 2 mit der **Staatsangehörigkeit** und dem (tatsächlichen bzw. gewöhnlichen) **Aufenthaltsort** der Leistungsempfänger*innen. Schließlich ist noch das **Alter** der jungen Menschen relevant, was aufgrund des Wortlauts des § 6 SGB VIII auf den ersten Blick nicht offensichtlich ist, sich aber aus § 6 Abs. 4 SGB VIII ergibt. Minderjährige haben aufgrund internationaler Rechtsabkommen (s. Kap. 2.3, insb. KSÜ) einen besonderen rechtlichen Status und sind deshalb unabhängig von ihrer Staatsangehörigkeit in den Schutz- und Aufgabenbereich des SGB VIII einbezogen.

20

Der zweite Anknüpfungspunkt ist die **Staatsangehörigkeit**. § 6 Abs. 1 SGB VIII legt – wegen der Sonderregelung des Abs. 2 und 4 (s. u.) letztlich nur für deutsche Staatsangehörige – fest, dass die Leistungen der Kinder- und Jugendhilfe gewährt werden, wenn die Leistungsempfänger*innen ihren tatsächlichen Aufenthalt im Inland haben. Dies gilt wegen § 6 Abs. 1 S. 2 SGB VIII auch für die anderen Aufgaben. Der **tatsächliche Aufenthalt** erfordert allein die physische Anwesenheit, gleichgültig, ob diese Anwesenheit ständig oder vorübergehend ist, zufällig oder geplant, erlaubt oder unerlaubt. Damit unterscheidet sich dieser Begriff etwa von dem des (melderechtlichen) Wohnsitzes (§ 7 Abs. 1 BGB) oder dem des gewöhnlichen Aufenthaltes gemäß § 30 Abs. 3 S. 2 SGB I (s. Rn 24). Durch den weiten Begriff des tatsächlichen Aufenthalts will das Gesetz sicherstellen, dass in jeder (Not-)Situation Hilfen nach dem SGB VIII (schnell) erbracht werden können. Allerdings gilt dies umfassend (d.h. auch für Leistungen) aufgrund der einschränkenden Regelung von § 6 Abs. 2 SGB VIII nur für **deutsche Staatsangehörige**. Andererseits wird für diese das Leistungsversprechen in § 6 Abs. 3 SGB VIII erweitert auf Deutsche, die im Ausland leben soweit sie nicht dort vom Aufenthaltsland entsprechende Hilfe erhalten (s.o. Kap. 3.1.2).

21

§ 6 Abs. 2 und Abs. 4 SGB VIII befassen sich mit der besonderen Situation und **Rechtsstellung von Ausländer*innen**, also allen Personen, die nicht Deutsche i.S.d. Art. 116 Abs. 1 GG sind (vgl. § 2 Abs. 1 AufenthG; vgl. *Münder/Eschelbach* in FK-SGB VIII § 6

22

Rn 7). Sinnvoll ist es, zunächst von § 6 Abs. 4 SGB VIII auszugehen, da diese - dem deutschen Recht z.T. vorgehenden Regelungen des über- und zwischenstaatlichen Rechts (s. Kap. 2.3) »unberührt« bleiben, d.h. uneingeschränkt Geltung beanspruchen. Es ist also zu prüfen, inwiefern nach über- bzw. zwischenstaatlichem Recht Hilfen nach dem SGB VIII zu erbringen sind. Wenn dies z.B. im Hinblick auf mj. EU-Bürger*innen oder aufgrund der Regelungen des KSÜ der Fall ist, dann sind die Regelungen des SGB VIII anzuwenden, ohne dass die in § 6 Abs. 2 SGB VIII genannten zusätzlichen Aspekte (rechtmäßiger gewöhnlicher Aufenthalt oder Duldung) vorliegen (müssen).

23 Aufgrund der Sonderregelung des § 6 Abs. 4 SGB VIII hat § 6 Abs. 2 SGB VIII nur für **volljährige Ausländer*innen** eine eigenständige Bedeutung. Da zudem der Verweis in Abs. 2 Satz 2 auf Abs. 1 Satz 2 klarstellt, dass im Hinblick auf die »anderen Aufgaben« die Regelung des Abs. 1 »unberührt« bleibt, d.h. uneingeschränkt gilt, es also insoweit auch bei Ausländer*innen allein auf den tatsächlichen Aufenthaltsort ankommt, geht es folglich nun allein um die Frage, ob Ausländer*innen **Leistungen** nach dem SGB VIII erhalten können (ausführlich *Classen* 2000; zu den spezifischen Fragen im Rahmen der Inobhutnahme von unbegleiteten ausländischen Mj., s. Kap. 10.2). Dies ist nur dann möglich, wenn

sie ihren **gewöhnlichen Aufenthalt** im Inland haben

und

sie sich entweder **rechtmäßig** in Deutschland aufhalten **oder** bei ihnen eine **ausländerrechtliche Duldung** vorliegt.

24 Der Begriff des **gewöhnlichen Aufenthalts** wird definiert in § 30 Abs. 3 S. 2 SGB I, der als allgemeiner Teil des SGB auch für das SGB VIII gilt (zur Auslegung des gA nach dem KSÜ s.o. Kap. 2.3.5, Rn 39). Hiernach liegt ein gewöhnlicher Aufenthalt vor, wenn sich jemand unter solchen Umständen aufhält, die erkennen lassen, dass er an diesem Ort nicht nur vorübergehend verweilt. Erforderlich ist neben dem objektiven Moment (»Umstände«) auch das subjektive Moment des Willens, an diesem Ort nicht nur vorübergehend zu verweilen. Nach der Auslegung durch das BVerwG befindet sich der gA mithin dort, wo jemand seinen »**Lebensmittelpunkt**« (geprägt z. B. durch Familie, Arbeit, Schule) hat (*Trenczek* et al. 2018, 400). Bei Mj., insb. Kindern, kommt es für die Begründung des gewöhnlichen Aufenthalts maßgeblich auf den Willen des oder der Sorgeberechtigten an (BVerwG 15.12.2016 – 5 C 35/15, Rn 26). Auf eine formale Ummeldung/Meldeadresse oder bestimmte (in der Praxis z.T. mit 6 Monaten angegebenen) Mindestdauer des bisherigen Aufenthalts kommt es nicht an, die Begründung eines gewöhnlichen Aufenthalts setzt keine bestimmte Verweildauer, keinen längeren oder dauerhaften Aufenthalt voraus (BVerwG 18.05.2000 - 5 C 27.99; BVerwG 26.09.2002 – 5 C 46/01, 5 B 37701), vielmehr kann dieser schon vom ersten Tag der Aufenthaltsannahme anzunehmen sein, sofern eine gewisse Verfestigung der Lebensverhältnisse an einem bestimmten Ort zu erwarten ist und er prinzipiell »bis auf weiteres« im Sinne eines zukunftsoffenen Verbleibs (also nicht von vorn herein als vorübergehend geplant) ist. Im Hinblick auf **Ausländer**, insb. Asylbewerber, war dies lange Zeit umstritten, mittlerweile ist allerdings sowohl im Hinblick auf anerkannte Asylberechtigte wie Asylbewerber klargestellt: Wenn bei vorausschauender Betrachtung ein Zeitpunkt, zu dem der Aufenthalt im Inland beendet werden wird, nicht absehbar ist (objektives Moment), und wenn erkennbar ist, dass die betreffende Person sich auf nicht absehbare Zeit im Bundesgebiet aufhalten will (subjektives Moment), handelt es sich um

3.1 Was, wo, weshalb und für wen?

einen »nicht nur vorübergehenden« Aufenthalt i.S.d. § 30 Abs. 3 Satz 2 SGB I. Der weitere Verbleib eines Ausländers ist daher auch bei befristeten Aufenthaltstiteln offen, wenn die Möglichkeit einer Verlängerung nicht ausgeschlossen ist (BT-WD 2016, 16 unter Bezugnahme auf BVerwG 13.08.2003 - 5 C 49/01 und m.w.N.). Der gewöhnliche Aufenthalt wird zudem durch eine Untersuchungs- oder Strafhaft von bis zu sieben Monaten nicht unterbrochen (vgl. VG Freiburg 07.11 2013 – 4 K 1340 / 12).

Neben dem gewöhnlichen Aufenthalt muss als zweite Voraussetzung hinzukommen, dass dieser gewöhnliche Aufenthalt entweder **rechtmäßig** ist **oder** ausländerrechtlich **geduldet** wird. Ob ein **rechtmäßiger Aufenthalt** vorliegt, bestimmt sich nach dem Aufenthaltsgesetz (AufenthG) bzw. nach dem AsylVfG. Da mj. Ausländer*innen regelmäßig schon wegen § 6 Abs. 4 SGB VIII i.V.m. KSÜ Leistungen der Jugendhilfe erhalten (s. o.), konzentriert sich die folgende Darstellung auf **junge Volljährige**.

Rechtmäßig ist der **Aufenthalt**, wenn einer der in § 4 AufenthG genannten Titel vorliegt: Visum, Aufenthaltserlaubnis, Blaue Karte EU, Niederlassungserlaubnis, Erlaubnis zum Daueraufenthalt (ausführlich *Behlert* 2018, 658 ff.) Für junge Volljährige ist vornehmlich die Aufenthaltserlaubnis nach § 7 **AufenthG** von Bedeutung (im Einzelnen *Münder/Eschelbach* in: FK-SGB VIII § 6 Rn 23 ff.), insb.:

- Aufenthalt zum Zwecke der Ausbildung (§§ 16, 17 AufenthG), also insb. Schulbesuch, Studium oder Sprachkurse;
- Aufenthalt zum Zwecke der Erwerbstätigkeit (§§ 18 bis 21 AufenthG);
- Aufenthalt aus völkerrechtlichen, humanitären und politischen Gründen (§§ 22 bis 26 AufenthG);
- Aufenthalt aus familiären Gründen (§§ 27 bis 36 AufenthG).

Keine Aufenthaltserlaubnis im engeren Sinne ist die **Aufenthaltsgestattung** nach § 55 Abs. 1 AsylG für **asylsuchende Personen** zur Durchführung des Asylverfahrens: hiernach ist der Aufenthalt gestattet und damit rechtmäßig, solange das Asylverfahren nicht bestandskräftig abgeschlossen ist (§ 67 Abs. 1 AsylG).

Alternativ zum rechtmäßigen Aufenthalt kommt als Voraussetzung die **ausländerrechtliche Duldung** in Frage. Ausgangspunkt ist dabei die Tatsache, dass bei einem nicht rechtmäßigen Aufenthalt für die Ausländer eine Pflicht zur Ausreise besteht. Bei der Duldung handelt es sich zwar nicht um einen Aufenthaltstitel, bei ihr wird aber auf die zwangsweise Durchsetzung der Ausreise (auf die sog. Abschiebung) verzichtet (*Behlert* 2018, 662). Die oberste Landesbehörde kann nach § 60a Abs. 1 AufenthG aus völkerrechtlichen und humanitären Gründen oder zur Wahrung politischer Interessen der Bundesrepublik Deutschland anordnen, dass die Abschiebung von Ausländer*innen (aus bestimmten Staaten oder bestimmten Ausländergruppen) ausgesetzt wird (im Einzelnen § 23 AufenthG). Außerdem ist nach § 60a Abs. 2 AufenthG die Abschiebung auszusetzen – und damit liegt eine Duldung vor – solange eine Abschiebung aus tatsächlichen (z.B. unbekanntes Herkunftsland) oder rechtlichen Gründen (z.B. werden keine Einreisepapiere ausgestellt) unmöglich ist.

Im Überblick stellt sich die Situation wie in Abbildung 1 dar.

Abb. 1: Jugendhilfe für Ausländer

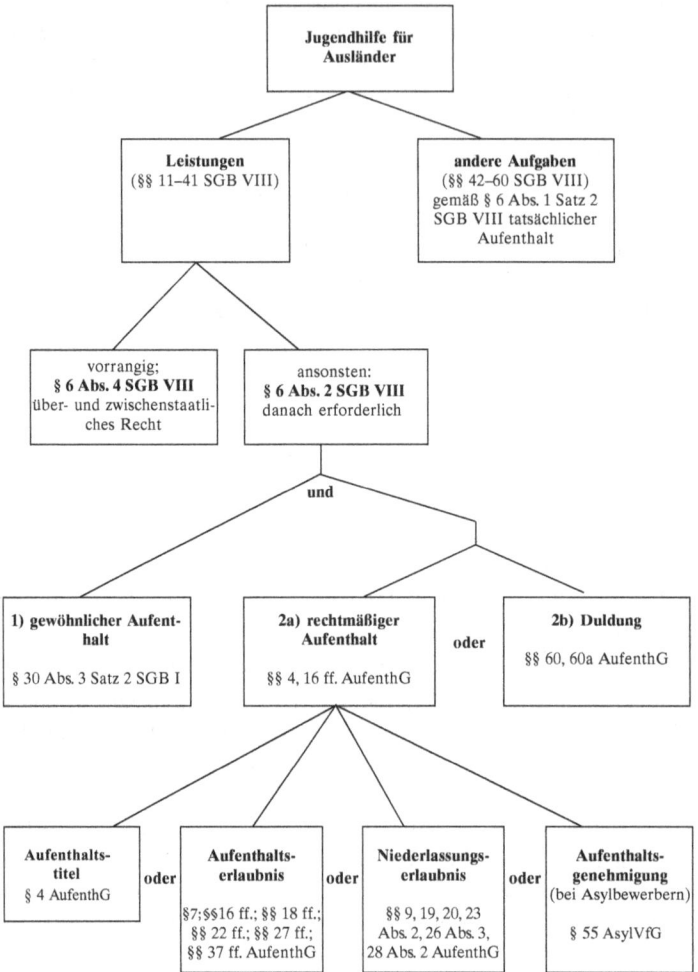

30 Überblickt man die möglichen Situationen, so ergibt sich zusammenfassend, dass aufgrund des § 6 Abs. 4 SGB VIII und des § 6 Abs. 2 SGB VIII kaum Fälle vorstellbar sind, in denen mj. oder junge volljährige Ausländer*innen keine Leistungen nach dem SGB VIII bekommen können. Allerdings ergab sich vormals lange das Problem, dass sich an den Erhalt von Jugendhilfeleistungen u.U. **ausländerrechtliche Konsequenzen** knüpfen. Nach § 55 Abs. 2 Nr. 7 aF AufenthG lag bei der Leistung von **HzE außerhalb der eigenen Familie** oder **Hilfe für junge Volljährige** ein Ausweisungsgrund vor. Zwar waren insoweit Ausweisungen von Mj. aufgrund von anderen Vorschriften nicht zulässig, wenn deren Eltern (oder der allein sorgeberechtigte Elternteil) rechtmäßig im Bundesgebiet leben. Dieser Schutz bestand aber nicht bei jungen Volljährigen. Der Gesetzgeber hat die Vorschrift jedoch zum 1.1.2016 ersatzlos gestrichen und die Regelungen zu den Ausweisungsgründen neu gefasst (vgl. §§ 53 f. AufenthG n.F., ausführlich *Behlert* 2018, 669 ff.; *Münder/Eschelbach* in: FK-SGB VIII § 6 Rn 31 ff.).

3.2 Wie es wurde, was es ist: Vom Sicherheitsrecht zur Sozialleistung

Wichtige strukturelle Elemente und grundlegende Vorgaben des SGB VIII werden erst aus einer historischen Perspektive verständlich, denn das SGB VIII, so sehr es sich auch von seinen Vorläufern unterscheidet, beruht auf historischen Entwicklungslinien (hierzu Kap. 3.2.1). Zudem zeigt sich im SGB VIII eine besonders gelungene Synthese von juristischem und sozialpädagogischen Denken und damit ein transdisziplinärer Ansatz (s. Kap. 3.2.2). Es bleibt allerdings ein erheblicher Reformbedarf, insb. im Hinblick auf die Inklusion von jungen Menschen mit körperlichen und/oder geistigen Behinderungen (s. Kap. 3.2.4).

3.2.1 Die historischen Wurzeln: RJWG und JWG ff Sicherheit, Ordnung, Fürsorge

Historisch wurde das, was heute Kinder- und Jugendhilferecht ist, lange Zeit als Teil des Polizei- und Ordnungsrechts behandelt. Erste, auch heute noch im SGB VIII beinhaltete Regelung waren die Bestimmungen über das in der ersten Hälfte des 19. Jahrhunderts weit verbreitete sog. Pflege- und Haltekinderwesen (zur Kinder- und Jugendfürsorge in der vorindustriellen Zeit *Jordan/Maykus/Stuckstätte* 2015, 31 ff.; *Peukert* 1986). Sozialer Hintergrund war die bedrückende materielle Lage der entstehenden Lohnarbeiterschaft, die beide Eltern zu exzessiver Arbeit zwang. Zeit, um sich um die Kinder zu kümmern, blieb ihnen da wenig. Eltern gaben deswegen ihre Kinder gegen Entgelt in Pflegestellen. Die Pflegepersonen erzielten durch das Pflegeentgelt entsprechende Einnahmen. Dass dabei die Interessen der Kinder auf der Strecke bleiben konnten, ist nicht verwunderlich. Dies führte 1840 in Preußen zu einer »Königlichen Zirkularverfügung zur Aufnahme von Haltekindern«: Danach war die **Aufnahme von Pflegekindern**, sofern sie unter vier Jahre alt waren und die Aufnahme gegen Entgelt erfolgte, von einer (polizeilichen) Erlaubnis abhängig. Dieser Ansatz findet sich heute abgewandelt noch im Erfordernis der Erlaubnis durch das JA bei Kindertages- bzw. Vollzeitpflege nach §§ 43, 44 SGB VIII (s. Kap. 11).

Unter den Pflege- bzw. »Haltekindern« war der Anteil **nichtehelicher Kinder** hoch, da sich deren Mütter in besonderer Weise gezwungen sahen, ihre Kinder in Pflege zu geben. Nun bestand damals von Gesetzes wegen für jedes nichteheliche Kind eine (Einzel-)Vormundschaft des Vaters der Mutter des nichtehelichen Kindes. Dieser lebte oft weitab vom Wohnort der Mutter und konnte damit seine Aufgabe als Vormund nur eingeschränkt wahrnehmen. So kam es zur **Reform des Vormundschaftswesens**. Für Kinder, die in Waisenhäusern oder anderen Einrichtungen lebten, wurde die Einzelvormundschaft durch die Anstaltsvormundschaft ersetzt; besonders initiativ war der Leiter des Leipziger Waisenhauses Max Taube. Als dieser dann in Leipzig für den Bereich des Wohlfahrtswesens zuständig wurde, führte er für die nichtehelichen Kinder schrittweise die sog. Berufsvormundschaft ein. Ab 1889 wurden alle Kinder, die der Leipziger Armenbehörde unterstanden, der Vormundschaft des Armenamtes (die deswegen auch Amtsvormundschaft hieß) unterstellt.

Auch im **Strafrecht** begann die gesonderte Behandlung von Kindern und Jugendlichen. Nach dem Reichsstrafgesetzbuch von 1871 waren die unter 12-jährigen strafunmündig (§ 55 RStGB). Bei den 12–18-jährigen sah § 56 RStGB vor:

> »Ein Angeschuldigter, welcher zu einer Zeit, als er das 12., aber nicht das 18. Lebensjahr vollendet hatte, eine strafbare Handlung begangen hat, ist freizusprechen, wenn er bei

Begehung derselben die zur Erkenntnis ihrer Strafbarkeit erforderliche Einsicht nicht besaß.

In dem Urteil ist zu bestimmen, ob der Angeschuldigte seiner Familie überwiesen oder in eine Erziehungs- oder Besserungsanstalt gebracht werden soll. In der Anstalt ist er so lange zu behalten, als die der Anstalt vorgesetzte Verwaltungsbehörde solches für erforderlich erachtet, jedoch nicht über das vollendete 20. Lebensjahr.«

35 Die 1871 eingeführte **Erziehung in einer Erziehungs- oder Besserungsanstalt** wurde 1876 erweitert: Die Länder konnten die Erziehung in derartigen Anstalten auf Mj. unter 12 Jahren ausdehnen, wobei es hierzu des Beschlusses der **Vormundschaftsbehörde** bedurfte. 1878 wurde in Preußen das »Gesetz zur Unterbringung verwahrloster Kinder in Erziehungsanstalten« zur Regelung der staatlichen Zwangserziehung erlassen, das im Jahr 1900 durch das Preußische Gesetz für die Fürsorgeerziehung Minderjähriger abgelöst wurde.

36 Nach dem **RJGG** vom 12.02.1923 war Jugendlicher, »wer vierzehn, aber noch nicht achtzehn Jahre alt ist« (§ 1 RJGG), womit die untere Grenze der strafrechtlichen Verantwortlichkeit auf 14 Jahre festgelegt wurde (§ 2 RJGG). Zur Ahndung der Tat konnte nach §§ 5 und 7 RJGG neben der »Überweisung in die Zucht der Erziehungsberechtigten oder der Schule« u.a. die »Schutzaufsicht« und die »Fürsorgeerziehung« als »Erziehungsmaßregel« angeordnet werden, womit von (einer Kriminal-)Strafe abgesehen werden konnte (§ 6 RJGG). Die Voraussetzungen, die Durchführung und Aufhebung bzw. Erlöschen der Schutzaufsicht und Fürsorgeerziehung richteten sich aber damals schon nach den Bestimmungen des Reichsgesetzes für die Jugendwohlfahrt (RJWG) vom 9.7.1922 (§ 7 Satz 3 RJGG), welches allerdings erst zum 01.04.1924 in Kraft trat.

37 Neben dieser aus dem Strafrecht stammenden Wurzel der Fürsorgeerziehung des RJWG (und später JWG 1961) gab es den privatrechtlichen Kindesschutz mit der Möglichkeit eines Eingriffs des Gerichts in die väterliche (bzw. später: elterliche) »Gewalt«. Diese Wurzeln finden sich heute noch in § 1666 BGB.

38 Staatliche Aktivitäten fanden auch in einem Bereich statt, der lange Zeit als privat galt – in der **Jugendarbeit und Jugendpflege**. Kirchliche Organisationen hatten hier die größte Tradition. In der zweiten Hälfte des 19. Jahrhunderts entstanden bürgerlich-nationale Organisationen und mit Beginn des 20. Jahrhunderts begann sich schließlich auch die Arbeiterjugendbewegung zu organisieren. Nachdem der Staat zunächst (1904, 1908) mit vereinsrechtlichen Mitteln repressiv auf die Arbeiterjugendbewegung reagierte, folgte kurze Zeit später die Steuerung der Jugendpflege und Jugendarbeit mit einem heute noch klassischen Instrumentarium: der (Re-)Finanzierung. Beispielhaft war der »Erlass des (preußischen) Ministers der geistlichen, Unterrichts- und Medizinalangelegenheiten vom 18. Januar 1911 betreffend Jugendpflege« (abgedruckt bei *Jordan/Maykus/Stuckstätte* 2015, 51 ff.). Dieser Jugendpflegeerlass stellte die für die damalige Zeit relativ hohe Summe von 1 Mio. Reichsmark zur Subvention von Jugendarbeit bereit und koppelte die Vergabe an die Realisierung staatsgenehmer (»vaterländischer«) Erziehungsvorstellungen.

39 **Organisatorischer** Mittelpunkt war zu Beginn des 20. Jahrhunderts das Armen- oder Fürsorgeamt; in größeren Orten hatten diese Ämter bisweilen eine Abteilung Kinderpflege. Außerdem waren Polizei- und Ordnungsämter (Pflegekinderwesen, Antragstelle für die Fürsorgeerziehung) in erheblichem Umfang in der Jugendhilfe tätig. Die zunehmenden Aufgaben veranlassten größere Städte, eigene **Kinder- und Jugendfürsorgeäm-**

3.2 Wie es wurde, was es ist: Vom Sicherheitsrecht zur Sozialleistung

ter zu gründen: 1909 schuf Mainz eine selbstständige Deputation für Jugendfürsorge, 1910 Hamburg ein umfassendes JA, Frankfurt zunächst als Waisen- und Armenamt (ab 1914 JA); später wurden auch in Berlin und Lübeck eigenen JÄ eingerichtet. In den preußischen Rheinprovinzen und in der Provinz Westfalen wurden Ausschüsse für Jugendfürsorge gebildet, die in gewisser Weise Vorläufer der späteren Jugendwohlfahrtsausschüsse darstellten (ausführlich *Hasenclever* 1978, 30 ff.).

Der Gedanke eines eigenen Gesetzes für die Kinder- und Jugendfürsorge entwickelte sich zu Beginn des 20. Jahrhunderts (*Polligkeit* 1905; *Hasenclever* 1978). Vorläufer des RJWG waren in den Ländern neben dem bereits erwähnten Preußischen Gesetz für die Fürsorgeerziehung Minderjähriger (1900) das sächsische Jugendamtsgesetz von 1918 und das Württembergische Jugendamtsgesetz von 1919. Mit der Weimarer Verfassung verbesserten sich die Chancen für ein reichsweites Jugendfürsorgegesetz, da nunmehr dem Reich die Gesetzgebungskompetenz auf diesem Gebiet zustand. Nach längeren Vorarbeiten wurde im Juni 1922 das **Reichsgesetz für Jugendwohlfahrt** (RJWG) nach heftigen Debatten verabschiedet (abgedruckt bei *Jordan/Münder* 1987, 101 ff.). Der Zeitpunkt des Inkrafttretens wurde auf den 1. April 1924 festgelegt.

Dazu kam es jedoch nicht. Im Kontext der Wirtschaftskrise beschloss der Reichstag am 8.12.1923 ein **Ermächtigungsgesetz**, das der Regierung die Gesetzgebungsmacht »zur Überwindung der Not von Volk und Reich« bis zum 15.02.1924 übertrug. Am 14.02.1924 erließ die Reichsregierung die »Verordnung über das Inkrafttreten des RJWG«, mit der die Teile des Gesetzes außer Kraft gesetzt wurden, bei denen es sich um neue (oder wesentliche Erweiterungen bisheriger) Aufgaben handelte und durch die die Errichtung von JÄ und LJÄ vorgeschrieben wurde (§§ 8 ff. RJWG). Diese Reduzierungen wurden letztlich erst durch die Novelle von 1953 beseitigt (*Münder* RdJB 1990, 43 ff.).

An bleibenden Strukturen brachte das **RJWG** die Zusammenfassung wichtiger Materien in einem Gesetz und die Etablierung des **Jugendamts** als einer **eigenständigen**, für die Angelegenheiten der Jugendwohlfahrt zuständigen **Behörde** (§§ 3 ff. RJWG). Das RJWG war sogar in erster Linie ein »Jugendamtsgesetz«: Im Mittelpunkt stand die Behörde, um sie herum wurden die einzelnen Aufgaben gebaut (*Münder* RdJB 1990, 43 ff.; *Wiesner* 2013, 36). Inhaltlich wurde insb. der **jugendfürsorgerische Bereich** geregelt. Pflegekinder unterstanden nach § 24 Satz 1 RJWG der Aufsicht des JA. Das gleiche galt »für uneheliche Kinder, die sich bei der Mutter befinden« (24 Satz 2 RJWG). Für »uneheliche« Kinder führte das RJWG die Zuständigkeit des **Jugendamtes als Amtsvormund** ein (§§ 32 ff. RJWG). Die **Pflegekinderaufsicht** wurde vereinheitlicht (§§ 19 ff. RJWG) und die Heimaufsicht eingeführt (§§ 28 f. RJWG). Neben der Hilfe für »hilfsbedürftige Minderjährige« in Form des »notwendigen Lebensbedarfs« einschließlich der Erziehung und der Erwerbsbefähigung« (§ 3 Nr. 3, §§ 49 – 55 RJWG) war das JA verpflichtet, bei der **Fürsorge für gefährdete Kinder und Jugendliche** (§ 3 Nr. 4, §§ 56 – 76 RJWG: Schutzaufsicht und Fürsorgeerziehung) mitzuwirken. Zudem sollte das JA auch »in der Jugendhilfe bei den Polizeibehörden, insb. bei der Unterbringung zur vorbeugenden Verwahrung« (§ 3 Nr. 7, § 27 RJWG) mitwirken und hatte die Aufgabe Jugendgerichtshilfe gemäß dem RJGG (§ 3 Nr. 5 RJWG) wahrzunehmen. Andere Bereiche wurden nur randständig angesprochen, das gilt insb. für die Beratung, die allgemeine Unterstützung, die präventiven, offenen Hilfen. In zentralen Punkten war das Gesetz ein Kompromiss »widerstreitender Mächte« (*Neundörfer* 1923, 529 ff.; hierzu ausführlich *Jordan* 1987, 19 ff.; *Wiesner* HB-KJHR Kap. 1.3.1).

Ein Kompromiss zwischen den die Weimarer Republik tragenden Parteien der Sozialdemokratie und des Zentrums, oder allgemeiner gesprochen: des Sozialismus und des Katholizismus. Die Vorstellungen der Sozialdemokratie gingen in Richtung einer zunehmenden Vergesellschaftung von Erziehung. Die Vertreter des katholischen Zentrums betonten dagegen den Vorrang der Familienerziehung (und dort, wo dies nicht funktionierte, zumindest den Vorrang der freien, insb. der konfessionellen Verbände). Keine dieser beiden Positionen konnte sich durchsetzen, vielmehr kam es zu einem Kompromiss, der zum Teil beide Positionen unverknüpft nebeneinanderstellte. Gemeinsam war beiden Positionen allerdings der Fokus auf Aufsicht und Kontrolle, wobei die Schutzaufsicht und Fürsorgeerziehung für »Gefährdete und Verwahrloste« als schärfste Form der staatlichen Zwangserziehung für das »Hilfe«- und »Erziehungs«-Verständnis der damaligen Zeit charakteristisch waren, in der die Sozialdisziplinierung der Jugend (*Peukert* 1996) im Vordergrund stand und eine sozialanwaltliche Jugendhilfe, wie sie das heutige SGB VIII normiert, nicht vorstellbar war.

43   Die **nationalsozialistische Gesetzgebung** brachte im RJWG formell nur die Aufhebung der Kollegialverfassung des JA (Abschaffung des Jugendwohlfahrtsausschusses) und die Einführung des »Führerprinzips« mit der alleinigen Verantwortung des Leiters der Verwaltung. Die zum Teil massiven Veränderungen in der Praxis (*Hasenclever* 1978, 126 ff.; *Wiesner* HB-KJHR Kap. 1.3.1.3) fanden unterhalb der Gesetzesebene sowie im Bereich des Jugendstrafrechts statt (Einführung des Arrests sowie der »schädlichen Neigungen«; hierzu *Trenczek/Goldberg* 2016, 399 und 407). Deshalb wurde das RJWG 1945 von den Besatzungsmächten, nach Wiederherstellung der Kollegialverfassung in der ursprünglichen Form, für anwendbar erklärt. Die »ursprüngliche« Form aber war die durch die Verordnung zum Einführungsgesetz beschränkte Fassung. Erst mit der **Novelle von 1953** änderte sich dieser Rechtszustand: Die Einschränkungen der Verordnung zum Einführungsgesetz wurden aufgehoben, und damit trat das RJWG von 1924 »eigentlich« erst 1953 »in Kraft« (*Münder* RdJB 1990, 43 ff.).

44   Zu diesem Zeitpunkt hatten sich allerdings bereits die Wege der Jugendhilfe im geteilten Deutschland getrennt: Ausgehend von der gemeinsamen Tradition des Reichsjugendwohlfahrtsgesetzes wurden in der **BRD** und in der **DDR unterschiedliche Richtungen** verfolgt. Während die Rechtsentwicklung in der BRD die durch das RJWG begründeten Linien fortsetzte, wurde in der DDR ein anderer Weg eingeschlagen: Das Entstehen spezieller Jugendhilfeinstitutionen wurde abgelehnt, weil damit ein Sondererziehungsbereich geschaffen würde. So wurden die JÄ neben dem Schulamt in die Volksbildung eingegliedert, was nach außen dokumentieren sollte, dass die Befassung auch mit der Klientel der Jugendwohlfahrt keine gesonderte, sondern eine allgemeine Aufgabe sei (ausführlich zur Jugendhilfe und Jugendhilferechtsentwicklung in der DDR: *Seidenstücker* 1990). Inhaltlich war das Jugendrechtssystem in der DDR (z.B. die drei Jugendgesetze von 1950, 1964 und 1974 sowie das Jugendhilfeorganisationsgesetz 1990) nicht weniger repressiv verfasst. Insb. die sog. **Jugendwerkhöfe**, die als Spezialheime zur Umerziehung »schwer erziehbarer« bzw. nicht der »sozialistischen Persönlichkeit« entsprechender Jugendlicher eingerichtet wurden (vgl. Anordnung über die Spezialheime der Jugendhilfe vom 22.04.1965), glichen z.T. Arbeitslagern, in denen die jungen Menschen faktisch rechtlos und massiven Bestrafungen, Gewalt und Misshandlungen ausgesetzt waren (ausführlich hierzu *AGJ* 2012; *Sachse* 2011).

45   Nachdem bis 1957 die großen Sozialgesetzgebungen (Renten- und Krankenversicherung) abgeschlossen waren, konzentrierte sich in der BRD das Augenmerk auf die So-

3.2 Wie es wurde, was es ist: Vom Sicherheitsrecht zur Sozialleistung

zialhilfe und Jugendhilfe. Die beabsichtigte umfassende Reform der Jugendhilfe scheiterte jedoch: **1961** wurde anstelle eines neuen Gesetzes nur eine Novelle verabschiedet, die aus dem Reichsgesetz für Jugendwohlfahrt das **Gesetz für Jugendwohlfahrt (JWG)** in neuer Paragrafenfolge machte, inhaltlich nur wenige Änderungen brachte und an wesentlichen Stellen so gut wie unverändert war (*Wabnitz* 2009, 27 f.). Damit zeigte sich im Wortlaut – wenn sich inzwischen auch die Praxis weiterentwickelt hatte – die traditionelle, ursprüngliche Auffassung und Konzeption von Jugendhilfe, die sich mit den Schlagworten Sicherheit, Ordnung, Fürsorglichkeit benennen lässt.

Im Kontext einer **sicherheits- und ordnungspolitischen Ausrichtung** nimmt Kinder- und Jugendhilfe Aufgaben wahr, die ihr von außen zugemutet und auferlegt wurden. Historisch wird dies beispielhaft an der Fürsorgeerziehung und an der Pflegekinderaufsicht deutlich. Kinder und Jugendliche waren hier die Objekte des Handelns, der Umgang mit ihnen fand eher unter strafrechtlichen und polizeirechtlichen Aspekten statt: Staat und Gesellschaft hatten bestimmte Vorstellungen darüber, wie mit abweichendem Verhalten Jugendlicher umzugehen sei und funktionalisierten die Jugendhilfe für die Umsetzung dieser Vorstellungen.

Das Konzept der Fürsorglichkeit unterscheidet sich von dem Ordnungsverständnis dadurch, dass es sich nicht um von außen vorgegebene Orientierungen für die Kinder- und Jugendhilfe handelt, sondern diese hier selbst Vorstellungen über den Umgang mit Kindern, Jugendlichen und Familien entwickelt hatte. Das Konzept beruht auf einem fürsorglichen **Schutzverständnis**. Im Vordergrund steht die Wahrnehmung des staatlichen Wächteramts und der damit konzeptionell verbundene intervenierende Eingriff. Positive Aspekte dieses Konzeptes sind die Sorge um die Betroffenen, der Schutz der strukturell Benachteiligten und die gezielte Verantwortungsübernahme in schwierigen Lebenssituationen. Probleme ergeben sich daraus, dass demgegenüber die (präventive) Arbeit mit den Betroffenen von der Arbeit für die Betroffenen in den Hintergrund gedrängt wird, dass »das Beste für das Kind« ggf. auch mit (sanftem) Druck gegenüber den Betroffenen durchgesetzt wird – bis hin zu einer mitunter auch repressiven fürsorgerischen Belagerung (s. Kap. 4.3).

3.2.2 Das Kinder- und Jugendhilferecht: im Vordergrund Sozialpädagogik und Sozialleistung

Mit Beginn der innenpolitischen Reformphase in der BRD ab 1969 wurde die Diskussion um eine grundlegende Reform der Jugendhilfe wieder intensiver aufgenommen. Ein 1980 im Bundestag von der damaligen SPD/FDP-Mehrheit verabschiedeter Gesetzentwurf fand nicht die Zustimmung des Bundesrates (mit einer CDU/CSU-beherrschten Mehrheit). Nach dem Regierungswechsel 1982 in Bonn unternahm die nun CDU/CSU-geführte Bundesregierung einen neuen Anlauf zur Reform des Jugendhilferechts und legte am 1.12.1989 den Entwurf für ein **Gesetz zur Neuordnung des Kinder- und Jugendhilferechts (KJHG)** vor (BT-Drs.11/5948), welches der Bundestag in leicht veränderter Fassung am 28.03.1990 verabschiedete. Der Bundesrat stimmte in seiner Sitzung vom 11.05.1990 zu (BR-PlPr 612, S. 210 - 216). Das KJHG wurde am 26.06.1990 ausgefertigt und am 28.06.1990 im Bundesgesetzblatt Teil I 1990 Nr. 30 S. 1163 veröffentlicht. Es trat »auf dem Territorium der ehemaligen DDR mit dem Einigungsvertrag am 3.10.1990, auf dem Territorium der vormaligen BRD zum **1.1.1991** in Kraft (ausführlich zum Reformverlauf *Jordan/Maykus/Stuckstätte* 2015,

80 ff.; *Wabnitz* 2009, 31 ff.; *Wiesner* HB-KJHR Kap. 1.3.5). Damit hatte die »unendliche Geschichte« der Reform des RJWG einen Abschluss gefunden.

49 Das »Gesetz zur Neuordnung des Kinder- und Jugendhilferechts« ist ein sog. **Artikelgesetz**, besteht also aus mehreren Artikeln. Mit dessen Art. 1 wurde das **SGB VIII** eingeführt, welches oft fälschlich als Kinder- und Jugendhilfegesetz bezeichnet wird (KJHG und SGB VIII sind also nicht dasselbe). Die Art. 2 bis 9 des KJHG enthalten Änderungen anderer Bundesgesetze, die Art. 10 bis 19 enthalten Übergangsvorschriften, die heute obsolet sind. Art. 22 KJHG enthält die Stadtstaatenklausel für die Länder Berlin, Bremen und Hamburg.

50 Vergleicht man den Gesetzeswortlaut des SGB VIII mit dem Gesetzeswortlaut des JWG (und d.h. eigentlich mit dem Gesetzeswortlaut des RJWG, auf dem das JWG beruht), so ergeben sich erhebliche Unterschiede. Dies ist angesichts eines »Altersunterschiedes« zwischen dem RJWG und dem SGBVIII von 68 Jahren nicht allzu verwunderlich. In Teilen der Jugendhilfepraxis hatten sich allerdings bereits seit den 70er Jahren erhebliche Veränderungen abgespielt, und so hatte sich die Praxis vom Gesetzestext des JWG zum Teil weit entfernt. Damit ist das SGB VIII zunächst die zeitangemessene, aktualisierte Beschreibung einer in Teilen schon seit einiger Zeit real existierenden Jugendhilfe. Zugleich ist es das Dokument eines **inhaltlichen Wandels des Kinder- und Jugendhilferechts**. Das Recht, selbstverständlich auch das SGB VIII, unterscheidet zwischen **Zielen**, Grundprinzipien und Handlungsgrundsätzen (z.B. familiensystemische und lebensweltorientiere Ausrichtung; Präventionsgedanke) wie sie z.B. in § 1 SGB VIII vorangestellt werden, konkreten **Aufgabenzuweisungen** (vgl. die in § 2 SGB VIII aufgelisteten Bereiche) sowie (Eingriffs-)**Befugnissen**, die gemäß dem Grundsatz des Gesetzesvorbehalts (vgl. Art. 20 Abs. 3 GG, § 31 SGB I) stets ausdrücklich gesetzlich normiert sein müssen (hierzu *Trenczek* et al. 2018, 102 ff.). Wegen der vorrangigen Leistungsorientierung sieht das SGB VIII nur sehr ausnahmsweise Eingriffe in die Rechte von Betroffenen vor (z.B. § 42 Abs. 1 Satz 2, §§ 61 ff., §§ 90 ff. SGB VIII). Aus der jugendhilferechtlichen Aufgabenbeschreibung – sowohl im Bereich der Leistungen als auch der sog. »anderen Aufgaben« – folgt kein Recht (keine Befugnis) des JA zu Eingriffen in die Rechtssphäre der jungen Menschen bzw. ihrer Eltern/Personensorgeberechtigten. Anstelle der ordnungsrechtlichen Komponenten stehen im Kinder- und Jugendhilferecht nun vor allem **Sozialleistungen**, z.T. mit entsprechenden **Rechtsansprüchen** (hierzu Kap. 5.1.) sowie eine **sozialpädagogische Ausrichtung** der Aufgabenerfüllung auch im Hinblick der »anderen Aufgaben« der Kinder- und Jugendhilfe im Vordergrund. Am deutlichsten wird der Leistungscharakter bei der Beschreibung der im 2. Kap. des SGB VIII genannten Angebote (Kap. 6 bis 9). Mit den Abschnitten über die Jugendarbeit, über die Förderung der Erziehung in der Familie, über die Förderung von Kindern in Tageseinrichtungen und Tagespflege und schließlich mit der ausführlichen Benennung des ganzen Spektrums von Hilfen zur Erziehung über ambulante, offene, teilstationäre bis zu den außerfamilialen Hilfen, wird im Gesetzestext eine »Kurzfassung« sozialpädagogischer Jugendhilfeleistungen aufgeblättert. Wesentlich für die sozialpädagogische Ausrichtung der Angebote und Leistungen ist die Tatsache, dass sie nicht einseitig von Seiten des JA realisiert werden können, sondern nur dann, wenn Leistungsberechtigte diese Angebote und Leistungen wollen. Bereits § 2 Abs. 1 **SGB VIII** stellt klar, dass alle von der Kinder- und Jugendhilfe umfassten Leistungen und andere Aufgaben »zugunsten junger Menschen und Familien« zu erbringen sind, also nicht – wie noch zu Zeiten des RJWG – in erster Linie zur Aufrechterhaltung von Sicherheit und Ordnung (zur sog. **Sozialanwaltschaft**, s. Kap. 3.1.3).

3.2 Wie es wurde, was es ist: Vom Sicherheitsrecht zur Sozialleistung

Rechtlich kommt dieser Wandel besonders dadurch deutlich, dass das SGB VIII in umfangreicherer und präziserer Weise als das alte JWG **Rechtsansprüche** auf Jugendhilfeleistungen begründet (Kap. 5.1.2). Damit schließt das Kinder- und Jugendhilferecht als Achter Teil des SGB an die allgemeinen sozialstaatlichen Leistungen an und arbeitet mit den üblichen Mechanismen sozialstaatlicher Leistungserbringung. Sichtbar wird dies z.B. insb. in § 5 SGB VIII unter der Überschrift des Wunsch- und Wahlrechts der Leistungsberechtigten (Kap. 4.3.4). Aber auch darüber hinaus enthalten die Allgemeinen Vorschriften der §§ 1–10 SGB VIII eine Reihe von Regelungen, die den sozialpädagogisch begründeten Grundsatz der Kinder- und Jugendhilfe klarstellt: Betroffene sind nicht Objekte staatlichen Handelns, sondern die Kinder- und Jugendhilfe hat die Aufgabe, junge Menschen und ihre Familien unter Beachtung ihrer Selbstbestimmung zu unterstützen (§ 1 Abs. 1–3; SGB VIII; s. Kap.3.1.3 u. 5.1.1). Besonders darauf hinzuweisen ist dabei – weil dies mitunter in Praxis und Wissenschaft übersehen wird – dass diese allgemeinen Regelungen in §§ 1–10 SGB VIII »vor die Klammer gezogen wurden« und damit sowohl für den Leistungsbereich (§§ 11–41 SGB VIII) als auch für die Wahrnehmung der anderen Aufgaben (§§ 42–60 SGB VIII) gelten (hierzu Kap. 4.3.1). Das betrifft nicht nur den **Schutzauftrag** (§ 8a SGB VIII), sondern auch die die sog. **Handlungsgrundsätze** (vgl. z.B. § 8 Abs. 1, 9 SGB VIII) und konkreten Beratungsansprüche aus § 8 Abs. 2 und 3 SGB VIII (hierzu s. Kap. 4.2.1).

3.2.3 Änderungen und Reform des SGB VIII

Die vielfachen (großen und kleinen) Änderungen in den Folgejahren haben an der Grundausrichtung des SGB VIII (zuletzt geändert am 28.04.2020 - BGBl. I S. 960) nichts verändert. Die wichtigsten Änderungen waren (ausführlich Meysen/Münder/Trenczek in: FK-SGB VIII Einl. Rn 47):

- Die erstmalige bundesweite Einführung eines **Rechtsanspruchs auf einen Kindergartenplatz** für Kinder vom vollendeten 3. Lebensjahr an durch das Schwangeren- und Familienhilfegesetz vom 27.7.1992 (Kap. 8.2).
- Durch das Erste Gesetz zur Änderung des Achten Sozialgesetzbuches vom 16.2.1993 (BGBl. I, 237 ff.) wurden die Leistungen für seelisch behinderte Kinder und Jugendliche aus den Hilfen zur Erziehung ausgekoppelt und als **Eingliederungshilfen** für seelisch behinderte Kinder und Jugendliche in einem eigenen Unterabschnitt (§ 35a SGB VIII) geregelt.
- Die Einfügung der §§ 78a ff. SGB VIII mit den Vereinbarungen über Leistungsangebote, Entgelte und Qualitätsentwicklung durch das 2. SGB XI-ÄndG mit Wirkung ab dem 1.1.1999 (Kap. 16.3).
- Durch die mit dem **Tagesbetreuungsausbaugesetz** (1.1.2005) erfolgte Änderung der §§ 22 bis 24 SGB VIII sollte der Ausbau von Tageseinrichtungen und Kindertagespflege vorangetrieben werden (Kap. 8.2).
- Durch das Gesetz zur Weiterentwicklung der Kinder- und Jugendhilfe (**KICK** 1.10.2005) wurden u.a. die § 8a, § 36a, § 72a SGB VIII neu eingefügt bzw. § 42 SGB VIII und die Statistikvorschriften (§§ 98 ff. SGB VIII) geändert sowie die Kostenvorschriften des 2. Abschnitts des 8. Kap. (§§ 91 bis 96 SGB VIII) umgestaltet (Kap. 16.5).
- Durch das **Kinderförderungsgesetz** (KiföG vom 10.12.2008) wurde der Ausbau der Tagesbetreuung für die Zeit bis 2013 weiter fortgeschrieben, Schritte zur qualitativen Verbesserung der Kindertagespflege (§ 23 SGB VIII; im Einzelnen Kap. 8) vor-

genommen und bereits der Rechtsanspruch auf Förderung in Tageseinrichtungen bzw. der Kindertagespflege ab dem vollendeten ersten Lebensjahr eingeführt (in Kraft: 1.8.2013).

- Durch das Gesetz zur **Reform des Verfahrens in Familiensachen** und in Angelegenheit der freiwilligen Gerichtsbarkeit (FGG-RG) wurde das bisherige FGG durch das **FamFG** ersetzt. Im SGB VIII änderten sich (neben redaktionellen Veränderungen) die Bestimmungen über die Mitwirkung des JA im gerichtlichen Verfahren (§ 50 SGB VIII; ausführlich Kap. 12.2).
- Durch das Gesetz zur Stärkung eines aktiven Schutzes von Kindern und Jugendlichen (**Bundeskinderschutzgesetz – BKiSchG –** in Kraft: 1.1.2012; ausführlich *Meysen/Eschelbach* 2012), durch dessen Art. 1 das Gesetz zur Kooperation und Information im Kinderschutz (**KKG**) eingeführt wurde sowie im SGB VIII selbst Bestimmungen unter Kinderschutzgesichtspunkten geändert wurden (Kap. 4.3.1, 12.2.1).
- Mit dem **Gesetz zur Reform der elterlichen Sorge** nicht miteinander verheirateter Eltern (SorgeRefG) vom 16.4.2013 (BGBl. I 2013, 795) wurden u.a. die Vorschriften zur Beratung (§ 18 Abs. 2 SGB VIII), zur Mitwirkung im familiengerichtlichen Verfahren (§ 50 Abs. 3, § 51 Abs. 3 SGB VIII), zur Sorgeerklärung (§ 58a SGB VIII), der Beurkundung und Zuständigkeit (§ 59 Abs. 1 Satz 1 Nr. 2 und 7, § 87c Abs. 6 SGB VIII) geändert.
- Mit dem **Kinder- und Jugendhilfeverwaltungsvereinfachungsgesetz (KJVVG)** vom 29.8.2013 (BGBl. I 2013, 3464) wurden insb. Regelungen zur örtlichen Zuständigkeit und Kostenerstattung (§ 86 Abs. 5 Satz 2, § 87c Abs. 6 Satz 2, § 89a Abs. 2 SGB VIII) sowie der Kostenbeteiligung (§ 92 Abs. 4, §§ 93, 94 SGB VIII) sowie der Statistikvorgaben in § 99 bis 102 geändert. Einher gingen Änderungen in § 18 Abs. 3, § 39 Abs. 2 Satz 4 SGB VIII und die Einfügung eines Satzes 2 zur Förderung von Jugendorganisationen der politischen Parteien in § 83 Abs. 1 SGB VIII. Das Inkrafttreten war am 3.12.2013 bzw. 1.1.2014.
- Durch das Gesetz zur Verbesserung der Unterbringung, Versorgung und Betreuung ausländischer Kinder und Jugendlicher vom 28.10.2015 (BGBl. I 2015, 1802) wurde insb. die sog. »**vorläufige Inobhutnahme**« und das **bundesweite Verteilverfahren** für unbegleitet geflüchtete Kinder und Jugendliche eingeführt (§§ 42a ff., §§ 88, 89d SGB VIII; hierzu Kap. 10.2).
- Mit dem **Bundesteilhabegesetz (BTHG)** vom 23.12.2016 (BGBl. I 2016, 3234) wurden zum 1.1.2018, korrigiert durch das Gesetz zur Änderung des Bundesversorgungsgesetzes und anderer Vorschriften vom 17.7.2017 (BGBl. I 2017, 2541) Änderungen im Vorrang-Nachrang-Verhältnis, bei den Verweisen des § 35a SGB VIII und der Betriebserlaubnis vorgenommen (§ 10 Abs. 4, § 35a Abs. 3, § 45 Abs. 6 SGB VIII).
- Weitere Änderungen im Hinblick auf ausländische Mj. wurden u.a. infolge des **Gesetzes zur Bekämpfung von Kinderehen** vom 17.7.2017 (BGBl. I 2017, 2429; Klarstellung in § 42a Abs. 1 Satz 2 SGB VIII) und das Gesetz zur besseren Durchsetzung der Ausreisepflicht vom 20.7.2017 (BGBl. I 2017, 2780; Änderung von § 42 Abs. 2 Satz 5 SGB VIII vorgenommen (s. Kap. 10.2.3).

53 In verfassungsrechtlicher wie verwaltungsorganisatorischer Hinsicht (hierzu ausführlich Kap. 15) bedeutsam ist, dass die JÄ ausgehend von den historischen Vorläufern und der im RJWG normierten (zunächst suspendierten, dann 1953 in Kraft getretenen)

3.2 Wie es wurde, was es ist: Vom Sicherheitsrecht zur Sozialleistung

Regelung in allen Bundesländern als Aufgabe und Institution der örtlichen Träger im Rahmen **kommunaler Selbstverwaltung** verfasst wurde. Ungeachtet dessen sah § 69 ff. SGB VIII zunächst nicht nur vor, wer Träger der öffentlichen Jugendhilfe ist, sondern machte auch weitreichende Vorgaben im Hinblick auf die organisatorische Struktur der JÄ (insb. Zweigliedrigkeit). Allerdings können seit der **Förderalismusreform** 2006 die Länder von den bundesrechtlichen Vorschriften zur Einrichtung von Behörden und zum Verwaltungsverfahren abweichen (Art. 84 Abs. 1 Satz 2 GG), so dass in dessen Folge neben der Streichung von Abs. 2 in § 69 Abs. 1 SGB VIII normiert wurde, dass die Träger der öffentlichen Jugendhilfe durch Landesrecht bestimmt werden. Bislang sind aber noch in allen Bundesländern die kreisfreien Städte und Landkreise sowie in einigen Bundesländern (wie bisher schon) ausdrücklich bestimmte kreisangehörige Gemeinden die örtlichen Träger der öffentlichen Kinder- und Jugendhilfe. Zudem wird derzeit noch in allen Bundesländern an dem bewährten zweigliedrigen Aufbau des JA festgehalten.

3.2.4 Reformbedarf im Hinblick auf das SGB VIII

Mit dem SGB VIII ist eine Rechtsgrundlage vorhanden, die zwar den **sozialpädagogischen Charakter** der Kinder- und Jugendhilfe normativ deutlich untersetzt (s.o. Kap. 3.2.2). Gleichzeitig bleibt ein enormer Reformbedarf insb. im Hinblick die (rechtliche und tatsächliche) Inklusion von jungen Menschen mit Behinderungen (s. Kap. 3.2.4.1) und auf eigene Rechts-/Leistungsansprüche von jungen Menschen (Kap. 3.2.4.2). Der nach dem Scheitern der »großen Lösung« erneute Anlauf und u.a. im Rahmen der Bundes-AG »SGB VIII: Mitreden - Mitgestalten« geführte Diskussionsprozess zugunsten einer umfassenden SGB VIII Reform war Anfang 2020 noch nicht so weit vorangeschritten, um hinreichend konkrete Einigungslinien in dieser Auflage des Lehrbuchs berücksichtigen zu können (zur darüber hinaus gehenden Diskussion über die Verankerung der Kinderrechte im GG s. Kap. 2.4).

54

3.2.4.1 Zusammenführung aller Jugendhilfe- und Eingliederungsleistungen im SGB VIII

Nicht hinreichend sind die deutschen Regelungen wegen der Exklusion von Eingliederungshilfen für Kinder und Jugendliche mit körperlicher und/oder geistiger Behinderung (s. Kap. 2.1 Rn 16 und Kap. 2.3.4, vgl. § 10 Abs. 4 Satz 2 SGB VIII; §§ 53 ff. SGB XII). Die 17. und 18. Legislaturperiode (Okt. 2009 – Okt. 2013/Okt. 2013 – Okt. 2017) war zwar gekennzeichnet durch intensive Diskussionen um eine inklusive Weiterentwicklung des SGB VIII. Der Versuch, die **Inklusion** durch Zusammenführung aller (Jugendhilfe- und Eingliederungs-)Leistungen für junge Menschen mit und ohne Behinderung durch eine »Große Lösung« im SGB VIII umzusetzen und die Zuständigkeit der Kinder- und Jugendhilfe auch auf alle Kinder und Jugendliche mit Behinderungen auszuweiten, scheiterte Ende 2016 allerdings (und musste scheitern) nach heftiger Fachkritik aus Wissenschaft und der gesamten Jugendhilfepraxis an der konkreten Ausgestaltung der Regelungen. Denn mit der beabsichtigten Änderung des SGB VIII wären bewährte Grundstrukturen der Jugendhilfe nicht zuletzt mit dem Ziel der Kostenneutralität aufgegeben worden (z.B. Abbau von individuellen Rechtsansprüchen auf Erziehungshilfen zugunsten einer vorrangigen Sozialraumorientierung und Ermessensspielräumen; Beschränkung des Wunsch- und Wahlrechtes). Andererseits sollten Mj. mit Behinderungen in erster Linie als Kinder- und Jugendliche und damit als Adressa-

55

ten der Kinder- und Jugendhilfe wahrgenommen werden und nicht als Menschen mit Behinderungen (*Tammen/Trenczek* in: FK-SGB VIII Vor § 27-41 Rn 123). An der Notwendigkeit der Inklusion und Zuordnung aller junger Menschen mit und ohne Behinderungen unter dem Dach der Jugendhilfe gibt es insb. im Hinblick auf die UN-BRK (Kap. 2.3.4) deshalb keine grundsätzlichen Zweifel. Ziel muss es sein, die anachronistische Segregation von Bedarfslagen junger Menschen sowie die Versorgungslücken zwischen der Kinder- und Jugendhilfe und der sog. Behindertenhilfe zu überwinden. Insoweit stellt sich freilich die Herausforderung, die **unterschiedlichen Hilfeverständnisse** nicht zu verwischen (instruktiv *Schönecker* JAmt 2017, 470). Während es einerseits um die Umsetzung der völkerrechtlichen Verpflichtung der UN-BRK geht, die strukturellen Barrieren für gleichberechtigte Zugänge und Teilhabe von jungen Menschen (mit oder ohne Behinderung) abzubauen und barrierefreie Infrastrukturangebote zur Verfügung zu stellen, darf andererseits die Verpflichtung der Kinder- und Jugendhilfe nicht aus dem Blick geraten, im Interesse und zum Wohl von Mj. und jungen Volljährigen insb. durch die Normierung von Rechtsansprüchen auch bei Betroffenen und Familien mit bisweilen auch ambivalenten Hilfe- und Erziehungswünschen für eine Inanspruchnahme von Hilfen zu werben. Hierzu gehört auch die komplementäre Zuweisung von Rechtsansprüchen an die Kinder und Jugendlichen einerseits (bei der Erziehungshilfe) und die Erziehungsberechtigten andererseits (in der Eingliederungshilfe).

3.2.4.2 Eigene Rechtsansprüche für Minderjährige nach SGB VIII

56 Die im Grundgesetz verfasste Werte- und Rechtsordnung macht es in Deutschland durchaus möglich, Mj. eigenständige Leistungsangebote und -rechte zuzuerkennen (s. Kap. 2.2). Für das SGB VIII lässt sich dementsprechend festhalten, dass verfassungsrechtlich keine Bedenken bestehen, Mj. im Kontext der Jugendhilfe **eigenständige Rechtspositionen** einzuräumen, solange die vorrangige Elternverantwortung gewahrt bleibt.

57 Minderjährige haben nach § 1 Abs. 1 SGB VIII ein eigenes Recht auf Erziehung zu einer eigenverantwortlichen und gemeinschaftsfähigen Persönlichkeit. Allerdings können aus diesem Programmsatz (hierzu Kap. 5.1.1) bislang keine Rechtsansprüche auf konkrete Jugendhilfeleistungen abgeleitet werden. **Anspruchsinhaber** der allermeisten Rechtsansprüche auf die Leistungen der Kinder- und Jugendhilfe sind die Eltern bzw. die Personensorge- und/oder Erziehungsberechtigten. Das gilt insb. für die Individualansprüche auf Erziehungshilfen nach §§ 27 ff. SGB VIII (hierzu Kap. 9). Das Kinder- und Jugendhilferecht ist derzeit ein tendenziell familienorientiertes Gesetz (vgl. Kap. 4.2.1). Junge Menschen sind erst nach Eintritt der Volljährigkeit selbst Inhaber der Rechtsansprüche auf Leistungen (vgl. § 18 Abs. 4, § 41 SGB VIII, hierzu Kap. 9.4). Minderjährige werden als Anspruchsinhaber von Jugendhilfeleistungen recht selten, z.B. in § 8 Abs. 2 und 3 SGB VIII im Hinblick auf Beratung (nach Abs. 3 in Konfliktsituationen sogar ohne Kenntnis der Eltern, s. Kap. 4.2.1), in § 24 SGB VIII im Hinblick auf die Tagesbetreuung (hierzu Kap. 8.2) und in § 35a SGB VIII im Hinblick auf Eingliederungshilfen (hierzu Kap. 9.3) genannt. Häufiger findet sich ein verfahrensrechtlicher Anspruch auf Einbeziehung und Beteiligung (z.B. § 8 Abs. 1, § 8a Abs. 1, § 36 Abs. 1, § 42 Abs. 2, § 42a Abs. 3 Satz 2 SGB VIII).

58 Im Zusammenhang mit den Novellierungsvorhaben der letzten Jahre (insb. sog. »große Lösung«, s. Kap. 3.2.4.1) wurde deshalb auch diskutiert, dass Kinder und Jugendli-

3.2 Wie es wurde, was es ist: Vom Sicherheitsrecht zur Sozialleistung

che im Rahmen eines einheitlichen **Teilhabeanspruchs** künftig selbst Inhaber*innen des Leistungsanspruchs – sei es auf Teilhabeleistung oder erzieherische Hilfen – sein sollen. Wie bereits erwähnt scheiterte allerdings die sog. »große Lösung«, wobei sich die Kritik gerade nicht gegen eigenständige Teilhabe- und Rechtsansprüche von Mj. richtete, sondern weil mit der Novellierung des SGB VIII gleichzeitig bewährte Grundstrukturen der Jugendhilfe ausgehöhlt werden sollten.

3.2.4.3 Weiterer Reformbedarf in der Kinder- und Jugendhilfe

Zusätzlich auf der Agenda bleibt eine **Reform des Rechts der Heimerziehung** (§§ 45 ff. SGB VIII), die Stärkung von Kinderrechten durch **Ombudsstellen** (hierzu Kap. 5.4) und die gesetzliche Rahmung von Einzelfallkooperation im Kinderschutz. Das vom Bundestag am 29.06.2017 bereits verabschiedete sog. **Kinder- und Jugendstärkungsgesetz – KJSG** (BT-Drs. 18/12952), in der u.a. die Einführung der Ombudschaft (§ 9a SGB VIII-E, s. Kap. 5.4) sowie weitere durchaus sinnvolle Änderungen vorgesehen waren (z.B. im Hinblick auf §§ 36 - 38, 45, 45a, 48b, 76a und § 76b SGB VIII sowie § 5 KKG) sind nicht in Kraft getreten. Der Bundesrat hat dem Gesetz nicht zugestimmt, weil in der zur Abstimmung vorgelegten Gesetzesfassung im Unterschied zum zuvor abgestimmten Regierungsentwurf wichtige Regelungen beim Pflegekinderwesen (Stärkung der Herkunftselternarbeit und Kontinuität von Pflegekinderverhältnissen) nicht übernommen bzw. im Hinblick auf die unbegleiteten, mj. Geflüchteten nachträglich kontroverse Regelungen eingebaut worden waren (BT-Drs. 18/12946).

Reformbedarf besteht auch dort, wo die Formulierung der Jugendhilfeleistung unbestimmt bleibt. Dies gilt insb. für die Leistungen der **Jugendarbeit** und **Jugendsozialarbeit** (§ 13 SGB VIII; s. Kap. 6) sowie für den gesamten Komplex der **Förderung der Erziehung in der Familie und der Beratung und Unterstützung** in §§ 16 bis 18 SGB VIII (s. Kap. 7).

Während Normenklärung und Normenkonkretisierung eine Art innere Reform der Kinder- und Jugendhilfe darstellen, die vornehmlich rechtstechnische Aspekte beinhaltet, führt eine Rechtsverdichtung und insb. ein Ausbau von Rechtsansprüchen zwangsläufig zu höheren **Kosten** für die Leistungsträger. Dass deswegen solche Vorstellungen auf den zum Teil erbitterten Widerstand der kommunalen Gebietskörperschaften als die zentralen Leistungsträger des SGB VIII stoßen, ist nicht verwunderlich. Die von ihnen initiierten Gesetzesvorhaben zielen deswegen meist auf eine **Leistungsreduktion** ab. Die Herausforderungen der Kinder- und Jugendhilfe können nicht allein innerhalb des (auch finanziell) engen Handlungsspielraums der Kinder- und Jugendhilfe verhandelt werden. Vielmehr muss in diesem Zusammenhang zugleich die Frage der **finanziellen Leistungsfähigkeit der kommunalen Gebietskörperschaften** mit erörtert werden (*DV NDV* 2004, 37 ff.; ausführlich zum Recht der Finanzierung der Kinder- und Jugendhilfe *Meysen* et al. 2014). Ohne ein Konzept eines Ausgleichs der eingenommenen öffentlichen Mittel wird ein nachhaltiger Ausbau im Sinne einer Anspruchsverdichtung bzw. -ausweitung nicht möglich sein. Andererseits geht es nicht an, dass sich Kommunen den gesetzlichen Verpflichtungen in der Praxis mitunter durch eine systematische Leistungsverweigerung entziehen (zur skandalösen Praxis der Ausgrenzung der jungen Volljährigen aus dem Leistungsspektrum des SGB VIII, s. Kap. 9.4.1).

3. 1. Teil: Grundlegung

Wichtige, interessante Entscheidungen:

- *Zur Gesetzgebungskompetenz des Bundes und der Länder:* BVerfG 18.7.1967 – 2 BvF 3 ff./62; 2 BvR 139 f., 334 f./62 – BVerfGE 22, 180 ff.
- *Zur Rechtsstellung ausländischer Minderjähriger:* BVerwG 26.09.2002 – 5 C 46/01, 5 B 37701; BVerwG 13.08.2003 - 5 C 49/01

Weiterführende Literatur

- *Zum Aufenthaltsrecht und der Rechtstellung von ausländischen jungen Menschen: Behlert* 2018; *Peter* 2001; *Trenczek* et al. 2017a, Kap. 3.5
- *Zur historischen Entwicklung: Hasenclever* 1978; *Jordan/Maykus/Stuckstätte* 2015; *Peukert* 1986; *Wiesner* HB-KJHR Kap. 1.3; *Wabnitz* 2009

4. Grundlegende Regelungsbereiche und Spannungsfelder

Die grundlegenden rechtlichen Regelungen des SGB VIII bringen die besonderen Merkmale des Gesetzes zum Ausdruck. Dabei werden – auch zu anderen Gesetzen – Spannungsfelder sichtbar: Ist das SGB VIII nachrangig gegenüber der Familienerziehung (s. Kap. 4.2.1) und anderen Sozialleistungsträgern (s. Kap. 4.2.2) oder hat es eine eigenständige Funktion? Wie ist das Verhältnis von Jugendhilfelei(stungen und den sog. »anderen Aufgaben« (s. Kap. 4.3.1)? Welche Konsequenzen hat dies für die Rechtsstellung der Klienten? Wie ist der Schutzauftrag der Kinder- und Jugendhilfe ausgestaltet (s. Kap. 4.3.2)? Wie ist das Verhältnis zwischen den Trägern der öffentlichen und der freien/privaten Jugendhilfe (s. Kap. 4.4)?

Ausführlich behandelte Bestimmungen:

- Zum Verhältnis Familie – Jugendhilfe: §§ 1, 8, 8a, 9 SGB VIII
- Abgrenzung zur Schule und andern Sozialleistungsbereichen: § 10 Abs. 1, 3, 4, §§ 13, 27 ff., 35a, 41 SGB VIII
- Zur Rechtsstellung junger Menschen und ihrer Familien: §§ 5, 8, 8a, 9 SGB VIII
- Zum Verhältnis »Leistungen« und »andere Aufgaben«: §§ 2, 5, 8a, 76 SGB VIII
- Zum Verhältnis öffentliche private/freie Träger: §§ 3, 4, 75 SGB VIII

4.1 Allgemeine Regelungen

Das SGB VIII ist wie andere Gesetzeswerke ganz klassisch aufgebaut. Zunächst hat der Gesetzgeber im ersten Kapitel des SGB VIII (§§ 1–10 SGB) **allgemeine Vorschriften** »vor die Klammer« gezogen, womit diese den allgemeinen Rechtsgrundsätzen entsprechend für alle folgenden Teile Geltung beanspruchen (vgl. *Trenczek* et al. 2018, Kap. I-3 und III-1), es sei denn ihr spezifischer Gehalt ist ausschließlich auf die Leistungen zugeschnitten (umstritten im Hinblick auf das Wunsch- und Wahlrecht nach § 5 SGB VIII, s. Kap. 4.3.4). In den Folgekapiteln 2 und 3 des SGB VIII werden die verschiedenen Aufgaben der Kinder- und Jugendhilfe beschrieben; in Kapitel 4 finden sich die für die Kinder- und Jugendhilfe bereichsspezifischen Vorschriften des Sozialdatenschutzes (hierzu ausführlich Kap. 14). Die Kapitel 5 – 7 regeln im Wesentlichen Organisations- und Zuständigkeitsfragen (hierzu ausführlich Kap. 15) und das 9. Kapitel (sowie schon der 3. Abschnitt des 8. Kapitels) enthält Finanzierungsregelungen (hierzu ausführlich Kap. 16.3 und 19.2). Die Regelungen zur Jugendhilfestatistik finden sich im 9. Kapitel des SGB VIII und ganz hinten finden sich Bußgeld- und Strafvorschriften (*Schäfer* in FK-SGB VIII § 104 f.) sowie eine Schlussvorschrift, um im Hinblick auf eine Grundrechtseinschränkung im Rahmen der Inobhutnahme dem Zitiergebot des Art. 19 Abs. 2 GG Genüge zu tun (vgl. *Trenczek* in FK-SGB VIII § 104 Rn 1).

In den allgemeinen Vorschriften werden zu Beginn der bereits in Kap. 3.1.3 thematisierte **Zweck und Ziel der Kinder- und Jugendhilfe** definiert (§ 1 Abs. 3, § 2 Abs. 1 SGB VIII) bzw. der **sozialanwaltliche Handlungsauftrag** der Jugendhilfe »zugunsten junger Menschen und Familien« normiert, des Weiteren der in Kap. 3.1.4 behandelte Geltungsbereich des Kinder- und Jugendhilferechts (§ 6 SGB VIII) sowie die dort vorgestellten Definitionen (§ 7 SGB VIII) geregelt. Darüber hinaus enthält das erste Kapitel des SGB VIII weitere für das Verständnis des Kinder- und Jugendhilferechts grundlegende Regelungen. Diese knüpfen in § 1 Abs. 2 SGB VIII an die verfassungsrechtlichen Grundentscheidungen des Art 6 Abs. 2 GG an (s. Kap. 2.2) und betreffen das Verhältnis der öffentlichen Jugendhilfe zur Familienerziehung (§ 1 Abs. 1 und 2 SGB VIII), welches nachfolgend ausführlicher dargestellt wird (Kap. 4.2.1). Darüber hinaus werden in den allgemeinen Vorschriften einige weitere grundlegende Handlungsmaximen, Fragen und im SGB VIII angelegte **Spannungsfelder** angesprochen, insb. in § 10 SGB VIII das Verhältnis zu anderen Regelungsbereichen (s. Kap. 4.2.2), die Unterscheidung zwischen den verschiedenen Aufgabenbereichen in § 2 SGB VIII (s. Kap. 4.3.1), einige wesentlichen Regelungen zur Rechtsstellung der jungen Menschen und ihrer Familien (§§ 5, 8, 8a, 9, 10 Abs. 2 SGB VIII) sowie das Verhältnis öffentlichen und freier Träger in §§ 3 und 4 SGB VIII (hierzu Kap. 4.4).

4.2 Nachrang und Eigenständigkeit der Kinder- und Jugendhilfe

4 Die »widerstreitenden Mächte« (*Neundörfer* 1923), die sich schon im RJWG als das Spannungsverhältnis zwischen Familienorientierung einerseits und der gesellschaftlichen Verantwortung für Erziehung in Form öffentlicher Leistungen und Angebote der Jugendhilfe andererseits fanden (Kap. 3.2.1), gelten auch für das SGB VIII. Die Frage, ob Kinder- und Jugendhilfe einen eigenständigen Sozialisationsauftrag hat, oder ob sie nachrangig ist, stellt sich allerdings nicht nur hinsichtlich der Familienerziehung, sondern auch im Verhältnis zu anderen Sozialleistungsträgern (Kap. 4.1.2).

4.2.1 Das Verhältnis öffentlicher Kinder- und Jugendhilfe zur Familienerziehung

5 Die enge Nähe zwischen Familienerziehung und Kinder- und Jugendhilfe ist ein Strukturmerkmal des SGB VIII. Das Verhältnis zwischen Familienerziehung und Jugendhilfe bewegt sich zwischen Familienorientierung und Eigenständigkeit der Leistungen der Kinder- und Jugendhilfe (*Marthaler* 2009). Das zeigt sich an prominenten Stellen in § 1 und in §§ 8, 9 SGB VIII. **§ 1 SGB VIII** betont in Abs. 1 das Recht der jungen Menschen auf Förderung ihrer Entwicklung und Erziehung, wiederholt in Abs. 2 den Verfassungsgrundsatz des Art. 6 Abs. 2 GG – einerseits vorrangige, fremdnützige Erziehungsverantwortung der Eltern sowie andererseits staatliches Wächteramt (Kap. 2.2) – und versucht innerhalb dieses Spannungsfeldes in Abs. 3 die Ziele und Aufgaben der Jugendhilfe zu bestimmen. **§ 8 SGB VIII** schreibt in Abs. 1 die Beteiligung von Kindern und Jugendlichen verbindlich vor und unterstreicht ihre eigenständige verfahrensrechtliche Stellung. In Abs. 2 wird das selbstständige Zugangsrecht der Mj. zum JA angesprochen und Abs. 3 schließlich erlaubt es, Mj. in Not- und Konfliktlagen ohne Mitteilung der Personensorgeberechtigten zu beraten. **§ 9 SGB VIII** schließlich formuliert in Nr. 1 die Ausrichtung der Leistungen und Aufgaben auf das, was die Personensorgeberechtigten als Grundrichtung der Erziehung vorgeben, und zugleich in Nr. 2 die Verpflichtung der Jugendhilfe, bei ihren Leistungen und Aufgaben vornehmlich die Bedürfnisse von Kindern und Jugendlichen in den Mittelpunkt zu stellen.

6 Nun wäre es wenig realitätsnah, Familie und Jugendhilfe als Gegensätze darzustellen. Vielmehr sind Familie und Jugendhilfe aufeinander verwiesen, da Familie als Ort primären Aufwachsens zentrales Sozialisationsfeld für Kinder und Jugendliche ist. Die Effektivität von Jugendhilfe ist deswegen auch davon abhängig, dass sie die familiale Lebenswelt von Mj. einbezieht. Wie dies im Einzelnen geregelt wird, liegt auch in der Gestaltungskraft des Gesetzgebers und ist damit abhängig von der politischen Option der jeweiligen Gesetzgebungsmehrheit, denn aus verfassungsrechtlichen Gründen (vgl. Kap. 2.2) gibt es insoweit keine bindenden Vorgaben.

4.2 Nachrang und Eigenständigkeit der Kinder- und Jugendhilfe

Das gegenwärtige SGB VIII ist ein tendenziell **familienorientiertes Gesetz** (*Münder* ZfJ 2000, 81 ff.). Deutlich zeigt sich dies in der ursprünglichen Fassung des SGB VIII aus dem Jahre 1989/90. Wie die Begründung der Bundesregierung zum Regierungsentwurf (BT-Drs. 11/5948) und die fast zeitgleich abgegebene Stellungnahme zum 8. Jugendbericht der entsprechenden Sachverständigenkommission (BT-Drs. 11/6576) zeigen, ging die damalige Bundesregierung von einem familien-lastigen Vorverständnis aus. Dies hat zwar der Bundestag als der parlamentarische Gesetzgeber nicht voll mitgetragen und deshalb die Positionen von Mj. verstärkt. Dennoch blieb es dabei, dass rechtlich die wesentlichen Bestimmungen auf die Personensorgeberechtigten und nicht auf die Mj. ausgerichtet waren. Das zeigt sich noch heute bei den Hilfen zur Erziehung, auf die nach § 27 SGB VIII die Personensorgeberechtigten und nicht die Kinder bzw. Jugendlichen einen Rechtsanspruch haben (Kap. 9.2.1).

Rechtlich wird der eigenständige Leistungscharakter von Jugendhilfe am deutlichsten, wenn Mj. selbst Rechte auf Leistungen eingeräumt werden. Das hatte das SGB VIII (in seiner ursprünglichen Fassung) nur zum Teil gemacht, nämlich dort, wo es sich um krisenhafte Zuspitzungen, wie z.B. bei der Inobhutnahme handelt. Hier haben die sog. »Selbstmelder« (§ 42 Abs. 1 Nr. 1 SGB VIII) einen Rechtsanspruch auf Schutzgewährung (s. Kap. 10.1.1). Mittlerweile enthält § 8 SGB VIII nicht nur Beteiligungsrechte, vielmehr beinhaltet § 8 Abs. 2 SGB VIII seit den Änderungen durch das BKiSchG neben dem Recht auf ungehinderten und niederschwelligen Zugang zum JA auch einen **eigenständigen Beratungsanspruch** (Kap. 5.1.2) und die damit korrelierende Pflicht des JA, die Kinder und Jugendlichen anzuhören und sich mit ihren Anliegen zu befassen (*Meysen* in FK-SGB VIII § 8 Rn 1 und 8 ff.). Darüber hinaus können Kinder und Jugendliche nach § 8 Abs. 3 SGB VIII in Not- und Konfliktlagen auch ohne Kenntnis und Benachrichtigung der Eltern beraten werden. Voraussetzung ist eine »echte« Not- und Konfliktlage, z.B. aufgrund eines erheblich gestörten Vertrauensverhältnisses zwischen Eltern und Kind bzw. Jugendlichem. Eine Misshandlung, Gewalterfahrung oder Gefahr für Leib oder Leben ist nicht erforderlich. Die Beratung ohne Eltern ist allerdings nur zulässig, wenn das Interesse der Mj. an der Wahrung von Vertraulichkeit und Schutzgewährung das Interesse der Personensorgeberechtigten (Art. 6 Abs. 2 GG) an der Kenntnis über die Beratung überwiegt (*Meysen* in FK-SGB VIII § 8 Rn 10; *DIJuF* JAmt 2003, 352 f.).

Weitere Veränderungen seit 1990 haben dazu geführt, dass **Minderjährigen eigenständige Leistungsrechte** eingeräumt werden, so bei dem quantitativ umfangreichsten Bereich der Kinder- und Jugendhilfe, der Förderung in Tageseinrichtungen (§ 24 SGB VIII; s. Kap. 8) und bei der Hilfe für seelisch Behinderte in § 35a SGB VIII (Kap. 9.3). Weitere konkrete und von ihnen einklagbare Rechtsansprüche haben Kinder und Jugendliche auf Beratungsleistungen nach § 18 Abs. 3 SGB VIII (*Tammen* in FK-SGB VIII § 18 Rn 32). Dies macht deutlich, dass es sich bei der Gewährung von eigenständigen Leistungsansprüchen grds. nicht um Eingriffe gegen den Willen der personensorgeberechtigten Eltern in ihr Elternrecht handelt, sondern darum, ob und in welchem Umfang Jugendhilfe hinreichend Angebote und Leistungen zur Verfügung stellt. Es gibt zwar den (schmalen) Bereich, in dem das JA mitunter im Interesse der Kinder gegen den Willen der Eltern handeln muss (Kap. 4.3.2 und 10.1). Aber in der Mehrzahl der Situationen geht es nicht um die (zum Teil ideologisch ausgetragene) Problematik Familienerziehung vs. Jugendhilfe, sondern darum, ob und in welchem Umfang die öffentliche Jugendhilfe die zum Schutz und Förderung der Entwicklung von Kindern und Jugendlichen in dieser Gesellschaft notwendigen Leistungen und Angebote zur Verfügung stellt. Daran hat sich seit der Einführung des SGB VIII nichts geändert.

4.2.2 Das Verhältnis der Kinder- und Jugendhilfe zu anderen (Sozial-) Leistungsträgern

10 Das SGB VIII ist erkennbar Teil des Sozialgesetzbuches, umfasst allerdings nicht alle an junge Menschen und ihre Familien adressierten Hilfen, sondern nur um die im SGB VIII geregelten Jugendhilfeleistungen und -aufgaben (s. Kap. 4.2.1). Andere Hilfen und Sozialleistungen sind in den anderen Teilen insb. des SGB geregelt. Das kann zu Überschneidungen und Abgrenzungsproblemen führen und es stellt sich ggf. die Frage des Verhältnisses von Vorrang und Nachrang zu anderen Sozialleistungsträgern. Der Gesetzgeber hat in § **10 SGB VIII** eine generelle **Abgrenzungsregelung** für das Verhältnis zu anderen Leistungen getroffen. Abs. 1 betont zunächst den generellen Nachrang der Kinder- und Jugendhilfe gegenüber den anderen Trägern der Sozialleistungen und (ausdrücklich) gegenüber der Schule. § 10 Abs. 2 SGB VIII regelt die vorrangige Verpflichtung von Unterhaltsverpflichteten hinsichtlich der Beteiligung an den Kosten im Rahmen der §§ 90 ff. SGB VIII (hierzu Kap. 16.5). Von besonderer Bedeutung ist das Verhältnis zu anderen, ebenfalls nachrangigen Sozialleistungen, denn hier ist zu regeln, wie sich die jeweils »untersten« Netze der sozialen Sicherung zueinander verhalten: Das SGB VIII ist das »unterste Netz« in pädagogischer Hinsicht, die Grundsicherung für Arbeitssuchende nach dem SGB II bzw. die Sozialhilfe des SGB XII ist jeweils das »unterste Netz« in materieller Hinsicht. Das Verhältnis dieser Leistungsbereiche regelt § 10 Abs. 3 SGB VIII (im Verhältnis zum SGB II) und § 10 Abs. 4 SGB VIII (im Verhältnis zur Sozialhilfe, SGB XII).

11 Aber auch hinsichtlich anderer vorrangig Verpflichteter gibt es immer wieder Abgrenzungsprobleme, das gilt gerade auch bezüglich der **Träger anderer Sozialleistungen** (*Meysen* in: FK-SGB VIII § 10 Rn 2 ff.). So ist z.B. das Verhältnis zu den **Krankenkassen** von Bedeutung, weil es auch hier zu Überschneidungen kommen kann, insb. bei psychischen Erkrankungen und Suchterkrankungen. Die Krankenbehandlung nach § 27 SGB V ist Angelegenheit der Krankenkassen und hat dabei auch den besonderen Bedürfnissen psychisch Kranker Rechnung zu tragen. Das gilt insb. für die medizinischen Rehabilitationsmaßnahmen (§ 40 SGB V), wonach auch ergänzende Leistungen zur Rehabilitation möglich sind (§ 43 SGB V). Allerdings umfassen die medizinischen Rehabilitationsleistungen nicht die allgemeine soziale Eingliederung (§ 43 Nr. 2 SGB V), was ggf. Aufgabe der Jugendhilfe ist, so dass genau geprüft werden muss (*Meysen* in: FK-SGB VIII § 10 Rn 4 ff.), ob es sich in erster Linie um medizinische Rehabilitation mit dazu gehörenden ergänzenden Rehabilitationsleistungen handelt (dann ist die Krankenkasse zuständig) oder in erster Linie um allgemeine soziale Eingliederung (dann ist die Kinder- und Jugendhilfe zuständig).

12 Im Verhältnis **Jugendhilfe und Schule** (hierzu s. Kap. 6.2.1) gilt der Vorrang der Schule: die Förderpflicht nach den Schulgesetzen geht den Leistungen nach dem SGB VIII vor. Von Bedeutung ist dies vornehmlich bei geistig oder seelisch behinderten Kindern (z.B. Autismus bzw. atypischer Autismus), bei der Frage, wer die Kosten der Integration (z.B. Schulbegleiter, gestützte Kommunikation usw) trägt, und bei Teilleistungsschwächen wie Legasthenie, Dyslexie oder Dyskalkulie (*Meysen* in: FK-SGB VIII § 10 Rn 22 ff.). Zunächst gilt hier die vorrangige Förderungsverpflichtung der Schule nach den Schulgesetzen. Die nachrangige Förderungspflicht der Träger der öffentlichen Jugendhilfe wird dann aktuell, wenn die notwendige Förderung durch die Schulverwal-

4.2 Nachrang und Eigenständigkeit der Kinder- und Jugendhilfe

tung nicht oder zu spät erbracht werden oder nicht ausreichen. Erbringen die öffentlichen Jugendhilfeträger in diesen Fällen die Förderung, die vorrangig von der Schulverwaltung zu tragen wäre, so können sie nach § 95 SGB VIII die Kosten auf sich überleiten (ausführlich zu allem *Meysen* JAmt 2003, 53 ff.).

Ausdrücklich angesprochen ist in § 10 Abs. 3 SGB VIII das Verhältnis der Kinder- und Jugendhilfe zur **Grundsicherung für Arbeitsuchende**, wobei hier das Verhältnis zu § 13 SGB VIII von Bedeutung ist. Während bei der **Schulsozialarbeit** der Nachrang des SGB VIII nicht greift, da ein entsprechendes Angebot im SGB II fehlt, kann es zu einem Konkurrenzverhältnis von Leistungen der Arbeitsagentur / Jobcenter nach § 3 Abs. 2 SGB II (ggf. i.V.m. Leistungen nach §§ 16 ff. SGB II) einerseits und der Jugendsozialarbeit nach § 13 SGB VIII in Form der sog. **Jugendberufshilfe** andererseits kommen. Das SGB II sieht hier einen umfangreichen Rechtsanspruch junger Menschen auf entsprechende Leistungen (Kap. 5.1.2) vor, so dass grds. vom **Vorrang der SGB II-Leistungen** auszugehen ist. Angesichts der sehr unterschiedlichen Lebenslagen junger Menschen ist dieser grundsätzliche Vorrang des SGB II jedoch im Einzelnen differenziert zu sehen (ausführlich *Münder* in: *Münder* LPK-SGB II § 3 Rn 16 ff.): so können spezifische Jugendhilfeleistungen zu den Eingliederungsleistungen des SGB II sozialpädagogisch flankierend hinzukommen; in bestimmten Fällen ist auch denkbar, dass spezifische sozialpädagogische Leistungen des SGB II, die im Kern erzieherische Leistungen sind und Ausbildungs- und Beschäftigungsmaßnahmen nur arrondierend beinhalten, Leistungen des SGB VIII sein können.

Von besonderer Bedeutung ist – schon aus historischen Gründen (Kap. 3.2) – das Verhältnis von **Jugendhilfe und Sozialhilfe**, das in § 10 Abs. 4 SGB VIII geregelt ist. Hier stellt S. 1 klar, dass Jugendhilfe grds. vorrangig ist (Grundsatz der Hilfen aus einer Hand; *Meysen* in: FK- SGB VIII § 10 Rn 44), weshalb in Zweifelsfällen Leistungen der Jugendhilfe und nicht der Sozialhilfe in Frage kommen. Allerdings regelt S. 2 gleich wieder zwei Rückausnahmen: zum einen bzgl. der Mittagessensverpflegung im Rahmen von Leistungen der Hilfe zum Lebensunterhalt (§ 27a Abs. 1 i.V.m. § 34 Abs. 6 Satz 1 Nr. 2 SGB XII), zum anderen bzgl. der Eingliederungshilfen aufgrund einer Behinderung nach §§ 53 ff. SGB XII. Die Abgrenzung zwischen Jugendhilfe und Sozialhilfe ist in der Praxis in zwei Bereichen von besonderer Bedeutung:

1. im Verhältnis von §§ 67, 68 SGB XII zu § 41 SGB VIII (s. Rn 15)

2. im Verhältnis von Jugendhilfeleistungen und Eingliederungshilfe für junge Menschen mit Behinderung (s. Rn 16)

Im Hinblick auf das Verhältnis zwischen der in §§ 67, 68 SGB XII geregelten Sozialhilfeleistung »**Hilfe zur Überwindung besonderer sozialer Schwierigkeiten**« und der in § 41 SGB VIII normierten Jugendhilfeleistung »**Hilfe für junge Volljährige**« (ausführlich Kap. 9.4) gilt grundsätzlich der Vorrang der Jugendhilfe, wenn es insoweit zumindest vorrangig um sozialpädagogische Leistungen zur Unterstützung der Persönlichkeitsentwicklung, des Ablösungsprozesses vom Elternhaus und einer eigenverantwortlichen Lebensführung (z.B. Hilfe nach »Rauswurf« oder übereilter Auszug aus dem elterlichen Haushalt ohne Bleibe am neuen Aufenthaltsort) und nicht nur oder vorrangig um materielle Leistungen geht (*Tammen* in: FK-SGB VIII § 41 Rn 11). In Situationen, in denen sowohl die Voraussetzungen des § 41 SGB VIII als auch die der §§ 67, 68 SGB XII gegeben sind, ist außerdem die Nachrangregelung des § 67 SGB XII zu beachten: Gemäß § 67 S. 2 SGB XII gehen Leistungen der Jugendhilfe vor. Vorrang besteht sowohl für Leistungen, auf die unbedingter Rechtsanspruch besteht, als auch für Leistungen mit einem Regelrechtsanspruch (sog. Soll-Leistungen – Kap. 5.1). Damit kommt Hilfe zur Überwindung besonderer sozialer Schwierigkeiten nach dem Sozialhilferecht für junge Volljährige regelmäßig nicht mehr zur Anwendung (*Tammen* in: FK-SGB VIII § 41 Rn 16 ff.; vgl. auch *Roscher*, in: LPK-SGB XII § 67 Rn 19 ff.).

16 Im Verhältnis der **Eingliederungshilfe für behinderte Menschen** nach §§ 53 ff. SGB XII zu den Hilfen zur Erziehung nach §§ 27 ff., insb. § 35a SGB VIII ergeben sich Überschneidungen, weil zur Hilfe zur Erziehung mitunter auch »therapeutische Leistungen« (nach § 27 Abs. 3 SGB VIII) gehören und weil die Eingliederungshilfe für seelisch behinderte Kinder und Jugendliche gemäß § 35a SGB VIII mittlerweile (seit dem 1. ÄndG 1993) einen eigenständigen Leistungstatbestand der Jugendhilfe darstellt (ausführlich Kap. 9.3). Demgegenüber ist die Sozialhilfe für Eingliederungshilfen von körperlich oder geistig behinderten jungen Menschen zuständig, denn diese sind (bislang noch) nicht im SGB VIII geregelt. Insoweit ist die in § 10 Abs. 4 Satz 2 SGB VIII normierte Exklusion von jungen Menschen mit geistiger und körperlicher Behinderung aus der Kinder- und Jugendhilfe lediglich klarstellend, wenn auch im Hinblick auf die Forderungen der UN-BRK (s. Kap. 2.3.4) anachronistisch. Andererseits sind auch für diesen Personenkreis erzieherische Hilfen zu erbringen sofern die Leistungsvoraussetzungen des SGB VIII vorliegen. Hier kann es zu den bereits in Kap. 3.2.4.1 angesprochenen Abgrenzungsschwierigkeiten (z.B. auch zwischen seelischer und geistiger Behinderung; vgl. *Meysen* in: FK-SGB VIII § 35a Rn 31 ff.) kommen, insb. wenn Mehrfachbehinderungen bzw. -bedarfe vorliegen (hierzu *Meysen* in: FK-SGB VIII § 10 Rn 47 ff. und *Tammen/Trenczek* in: FK-SGB VIII Vor § 27-41 Rn 23 mit Hinweisen auf zahlreiche Rspr.). Sofern unterschiedliche Behinderungen unterschiedliche Leistungen erfordern (z.B. bei Körperbehinderung die Versorgung mit Körperersatzstücken, seelische Behinderung ggf. die Betreuung während Tag und Nacht), sind jeweils unterschiedliche Leistungsträger ggf. nebeneinander zuständig. Schwierig wird es aber dann, wenn es sich bei der Sozialhilfeleistung und bei der Jugendhilfeleistung um im Wesentlichen gleichartige Leistungen handelt, also z.B. jeweils um Tagespflege für ein mehrfach behindertes Kind. Nach § 10 Abs. 4 Satz 2 SGB VIII geht die Eingliederungshilfe nach SGB XII den Leistungen nach dem SGB VIII nicht nur vor, wenn es sich um unterschiedliche Hilfeformen handelt (z.B. Leistungen der sog. »Elternassistenz« gegenüber Leistungen nach § 19 SGB VIII), sondern auch wenn die Leistungen der Jugendhilfe und der Sozialhilfe im Wesentlichen gleichartig sind (BVerwG 2.3.2006 – 5 C 15/05 und 13.6.2013 – 5 C 30/12; LSG NRW 28.1.2013 – L 20 SO 170/11; LSG München 16.11.2017 – L 8 SO 284/16). Während insoweit lange Zeit auf den Schwerpunkt der Behinderung abgestellt wurde, ist nach der aktuellen Rspr. der durch die Leistung tatsächlich gedeckte bzw. zu deckende Hilfebedarf maßgebend, wobei Eingliederungshilfe nach §§ 53 ff. SGB XII vorrangig zu erbringen sind, wenn die Leistung zumindest auch auf den Hilfebedarf wegen geistiger und/oder körperlicher Behinderung eingeht (z.B. BVerwG 23.9.1999 – 5 C 26.98 – E 109, 325 ff.; BVerwG 9.2.2012 – 5 C 3.11 – JAmt 2012, 403; BayVGH 24.2.2014 – 12 Z.B. 12.715, JAmt 2014, 586; vgl. *Meysen* in: FK-SGB VIII § 10 Rn 49 m.w.N.). Im Fall einer Pflegefamilie ist mithin allein entscheidend, ob in dieser neben dem erzieherischen Bedarf auch ein behinderungsbedingter Bedarf gedeckt wird. Ist dies der Fall, muss die Leistung als Eingliederungshilfe nach §§ 53 ff SGB XII vom Träger der Sozialhilfe geleistet und finanziert werden, liegt kein behinderungsbedingter, sondern ausschließlich ein erzieherischer Bedarf vor, muss diese Leistung vom kommunalen Jugendhilfeträger bereit gestellt werden (*Tammen/Trenczek* in: FK-SGB VIII vor § 27-41 Rn 23). Allerdings – so ausdrücklich das

BVerwG 23.9.1999 – 5 C 26.98 – bewirkt dieser Vorrang im Verhältnis der Leistungsträger auf der Ebene zu den leistungsberechtigten Bürger*innen keine Freistellung des nachrangig verpflichteten Trägers: Sofern Leistungen von dem vorrangig zuständigen Sozialhilfeträger nicht erbracht worden sind, bestehe der Anspruch auch gegenüber dem nachrangig verpflichteten Leistungsträger (hier also dem Jugendhilfeträger). Der Nachrang des Jugendhilfeträgers wird dann erst im Falle der Kostenerstattung zwischen dem Sozialhilfeträger und dem Jugendhilfeträger von Bedeutung (zu den schwierigen damit verbundenen Problemen vgl. *Münder* ZfJ 2001, 121 ff.).

Einen Sonderfall nimmt die **Frühförderung** ein. Da sich in den ersten Lebensjahren besonders schwer feststellen lässt, durch was ein Entwicklungsrückstand bedingt ist (ob durch eine geistige, seelische, körperliche Behinderung oder durch erzieherische, sozialpädagogische Gründe), gehen die Ansätze der Frühförderung (d.h. bis zum Beginn der Schulzeit) davon aus, dass keine Zuordnung auf eine bestimmte Behinderung vorgenommen wird, so dass vielfach integrierte Konzepte im Verbundsystemen interdisziplinär arbeitender Frühförderstellen entwickelt wurden. Diese wurden vor dem Inkrafttreten des SGB VIII zum Teil von Sozialhilfeträgern gefördert, weswegen § 10 Abs. 2 S. 3 SGB VIII ermöglicht, dass die sozialhilferechtliche Zuständigkeit landesrechtlich bestimmt werden kann (so z.B. in Baden-Württemberg, Bayern, Hessen, Nordrhein-Westfalen, Saarland – s. *Meysen* in FK-SGB VIII § 10 Rn 55 f.). 17

Zu welchen Komplikationen es kommen kann, zeigen immer wieder die Fälle der sog. Teilleistungsstörungen, insb. bei **Legasthenie, Dyslexie, Dyskalkulie** (Kap. 9.3.4). Hier können sich neben der Zuständigkeit der Schule Zuständigkeiten unterschiedlicher Sozialleistungsträger ergeben: nach §§ 27, 40, 43 SGB V kann die Krankenkasse zuständig sein, nach §§ 53 ff. SGB XII der Sozialhilfeträger und nach § 35a SGB VIII i.V.m. mit § 54 SGB XII der Jugendhilfeträger (ausführlich *Meysen* in: FK-SGB VIII § 35a Rn 42 ff.). Damit die Betroffenen nicht »von Pontius zu Pilatus« geschickt werden, sieht für die Rehabilitation § 14 Abs. 1 S. 1 SGB IX vor, dass der Träger, der angegangen wird, innerhalb von zwei Wochen feststellen muss, ob er für die Leistung zuständig ist. Ist er der Meinung, dass er nicht zuständig ist, muss er den Antrag an den zuständigen Rehabilitationsträger weiterleiten, dieser muss dann die Leistung erbringen. 18

4.3 Zwischen Sozialleistungen und hoheitlichen Interventionen

Historisch hat sich der Bereich dessen, was wir heute Kinder- und Jugendhilfe nennen, von der eingreifenden Ordnungspolitik über die Fürsorge hin zur rechtlichen Sozialleistung entwickelt (Kap. 3.2.1 und 3.2.2). Aber das SGB VIII hat sich nicht völlig von seinen historischen Wurzeln gelöst, es sieht vor, dass der Träger der öffentlichen Jugendhilfe in bestimmten Konstellationen Eingriffe vornehmen kann. Mit den Begriffen **Leistung** und **Eingriff** sind zwei Pole benannt, die sich in dieser Deutlichkeit nicht sofort im Wortlaut des SGB VIII finden. Inhaltlich ist mit dem Begriff »Sozialleistung« gemeint, dass der öffentliche Träger der Jugendhilfe Leistungen an die Bürger*innen erbringt – wenn sie diese ausdrücklich wollen oder zu erkennen geben, dass sie sie wünschen (zum vermeintlichen Antragserfordernis s. Kap. 5.2.3.1). Mit dem Begriff des »Eingriffes« ist dagegen die Situation angesprochen, dass der öffentliche Träger der Jugendhilfe in die Lebensverhältnisse von Bürger*innen intervenieren kann – unabhängig davon, ob sie dies wollen. 19

4.3.1 Leistungen und andere Aufgaben

20 In § 2 SGB VIII verwendet der Gesetzgeber erstmals die Begriffe »Aufgaben der Jugendhilfe«, »Leistungen« und »andere Aufgaben«. Der Begriff »**Aufgaben der Jugendhilfe**« ist der übergeordnete Begriff. Damit nimmt der Gesetzgeber eine die (öffentliche) Jugendhilfe verpflichtende Aufgabenzuweisung vor. Er benennt die Bereiche, für die die (öffentliche) Jugendhilfe zuständig, d.h. verantwortlich ist. Insofern deckt sich dieser Begriff der »Aufgaben« mit dem üblichen Aufgabenbegriff im öffentlichen Recht.

21 Der Begriff der »**Leistungen**« (§ 2 Abs. 2 SGB VIII) bewegt sich in der üblichen Terminologie des Sozialrechts, wobei es sich in der Kinder- und Jugendhilfe vorrangig um persönliche und erzieherische Hilfen und damit um personenbezogene (sozialpädagogische) Dienstleistungen und nicht um Sach- oder Geldleistungen handelt (vgl. § 11 SGB I). Sozialleistungen, wie Leistungen generell, hängen immer davon ab, ob die betreffenden Bürger*innen diese Leistungen wollen (sie sind mithin für diese »**freiwillig**«). Dies müssen sie nicht immer ausdrücklich (etwa gar in vorgegebenen Antrags-/Formularen usw) erklären, sondern es genügt, dass erkennbar ist, dass sie diese Leistungen wünschen (Kap. 5.2.3.1). Klar aber ist, dass gegen ihren Wunsch eine Leistung nicht möglich ist. Zu beachten ist freilich, dass in der Logik des SGB VIII das **Freiwilligkeitsprinzip** auch gewahrt wird, wenn Eltern durch eine Entscheidung des FamG die Personensorge (teilweise oder vollständig) entzogen und die Anspruchsberechtigung auf eine*n Pfleger*in bzw. Vormund*in übertragen wird, die/der die Sozialleistung dann als (Personensorge-)Berechtigte wiederum freiwillig abrufen kann. Andererseits verzichtet das SGB VIII im Hinblick auf Jugendhilfeleistungen aber auf den zweideutigen **Maßnahmebegriff**. Eine Maßnahme ist eine Mischkonstruktion, die nicht nur unterstützende, sondern auch zugleich eingreifende Elemente (Sanktions- und Zwangskonzept) aufweist und die Durchsetzung auch gegen den Willen des Betroffenen impliziert. Leistungen sind dagegen anzubieten, nicht (wie eine Maßnahme) zu »ergreifen«. Allerdings kann aus dem Begriff Leistungen allein noch kein Leistungsanspruch abgeleitet werden. Ob jemand auf eine Leistung einen Rechtsanspruch hat (Anspruchsberechtigte), richtet sich vorbehaltlich § 6 SGB VIII (s. Kap. 3.1.4) letztlich nach der konkreten Leistungsnorm (§§ 11 ff. SGB VIII, s. Kap. 5.1).

22 Unüblich in der allgemeinen juristischen Terminologie ist der Begriff der »**anderen Aufgaben**« (§ 2 Abs. 3 SGB VIII; Teil 3; Kap. 10 ff.). Dabei handelt es sich um sehr unterschiedliche Bereiche der Jugendhilfe, einige Aufgaben, die nicht unmittelbar mit den Bürger*innen selbst zu tun haben, sondern sich etwa auf die Einrichtungen, auf andere Institutionen usw beziehen. Daneben gehören zu den anderen Aufgaben Bereiche, in denen der öffentliche Träger mitunter (also nicht zwingend!) ohne oder gegen den Willen der Betroffenen handeln kann, wie z.B. die Inobhutnahme von Mj. (zu deren Doppelcharakter s. Kap. 10.1.1) und die Mitwirkung des JA in familien- und jugendgerichtlichen Verfahren (Kap. 12). Inhaltlich dienen die anderen Aufgaben im Wesentlichen der Sorge und Fürsorge für Mj., der Staat kommt hier seinem Wächteramt (Kap. 2.2) nach. Das gemeinsame, die »anderen Aufgaben« verbindende Wesensmerkmal ist der **öffentliche-rechtliche** (»**hoheitliche**«) **Charakter** (»Rechtsnatur«) der Aufgabe (weiter hierzu Einleitung zu Teil 3 des Lehrbuchs).

4.3 Zwischen Sozialleistungen und hoheitlichen Interventionen

Damit hat die Kinder- und Jugendhilfe eine zweifache, in der Sache scheinbar (Kap. 4.2.2) widersprüchliche Aufgabe:
- zum einen, konsequent an den Wünschen der Betroffenen ausgerichtet Sozialleistungen zu erbringen,
- zum anderen, ausgerichtet an dem Wohl des Kindes die anderen Aufgaben wahrzunehmen und in diesem Zusammenhang mitunter auch gegen den Willen der rechtlich Zuständigen zu intervenieren.

Die Verbindung dieser unterschiedlichen Aspekte wird schon in **§ 1 Abs. 3 SGB VIII** deutlich, wenn gleichberechtigt als Aufgaben der Kinder- und Jugendhilfe die individuelle und soziale Förderung der jungen Menschen, die Beratung und Unterstützung der Eltern und die Aufgabe, Kinder und Jugendliche vor Gefahren für ihr Wohl zu schützen, benannt werden.

Nach der Konzeption des Gesetzes verläuft die Scheidelinie zwischen diesen beiden Aufgabenbereichen zwischen dem 2. Kap. (§§ 11–41 SGB VIII) und dem 3. Kap. (§§ 42–60 SGB VIII). In den §§ 11–41 SGB VIII regelt der Gesetzgeber die **Verpflichtung** (unter den im Einzelnen benannten Voraussetzungen) des öffentlichen Trägers der Jugendhilfe **zur Leistung** (s. Kap. 5). In §§ 42–60 SGB VIII regelt das Gesetz (unter im Einzelnen genau beschriebenen Voraussetzungen) Aufgaben, die das JA auch ohne Zustimmung der Betroffenen zu erfüllen hat (hierzu s. 3. Teil, Kap. 10 – 13). Man sagt, dass diese Aufgaben »nicht zur Disposition« der Betroffenen stehen. Der Unterschied zwischen Leistungen und anderen Aufgaben hat mithin Konsequenzen im Hinblick auf die Rechtsstellung der Klienten. Zu beachten ist allerdings, dass mit der Zuweisung einer bestimmten Aufgabe noch **keine Berechtigung** (Befugnis) des öffentlichen Trägers der Jugendhilfe **zum Eingriff in die Rechtsposition der Betroffenen** verbunden ist (s. Kap. 3.2.2, Rn 50), wie ja auch aus der Aufgabenbeschreibung noch keine Verpflichtung zur Leistung folgt (s.o. Rn 21). Vielmehr bedarf es hierzu einer spezifischen, gesetzlich geregelten Erlaubnis (Rechtsgrundlage; zum verfassungsrechtlichen Gesetzesvorbehalt s. *Trenczek* et al. 2018, Kap. 2.1.2.1), z.B. für die Datenerhebung, -nutzung und -weitergabe (§ 62 ff. SGBV III, hierzu Kap. 14), den Widerruf oder die Rücknahme einer Erlaubnis (§ 44 Abs. 3, § 45 Abs. 7 SGB VIII, s. Kap. 11), für eine Tätigkeitsuntersagung (§ 48 SGB VIII) oder insb. im Hinblick auf die Weg-/Herausnahme und Unterbringung von Mj. im Rahmen einer Inobhutnahme (§ 42 Abs 1 Satz 2 SGB VIII). Wenn man genau hinschaut, dann verläuft die Scheidelinie zwischen Leistungen und anderen Aufgaben »durch« § 42 SGB VIII hindurch (auch wenn § 42 SGB VIII insgesamt eine »andere Aufgabe« bleibt): § 42 Abs. 1 Nr. 1 SGB VIII ist als Sozialleistung formuliert, denn hiernach besteht eine Verpflichtung des JA, bei entsprechendem Wunsch des Mj. diesen in seine Obhut zu nehmen. § 42 Abs. 1 Nr. 2 i.V.m. Satz 2 SGB VIII normiert Aufgaben und Befugnisse des JA mitunter auch gegen den Willen der Betroffenen bei einer nicht anders abwendbaren Kindeswohlgefährdung vor. Insoweit sind also Leistung und andere Aufgaben eng – in einer Rechtsnorm (ausführlich Kap. 10.1.2) – miteinander verbunden. Dieser Aspekt wird unter in Kap. 4.3.2 zum Spannungsfeld von Sozialleistung und Schutzauftrag noch eingehender beleuchtet.

Die Unterscheidung zwischen Leistungen und anderen Aufgaben hat auch Auswirkungen auf die Betätigungsmöglichkeiten freier/privater Träger (§ 3 SGB VIII). Leistungen können gemäß § 3 Abs. 2 SGB VIII sowohl von den öffentlichen Trägern als auch von den privaten/freien Trägern (hierzu Kap. 4.4) erbracht werden. **Andere Aufgaben** sind im Wesentlichen sog. »hoheitliche« (öffentlich-rechtliche) Aufgaben (s.o. Rn 22; nicht selten verbunden mit dem Erlass eines VA), die grds. nur von den öffentlichen Trägern wahrgenommen werden können (§ 3 Abs. 3 SGB VIII). Hier sieht § 76 SGB VIII zwar vor, dass (nur!) bei der **Durch- bzw. Ausführung** einiger solcher anderer Aufgaben die anerkannten freien Träger **beteiligt** werden können. Aber zuständig und verantwortlich bleiben die öffentlichen Träger (Kap. 16.1).

4.3.2 Sozialleistung und Schutzauftrag

27 Die Aufgabe, sowohl soziale Leistungen gegenüber den Bürger*innen zu erbringen, wie Kinder und Jugendliche auch ohne oder gar gegen den Willen der Sorgeberechtigten zu schützen, wird oft als »**doppeltes Mandat**« der Sozialen Arbeit gegenüber der Gesellschaft (bzw. im engeren Sinne des Anstellungsträgers) und den Klienten*innen bezeichnet und oft als Spagat zwischen Hilfe und Kontrolle beschrieben. In Wirklichkeit handelt es sich zum einen im Hinblick auf die professionelle Verpflichtung zur Wahrung der Menschenrechte (Kap. 2.3) um ein Tripple-Mandat (vgl. *Staub-Bernasconi* 2007, 199 f. und 2015, 152), andererseits um eine **einheitliche Aufgabe und Verpflichtung**, um die beiden bzw. drei Seiten einer Medaille. Weder ist eine andere Aufgabe immer ein Eingriff oder ein Fremdkörper im Hinblick auf eine sozialpädagogische Hilfe, noch ist eine Jugendhilfeleistung ohne Schutzauftrag denkbar. In den allermeisten Fällen gelingt es den Fachkräften der Jugendhilfe, Hilfebedarfe zu erkennen und Kindeswohlgefährdungen abzuwenden, ohne das Familiengericht einschalten zu müssen. Gleichwohl steht das JA in den Medien nicht selten in der (zum Teil medial erzeugten) **Kritik** (hierzu und zu den empirischen Daten s. Kap. 12.2.1). Aufgrund der in der Praxis zunehmenden Verunsicherung über das Verhältnis von Leistung und andere Aufgaben, von Hilfeleistung und Kontrolle bzw. Eingriffen sowie spektakulären Fällen von Kindeswohlgefährdungen hat der Gesetzgeber den aufgabenübergreifenden **Schutzauftrag** besonders hervorgehoben. Verankert war dieser im SGB VIII von Anfang an in **§ 1 Abs. 3 Nr. 3 SGB VIII** ungeachtet der im Unterschied zum früheren JWG stärkeren Leistungsorientierung des sozialrechtlich verfassten Kinder- und Jugendhilferechts (s. Kap. 3.2.1). Mit **§ 8a SGB VIII** wurde der Schutzauftrag durch das KICK zum 1.1.2005 (s. Kap. 3.2.3) in die allgemeinen Vorschriften »vor die Klammer gezogen« und damit mit einer Allzuständigkeit aller öffentlichen Träger verknüpft. Dabei wurde der Kinderschutz der Kinder- und Jugendhilfe als eine sozialpädagogische Aufgabe formuliert, die mit sozialpädagogischen Mitteln gemäß der (auch normativ verankerten) fachlichen Standards wahrzunehmen ist. Eine Präzisierung und Veränderung der Vorschriften zum Kinderschutz sowie die Einführung des **§ 8b SGB VIII** und des **Gesetzes zur Kooperation und Information im Kinderschutz (KKG)** erfolgten mit Wirkung zum 1.1.2012 durch das **Bundeskinderschutzgesetz – BKiSchG** (s. Kap. 3.2.2).

4.3.2.1 Aufgaben und Verfahren bei Anhaltspunkten einer Kindeswohlgefährdung

28 Der Gesetzgeber hat in § 8a SGB VIII nicht nur den Schutzauftrag der Kinder- und Jugendhilfe hervorgehoben, sondern v.a. in Abs. 1–3 zugleich detaillierte Regelungen zum Umgang mit Gefährdungsmeldungen ausformuliert. § 8a SGB VIII in seiner heutigen Fassung schreibt insoweit **fachlich-professionelle Standards des Umgangs mit Anhaltspunkten einer Kindeswohlgefährdung** vor (hierzu ausführlich Beckmann/Lohse JAmt 2019, 490 ff.; Fegert JAmt 2019, 486 ff.; *Kindler* et al. 2006; *Kinderschutz-Zentrum Berlin* 2009; *Lohse* et al. JAmt 2019, 234 ff. ; *Meysen* in FK-SGB VIII § 8a Rn 10 ff.; *Münder* et al. 2017, 189 ff. *Trenczek* et al. 2017a, Kap. 4.1; im Internet z.B.

4.3 Zwischen Sozialleistungen und hoheitlichen Interventionen

www.dji.de/asd) bei deren Verletzung es auch zu rechtlichen Folgen kommen kann (s. Kap. 17). So sind nach § 8a SGB VIII verbindliche **Verfahrensvorschriften** zu beachten: Die Regelungen in Abs. 1 über das Zusammenwirken mehrerer Fachkräfte, die Einbeziehung der Personensorgeberechtigten und der Kinder, ggf. die Verschaffung eines unmittelbaren Eindrucks vom Kind in seiner persönlichen Umgebung (Näheres nachfolgend). Zugleich werden aber auch ganz konkrete **Aufgaben** benannt: das Angebot von geeigneten und notwendigen Hilfen zur Erziehung, ggf. die Anrufung des FamG (Abs. 2), die Einschaltung anderer Leistungsträger, der Gesundheitshilfe, ggf. der Polizei und anderer Stellen zur Gefahrenabwehr (Abs. 3). Um aber auch die Träger von Einrichtungen und Diensten einzubinden, sieht § 8a Abs. 4 SGB VIII vor, dass durch Vereinbarungen entsprechende Aufgaben, Standards und Verfahren bei den Einrichtungen und Diensten etabliert werden, um so umfassend im Vorfeld im Kinderschutz tätig sein zu können.

Zum hinreichenden Verständnis des in § 8a SGB VIII normierten Verfahrens und der dort geregelten Aufgaben sind »eigentlich« bereits Kenntnisse nicht nur der familienrechtlichen Grundlagen (insb. Inhalt der Personensorge, Voraussetzungen des Sorgerechtseingriffs nach §§ 1666 f. BGB) sowie des erst im 2. Teil des Lehrbuches (Kap. 6 – 9) behandelten Leistungsrechts als auch wesentliche Teile der anderen Aufgaben, insb. die Regelungen zur Inobhutnahme (Kap. 10) und zur Mitwirkung im familiengerichtlichen Verfahren (Kap. 12.2), und schließlich auch des in §§ 61 ff. SGB VIII geregelten Datenschutzrechts (Kap. 14) erforderlich. Da nun aber der Gesetzgeber den Schutzauftrag und das damit zusammenhängende Vorgehen bei Kindeswohlgefährdungen in den Allgemeinen Vorschriften (§ 1 – 10 SGB VIII) vorgezogen geregelt hat, soll der Gesetzessystematik entsprechend an dieser Stelle zumindest ein Überblick gegeben und auf einige wesentlichen Problembereiche hingewiesen werden. Die nachfolgende Übersicht gibt einen ersten Überblick über den idealtypischen Ablauf im Umgang mit Gefährdungsmeldungen.

29

Abb. 2: Umgang mit Gefährdungsmeldungen - Idealtypisches Vorgehen bei »gewichtigen Anhaltspunkten« für eine Kindeswohlgefährdung

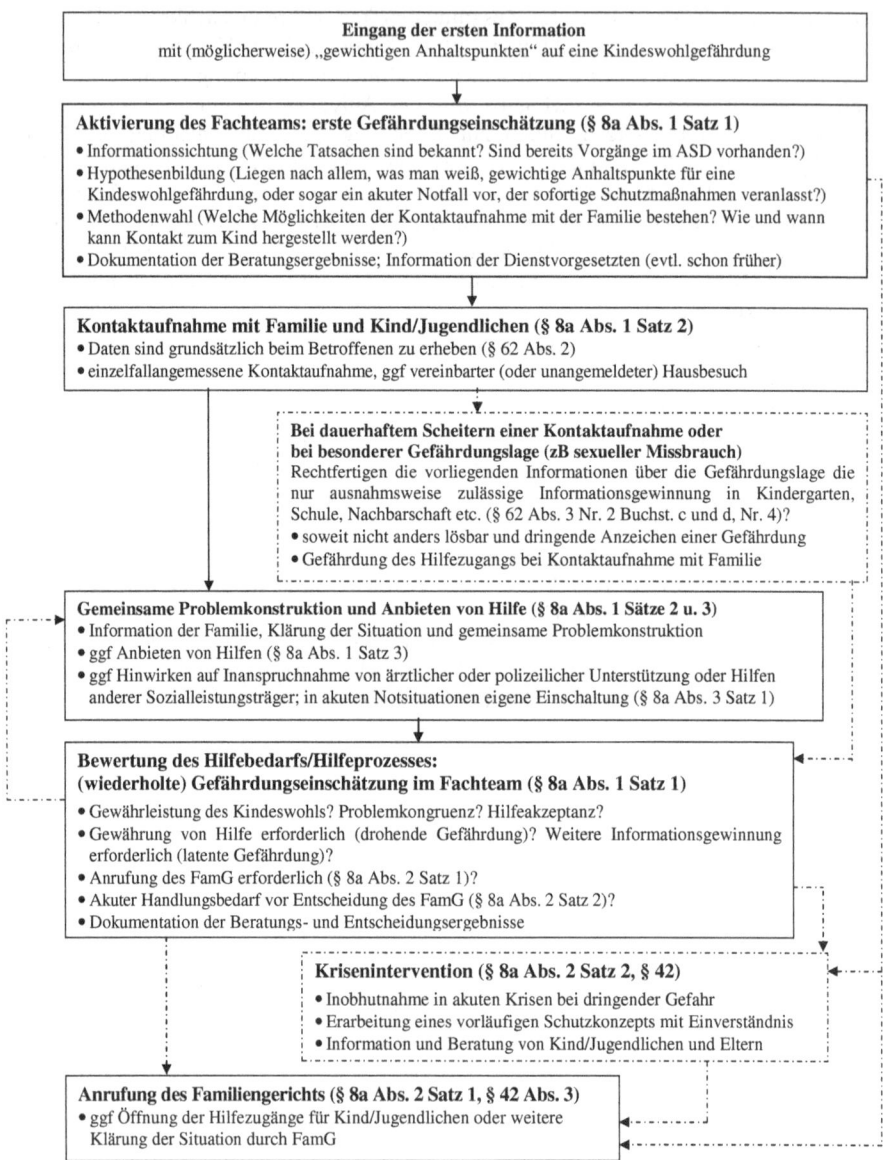

30 Werden dem JA gewichtige Anhaltspunkte für die Gefährdung des Wohls eines Kindes oder Jugendlichen bekannt, so haben die Fachkräfte des JA nach § 8a Abs. 1 SGB VIII zunächst das Gefährdungsrisiko einzuschätzen (zu den empirischen Daten im Hinblick auf die § 8a-Verfahren s. Kap. 12.2.1). Auf welchem Weg sie die Information erhalten, spielt keine Rolle; auch **anonymen Hinweisen** ist nachzugehen, denn der Wunsch, seinen Namen nicht zu nennen, kann unterschiedliche Gründe haben und darf mit Blick

4.3 Zwischen Sozialleistungen und hoheitlichen Interventionen

auf das Kindeswohl nicht dazu verleiten, solche Meldungen für unglaubwürdig oder weniger wichtig zu halten.

Krisensituationen erfordern es, dass entsprechende Hilfezugänge sofort und rund um die Uhr, zu jeder Tages- und Nachtzeit verfügbar sind. Damit wird vom SGB VIII sowohl von § 8a als auch § 42 SGB VIII organisatorisch rund um die Uhr, 24h am Tag ein **Bereitschaftsdienst** des JA als unabdingbar vorausgesetzt (zur Organisation des JA s. Kap. 15.2).

31

Im Hinblick auf die Gefährdungslage knüpft § 8a SGB VIII an die Terminologie und den **Maßstab des § 1666 Abs. 1 BGB** an, welches im Hinblick auf die Definition der Begriffe **Kindeswohl** und Kindeswohlgefährdung für die gesamte Rechtsordnung Geltung besitzt. Die **Kindeswohlgefährdung** wird definiert als eine »gegenwärtige, in einem solchen Maße vorhandene Gefahr, dass sich bei der weiteren Entwicklung eine erhebliche Schädigung mit ziemlicher Sicherheit voraussehen lässt« (ständige Rspr. seit BGH FamRZ 1956, 350; vgl. BVerfG 29.09.2015 – 1 BvR 1292/15; hierzu *Münder* et al. 2020, Kap. 9; *Schone* in *Münder* et al. 2017, 16 ff.; *Trenczek* et al. 2017a, Kap. 3.2.2). Die Situation, in der sich das Kind/Jugendliche befindet, muss in einem erheblichen Maße im Widerspruch zu seinen körperlichen, seelischen und geistigen Bedürfnissen stehen, die im Hinblick auf seine Erziehung und Entwicklung zu einer eigenverantwortlichen und gemeinschaftsfähigen Persönlichkeit erwartet werden können (vgl. ausführlich *Deegener/Körner* 2005; *Kinderschutzzentrum Berlin* 2009; *Ziegenhein/Fegert* 2008). Dabei spielt das Alter der Kinder und Jugendlichen eine wichtige Rolle (z. B. ist die Vernachlässigung der Flüssigkeitszufuhr oder das Schütteln eines Kleinkindes extrem lebensgefährlich, nicht aber im gleichen Maße bei einem 15-jährigen Jugendlichen). Ob die negative Situation für das Kindeswohl durch aktives Tun (z. B. Misshandlung, sexuelle Ausbeutung/Missbrauch) oder Unterlassen (insb. Vernachlässigung) eintritt, ist irrelevant.

32

Im Unterschied zu § 1666 BGB bei dem im Hinblick auf einen ggf. möglichen Eingriff in die elterliche Sorge die Kindeswohlgefährdung konkret vorliegen muss, interveniert das JA mit dem Ziel der Prävention, Unterstützungs- und Hilfeangeboten schon deutlich früher (zu den empirischen Erkenntnissen s. Kap. 10.1 u. 12.2.1). § 8a Abs. 1 Satz 1 SGB VIII beschränkt die Pflicht zum Tätigwerden allerdings auf das Bekanntwerden von »**gewichtigen Anhaltspunkten**«. Sie müssen also von einem gewissen Gewicht sein und nicht nur auf potenzielle, entfernt möglich erscheinende Gefahren und Risiken hindeuten. Im Hinblick auf die in § 8a Abs. 1 S. 1 SGB VIII misslungene Formulierung (»Gefährdungs*risiko* einzuschätzen«), soll hier darauf hingewiesen werden, dass die »gewichtigen Anhaltspunkte« für eine Kindeswohlgefährdung von den sog. Risikofaktoren zu unterscheiden sind. Letztere beschreiben Situationen, in denen Gefährdungen häufiger auftreten, also allenfalls potenzielle Gefahrenlagen, weisen aber noch nicht auf eine konkrete Gefährdung hin (ausführlich hierzu *Trenczek* et al. 2017a, 42 ff.). Diffus und wenig hilfreich ist der (leider auch in der Jugendhilfestatistik verwendete) Begriff »**latente**« (d. h. schlummernde, verborgene, verdeckte) **Kindeswohlgefährdung** für die – nicht selten zum Zeitpunkt der ersten Information – in einem »Graubereich« liegenden, unklaren Gefährdungslagen (*Meysen* FK-SGB VIII/ § 8a Rn 15; vgl. auch BVerfG 24.3.2014 – 1 BvR 160/14 – JAmt 2014, 223). Es ist gerade Aufgabe der Fachkräfte, eine »Gefährdungseinschätzung« (§ 8a Abs. 4 Nr. 2 SGB VIII) vorzunehmen, also zu klären, ob eine konkrete Gefährdungssituation besteht und eine Entscheidung über das weitere Vorgehen nach § 8a SGB VIII zu treffen.

33

Dem JA wird im Rahmen von § 8a SGB VIII eine vorab eine Prüfung von § 1666 BGB abverlangt, also dessen, was letztlich die FamG im Hinblick auf Eingriffe in das Sorgerecht zu prüfen haben. Eine »vorsorgliche« Anrufung des FamG nach § 8a Abs. 2 SGB VIII (zur vermeintlichen »Absicherung«) ist – ungeachtet der auf Kooperation angelegten Arbeitsbeziehung – weder fachgerecht noch im SGB VIII vorgesehen. Das FamG kommt erst »ins Spiel«, wenn das JA an seine Grenzen stößt und deshalb das »Tätigwerden des FamG für erforderlich« hält (s.u. Rn 41) oder weil die Sorgeberechtigten einer Inobhutnahme widersprechen (s. Kap. 10.1.3 Rn 20 ff.).

34 Die Schutzverpflichtung des JA verpflichtet dessen Fachkräfte nicht, überall eine (potenzielle) Gefährdung von Kindern zu vermuten. Das Gesetz verlangt, »gewichtige Anhaltspunkte« zu klären. Die **Informationsbeschaffungspflicht** (BT-Drs. 15/3676, S. 26, 30 f.) des JA unterscheidet sich wesentlich vom Vorgehen bei polizeilichen Ermittlungen, um bei den Betroffenen nicht Distanz, Abwehr und Widerstand zu fördern. Immer sind auch die Folgen der Informationsgewinnung für den weiteren Beratungsprozess sowie die Leistungsgewährung zu beachten. Im Hinblick auf die Informationsbeschaffung sind deshalb die Regeln des **Sozialdatenschutzes** und die darin beinhalteten Grundsätze sozialpädagogischen Handelns zu beachten (ausführlich hierzu Kap. 14). Diese stehen – entgegen immer wieder zu hörenden Mutmaßungen – einem wirksamen Kindesschutz nicht entgegen.

35 Die Gefährdungseinschätzung ist einer der fachlich anspruchsvollsten und folgenreichsten Entscheidungsvorgänge. § 8a Abs. 1 Satz 1 SGB VIII verpflichtet das JA deshalb dazu, die Gefährdungseinschätzung im **Zusammenwirken mehrerer Fachkräfte** vorzunehmen. Insoweit hält die h. M. – anders als im Rahmen der Hilfeplanung (§ 36 SGB VIII) – wohl mit Rücksicht auf die begrenzten Personalressourcen im Bereitschaftsdienst das Zusammenwirken von zwei Personen für ausreichend (*Meysen* FK-SGB VIII/ § 8a Rn 23; *Wiesner/Wiesner* § 8a Rn 27). Im Hinblick auf die kollegiale Beratung ist darauf hinzuweisen, dass Teamentscheidungen nicht die individuelle Verantwortung der einzelnen Fachkraft ersetzen. Dies ist nicht einmal bei einer Weisung von Vorgesetzten der Fall (s. Kap. 17.2.3).

36 Das Zusammenwirken mehrerer bedarf dabei qualifizierter Fachkräfte und bewusst gestalteter **Arbeitsabläufe und Regeln** (ausführlich *Beckmann/Lohse* JAmt 2019. 490 ff. *Meysen* FK-SGB VIII/ § 8a Rn 20 ff.). Ziel der Gefährdungseinschätzung ist die möglichst zuverlässige Klärung der Situation und die Vorbereitung ggf. notwendiger Interventionen. Nach Eingang der ersten Hinweise und Anhaltspunkte für eine konkrete Kindeswohlgefährdung muss eine erste Sachstandsklärung erfolgen: Welche Tatsachen sind bekannt? Sind bereits Vorgänge im ASD vorhanden? Liegen »nach allem, was man weiß«, gewichtige Anhaltspunkte für eine Kindeswohlgefährdung oder sogar ein akuter Notfall vor, der zu sofortigen Schutzmaßnahmen zwingt? Welche Möglichkeiten der Kontaktaufnahme mit der Familie bestehen? Rechtfertigt die Situation im Vorfeld Informationen bei Dritten einzuholen? Die Ergebnisse dieser Gefährdungseinschätzung sind zu dokumentieren und die Dienstvorgesetzten hierüber zu informieren. *Beckmann und Lohse* (JAmt 2019, 490 ff.) haben sehr verdienstvoll in einer Metaanalyse die wesentlichen **Erkenntnisse aus der Untersuchung von (gescheiterten) Kinderschutzverläufen** und »was man daraus lernen kann« zusammengefasst. Hervorgehoben wird dabei insb. die Prozesshaftigkeit der Gefährdungseinschätzung, an den fachlichen Standards orientierte Verfahrensabläufe, das Mehr-Augen-Prinzip, den Aufbau und Erhalt der Hilfebeziehung und die Beteiligung der Betroffenen, die einzelfallbezogene wie

4.3 Zwischen Sozialleistungen und hoheitlichen Interventionen

fallübergreifende Kooperation der verschiedenen Akteure (insb. JA, freier Träger, FamG, Ärzt*innen, Verfahrensbeiständе).

Auch im Rahmen der Gefährdungseinschätzung sind die Betroffenen, das Kind bzw. der Jugendliche sowie die Eltern (bzw. andere Personensorgeberechtigte) grds. einzubeziehen. Die **Partizipation der Klienten** schon im Klärungsprozess gehört untrennbar zur Hilfe sowie zur Hilfebeziehung und ist ein entscheidendes Merkmal sozialpädagogischer Qualität. Diesen allgemeinen sozialpädagogischen wie jugendhilferechtlichen Grundsatz (s. Kap. 4.3.3) zu beachten ist in Krisensituationen umso wichtiger, wenn in der Krise ein Ausweg für einen gelingenden Alltag gefunden werden soll. Aber auch im Hinblick auf die Voraussetzungen eines Sorgerechtseingriffs nach § 1666 BGB ist die Partizipation mit den Eltern unabdingbar, setzen diese doch nicht nur eine objektive Gefährdungslage voraus, sondern auch dass die Personensorgeberechtigten nicht bereit oder in der Lage sind, die Gefährdung abzuwenden (hierzu *Münder* et al. 2020, Kap. 9.; *Trenczek* et al. 2017a, 157 ff.). Mit Blick auf § 1666 BGB ist die subjektive Ungeeignetheit der Sorgerechtsinhaber zur Gefahrenabwehr das entscheidende Tatbestandsmerkmal.

37

Der (Erst)**Kontakt mit den Eltern** steht lediglich unter dem Vorbehalt, dass durch ihre Einbeziehung der wirksame Schutz des Kindes oder des Jugendlichen nicht in Frage gestellt wird (§ 8a Abs. 1 Satz 2 SGB VIII). Sind die Eltern nicht erreichbar oder bei einem Scheitern der Kontaktaufnahme aus anderen Gründen muss im Rahmen einer sorgfältigen Abwägung geklärt werden, ob die vorliegenden Informationen über die Gefährdungslage die Datenerhebung bei Dritten rechtfertigen (§ 62 Abs. 3 Nr. 2 c und d SGB VIII).

38

Um sich »einen unmittelbaren Eindruck von dem Kind und von seiner persönlichen Umgebung zu verschaffen« (§ 8a Abs. 1 S. 2 SGB VIII) empfiehlt sich ggf. ein **Hausbesuch** (hierzu Kap. 5.2.2; *Meysen* FK-SGB VIII/ § 8a Rn 34; ausführlich *Urban-Stahl/ Albrecht/Gross-Lattwein* 2018). Hausbesuche sind in der Regel anzukündigen und angesichts der Ungewissheit der vorzufindenden Krisensituation und Konfliktdynamik i. d. R. von zwei Fachkräften durchzuführen. Es besteht kein Zwangsrecht zum Betreten der Wohnung, die Betroffenen sind grds. nicht verpflichtet, das JA in ihre Wohnung zu lassen, hier bedarf es ggf. der Unterstützung durch die Polizei oder ein Notwehrrecht (*Trenczek* et al. 2017a, 220 f.).

39

Auch im Bereich der Krisenintervention und des Kindesschutzes stellt sich vorrangig die Frage nach den zur Verfügung stehenden **Jugendhilfeleistungen.** § 8a Abs. 1 Satz 3 SGB VIII verpflichtet deshalb das JA, den Erziehungsberechtigten (im Hinblick auf Art. 6 Abs. 2 GG, §§ 27 ff. SGB VII vorrangig: Personensorgeberechtigten; vgl. Kap. 3.1.4) Hilfen zur Abwendung einer Kindeswohlgefährdung anzubieten, wenn die Gewährung von Hilfen zur Gefährdungsabwendung geeignet und erforderlich erscheint. Kann einer Kindeswohlgefährdung mit der (freiwilligen) Inanspruchnahme öffentlicher Hilfen begegnet werden, so hat dies Vorrang vor Eingriffen in das Elternrecht. In diesem Zusammenhang ist auf die unterschiedlich hohen Interventionsschwellen von § 1666 BGB und §§ 27 ff. SGB VIII hinzuweisen (s. Kap. 9.2.2.1.).

40

Nach § 8a Abs. 2 Satz 1 SGB VIII hat das JA die Pflicht, das (zuständige) **FamG** einzuschalten (**Anrufungspflicht**), *wenn* es das Tätigwerden des Gerichts für erforderlich hält. Die Anrufung des FamG ist auch bei Vorliegen einer konkreten Gefährdungslage nicht zwingend und steht unter dem Vorbehalt, dass sie zur Abwendung der Kindeswohlgefahr auch erforderlich ist. Insoweit steht den Fachkräften des JA (kein Ermes-

41

sen, denn es geht nicht um eine Rechtsfolge, sondern) »so etwas Ähnliches« wie ein **Beurteilungsspielraum** zu (vgl. *Behlert* Jugendhilfe 2019, 517; *Meysen* in FK-SGB VIII § 8a Rn 37). Allerdings geht es insoweit nicht um die Auslegung eines unbestimmten Rechtsbegriffs bzw. die Klärung einer rechtlichen Frage (so wie beim Beurteilungsspielraum ausnahmsweise die von der Verwaltung vorgenommene Auslegung eines unbestimmten Rechtsbegriffs gerichtlich nur begrenzt überprüft wird; vgl. Kap. 5.3.3.1) oder um einen politischen Gestaltungsspielraum i.S. einer sog. Einschätzungsprärogative, sondern um die Bewertung des Lebenssachverhalts in tatsächlicher Hinsicht. Der Einschätzungsspielraum betrifft dabei nicht das Vorliegen einer kindeswohlgefährdenden Situation (§ 8a Abs. 1 SGB VIII) oder die Voraussetzungen der Hilfen zur Erziehung nach §§ 27 ff. SGB VIII (hierzu Kap. 9.2), sondern nach § 8a Abs. 2 SGB VIII lediglich die Frage, ob es selbst bei Vorliegen einer kindeswohlgefährdenden Situation erforderlich ist, das FamG anzurufen. Damit bezieht sich der Einschätzungsspielraum allein auf die Bewertung des selbst verantworteten Hilfeprozesses und damit auf die Kooperationsbereitschaft und -fähigkeit der Eltern im Hinblick auf die Gefahrenabwehr. Dies ist das alles entscheidende Tatbestandsmerkmal auch mit Blick auf § 1666 Abs. 1 BGB (s. Kap. 12.2.1). Wenn das JA mit seinen sozialpädagogischen Mitteln keinen Zugang zu den Eltern gewinnen kann, diese zur Inanspruchnahme geeigneter und notwendiger Hilfen nicht bereit oder in der Lage sind (§ 8a Abs. 2 Satz 1, 2. Hs. SGB VIII) und die kindeswohlgefährdende Situation nicht abgewendet werden kann – mit anderen Worten: wenn die Fachkräfte des JA mit ihren professionellen Möglichkeiten am Ende sind – dann muss das JA das FamG anrufen, damit dieses die ggf. notwendigen personensorgerechtlichen Entscheidungen treffen kann. Insoweit stellt das JA allerdings keinen (verfahrenseinleitenden) Antrag (*Meysen* in FK-SGB VIII § 8a Rn 36), es tritt den Eltern auch nicht als Partei gegenüber, sondern es geht lediglich um die aus o.g. Gründen für notwendig erachtete Information und Einschaltung des Gerichts (vgl. *Lohse* et al. JAmt 2019, 234 ff. [236]). Das FamG nimmt die Meldung des JA zum Anlass zu prüfen, ob ein familiengerichtliches Verfahren in einer Kindschaftssache (§§ 151 ff. FamFG) einzuleiten ist, es überprüft dagegen nicht das Verwaltungshandeln des JA, insb. ob dessen Einschätzung richtig ist. Das FamG überprüft hier, zumindest im rechtstechnischen Sinn, nicht die Entscheidung des JA, sondern trifft im Rahmen seiner Ermittlungen von Amts wegen (§ 26 FamFG) eigene Feststellungen (*Behlert* Jugendhilfe 2019, 518). Es liegt dagegen nicht in der Kompetenz des FamG sich zu entschließen, kein kindschaftsrechtliches Verfahren zu eröffnen und stattdessen dem JA Vorgaben zu machen, wie dieses der Gefährdungssituation begegnen könnte. Andererseits hat das JA keine Beschwerdemöglichkeit gegen die Nichteinleitung eines Verfahrens. Eine (erfolglose) Anrufung des FamG beendet noch nicht die sich aus dem Schutzauftrag und der Garantenpflicht ergebenden Handlungspflichten das JA (hierzu Kap. 17.2.4) und bietet im Falle eines tatsächlichen Schadenseintritts für sich genommen noch keine Exkulpationsmöglichkeit (*Behlert* Jugendhilfe 2019, 518). Wird das Gericht informiert, so müssen die Regelungen über die **Mitwirkung der Jugendhilfe in familiengerichtlichen Verfahren** nach § 50 SGB VIII berücksichtigt werden (hierzu Kap. 12.2.1).

42 Verdichtet und verschlimmert sich die Gefahrenlage so dass die Entscheidung des Gerichts nicht abgewartet werden kann, ist das JA nach § 8a Abs. 2 Satz 2 SGB VIII verpflichtet, das Kind oder den Jugendlichen in Obhut zu nehmen. Die **Inobhutnahme** stellt also das sog. letzte Mittel (»ultima ratio«) dar, wenn die Kindeswohlgefährdung nicht anders abgewendet werden kann (ausführlich Kap. 10.1). In diesen Ausnahmesituatio-

4.3 Zwischen Sozialleistungen und hoheitlichen Interventionen

nen hat das JA auch ausdrücklich die Befugnis, das Kind von den Eltern wegzunehmen und es an einem geeigneten Ort unterzubringen (§ 42 Abs. 1 Satz 2 a.E. SGB VIII). Weitere Eingriffsbefugnisse hat das JA aber nicht, sondern muss nach § 8a Abs. 3 SGB VIII ggf. die **Polizei** bzw. andere zur Abwendung der Gefährdung zuständigen Stellen einschalten.

4.3.2.2 Fachlichkeit und Kooperation im Kinderschutz - KKG

Für den Schutzauftrag in § 8a SGB VIII besteht nicht nur eine in den Zuständigkeitsnormen der §§ 75 ff. SGB VIII nicht ausdrücklich geregelte **Allzuständigkeit** der JÄ aller öffentlichen Träger der Kinder- und Jugendhilfe, sondern auch eine Allzuständigkeit aller Beschäftigten dieser öffentlichen Träger. Eine vorrangige oder ausschließliche Verantwortung des ASD oder ein formalisiertes »Meldewesen« innerhalb der JÄ sieht das Gesetz nicht vor, vielmehr müssen im Hinblick auf den Kindesschutz die Fachkräfte aller Bereiche der Kinder- und Jugendhilfe ihre Hilfezugänge und Fachkompetenzen nutzen und eine Gefährdungseinschätzung dort vorgenommen werden, wo die ersten Anhaltspunkte sichtbar werden (*Meysen* FK-SGB VIII/ § 8a Rn 13 und 71 ff.).

43

In der Praxis werden die Fachkräfte außerhalb des ASD und der Inobhutnahmestellen (noch) nicht immer über die spezifischen Fachkenntnisse verfügen. In **§ 8b Abs. 1 SGB VIII** wurde deshalb der Anspruch von Einzelpersonen, die beruflich Kontakt mit Kindern und Jugendlichen haben, zur Beratung der Einschätzung einer Kindeswohlgefährdung aufgenommen. Die Leitung des JA, aber auch jede verantwortliche Stellenleitung, hat dafür zu sorgen, dass für ihre Beschäftigten der Zugang zu diesen besonders geschulte Fachkräften (sog. **Kinderschutzfachkräfte**) sowie ggf. auch jugendamtsexterne Fachkräfte (z.B. Ärzt*innen oder andere Personen mit einer besonderen Expertise) in die kollegiale Beratung einbezogen werden (können) (*Meysen* FK-SGB VIII § 8a Rn 24). Dieser Beratungsanspruch deckt sich weitgehend mit dem durch das BKiSchG in **§ 4 Abs. 2 S. 1 KKG** (s. nachfolgend) geregelten Beratungsanspruch einschlägig beruflich tätiger Personen gegenüber dem Träger der öffentlichen Jugendhilfe. Nach **§ 8b Abs. 2 SGB VIII** haben auch die Träger von Einrichtungen und Diensten ebenfalls einen Beratungsanspruch gegen die überörtlichen Träger der Jugendhilfe bei der Entwicklung entsprechender Leitlinien zur Sicherung des Kindeswohls und – darüber hinausgehend – bei Verfahren zur Beteiligung von Kindern an strukturellen Entscheidungen in den Einrichtungen und zur Ausgestaltung eines entsprechenden Beschwerdeverfahrens für die Kinder.

44

Das Gesetz zur **Kooperation und Information im Kinderschutz (KKG)** ist eine Art Auffangbecken für Regelungen, die an anderer Stelle nicht ohne Weiteres zu platzieren waren (ausführlich *Meysen/Eschelbach* 2012). Das gilt etwa für § 2 KKG, der die Information über Unterstützungsangebote an (auch: werdende) Eltern vorsieht, wonach sie über entsprechende Leistungsangebote zur Beratung, zur Hilfe in Schwangerschaft, zur Entwicklung des Kindes im örtlichen Einzugsbereich informiert werden sollen. Damit soll eine positive Willkommenskultur im Vorfeld und im Umfeld der Geburten der Kinder geschaffen werden. Wer diese Aufgabe zu erledigen hat, wird durch Landesrecht geregelt; sofern eine ausdrückliche Regelung fehlt, sind die örtlichen Träger der Jugendhilfe zuständig. Was die in **§ 3 Abs. 1 bis 3 KKG** angesprochene Schaffung von **Netzwerkstrukturen** anbelangt, wird eine rechtliche Verbindlichkeit nur für die Träger der öffentlichen Jugendhilfe und die Schwangerschafts(-konflikt)beratungsstellen geschaffen. Was die anderen Akteure in den Netzwerkstrukturen anbelangt (§ 3 Abs. 2

45

SGB VIII: Gesundheitsämter, Sozialämter, gemeinsame Servicestellen, Schulen usw), wird es wesentlich davon abhängen, ob diese Akteure sich engagiert und positiv an der Schaffung solcher Netzwerkstrukturen beteiligen. Mit § 3 Abs. 4 KKG wird die Grundlage geschaffen, dass der Bund sich finanziell an der Schaffung früher Hilfen beteiligt. Eine zentrale Stelle nimmt dabei das »Nationale Zentrum Frühe Hilfen« (NZ-FH) ein, das eine Vielzahl an Unterstützungsangeboten im Bereich der **Frühen Hilfen** und bei der Qualitätsentwicklung im Kinderschutz bereitstellt (www.fruehehilfen.de).

46   Mit **§ 4 KKG** werden Personen, die beruflich mit Kindern und Jugendlichen zu tun haben (von der Ärztin bis zur Lehrerin – vgl. Abs. 1) in die präventive Kinderschutzarbeit einbezogen: Sie sollen, wenn ihnen in ihrer beruflichen Tätigkeit gewichtige Anhaltspunkte für eine Kindeswohlgefährdung bekannt werden, diese Situation mit den Mj. und den Personensorgeberechtigten erörtern und ggf. auf die Inanspruchnahme von Hilfe hinwirken. Im Unterschied zu § 8a Abs. 4 SGB VIII haben sie keine Pflicht, eine im Bereich der Kindeswohlgefährdung erfahrene Fachkraft einzuschalten, sie haben allerdings das Recht, eine solche Fachkraft in Anspruch zu nehmen (§ 4 Abs. 2 KKG).

47   Eine Klarstellung bringt auch **§ 4 Abs. 3 KKG** hinsichtlich der Übermittlung von Informationen bei Kindeswohlgefährdung: die in § 4 Abs. 1 KKG genannten Personengruppen, sind in aller Regel zum strengen Sozialdatenschutz und zur Verschwiegenheit verpflichtet (sog. **Berufsgeheimnisträger**, vgl. § 203 StGB). § 4 Abs. 3 KKG normiert die Befugnis, das JA zu informieren und die erforderlichen Daten weiterzugeben – allerdings (im Sinne eines an den Betroffenen ausgerichteten Datenschutzes) grds. erst dann, wenn sie erstens selbst erfolglos versucht hatten, zusammen mit den Betroffenen eine Gefährdung des Wohls eines Kindes oder eines Jugendlichen abzuwenden und zweitens die Betroffenen vorab auf diese Informationsweitergabe hingewiesen wurden. In diesen Fällen wirkt dann § 4 Abs. 1 KKG als **Rechtfertigungsgrund** gegenüber dem strafrechtlichen Vorwurf der Verletzung des Datenschutzes (§ 203 StGB).

4.3.3 Partizipation: Mitwirkungs- und Beteiligungsrechte

48   In den allgemeinen Vorschriften §§ 1 – 10 SGB VIII finden sich eine Reihe von Rechtsnormen, die Rechtsstellung der Klienten betreffen, was bereits im Hinblick auf den Geltungsbereich für ausländische Hilfeempfänger in Kap. 3.1.3 besonders deutlich wurde. Entsprechendes gilt für den Unterschied von Leistungen und anderen Aufgaben. Auch wenn die anderen Aufgaben nicht zur Disposition der Betroffenen stehen, d. h. nicht sie, sondern die JÄ über das Ob und Wie der Aufgabenerfüllung (selbstverständlich nicht »beliebig«, sondern nach den anerkannten fachlichen Standards) entscheiden, geht es auch im Bereich der anderen Aufgaben nur selten ohne **Beteiligung und Mitwirkung der Betroffenen (Partizipation)**. Dieser sozialpädagogische Handlungsgrundsatz (*Schnurr* 2018 und 2018a) spiegelt sich in den Regelungen zur verfahrensrechtlichen Stellung der Klienten wider, er zieht sich durch das gesamte SGB VIII, wird in den allgemeinen Vorschriften insb. in §§ 5, 8, 8a Abs. 1 Satz 2, § 9 SGB VIII hervorgehoben, wird bei den Leistungen z.B. im Hinblick auf die Hilfeplanung (§ 36 SGB VIII; Kap. 9.8.2) besonders ausgeführt und findet auch bei den anderen Aufgaben und ohnehin im Rahmen des Sozialdatenschutzes (hierzu Kap. 14) Beachtung (zum Wunsch- und Wahlrecht nach § 5 SGB VIII s. nachfolgend Kap. 4.3.4). Auch im Hinblick auf den Kinderschutz ist der Aufbau einer Vertrauensbeziehung und die gelingende Elternarbeit in aller Regel konstitutiv für eine erfolgreiche Intervention. Eltern und Kinder bzw. Jugendliche sind nicht Objekte professioneller Sozialarbeit, vielmehr sol-

4.3 Zwischen Sozialleistungen und hoheitlichen Interventionen

len sie Einfluss nehmen auf die Analyse, die Bewertung der Sachverhalte und Auswahl der geeigneten Hilfen. Dabei werden die **Beteiligungsmöglichkeiten von Kindern und Jugendlichen** im Hinblick auf die Entscheidungsfindungsprozesse in zahlreichen Vorschriften (z.B. § 8 Abs. 1, § 17 Abs. 2, § 42 Abs. 2, § 42a Abs. 3 Satz 2, Abs. 5 Satz 3, § 45 Abs. 2 Nr. 3 SGB VIII) nochmals explizit genannt, insb. auch dann, wenn sie nicht selbst die Anspruchsinhaber sind.

4.3.4 Wunsch- und Wahlrecht – § 5 SGB VIII

Ein besonders hervorgehobenes Beteiligungsrecht ist das Wunsch- und Wahlrecht, welches das in § 3 Abs. 1 SGB VIII beschriebene plurale Angebot in der Kinder- und Jugendhilfe, also eine Vielfalt von Trägern unterschiedlicher Wertorientierungen und die Vielfalt von Inhalten, Methoden und Arbeitsformen bei der Aufgabenerfüllung voraussetzt (s. Kap. 4.3). Obwohl systematisch in den allgemeinen Vorschriften vor die Klammer gezogen (und damit nach den allgemeinen Rechtsregeln für alle nachfolgenden Kap. des SGB VIII relevant), steht das **Wunsch- und Wahlrecht** nach § 5 Abs. 1 SGB VIII nur den Leistungsberechtigten zu, also den Leistungsempfänger*innen, die einen Rechtsanspruch auf diese Hilfe haben (s. Kap. 5.1.2), und bezieht sich damit auf den ersten Blick nur auf Leistungen, die im SGB VIII in den §§ 11–41 SGB VIII normiert sind. Nicht vorstellen kann man sich – man ist versucht zu formulieren: natürlich nicht – ein Wunsch- und Wahlrecht bei Eingriffen, denn Eingriffe geschehen häufig gegen den Willen der Betroffenen (nach strenger verfassungsrechtlicher Auslegung wird man auch dann von Eingriffen in die Rechtsposition sprechen müssen, wenn der Betroffene diesem »Eingriff« zustimmt). Allerdings kann das Wunsch- und Wahlrecht im Hinblick auf die »anderen Aufgaben« relevant werden, wenn diese mit Leistungen verbunden sind (z.B. im Hinblick auf eine Inobhutnahme nach § 42 Abs. 1 Nr. 1 SGB VIII) oder bei »Wünsche[n] hinsichtlich der Gestaltung der Hilfe« (§ 5 Abs. 1 SGB VIII) zur Berücksichtigung der Grundrichtung der Erziehung (§ 9 SGB VIII). § 5 SGB VIII ist stets ein wesentliches Kriterium der Sozialleistungsorientierung und wird deswegen bei den Hilfen zur Erziehung ausdrücklich in § 36 SGB VIII wiederholt und konkretisiert. Für Sozialleistungen selbst ist die Orientierung auf Wunsch- und Wahlrecht nichts Besonderes: Bereits § 33 SGB I erwähnt dies im Allgemeinen Teil des SGB.

§ 5 SGB VIII macht neben einem sozialrechtlichen auch einen **sozialpädagogischen Handlungsgrundsatz** der Kinder- und Jugendhilfe deutlich: Bürger*innen sind nicht Objekte staatlichen Handelns, sondern Jugendhilfe ist Unterstützungstätigkeit. Deswegen ist § 5 SGB VIII nicht nur dort relevant, wo ausdrücklich Wünsche geäußert werden, Leistungsberechtigte eine Wahl vornehmen, sondern die Perspektive der Betroffenen und Beteiligten ist für die gesamte Gestaltung von Leistungen, Angeboten, Diensten und Einrichtungen von vornherein zu beachten (*Münder* RsDE 38 [1998], 63 ff.; *Schwenke* ZfF 2000, 128 ff.). Nicht zu verkennen ist, dass die Praxis sich bei der Realisierung des § 5 SGB VIII oft schwer tut. Es ist Aufgabe der Fachkräfte, die leistungsberechtigten Bürger*innen zu befähigen, ihr Wunsch- und Wahlrecht erst einmal ausüben zu können.

Voraussetzung für das Wunsch- und Wahlrecht ist, neben der Tatsache der Leistungsberechtigung, dass verschiedene rechtlich zulässige und fachlich geeignete Angebote, Dienste usw in Frage kommen, und dass keine unverhältnismäßigen Mehrkosten entstehen.

52 Die **rechtlich zulässigen und fachlich geeigneten Hilfen** sind die maßgeblichen Grenzen für das Wunsch- und Wahlrecht. Andere Aspekte, Haushaltsaspekte, Planungs- und Steuerungsentscheidungen der öffentlichen Träger können das Wunsch- und Wahlrecht nicht eingrenzen (OVB BB 13.5.2005 – 4 B 275/04 – FEVS 57, 61; VG Stuttgart 6.2.2015 – 7 K 2071/13, JAmt 2015, 273). Auch indirekte Steuerung (z.b. über die Subventionierung bestimmter Einrichtungen) würde ein Unterlaufen des Wunsch- und Wahlrechts darstellen (*Münder/Beckmann* in FK-SGB VIII § 5 Rn 13).

53 Kompliziert und schwierig ist das Stichwort der **unverhältnismäßigen Mehrkosten**. Hier ist Vieles noch ungeklärt: Welche Kostenfaktoren einzubeziehen sind, welche Angebote/Leistungen zu vergleichen sind, wie der Kostenvergleich auszusehen hat, wie unterschiedliche Finanzierungsformen zu berücksichtigen sind – schließlich auch wie der Begriff »unverhältnismäßig« auszulegen ist (ausführlich *Münder/Beckmann* in FK-SGB VIII § 5 Rn 15 ff.).

4.4 Öffentliche und private/freie Träger ff §§ 3, 4, 75 SGB VIII

4.4.1 »Freie« und »öffentliche« Jugendhilfe in § 3 f. SGB VIII

54 So einfach die Überschrift »Freie und öffentliche Jugendhilfe« des § 3 SGB VIII klingt, so komplex sind die Verhältnisse zwischen der dort benannten **freien und öffentlichen Jugendhilfe** bisweilen. Einfach ist es noch mit der öffentlichen Jugendhilfe, denn die **Träger der öffentlichen Jugendhilfe** werden nach § 69 SGB VIII durch das Landesrecht festgelegt. In den Ausführungsgesetzen der einzelnen Bundesländer (s. hierzu Kap. 3.1.2) werden regelmäßig die Landkreise, die kreisfreien Städte/Gemeinden und in manchen Ländern (nach entsprechender landesrechtlicher Zulassung) auch kreisangehörige Gemeinden als Träger der öffentlichen Jugendhilfe festgelegt (z.B.: §§ 1, 2 AG-KJHG NW; Art. 15 AGSG By; § 1 LJHG SN – vgl. 3.1.2/Rn 12). Die öffentlichen Träger werden meist mit dem Sammelbegriff »Kommunen« bezeichnet. Jugendämter (§ 69 Abs. 3 SGB VIII) sind dementsprechend »kommunale Behörden«, die die im Gesetz ausdrücklich genannten Aufgaben der öffentlichen Verwaltung nach außen gegenüber den Bürger*innen wahrnehmen (Kap. 15.1.1).

55 Komplizierter ist es mit den »**freien**« **Trägern**: obwohl diese von großer Bedeutung sind (Kap. 4.4.3), ist im SGB VIII (im Gegensatz ehemals zu § 5 Abs. 4 JWG) nicht definiert, was freie Träger sind. Die Formulierung »frei« ist begrifflich unscharf und unsystematisch: Der Gegenbegriff zu »frei« wäre »unfrei«, der Gegenbegriff zu »öffentlich« wäre »privat«. Definitionsmäßig ist jede (juristische oder natürliche) Person, die (staats- und verwaltungsrechtlich) keine öffentlich-rechtliche Organisation, sondern privatrechtlich verfasst ist, z.B. als Verein oder als GmbH, »freier« Träger. Die Klammerergänzung macht auf ein Problem aufmerksam: So sind die öffentlich-rechtlich verfassten Kirchen im Bereich des SGB VIII (etwa als Träger von Kindertageseinrichtungen) private/»freie« Träger, da sie staats- und verwaltungsrechtlich in der Kinder- und Jugendhilfe nicht öffentlich-rechtlich, sondern privatrechtlich agieren. Das bedeutet, dass grds. **jede natürliche oder juristische Person** sich in der Kinder- und Jugendhilfe betätigen kann und betätigen darf. D.h. allerdings nicht, dass die Betätigung immer voraussetzungslos ist. In speziellen Bereichen (z.B. bei stationären Angeboten) sieht das Gesetz vor, dass für den Betrieb etwa von entsprechenden Einrichtungen Erlaubnisse erforderlich sind (Kap. 11). Zugleich ist damit klar, dass zu den Trägern der privaten/freien Jugendhilfe auch die **privat-gewerblichen Träger** gehören. Diese sind nicht ge-

4.4 Öffentliche und private/freie Träger ff §§ 3, 4, 75 SGB VIII

meinnützig, sondern private (natürliche oder juristische) Personen, die den allgemeinen wirtschaftsrechtlichen Regelungen unterliegen.

Dass das SGB VIII gleich zu Beginn des Gesetzes auf die freie und öffentliche Jugendhilfe eingeht, ist angesichts der Bedeutung der privaten/freien Träger und der öffentlichen Träger (Kap. 4.3.3) und der (zum Teil ideologischen) Auseinandersetzungen um das Verhältnis zwischen öffentlicher Jugendhilfe und privaten/freien Trägern (Kap. 4.3.4) nicht verwunderlich. §§ 3 und 4 SGB VIII gehen grds. auf die Stellung der sog. freien Träger ein:

56

- in § 3 Abs. 1 SGB VIII wird die Vielfalt der Träger als Kennzeichen der Jugendhilfe benannt;
- in § 3 Abs. 2 SGB VIII wird ausdrücklich hervorgehoben, dass die Leistungen der Jugendhilfe auch von den freien Trägern erbracht werden können, diese hierzu aber gesetzlich nicht verpflichtet sind;
- in § 4 Abs. 1 SGB VIII wird der Grundsatz der partnerschaftlichen Zusammenarbeit festgehalten;
- in § 4 Abs. 2 SGB VIII wird das Verhältnis zwischen öffentlichen und freien Trägern angesprochen, das oft mit den Stichworten der Subsidiarität und des Korporatismus bezeichnet wird (dazu Kap. 4.4.4).
- in § 3 Abs. 3 Satz 1 SGB VIII wird im Hinblick auf die »anderen Aufgaben« (hierzu Kap. 4.3.1) klargestellt, dass diese vollumfänglich von den öffentlichen Trägern wahrgenommen werden und freie Träger in diesem Aufgabenbereich nur insoweit tätig werden können, als ihnen dies nach § 76 Abs. 1 SGB VIII ermöglicht wird (hierzu Kap. 16.1).

4.4.2 Anerkannte Träger der freien Jugendhilfe - § 75 SGB VIII

Jede natürliche oder juristische Person des Privatrechts kann sich auf dem Gebiet der Kinder- und Jugendhilfe betätigen, ohne dass es einer Anerkennung bedürfte. Das SGB VIII (z.B. schon in § 4 Abs. 2 SGB VIII) kennt aber auch die sog. »anerkannten Träger der freien Jugendhilfe«. Um ein solcher anerkannter Träger zu werden, müssen die in § 75 SGB VIII genannten **Voraussetzungen der Anerkennung** erfüllt sein (ausführlich von *Boetticher/Münder* in FK-SGB VIII § 75 Rn 6 ff.). Als Träger der freien Jugendhilfe können nur juristische Personen und Personenvereinigungen (also keine Einzelpersonen) anerkannt werden. Zudem müssen sie auf dem Gebiet der Jugendhilfe tatsächlich tätig sein (Nr. 1). Weitere in der Praxis relevanteste Voraussetzung (Nr. 2) ist, dass **gemeinnützige Ziele** verfolgt werden müssen. Gemeinnützigkeit liegt vor, wenn dies i.S.d. Gemeinnützigkeitsverordnung nachgewiesen wurde (Kap. 16.3, Rn 26). Erforderlich ist weiterhin (Nr. 3), dass aufgrund der fachlichen und personellen Voraussetzungen davon ausgegangen werden kann, dass ein nicht unwesentlicher Beitrag zur Erfüllung von Jugendhilfeaufgaben geleistet wird. Eine umfassende Betätigung in der Kinder- und Jugendhilfe ist nicht erforderlich, die Betätigung auf Teilgebieten ist ausreichend. Schließlich ist es nach § 75 Abs. 1 Nr. 4 SGB VIII notwendig, dass die »Gewähr für eine den Zielen des Grundgesetzes förderliche Arbeit« durch den Träger gegeben ist. Dies ist eine nicht unproblematische Bestimmung. Sie hatte in Zeiten heftiger politischer Auseinandersetzung zu Versuchen politischer Gängelung geführt (Beispiele aus den 1960er Jahren bei *Münder* et al. FK-JWG 1988 § 9 Anm. 2). Im Kernbereich bedeutet es zumindest die Akzeptanz einer rechtsstaatlichen Gesellschafts- und

57

Verfassungsordnung auf demokratischer Grundlage unter Ausschluss jeglicher Gewalt- und Willkürherrschaft. Da das Grundgesetz durch seine Offenheit auch für verschiedene Verfassungsmodelle, wirtschaftliche wie staatspolitische Vorstellungen gekennzeichnet ist, können alternative Vorstellungen nicht Anlass für die Verweigerung der Förderung sein (*von Boetticher/Münder* in: FK-SGB VIII § 74 Rn 14 f.) soweit diese nicht mit totalitären, dem Menschenbild des GG nicht entsprechenden (z.B. rassistischen) Vorstellungen verbunden sind. Damit seitens des Trägers der öffentlichen Jugendhilfe die Anerkennung nicht auf die lange Bank geschoben werden kann, besteht nach § 75 Abs. 2 SGB VIII – wenn die Voraussetzungen gegeben sind, und ein Träger mindestens drei Jahre auf dem Gebiet der Jugendhilfe tätig war – ein **Rechtsanspruch auf Anerkennung**.

58 Die **Folgen der Anerkennung** sind nicht zentral, sondern punktuell bei einzelnen Bestimmungen benannt. In diesen Einzelregelungen werden den »anerkannten Trägern der freien Jugendhilfe« bestimmte Privilegien eingeräumt:

- Nach § 71 Abs. 1 Nr. 2 SGB VIII können Vorschläge für die Mitglieder des Jugendhilfeausschusses nur von den anerkannten Trägern der freien Jugendhilfe gemacht werden.
- Eine auf Dauer angelegte Förderung setzt nach § 74 Abs. 1 Satz 2 SGB VIII in der Regel die Anerkennung als Träger der freien Jugendhilfe voraus.
- Nur anerkannte Träger der freien Jugendhilfe können nach § 76 SGB VIII an der Wahrnehmung anderer Aufgaben beteiligt werden (Kap. 4.3.1 u. 16.1).

All diese Sonderrechte stehen den »nicht-anerkannten« Trägern der freien Jugendhilfe nicht zu. Das bedeutet insb., dass nicht-gemeinnützige Organisationen, also vornehmlich privat-gewerbliche Träger, von all diesen Sonderrechten ausgeschlossen sind.

4.4.3 Die Trägerlandschaft

59 Die Offenheit des Trägerbegriffes bedeutet, dass es eine Vielzahl von Trägern der privaten/freien Jugendhilfe geben kann und gibt. Dominant, weil Träger der meisten Angebote und Einrichtungen in der Kinder- und Jugendhilfe (vgl. Kap. 4.4.3, Rn 64 u. 66), sind die in der **Bundesarbeitsgemeinschaft der freien Wohlfahrtspflege** (BAGFW) zusammengeschlossenen sog. sechs Spitzenverbände:

- Der Bundesverband der Arbeiterwohlfahrt eV,
- der Deutscher Caritas-Verband eV,
- das Deutsches Rote Kreuz eV,
- das Diakonische Werk der evangelischen Kirche Deutschland eV,
- der Gesamtverband des Paritätischen Wohlfahrtsverbandes eV,
- die Zentrale Wohlfahrtsstelle der Juden in Deutschland eV.

60 Die zweite große Gruppierung sind die Jugendverbände. Die wichtigsten sind – mit Ausnahme der Sportjugend – im **Deutschen Bundesjugendring** (DBJR) zusammengeschlossen. Anders als bei der übersichtlichen Zahl der sechs Wohlfahrtsverbände sind die Jugendverbände in ihrer Vielfalt kaum zu überschauen (Kap. 6.1.1 Rn 4).

61 Von Bedeutung sind auch die **Selbsthilfe- und Initiativgruppen** (häufig in der Rechtsform von Vereinen) geworden, die vielfach alternativ zu bestehenden Großorganisationen organisiert und zum Teil selbstverwaltet sind. Ihre Zahl ist nicht genau erfassbar.

4.4 Öffentliche und private/freie Träger ff §§ 3, 4, 75 SGB VIII

In der Jugendhilfe stellen sie ein wichtiges Potenzial dar. Mit ihren Prinzipien von Selbstverwaltung, Betroffennähe und Ganzheitlichkeit unterscheiden sie sich oft grundlegend von traditionellen Trägern der privaten, aber auch von den Trägern der öffentlichen Jugendhilfe (*Mielenz* 2017, 802). Eine Vielzahl dieser Gruppen ist dem Deutschen Paritätischen Wohlfahrtsverband angeschlossen.

Schließlich gibt es als weitere Gruppe, insbesondere in den Teilfeldern der Tageseinrichtungen und der Heimerziehung, die privat-gewerblichen, also nicht gemeinnützigen Träger, die allgemein privatrechtlich (e.V., GmbH usw.) verfasst sind oder in Trägerschaft von natürlichen Privatpersonen liegen. Auf Bundesebene sind diese **privat-gewerblichen Träger** in der Regel im VPK, der Vereinigung der privat-gewerblichen Anbieter in der Kinder- und Jugendhilfe organisiert. Die quantitative Bedeutung der privat-gewerblichen Träger in der Jugendhilfe ist zurzeit gering, wenngleich es in einigen Regionen einen größeren Anteil privat-gewerblicher Anbieter gibt (*Merchel* 2008, 187).

Keine Träger von Angeboten, Einrichtungen, Diensten, aber von Bedeutung sind übergreifende, **fachbezogene Zusammenschlüsse**, wie etwa die Internationale Gesellschaft für erzieherische Hilfen (IGfH) oder die Deutsche Vereinigung für Jugendgerichte und Jugendgerichtshilfe (DVJJ), wo sowohl Wohlfahrtsverbände, Jugendverbände, als auch Träger der öffentlichen Jugendhilfe auf den jeweiligen Fachgebieten zusammenarbeiten. In diesen übergreifenden Zusammenschlüssen arbeiten oft auch in korporatistischer Weise (Kap. 4.4.4.2) öffentliche und freie Träger zusammen. So sind viele der privaten/freien Träger der Kinder- und Jugendhilfe und auch die Träger der öffentlichen Jugendhilfe in der **Arbeitsgemeinschaft für Jugendhilfe** (AGJ) unmittelbar bzw. mittelbar vertreten. Die AGJ ist ein Zusammenschluss bundeszentraler Jugendhilfeorganisationen, Jugendverbände, Spitzenverbände der freien Wohlfahrtspflege, zentraler Fachorganisationen, der obersten Jugendbehörden der Länder, der Landesjugendämter. Die AGJ veranstaltet die ca. alle 4 Jahre stattfindenden Deutschen Jugendhilfetage. Die Spannweite der AGJ bewirkt, dass die Aktivitäten nicht von allen Mitgliedern der AGJ akzeptiert werden, was bisweilen zu Auseinandersetzungen führte (*Klausch* 2017, 59).

Wie sich aus Kap. 4.3.4 ergeben wird, haben die privaten/freien Träger hinsichtlich der angebotenen und erbrachten Leistungen ein eindeutiges quantitatives Übergewicht gegenüber den Trägern der öffentlichen Jugendhilfe. Dies darf aber nicht zu dem Schluss verführen, dass es eine Vielzahl ganz unterschiedlicher Leistungsanbieter gibt. Die Trägerlandschaft wird von einigen wenigen großen Trägern bestimmt. Das zeigt sich beispielhaft in der folgenden Tabelle 1 zum quantitativ größten Feld der Kinder – und Jugendhilfe, dem der Tageseinrichtungen für Kinder.*

---

* In einer früheren Version des Buches wurde eine falsche Abbildung 2 verwendet. Dies wurde nun korrigiert

Tab. 1: Freie/private Träger, Tageseinrichtungen für Kinder - Anzahl der betreuten Kinder (1.3.2019; *Destatis* 2020)

	betreute Kinder	
	absolut	in %
Freie/private Träger insgesamt	2.339.249	100
davon:		
Kirchen/Religionsgemeinschaften insgesamt	1.203.038	51,4
davon:		
Caritasverband/sonstige katholische Träger	621.648	26,6
Diakonisches Werk/sonstige der EKD angeschlossenen Träger	568.832	24,3
Zentralwohlfahrtsstelle der Juden in Deutschland	1.220	0,05
Sonstige Religionsgemeinschaften öffentlichen Rechts	11.338	0,5
Nichtkirchliche Träger insgesamt	1.136.211	48,6
davon:		
Sonstige juristische Personen/andere Vereinigungen	411.300	17,6
Deutscher Paritätischer Wohlfahrtsverband	343.551	14,7
Arbeiterwohlfahrt	185.552	7,9
Deutsches Rotes Kreuz	119.642	5,1
Jugendgruppen /-verbände /-ringe	2.256	0,1
privat-gewerbliche	73.910	3,2

65 Die big Player sind in erster Linie die beiden christlichen Kirchen bzw. die ihnen nahestehenden konfessionellen Wohlfahrtsverbände, der Caritas Verband und das Diakonische Werk. Das lässt sich historisch erklären: Kirchen und kirchliche Organisationen sind seit weit über 100 Jahren auf diesem Gebiet tätig. Es hat aber auch gegenwärtige, konkrete Hintergründe: Mit dem Rückhalt der Kirchen verfügen die kirchennahen Wohlfahrtsverbände über Ressourcen, die es ihnen erlauben, sich in Bereichen zu betätigen, die durch öffentliche Mittel nicht hinreichend finanziert werden, während Einrichtungen ohne einen entsprechenden Rückhalt auf eine umfassende öffentliche Finanzierung angewiesen sind (Kap. 16.3).

4.4.4 Das Verhältnis zwischen den öffentlichen und freien Trägern der Jugendhilfe

66 Nimmt man die Gesamtheit der Einrichtungen, Plätze und des Personals der privaten/freien und der öffentlichen Träger in den Blick, so ergibt sich bezüglich der Plätze und des Personals aus der folgenden Statistik (Tab. 2 und 3), dass die Leistungen in der Kinder- und Jugendhilfe traditionell von privaten/freien Trägern erbracht werden, die gegenüber den öffentlichen Trägern ein klares Übergewicht haben.

4.4 Öffentliche und private/freie Träger ff §§ 3, 4, 75 SGB VIII

Tab. 2: Anzahl der Plätze und beschäftigten Personen in sog. sonstigen Einrichtungen (d.h. ohne Tageseinrichtungen für Kinder); 31.12.2018 (*Destatis* 2020):

	Plätze		Beschäftigte Personen	
	absolut	in %	absolut	in %
Insgesamt	309.358	100	279.613	100
Öffentliche Träger,	17.446	5,6	78.842	28,2
Freie/private Träger	291.912	94,4	200.771	71,8

Tab. 3: Anzahl der betreuten Kinder und beschäftigte Personen in Tageseinrichtungen für Kinder (1.3.2018; *Destatis* 2020)

	Anzahl der betreuten Kinder		pädagogisches Personal	
	absolut	in %	absolut	in %
Insgesamt	3.663.344	100	621.769	100
Öffentliche Träger	1.324.095	36,1	211.055	33,9
Freie/private Träger	2.339.249	63,9	410.714	66,1

4.4.4.1 Subsidiarität

Angesichts der Bedeutung der freien Träger ist es nicht verwunderlich, dass das SGB VIII das Verhältnis zwischen öffentlichen und freien Trägern in § 4 SGB VIII anspricht – in einer auf den ersten Blick unklaren Weise:

- In § 4 Abs. 1 SGB VIII wird das Verhältnis zwischen öffentlichen und freien Trägern als partnerschaftliche Zusammenarbeit benannt.
- In § 4 Abs. 2 SGB VIII wird davon gesprochen, dass, soweit geeignete Einrichtungen usw anerkannter Träger der freien Jugendhilfe vorhanden sind oder rechtzeitig geschaffen werden, die öffentliche Jugendhilfe von eigenen Maßnahmen absehen soll.

67

Diese »Unklarheit« erklärt sich historisch. Das Verhältnis zwischen öffentlichen und privaten/freien Trägern der Jugend-(und Sozial-)Hilfe war lange Zeit heftig umstritten. Die (oft) ideologischen Schlachten wurden unter dem Begriff des »Subsidiaritätsprinzips« ausgetragen, dabei ging es vornehmlich um ordnungs- und gesellschaftspolitische Auseinandersetzungen, schon damals wie heute sind angesichts der großen Zahl von Einrichtungen, Plätzen, Beschäftigten eher wirtschaftliche Interessen von Bedeutung.

68

1961 wollte die CDU/CSU mit ihrer damaligen absoluten Mehrheit im Bundestag die Vorrangstellung freier Träger (sowohl in der Jugendhilfe, wie in der Sozialhilfe) festschreiben. Wegen der dadurch befürchteten Funktionssperre für die Träger der öffentlichen Jugendhilfe wurde das **Bundesverfassungsgericht** angerufen, das 1967 ein Grundsatzurteil hierzu fällte (BVerfG 18.7.1967 2 BvF 3-8/62; 2 BvR 139, 140, 334, 335/62 – BVerfGE 22, 180 ff.). Ohne das Wort Subsidiaritätsprinzip oÄ in seinen Entscheidungen überhaupt zu erwähnen interpretierte das Bundesverfassungsgericht das Verhältnis zwischen öffentlichen und freien Trägern verfassungsrechtlich verbindlich, sprach die Letztverantwortung den Gemeinden zu und schob der politisch gewollten Funktionssperre einen Riegel vor: »Außerdem bleibt den Gemeinden die Gesamtverantwortung dafür, dass in beiden Bereichen [gemeint ist: Jugendhilfe, Sozialhilfe] durch behördliche

69

103

und freie Träger das Erforderliche geschieht« (BVerfG 18.7.1967 – BVerfGE 22, 180 ff., 206).

4.4.4.2 Korporatismus

70 Nach der Auffassung des Bundesverfassungsgerichts forderten die damals beanstandeten Vorschriften (des § 5 Abs. 3 JWG) nur die »durch Jahrzehnte bewährte Zusammenarbeit von Staat und freien Verbänden«. Diese bewährte Zusammenarbeit lässt sich als **Korporatismus** bezeichnen, als »körperschaftliches Zusammenwirken«, das planvolle, aufeinander abgestimmte Ineinandergreifen der öffentlichen und privaten/freien Träger. Ein solches Konzept geht von einem Arrangement zwischen öffentlichen und freien Trägern über die Ziele in der Kinder- und Jugendhilfe aus (ausführlich *Münder* np 1998 3 ff.). So war das Urteil des Bundesverfassungsgerichts realistisch, denn in der praktischen Alltagsarbeit herrschte – trotz des bisweilen heftig ausgetragenen ideologischen Streites – in vielen Kommunen die »bewährte Zusammenarbeit«, das »gleichberechtigte Zusammenwirken« vor.

71 Heute mutet der Streit um Vorrang / Nachrang, um das Subsidiaritätsprinzip, bisweilen etwas verstaubt an. Nicht nur, weil er ideologisch überhöht war und mit der Praxis vor Ort oft nichts zu tun hatte, nicht nur weil er 60 Jahre zurückliegt, sondern vornehmlich deswegen, weil sich das Kinder- und Jugendhilferecht verändert hat: Das korporatistische Modell des Arrangements zwischen öffentlichen und freien Trägern war aus der Sicht der Betroffenen, der Leistungsempfänger, ein fürsorgliches Modell, sie waren nur Begünstigte aber nicht Berechtigte. Das hat sich mit dem SGB VIII als einem Sozialleistungsgesetz, mit der Begründung von Rechtsansprüchen für Bürger*innen geändert. Jugendhilfe ist heute im SGB VIII primär als Leistungsrecht konzipiert (Kap. 6 bis 13).

Wichtige, interessante Entscheidungen:

- *Zum Verhältnis von Familie und Jugendhilfe:* BVerwG 1.3.2012 – 5C 12/11
- *Zur Abgrenzung zur Schulverwaltung und anderen Sozialleistungsträgern:* BVerwG 12. 7. 2005 – 5 B 56.05 – JAmt 2005, 524; LSG BY 23. 3.2006 – L 4 KR 279/04 – JAmt 2006, 314
- *Zum Wunsch- und Wahlrecht:* OVG BB 13.5.2005 – 4 B 275/04; OVG HH 24.10.1994 – Bs IV 144/94 – NDV 1995, 300 ff., mAnm Münder, NDV 1995, 275 ff.
- *Zum Verhältnis zwischen öffentlichen und freien Trägern:* BVerfG 18.7.1967 – 2 BvF 3 u.a. /62; 2 BvR 139 u.a. /62 – BVerfGE 22, 180 ff.

Weiterführende Literatur

- *Zur Familie und Jugendhilfe:* Münder ZfJ 2000, 81 ff., *Marthaler 2009*
- *Abgrenzung zu anderen Sozialleistungen / Verhältnis zur Sozialhilfe:* Schruth ZKJ 2006, 137 ff.; Münder 2011; Münder ZfJ 2001, 121 ff.
- *Zu § 8a SGB VIII:* Meysen/Schönecker/Kindler 2008; Jordan/Maykus/Stuckstätte 2012, 275 ff.; Trenczek et al. 2017, Kap. 4.1
- *Zum Wunsch- und Wahlrecht:* Münder RsDE 38 (1998), 55 ff.; Schwenke ZfF 2000, 128 ff).
- *Zum Verhältnis öffentlicher und privater/freier Träger:* Münder np 1998, 3 ff.

5. Kinder- und Jugendhilfe, Sozialverwaltung und Verfahren

Das 2. Kap. des SGB VIII beinhaltet die Leistungen der Jugendhilfe (im Einzelnen hierzu Teil 2, Kap. 6–9). Teilweise handelt es sich um allgemeine Regelangebote, teilweise um spezifische, zielgruppenorientierte Hilfen. Ob es sich dabei um individuelle Rechtsansprüche von Bürgerinnen und Bürgern handelt, was einen Rechtsanspruch ausmacht, und welche Auswirkungen dieser hat, das bedarf im Einzelnen der Klärung (s. Kap. 5.1). Der Sozialleistungscharakter wird auch dadurch deutlich, dass die allgemeinen sozialrechtlichen Verfahrensbestimmungen des SGB I und X gelten (s. Kap. 5.2). Entsprechendes gilt aber auch für die »anderen Aufgaben«. In diesem Zusammenhang werden deshalb hier auch für beide Bereiche die Verwaltungskontrolle und der Rechtsschutz behandelt (s. Kap. 5.3). Am Ende des Kapitels wird die Diskussion um die sog. Ombudschaft in der Kinder- und Jugendhilfe zusammengefasst (s. Kap. 5.4).

Ausführlich behandelte Bestimmungen

- Zur Abgrenzung zwischen Aufgabenbeschreibung und Rechtsanspruch: §§ 2, 11, 13, 14, 16, 22, 24, 27, 41, 74 SGB VIII
- Verfahrensbestimmungen: §§ 38 ff. SGB I; §§ 18, 20 - 25, 31 ff. SGB X; §§ 36, 36a SGB VIII

5.1 Aufgabenzuweisungen und Leistungsversprechen

Dass die Kinder- und Jugendhilfe zum Sozialleistungsrecht gehört, steht schon in § 8 SGB I und wird im 2. Kap. des SGB VIII in den §§ 11 - 41 SGB VIII konkretisiert. Die Begründung von Leistungsrechten für Bürger*innen ist der rechtliche Ausdruck hierfür. Auf **Sozialleistungen** (zu deren Charakter s. Kap. 4.3.1) besteht nach § 38 SGB I ein Anspruch, soweit sie nicht ausdrücklich in das (pflichtgemäße!) Ermessen des jeweiligen Leistungsträgers gestellt sind. Ob das eine oder andere der Fall ist, richtet sich nach der konkreten Leistungsnorm der besonderen Teile des SGB. Nicht alle Bestimmungen des SGB VIII, auch nicht alle des 2. Kap. des SGB VIII, beinhalten individuelle Rechtsansprüche. Das SGB VIII unterscheidet im Hinblick auf Leistungen zwischen Aufgabenzuweisungen, Programmsätzen, objektiven Rechtsverpflichtungen (die sich »nur« an den Träger der öffentlichen Jugendhilfe richten, aber noch kein subjektiv-öffentliches Recht des Einzelnen begründen) sowie individuellen Rechtsansprüchen (zum Unterschied zwischen Zielen, Aufgaben und Befugnissen s. Kap. 3.2.2).

5.1.1 Programmsätze, Aufgabenzuweisungen und objektive Rechtsverpflichtungen

Obwohl die Regelungen der §§ 11 - 41 SGB VIII unter dem Begriff der Leistungen zusammengefasst werden, hat der Gesetzgeber hier unterschiedliche Aussagen im Hinblick auf Verpflichtungsgrad und die Einklagbarkeit gemacht. Die geringste rechtliche Wirkung haben sog. **Programmsätze**. In ihnen beschreibt der Gesetzgeber seine programmatischen Vorstellungen darüber, was Ziel und Inhalt des Gesetzes bzw. einzelner Bestimmungen ist. Dies geschieht regelmäßig mit sehr allgemeinen (mitunter aber auch durch soll-)Formulierungen, aus denen sich zwar Vorgaben, nicht aber konkret definierte Rechtsfolgen entnehmen lassen (vgl. Kap. 3.1.3 Rn 15 zum Sozialstaatsprinzip als Staats-Zielbestimmung). Programmsätzen fehlt ungeachtet des ggf. verwendeten »sollen« die unmittelbare rechtliche Umsetzbarkeit.

1. Teil: Grundlegung

> Beispiele finden sich zahlreich im SGB VIII. So soll die Jugendhilfe zu den in § 1 Abs. 3 genannten Zielen beitragen. Nach § 18 Abs. 3 Satz 2 SGB VIII sollen bestimmte Personen darin unterstützt werden, dass sie von ihren Rechten zu ihrem Wohl Gebrauch machen.

4 Rechtlich sind die Bestimmungen des 2. Kap. – auch dort wo sie sehr allgemein formuliert sind – zugleich eine **Aufgabenzuweisung** an den öffentlichen Jugendhilfeträger (s. Kap. 3.2.2). Damit wird zunächst klargestellt, dass es sich um Aufgabenfelder der Kinder- und Jugendhilfe handelt – und nicht um solche der Polizei, des Sozialamtes, der Schule, der Arbeitsverwaltung, der Berufsausbildungsträger usw. Hier kann es am »Rande« dieser Aufgabenfelder immer wieder zu Abgrenzungsschwierigkeiten kommen (Kap. 3.1.2), z.B. ob für konkrete Leistungen die Schule oder die Jugendhilfe zuständig ist (z.B. Hausaufgabenhilfen) oder ob die Jugendhilfe oder die Arbeitsverwaltung zuständig ist (z.B. bei sozialpädagogischen Ausbildungsmaßnahmen – s. hierzu die Darstellung der Jugendsozialarbeit in Kap. 6.2) oder im Hinblick auf die anderen Aufgaben der Kinder- und Jugendhilfe (hierzu 3. Teil), insb. der Kooperation von Justiz und Jugendhilfe (Kap. 11.1).

5 Aufgabenzuweisung bei Sozialleistungen bedeutet zugleich, dass die öffentlichen Jugendhilfeträger auf diesen Gebieten tätig zu sein haben, es liegt eine **objektive Rechtsverpflichtung** vor. Die Träger der öffentlichen Jugendhilfe haben hier regelmäßig einen weiten Gestaltungsspielraum. Die objektive Rechtsverpflichtung bedeutet freilich auch, dass sie diesen auch wahrzunehmen haben. Sie haben damit einen **Gestaltungsauftrag**. Erfüllen die öffentlichen Jugendhilfeträger ihre objektiven Verpflichtungen nicht, werden sie also auf diesen Gebieten nicht oder nur in minimalisierter Weise tätig, die ein Leerlaufen bedeuten würde, wäre dies ein **Rechtsverstoß** gegen dieses **objektive Recht**. Rechtsverstöße gegen objektives Recht können (und müssen ggf.) das Tätigwerden der Rechtsaufsichtsbehörde (*Tammen* in FK-SGB VIII § 79 Rn 7; zur Verwaltungskontrolle im Rahmen von Aufsichtsverfahren s. *Trenczek* et al. 2018, Kap. I-5.2.1) auslösen, ggf. aufgrund einer entsprechenden Beschwerde von Bürger*innen, ermöglichen aber nicht die Einleitung eines Sozialleistungsverfahrens, Widerspruchs- oder Gerichtsverfahrens (dazu Kap. 5.2.2).

6 Objektive Rechtsverpflichtung geht von der Perspektive der Verpflichtung der öffentlichen Jugendhilfeträger aus. Erkennbar sind Aufgabenzuweisungen daran, dass sie allgemein gehalten sind, sich im Hinblick auf die Hilfeempfänger an einen unbestimmten Personenkreis (z.B. an alle Kinder, Jugendlichen, Eltern usw) wenden und andererseits damit nur der öffentliche Träger verpflichtet wird, Einrichtungen, Dienste, Leistungen bereit zu stellen. Die Möglichkeit für die einzelnen Bürger*innen, diese Hilfe zu nutzen, ergibt sich daraus gewissermaßen als Rechtsreflex. Sie können aber eine solche Leistungen nicht für sich individuell einfordern bzw. gerichtlich einklagen.

> Beispiele finden sich in §§ 11 – 14 SGB VIII, wenn formuliert wird, dass jungen Menschen Angebote der Jugendarbeit, der Jugendsozialarbeit bzw. des erzieherischen Kinder- und Jugendschutzes zur Verfügung gestellt bzw. gemacht werden sollen. Oder in § 16 SGB VIII, wenn den dort genannten Personen Leistungen der allgemeinen Förderung der Erziehung in der Familie angeboten werden sollen.

7 Mit solchen sich aus den Aufgabenzuweisungen ergebenden objektiven Rechtsverpflichtungen will der Gesetzgeber erreichen, dass für alle Kinder, Jugendlichen, ihre Eltern usw ein **Mindestangebot** an entsprechenden kinder- und jugendhilfebezogenen Infrastrukturangeboten zur Verfügung steht. Diese Grundverpflichtung kann ggf. durch landesrechtliche Regelungen (s. §§ 15, 16 Abs. 4 SGB VIII) konkretisiert sein. Nach

5.1 Aufgabenzuweisungen und Leistungsversprechen

dem SGB VIII gibt es aber keine (früher sog.) »freiwilligen« Leistungen (mehr), sondern alle im SGB VIII aufgeführten Aufgaben sind **Pflichtaufgaben der öffentlichen Kinder- und Jugendhilfe**. Als Sozialleistungen bleiben sie lediglich für die Leistungsberechtigten freiwillig, d.h. diese müssen die Leistungen nicht in Anspruch nehmen, wenn sie das nicht möchten (Kap. 4.3.1).

5.1.2 Individuelle Rechtsansprüche

Deutlich stärker ist die Rechtsposition der Bürger*innen wenn das Gesetz nicht nur eine objektiv-rechtlich Verpflichtung des öffentlichen Jugendhilfeträgers, sondern darüber hinaus ihnen ein sog. subjektiv-öffentliches Recht in Form eines individuellen **Rechtsanspruchs** normiert (*Trenczek* et al. 2018, Kap. 3.4.1, S. 149). Bei Vorliegen der Tatbestandsvoraussetzungen bestehen Ansprüche auf diese Leistungen, unabhängig davon, ob der öffentliche Träger dies jugendhilfepolitisch will und ob er dafür (hinreichende) Finanzmittel zur Verfügung gestellt hat. Deshalb können die mit Rechtsansprüchen verbundenen Jugendhilfeleistungen vor den Verwaltungsgerichten eingeklagt werden. Ob es sich im konkreten Fall »nur« um eine objektive Rechtsverpflichtung oder um einen individuellen Rechtsanspruch handelt, ist mithilfe der juristischen Auslegungsmethoden zu ermitteln (dazu *Trenczek* et al. 2018, Kap. 3.3.2, S. 141 ff.).

Bei der Auslegung, ob eine objektive Rechtsverpflichtung oder ein individueller Rechtsanspruch vorliegt, ist beim SGB VIII zu berücksichtigen, dass es Bestandteil des **Sozialgesetzbuches** ist. Damit gelten die allgemeinen Bestimmungen des Sozialgesetzbuches: Gemäß § 2 SGB I ist deswegen durch Auslegung sicherzustellen, dass die sozialen Rechte möglichst weitgehend verwirklicht werden (zur sozialanwaltlichen Funktion der Jugendhilfe nach § 2 Abs. 1 SGB VIII, s. Kap. 3.1.3). Im Zweifelsfall sind deswegen die öffentlichen Träger nicht nur zu entsprechenden Aktivitäten berechtigt oder verpflichtet, sondern die Bürger haben einen Leistungsanspruch. Dies hat das Bundesverwaltungsgericht bereits in seiner ersten Entscheidung zum Fürsorgerecht verdeutlicht: »soweit das Gesetz den Trägern der Fürsorge zugunsten der Bedürftigen Pflichten auferlegt, hat der Bedürftige entsprechende Rechte« (BVerwG 24.6.1954 – V C 78/54 – BVerwGE 1, 159).

Die Gründe, warum der Gesetzgeber in manchen Bereichen darauf verzichtet hat, über die objektive Rechtsverpflichtung hinausgehende subjektive Rechte der Bürger*innen zu schaffen, sind einfach: Die Begründung individueller Rechtsansprüche hätte einen nicht unerheblichen finanziellen Aufwand bedeutet. Die (nur) objektive Rechtsverpflichtung des öffentlichen Jugendhilfeträgers erlaubt es diesem, der Aufgabenzuweisung in der Weise nachzukommen, wie er es kommunal- und finanzpolitisch meint machen zu können.

Zuweilen wurde/wird heftig darum gestritten, ob eine konkrete Norm (nur) ein Programmsatz sei, eine objektive Rechtsverpflichtung beinhalte oder ob sie gar einen individuellen Rechtsanspruch begründet. Klassisches Beispiel dafür ist die Auseinandersetzung, welchen **Rechtscharakter § 1 Abs. 1 SGB VIII** – »jeder junge Mensch hat ein Recht auf Förderung seiner Entwicklung und auf Erziehung zu einer eigenverantwortlichen und gemeinschaftsfähigen Persönlichkeit« – hat. Zum Teil wurde die Auffassung vertreten, dass sich hieraus ein subjektives Recht ergäbe (*Fieseler* in: GK-SGB VIII § 1 Rn 5 ff.). Von der h.M. wird zwar die besondere Bedeutung des § 1 Abs. 1 SGB VIII als programmatischer Grundsatz betont (s. Kap. 3.1.3), aber es wird auch klar gemacht, dass kein Rechtsanspruch für die einzelnen Hilfeempfänger besteht (zur Kontroverse

12 Neben den vereinzelten Rechtsansprüchen in den Allgemeinen Vorschriften (z.B. § 8 Abs. 2 und 3 SGB VIII, s. Kap. 4.2.1) enthält vor allem das mit »Leistungen der Jugendhilfe« überschriebene 2. Kap. (§§ 11–41 SGB VIII) eine Vielzahl individueller Rechtsansprüche (im Einzelnen hierzu Kap. 6–9). Darüber hinaus finden sich Leistungsansprüche (insb. auf Beratung) aber auch außerhalb des zweiten Kap., insb. auch im Rahmen der »anderen Aufgaben« (z.B. § 42 Abs. 1 Nr. 1 [Kap. 10.1]; § 51 Abs. 2 und 3, § 52a Abs. 1, § 53 Abs. 2 SGB VIII [s. Kap. 13]; § 54 Abs. 2, § 58a Abs. 2 SGB VIII). Schließlich sind auch im 4. und 5. Kap. des SGB VIII individuelle (materielle) Rechtsansprüche auf konkrete Verwaltungstätigkeiten des JA normiert (z.B. § 68 Abs. 3 Satz 3, § 75 Abs. 2 SGB VIII). Als **Leistungsberechtigte** werden Leistungsempfänger*innen bezeichnet, die einen Rechtsanspruch auf diese (Hilfe-)Leistung haben. Rechtsanspruchsberechtigt sind unterschiedliche Personen, zumeist Personensorge- und Erziehungsberechtigte, die auf die Entwicklung junger Menschen Einfluss nehmen können, dann junge Volljährige und teilweise auch Mj. selbst (in unterschiedlichen Altersstufen; s.a. Kap. 3.1.4).

Vor diesem Absatz steht am Anfang: vgl. *Münder* in: FK-SGB VIII § 1 Rn 4 ff.). Unbestritten ist aber mittlerweile, dass § 1 Abs. 1 und 3 SGB VIII im Hinblick auf die zahlreichen, im SGB VIII verwendeten unbestimmten Rechtsbegriffe eine zentrale **Auslegungsrichtlinie** darstellt (*Münder* in: FK-SGB VIII § 1 Rn 6).

13 Sog. vollständige Rechtsnormen, die Rechtsansprüche formulieren, zeichnen sich üblicherweise im Wesentlichen durch zwei Elemente aus (ausführlich *Trenczek* et al. 2018, 137 ff.):

- **Tatbestandsvoraussetzungen**; wenn diese vorliegen, dann kommen die
- **Rechtsfolgen**, die das Gesetz im Einzelnen benennt, zur Anwendung.

   Ein einfaches Beispiel ist § 24 Abs. 3 Satz 1 SGB VIII: Das Gesetz benennt als Tatbestandsvoraussetzungen, ein Kind, welches das dritte Lebensjahr vollendet hat und bei dem der Schuleintritt noch nicht stattgefunden hat. Wenn diese Tatbestandsvoraussetzungen vorliegen, dann kommt die Rechtsfolge zur Anwendung, nämlich dann besteht ein Anspruch auf Förderung in einer Tageseinrichtung, d.h. den Besuch eines Kindergartens.

14 Für das Kinder- und Jugendhilferecht ist nun bezeichnend, dass sowohl auf der Tatbestands- als auch auf der Rechtsfolgenseite häufig nicht sehr präzise Begriffe, sog. **unbestimmte Rechtsbegriffe**, verwendet werden (hierzu und zu deren Auslegung, *Trenczek* et al. 2018, 141 ff.).

   So z.B. auf der Tatbestandsseite in § 27 SGB VIII die unbestimmten Rechtsbegriffe: »eine dem Wohl des Kindes oder des Jugendlichen entsprechende Erziehung nicht gewährleistet« sowie »geeignete und erforderliche« Hilfe; z.B. als unbestimmter Rechtsbegriff auf der Rechtsfolgenseite in § 8b Abs. 1 SGB VIII: »Anspruch auf Beratung durch eine insoweit erfahrene Fachkraft«.

15 Dies ist beim Kinder- und Jugendhilferecht oft auch nicht anders machbar, denn hier geht es anders als in anderen Sozialleistungsgesetzen nicht Geldleistungen, sondern i.d.R. um personenbezogene (**sozialpädagogische**) **Dienstleistungen**. So lässt sich der Anspruch auf »Beratung«, »Unterstützung« usw inhaltlich nicht im Einzelnen festlegen. Damit bestehen hinsichtlich der Intensität, des Umfangs und der methodischen Ausrichtung geringe Verbindlichkeiten. Insofern handelt es sich hier oft um »**harte Rechtsansprüche auf weiche Leistungen**«. Eine der wesentlichen Aufgaben im Kinder- und Jugendhilferecht ist deswegen, diese unbestimmten Rechtsbegriffe auf der Basis

sozialpädagogischer, human- und sozialwissenschaftlicher Erkenntnisse und Erfahrungen in den konkreten Sachverhalten anzuwenden (ausführlich *Maas* 1996; *Trenczek* et al. 2018, Kap. I-3). Ein strittiger Punkt ist in diesem Zusammenhang auch die Frage, inwiefern die Gerichte die Auslegung der unbestimmten Rechtsbegriffe durch die Verwaltung (das JA) überprüfen können (dazu Kap. 5.3.3).

5.1.3 Rechtsqualität bei Rechtsansprüchen

Leistungsverpflichtet bei Rechtsansprüchen ist der öffentliche Träger (§ 3 Satz 2 SGB VIII). Diese tragen deshalb auch die sog. Gesamtverantwortung einschließlich der grundsätzlichen Kostenlast (§ 79 SGB VIII; Kap. 18). Die Leistungserbringung muss aber nicht durch den öffentlichen Träger erfolgen. Nach § 3 Satz 1 SGB VIII kann die **Leistungserbringung** (Kap. 16.1) auch durch die Träger der privaten bzw. freien Jugendhilfe erfolgen (was ja zu einem großen Teil der Fall ist – Kap. 4.4).

Liegen Rechtsansprüche vor, sind die Tatbestandsvoraussetzungen und die Rechtsfolgen geklärt, so kann das Gesetz die leistungsverpflichteten öffentlichen Träger unterschiedlich in die Pflicht nehmen. Es gibt drei **unterschiedliche Rechtsqualitäten des Anspruchs** (hierzu *Trenczek* et al. 2018, I-3.4):

- Es gibt Rechtsbestimmungen, wonach bei Vorliegen der tatbestandlichen Voraussetzungen **ein Rechtsanspruch** auf die Leistung existiert (**Muss-Leistung**). Dies bringen Formulierungen wie »ist zu leisten«, »muss erbringen« oder »hat Anspruch auf« zum Ausdruck. Damit muss die Leistung zwingend angeboten und kann von Anspruchsberechtigten eingeklagt werden.
    Beispiel: Nach § 24 Abs. 2 SGB VIII **hat** ein Kind vom vollendeten 1. Lebensjahr bis zur Vollendung des 3. Lebensjahres (= Voraussetzung) Anspruch auf frühkindliche Förderung in einer Tageseinrichtung (= Rechtsfolge). Nach § 27 Abs. 1 SGB VIII **hat** ein/e Personensorgeberechtigte/r Anspruch auf Hilfe zur Erziehung (= Rechtsfolge), wenn die Leistungsvoraussetzungen vorliegen (= Voraussetzung). Wenn Hilfe zur Erziehung nach §§ 32 – 35 SGB VIII geleistet wird (= Voraussetzung), so **ist** nach § 39 Abs. 2 SGB VIII auch der notwendige Unterhalt des Mj. außerhalb des Elternhauses sicherzustellen (= Rechtsfolge).

- Es gibt Rechtsbestimmungen, bei denen bei Vorliegen der Voraussetzungen die Leistungen erbracht werden sollen (**Soll-Leistungen**). Das bedeutet, dass **im Regelfall** die Leistung zu erbringen ist und nur in einem atypischen Fall davon abgesehen werden kann, wobei für diesen Fall zwingend eine Begründung vorliegen muss, die sich aus der Natur der Sache ableitet (**Regelrechtsanspruch**). Finanzmangel z.B. ist kein atypischer Umstand, der Rechtsanspruch ist an finanzielle Aspekte nicht gebunden (BVerwG 26.10.1989 – 5 C 34.86 – NDV 1990, 58 ff.). Bei Soll-Leistungen haben die öffentlichen Jugendhilfeträger kein Ermessen. Beweispflichtig für den Ausnahmefall ist der öffentliche Träger (BVerwG 17.8.1978 – 5 C 33.77 – E 56, 220, 223; BVerwG 14.1.1982 – 5 C 70.80 – BVerwGE 64, 318, 323).
    Beispiel: Nach § 41 Abs. 1 SGB VIII **soll** einem jungen Volljährigen Hilfe zur Persönlichkeitsentwicklung usw erbracht werden, wenn die im Gesetz im Einzelnen genannten Voraussetzungen vorliegen.

- Schließlich gibt es Bestimmungen, die bei Vorliegen der Voraussetzungen den öffentlichen Träger zur Erbringung einer Leistung berechtigen (sog. **Kann-Leistungen**). Hier liegt es im **Ermessen der Behörde**, ob bzw. wie sie leistet. Ermessen ist immer ein pflichtgemäßes Ermessen, d.h. es darf nur in strenger Bindung an die Ziele der jeweiligen Rechtsnorm und unter Beachtung der fachlichen Standards ausgeübt werden. Auf die **pflichtgemäße Ausübung des Ermessens** besteht nach § 39 Abs. 1 Satz 2 SGB I ein **Anspruch**. Dabei ist die Behörde bei ihrer Ermessensausübung an rechtsstaatliche Grundsätze gebunden – Ermessen ist damit nie (wie man es gelegentlich liest) »frei«. Von besonderer Bedeutung sind die Beachtung des **Gleichheitsgrundsatzes** und die **Selbstbindung der Verwaltung** etwa durch Verwaltungsvorschriften sowie das Verhältnismäßigkeitsgebot. Bei der Ausübung des Ermessens darf der öffentliche Träger auch andere sachliche Gründe berücksichtigen, so z.B. seine beschränkten Finanzmittel. Allerdings muss er sicherstellen, dass für eine Aufgabe kontinuierlich (d.h. das gesamte Jahr über) Mittel zur Verfügung stehen. Die Ablehnung von Leistungen allein wegen der Ausschöpfung der Mittel wäre ermessensfehlerhaft (vgl. BSG 25.10.1990 – 7 RAr 14/90 – SGb 1991, 487 ff.).

> Beispiel: Nach § 13 Abs. 3 SGB VIII **kann** jungen Menschen bei der Teilnahme an schulischen oder beruflichen Bildungsmaßnahmen oder bei der beruflichen Eingliederung (= Tatbestandsvoraussetzungen) Unterkunft (= Rechtsfolge) angeboten werden.

18 **Ermessen** im Hinblick auf die Art und Weise der Ausgestaltung hat die Verwaltung auch dort, wo keine Rechtsansprüche, sondern (nur) objektive Rechtsverpflichtungen bestehen (s. Kap. 5.1.1). Hier nämlich hat die Verwaltung einen großen Gestaltungsspielraum. Wenn sie tätig wird, dann ist sie allerdings an die Grundsätze der pflichtgemäßen Ermessensausübung gebunden.

> Beispiel: Nach § 24 Abs. 3 Satz 2 SGB VIII haben die Träger der öffentlichen Jugendhilfe darauf hinzuwirken, dass für Kinder ab 3 Jahren bis zum schulpflichtigen Alter ein bedarfsgerechtes Angebot an Ganztagsplätzen in Tageseinrichtungen zur Verfügung steht. Die Umsetzung dieser objektiven Rechtsverpflichtung steht im pflichtgemäßen Ermessen des öffentlichen Trägers (vgl. im Einzelnen Kap. 8). Wenn der öffentliche Träger nun geplant hat, für die Kinder aller berufstätiger Alleinerziehender entsprechende Plätze zur Verfügung zu stellen, dann ist er wegen des Gleichheitsgrundsatzes gebunden, dies auch in allen konkreten Fällen zu tun.

19 Die Auslegung, ob (nur) objektive Rechtsverpflichtungen oder Rechtsansprüche bestehen, ist bisweilen schwierig (ausführlich Kap. 6 – 9), weil der Begriff »soll« in Rechtsnormen nicht mit Bezug auf den rechtlichen Verpflichtungsgrad verwendet wird, sondern mitunter (eher umgangssprachlich) »nur« den regelmäßigen Leistungsinhalt umschreibt. Das sich auf den ersten Blick anbietende Ergebnis muss nicht stets das rechtlich haltbare sein.

> So »sollen« nach § 74 Abs. 1 SGB VIII die Träger der öffentlichen Jugendhilfe die freiwillige Tätigkeit fördern. Trotz dieses Wortlautes ist h.M., dass dies keinen Anspruch auf individuelle Förderung, sondern nur um eine Regelförderung dem Grunde nach sowie nach pflichtgemäßer, ermessensfehlerfreier Entscheidung darstellt (vgl. BVerwG 17.7.2009 – 5 C 25/08 Rn 13; hierzu im Einzelnen 16.3.1). In den §§ 28 ff. SGB VIII beschreibt das Wort »sollen« den regelmäßigen Leistungsinhalt der jeweiligen Erziehungshilfen, ändert aber nichts an der aus der Grundnorm des § 27 Abs. 1 SGB VIII folgenden Muss-Verpflichtung (hierzu Kap. 9.1). In diesem Sinne wird das Wort »soll« auch in anderen Rechtsnormen verwendet. So ist in § 11 Abs. 1 SGB VIII formuliert, dass die Jugendarbeit die jungen Menschen zur Selbstbestimmung befähigen, zur gesellschaftlichen Mitverantwortung, zum sozialen Engagement anregen und hinführen soll.

20 Wenn Rechtsansprüche bestehen (egal ob zwingende, Regel- oder Ermessensansprüche), entsteht zwischen dem öffentlichen Jugendhilfeträger und dem leistungsberechtigten Bürger ein **jugendhilferechtliches Sozialleistungsverhältnis**. Bei dessen Realisierung

gelten deshalb die Bestimmungen des Allgemeinen Teils des Sozialgesetzbuches (SGB I) und des Verfahrensrechts des Sozialgesetzbuches (SGB X – s. Kap. 5.2). Allerdings sind die Besonderheiten des Jugendhilferechts zu beachten (s. Kap. 5.2.1).

5.2 Das Sozialverwaltungsverfahren

5.2.1 Sozialleistung, Sozialpädagogik und (Verwaltungs-)Verfahren

Auch wenn die abstrakte Betrachtung einer Situation ergeben sollte, dass Rechtsansprüche auf Leistungen bestehen, ist es doch nicht so, dass sich solche Ansprüche »von selbst« umsetzen. Das Recht muss im konkreten Fall angewandt werden, d.h. die rechtlichen (formellen wie materiellen) Voraussetzungen solcher Ansprüche werden in einem **gesetzlich geregelten Verfahren** geklärt, es werden Entscheidungen getroffen, diese werden ggf. überprüft und schließlich umgesetzt (ausführlich zur Rechtsanwendung und Subsumtion im Verwaltungsverfahren *Maas* 1996, 31 ff.; *Trenczek* et al. 2018, I-3). Auch im Hinblick auf die »anderen Aufgaben« sind die Tatbestandsvoraussetzungen und Rechtsfolgen im Rahmen eines ordnungsgemäßen Verfahrens zu klären. Zu beachten ist hierbei die **Aufgabenverteilung zwischen öffentlichen und freien Trägern** (vgl. Kap. 4.4). Letztere können zwar im Bereich der Leistungen autonom tätig werden und ihre Leistungen »auf dem Markt« anbieten. Die Gewährung oder Versagung von Leistungen ebenso wie die Erteilung und der Widerruf von Erlaubnissen, die Heranziehung von Kostenbeiträgen etc. sind allerdings **Verwaltungsakte** (§ 31 SGB X), zur deren Erlass lediglich der öffentliche Träger berechtigt ist. Die freien Träger handeln gegenüber den Bürger*innen nach privatrechtlichen Regelungen.

Verfahrensfragen sind bei sozialpädagogischen Akteuren kein besonders beliebtes Thema: Sie werden oft mit negativen Aspekten der Verwaltung und Bürokratie assoziiert und damit im Gegensatz zum sozialpädagogischen Handeln gesehen. Dies ist ein verkürztes Verständnis. Denn Verfahren meint transparente, auch für den Adressaten nachvollziehbare Schritte, methodische Vorgehensweisen, mit denen rechtliche Vorgaben planmäßig umgesetzt werden. Damit ist das Verfahren von besonderer Bedeutung für die Umsetzung der individuellen Leistungsrechte und Rechtsansprüche. Verfahren haben bei individuellen Rechtsansprüchen sicherzustellen, dass aus »Recht haben« auch »Recht bekommen« wird. Gerade im Verfahren zeigt sich, ob die Betroffenen als Subjekte ernst genommen und nicht als Objekte fürsorgerischer Aktivitäten in einer asymmetrischen Hilfebeziehung behandelt werden. Verfahrensvorschriften dienen damit der **Sicherung und Beachtung der Rechte von Bürgern**. Das (korrekte) Verfahren dient zur **Legitimation** der inhaltlichen Entscheidung (*Trenczek* in: FK-SGB VIII Anhang Verfahren Rn 1 ff.).

Verfahrensregelungen haben eine besondere Bedeutung im Hinblick auf die Qualität und **fachlichen Standards der Sozialen Arbeit** in der Kinder- und Jugendhilfe (zu den Rechtsfolgen der Verletzung fachlicher Standards s. Kap. 17). Denn die Regeln der sozialpädagogischen Methoden sind nicht mit den Gesetzmäßigkeiten der Physik (die ihre freilich erheblich relativiert) vergleichbar im Sinne einer eindeutigen Zuordnung von Ursache und Wirkung (»**Technologie-Defizit**«) und eine Diagnose-Indikations-Zuordnung ist noch viel weniger als in der Medizin möglich. Sozialpädagogische Fachlichkeit lässt sich aufgrund der Besonderheiten der Interaktion mit den Klient*innen als **Koproduzenten** sozialpädagogischer Leistungen, nicht strikt an den – mitunter ausbleibenden – Erfolgen messen (zur prinzipiellen Unwägbarkeit sozialpädagogischer Arbeit zwischen Kunst und Fertigkeit vgl. *Jordan* ZfJ 2001, 48 ff.; *Schone* 1998, 37; *Trenczek* ZfJ 2002, 383 ff). Gemessen werden kann die Güte Sozialer Arbeit weniger an den Ergebnissen, sondern in aller erster Linie an der Einhaltung des normativ vorgeschriebenen Verfahrens bei der Entscheidung über die Intervention und der anschließenden Aufgabenerfüllung/-durchführung. Im Gegensatz zu den Inhalten, die stets Aushandlungsprozessen und Interpretationen unter Beteiligung der betroffenen Personen unterliegen, sind die Verfahrensabläufe objektiv bestimmbar und auch nachprüfbar. Der Fokus in der Sozialen Arbeit verschiebt sich weg von den Ergebnissen hin zu den (rechtlich normierten) Interventionskriterien und Verfahrensabläufen. Wenn schon nicht klar sein kann, ob die Soziale Arbeit immer das Richtige tut, muss sie das, was sie tut, richtig tun, begründen und dokumentieren können (Schone 1998, 38). Dies ist umso wichtiger, da aufgrund der Beteiligung unterschiedlicher Professionen, insb. von Sozialpädagog*innen, Psycholog*innen, Jurist*innen und Mediziner*innen die professionellen Handlungsorientierungen, Selbst- und Fremdwahrnehmungen durchaus unterschiedlich sind. Der transdisziplinäre Charakter der Sozialen Arbeit ist freilich eine gute Basis, um die unterschiedlichen Perspektiven zu verstehen und bei Kenntnis der wesentlichen Prinzipien und Grundzüge des Rechts sozialpädagogisch wie rechtsstaatlich verantwortlich zu agieren.

24 Diese allgemeinen Aspekte des Verfahrens gelten auch für die Kinder- und Jugendhilfe. Während man es bei anderen Sozialleistungsbereichen typischerweise mit Geldleistungen zu tun hat, haben wir in der Kinder- und Jugendhilfe die Besonderheit, dass es vornehmlich um **sozialpädagogische, personenbezogene Dienstleistungen** geht. Diese sind nicht einfach quantifizierbar und messbar, damit ist die Leistungserbringung auch schwer kontrollierbar. Das Gesetz selbst arbeitet zudem oft mit unbestimmten rechtlichen Begriffen, sowohl was die Voraussetzungen als auch was die Rechtsfolgen anbelangt (Kap. 5.1.2).

25 Mit solchen Besonderheiten hat ein klassisches Verwaltungsverfahren seine Schwierigkeiten. Aber es bedeutet nicht, dass Verfahrensvorschriften damit für die Kinder- und Jugendhilfe unbeachtlich wären. Schon aus § 11 SGB I ergibt sich, dass auch **Dienst- und Sachleistungen** unter den Begriff der Sozialleistungen fallen. So können die Besonderheiten des Jugendhilferechts nichts daran ändern, dass es sich rechtlich um die Erbringung von Sozialleistungen handelt und dass deswegen diese Erbringung (in allen ihren Formen) an den Kategorien des Sozialleistungsrechts zu messen ist. Das JA ist keine Behörde jenseits oder außerhalb des Rechts. Vielmehr ergibt sich aus dem **Prinzip der Gesetzmäßigkeit des Verwaltungshandelns** (hierzu ausführlich *Trenczek* et al. 2018, 101 ff.), dass Richtschnur auch für das Handeln des JA die rechtlichen Vorgaben sind.

26 Systematisch gliedert sich das Verfahren in drei Abschnitte: In das Verwaltungsverfahren, in das Widerspruchsverfahren und in das Gerichtsverfahren (dazu *Trenczek* in: FK-SGB VIII Anhang Verfahren). Aufgrund der Tatsache, dass in der Jugendhilfe relativ wenig streitige Verfahren (Widerspruch, Klage) durchgeführt werden, ist das Verwaltungsverfahren, das von der Jugendhilfebehörde selbst betrieben wird, besonders wichtig.

> Die Darstellung des Verfahrens für das Kinder- und Jugendhilferecht ist nicht einfach. Um es verständlich zu machen, werden wir zunächst (kurz) das übliche, klassische Sozialleistungsverfahren darstellen (Kap. 5.2.2), um dann die Besonderheiten des Verwaltungsverfahrens in der Kinder- und Jugendhilfe (Kap. 5.2.3) deutlich machen zu können. Daran

anschließend werden die Fragen der Verwaltungskontrolle und des Rechtsschutzes (Kap. 5.3) behandelt.

5.2.2 Das klassische Verwaltungsverfahren bei den Sozialbehörden

Das SGB VIII ist Bestandteil des Sozialgesetzbuches. Deswegen gelten grds. alle Verfahrensbestimmungen des allgemeinen Teils des Sozialgesetzbuches, so wie insb. in §§ 30 ff. SGB I und im SGB X ausgeführt (ausführlich *Trenczek* et al. 2018, III-1) soweit das SGB VIII keine spezifische Regelung enthält. Das Sozialverwaltungsverfahren ist nach § 8 SGB X auf die Vorbereitung und den Erlass eines VA oder auf den Abschluss eines öffentlich-rechtlichen Vertrages gerichtet. Geht es um die Klärung der Voraussetzungen und Bewilligung von Sozialleistungen spricht man von »Sozialleistungsverfahren«. Das sozialrechtliche Verwaltungsverfahren findet aber auch im Bereich der sog. »anderen Aufgaben« (auch hier geht es vielfach um VA; vgl. Teil 3, Kap. 10 ff.) Anwendung, wobei die nachfolgenden Ausführungen entsprechend gelten. Ist das Verwaltungshandeln nicht auf den Erlass eines VA gerichtet ist (sog. schlichthoheitliches Verwaltungshandeln), richtet sich das Verfahren nicht unmittelbar nach den §§ 8 – 66 SGB X. Es gelten allerdings die darin enthaltenen allgemeinen sowie die in den §§ 1 – 7 SGB X normierten Grundsätze sowie die Regeln des SGB I.

27

- **Sozialrechtliche Verwaltungsverfahren beginnen** nach § 18 Satz 1 SGB X nach pflichtgemäßen Ermessen der Behörde sofern sie nach den gesetzlichen Bestimmungen der SGB II – XII nicht ausdrücklich von Amts wegen eingeleitet werden müssen (Satz 2 Nr. 1) oder nur auf Antrag des Leistungsberechtigten eingeleitet werden dürfen (Satz 2 Nr. 2; z.B.: § 37 SGB II, § 34a Abs. 1, § 44 Abs. 1 SGB XII). Letzteres wird nicht selten falsch verstanden im Sinn, dass ein Antrag in der Regel erforderlich sei. Dass die meisten Verfahren durch einen Antrag ausgelöst werden, heißt nicht, dass die Verwaltung – mit Ausnahme von § 18 Satz 2 Nr. 2 SGB X – ohne Antrag nicht tätig werden darf (hierzu Kap. 5.2.3.1).
- Nach § 8 Abs. 1 SGB VIII haben Kinder und Jugendliche ungeachtet ihres Alters das Recht, sich in allen Angelegenheiten der Erziehung und Entwicklung an das JA zu wenden. Im Übrigen können junge Menschen nach § 36 Abs. 1 SGB I Sozialleistungen ab 15 Jahren beantragen (**Handlungsfähigkeit** für Verfahrenshandlungen), für sich selbst allerdings nur für Leistungen, für die sie auch selbst einen Anspruch innehaben. Beantragen sie Leistungen, auf die sie nicht selbst, sondern z.B. ggf. ihre Eltern einen Anspruch haben (z.B. bei den Hilfen zur Erziehung nach §§ 27 ff. SGB VIII), muss das JA zumindest initiativ werden und mit den potenziellen Anspruchsinhabern Kontakt aufnehmen. Haben Kinder selbst einen Anspruch (wie nach § 24 SGB VIII), sind sie aber noch nicht handlungsfähig, so müssen ihre gesetzlichen Vertreter, also i.d.R. die Eltern, diesen Rechtsanspruch für die Kinder geltend machen.
- Der Sozialleistungsträger ermittelt dann von sich aus, also von Amts wegen (**Amtsermittlungsgrundsatz**), den Sachverhalt (§ 20 SGB X); er bedient sich dazu verschiedener Beweismittel (§ 21 SGB X: z.B. Auskünfte, Zeugen und Sachverständige, Urkunden, Beiziehung von Akten, Augenschein). Der sog. **Hausbesuch** ist nur als Augenscheinnahme zulässig (*Trenczek* in: FK-SGB VIII Anhang Verfahren Rn 28); ob er in der Sache geeignet und erforderlich, also sinnvoll ist, ist eine sozialpädagogisch zu beantwortende Frage (hierzu *Urban-Stahl/Albrecht/Gross-Lattwein* 2018;

- zum Hausbesuch zur Klärung gewichtiger Anhaltspunkte einer Kindeswohlgefährdung, s. Kap. 4.3.2.1).
- Grundsätzlich haben alle Beteiligten ein **Recht auf Akteneinsicht** (§ 25 Abs. 1 SGB X), soweit die Kenntnis zur Geltendmachung oder zur Verteidigung der rechtlichen Interessen erforderlich ist. Die Einsicht ist auf die Teile beschränkt, die für den konkreten Fall von Bedeutung sind und deren Inhalt berechtigte Interessen dritter Personen nicht verletzt.
- Mitunter kann im Sozialleistungsbereich (nicht im Rahmen der »anderen Aufgaben«) eine Verpflichtung zur **Mitwirkung des Leistungsberechtigten** bestehen, um eine Entscheidung über die Leistungsgewährung treffen zu können. Es handelt sich dabei nicht um eine echte Mitwirkungsverpflichtung (die erzwungen werden könnte), sondern um eine sog. Obliegenheit. D.h., dass die fehlende Mitwirkung zur Folge haben kann (nicht muss), dass die Leistung, für die die Mitwirkung erforderlich ist, nicht bewilligt wird, wenn sich die Behörde die erforderlichen Informationen nicht auf andere, zulässige Weise beschaffen kann. Einzelheiten dieser Mitwirkungspflicht ((hierunter fällt nicht der Hausbesuch, s.o.) sind in den § 21 Abs. 2 SGB X, §§ 60 – 67 SGB I geregelt. Die Mitwirkung kann nur verlangt werden, wenn sie verhältnismäßig (geeignet, erforderlich und angemessen) und persönlich zumutbar ist.
- Stets sind die Rechte der Verfahrensbeteiligten zu beachten. So sind die Verfahrensbeteiligten nach § 24 SGB X anzuhören (**Anhörungsrecht**) und damit zumindest immer dann, wenn eine für sie negative Entscheidung droht. Dies ist nach wohl h.M. auch dann der Fall, wenn eine begehrte Leistung zumindest teilweise versagt wird (*Trenczek* in FK-SGB VIII Anhang Verfahren Rn 47 m.w.N.).
- Von besonderer Bedeutung im Verfahren ist der **Sozialdatenschutz** (deswegen ausführlich behandelt in Kap. 14).

28 Wenn das behördeninterne Verfahren abgeschlossen ist, dann ergeht gegenüber den Leistungsberechtigten eine **Entscheidung**. Diese Entscheidung ist üblicherweise ein **Verwaltungsakt (§ 31 SGB X)**. Mit dem VA verlässt das Handeln der Behörde den behördeninternen Raum und tritt als Entscheidung der Behörde den Betroffenen gegenüber (zu Form, Zugang und Wirksamkeit von VA s. *Trenczek* et al. 2018, 419 ff.). Dieser kann schriftlich, mündlich oder in anderer Weise ergehen (§ 33 Abs. 2 SGB X). Bei berechtigtem Interesse kann die schriftliche Bestätigung eines mündlichen VA verlangt werden (§ 33 Abs. 2 Satz 2 SGB X). Ein schriftlicher oder schriftlich bestätigter VA ist auch schriftlich (substanziell und nicht nur formelhaft) zu begründen (§ 35 Abs. 2 SGB X). Der VA ist mit einer (korrekten!) Rechtsmittelbelehrung zu versehen (§ 36 SGB X).

29 Sofern sich im SGB VIII keine spezifische Reglung (z.B. § 44 Abs. 3 Satz 2, § 45 Abs. 7 Satz 1 SGB VIII) findet, richtet sich die Aufhebung durch Widerruf bzw. Rücknahme von VA auch in der Kinder- und Jugendhilfe nach §§ 44 ff. SGB X (hierzu Kap. 11 Rn 3).

5.2.3 Besonderheiten des Verwaltungsverfahrens in der Kinder- und Jugendhilfe

5.2.3.1 Antrag und Selbstbeschaffung

30 Nach § 40 Abs. 1 SGB I entstehen die Ansprüche (vgl. Kap. 5.1.3) auf Sozialleistungen, sobald die gesetzlichen Voraussetzungen vorliegen. In vielen Sozialleistungsgesetzen wird außerdem für die Leistungserbringung ein Antrag gefordert (z.B. § 37 Abs. 1

5.2 Das Sozialverwaltungsverfahren

Satz 1 SGB II, §§ 34a Abs. 1, 41 Abs. 1 SGB XII). Das ist nach dem SGB VIII nicht der Fall. In einigen wenigen Fällen hat das JA zwingend **von Amts wegen** aktiv zu werden, so z.B. im Hinblick auf eine Inobhutnahme (§ 42 Abs. 3 Satz 5 SGB VIII) oder aus Anlass eines jugendstrafrechtlichen Ermittlungsverfahrens (§ 52 Abs. 2 SGB VIII). Im Übrigen hat das JA nach § 18 SGB X ein Verwaltungsverfahren (und hierzu zählt auch das Hilfeplanverfahren nach § 36 SGB VIII) von sich aus nach **pflichtgemäßen Ermessen** einzuleiten (s. o. Kap. 5.2.2), also immer dann, wenn es aus fachlichen, am Kindeswohl orientierten Gründen sinnvoll und angemessen ist. Liegt ein Antrag vor, muss das Hilfeplanverfahren eingeleitet werden, denn die Anspruchsberechtigten geben zu erkennen, dass sie Hilfe benötigen bzw. eine Erlaubnis wollen – das Ermessen des JA ist insoweit auf »Null reduziert« (hierzu *Trenczek* et al. 2018, 153). Ist (noch) kein Antrag gestellt, heißt das nicht, dass das JA nicht initiativ werden darf. Es findet sich an keiner Stelle des SGB VIII eine Regelung, nach der eine Jugendhilfeleistung einen förmlichen Antrag voraussetzt (lediglich die Verwendung von Vordrucken kann zur Angabe von Tatsachen vorgeschrieben werden, § 60 Abs. 2 SGB I). Es ist deshalb mittlerweile auch im Hinblick auf individualisierte Leistungen wie den Erziehungshilfen unstrittig, dass ein **förmlicher Antrag nicht erforderlich** ist (*Tammen/Trenczek* in FK-SGB VIII § 27 Rn 44, § 36a Rn 41 f.; Anhang Verfahren Rn 23 ff.). Es reicht aus, wenn der Jugendhilfeträger vom Bedarf Kenntnis hat und wenn die Leistungsberechtigten (mitunter nur durch konkludentes Handeln) zu erkennen geben, dass sie mit der Inanspruchnahme der Hilfe einverstanden sind. Sind die Personensorgeberechtigten zur Annahme einer solchen Hilfe nicht bereit und liegt lediglich ein erzieherischer Bedarf nach § 27 SGB VIII vor, so darf ihnen die Hilfe nicht einfach aufgenötigt werden (hierzu Kap. 9.2.2.2 und 9.8.1).

Eingeschränkt hat der Gesetzgeber mit der zum 1.1.2005 vorgenommenen Änderung des § 36a Abs. 1 SGB VIII die Kostenübernahme bei der sog. **Selbstbeschaffung**. Selbstbeschaffung liegt vor, wenn (mögliche) Leistungsberechtigte von sich aus bei Leistungsanbietern deren Leistungsangebote in Anspruch nehmen. Dies ist weiterhin unproblematisch möglich. Umstritten war allein die Übernahme der Kosten für diese Leistung durch die Träger der öffentlichen Jugendhilfe. Dies ist nun nach § 36a Abs. 3 SGB VIII nur unter den dort genannten Voraussetzungen möglich: Kenntnis des öffentlichen Jugendhilfeträgers, die Voraussetzungen für Hilfe liegen vor, die Bedarfsdeckung duldet keinen zeitlichen Aufschub (s. Kap. 9.8.4). Damit hat der Gesetzgeber sichergestellt, dass das JA nicht nur Zahlstelle ist, sondern seiner inhaltlich-fachlichen **Steuerungsverantwortung** gerecht werden kann (s. Kap. 9.8.3). Diese gilt es nach § 36a Abs. 1, Satz 1, 2. Hs. SGB VIII auch zu beachten, wenn Jugendhilfeleistungen aus Anlass eines familien- oder jugendgerichtlichen Verfahrens eingeleitet werden sollen (ausführlich Kap. 12.1.1).

Allerdings haben die Träger der öffentlichen Jugendhilfe nach § 36a Abs. 2 SGB VIII die Pflicht (»soll«), die Inanspruchnahme fachlich notwendiger niedrigschwelliger Leistungen, insb. die Erziehungsberatung nach § 28 SGB VIII (welche der übrigen ambulanten Erziehungshilfen ist umstritten, s. Kap. 9.2.3), zuzulassen und entsprechende Angebote vorzuhalten. Hierzu sollen die öffentlichen Jugendhilfeträger nach § 36a Abs. 2 Satz 2 SGB VIII mit den Leistungserbringern entsprechende Leistungs- und Entgeltvereinbarungen abschließen in der auch die Kostenübernahme geregelt ist (vgl. § 77 SGB VIII, hierzu 16.3), damit ein niedrigschwelliger Zugang ohne vorheriges Kontaktieren des JA (und schon gar nicht nur auf Antrag) möglich ist.

33 Zu beachten ist, dass § 36a SGB VIII im 4. Unterabschnitt des 4. Abschnitts des 2. Kap des SGB VIII steht und damit unmittelbar nur für die dort genannte Hilfe zur Erziehung, Eingliederungshilfe, Hilfe für junge Volljährige gilt (BVerwG 13.6.1991 – 5 C 27.88). Allerdings hat das BVerwG klargestellt, dass der Grundgedanke nicht nur bei anderen individuellen Leistungen, die von der Klärung personenbezogener Voraussetzungen abhängig sind (z.B. §§ 19, 20 SGB VIII), sondern auch bei »standardisierten Leistungen« (z.B. § 24 SGB VIII Tageseinrichtung, Kindertagespflege) von Bedeutung ist (BVerwG 12.9.2013 – 5 C 35.12 Rn 19).

5.2.3.2 Kooperative Entscheidungsfindung, anspruchskonkretisierender Bericht

34 Das SGB VIII enthält eine Vielzahl unbestimmter Rechtsbegriffe (s. Kap. 5.1.2). Hinzu kommt, dass der »Erfolg« verschiedener Leistungen erheblich davon abhängt, inwiefern die Betroffenen bereit und motiviert sind, bei der Umsetzung der Leistungen mitzuwirken: Gerade im sozialpädagogischen Feld sind die Betroffenen »Koproduzenten« der Leistungen. Deswegen verlangt das SGB VIII nicht nur die kontinuierliche Einbeziehung (Partizipation) der Betroffenen bei allen sie betreffenden Entscheidungen (z.B. §§ 5, 8, 36 SGB VIII; s. Kap. 4.3.3 und 9.8.1), das dem SGB VIII zugrundeliegende Verhältnis von Bürger und Verwaltung erfordert im Hinblick auf die Leistungsbestimmung einen **kooperativen Verfahrensstil** und eine entsprechende **Haltung der Fachkräfte**. Für Hilfen, die in besonderer Weise auf individuelle Lebenssituationen ausgerichtet sind, kann dies bis zum »Aushandeln« der konkreten Leistung gehen (zum Begriff »Aushandeln« und zur fachgerechten Hilfeplanung nach § 36 SGB VIII s. Kap. 9.8.1). Die besondere Bedeutung des kooperativen Zusammenwirkens gilt nicht nur für die »Erstentscheidung« über die Leistung, sondern ist im gesamten Leistungsverlauf von Bedeutung: Es geht um eine kontinuierliche Anpassung der sozialpädagogischen, pädagogischen, therapeutischen Leistungen an den stetigen Wandel und die Weiterentwicklung der individuellen Lebenssituation, so dass immer wieder inhaltlich Konsens erzielt werden muss (*Wiesner/Wiesner* SGB VIII Vor § 11 Rn 37 ff.).

35 Das Bild der kooperativen Verständigung zwischen öffentlichen Trägern und Leistungsberechtigten geht davon aus, dass über die Inhalte der Leistungen Konsens erzielt wird. Dies ist nicht stets so, es kann auch zu unterschiedlichen Auffassungen kommen. In diesem Zusammenhang ist die **verwaltungsinterne Beurteilung des Falls** von Bedeutung. Durch diese erfolgt die Konkretisierung (Auslegung) der zahllosen unbestimmten Rechtsbegriffe zunächst durch die Fachkräfte der Kinder- und Jugendhilfe (Kap. 5.1.2). Da in strittigen Fällen in Verwaltungsverfahren das Recht auf Akteneinsicht besteht bzw. im Prozess die Akten beigezogen werden (Kap. 5.2.2), wird die interne fachliche Position nach außen erkennbar. Der verwaltungsinterne Vermerk bzw. eine Stellungnahme kann damit die Funktion eines **anspruchskonkretisierenden Berichts** erlangen: Dadurch, dass Konkretisierungen hinsichtlich der Tatbestandsvoraussetzungen und der Rechtsfolgen vorgenommen werden, legt sich das JA intern auf eine entsprechende Beurteilung der Situation fest. Von Relevanz ist dies z.B. dort, wo es aufgrund jugendhilfeexterner Überlegungen (z.B. finanzielle Gründe, politische Gründe usw) zur Ablehnung von Leistungen kommt – obgleich sich aus der amtsinternen Befassung mit dem Fall auf der Basis des anspruchskonkretisierenden Berichts eine konkrete Leistung ergibt (ausführlich *Tammen/Trenczek* in FK-SGB VIII § 27 Rn 50 ff.). Dieser Bedeutung müssen sich die Fachkräfte bewusst sein, denn in solchen Situationen »entscheiden« faktisch sie (zumindest zunächst) über die Inhalte der Leistung.

5.3 Verwaltungskontrolle und Rechtsschutz

Die Verwaltungskontrolle findet in Deutschland grds. auf zwei Wegen statt, zum einen durch interne Verwaltungskontrolle (hierzu Kap. 5.3.1 und 5.3.2) sowie durch die externe Überprüfung der (insb. Sozial- und Verwaltungs-)Gerichte (Kap. 5.3.3). Das gilt selbstverständlich auch für das Verwaltungshandeln der JÄ. Insoweit macht es keinen Unterschied, ob es um Leistungen oder um die Erfüllungen der »anderen Aufgaben« (hierzu Teil 3, Kap. 10 ff.) geht.

5.3.1 Interne Verwaltungskontrolle

Die interne Verwaltungskontrolle ist wiederum auf zwei Wegen möglich, zum einen durch die sog. **Aufsichtsverfahren** (hierzu ausführlich *Trenczek* et al. 2018, I-5.2.1) sowie zum anderen – ausgelöst durch die betroffenen Bürger*innen – im Rahmen eines Widerspruchsverfahrens (s. Kap. 5.3.2). Sowohl im Hinblick auf die interne wie externe Verwaltungskontrolle sind Besonderheiten im Bereich der Kinder- und Jugendhilfe zu beachten. So gibt es hier – ebenso wie in den anderen Selbstverwaltungsangelegenheiten (mangels eines hierarchischen Behördenaufbaus) – keine über die Rechtsaufsicht hinausgehende Fachaufsicht über die kommunalen (Jugend-)Ämter und Behörden. Weder dem Landesjugendamt noch einer anderen Landesbehörde steht eine Fachaufsicht über das Jugendamt zu. Die Rechtsaufsicht über die kommunalen Träger wird nicht durch das Landesjugendamt ausgeübt (vgl. dessen in § 85 SGB VIII geregelten sachlichen Zuständigkeitsbereich; s. Kap. 15.6), sondern durch eine nach Landesrechts bestimmte Behörde (z.B. in TH das Landesverwaltungsamt gem. § 118 Abs. 2 ThürKO). Dienst- und Fachaufsicht findet im Bereich der Kinder- und Jugendhilfe allerdings auch im internen (hierarchischen) Verwaltungsaufbau des kommunalen Trägers statt (Oberbürgermeister*in oder Landrät*in als Verwaltungsleitung – Sozialdezernent*in – Jugendamtsleitung – vorgesetzte Führungskräfte – sonstige Beschäftigte).

5.3.2 Das Widerspruchsverfahren

Gegen Entscheidungen in Angelegenheiten der Kinder- und Jugendhilfe ist nach § 62 SGB X – weil als Rechtsmaterie (anders als z.B. die Sozialhilfe) nicht nach § 51 SGG dem Sozialgerichtsweg zugeordnet – der Verwaltungsrechtsweg möglich, der im Einzelnen in der VwGO geregelt ist (ausführlich zum Rechtsschutz *Trenczek* et al. 2018, I-5 u. III-1.4). Vor Erhebung einer Klage ist grds. ein **Widerspruch** erforderlich (§ 62 SGB X i.V.m. §§ 68 ff. VwGO) soweit dieses nicht aufgrund § 68 Abs. 1 Satz 2 VwGO durch landesrechtliche Vorschriften abgeschafft wurde. Die Regelungen hierzu sind in den Bundesländern sehr unterschiedlich (*Trenczek* et al. 2018, 195 f.). In NRW wurde das Widerspruchsverfahren zunächst in den meisten Verwaltungsangelegenheiten abgeschafft, aber dies mit Wirkung vom 1.1.2015 gerade im Hinblick auf Entscheidungen nach dem SGB VIII wiederum rückgängig und eine Ausnahme gemacht (§ 110 JustG NW). Anders z.B. in Niedersachsen, wo gerade im Bereich der Kinder- und Jugendhilfe das Widerspruchsverfahren abgeschafft wurde (§ 80 NJG), so dass ggf. direkt Klage erhoben werden muss, während in den meisten anderen Bundesländern das Widerspruchsverfahren im Bereich der Kinder- und Jugendhilfe weiterhin statthaft und erforderlich ist (z.B. wird in HE nur im Hinblick auf Entscheidungen nach § 42f Abs. 3 Satz 1 SGB VIII kein Widerspruchsverfahren durchgeführt). In Bayern besteht in einigen Verwaltungsbereichen, insb. in sozialrechtlichen Angelegenheiten wie z.B. auch dem Kinder- und Jugendhilferecht, der Kinder-, Jugend- und Familienförderung und dem Unterhaltsvorschussrecht nach Art. 15 Abs. 1 Nr. 4 Bay AGVwGO ein fakultatives Widerspruchs- bzw. Klagerecht. Adressaten von VA können hier also wählen, ob sie das kostengünstigere, einfachere Widerspruchsverfahren nutzen oder direkt Klage erheben. Wird in diesen Rechtsgebieten ein einheitlicher VA an mehrere Betroffene adressiert, besteht die Möglichkeit zur unmittelbaren Klage nur, wenn alle Betroffenen zustimmen. Fehlt die Zustimmung, ist das Widerspruchsverfahren durchzuführen. Das Widerspruchsverfahren dient als verwaltungsinternes Kontrollverfahren nicht nur dem Rechtsschutz des Bürgers und der Selbstkontrolle der Verwaltung, sondern auch der Entlastung der Gerichte. Seine Abschaffung ist mithin weder bürgerfreundlich noch ökonomisch sinnvoll. Ob gegen einen Bescheid (fakultativ) Widerspruch eingelegt werden kann oder unmittelbar bei Gericht Klage zu erheben ist, muss der dem Bescheid angefügten korrekten Rechtsmittelbelehrung (§ 36 SGB X) zu entnehmen sein. Besonderheiten im Hinblick auf das Widerspruchserfahren gibt es bei der Inobhutnahme zu beachten (s. Kap. 10.1.3).

39 **Widerspruchsbefugt** ist nur die Person, die durch einen VA oder dessen Ablehnung in ihren Rechten »beschwert« und damit selbst betroffen ist (§§ 42 Abs. 2, 70 VwGO; *Trenczek* et al. 2018, 197). Dies ist der Fall, wenn einem Antrag nicht oder nur zum Teil stattgegeben worden ist, oder wenn die Behörde ihrerseits Ansprüche gegen den Betroffenen geltend macht, etwa in Form eines Kostenbescheides, Überleitung von Ansprüchen, Rückforderungen usw.

40 Zu beachten sind **Form und Frist**: Wenn der Bescheid mit einer korrekten Rechtsmittelbelehrung versehen war, beträgt die Widerspruchsfrist einen Monat nach Bekanntgabe (d.h. Zugang; vgl. § 37 SGB X) des VA. Der Widerspruch ist rechtzeitig (Eingang bei der Behörde ist entscheidend) schriftlich oder zur Niederschrift (zu Protokoll) oder – wenn die Möglichkeit eigeräumt ist – in elektronischer Form bei der Behörde zu erheben (§ 70 Abs. 1 Satz 1 VwGO). Eine Begründung des Widerspruchs ist nicht nötig, wenn auch im eigenen Interesse durchaus sinnvoll.

41 Die **Wirkung des Widerspruchs** hängt davon ab, ob ein VA angefochten wird (Anfechtungswiderspruch) oder ein Handeln der Behörde (insb. Erlass eines begünstigenden VA) erreicht werden soll (Verpflichtungswiderspruch). Der Widerspruch gegen einen VA, mit dem in eine bestehende Rechtsposition eingegriffen wird (z.B. Entzug der Pflegeerlaubnis), hat grds. aufschiebende Wirkung (§ 80 Abs. 1 Satz 1 VwGO). Der VA darf dann erst einmal nicht vollzogen werden. Die aufschiebende Wirkung entfällt aber bei der Anforderung von öffentlichen Abgaben und Kosten (§ 80 Abs. 2 Nr. 1 VwGO), wobei die Details umstritten sind (*Trenczek* in FK-SGB VIII, Anhang Verfahren Rn 75). Entsprechendes gilt, wenn die aufschiebende Wirkung des Widerspruchs aufgrund besonderer bundesgesetzlicher Bestimmungen entfällt (z.B. § 45 Abs. 2 Satz 6, § 95 Abs. 4) oder vom JA im konkreten Einzelfall die sofortige Vollziehung des VAs angeordnet wurde (§ 80 Abs. 2 Nr. 4 VwGO). Besonderheiten gibt es insoweit bei der Inobhutnahme zu beachten (*Trenczek* in FK-SGB VIII, § 42 Rn 63; s. Kap. 10.1).

42 Eine wesentliche Bedeutung des Widerspruchs liegt darin, dass die Behörde verpflichtet ist, nochmals zu prüfen, inwieweit ihre Entscheidung richtig bzw. der Widerspruch berechtigt war. Kommt sie zu dem Ergebnis, dass der Widerspruch berechtigt ist, hilft sie ihm – ggf. teilweise – ab. Allerdings kann – anders als im Klageverfahren vor den Gerichten (§ 88 VwGO) – im Widerspruchsverfahren der VA unter Maßgabe der §§ 44 ff. SGB X auch zu Ungunsten des Bürgers abgeändert werden (sog. »Verböserung« – re-

5.3 Verwaltungskontrolle und Rechtsschutz

formatio in peius), denn es handelt sich ja noch um eine verwaltungsinterne Prüfung der Recht- und Zweckmäßigkeit des Verwaltungshandelns.

Kommt die Ausgangsbehörde aufgrund der Prüfung zum Ergebnis, dass die ursprüngliche Entscheidung fehlerfrei war, hilft sie also dem Widerspruch nicht ab, dann müsste in einem hierarchischen Verwaltungsaufbau der Widerspruch gemäß § 73 Abs. 1 VwGO an die nächsthöhere Behörde weitergeleitet werden. Im Bereich der Kinder- und Jugendhilfe ist insoweit zu beachten, dass diese eine sog. weisungsfreie Selbstverwaltungsaufgabe der Kommunen darstellt (»Aufgabe im eigenen Wirkungskreis«; s. Kap. 3.1.3) und es deshalb keine nächsthöhere Behörde gibt. Deshalb entscheidet in der Kinder- und Jugendhilfe nach § 62 SGB X I.V.m. § 73 Abs. 1 VwGO über den erforderlichen **Widerspruchsbescheid** der Träger, der den angegriffenen Bescheid erlassen hat (§ 73 Abs. 1 Nr. 3 VwGO). Das ist in der Regel gerade der Landkreis bzw. die kreisfreie Stadt, der/die den ursprünglichen VA erlassen hat, es sei denn, durch Landesrecht wird etwas anderes bestimmt (z. B. erlässt nach § 27 Abs. 1 Sächsisches Justizgesetz den Bescheid über den Widerspruch gegen den VA einer kreisangehörigen Gemeinde in Selbstverwaltungsangelegenheiten das Landratsamt als Rechtsaufsichtsbehörde). Entscheidet der Selbstverwaltungsträger nach § 73 Abs. 1 Nr. 3 VwGO selbst, so wird i.d.R. nach dem jeweiligen Organisationsrecht (Gemeindesatzung) eine entsprechende Stelle festgelegt, welche die Widerspruchsentscheidung trifft (z. B. der Jugendhilfeausschuss bei einem Widerspruch gegen einen VA des JA, vgl. *Trenczek* in FK-SGB VIII, Anhang Verfahren Rn 77).

43

Der Widerspruchsbescheid ist schriftlich zu begründen, mit einer Rechtsmittelbelehrung zu versehen und zuzustellen (§ 73 Abs. 3 Satz 1 VwGO). Damit ist das Widerspruchsverfahren abgeschlossen und nunmehr der Weg zu den Gerichten eröffnet.

44

5.3.3 Das Gerichtsverfahren

Die gerichtliche Zuständigkeit im Sozialrecht liegt für die meisten Sozialleistungen (vornehmlich Sozialversicherungsleistungen, wie z.B. Renten-, Kranken- oder Pflegeversicherung, auch Grundsicherung für Arbeitsuchende und Sozialhilfe) bei den Sozialgerichten (§ 62 SGB X i.V.m. § 51 Abs. 1 SGG). Da aber die Kinder- und Jugendhilfe nicht in § 51 SGG genannt ist, sind hierfür nach § 62 SGB X i.V.m. 40 VwGO grds. die **Verwaltungsgerichte** zuständig. Die VwGO sieht verschiedene **Klagearten** vor: Anfechtungs-, Verpflichtungs-, Leistungs- und Feststellungsklage. Mittels der **Anfechtungsklage** soll die Aufhebung eines belastenden VA erreicht werden, z.B. bei Rückzahlungs-, Kostenbescheiden, Überleitungsanzeigen. Mit der **Verpflichtungsklage** will der Kläger von der Behörde regelmäßig eine Leistung, die vollständig oder teilweise abgelehnt oder über die nicht entschieden wurde. Anfechtungs- und Verpflichtungsklage sind innerhalb eines Monats nach Zustellung des Widerspruchsbescheids zu erheben (§ 74 VwGO). Die Klage ist schriftlich oder zur Niederschrift des zuständigen Verwaltungsgerichts abzugeben. Wird Klage erhoben, so erhält die beklagte Behörde **Gelegenheit zur Äußerung**. Die Behörde etwa ist zur Vorlage der Akte sowie zu weiteren Auskünften verpflichtet (§ 99 VwGO). Der Kläger (auch sein Bevollmächtigter) kann die Gerichtsakte sowie die dem Gericht vorgelegten Akten, insb. die Behördenakte, einsehen.

45

Gegen Entscheidungen des VG, die nicht Urteile sind (insb. also Beschlüsse), gibt es die Möglichkeit der **Beschwerde** (§§ 146 bis 152a VwGO). Gegen Urteile des VG ist innerhalb eines Monats nach Zustellung des vollständigen Urteils die **Berufung** (§§ 124

46

bis 130b VwGO) zum OVG/VGH möglich, wenn die in § 124 Abs. 2 VwGO genannten Gründe vorliegen (*Trenczek* in: FK-SGB VIII Anhang Verfahren Rn 100). Bei der Berufung prüft das OVG die Angelegenheit in gleichem Umfang wie das VG und hat dabei auch neu vorgebrachte Tatsachen und Beweismittel zu berücksichtigen. Es kann in der Sache selbst entscheiden bzw. das Verfahren an das Verwaltungsgericht zurückweisen. Gegen das Urteil des Berufungsgerichts steht den Beteiligten die **Revision** (§§ 132 bis 145 VwGO) zum Bundesverwaltungsgericht zu, jedoch nur unter eingeschränkten Voraussetzungen: Die Revision muss zugelassen sein (§ 132 Abs. 1 VwGO), was nur möglich ist, wenn einer der in § 132 Abs. 2 VwGO genannten Gründe vorliegt.

5.3.3.1 Der Umfang der (gerichtlichen) Überprüfung

47 Die Tatsache, dass das Kinder- und Jugendhilferecht vornehmlich sozialpädagogische Dienstleistung gewährt, dass das Gesetz oft mit unbestimmten Rechtsbegriffen arbeitet (sowohl auf der Tatbestands-, wie auf der Rechtsfolgenseite), und dass die kooperative Zusammenarbeit zwischen Behörde und Leistungsberechtigten notwendig ist, hat eine breite Diskussion darüber ausgelöst, ob es möglich ist, die hier stattfindenden sozialpädagogischen Entscheidungsprozesse den üblichen verwaltungsrechtlichen Überprüfungen und Kontrollen zu unterwerfen. Relevant wird dies dann, wenn vor dem Verwaltungsgericht auf die Erbringung einer Leistung geklagt wird, die das JA abgelehnt hat. Grundsätzlich kann das Gericht, wenn die Ablehnung einer Sozialleistung rechtswidrig war, die Verpflichtung der Behörde aussprechen, die beantragte Amtshandlung vorzunehmen, wenn die Angelegenheit spruchreif ist (§ 113 Abs. 5 Satz 1 VwGO). Spruchreif bedeutet, dass die Angelegenheit vom Gericht entschieden werden kann. Das Gericht muss nach § 86 Abs. 1 VwGO durch Ermittlung der maßgeblichen tatsächlichen und rechtlichen Voraussetzungen die Spruchreife selbst herstellen (BVerwG 20.2.1992 – 3 C 51/88 – NVwZ-RR 1993, 69 ff.). Dies entfällt nur dann, wenn die vorzunehmende Entscheidung von Sachfragen abhängt, bei der die Verwaltung entweder Ermessen (s. nachfolgende Rn) hat oder einen Beurteilungsspielraum (Rn 49) besitzt.

48 **Ermessen** besteht nicht hinsichtlich der tatbestandlichen Voraussetzungen einer Norm, sondern **nur** hinsichtlich der **Rechtsfolge** (s. Kap. 5.1.3). Bei der Nachprüfung von Ermessensentscheidungen ist das Gericht regelmäßig nur befugt zu überprüfen, ob die gesetzlichen Grenzen des Ermessens überschritten sind oder von dem Ermessen in einer dem Zweck der Ermächtigung nicht entsprechenden Weise Gebrauch gemacht wurde (§ 114 VwGO). Reine Zweckmäßigkeitserwägungen, Billigkeitsüberlegungen und die Frage nach etwaigen besseren, sachgemäßeren Lösungen unterliegen nicht der Beurteilung des Gerichts. Bei »Soll«-Regelungen besteht kein Ermessen (s. Kap. 5.1.3).

49 Vom Ermessen ist zu unterscheiden, ob ein **Beurteilungsspielraum** der Verwaltung besteht. Beurteilungsspielräume gibt es nur und nur ausnahmsweise bei der Auslegung von unbestimmten Rechtsbegriffen. Dabei kann nach der funktionalen Logik der Norm immer nur ein Ergebnis als »richtig« und verbindlich anerkannt werden. Die Auslegung von unbestimmten **Rechtsbegriffen** durch die Verwaltung ist deshalb grds. **gerichtlich voll überprüfbar** (ständige Rechtsprechung des BVerfG seit 16.10.1957 – 1 BvL 13/56, 46, 56 – BVerfGE 7, 129 ff.). Ein – gerichtlich nicht überprüfbarer – Beurteilungsspielraum ist ausnahmsweise nur dann anzunehmen, wenn der Gesetzgeber ausdrücklich oder nach dem Zusammenhang und offensichtlichem Sinn und Zweck einer Regelung der Behörde die Beurteilung im Einzelfall überlässt (z.B. bei Prüfungs-,

5.3 Verwaltungskontrolle und Rechtsschutz

Planungs- und Risikobeurteilungen; *Trenczek* et al. 2018, I-3.3.3). Die Rechtsprechung des BVerfG (z.B. 17.4.1991 – 1 BvR 419/81; 16.12.1992 – 1BvR 167/87) hat sehr klar gemacht, dass selbst bei besonderer fachlicher Kompetenz der Verwaltung und bei komplexen fachlichen Beurteilungen grds. kein Beurteilungsspielraum besteht, da ein solcher mit der Rechtsschutzgarantie des Art. 19 Abs. 4 Satz 1 GG nicht vereinbar ist (*Trenczek* in: FK-SGB VIII Anhang Verfahren Rn 51). Dies gilt selbstverständlich auch im Hinblick auf das Kinder- und Jugendhilferecht. Ausnahmen im Sinne einer »Einschätzungsprärogative« konnte man bislang allenfalls im Hinblick im Bereich des Jugendmedienschutzes aufgrund des pluralistisch zusammengesetzten Gremiums bei der Bundesprüfstelle für jugendgefährdende Schriften anerkennen (vgl. BVerfGE NJW 1991, 1471; BVerwG NJW 1993, 1491; s. aber Rn 51). Angesichts dieser Rechtsprechung des BVerfG zur gerichtlichen Kontrolle des Verwaltungshandelns muss man im Grundsatz von der vollen verwaltungsgerichtlichen Kontrolle des Handelns des JA bei der Auslegung unbestimmter Rechtsbegriffe ausgehen, insb. **im Bereich der Hilfen zur Erziehung** mit Rücksicht auf die spezifische normative Konstruktion des § 27 SGB VIII (*Tammen/Trenczek* in: FK-SGB VIII § 27 Rn 56 f.; Anhang Verfahren Rn 86 ff.; *Trenczek* JAmt 2015, 190 ff.; hierzu Kap. 9.8.6).

Die Gegenansicht in der Literatur und die in der Rechtsprechung wohl bislang herrschende Ansicht (BVerwG 9.12.2014 – 5 C 32/13; BayVGH 13.4.2015 – 12 ZB 13.388; *Wiesner/Schmid-Oberkirchner* SGB VIII § 27 Rn 45 ff.) räumten dem Verwaltungsinteresse einen – angesichts der verfassungsrechtlichen Rechtsprechung – nicht haltbaren Vorrang ein, verwechselt dabei z.T. die Auslegung mit Ermessensausübung und führt zu einer erheblichen Schwächung der Rechtsposition der Anspruchsinhaber. Statt die Leistungsempfänger als Bürger*innen tatsächlich ernsthaft in die Entscheidungsfindung einzubeziehen und in ihrer Subjektstellung ernst zu nehmen, verdeckt der Hinweis auf die zurecht wichtige »kooperative Entscheidungsfindung« und (vermeintlich) nicht überprüfbare »pädagogische Wertungen und Zukunftsprognosen«, dass mit der Anerkennung eines gerichtlich nicht voll überprüfbaren Beurteilungsspielraums letztlich die Definitionsmacht bei der Verwaltung verbleibt, womit Bedarfe sowie die Geeignetheit und Erforderlichkeit der Hilfe wegdefiniert und Rechtsansprüche unterlaufen werden können, mit dem Ergebnis, dass »unter dem Deckmantel sozialpädagogischer Freiheit fiskalische Zwänge bestimmen, ob und welche Hilfe gewährt wird« (*Hinrichs* JAmt 2006, 381; *Trenczek* JAmt 2015, 194).

50

Das BVerwG war in seiner Entscheidungspraxis nicht einheitlich. Hat es 2014 noch in dem o.g., heftig kritisierten Urteil (BVerwG 9.12.2014 – 5 C 32/13; vgl. *Trenczek* JAmt 2015, 194) entgegen der Vorgaben des BVerfG einen Vorrang der Verwaltungseinschätzung (Einschätzungsprärogative) zugebilligt, hat es nun in seinem Urteil vom 30.10.2019 – 6 C 18/18 selbst die im Hinblick auf den Jugendmedienschutz (Kap. 6.3) anerkannten Ausnahmen mit Blick auf die Rechtsschutzgarantie des Art. 19 Abs. 4 Satz 1 GG kassiert. Danach stehe dem Zwölfer-Gremium der Bundesprüfstelle für jugendgefährdende Medien auch für die Entscheidung über den Vorrang von Jugendschutz oder Kunstfreiheit im Rahmen der Abwägung kein Beurteilungsspielraum zu. Vielmehr können die Feststellungen und daraus hergeleiteten Wertungen des Gremiums von den Verwaltungsgerichten nach den Regeln des Sachverständigenbeweises verwertet werden. Der von Art. 19 Abs. 4 Satz 1 GG geforderte wirkungsvolle Rechtsschutz verlange, dass die Gerichte Verwaltungsentscheidungen in tatsächlicher und rechtlicher Hinsicht uneingeschränkt nachprüfen. Die Gerichte haben die nach ihrer Rechtsauffassung im konkreten Fall entscheidungserheblichen Rechtsnormen und

51

Rechtsgrundsätze ohne Bindung an die Rechtsauffassung der Verwaltung auszulegen und anzuwenden. Hierfür haben sie den nach ihrem Rechtsstandpunkt entscheidungserheblichen Sachverhalt selbst erschöpfend aufzuklären und die Beweise zu würdigen. Nicht zustimmen kann man dem BVerwG im Hinblick auf die von ihm beschriebenen Ausnahmen – jedenfalls soweit sie das Kinder- und Jugendhilferecht betreffen. Denn insoweit ist das gesetzlich vorgegebene Entscheidungsprogramm weder vage noch erweist sich seine fallbezogene Anwendung als dermaßen besonders schwierig, auch wenn eine Vielzahl von Bewertungsfaktoren ermittelt, gewichtet und in ein Verhältnis zueinander gesetzt und Prognosen angestellt werden müssen. Die Tatsache, dass komplexe fachliche Beurteilungen verlangt werden, reicht für die Annahme eines gerichtsfreien Beurteilungsspielraums der Verwaltungsbehörde freilich nicht aus (BVerfGE 88, 40, 45 ff.). Dies gilt für alle Sozialleistungsbereiche, die Kinder- und Jugendhilfe ist keine Ausnahme, auch nicht im Hinblick auf die HzE, § 35a und § 41 SGB VIII, wo diese Frage besonders umstritten ist. Zwar sind hier sozialpädagogische Aspekte mit den rechtlichen eng miteinander verknüpft (ausführlich *Trenczek* JAmt 2015, 190 ff.). Das bedeutet aber nicht, dass die Klienten mit dem Hinweis auf eine vermeintliche »Nichtüberprüfbarkeit sozialpädagogischer Entscheidungsprozesse« den scheinbar »fürsorglichen« (mitunter von reinen Budgetüberlegungen geprägten) Zuschreibungen und Festlegungen der Sozialverwaltung ausgeliefert sind. Vielmehr verfügen sie einerseits über rechtlich gesicherte Ansprüche und andererseits hat das SGB VIII im Hinblick auf die Klärung der Leistungsvoraussetzungen der Hilfen zu Erziehung ein partizipatorisches Hilfeplanverfahren normiert, welches den betroffenen Eltern und jungen Menschen eine aktive und starke Rechtsposition zubilligt und nicht von einer kaum zu kontrollierenden Verwaltungsprärogative abhängig macht. Deshalb kann und muss das Vorliegen der (formellen und materiellen) Tatbestandsvoraussetzungen der Interventionen nach dem SGB VIII von den Gerichten uneingeschränkt überprüft werden. Für einen Beurteilungsspielraum ist kein Raum. Die Argumentation, mit der ein Beurteilungsspielraum der Verwaltung befürwortet wird, ist nicht nur widersprüchlich, sondern weder fachlich noch rechtswissenschaftlich überzeugend.

52 Auch im Hinblick auf die **Definition und Feststellung der Kindeswohlgefahr** steht dem JA kein Beurteilungsspielraum zu. Etwas anderes ist die dem JA in diesem Zusammenhang nach § 8a Abs. 2 SGB VIII ausdrücklich zugewiesene Einschätzungsbefugnis, ob es – selbst bei Vorliegen einer kindeswohlgefährdenden Situation – erforderlich ist, das FamG anzurufen (hierzu Kap. 4.3.2.1). Die Auslegung unbestimmter Rechtsbegriffe obliegt grds. vollumfänglich den Verwaltungsgerichten. Diese können sich hierzu im Hinblick auf sozialwissenschaftliche Erkenntnisse, sozialpädagogische Prozesse und Diagnosen etc. – sofern nötig – Gutachter, Experten, Sachverständiger usw bedienen.

5.3.3.2 Der vorläufige Rechtsschutz

53 Die Schilderung des Gerichtsverfahrens (Kap. 5.3.3) lässt erkennen, dass Gerichtsverfahren bisweilen lange dauern. Deswegen ist gerade in der Kinder- und Jugendhilfe, wo es nicht selten gilt, auf aktuelle Situationen schnell zu reagieren, die Notwendigkeit gegeben, den Anspruch in einem Eilverfahren durchzusetzen (hierzu *Trenczek* in: FK-SGB VIII Anhang Verfahren Rn 102 ff.). Solche Verfahren gehen in der ersten Instanz wesentlich schneller: sie dauern hier etwa zwei bis vier Wochen, während ein Klageverfahren i.d.R. mehrere Monate und auch schon mal länger als ein bis zwei Jahre dauern kann. Der **einstweilige Rechtsschutz** wird im Bereich der Kinder- und Jugendhilfe auf

zwei Wegen sichergestellt, bei belastenden VA insb. durch Wiederherstellung der aufschiebenden Wirkung des Widerspruchs nach § 80 Abs. 5 VwGO bzw. im Hinblick auf Leistungsentscheidungen nach § 123 VwGO durch Erlass einer einstweiligen Anordnung. Verfahren im einstweiligen Rechtschutz sind nicht unkompliziert; ohne rechtskundige Unterstützung sind sie regelmäßig nicht durchführbar. Wesentliches Merkmal im einstweiligen Rechtsschutzverfahren ist, dass die Frage, wer denn nun eigentlich Recht hat, nicht umfassend, sondern nur im Rahmen einer Schadensabwägung geklärt wird. Der Anordnungsanspruch liegt nur vor, wenn es überwiegend wahrscheinlich ist, dass der materiellrechtliche Anspruch auf die begehrte Leistung überhaupt besteht und aller Voraussicht nach auch im Klageverfahren in der Hauptsache bestätigt wird. Ein Anordnungsgrund ist nur gegeben, wenn eine besondere Eilbedürftigkeit in der Weise besteht, dass eine sofortige Entscheidung erforderlich ist (dringliche Notlage), um die effektive Rechtsdurchsetzung zu gewährleisten. Das Gericht entscheidet dann durch Beschluss. Gegen diesen ist Beschwerde nur noch möglich, wenn sie vom OVG/VGH zugelassen wird.

5.4 Ombudschaft in der Kinder- und Jugendhilfe

Nicht zuletzt mit Blick auf die als lückenhaft angesehene verwaltungsinterne Kontrolle (nur Rechtsaufsicht, keine Fachaufsicht, Kap. 5.3.1) wird zunehmend die Einrichtung von unabhängigen Ombudsstellen im Bereich der Kinder- und Jugendhilfe gefordert, damit sich die Betroffenen unabhängig und niedrigschwellig beraten lassen und ggf. über Entscheidungen der JÄ beschweren können (vgl. z.B. 14. KJB – BT-Drs. 17/12200, 379 f.). Der Begriff »Ombud« kommt aus dem skandinavischen Raum und bezeichnet eine Person, die als unabhängige, hoheitliche Stelle beauftragt war/ist, Missstände in der öffentlichen Verwaltung anzugehen. Heute versammeln sich unter dem Stichwort »Ombudschaft« unterschiedliche Konzepte mit dem Ziel, strukturelle Machtasymmetrien auszugleichen und eine faire, rechtskonforme Regelung von Streitfragen zu erreichen (zu den unterschiedlichen konzeptionellen Vorverständnissen und den Abgrenzungen zu den Begriff Kinderbeauftragte und Kinderbüros vgl. *Hansbauer/ Stork* 2017, 22 ff.). Im Vordergrund steht die Beratungs- von jungen Menschen und ihren Familien sowie die Vermittlungstätigkeit zwischen diesen und den Leistungsträgern, um ein Stück mehr Einzelfallgerechtigkeit herzustellen.

Der Aufbau von unabhängigen Beschwerdestellen in der Kinder- und Jugendhilfe wurde zunächst vor allem vor dem Hintergrund der **UN-KRK** (hierzu Kap. 2.3.3) und einem verbesserten, niederschwelligen **Zugang zum Recht** für Kinder und Jugendliche thematisiert (z.B. *Schruth* Forum Jugendhilfe 2009, 46; *Trenczek* ZfJ 1999, 170 ff. u. Forum Jugendhilfe 2005, 71 ff.). Die Ombudsstellen in der Jugendhilfe sollen u.a. Beistandsfunktionen für junge Menschen sowie deren Familien erfüllen und diesen – insb. vor dem Hintergrund einer restriktiven Gewährleistungspraxis der kommunalen JÄ bei Rechtsansprüchen auf individuelle Jugendhilfeleistungen (insb. §§ 27 ff., 41 SGB VIII) – emotionale, fachliche und rechtliche (mitunter auch finanzielle) Unterstützung anbieten, sei es durch zielgruppengerechte Rechtsinformation und individuelle Rechtsberatung, bei der Kontaktaufnahme zu Rechtsanwälten oder aber durch Vermittlung (und ggf. als »Dolmetscher«) gegenüber dem JA bzw. Jugendhilfeträger oder anderen Leistungsträgern mit dem Ziel rechtskonformer und möglichst einvernehmlicher Regelungen.

56 Die hierzu im Rahmen des **KJSG** entworfene Regelung zur Ombudschaft in einem neuen **§ 9a SGB VIII-E** ist allerdings nicht Gesetz geworden worden (Kap. 3.2.4.3). Das SGB VIII fordert allerdings bereits in § 8b Abs. 2 Nr. 2 SGB VIII und im Hinblick auf die Erteilung von Betriebserlaubnissen in § 45 Abs. 2 Nr. 3 SGB VIII, dass zur Sicherung der Rechte von Kindern und Jugendlichen in Einrichtungen geeignete Verfahren der Beteiligung sowie der **Möglichkeit der Beschwerde** in persönlichen Angelegenheiten Anwendung finden (s. Kap. 11.3; hierzu *BAGLJÄ* 2013; *Urban-Stahl/Jann* 2014).

57 Seit einigen Jahren wird an mehreren Orten in Deutschland versucht, ein Netzwerk von Ombudsstellen in der Kinder- und Jugendhilfe zu etablieren (https://ombudschaft-jugendhilfe.de/ombudsstellen; vgl. *BBO* 2020, 41 f.; *Smessaert* JAmt 2019, 2 ff.; *Arnegger* JAmt 2018, 12 ff.; *Trenczek/Heinz* ZJJ 2015, 348 ff.; *Urban-Stahl* 2011). Die bisherigen Ombud-Initiativen in der Kinder- und Jugendhilfe sind hierzulande (anders als in Skandinavien oder die vergleichbare Institution des Wehrbeauftragten des Deutschen Bundestages) nahezu ausschließlich privatrechtlich (insb. als Verein) organisiert und basieren weitgehend auf ehrenamtlichen Strukturen (z.B. Berliner Rechtshilfefonds Jugendhilfe e.V., BOJE eV Initiative Ombudschaft Jugendhilfe Brandenburg; Kinder haben Rechte e.V. Reutlingen/Tübingen; Kinder- und Jugendhilferechtsverein Dresden; Ombudschaft Jugendhilfe NRW e.V.). Im Juni 2014 wurde durch die Berliner Senatsverwaltung gemeinsam mit dem Berliner **Rechtshilfefond** Jugendhilfe e.V. als Träger das deutschlandweit erste Modellprojekt einer (zumindest öffentlich-rechtlich geförderten) Beschwerde- und Ombudsstelle der Kinder- und Jugendhilfe (BBO) mit hauptamtlichen Fachkräften eingerichtet (s. www.bbo-jugendhilfe.de; *BBO* 2020). Um ihre Unabhängigkeit zu gewährleisten, ist diese bewusst nicht bei der Senatsverwaltung angesiedelt, sondern der Berliner Rechtshilfefonds Jugendhilfe e.V. (BRJ) mit ihrem Aufbau und der dreijährigen Durchführung beauftragt worden. Die BBO Jugendhilfe ist weder weisungsabhängig noch hat sie Weisungsbefugnisse. Vordringliche Aufgabe der Ombudsstelle ist ihre Übersetzungsfunktion in beide Richtungen, die Förderung von Verstehens- und Verständnisprozessen der Konfliktpartner (vgl. *Senat Berlin* 2013; *BBO* 2020, 9 f.).

58 In der **praktischen Arbeit der Ombudsstellen** in der Kinder- und Jugendhilfe in Deutschland fällt auf, dass diese zu einem großen Teil nicht nur unmittelbar von den jungen Menschen selbst, sondern v.a. auch von (Pflege-)Eltern oder von Fachkräften der Kinder- und Jugendhilfe eingeschaltet werden (*BRJ* 2012; *Smessaert/Fritschle* ZJJ 2015, 359 ff.; *Trenczek/Heinz* ZJJ 2015, 348 ff.; anders die Praxis der Kinder- und Jongerenrechtswinkel in den Niederlanden, vgl. https://kjrw.eu/; *Trenczek* Forum Jugendhilfe 2005, 71 ff.). Inhaltlich geht es im Wesentlichen um Konflikte zwischen den personensorgeberechtigten Anspruchsberechtigten bzw. jungen Volljährigen und einem öffentlichen Träger, i.d.R. aus Anlass der Nicht-Bewilligung von beantragten oder der Beendigung von laufenden Jugendhilfeleistungen (insb. §§ 27 ff., 35a, 41 sowie § 13 Abs. 2 SGB VIII). Häufig lassen sich diese Konflikte durch Information der Betroffenen bzw. durch (Vermittlungs-)Gespräche mit den JÄ einvernehmlich regeln. In einem Viertel der Fälle ist auch die Ombudsstelle der Ansicht, dass die Entscheidung des JA fachlich begründet ist und kein Rechtsanspruch auf Leistungen bestand. Nur in wenigen Fällen kommt es tatsächlich zu einer von der Ombudsstelle unterstützten Klage, die dann allerdings bislang in der Regel Erfolg hatte.

59 Die Ombudsstellen in der Kinder- und Jugendhilfe stecken noch in den Kinderschuhen, doch ist zu erwarten, dass aufgrund der Diskussion über die Kinderrechte und deren

5.4 Ombudschaft in der Kinder- und Jugendhilfe

Verankerung im GG (s. Kap. 2.4) die Perspektive auf die Partizipations- und Beschwerdemöglichkeiten von jungen Menschen in der Kinder- und Jugendhilfe an Bedeutung gewinnt. An der Notwendigkeit der Verankerung der Ombudschaft im SGB VIII besteht in der Praxis, Wissenschaft und Politik Einigkeit, auch die konkrete in § 9a SGB VIII-E vorgesehen Normierung wurde einhellig begrüßt, fiel dann aber dem KJSG insgesamt zum Opfer.

Wichtige, interessante Entscheidungen

- *Zum Rechtsanspruch:* BVerwG 26.10.1989 –5 C 34.86 – FEVS 39, 1 ff.; OVG SN 19.09.2006 – 5 B 327/06 – FEVS 58, 419;
- *Zur Kostenübernahme bei Selbstbeschaffung:* BVerwG 12.3.2013 – 5 C 35.12; 18.12.2012 – 5 C 21/11 – JAmt 2013, 98 ff.
- *Zum Umfang der gerichtlichen Überprüfung:* BVerfG 17.4.1991 – 1 BvR 419/81; 16.12.1992 – 1BvR 167/87; BVerwG 17.7.2009 –5 C 25/08; 26.10.1989 – 5 C 34.86 – FEVS 39, 1 ff.

Weiterführende Literatur

- *Zum Verwaltungsverfahren und zur Verwaltungskontrolle:* Trenczek et al. 2018, Kap. I-3 bis I-5 sowie III-1; Trenczek in FK-SGB VIII 2018 Anhang Verfahren; Trenczek JAmt 2014, 190 ff.
- *Zu den Ombudsstellen und Beschwerdemöglichkeiten in der Kinder- und Jugendhilfe:* BRJ/BBO 2020; Trenczek/Heinz ZJJ 2015, 348 – 358; Hansbauer/Stork 2017; Urban-Stahl/Jann 2014

2. Teil: Leistungen der Jugendhilfe

6. Jugendarbeit, Jugendsozialarbeit, Kinder- und Jugendschutz: §§ 11 - 15 SGB VIII

1   Im ersten Abschnitt des Leistungskapitels des SGB VIII hat der Gesetzgeber Angebote im Vorfeld von Beratung, Unterstützung und Hilfe zusammengefasst, die in besonderer Weise auf Autonomie, Prävention, Partizipation und Integration ausgerichtet sind. Gleichwohl unterscheiden sich die Handlungsfelder in ihrer fachlichen und strukturellen Ausprägung. Der rechtliche Regelungscharakter dieser Bestimmungen ist nur gering ausgeprägt.

Ausführlich behandelte Bestimmungen

- Leistungsinhalte: § 11, § 13, § 14 SGB VIII sowie § 15 SGB VIII mit Verweis auf landesrechtliche Regelungen
- Finanzierung und Trägerverantwortung: § 12, § 79 SGB VIII

2   Die Leistungen nach §§ 11 ff. SGB VIII sind zwar für das Selbstverständnis der Kinder- und Jugendhilfe sehr prägend, sie machten aber im Jahr 2018 im Budget der öffentlichen Jugendhilfeträger nur rund 5,1 % der Gesamtausgaben (ca. 2,6 Mrd. EUR ohne erzieherischen Kinder- und Jugendschutz) aus (*Destatis* 2019). Die Entwicklung der Ausgaben erfolgt insb. hinsichtlich der Jugendarbeit regional in sehr unterschiedlicher Weise und ist stark von der Finanzkraft des jeweiligen Bundeslandes bzw. des örtlichen Trägers der öffentlichen Jugendhilfe geprägt (zu Entwicklung und Datenlage s. *Schäfer/Weitzmann* in: FK-SGB VIII § 11 Rn 5). Die Handlungsfelder des Bereichs unterscheiden sich, weisen jedoch auch Überschneidungen auf, so dass eine **eindeutige Abgrenzung nicht immer möglich** ist (*Schäfer/Weitzmann* in: FK-SGB VIII Vor § 11 Rn 2).

6.1 Jugendarbeit – § 11 SGB VIII

6.1.1 Das Arbeitsfeld

3   Der Titel eines 1964 erstmals erschienenen Buches lautet: »Was ist Jugendarbeit?« (*Müller* et al. 1964; s.a. *Böhnisch/Münchmeier* 1999). Die Frage ist immer noch aktuell und zudem ein Hinweis auf die Breite und Unterschiedlichkeit der Jugendarbeit. Diese ist durch unterschiedliche theoretische Ansätze, vielfältige Praxisbereiche und zahlreiche Träger geprägt: für Mitglieder bestimmte, offene sowie gemeinwesenorientierte Angebote (s. § 11 Abs. 2 Satz 2 SGB VIII), Jugendclubs, -treffs, -häuser und -zentren sowie mobile Jugendarbeit, Streetwork,... (zum Überblick *Deinet/Sturzenhecker* 2013; *Lindner* 2018; *Seckinger* et al. 2016; *Thole/Pothmann* 2020). Jugendarbeit ist dabei stets ein Spiegelbild des gesellschaftlichen Wandels (vgl. bereits *Müller* 1964, 13). Ursprünglich als staatlich geprägte »Jugendpflege« war Jugendarbeit vor allem ordnungspolitisch ausgerichtet, heute wird sie inhaltlich verbunden mit Begriffen wie Autonomie junger Menschen, Freiwilligkeit der Teilnahme, Herrschaftsfreiheit des Feldes, Abwesenheit von Leistungskontrolle und Konkurrenz, Flexibilität der programmatischen Inhalte, Orientierung an den Bedürfnissen von Kindern und Jugendlichen.

Damit unterscheidet sich die Jugendarbeit teilweise (nicht z.B. im Hinblick auf den Anspruch der Lebenswelt- und Alltagsorientierung) von den meisten anderen sozialpädagogischen Feldern der Jugendhilfe. Sie versteht sich als **eigenständiger Sozialisationsbereich** neben dem Elternhaus und Bildungseinrichtungen und ist Teil einer auf **Emanzipation, Partizipation** und **Integration** abzielenden Erziehung und Bildung (vgl. *Schäfer/ Weitzmann* in: FK-SGB VIII § 11 Rn 1). Als besondere **Strukturmerkmale** der Jugendarbeit werden **Selbstorganisation, Partizipation, Mitbestimmung und Pluralität** in § 11 SGB VIII normativ hervorgehoben, die das Ziel der **sozialen Integration** (bzw. umfassender: Inklusion) verfolgen.

Jugendarbeit ist v.a. durch Vielfältigkeit und Breite von Methoden und Arbeitsformen gekennzeichnet. Dies spiegelt sich auch dadurch wider, dass die Jugendarbeit eine klassische Domäne der freien Träger ist, wobei der Gesetzgeber an deren Organisationsform keine besonderen Anforderungen stellt (*Schäfer/Weitzmann* in: FK-SGB VIII § 11 Rn 23). Zwar spielen die mitgliedschaftlich verfassten **Jugendverbände** (s. § 12 SGB VIII, Kap. 4.3.3) immer noch eine große Rolle (insb. das hier freiwillig-ehrenamtlich geleistete, bürgerschaftliche Engagement; hierzu *Hübner* 2010), deren Bedeutung hat aber in diesem Bereich nachgelassen (vgl. *Gängler* 2018, 739 ff.). Die Entwicklung neuer Szenen in der Jugendkultur ist auch eine Reaktion auf die geringer gewordene Bereitschaft junger Menschen, sich fest an Organisationen zu binden (vgl. *Baake* 2007; *Metz/Richard* 2018; *Deutsche Shell* 2010, 2015 und 2019). In der Praxis haben deshalb auch kurzlebige, spontane und situations-orientierte Aktionsgemeinschaften junger Menschen ihren Stellenwert und einen Anspruch auf Unterstützung. Die Jugendverbände lassen sich grob in vier Bereiche einteilen, wobei die Grenzen teilweise fließend sind (*Schäfer/Weitzmann* in: FK-SGB VIII § 12 Rn 12):

- fach- und sachbezogene Verbände, wie z.B. Freizeit-, Sport- und Naturschutzverbände;
- Hilfsorganisationen wie z.B. DLRG-Jugend, Jugend des Deutschen Roten Kreuzes, freiwillige Jugendfeuerwehr;
- weltanschaulich orientierte Verbände, wie z.B. SJD - Die Falken, Gewerkschaftsjugend sowie parteinahe Jugendorganisationen (Grüne Jugend, Junge Union, Jusos, …);
- religiöse Verbände, wie z.B. kath. bzw. ev. Jugend, muslimische Jugendverbände, Pfadfinder.

> Nach momentanen Schätzungen ist die Deutsche Sportjugend mit ca. 10 Mio. Mitgliedern die weitaus größte Jugendorganisation. Ihr folgen mit etwa 1,35 Mio. Mitgliedern die Arbeitsgemeinschaft der evangelischen Jugend, der Bund der Deutschen Katholischen Jugend (ca. 660 000) und die DGB-Jugend (knapp über 0,5 Mio.). Erst mit größerem Abstand kommen dann die Jugendorganisationen der Hilfswerke, insb. die Jugendfeuerwehr (ca. 265 000) und die deutsche Jugendrotkreuz (140 000), der Ring Deutscher Pfadfinderverbände (etwa 220. 000) und die verschiedenen Jugendorganisationen der Umwelt- und Naturschutzverbände (zusammen < 100 000). Politische Jugendorganisationen, seien es solche mit einer großen historischen Tradition wie die Sozialistische Jugend Deutschlands – Die Falken, aber auch die Jugendorganisationen der politischen Parteien haben überwiegend deutlich geringere Mitgliederzahlen. An der Spitze steht hier die Junge Union mit ca. 105.000 Mitgliedern.

Eine Vielzahl der Jugendverbände ist auf Bundesebene im Deutschen Bundesjugendring (DBJR) zusammengefasst (derzeit 29 Jugendverbände). Unterhalb der Bundesebene sind die Jugendverbände auf Landesebene in entsprechenden Landesjugendringen bzw. auf kommunaler Ebene in Jugendringen zusammengeschlossen. Die meisten Jugendorganisationen der größeren politischen Parteien haben sich auf Bundes-, Landes oder kommunaler Ebene im Ring politischer Jugend (RpJ) organisiert. Deutsche Sportjugend (der im Hinblick auf die Mitgliederzahl größte Jugendverband), Deutscher Bundesjugendring und der Ring politischer Jugend bilden gemeinsam das Deutsche Nationalkomitee für internationale Jugendarbeit.

6   Jugendarbeit ist konstitutiv für die Kinder- und Jugendhilfe. Ihre Schwerpunkte liegen traditionell in den in § 11 Abs. 3 SGB VIII genannten Arbeitsfeldern, die sich allerdings konzeptionell mit dem Ausbau von Ganztagsschulen und Betreuungsangeboten bzw. der Intensivierung der Ausbildungsphasen und der auch damit zusammenhängenden »Verdichtung der Jugendphase« (*Schäfer/Weitzmann* in: FK-SGB VIII Vor § 11 Rn 4, § 11 Rn 6 ff., ausführlich zu den Lebenslagen von Kindern und Jugendlichen Kap. 2.1) verändern. Besondere **Herausforderungen** sind aktuell nicht nur die verbandlich nicht immer adäquat beantworteten »diffusen« Formen jugendlicher Selbstorganisation und Ermöglichung von Frei- und Handlungsräumen, sondern die mit der materiellen Armut oft einhergehenden mangelnden Partizipationsmöglichkeiten einerseits sowie andererseits die weiter zunehmende Kommerzialisierung der Freizeitwelten und das Konsumverhalten junger Menschen, die Medialisierung und Digitalisierung der (jugendlichen) Lebenswelten und Kommunikation sowie die durch die Migration bedingten Herausforderungen. Immer wieder neu definiert werden muss der im Hinblick auf die Jugendarbeit spezifisch formulierte **Bildungsauftrag** (*Rauschenbach* 2009). Hier wird auch mit Blick auf die Jugendarbeit auf den Bedeutungszuwachs informeller und nonformaler Bildungsprozesse verwiesen, die den lebensweltlichen Zusammenhang herstellen und Bildungsprozesse ermöglichen, die im Sinne von Kompetenz zur Lebensbewältigung einen wesentlichen Beitrag zur Persönlichkeitsentwicklung leisten können (*Schäfer/Weitzmann* in: FK-SGB VIII § 11 Rn 18; zur Analyse von Wirkungen und Erträgen von Bildung s. *Autorengruppe Bildungsberichterstattung* 2018). Freilich war Bildung, verstanden als Aneignung von Kompetenzen und Ressource für die Lebensführung und Bewältigung der Lebenswelt, schon immer integraler Bestandteil einer lebensweltorientierten Jugendarbeit. Aktuell geht es aber verstärkt auch um die Reaktivierung und Einbeziehung junger Menschen in die politischen Entscheidungsfindungsprozesse insb. auf kommunaler Ebene und damit auch um **demokratische Bildung** (ausführlich *Riekmann* 2011).

6.1.2 Rechtscharakter der Regelungen

7   § 11 Abs. 1 Satz 2, Abs. 2 und 3 SGB VIII sind allgemeinen, beschreibenden Charakters und stellen somit **Programmsätze** (vgl. Kap. 5.1.1) dar. In ihnen wird keine verbindliche Regelung getroffen. Sie stellen eine orientierende, allgemeine Beschreibung der Schwerpunkte und der Anbieter der Jugendarbeit dar. Der programmatische Charakter dieser Absätze ergibt sich daraus, dass der Gesetzgeber hier bewusst auf Detailregelungen verzichtet und die inhaltlichen Aspekte von Jugendarbeit bewusst offengelassen hat.

8   Anders ist es mit § 11 Abs. 1 Satz 1 SGB VIII. Diese Bestimmung ist eine **Aufgabenzuweisung** und stellt zugleich eine **objektive Rechtsverpflichtung des öffentlichen Trägers** dar; Jugendarbeit ist Pflichtaufgabe der öffentlichen Träger und keine sog. »freiwillige Aufgabe« (vgl. Kap. 5.1.1). Zwar ist auch Abs. 1 allgemein gehalten, jedoch macht

6.1 Jugendarbeit – § 11 SGB VIII

Satz 1 schon im Wortlaut klar, dass es eine Aufgabe des öffentlichen Trägers ist, erforderliche Angebote der Jugendarbeit zur Förderung von jungen Menschen zur Verfügung zu stellen (*Schäfer/Weitzmann* in: FK-SGB VIII § 11 Rn 12). Falls keine oder nur völlig unzureichende Angebote zur Verfügung gestellt werden, verstößt der Jugendhilfeträger gegen seine Rechtspflicht aus § 11 Abs. 1 Satz 1 SGB VIII (OVG SH 23.1.2001 – 2 L 51/01 - RsDE 52 [2002], 106 ff.). Anders allerdings ist es wiederum mit § 11 Abs. 1 Satz 2 SGB VIII: Hier handelt es sich um eine programmatische Beschreibung der Ausrichtung, Inhalte und Ziele der Jugendarbeit.

Der objektiven Rechtsverpflichtung des öffentlichen Jugendhilfeträgers steht allerdings **kein** subjektiv-öffentliches Recht (vgl. Kap. 5.1.2) und damit kein **individueller Rechtsanspruch** gegenüber: § 11 Abs. 1 SGB VIII ist »lediglich« eine objektive Rechtsverpflichtung des öffentlichen Trägers. Die Norm wendet sich an alle »jungen Menschen«, damit fehlt es an der hinreichenden Konkretisierung aus der Perspektive möglicher Leistungsberechtigter. Es liegt folglich damit keine einklagbare individuelle Leistungsberechtigung vor (*Schäfer/Weitzmann* in: FK-SGB VIII § 11 Rn 15). Objektive Rechtsverpflichtungen, denen kein konkreter subjektiver Anspruch gegenübersteht, eröffnen einen weiten Gestaltungsspielraum, aber auch eine entsprechende Verantwortung. In **§ 79 Abs. 2 Satz 2 SGB VIII** hat der Bundesgesetzgeber ausdrücklich festgelegt, dass von den insgesamt für Jugendhilfe zur Verfügung stehenden Mitteln ein **angemessener Anteil für die Jugendarbeit** zu verwenden ist (im Jahr 2018 waren dies bundesweit knapp 2 Milliarden EUR und damit nur noch etwa 3,9 % der Gesamtausgaben in der Kinder- und Jugendhilfe; zum Ausgabevolumen im Bereich der Jugendarbeit vgl. *Schäfer/Weitzmann* in: FK-SGB VIII § 11 Rn 5). Weder aus § 11 Abs. 1 SGB VIII noch aus § 79 Abs. 2 Satz 2 SGB VIII lässt sich ein Rechtsanspruch (z.B. von Trägern oder Einrichtungen der Jugendarbeit) auf entsprechende Bereitstellung von Haushaltsmitteln ableiten (OVG SH 23.1.2001 – 2 L 51/01; *Kunkel* NDV 2001, 412; vgl. Kap. 18.1). Einige Bundesländer haben sich (und z.T. die Kommunen) in Landesausführungsgesetzen (vgl. § 15 SGB VIII) zur Förderung der Jugendarbeit gesetzlich verpflichtet (vgl. die Übersicht in: FK-SGB VIII § 15 Rn 2). Aber auch insoweit handelt es sich zumeist (nur) um eine objektive Förderverpflichtung des öffentlichen Trägers, die freilich im Rahmen der Jugendhilfeplanung nach § 80 (hierzu Kap. 18.2.1) Wirkung entfalten kann. Im Übrigen kommen hier – wie stets bei objektiven Rechtsverpflichtungen (s. Kap. 5.1.1) – bei Verstößen nur aufsichtsrechtliche Maßnahmen in Betracht. Bei der Verteilung der – stets begrenzten – Fördermittel bei mehreren Antragstellern muss der öffentliche Träger allerdings stets nach pflichtgemäßem Ermessen handeln, d.h. er kann nicht »frei« (= willkürlich) über die Verwendung entscheiden, sondern muss die anerkannten Grundsätze des Verwaltungshandelns (Art. 3 GG, Grundsatz der wirtschaftlichen Verwendung öffentlicher Ressourcen, Verhältnismäßigkeitsgebot) einhalten (*Trenczek* et al. 2014, 150 ff.). Dabei dürfen an der Entscheidung des Jugendhilfeausschusses keine Personen mitwirken, die sich verantwortlich in solchen Trägern engagieren, die von der Beschlussfassung einen Vorteil haben (VG Leipzig 13.11.2003 - 2 K 1048/01; ausführlich zur Befangenheit von Mitgliedern der JHA s. *Schäfer/Weitzmann* in: FK-SGB VIII § 70 Rn 25 ff.).

Aus diesen Ausführungen ergeben sich bereits Hinweise für **§ 12 SGB VIII**, der die Förderung der Jugendverbände anspricht. Es besteht zwar eine generelle Förderverpflichtung (»ist … zu fördern«). Damit besteht ein Anspruch auf Förderung dem Grunde nach. Eine Ablehnung allein mit dem Hinweis auf fehlende Haushaltsmittel ist nicht zulässig, da nach § 79 Abs. 2 Satz 2 SGB VIII von den für die Jugendhilfe bereitgestellten Mitteln ein angemessener Anteil für die Jugendarbeit und damit auch für die Förderung von Jugendverbänden zur Verfügung zu stellen ist (*Schäfer/Weitzmann* in: FK-SGB VIII § 12 Rn 9; *Kunkel* in LPK-SGB VIII § 12 Rn 2). Die Bestimmung gibt den einzelnen Jugendverbänden oder der einzelnen Jugendgruppe jedoch kein subjektives Recht auf eine konkrete Förderung, weder im Hinblick auf ein bestimmte Vorhaben noch in einer bestimmten Höhe, da die Förderung »nach Maßgabe des § 74« erfolgt (vgl. Kap. 5.1.3; vgl. BVerwG 17.7.2009 – 5 C 25/08; *Wabnitz*, RdJB 2013, 72 ff.; zur Finanzierung im Einzelnen Kap. 16.3.1).

6.2 Jugendsozialarbeit – § 13 SGB VIII

6.2.1 Das Arbeitsfeld

11 § 13 SGB VIII normiert einen eigenständigen Leistungsbereich zwischen der allgemeinen Kinder- und Jugendarbeit nach § 11 SGB VIII und den erzieherischen Hilfen der §§ 27 ff. SGB VIII (*Schäfer/Weitzmann* in: FK-SGB VIII § 13 Rn 1). Charakteristisches Merkmal aller Formen der Jugendsozialarbeit ist die **soziale Integration** (besser: **Inklusion** vgl. Kap. 3.1.3) von jungen Menschen vor allem im Hinblick auf Schule und Ausbildung bzw. Arbeitswelt. Gerade in diesen Bereichen gilt es, die gesellschaftlich reproduzierten Benachteiligungslagen abzumildern, um jungen Menschen Teilhabechancen zu eröffnen. Die Leistungen umfassen vor allem die Schulsozialarbeit, Jugendberufshilfe, Jugendmigrationsdienste und das Jugendwohnen.

12 Im Bereich von **Jugendhilfe und Schule** (*Braun/Wetzel* 2018; *Deinet/Icking* 2019; *Fülbier/Münchmeier* 2002; *Stüwe et al.* 2016) ergibt sich die Aufgabe der Jugendsozialarbeit daraus, dass nicht alle Kinder und Jugendlichen von der Schule hinreichend erreicht werden; das gilt in besonderer Weise für die Haupt- und Berufsschule. **Schulsozialarbeit** ist jedoch nicht begrenzt auf einzelne Schulformen, sondern ist in allen Schulformen vertreten, wobei ihr angesichts des Ausbaus von Ganztagsschulen zunehmende Bedeutung zukommt (*Schäfer/Weitzmann* in: FK-SGB VIII § 13 Rn 7). Kinder und Jugendliche bringen familiäre, nachbarschaftliche und aus sozialen Umfeldern stammende Benachteiligungen und Probleme mit, die in der Schule aktuell bleiben. Angesichts der größer werdenden Zahl von »schulmüden« jungen Menschen ist es nicht verwunderlich, dass die Kinder- und Jugendhilfe verstärkt von Schule angefragt wird. Die aktuelle Bildungsdebatte und der Ausbau von Ganztagsschulen macht eine verbindliche Kooperation von Jugendhilfe und Schule zwingend, weil Schule immer mehr zum Lern- und Lebensort von Kindern und Jugendlichen geworden ist. Schulsozialarbeit wirkt als ein sozialpädagogisches Dienstleistungsangebot der Jugendhilfe am Lebensort der Schule, aber »frei« von schulischen Zwängen (*Schäfer/Weitzmann* in: FK-SGB VIII § 13 Rn 7). Freilich besteht hier auf beiden Seiten ein erheblicher Entwicklungsbedarf, um Berührungsängste und überholte Traditionen ab- und »coole Schulen« aufzubauen (vgl. *Coelen/Otto* 2008; *Stüwe et al.* 2016).

13 Im Handlungsfeld **Jugendhilfe und Ausbildung bzw. Beschäftigung** (*Fülbier* 2002; *Münder/Hofmann* 2017) ist die Jugendhilfe auf der Grundlage von § 13 als **Jugendberufshilfe** tätig. Hier gewann Jugendsozialarbeit ihre maßgebliche Bedeutung in Zeiten massiver Ausbildungs- und Berufsnot. Angesichts der Ausbildungs- und Beschäftigungsprobleme eines erheblichen Teils junger Menschen und angesichts der Bedeutung von Arbeit und Beschäftigung für die persönliche Entwicklung und soziale Integration geht es bei der berufsbezogenen Jugendsozialarbeit nicht nur um »begleitende« sozial-

pädagogische Programme, sondern auch um eigenständige Angebote sozialpädagogisch orientierter Berufsausbildung und Beschäftigung (*Bothmer/Fülbier* 2001). Neben Schule, Ausbildung und Beschäftigung hat **Wohnen** eine zentrale Bedeutung für die soziale Integration junger Menschen (*Fülbier/Schmandt* 2002; *Kolping* 2012; *Schruth/ Pütz* 2009). Nicht zuletzt aufgrund der eingeschränkten materiellen Ressourcen junger Menschen ist auf ihren spezifischen Wohnungsbedarf besonders Rücksicht zu nehmen. Deshalb muss sich Jugendsozialarbeit heute in verstärktem Maße (über den traditionellen Bereich der Jugendwohnheime hinaus) auch der Frage des Wohnens junger Menschen annehmen.

Der diese einzelnen Arbeitsfelder – Schule, Ausbildung, Beschäftigung, Wohnen – verbindende, generelle Aspekt ist der der **sozialen Integration in die Gesellschaft**. Damit ist Jugendsozialarbeit auch dort von Bedeutung, wo außerhalb herausgebildeter Arbeitsfelder (Schule, Ausbildung, Arbeitswelt) der Ausgleich sozialer Benachteiligung und die Überwindung individueller Beeinträchtigung im Vordergrund stehen. Dabei liegt Jugendsozialarbeit an einer zweifachen **Schnittstelle** mit den entsprechenden **Abgrenzungsproblemen:**

- jugendhilfeintern an der Nahtstelle zwischen den allgemeinen, offenen Angeboten der Jugendarbeit und den auf einzelne junge Menschen bezogenen individuellen »erzieherischen« Sozialisationshilfen;
- jugendhilfeextern an der Nahtstelle zu gesellschaftlichen Teilbereichen, insb. zu Schule und Ausbildung.

Jugendhilfeintern bestehen Abgrenzungsfragen zu den Hilfen zur Erziehung und den Hilfen für junge Volljährige: von diesen Hilfen unterscheidet sich die Jugendsozialarbeit vornehmlich dadurch, dass die Gründe, die den Entwicklungsprozess behindern, bei der Jugendsozialarbeit weniger individuell als gesellschaftlich bedingt sind. Jugendsozialarbeit hat nicht einen Erziehungsmangel oder eine individuelle Benachteiligung zum Gegenstand; wird ein erzieherischer oder ein Bedarf zur Persönlichkeitsentwicklung junger Menschen bejaht, so besteht ggf. ein Anspruch auf Hilfe zur Erziehung nach § 27 ff. SGB VIII bzw. auf Hilfe für junge Volljährige nach § 41 SGB VIII (hierzu Kap. 9).

Jugendhilfeextern ist die Abgrenzung zu den Hilfen nach SGB II (*Schäfer/Weitzmann* in: FK-SGB VIII § 13 Rn 28 ff.; ausführlich zu den Abgrenzungsfragen *Münder/ Hofmann* 2017) grds. in § 10 SGB VIII geregelt (Kap. 4.2.2). Jugendsozialarbeit und Leistungen nach dem SGB II haben zwar eine ähnliche Zielsetzung, die Integration in den Arbeitsmarkt, allerdings unterscheiden sie sich sowohl in ihrem Inhalt, ihren Methoden und ihrer Form. Das SGB II geht grds. von Hilfen aus, die allein der direkten Integration in den Arbeitsmarkt auf der Basis der »Eigenverantwortlichkeit«, ja »Selbsthilfeobliegenheit« (§ 2 SGB II) dienen. Demgegenüber ist das SGB VIII von der allgemeinen Förderung und sozialpädagogischen Unterstützung junger Menschen bestimmt (§ 1 Abs. 1 SGB VIII), gerade auch derjenigen, die nicht über die Voraussetzungen für eine unproblematische Integration in den Ausbildungs- und Beschäftigungsmarkt verfügen. Leistungsfelder des SGB II, in denen es zu Überschneidungen mit § 13 SGB VIII kommt, sind insb. die Leistungen zur Eingliederung in Arbeit nach §§ 14-16h SGB II. Speziell hinsichtlich von Ausbildung und Beschäftigung junger Menschen ist mit § 10 Abs. 3 Satz 2 SGB VIII eine ausdrückliche Regelung im Verhältnis zu den Leistungen des SGB II getroffen worden, um eine »Konkurrenz« zu vermeiden. Danach gilt

Folgendes (*Münder* in: LPK-SGB II § 3 Rn 16 ff.; *Schönecker/Meysen* in: FK-SGB VIII § 10 Rn 36 ff.; Bay VGH 23.6.2009 – 12 ZB 07.2852):

- Sofern es um Leistungen nach §§ 3 Abs. 2, 14 bis 16g SGB II und damit vorrangig um die **Eingliederung in Arbeit** geht, haben die Leistungen des SGB II Vorrang gegenüber den inhaltsgleichen Leistungen des SGB VIII. Der Vorrang erstreckt sich bewusst nicht auf die seit 1.8.2016 geregelte Leistung zur Förderung schwer zu erreichender junger Menschen nach § 16h SGB II.
- Sofern es sich um spezifische sozialpädagogische Leistungen des SGB VIII handelt, die neben den sozialpädagogischen Leistungen auch Ausbildungs-, Beschäftigungs- oder Bildungsmaßnahmen beinhalten, im **Kern aber sozialpädagogische Leistungen** darstellen, sind die Leistungen des SGB VIII diesbezüglich vorrangig; dies gilt insb. in den Fällen, in denen Hilfe zur Erziehung erbracht wird (§§ 27 ff. SGB VIII) und in diesem Zusammenhang nach § 27 Abs. 3 SGB VIII auch Ausbildungs-, Beschäftigungs- oder Bildungsmaßnahmen mit geleistet werden.
- Sofern im **Vordergrund der Ausgleich von sozialer Benachteiligung**, die Überwindung individueller Beeinträchtigung durch persönlichkeitsbezogene Hilfen und (damit) die sozialpädagogisch orientierte Prävention steht, handelt es sich um ein aliud zu den Leistungen des SGB II, so dass derartige Leistungen aufgrund des spezifischen Profils vorrangig zu den Leistungen des SGB II zu erbringen sind (VG Berlin B. 10.5.2006 – 18 A 904.05; Bay VGH 23.6.2009 – 12 ZB 07.2852); erforderlich wird allerdings in all diesen Fällen sein, dass das spezifische sozialpädagogische Profil Charakteristikum der Leistungen ist (*Schäfer/Weitzmann* in: FK-SGB VIII § 13 Rn 28; *Schruth* ZfJ 2005, 223 ff.).
- Sofern Leistungen des SGB II vorrangig sind, jedoch die zuständigen SGB II-Leistungsträger ihre Verpflichtung nicht rechtzeitig realisieren, hat der Jugendhilfeträger **vorzuleisten** (BVerwG 23.9.1999 – 5 C 26.98 – BVerwGE 109, 325 ff.). In diesem Fall besteht ein Erstattungsanspruch des Jugendhilfeträgers gegen den SGB II-Leistungsträger (vgl. §§ 102 ff. SGB X).

17 Um die »richtigen« Hilfezugänge zu gestalten, ist die Kooperation der Kinder- und Jugendhilfe vor Ort mit den Arbeitsagenturen und Trägern von Beschäftigungsmaßnahmen sowie den Organisationen von Wirtschaft, Handel und Industrie unverzichtbar (§ 13 Abs. 4 SGB VIII; *Schäfer/Weitzmann* in: FK-SGB VIII § 13 Rn 27; *AGJ/Bundesagentur für Arbeit* 2005, 4 ff.).

6.2.2 Rechtscharakter, Leistungsvoraussetzungen, Rechtsfolgen

18 § 13 SGB VIII spricht in den Abs. 1-3 drei verschiedene inhaltliche Bereiche an. Bei den in **Abs. 1** angesprochenen »sozialpädagogischen Hilfen« handelt es sich um eine **objektive Rechtsverpflichtung** des öffentlichen Trägers. Das bedeutet, dass der öffentliche Träger Aktivitäten entfalten muss. Strittig ist, ob über diese objektive Rechtsverpflichtung hinaus ein **individueller Rechtsanspruch** der jungen Menschen auf entsprechende Leistungen besteht. Der Umstand, dass die Jugendsozialarbeit nicht nur allgemein junge Menschen anspricht (wie z.B. § 11 SGB VIII, s. Kap. 6.1), sondern mit den Kriterien der sozialen Benachteiligung oder der individuellen Beeinträchtigung Voraussetzungen für die Leistung benennt, spricht dafür, dass § 13 Abs. 1 SGB VIII auch einen **Regelrechtsanspruch** ohne Ermessen (»sollen«) des öffentlichen Trägers beinhaltet (*Münder/Schruth* ZfJ 2002, 128; *Schäfer/Weitzmann* in: FK-SGB VIII § 13 Rn 9; *Wiesner/Struck* § 13 Rn 7; s. Kap. 5.1.3). Demgegenüber wird ein individueller Rechtsanspruch auf die

6.2 Jugendsozialarbeit – § 13 SGB VIII

Leistung teilweise mit dem Argument verneint, sowohl der Personenkreis als auch die Angebote würden nur generell umschrieben und die Individualisierbarkeit sei nicht gegeben (*Nonninger* in LPK-SGB VIII § 13 Rn 19).

Die Kontroverse hat allerdings in der Praxis nur eingeschränkt praktische Bedeutung. Zum einen deswegen, weil **Abs. 4** zu berücksichtigen ist. Im Zusammenhang mit dem Nachrang der Jugendhilfe nach § 10 SGB VIII (Kap. 4.2.2.) sind Leistungen etwa der Agentur für Arbeit bzw. der Schulverwaltung vorrangig. Es ist also stets zu prüfen, inwiefern diese Leistungsträger zur Leistungserbringung verpflichtet sind (s. Kap. 5.1.3). Zum anderen, weil es sich um einen Rechtsanspruch auf eine »weiche Leistung« (Kap. 5.1.2 a.E.) handelt, der zudem nach § 15 SGB VIII unter einem Landesrechtsvorbehalt steht (hierzu Kap. 6.4).

Als Voraussetzungen für den Rechtsanspruch nennt § 13 Abs. 1 SGB VIII zwei Tatbestandsmerkmale (*Schäfer/Weitzmann* in: FK-SGB VIII § 13 Rn 16 ff.): den Ausgleich sozialer Benachteiligung oder (alternativ) die Überwindung individueller Beeinträchtigung und (kumulativ) den erhöhten Unterstützungsbedarf (auf sozialpädagogische Hilfen). Bei den **sozialen Benachteiligungen** handelt es sich schwerpunktmäßig um mangelhafte familiäre, schulische, berufliche und ökonomische Rahmenbedingungen oder andere gesellschaftliche Ursachen (Migration, ethnische Herkunft, Gender), bei den **individuellen Beeinträchtigungen** um vorrangig in der Person des jungen Menschen liegende Gründe (z.B. Abhängigkeit, Überschuldung, Delinquenz, Behinderung). Weil gerade häufig eine Vermengung komplexer Entstehungsbedingungen die Benachteiligung und die Beeinträchtigung schaffen, sind die beiden Aspekte alternativ innerhalb eines Tatbestandsmerkmales genannt, so dass es nicht darauf ankommt, diese Merkmale scharf voneinander abzutrennen. Als weitere, »verbindende« Voraussetzung verlangt § 13 Abs. 1 SGB VIII, dass diese jungen Menschen wegen ihrer Situation in erhöhtem Maße auf Unterstützung angewiesen sind. Ein **erhöhter Unterstützungsbedarf** liegt dann vor, wenn junge Menschen mehr als durchschnittliche Förderungs- und Vermittlungsbemühungen im Bereich der sozialen Integration, insb. bei Ausbildung, Beruf, Wohnen usw benötigen.

Sind diese Voraussetzungen gegeben, so besteht als **Rechtsfolge** ein Rechtsanspruch auf sozialpädagogische Hilfen, die dem Ziel dienen, junge Menschen sozial zu integrieren. Zwar haben sich aufgrund der Traditionen der Jugendsozialarbeit vornehmlich Hilfen im Übergang von Schule in die Berufsausbildung bzw. zur Überwindung der Jugendarbeitslosigkeit herausgebildet. Wegen des umfassenden Ansatzes der sozialen Integration sind aber gerade auch neue, innovative Hilfen zu entwickeln. Aufgrund der »Kann-Regelung« des **§ 13 Abs. 2 SGB VIII** besteht für den öffentlichen Träger nur im Hinblick auf geeignete sozialpädagogisch begleitete Ausbildungs- und Beschäftigungsmaßnahmen ein (pflichtgemäßes!) **Ermessen**. Insoweit haben die öffentlichen Träger Gestaltungsspielräume und dürfen auch finanzielle Aspekte in ihre Entscheidung mit einbeziehen (Kap. 5.1.3). In diesem Zusammenhang ist hier auch der o.g. Vorrang entsprechender Maßnahmen durch die Arbeitsverwaltung zu nennen, worauf Abs. 2 Satz 1 ausdrücklich hinweist. Kein Ermessen besteht allerdings, wenn diese Leistungen nach § 27 Abs. 3 Satz 2 SGB VIII einen entsprechenden Bedarf im Zusammenhang mit erzieherischen Hilfen decken »sollen« (s. Kap. 9.2.3).

Aus den Ausführungen zu § 13 Abs. 1 und Abs. 2 SGB VIII ergibt sich Entsprechendes für **§ 13 Abs. 3 SGB VIII**: die Rechtsfolge ist mit dem Stichwort »Unterkunft in sozialpädagogisch begleiteten Wohnformen« relativ präzise beschrieben; aber auch hier hat der öffentliche Träger mit der Formulierung »kann... angeboten werden« ein (pflichtgemäß auszuübendes) Ermessen, so dass auch hier nur ein Anspruch auf fehlerfreie Ermessensausübung besteht. Bei den **sozialpädagogisch begleiteten Wohnformen** dominierten traditionell Lehrlings- und Jugendwohnheime. Heute finden sich verschiedenste Wohnformen wie etwa das betreute Wohnen in Einzel- oder Gruppenwohnungen bis hin zu relativ offenen Konzepten betreuter Wohnformen (hierzu *Kolping* 2012; *Schruth/Pütz* 2009; *Schäfer/Weitzmann* in: FK-SGB VIII § 13 Rn 23 f.). Wenn der öffentliche Träger dem jungen Menschen eine sozialpädagogisch begleitete Wohnform zur Verfügung stellt (Tatbestandsvoraussetzung), dann besteht in diesen Fällen in der Regel (»soll«) ein Rechtsanspruch auf den notwendigen Unterhalt und auf die Krankenhilfe als Annexleistung (vgl. dazu Kap. 9.7).

22   Bezüglich des **Rechtscharakters** des § 13 SGB VIII lässt sich also feststellen: Die Tatsache, dass diese Norm inhaltlich auf der Schnittstelle zwischen allgemein fördernden Angeboten und individuellen Sozialisationshilfen liegt, wird auch im Rechtscharakter der Norm deutlich. Er geht über eine objektive Rechtsverpflichtung hinaus und beinhaltet individuelle Rechtsansprüche. Diese bestehen allerdings entweder auf »weiche Leistungen« oder dem öffentlichen Träger ist trotz präziser benannter Rechtsfolgen ein Ermessen und damit Gestaltungsspielraum eingeräumt.

6.3 Erzieherischer und sonstiger »gesetzlicher« Kinder- und Jugendschutz – § 14 SGB VIII

23   Beim Stichwort »gesetzlicher« Kinder- und Jugendschutz geht es zum einen um den Schutz vor Misshandlung, Missbrauch und Vernachlässigung oÄ i.S.d. **zivilrechtlichen Kinderschutzes** gem. §§ 1666 ff. BGB (s. Kap. 12.2.1; zur Schutzverpflichtung des JA nach § 8a SGB VIII s. Kap. 4.3.2) sowie auch nach den **strafrechtlichen Bestimmungen** zum Schutz von Mj. (z.B. §§ 171, 173 ff., 180, 182 StGB; hierzu *Cornel/Trenczek* 2019, Kap. 2.3.2 und 2.3.7). Zum anderen geht es um vornehmlich ordnungsrechtliche Bestimmungen zum Schutz von Kindern und Jugendlichen durch das **JuSchG**, aber auch Gewerbeordnung und Gaststättengesetz. Der Terminus »gesetzlicher« Kinder- und Jugendschutz ist allerdings irreführend, da auch der sog. »erzieherische« Kinder- und Jugendschutz (s. u. Rn 27) gesetzlich, und zwar im SGB VIII geregelt ist.

24   Die Schutznormen des **JuSchG** beziehen sich auf typische **Gefährdungslagen in der Öffentlichkeit** (d.h. alle allgemein zugänglichen Orte und Plätze; nicht aber die eigene, private Wohnung) und richten sich vornehmlich gegen die **Verursacher**, vorrangig die Gewerbetreibenden und andere Personen wie Gastwirte, Alkoholverkäufer, Kinos/Filmvorführer, Spielhallenbetreiber (hierzu *Tammen/Trenczek* 2018). §§ 4 ff. JuSchG enthalten Regelungen für typischerweise jugendgefährdende Orte (Gaststätten, Bars, Spielhallen) und Veranstaltungen (hierzu *Tammen/Trenczek* 2018, Kap. 7.1.3). Allgemein bestimmt § 8 JuSchG, dass sich Mj. nicht an **jugendgefährdenden Orten** aufhalten sollen bzw., wenn sie es tun, von der »zuständige Behörde oder Stelle« die zur Abwendung der Gefahr erforderlichen Maßnahmen zu treffen sind. Diese bestehen im Wesentlichen darin, das Kind oder die jugendliche Person zum Verlassen des Ortes anzuhalten oder einer erziehungsberechtigten Person i.S.d. § 7 Abs. 1 Nr. 6 SGB VIII zuzuführen oder, wenn keine erziehungsberechtigte Person erreichbar ist, in die Obhut des JA zu bringen (zur Inobhutnahme nach § 42 SGB VIII s. Kap. 10.1). Zu beachten sind insofern allerdings auch die Differenzierungen, je nachdem, ob die Mj. sich in Begleitung der Personensorge- und Erziehungsberechtigten (vgl. § 7 Abs. 1 Nr. 6

6.3 Erzieherischer und sonstiger »gesetzlicher« Kinder- und Jugendschutz

SGB VIII) oder einer sog. **erziehungsbeauftragten Person** nach § 1 Abs. 1 Nr. 4 JuSchG befinden oder nicht (*Tammen/Trenczek* 2018, Kap. 7, S. 640 f.).

Von großer Bedeutung für die Arbeit in der Kinder- und Jugendhilfe sind die Regelungen bzgl. des **Alkoholkonsums** (§ 9 JuSchG), da eine große Zahl von jungen Menschen ebenso wenig wie ihre Eltern einen verantwortungsvollen Umgang mit der »Volksdroge Nr. 1« gelernt hat. Obwohl brandweinhaltige Getränke an Kinder und Jugendliche nicht abgegeben werden dürfen (§ 9 Abs. 1 JuSchG), haben diese offensichtlich keine Schwierigkeiten sich diese zu beschaffen und zu konsumieren – mit z.T. verheerenden Auswirkungen, die mittlerweile auch die Mitarbeiter von Notfallambulanzen regelmäßig überfordern (zum Verhältnis von Alkoholkonsum, Aggressivität und Jugendgewalt vgl. z.B. das Sonderheft der ZJJ 4/2009). Große Herausforderungen an die Jugendhilfe stellt auch der **Nichtraucherschutz** (*Tammen/Trenczek* 2018, 646 f.): In der Öffentlichkeit - das sind z.B. auch offene Jugendclubs/-zentren und vergleichbare Einrichtungen - dürfen Tabakwaren an Mj. weder abgegeben noch darf ihnen das Rauchen gestattet werden (§ 10 JuSchG). Anstatt zu versuchen, sich durch schwierige Situationen durchzumogeln, empfiehlt sich auch hier eine klare Haltung und Transparenz mit dem Hinweis auf gesetzlich vorgegebene Rahmenbedingungen, die zu missachten den Mitarbeitern der JÄ, freier Träger und Einrichtungen nicht zusteht. Die Mitarbeiter sind allerdings auf ihr (sozial)**pädagogisches Handlungsrepertoire** zurückgeworfen, da ihnen Zwangsbefugnisse bis auf das Hausverbot im Hinblick auf die Einrichtung nicht zur Verfügung stehen und ein lediglich auf Anweisungen beruhendes Beziehungsverhältnis ohnehin zum Scheitern verurteilt sein wird. Nach den **landesrechtlichen Regelungen** (z.B. § 16 Nds. AGKJHG; § 20 ThürKJHAG) sind die örtlichen Träger der Jugendhilfe (bzw. Gemeinden, die ein JA errichtet haben) für die Einhaltung der Jugendschutzbestimmungen verantwortlich und verpflichtet, mit den Polizeibehörden zu kooperieren. Umgekehrt leistet die Polizei Vollzugshilfe auf Ersuchen des JA.

Der umfangreichste Teil des JuSchG betrifft den Kinder- und Jugendschutz im Bereich der Medien (§§ 11 ff. JuSchG, sog. **Jugendmedienschutz**). Den mit den »neuen Medien« und Informationstechnologien verbundenen Möglichkeiten und Chancen stehen ebenso zahlreiche Gefährdungsmomente und Risikopotentiale gegenüber (z.B. Verbreitung rechtsextremer Ideologien, gewaltverherrlichende Inhalte; Suchtverhalten, Vereinsamung s. Kap. 2.1 Rn 11), wobei der verantwortliche Umgang mit den digitalen Medien stark von der sozialen Herkunft und der Bildung geprägt bzw. beeinflusst wird (*Tillmann* DJI Impulse 1/2017, 16 ff.; *Shell* 2019, 31 ff.;). Oftmals werden gerade diese Jugendlichen und jungen Erwachsenen durch Angebote der Medienpädagogik (hierzu einführend *Moser* 2019) nicht optimal erreicht. Hier zeigen sich erhebliche, strukturell-bedingte, sozial ungleiche Zugange (*Schäfer/Weitzmann* in: FK-SGB VIII § 14 Rn 10). Die Bundesprüfstelle für jugendgefährdende Medien, eine Bundesoberbehörde, verfügt hier über besondere Kompetenzen im Hinblick auf die Indizierung von Medien (vgl. §§ 18 ff. JuSchG; zur veränderten Rechtsprechung des BVerwG 30.10.2019 – 6 C 18/18 im Hinblick auf dessen Beurteilungsspielraum, s. Kap. 5.3.3.1). Wesentliche Kompetenzen im Bereich der Medien liegen allerdings auch bei den Ländern (zum Jugendmedienschutz-Staatsvertrag vgl. *Bornemann/Erdemir* 2017). 1997 wurde von den Jugendministern der Bundesländer jugendschutz.net gegründet, um jugendschutzrelevante Angebote im Internet zu überprüfen und auf die Einhaltung von Jugendschutzbestimmungen zu drängen.

27 Der sog. erzieherische Kinder- und Jugendschutz des § 14 SGB VIII ist demgegenüber Teil eines weit verstandenen Jugendförderungsbegriffes, der vornehmlich auf **Primärprävention und Integration** ausgerichtet ist. Es geht einerseits darum, Kinder und Jugendliche stark zu machen, damit sie sich selbst schützen können, und andererseits darum, Eltern besser zu befähigen, ihre Kinder vor gefährdenden Einflüssen zu schützen. Im Vordergrund stehen deswegen primärpräventiv ausgerichtete Angebote an junge Menschen und ihre Erziehungsberechtigten wie alters- und entwicklungsgemäße Informationsveranstaltungen insb. im Freizeitbereich, durch Aufklärung, Aufgreifen aktueller Themen usw. § 14 SGB VIII stellt eine **objektive Rechtsverpflichtung** für den öffentlichen Träger dar, der diese Aufgaben im Rahmen seiner Gesamtverantwortung (§ 79 SGB VIII) wahrnehmen soll (d.h. idR muss; s. Kap. 5.1.1), beinhaltet aber mangels hinreichend individualisierter Tatbestandsvoraussetzungen und Leistungsinhalte keinen individuellen Rechtsanspruch für Einzelne. § 14 Abs. 2 SGB VIII gibt lediglich Hinweise zu Ziel und Zweck der Aktivitäten und ist somit ein allgemeiner, rechtlich wenig verbindlicher Programmsatz.

Tab. 4: Kinder- und Jugendschutz

SGB VIII	JuSchG
Ziele	
Schutz gegen potenzielle Gefahren	Abwendung konkreter Gefahren
primärpräventive Orientierung	sekundarpräventive Orientierung
Kinder sollen stark gemacht werden, damit sie sich selbst schützen können	Schutz vor/Verhinderung von:
	Aufenthalt an jugendgefährdenden Orten
Eltern sollen besser befähigt werden, ihre Kinder vor gefährdenden Einflüssen zu schützen	Konsum von Drogen
	Besitz von jugendgefährdenden Medien/Schriften
Adressaten	
Junge Menschen und ihre Eltern	Anbieter von Leistungen und Konsumartikeln; Gewerbetreibende
Mittel	
Hilfen, Förderung, Angebote	Verbot
Streetwork	Entfernung, Beschlagnahme
Information, Öffentlichkeitsarbeit	Bußgeld/Strafvorschriften

Anm.: Der Begriff »Jugendschutz« ist sehr breit und umfasst neben den dem Schutz junger Menschen dienenden Regelungen des SGB VIII (§§ 14, 42, 43 ff.) auch den Jugendarbeitsschutz, den medizinischen Mutter- und Kinderschutz (z.B. Vorsorgeuntersuchungen) sowie die dem Schutz von Kindern und Jugendlichen dienenden zivil- (§§ 1666 f. BGB) und strafrechtlichen Regelungen (z.B. §§ 171, 174 ff. StGB).

6.4 Landesrechtliche Regelungen

28 Der Rechtscharakter der §§ 11 - 14 SGB VIII ist hinsichtlich individueller Rechtsansprüche nur dünn ausgeprägt, und dort, wo er vorhanden ist (§ 13 SGB VIII – Kap. 6.2), steht die Rechtsfolge oft unter dem **Vorbehalt landesrechtlicher Regelungen**. Zwar hat der Gesetzgeber mit der den Ländern über **§ 15 SGB VIII** eingeräumten Kompetenz die Hoffnung verbunden, dass von den Ländern weitergehende, verbindlichere Regelungen getroffen werden. Alle Bundesländer haben von dem Landesrechtsvorbehalt Gebrauch gemacht, teilweise haben sie Ausführungsgesetze zu besonderen

6.4 Landesrechtliche Regelungen

Regelungen für die in diesem Abschnitt genannten Handlungsfelder geschaffen, teilweise (Bayern, Brandenburg, Sachsen und Sachsen-Anhalt) beschränken sie sich auf Jugendförderprogramme als Grundlage für die Landesförderung, z.T. auf der Basis von Landesjugendplänen (vgl. Übersicht zu den einzelnen Regelungen *Schäfer/Weitzmann* in: FK-SGB VIII § 15 Rn 2 ff.). Bei allen landesrechtlichen Unterschieden besteht aber regelmäßig **kein** unbedingter **Rechtsanspruch**, sondern die Förderung hängt von den jeweils in den Landeshaushalten bereitgestellten finanziellen Mitteln ab. Die – vielleicht auch nicht ganz ernsthafte – Erwartung des Bundesgesetzgebers, dass die Länder durch Landesgesetze den schwach ausgeprägten Rechtsanspruchscharakter des ersten Abschnittes des zweiten Kap. verstärken würden, hat sich somit nicht erfüllt. Insgesamt betrugen etwa die Ausgaben der öffentlichen Träger für die Jugendsozialarbeit im Jahr 2018 lediglich rund 660 Mio. EUR (1,3 % der Gesamtausgaben).

Wichtige, interessante Entscheidungen
- *Zur Förderung der Jugendarbeit*: vgl. BVerwG 17.7.2009 – 5 C 25/08; OVG SH 23.1.2001 – 2L 51/01; VG Leipzig 13.11.2003 – 2 K 1048/01 (Beschlussfassung des Jugendhilfeausschusses über Fördermittel)
- *Zum Verhältnis von SGB II und SGB VIII*: VGH München 23.6.2009 – 12 ZB 07.2852
- *Kein Beurteilungsspielraum für die Bundesprüfstelle für jugendgefährdende Medien*: BVerwG 30.10.2019 – 6 C 18/18
- *Zugangskontrolle im Internet*: LG Aachen 10.2.2006 – 41 O 150/04; VG München 31.7.2007 – M 17 S 07.144
- *Veranstaltung öffentlicher Glücksspiele im Internet*: VG Düsseldorf 9.4.2020 – 3 L 2847/19

Weiterführende Literatur
- *Zur Jugendarbeit*: Deinet/Sturzenhecker 2013; Lindner 2018
- *Zur Jugendsozialarbeit*: Fülbier/Münchmeier 2002; Stüwe et al. 2016
- *Zum Jugendschutzrecht*: Tammen/Trenczek 2018
- *Zum Verhältnis von § 13 SGB VIII zu SGB III und SGB II*: Münder/Hofmann 2017
- *Zum Kinder- und Jugendschutz*: Nikles et al. 2011; Liesching/Schuster 2011; Tammen/Trenczek 2018
- *Zum Rechtscharakter und zur Finanzierung*: Münder/Schruth ZfJ 2002, 125 ff.; Wabnitz 2003

7. Förderung der Erziehung in der Familie: §§ 16 - 21 SGB VIII

1 Die §§ 16 - 21 SGB VIII sind ein Paradebeispiel für Regelungen unterschiedlichen Rechtscharakters: vom Programmsatz über objektive Rechtsverpflichtungen des öffentlichen Trägers bis hin zu individuellen Rechtsansprüchen auf »weiche« Leistungen.

Ausführlich behandelte Bestimmungen

- § 16, §§ 17,18, §§ 19 - 21 SGB VIII

2 Das Angebot der familienbezogenen Leistungen nach §§ 16 - 21 SGB VIII reicht von sehr allgemeinen Angeboten zu speziellen Leistungen in spezifischen Lebenslagen. Mit Ausnahme des § 16 SGB VIII handelt es sich – entgegen der mit der Kapitelüberschrift suggerierten Ausrichtung – nicht nur um allgemeine Förderangebote, sondern um Hilfen in Konflikten, Krisen und bereits eingetretenen Notlagen. Mit der Linie von niedrigschwelligen Angeboten zu spezifischen Unterstützungsformen korrespondiert in gewisser Weise die »Verdichtung« des Rechtscharakters hin zu individuellen Rechtsansprüchen (subjektiv-öffentlichen Rechte, s. Kap. 5.1.2).

3 Im Gesamtbudget der Kinder- und Jugendhilfe mit Ausgaben in Höhe von ca. 51 Mrd. EUR sind die Leistungen nach §§ 16 ff. SGB VIII kaum zu erkennen, sie machen (inkl. der statistisch hier mit eingerechneten Ausgaben für den erzieherischen Kinder- und Jugendschutz nach § 14 SGB VIII) nur 1,6 % (0,83 Mrd. EUR) aus (*Destatis* 2019).

7.1 Die allgemeine Erziehungsförderung – § 16 SGB VIII

7.1.1 Leistungsinhalt

4 Die Leistungen der allgemeinen Förderung der Erziehung in der Familie werden inhaltlich in § 16 Abs. 2 SGB VIII benannt. »Insbesondere« bedeutet dort, dass die in den Nr. 1 - 3 vorgenommene Aufzählung familienbezogener Leistungen nicht abschließend ist. Die genannten Angebote – Familienbildung, Familienberatung und Familienfreizeit – sind eher klassische, etablierte Angebote der sozialpädagogischen Arbeit in der Familien-, Kinder- und Jugendhilfe (vgl. *Rothe* 2017; *Textor* ZKJ 2006, 35 ff.; *Uhlendorf* et al. 2013). Die institutionelle **Familienbildung** findet vornehmlich in (kommunalen) Familienbüros/-zentren, Eltern-Kind-Zentren und Familienbildungsstätten von Verbänden, Kirchen, Volkshochschulen usw statt. Das Spektrum ist breit und unterschiedlich (ausführlich 14. KJB, BT-Drs. 17/12200, 298 ff.; *Correll/Lepperhoff* 2019; *Euteneuer* et al. 2018). In Konzeptionen der Familienselbsthilfe, wie sie sich insb. in Mütter-, Familien- und Nachbarschaftszentren findet (z.B. *Rietmann/Hensen* 2009; *Schlevogt/Vogt* 2014; *Vierling* 2013; die sog. Mehrgenerationenhäuser werden z.T. auf § 16 SGB VIII gestützt), wird der Unterschied zur institutionellen Familienbildung deutlich: Akteurinnen sind hier nicht Professionelle, sondern in erster Linie Frauen, die ihre Fähigkeit, die sie vornehmlich in der Alltagsarbeit erworben haben, freiwillig und ehrenamtlich zur Verfügung stellen. Dies ist – gerade, wenn es längerfristig angelegt ist – nicht allein auf ehrenamtlicher Basis möglich. **Bürgerschaftliches Engagement** bedarf auf Dauer einer professionellen Koordination und Unterstützung. Darüber hinaus muss auch das freiwillige Engagement materiell und durch Entgelte bzw. Aufwendungsersatz gestützt werden, damit nicht das freiwillige Engagement an den mangelnden ökonomischen Ressourcen der engagierten Bürger/innen scheitert.

7.1 Die allgemeine Erziehungsförderung – § 16 SGB VIII

Die in Nr. 2 genannte Beratung in Fragen der Erziehung und Entwicklung junger Menschen meint die funktionelle **Erziehungs- und Lebensberatung** als allgemeines niedrigschwelliges Angebot neben der institutionellen Erziehungsberatung (s. §§ 17, 28 SGB VIII). Die funktionelle Beratung umfasst die gesamte Bandbreite familialer Bedürfnisse und beschränkt sich nicht nur auf die im Gesetz genannten Bereiche (14. KJB 2013, BT-Drs. 17/12200, 303 ff.). In den letzten Jahren wurden neue Programme der Familienbildung und -beratung insb. für Familien mit Migrationshintergrund und benachteiligte Familien entwickelt (*Tammen* in: FK-SGB VIII § 16 Rn 3). Über die Jugendberatung nach § 11 Abs. 3 SGB VIII oder Kinder- und Jugendberatung nach § 8 Abs. 3 SGB VIII hinaus umfasst die funktionale Erziehungs- und Lebensberatung die gesamte Situation der Kinder und Jugendlichen in der Familie und den Zusammenhang von Familie und Sozialisation. Funktionelle Erziehungsberatung wird häufig durch den (allgemeinen) sozialpädagogischen Dienst des JA angeboten (hierzu Kap. 9.2.3.1). Die institutionelle Beratung dagegen erfordert entsprechende Beratungsstellen.

Die in Nr. 3 genannte **Familienfreizeit und Familienerholung** soll durch gemeinsame Erlebnisse und Erfahrungen den Zusammenhalt in der Familie fördern und stärken (vgl. *Königsfeld* NDV 2017, 117). Sie schließt begrifflich alle Familienmitglieder ein. Deswegen wäre der Hinweis auf die erzieherische Betreuung der Kinder entbehrlich gewesen. Er bringt jedoch zum Ausdruck, dass Familienfreizeit und Familienerholung auch so zu gestalten sind, dass eine Entlastung der Eltern von Betreuungssituationen eingeplant wird. Die Angebote wenden sich »insbesondere« an Mütter und Väter mit Kindern oder Jugendlichen in »belastenden Familiensituationen«. Gemeint sind damit Lebenslagen wie etwa Trennung, Scheidung, Situation Alleinerziehender, Leben in Arbeitslosigkeit, Obdachlosigkeit usw. Aber auch darüber hinaus ist Rechnung zu tragen, dass die Angebote die Familien in der Breite ihrer interkulturellen Vielfalt erreicht (z.B. *Baader* et al. 2018; *BMFSFJ* 2009; *Fischer/Springer* 2011).

Der durch das BKiSchG (2011) eingefügte **Abs. 3** verweist auf spezifische Angebote im System **Frühe Hilfen** (hierzu 14 KJB BT-Drs. 17/12200, 300 ff.; *Freese* et al. 2011; *Meysen/Schönecker/Kindler* 2009; *Pretis* 2020), insb. für schwangere Frauen und werdende Väter und erweitert den Adressatenkreis damit ausdrücklich auf werdende Eltern (*Meysen* FamRZ 2012, 405 ff.). Diese Leistungen sind mit den Informations- und Beratungsleistungen nach §§ 1 Abs. 4, 2 KKG sowie den Angeboten i.R.d. Schwangerschaftskonfliktberatung abzustimmen.

7.1.2 Rechtscharakter

Bei § 16 Abs. 2 SGB VIII handelt es sich um eine allgemeine, offene Beschreibung der verschiedenen Angebote, insofern liegt hier »nur« ein **Programmsatz** vor (s. Kap. 5.1.1). Rechtlich verbindlichere Ausführungen finden sich in § 16 Abs. 1 SGB VIII. Aber auch die drei Sätze des Abs. 1 sind rechtlich unterschiedlich.

In **§ 16 Abs. 1 Satz 1** SGB VIII findet keine Konkretisierung auf spezielle Personengruppen statt. Hier sind alle Mütter, Väter, andere Erziehungsberechtigte (§ 7 Abs. 1 Nr. 6 SGB VIII) und junge Menschen angesprochen. Adressat der Bestimmung ist damit in erster Linie der Träger der öffentlichen Jugendhilfe. Abs. 1 Satz 1 enthält eine **objektive Rechtsverpflichtung**, es handelt sich also um eine Pflichtaufgabe und nicht um eine »freiwillige« Leistung des öffentlichen Trägers (s. Kap. 5.1.1), sei es, selbst aktiv auf diesem Gebiet zu sein oder Träger der freien Jugendhilfe insoweit zu unterstützen. Der objektiven Rechtsverpflichtung steht jedoch kein individueller Rechtsanspruch von Leistungsberechtigten gegenüber, so dass nicht die Möglichkeit besteht, dass Bürgerinnen oder Bürger entsprechende Leistungsangebote individuell durchsetzen können (VG Gera 10.2.2005 – 6 K 605/04 Ge; OVG Lüneburg 9.7.2019 – 10 ME 122/19). Wenn entsprechende Angebote gemacht werden, so hat der öffentliche Träger hinsichtlich des Zuganges zu den Angeboten, hinsichtlich der Verteilung der Angebote ein pflichtgemäß auszuübendes Ermessen. Hierbei hat er insb. u.a. das Willkürverbot des Art. 3 GG zu beachten (hierzu *Trenczek* et al. 2018, 149 ff.), d.h. insb. gleiche Zugangsbedingungen sicherzustellen.

10 **Adressaten** in diesem Fall sind die in Abs. 1 Satz 1 genannten Personen. Das Gesetz geht hier nicht von einem traditionellen Familienbegriff aus, sondern mit dem Begriff »andere Erziehungsberechtigte« sind insb. auch Stiefeltern und nichteheliche Lebensgefährten des Elternteils einbezogen (vgl. § 7 Abs. 1 Nr. 6 SGB VIII).

11 Da Anlass für Beratungen nicht selten auch Konfliktlagen zwischen Eltern und deren Kindern sind, ist hier § 8 Abs. 3 SGB VIII von besonderer Bedeutung (s. Kap. 4.2.1). Hiernach können Mj. in Not- und Konfliktlagen (solange) beraten werden, ohne dass eine Information der Eltern stattfindet, wenn durch die Information sonst der Beratungszweck vereitelt würde. Damit tritt das Recht der Sorgeberechtigten auf Informationen über ihr Kind gegenüber dem **zu schützenden Vertrauensverhältnis** zwischen dem ratsuchenden Mj. und der Kinder- und Jugendhilfe zurück (was verfassungsrechtlich zulässig ist, so BVerfG 1.12.1981 – 1 BvR 845/79 – BVerfGE 59, 360, 384 für ein entsprechendes Schweigerecht von Beratern im Schulbereich).

12 § 16 Abs. 1 Satz 2 SGB VIII enthält lediglich eine Beschreibung der programmatischen Zielvorstellung des Gesetzgebers, also eine allgemeine inhaltliche Benennung der Ziele der allgemeinen Förderung in der Familie. Hintergrund für **Abs. 1 Satz 3** war die Ende 2000 vorgenommene Änderung des § 1631 BGB, in dem in Abs. 2 das Recht des Kindes auf gewaltfreie Erziehung aufgenommen wurde (hierzu *Bussmann* 2005). Damit hat der Gesetzgeber deutlich gemacht, dass ihm diese programmatische Zielvorgabe besonders wichtig ist, weshalb die Träger der öffentlichen Jugendhilfe dies im Rahmen ihrer Planungen und Leistungen zu beachten haben.

13 Auch **Abs. 3** normiert trotz der »Soll-Formulierung« keinen individuellen Rechtsanspruch einzelner Personen. Allerdings hat der örtliche Träger im Rahmen seiner Gesamt- und Planungsverantwortung (§§ 79, 80 SGB VIII) dafür zu sorgen, dass die vor Ort notwendigen Angebote »rechtzeitig und ausreichend zur Verfügung stehen« (§ 79 Abs. 2 Nr. 1 Halbsatz 1 SGB VIII).

14 Die Unterschiedlichkeit der in § 16 SGB VIII zusammengefassten Leistungen zeigt sich auch bei der Beteiligung an den Kosten (s. Kap. 16.5). Während bei den allgemeinen Angeboten nach Abs. 1 und Abs. 2 Nr. 1 und Nr. 3 gemäß § 90 Abs. 1 Nr. 2 SGB VIII eine **Beteiligung an den Kosten** durch die Erhebung von Teilnahmebeiträgen/Gebühren möglich ist, sind die Angebote nach Abs. 2 Nr. 2 und Abs. 3 ausgenommen. Die letztgenannten Beratungsleistungen sind also stets kostenfrei, bei den anderen Leistungen kann, muss aber keine Beteiligung an den Kosten stattfinden.

7.1.3 Landesrecht

15 Der Gesetzgeber hat mit § 16 Abs. 4 SGB VIII einen Landesrechtsvorbehalt aufgenommen, um damit insb. die organisatorische, personale Ausstattung sowie die materielle

Absicherung und die mögliche Festsetzung von Teilnahmebeiträgen oder Gebühren regional zu regeln. In einigen Bundesländern wird die Familienbildung in Erwachsenenbildungsgesetzen geregelt; dies macht zugleich die **Überschneidung von Jugendhilfe und Bildungsrecht** deutlich.

7.2 Die Beratungsleistungen – §§ 17, 18 SGB VIII

Beratung ist eine der wesentlichen Hilfeleistungen der Sozialen Arbeit in der Kinder- und Jugendhilfe (allgemein zur Beratung vgl. *Bauer/Weinhardt* 2014; *Belardi* et al. 2011; *Nestmann/Sickendiek* 2018; zum Beratungsrecht und der Sozialrechtsberatung *Barabas* 2003; *Fasselt/Schellhorn* 2020). Psychosoziale Beratungsstellen (insb. die etwa 2.500 Erziehungs- und Familien-, Jugendberatungsstellen) sind relativ unkompliziert erreichbare Grundbausteine im Leistungsspektrum der Kinder- und Jugendhilfe und gehören (wie auch die spezialisierte Drogen- und Suchtberatung bzw. Schwangerschaftskonfliktberatung) zur **psychosozialen Infrastruktur des Gemeinwesens** (14. KJB 2013 BT-Drs. 17/12200, 303 ff.). Ungeachtet des institutionellen Angebotes weist das SGB VIII eine Vielzahl unterschiedlichster Beratungsansprüche aus, begonnen mit Beratungsanspruch von Kindern und Jugendlichen nach § 8 Abs. 2 SGB VIII, über die niederschwellige Beratung nach § 11 Abs. 1 Nr. 6 und 16 Abs. 2 Nr. 2 SGB VIII bis hin zur Erziehungsberatung nach § 28 SGB VIII. Die §§ 17, 18 SGB VIII beinhalten schwerpunktmäßig Beratungsleistungen. Sie beziehen sich auf Familienkonflikte und -krisen, insb. aufgrund von Trennung und Scheidung (hierzu *Menne/Weber* 2011; *Richter* 2012). Wie Kinder Krisen verarbeiten, vor allem die Trennung ihrer Eltern verkraften, hängt wesentlich vom Verhalten der Eltern ab (hierzu *Wallerstein/Lewis/Blakeslee* 2002; *Walper* 2009 u. 2011; *Walper* et al. 2011), denen schon deshalb Beratung und Unterstützung angeboten werden soll. Die Bestimmungen beinhalten programmatische Beschreibungen, objektive Rechtsverpflichtungen und individuelle Rechtsansprüche.

7.2.1 Leistungsinhalt

Die in §§ 17, 18 SGB VIII angesprochenen Beratungsaufgaben und Beratungsziele (ausführlich hierzu *Tammen/Trenczek* in: FK-SGB VIII § 17 Rn 2 ff.) konzentrieren sich auf vier Bereiche:

- Realisierung eines partnerschaftlichen Familienmodells durch die Befähigung zur Konfliktbewältigung (§ 17 Abs. 1 Satz 1, Satz 2 Nr. 1, Nr. 2 SGB VIII)
- einvernehmliche Regelungen im Hinblick auf die Wahrnehmung der elterlichen Verantwortung bei Trennung und Scheidung (§ 17 Abs. 1 Satz 2 Nr. 3, Abs. 2 SGB VIII)
- Beratung und Unterstützung für Alleinerziehende und bei der Personensorge und bei Unterhalt sowie für junge Volljährige bei der Durchsetzung eigener Unterhaltsansprüche (§ 18 Abs. 1, 2, 4 SGB VIII)
- Beratung und Unterstützung beim Umgangsrecht (§ 18 Abs. 3 SGB VIII).

Hieraus ergibt sich ein gewisses **Phasen-/Verlaufsmodell**: Zunächst soll bei Familienproblemen durch die Beratung die Fähigkeit der Familie zum Zusammenleben unterstützt und gefördert werden. Wo dies nicht möglich ist, soll im Trennungs- bzw. Scheidungsfall dafür gesorgt werden, dass es zu einer konstruktiven Konfliktlösung kommt. Und wenn Eltern und Kinder getrennt leben, soll eine dem Wohl des Kindes entsprechende Ausübung des Umgangsrechts gesichert werden. Wenn Eltern nicht von sich aus beim JA um Hilfe nachsuchen, erfährt das JA von einem Scheidungsantrag durch das FamG (§ 162 FamFG, § 17 Abs. 3 SGB VIII), womit das JA verpflichtet ist, die Eltern über die Leistungen der Kinder- und Jugendhilfe, insb. die Beratung und Vermittlung nach § 17 Abs. 2 SGB VIII, zu informieren.

19   Die Beratung in Fragen der Partnerschaft nach § 17 Abs. 1 SGB VIII ist Gegenstand der Jugendhilfe, weil die Interessen der Mj. im Mittelpunkt stehen. Im Interesse der Kinder sollen die Eltern in der konfliktminimierenden Bearbeitung partnerschaftlicher Probleme und Krisen unterstützt werden. Der Begriff der »Partnerschaft« ist bewusst gewählt, um eine Einengung auf die formale Form der Ehe zu vermeiden: Die Beratung steht allen offen, die Mütter und Väter sind. Dass die Interessen von Kindern und Jugendlichen im Mittelpunkt stehen, wird bei der umfangreicher angesprochenen **Beratung bei Trennung oder Scheidung** nach § 17 Abs. 2 SGB VIII deutlich: Hier geht es aus Kindeswohlgründen darum, nach Möglichkeit ein **einvernehmliches Sorgekonzept** für Trennung und Scheidung (zur Entwicklung der Scheidungsraten von derzeit insg. ca. 40% vgl. *WD* 2018 - BT 9 - 053/18) zu entwickeln, welches auch im familiengerichtlichen Verfahren als Grundlage eines Vergleiches (§ 36 FamFG) und der gerichtlichen Entscheidung insb. in Scheidungs- und Kindschaftssachen (§§ 133 ff., 151 ff. FamFG) dient (*Luxburg* 2014; *Münder* et al. 2020, Kap. 10.; *Strecker* 2014; *Trenczek* FPR 2009, 335 ff.; zu den inhaltlichen Grenzen der Beratung und Vermittlung s.u. Kap. 7.2.3). Hintergrund dieser programmatischen Vorgabe des Gesetzgebers sind die human- und sozialwissenschaftlichen Erkenntnisse, dass die einvernehmliche Regelung der elterlichen Verantwortung nach Trennung und Scheidung den betroffenen Kindern am besten helfen kann, die mit der Trennung und Scheidung verbundenen Problematiken möglichst störungs- und gefährdungsfrei zu verarbeiten (*Keiling* JAmt 2010, 59 ff.; *Walper* 2009 u. 2011; *Walper* et al. 2011; *Walper/Langmeyer* ZKJ 2009, 94 ff.). Deshalb gilt (nicht nur im Hinblick auf Familienkonflikte): »Eine zunächst streitige Problemlage durch eine einvernehmliche Lösung zu bewältigen, ist auch in einem Rechtsstaat grds. vorzugswürdig gegenüber der richterlichen Streitentscheidung.« (BVerfG 14.2.2007 – 1 BvR 1351/01, Rn 35).

20   Freilich stellen sich einvernehmliche Lösungen nicht immer von selbst her. Bewährt haben sich (fachgerechte) **Mediationsverfahren**, die von besonders geschulten Vermittlern (Mediatoren) durchgeführt werden (hierzu umfassend *Trenczek* et al. 2017b; zur Familienmediation *Haynes/Bastine* et al. 2010; *Hohmann/Morawe* 2012; *Ripke/Bastine* 2017; zu den regelungsbedürftigen Aspekten und Vereinbarungsmöglichkeiten i.R.d. Trennungs- und Scheidungsmediation *Trenczek* ZKJ 2007, 138; zur Familienmediation mit Kindern *Krabbe/Thomsen* 2017). Dies gilt selbst für hochstrittige, eskalierte Elternkonflikte (*Krabbe* 2017; *Kiesewetter* 2017; *Trenczek/Petzold* ZKJ 2011, 409 ff.; *Weber/Schilling* 2012). Eltern und ihre Kinder profitieren von Mediation primär durch ihre eigene und einvernehmliche Klärung der bestehenden Konflikte, sekundär durch die positiv veränderte Kommunikation und Kooperation und tertiär durch das Erlernen konstruktiver Konfliktbewältigungsstrategien (*Tammen/Trenczek* in: FK-SGB VIII § 17 Rn 43 ff.). Mediation führt einerseits zur Entlastung von Eltern und ihren Kindern, andererseits aber auch der Jugendhilfe und der FamG. Das FamG soll deshalb auf Möglichkeiten der Beratung durch die Beratungsstellen und -dienste der Träger der Kinder- und Jugendhilfe hinweisen und kann sogar darüber hinaus in Scheidungsverfahren und in Kindschaftssachen anordnen, dass die Beteiligten bzw. die Eltern an einem kostenfreien Informationsgespräch über Mediation (nicht an einer Mediation selbst) teilnehmen und eine Bescheinigung hierüber vorlegen (§ 156 Abs. 1 FamFG).

Den Eltern können nach § 81 FamFG die Kosten des Gerichtsverfahrens auferlegt werden, wenn sie dies ohne vernünftigen Grund ablehnen. Die gerichtliche Anordnung bindet lediglich die Eltern, nicht das JA, allerdings haben die Eltern bei Vorliegen der Voraussetzungen nach § 17 SGB VIII einen Rechtsanspruch (*Tammen/Trenczek* in: FK-SGB VIII § 17 Rn 6 f.). Das kostenlose Beratungs- und Mediationsangebot des JA ist vorrangig gegenüber der anwaltlichen Beratungshilfe (AG Bochum 20.12.2002 – 59 F 335/02 – FamRZ 2003, 772; AG Lahnstein 8.7.2003 1 UR II 6/03 – JAmt 2004, 384; einschränkend OLG Hamm 20.3.2003 – 3 WF 44/03: nicht, wenn die Gegenseite die Mediation ablehnt). Dies gilt allerdings nur dann, wenn Mediation nach fachlichen Standards von besonders in der (Familien-)Mediation ausgebildeten Fachkräften durchgeführt wird (hierzu *Trenczek* 2017). Eine solche Ausbildung umfasst nach den Standards der bundesdeutschen Fachverbände (BAFM/BM/BMWA) mindestens 200 Stunden, reicht also über die Anforderungen einer Grundausbildung nach §§ 5 f. Mediationsgesetz hinaus.

> Umstritten ist, ob bei einer vom JA durchgeführten Beratung bzw. Mediation die Rechtsanwälte der Eltern ausgeschlossen werden können (vgl. *DIJuF* JAmt 2004, 304). Das ist freilich nicht nur eine rechtliche Frage (insoweit besteht in Deutschland grds. jederzeit ein Recht auf Zugang zum Anwalt), sondern der Ausschluss ist im Hinblick auf Akzeptanz und Vertrauen der Eltern in aller Regel auch unzweckmäßig.

Die auf Konsens ausgerichteten Beratungsleistungen nach § 17 Abs. 2 SGB VIII korrespondieren mit den Mitwirkungsaufgaben nach § 50 SGB VIII (hierzu Kap. 12.2.2), beide sind integrale, sich ergänzende Bestandteile des ganzheitlichen Hilfeauftrags des JA. Diese müssen aber im Hinblick auf die unterschiedlichen Funktionen und Handlungsansätze sowie im Hinblick auf datenschutzrechtliche Aspekte (hierzu Kap. 14) institutionell so organisiert werden, dass eine **personelle Trennung** der Aufgabenerledigung nach § 17 und § 50 SGB VIII gewährleistet ist; im Hinblick auf die Mediation ist insb. das sog. Vor- und Nachbefassungsverbot (§ 3 Abs. 2 MediationsG) zu beachten (*Tammen/Trenczek* in: FK-SGB VIII § 17 Rn 47).

21

Von besonderer Bedeutung ist die in § 17 Abs. 2 SGB VIII ausdrücklich vorgesehene **Beteiligung von Minderjährigen**. Diese ist dem Entwicklungsstand der Kinder anzupassen und soll dafür sorgen, dass Kinder und Jugendliche in ihrer Subjektstellung ernst genommen werden und nicht zu Objekten des Beratungsprozesses verkommen. Im Ausland haben psycho-edukative Gruppenangebote für Eltern und Kinder in der Trennungssituation bereits weite Verbreitung gefunden (*Walper/Bröning* 2008, 571 ff.; *Walper/Krey* 2011; *Weber/Schilling* 2012). Hierbei geht es ebenso wie bei der Beteiligung der Kinder in einem Mediationsverfahren (hierzu *Krabbe/Thomsen* 2017) darum, die Eltern für die Bedürfnisse ihrer Kinder zu sensibilisieren und Lösungen für die Zeit während und nach der Trennung zu entwickeln, die sich am Wohl der Kinder ausrichten. Die Beratung darf Kinder nicht in einen Loyalitätskonflikt bringen.

22

Falls es zur Trennung oder Scheidung gekommen ist, sieht **§ 18 SGB VIII** eine Reihe unterschiedlicher Ansprüche für verschiedene Adressaten auf Beratung und Unterstützung vor. Abs. 1 regelt die **Beratung und Unterstützung für alleinsorgende Elternteile** unabhängig davon ob ihnen die elterliche Sorge (ggf. zusammen mit dem anderen Elternteil) zusteht (Alleinerziehende). Die Beratung und Unterstützung bezieht sich auf die Ausübung der Personensorge (allgemeine Hilfen in Erziehungs- und Ausbildungsfragen, praktische Fragen) und auf die Geltendmachung von Unterhalts- oder Unterhaltsersatzansprüchen; letzteres ist in der Praxis der Schwerpunkt. § 18 Abs. 2

23

143

SGB VIII schließt eine lange zulasten von Vätern bestehende Beratungslücke im Hinblick auf die Sorgeerklärung und die Möglichkeit der gerichtlichen Übertragung der gemeinsamen elterlichen Sorge. Abzugrenzen ist dieses Beratungsangebot von dem nach § 52a SGB VIII, welches parallel zu den zivilrechtlichen Beistandschaftsregelungen (§§ 1712 ff. BGB) ein spezifisches jugendhilferechtliches Beratungs- und **Unterstützungsangebot für nicht verheiratete Mütter** vorsieht, insb. im Hinblick auf die durch die Beistandschaft möglichen Hilfen, die Vaterschaftsfeststellung sowie die Geltendmachung von Unterhaltsansprüchen (s. Kap. 13.2.1; ausführlich hierzu *Hoffmann* in: FK-SGB VIII § 52a Rn 3).

24 In **§ 18 Abs. 1 Nr. 1 SGB VIII** geht es neben Fragen zur Ausübung der Personensorge vor allem um die **Unterhaltsansprüche des Kindes** (vgl. §§ 1601 ff. BGB; *Trenczek* et al. 2018, 321; *Münder* et al. 2020, Kap. 5) sowie dessen Unterhaltsersatzansprüche z.B. nach dem UhVorschG oder Rentenansprüche z.B. nach § 48 SGB VI, §§ 38, 45, 47 BVG (*Tammen* in: FK-SGB VIII § 18 Rn 14). Um **Unterhaltsansprüche des betreuenden Elternteils** selbst nach § 1615l BGB (hierzu *Münder* et al., Kap 3.; allgemein zum Unterhaltsrecht *Wendl/Dose* 2019) geht es in § 18 Abs. 1 Nr. 2 SGB VIII.

25 Bei den **Unterhaltsansprüchen der Kinder** sieht § 18 Abs. 4 SGB VIII eine »Verlängerung« über die Minderjährigkeit hinaus vor, dann allerdings als einen eigenen Beratungsanspruch des **jungen Volljährigen** (*Tammen* in: FK-SGB VIII § 18 Rn 53 f.); dieser Anspruch ist auf die Vollendung des 21. Lebensjahres befristet. In § 18 SGB VIII ist weder für junge Volljährige noch für Mj. eine rechtliche Vertretung durch das JA vorgesehen. Die Beratungs- und Unterstützungspflicht des JA ist auch nicht zu verwechseln mit einer Beistandschaft (§§ 1712 ff. BGB), Pflegschaft (§§ 1909 ff. BGB) oder Vormundschaft (§§ 1791c, 1751 I 2, 1791b BGB) nach § 55 SGB VIII.

26 Ausdrücklich als zu beratende Personen sind **Kinder und Jugendliche** in **§ 18 Abs. 3 SGB VIII** genannt bei der Ausübung des **Umgangsrechts** (hierzu *Büte* 2005; *Münder* et al. 2020, Kap. 8; *Tammen* in: FK-SGB VIII § 18 Rn 20 ff.). Gerade in dieser Hinsicht gibt es bei Trennung und Scheidung häufig teilweise hoch emotionalisierte Konflikte zwischen den Eltern (*Salzgeber/Willutzki* ZKJ 2006, 186). Der Gesetzgeber im BGB hat das Umgangsrecht ausdrücklich als ein Recht der Mj. bezeichnet, die Eltern sind ihrerseits zum Umgang mit dem Kind berechtigt und verpflichtet (§ 1684 Abs. 1 BGB). Zum Wohl des Kindes gehört in der Regel der Umgang mit beiden Elternteilen (§ 1626 Abs. 3 BGB und Art. 9 Abs. 3 UN-KRK; vgl. auch Art. 24 Abs. 3 Charta der Grundrechte der EU). Wechselmodelle sind nicht von vornherein auszuschließen, andererseits nicht immer eine Ideallösung (*Tammen* in: FK-SGB VIII 2013, § 18 Rn 29 f.). Das Recht des Kindes gegen seine Eltern auf Umgang ist sogar auch zwangsweise durchsetzbar, sofern durch die Ablehnung des Elternteils das Wohl des Kindes nicht beeinträchtigt würde (BVerfG 1.4.2008 – 1 BvR 1620/04 – FamRZ 2008, 845). Der Streit um das Umgangsrecht ist regelmäßig ein Streit zwischen Erwachsenen, hier können Mj. und ihre Interessen unter die Räder kommen. Deshalb benötigen Kinder und Jugendliche entsprechende Beratung und Unterstützung. Die Beratung bezieht sich auch auf den Umgang zu anderen Personen. Dies können nach § 1685 BGB z.B. Großeltern oder Geschwister sein, sowie Pflegepersonen, Ehegatten oder frühere Ehegatten eines Elternteils, mit denen das Kind längere Zeit in häuslicher Gemeinschaft gelebt hat (hierzu *Tammen* in: FK-SGB VIII, § 18 Rn 32 f.). Auch der leibliche, nicht rechtliche Vater kann ein Recht auf Umgang mit dem Kind haben. Zur EMRK-gemäßen Anpassung des deutschen Rechts wurde zum 13.7.2013 ein Umgangsrecht des leiblichen,

7.2 Die Beratungsleistungen – §§ 17, 18 SGB VIII

nicht rechtlichen Vaters in § 1686a BGB eingeführt (s. *Tammen* in: FK-SGB VIII, § 18 Rn 33 ff.). Die Regelung gewährt dem (nur) leiblichen Vater nun ein Umgangsrecht, wenn er ernsthaftes Interesse an dem Kind gezeigt hat und der Umgang dem Kindeswohl dient. Voraussetzung ist, dass die Vaterschaft eines anderen Mannes besteht. Neben den Kindern und Jugendlichen haben auch Eltern, andere Umgangsberechtigte und Personen, in deren Obhut sich das Kind befindet, Anspruch auf Beratung und Unterstützung bei der Ausübung des Umgangsrechts.

7.2.2 Rechtscharakter, Tatbestandsvoraussetzungen, Rechtsfolgen

Die §§ 17, 18 SGB VIII beinhalten wie viele Vorschriften des Kinder- und Jugendhilferechts zunächst programmatische Aussagen zum Ziel und (sozialpädagogischen) Inhalt der Beratung und Unterstützung (s. Kap. 7.2.1). Darüber hinaus hat der Gesetzgeber hier jedoch nicht nur objektive Rechtsverpflichtungen, sondern auch **individuelle Rechtsansprüche** vorgesehen (vgl. auch *Kasenbacher* NJW-Spezial 7/2020, 196). Dies ergibt sich bereits unmittelbar aus dem Wortlaut (»haben/hat Anspruch«, »sind zu unterstützen«) und daraus, dass in § 17 Abs. 1 und Abs. 2 sowie im gesamten § 18 SGB VIII bestimmte Personengruppen in bestimmten besonderen Lebenslagen (Krisen, Konflikten, Trennung, Scheidung, keine Unterhaltszahlungen usw) genannt werden. Die Adressaten dieser Bestimmungen sind also konkret betroffene Bürger/innen und nicht (nur) die öffentlichen Träger, weshalb diese ein subjektiv-öffentliches Recht, also einen Anspruch, auf die genannten Leistungen haben.

27

Anspruchsvoraussetzung ist in erster Linie, dass es sich um die in den Bestimmungen genannten Personengruppen handelt. Dabei ist zu beachten, dass etwa der Begriff »Mütter«, »Väter« oder »Eltern« nicht davon abhängig ist, dass die beiden miteinander verheiratet sind. Ebenso wenig setzt die Entwicklung eines einvernehmlichen Konzeptes zur Wahrnehmung der elterlichen Sorge eine Ehe voraus: Auch miteinander nicht verheiratete Elternteile können durch Sorgeerklärung oder Übertragung durch das FamG nach § 1626a BGB gemeinsame Sorge besitzen (ausführlich *Münder* et al. 2020, Kap. 8) und haben deshalb entsprechende Beratungs- und Unterstützungsansprüche.

28

Bei dem Anspruch auf Beratung und Unterstützung nach § 18 SGB VIII stellt das Gesetz nicht darauf ab, dass **Mütter oder Väter** rechtlich die alleinige elterliche Sorge (z.B. nach § 1626a Abs. 3, §§ 1671, 1680 BGB) haben. Ausreichend ist auch, dass sie tatsächlich allein für die Mj. sorgen, z.B. wenn nach Trennung oder Scheidung weiterhin gemeinsame elterliche Sorge besteht (vgl. § 1671 BGB), das Kind aber – wie oft – tatsächlich von einem Elternteil allein betreut wird. Keinen Anspruch auf Beratung nach § 18 SGB VIII (z.B. über seine Unterhaltspflicht) hat aber, wer bei gemeinsamer Sorge das Kind nicht auch tatsächlich alleine versorgt. Dagegen ist die Anspruchsberechtigung nach § 18 Abs. 1, 2. Alt. SGB VIII für beide Elternteile erfüllt, wenn das Kind mit Einverständnis des allein sorgeberechtigten Elternteils beim anderen nicht sorgeberechtigten Elternteil lebt. Ansonsten ergeben sich aus § 18 Abs. 1 SGB VIII für einen nicht sorgeberechtigten Elternteil keine Ansprüche (*DIJuF*, JAmt 2017, 289). Da die Vorschrift ausdrücklich nur von »Müttern und Vätern« spricht, gehören andere Erziehungs- oder Sorgeberechtigte nicht zu dem Kreis der Anspruchsinhaber. Für Vormund oder Pfleger kommen Beratungsleistungen nach § 53 SGB VIII in Betracht.

29

Bei **§ 18 Abs. 3 SGB VIII** sind zunächst die Mj. selbst die Inhaber der Rechtsansprüche. Da es sich hier um höchstpersönliche Rechte handelt – noch dazu in einem Bereich,

30

der zwischen den Erwachsenen im Streitfall nicht selten heftig umkämpft ist – ist die Beratung und Unterstützung so zu gestalten, dass Kinder und Jugendliche einen »unverstellten« Zugang (d.h. in Not- und Konfliktlagen nach § 8 Abs. 3 SGB VIII auch ohne Kenntnis der Personensorgeberechtigten, s. Kap. 4.2.1) zur Beratung und Unterstützung haben, damit nicht durch einen Elternteil dieser Rechtsanspruch faktisch ausgehebelt werden kann (dazu *Münder/Mutke/Seidenstücker* 2007, 71).

31 **Rechtsfolge** ist der Anspruch auf »Beratung und Unterstützung«. Mit diesen Stichworten sind tendenziell eher »weiche Leistungen« (dazu Kap. 5.1.2) angesprochen, bloße Informationen alleine reichen aber nicht aus. § 18 SGB VIII umfasst als persönliche Dienstleistung (§ 11 SGB I) neben der individuellen, konkreten Rechtsberatung auch Unterstützung, d.h. Begleitung, Recherchen, Mitwirkung bei der Korrespondenz, ggf. Belehrung und schließt die außergerichtliche Vertretung mit Außenwirkung mit ein, nicht aber die Prozessvertretung im gerichtlichen Verfahren (*Tammen* in: FK-SGB VIII § 18 Rn 7; *DIJuF* JAmt 2003, 78). Finanzielle Leistungen werden über § 18 SGB VIII nicht gewährt. Da aber die Gegenstände der Beratung und Unterstützung, insb. In § 18 SGB VIII (z.B. Unterhaltsansprüche, Umgangsrecht), aber auch in § 17 SGB VIII (z.B. einvernehmliches Konzept der elterlichen Sorge) benannt sind, handelt es sich hier durchaus um konkretisierte bzw. konkretisierbare Rechtsfolgen. Da es sich – z.B. bei der Geltendmachung von Unterhaltsansprüchen – um sehr konkrete Beratungsaufgaben handeln kann, kann die Verletzung der sich daraus ergebenden Beratungspflichten unter Umständen zu Schadenersatzansprüchen führen (ausführlich dazu der Exkurs unter Kap. 17).

32 **§ 18 Abs. 3 Satz 3, 4 SGB VIII** schließlich regeln weitergehende Unterstützungsaufgaben des JA. § 18 Abs. 3 Satz 3 gewährt Eltern, anderen Umgangsberechtigten sowie Personen, in deren Obhut sich das Kind befindet, einen eigenständigen Anspruch auf Beratung und Unterstützung bei der Ausübung des Umgangsrechts. Bei der Befugnis, Auskunft über die persönlichen Verhältnisse des Kindes zu verlangen, bei der Herstellung von Umgangskontakten und bei der Ausführung gerichtlicher oder vereinbarter Umgangsregelungen soll das JA nach § 18 Abs. 3 Satz 4 SGB VIII vermitteln (zur fachgerechten Mediation s. o. bei § 17 SGB VIII) bzw. in geeigneten Fällen Hilfestellung leisten. Der »**begleitete Umgang**« ist dabei eine Hilfemöglichkeit zur Ausführung gerichtlicher oder vereinbarter Umgangsregelungen. Zwar kann das Gericht die Durchführung der Umgangsbegleitung gegenüber dem JA nicht anordnen (BVerfG 29.7.2015 – 1 BvR 1468/15; OLG Frankfurt 24.3.2015 – 5 UF 270/14 JAmt 2015, 222), ist diese aber im Hinblick auf das Kindeswohl geeignet, haben die Eltern einen Anspruch auf die Unterstützung, womit der örtliche Träger auch die Kosten zu tragen hat (*Tammen* in: FK-SGB VIII § 18 Rn 44 f.; *Wiesner/Struck* § 18 Rn 34). Entsprechendes gilt für den Fall, dass das JA eine Umgangsregelung zwischen den Eltern vermittelt hat.

33 Die **Rechtsanspruchsqualität** befindet sich nach §§ 17, 18 SGB VIII regelmäßig auf der »höchsten« Stufe: Es bestehen **unbedingte Rechtsansprüche**, was durch die entsprechenden Formulierungen – »haben Anspruch«, »sind zu unterstützen« – zum Ausdruck kommt (vgl. Kap. 5.1.3). Bei der Formulierung des § 18 Abs. 3 Satz 4 SGB VIII (»soll vermitteln«) handelt es sich um einen **Regelrechtsanspruch**, so dass der öffentliche Träger für den Fall seines Nichthandelns nachweispflichtig dafür ist, dass eine Ausnahmesituation vorliegt. Hinsichtlich der konkreten Ausgestaltung und Intensität der Unterstützungsleistungen hat das JA Ermessen (VG Mainz 25.7.2019 – 1 K 551/18.MZ).

7.2 Die Beratungsleistungen – §§ 17, 18 SGB VIII

Was die **Kosten** der Beratungen und Unterstützungen anbelangt, so sind sowohl die Beratung nach § 17 SGB VIII als auch die Beratung bzw. Unterstützung nach § 18 SGB VIII kostenfrei; weder § 90 noch § 91 SGB VIII sehen irgendeine Kostenregelung in diesem Zusammenhang vor.

7.2.3 Rechtliche Problemzonen

Bei den §§ 17, 18 SGB VIII ergeben sich vornehmlich an zwei Schnittstellen rechtliche Probleme: zum einen hinsichtlich einer möglichen Rechtsberatung und der Regelungen des Rechtsdienstleistungsgesetzes (RDG), zum anderen bei der Mitwirkung an familiengerichtlichen Verfahren.

Im Rahmen der Beratung und Unterstützung nach §§ 17, 18 SGB VIII ist ein rechtlicher Bezug unvermeidbar. Rechtsberatung war nach dem RBerG grds. nur rechtsberatenden Berufen (insb. Rechtsanwälten) vorbehalten, Ausnahmen waren im Einzelnen umstritten. Mit dem zum 1.7.2008 in Kraft getretenen RDG ist nun klargestellt, dass die im Kontext der Leistungen nach §§ 17, 18 SGB VIII unverzichtbare rechtliche Beratung eine **erlaubte** (außergerichtliche) **Rechtsdienstleistung** darstellt, sofern sie von Behörden, Verbänden der freien Wohlfahrtspflege sowie anerkannten freien Trägern im Rahmen ihres Aufgaben- und Zuständigkeitsbereichs erbracht werden (vgl. § 2 Abs. 1, § 8 Abs. 1 Nr. 2 und 5 RDG; hierzu *Trenczek* et al. 2018, 177 ff.). Nach § 14 SGB I sind die zuständigen Leistungsträger nicht nur berechtigt, sondern auch verpflichtet, Adressaten von Leistungen über ihre Rechte und Pflichten nach dem SGB zu beraten (ausführlich zur Sozialrechtsberatung *Fasselt/Schellhorn* 2017). Die einzelfallbezogene rechtliche Beratung muss sich im Bereich der Kinder- und Jugendhilfe allerdings grds. auf Rechtsfragen der elterlichen Sorge und des Umgangs, die Berechnung und Geltendmachung von Unterhalts- oder Unterhaltsersatzansprüchen beschränken und darf sich nicht auf alle regelungsbedürftigen Fragen bei Trennung und Scheidung (z.B. Vermögens- und Versorgungsausgleich; hierzu *Trenczek* ZKJ 2007, 138 f.) beziehen. Unproblematisch möglich ist jedoch die Erteilung einer zusätzlichen, nicht auf den Fall bezogenen allgemeinen Rechtsinformation, da diese nach § 2 Abs. 1 RDG nicht dem Begriff der Rechtsdienstleistung unterfällt. Die Beratung durch das JA nach § 18 SGB VIII ist sogar gegenüber dem Anspruch auf Beratungshilfe durch einen Rechtsanwalt nach dem BerHG bzw. Verfahrenskostenhilfe nach § 76 FamFG grds. vorrangig in Anspruch zu nehmen (OLG Zweibrücken 23.11.1999 – 5 UF 88/99 FamRZ 2000, 627; *Tammen* in: FK-SGB VIII § 18 Rn 7). Darüber hinaus hat der Gesetzgeber in § 2 RDG klargestellt, dass eine **Mediation** und jede vergleichbare Form der alternativen Streitbeilegung keine (ggf. unzulässige) Rechtsdienstleistung darstellt, sofern der Mediator nicht durch rechtliche Regelungsvorschläge in die Gespräche der Beteiligten eingreift. Nicht erfasst von der Erlaubnis zur Rechtsberatung sind nach wie vor Maßnahmen der Vertretung oder die gerichtliche Durchsetzung von Ansprüchen.

Überschneidungen gibt es zwischen der außergerichtlichen Beratung nach § 17 SGB VIII und der **Mitwirkung des Jugendamtes in gerichtlichen Verfahren** nach § 50 SGB VIII (s. Kap. 12.2.2). Der Gesetzgeber geht davon aus, Eltern vorrangig durch Beratung zu befähigen, zu einer einvernehmlichen, dem Kindeswohl förderlichen Lösung bei Trennung und Scheidung zu kommen (*Trenczek* FPR 2009, 335 ff.). Das gelingt nicht in allen Fällen. Kommt es zu einem Verfahren über die elterliche Sorge beim FamG, so hat das JA gemäß § 50 SGB VIII dort mitzuwirken. Das JA ist jedoch kein »Gehilfe« des Gerichts, sondern ist und bleibt **eigenständige, weisungsunabhängige so-**

zialpädagogische Fachbehörde und hat sicherzustellen, dass der Beratungs- und Unterstützungsauftrag nach §§ 17, 18 SGB VIII nicht beschädigt wird. Das bedeutet insb., dass die **Vertraulichkeit des Beratungsprozesses** geschützt wird. Deswegen gilt es hier besonders, die Datenschutzverpflichtungen des SGB VIII, vornehmlich §§ 64, 65 SGB VIII zu beachten (ausführlich Kap. 14). Beratung und Unterstützung nach §§ 17, 18 SGB VIII ist persönliche und zum Teil auch erzieherische Hilfe i.S.d. § 65 SGB VIII. Damit unterliegen die im Beratungsverfahren bekannt gewordenen Sozialdaten den strengen Datenschutzvorschriften, eine Weitergabe ist nur unter den Voraussetzungen der § 64 Abs. 2, § 65 SGB VIII zulässig (s. Kap. 14.4.2).

38 So wichtig die präzise Einhaltung der datenschutzrechtlichen Regelungen ist, das fachliche Handeln allein über den Datenschutz sicherstellen zu wollen, reicht nicht aus, kommt es doch v.a. auf die Sicht und das Vertrauen der Klienten in die Vertraulichkeit der Beratung bzw. Vermittlung an. Fachlich-methodische Standards sind auch durch **organisatorische Strukturen** sicherzustellen (*Trenczek* in: FK-SGB VIII Vor § 50 Rn 43). So sollte in bestimmten Beratungskontexten, insb. im Hinblick auf das sog. Vor- und Nachbefassungsverbot nach § 3 Abs. 2 MediationsG beim Mediationsverfahren im Trennungs- und Scheidungskonflikt, die **personelle Trennung** von (allparteilichen) Mediatoren einerseits und (parteilichen) Beratern bzw. Entscheidern (z.B. über Inhalte von Stellungnahmen, Leistungen nach SGB VIII) andererseits selbstverständlich sein (*Trenczek* 2017 Rn 8). Zumindest ist beim Scheitern einer Vermittlung im Hinblick auf die Mitwirkung im familiengerichtlichen Verfahren ein Personalwechsel unabdingbar (*Trenczek* in: FK-SGB VIII Vor § 50 Rn 43).

7.3 Die Unterstützung in konkreten Lebenslagen – §§ 19 - 21 SGB VIII

39 Die §§ 19 - 21 SGB VIII beziehen sich auf konkrete, für die Betroffenen oft schwierige Lebenslagen: die Betreuung von Müttern oder Vätern und Kindern in speziell hierfür geschaffenen Wohnformen, die Versorgung der Kinder in Notsituationen und die Unterstützung bei der Erfüllung der Schulpflicht (hierzu *Sünderhauf-Kravets* HB-KJHR 2011, Kap. 3.3; *Struck* in: FK-SGB VIII §§ 19-21).

7.3.1 Leistungsinhalt

40 Die in **§ 19 SGB VIII** angesprochene **gemeinsame Wohnform für Mütter oder Väter und Kinder** ist geschlechtsneutral formuliert, in der Praxis gibt es jedoch nahezu nur Wohnformen für Mütter und Kinder (2018 insg. 478 Einrichtungen; vgl. 14. KJB 2013, BT-Drs. 17/12200, 302). Ausgangspunkt für die Hilfe ist nicht Wohnraumversorgung alleinerziehender Mütter mit Kind, sondern vornehmlich die Tatsache, dass insb. jugendliche oder junge volljährige Mütter selbst noch Unterstützung benötigen (*Kölbl* 2018; *Trumm* JAmt 2003, 6 ff.). Die Hilfesituation ergibt sich aus den Erziehungs- und Pflegeaufgaben gegenüber dem zu betreuenden Kind. Die Wohnformen stellen faktisch eine Art betreute Unterbringung dar, durch die die Verselbstständigung generell und speziell hinsichtlich der Erziehungsaufgaben der alleinerziehenden Mutter gefördert werden soll. Das Angebot richtet sich an Elternteile von Kindern unter sechs Jahren (ältere Geschwister werden dann nach Abs. 1 Satz 2 mitbetreut), wird aber auch schon während der Schwangerschaft gewährt (§ 19 Abs. 1 Satz 3 SGB VIII). Eine zeitlich feste Grenze für die Beendigung sieht § 19 SGB VIII nicht vor. Maßgeblich ist, inwiefern die Persönlichkeitsentwicklung der jungen Mutter so fortgeschritten ist, dass eine Unterstützung in dieser speziellen Betreuungsform nicht mehr notwendig ist. Da-

7.3 Die Unterstützung in konkreten Lebenslagen – §§ 19 - 21 SGB VIII

mit ist § 19 SGB VIII dadurch gekennzeichnet, dass die Mütter pädagogische Unterstützung dabei erhalten, dass sie lernen, die Verantwortung für ihr Kind zu tragen. Dies ist in eine Verselbstständigungsstrategie eingebettet, weswegen die schulische und berufliche Ausbildung in diesem Zusammenhang eine wichtige Bedeutung haben.

Im Zentrum der Hilfe nach § 20 SGB VIII steht die **Betreuung und Versorgung des Kindes**, wenn der das Kind betreuende und versorgende Elternteil aus gesundheitlichen oder anderen zwingenden Gründen (im Einzelnen s. u. 7.3.2) ausfällt. Die Hilfe wird dadurch geleistet, dass der andere Elternteil (Abs. 1) unterstützt wird bzw. die Versorgung und Erziehung des Kindes sichergestellt wird, wenn der allein erziehende Elternteil oder beide Elternteile aus gesundheitlichen oder anderen zwingenden Gründen ausfallen (Abs. 2). In diesen **Notsituationen** ist häufig ein rasches und unbürokratisches Handeln notwendig, weil sich die Krise ansonsten verschärft und dann ggf. eine Inobhutnahme erforderlich machen kann (*Trenczek* et al. 2017, 247; s. Kap. 10.1). Die Hilfeleistung findet im Haushalt der Familie statt und soll soweit als möglich der Aufrechterhaltung des gewohnten familiären Umfeldes und Tagesablaufes dienen. Hierzu gehören nicht nur alle zur Haushaltsführung geeigneten Hilfen, sondern v.a. auch die Erziehung und Unterstützung der Kinder.

Eine spezielle Situation spricht § 21 SGB VIII an: Hier geht es nicht um den Ausgleich von Erziehungsmängeln, sondern um Unterstützung, wenn aufgrund berufsbedingter Umstände der Eltern die Erfüllung der **Schulpflicht der Kinder** nicht hinreichend sichergestellt werden kann. Dies kann z.B. bei Artisten, Schauspielern, Schaustellern, Binnenschiffern oÄ bei häufigen wechselnden Einsatzorten der Fall sein (s. Kap. 7.3.2.3). Hier ist zunächst an Beratung gedacht, aber ggf. auch an Unterbringungsmöglichkeiten in Einrichtungen und in Familienpflegestellen, wobei in geeigneten Fällen die Kosten einschließlich des notwendigen Unterhalts des Kindes oder Jugendlichen übernommen werden können.

7.3.2 Rechtscharakter, Anspruchsvoraussetzungen, Rechtsfolgen

Bei allen Leistungen der §§ 19 - 21 SGB VIII handelt es sich nicht nur um Programmsätze oder um objektive Rechtsverpflichtungen, sondern hier liegt stets ein **individueller Rechtsanspruch** vor (s. Kap. 5.1). Die Qualität des Rechtsanspruches ist hoch: In den Fällen der §§ 19 und 20 SGB VIII handelt es sich um einen Regelrechtsanspruch, was durch die Formulierung »sollen« bzw. »soll« deutlich wird (vgl. VG Düsseldorf 31.8.1998 – 19 K 4705/95 – NDV-RD 1999, 86 f.). Will der öffentliche Träger hier trotz Vorliegens der Tatbestandsvoraussetzungen keine Leistung erbringen, ist er dafür nachweispflichtig, dass eine Ausnahme von der Regel vorliegt (im Einzelnen vgl. Kap. 5.1.2). Bei § 21 SGB VIII handelt es sich um einen **unbedingten Rechtsanspruch**, denn hier wird die Formulierung »haben sie Anspruch« verwandt. Abgesehen von diesen Elementen unterscheiden sich die einzelnen Bestimmungen nach den Tatbestandsvoraussetzungen und Rechtsfolgen.

7.3.2.1 Gemeinsame Wohnformen für Mütter/Väter und Kinder – § 19 SGB VIII

Bei § **19 SGB VIII** müssen folgende **Anspruchsvoraussetzungen** gegeben sein:

- Ein Elternteil (Mütter oder Väter), der entweder formell alleiniger Inhaber der elterlichen Sorge ist oder (auch bei gemeinsamer elterlicher Sorge) tatsächlich allein für dieses Kind sorgt.

- Mindestens eines der Kinder darf bei Beginn der Hilfe das 6. Lebensjahr noch nicht vollendet haben; wenn es während der Hilfe das 6. Lebensjahr vollendet, ist dies ohne Bedeutung.
- Für den alleinsorgenden Elternteil nennt das Gesetz keine Altersgrenze. Da es sich um eine Hilfe für das Kind und im Interesse des Kindes handelt, ist auch die in § 7 Abs. 1 Nr. 4 SGB VIII genannte Altersgrenze von 27 Jahren nicht einschlägig.
- Entscheidend ist die Unterstützung bei der Persönlichkeitsentwicklung. Unter dem Stichwort der Persönlichkeitsentwicklung sind Situationen wie persönliche, soziale, emotionale, intellektuelle, materielle Schwierigkeiten usw angesprochen. Hieraus ergibt sich mittelbar eine (auch zeitliche) Beschränkung: Die Voraussetzungen für die Hilfe nach § 19 SGB VIII sind dann nicht gegeben, wenn es der Unterstützung bei der Persönlichkeitsentwicklung nicht (mehr) bedarf. Persönlichkeitsentwicklung ist umfassend zu verstehen: Damit ist nicht nur gemeint, dass der Elternteil als individuelle Person zukünftig sein Leben eigenverantwortlich gestalten kann, sondern auch, dass er die mit der Zuständigkeit für ein Kind verbundene Erziehungsverantwortung in einer Weise übernehmen kann, dass das Wohl des Kindes gesichert ist.

45 Als **Rechtsfolge** nennt § 19 SGB VIII die Betreuung in einer geeigneten Wohnform. Mit dem Verzicht darauf, dies genauer zu beschreiben, steht bewusst ein breites Spektrum von Betreuungsformen zur Verfügung. »Geeignet« bedeutet, dass die Betreuungsform am jeweiligen Bedarf von Elternteil und Kind auszurichten ist. Die Betreuung schließt auch ältere Geschwister ein (Abs. 1 Satz 2). Während dieser Zeit soll darauf hingewirkt werden, dass eine schulische oder berufliche Ausbildung begonnen oder fortgesetzt wird (Abs. 2). Als Annexleistungen umfasst § 19 Abs. 3 SGB VIII den notwendigen Unterhalt und die Krankenhilfe (vgl. auch Kap. 9.7).

46 Bei § 19 SGB VIII kann es immer wieder zu **Abgrenzungsproblemen** kommen: so z.B. zur Eingliederungshilfe nach **SGB IX** (noch zu § 53 SGB XII a.F. z.B. OVG NW 30.11.2000 – 22 B 762/00 – FEVS 53, 265 ff.; VG HH 26.5.2005 – 13 K 195/05 – ZfJ 2005, 486 ff. bei einem Elternteil mit Behinderung) oder § 67 SGB XII (z.B. OVG HH 31.1.2003 – 4 Bs 443/02: bei einer gemeinsamen Unterbringung von Mutter und Kind in einer Einrichtung der Drogenhilfe). Lange war das Verhältnis der Leistungen nach § 19 SGB VIII zu den Hilfen zur Erziehung nach § 27 **SGB VIII** umstritten, wenn der Grund für die Leistung weniger die Persönlichkeitsentwicklung des Elternteils betrifft, sondern eher den erzieherischen Bedürfnissen des Kindes gilt (vgl. z.B. OVG Münster 26.4.2004 – 12 A 2598/02 – JAmt 2005, 148 ff.; *DIJuF* JAmt 2004, 476 ff. u. JAmt 2005, 127). Mittlerweile hat der Gesetzgeber die Hilfen zur Erziehung mit dem durch das KICK 2005 eingeführten § 27 Abs. 4 SGB VIII ausdrücklich auf die Pflege und Erziehung des Kindes erstreckt, ohne dass für dieses die Voraussetzungen des § 27 Abs. 1 SGB VIII selbst vorliegen müssen.

47 Für die Unterbringung in einer gemeinsamen Wohnform von Müttern oder Vätern mit ihren Kindern wurden 2018 bundesweit gut 418.000 EUR (0,8 % des Gesamtbudgets) ausgegeben. Nach § 91 Abs. 1 Nr. 2 SGB VIII ist eine **Heranziehung zu den Kosten** möglich: Bezüglich der Kosten für das Kind wird dieses selbst (sofern es natürlich überhaupt entsprechende Einkünfte oder Vermögen hat), zu den Kosten der Mutter diese selbst bzw. ihr Ehegatte nach § 92 Abs. 1 Nr. 1, 3 bzw. 4 SGB VIII herangezogen (ausführlich Kap. 16.5.3).

7.3.2.2 Betreuung und Versorgung des Kindes in Notsituationen – § 20 SGB VIII

§ 20 SGB VIII befasst sich mit der Betreuung und Versorgung von Kindern in Notsituationen, stellt aber in den beiden Absätzen auf (etwas) unterschiedliche Situationen ab. Als **gemeinsame Tatbestandsvoraussetzungen** erfordern **Abs. 1 und Abs. 2** jeweils, dass es sich um ein Kind handelt (d.h. unter 14 Jahren). Abgestellt wird jeweils auf die tatsächliche Betreuung des Kindes, so dass im Falle des alleinerziehenden Elternteils (Abs. 2) nicht erforderlich ist, dass dieser Elternteil formeller Inhaber der alleinigen elterlichen Sorge ist; maßgeblich ist allein, ob er real das Kind allein betreut. Übereinstimmend ist auch die Voraussetzung, dass der (überwiegend) betreuende Elternteil aus gesundheitlichen (z.B. Krankheit, Entbindung, Kur, nach Sinn und Zweck der Vorschrift aber auch durch Tod) oder anderen zwingenden Gründen (z.B. Haft) ausfällt. Da es bei den Leistungen nach § 20 SGB VIII um den Erhalt des familiären Umfelds und die Vermeidung von Fremdunterbringung für das Kind in Krisen und Notsituationen geht (BT-Drs. 11/5948, 59), ist dies weit auszulegen (*Struck* in: FK-SGB VIII § 20 Rn 5). Im Todesfall (sei es nach Krankheit oder Unfall) die Hilfe zu versagen, weil der Ausfall »dauerhaft« sei (andererseits die Voraussetzungen des Abs. 2 für den verbleibenden, berufsbedingt eingespannten Elternteil auch nicht vorliegen), ist zynisch und eine sprachlich einschränkende Wortauslegung und widerspricht dem Sinn und Zweck der Hilfe, die Notsituation (vorübergehende Krise) zu überwinden. Ein Ausfall muss nicht eine physische Abwesenheit dieses Elternteils bedeuten (z.B. Pflegebedürftigkeit, psychische Erkrankung, Lebenskrise). Nicht berücksichtigt werden aber berufsbedingte Gründe (das ergibt sich schon aus dem systematischen Zusammenhang, da der *andere* Elternteil gerade »berufsbedingt« abwesend ist) und sonst planbare Verhinderungen des betreuenden Elternteils. Insoweit ist auf die Leistungen nach §§ 22-26 SGB VIII zu verweisen (s. Kap. 8). Abs. 1 erfordert zusätzlich, dass der *andere* Elternteil berufsbedingt abwesend ist. Dieser soll nicht gezwungen werden, seine Arbeit aufzugeben und Grundsicherung für Arbeitsuchende oder Sozialhilfe in Anspruch zu nehmen, um die Betreuung der Kinder sicherzustellen (BT-Drs. 11/5948, 59). Schließlich ist auch jeweils Voraussetzung, dass alternative Betreuungsmöglichkeiten für das Kind, nämlich in Tageseinrichtungen oder in Tagespflege, nicht infrage kommen oder ausreichen und dass eine Betreuung und Versorgung aus Kindeswohlgründen erforderlich ist. Dies ist auch dann anzunehmen, wenn Betreuung und Unterstützung aus dem Verwandten- oder Schwägerschaftskreis nicht im familiären Haushalt der Kinder erbracht werden kann.

48

Als **Rechtsfolge** nennt das Gesetz nur die Unterstützung bei der Betreuung und Versorgung (Abs. 1) bzw. die Versorgung und Betreuung direkt (Abs. 2). Damit kommen verschiedene Möglichkeiten der Leistung infrage. Die Leistung nach Abs. 1 bestimmt sich nach den speziellen Erfordernissen des konkreten Einzelfalls. Ziel der Unterstützung ist, dem Kind den familiären Erziehungs- und Versorgungsbereich zu erhalten (*Struck* in: FK-SGB VIII § 20 Rn 5). Typischerweise erfolgt die Unterstützungsleistung durch die Besorgung einer Betreuungsperson und durch deren Bezahlung; nur ausnahmsweise kommt auch die (vorübergehende) Unterbringung in einem Kinder- oder Jugendheim (vgl. OVG NI 28.5.1997 – 4L 5905/96 – FEVS 48, 79 ff.) in Betracht, denn mit § 20 SGB VIII sollen Fremdunterbringungen (auch eine Inobhutnahme, s. Kap. 10.1) gerade vermieden werden (BT-Drs. 11/5948, 59).

49

> Gemäß § 10 Abs. 1 Satz 1 SGB VIII besteht der generelle Nachrang der Kinder- und Jugendhilfeleistungen gegenüber anderen vorrangigen Sozialleistungsträgern (vgl. Kap.

4.2.2; ausführlich DV NDV 2003, 127 ff.). Die Hilfe nach § 20 SGB VIII ist nachrangig gegenüber vergleichbaren Leistungen anderer Sozialleistungsträger. Am bedeutendsten sind in diesem Zusammenhang die Leistungen der gesetzlichen Krankenversicherung nach § 38 SGB V, sofern ein Kind unter 12 Jahre alt ist oder eine Behinderung hat. Gegenüber den Hilfen von § 20 SGB VIII vorrangig sind zudem die vergleichbaren Leistungen der gesetzlichen Unfallversicherung (§ 42 SGB VII) und bei Rehabilitation (§ 74 SGB IX). Demgegenüber sind entsprechend dem Grundsatz des § 10 Abs. 1 SGB VIII die Leistungen der Sozialhilfe gegenüber denen der Jugendhilfe nachrangig; insofern ist eine Verweisung auf § 70 SGB XII unzulässig (Struck in: FK-SGB VIII § 20 Rn 12). Sofern diese Leistungen zeitlich begrenzt sind (z.B. § 38 Abs. 2 Satz 2 SGB V), kommt anschließend die Hilfe nach § 20 SGB VIII in Betracht.

50 Zu den **Kosten** der Leistung nach § 20 SGB VIII, also zu den Kosten der Betreuung und Versorgung des Kindes, ist grds. eine Heranziehung der Mj. und Eltern gemäß § 91 Abs. 1 Nr. 3 SGB VIII möglich (im Einzelnen vgl. Kap. 16.5.3).

7.3.2.3 Unterstützung bei notwendiger Unterbringung zur Erfüllung der Schulpflicht – § 21 SGB VIII

51 Die Regelung des **§ 21 SGB VIII** setzt voraus, dass ein ständiger berufsbedingter Ortswechsel der Personensorgeberechtigten stattfindet, dass deswegen die Erfüllung der Schulpflicht nicht sichergestellt werden kann und somit eine anderweitige Unterbringung des Mj. notwendig ist. Die Schulpflicht richtet sich nach Landesrecht, sie bezieht auch die Berufsschulpflicht ein. Mit dem KiföG (2008) wurde die Voraussetzung gestrichen, die die Gewährung der Leistung von der materiellen Bedürftigkeit der Hilfesuchenden abhängig machte.

52 **Rechtsfolge** ist nach § 21 Satz 1 SGB VIII zunächst, dass ein **Anspruch auf Beratung und Unterstützung** für die Personensorgeberechtigten besteht, wie sie diese schwierige Situation meistern können. Darüber hinausgehende Ansprüche bestehen nach Satz 2, wenn tatbestandsmäßig außerdem der Begriff des »**geeigneten Falls**« erfüllt ist. Liegt ein solcher geeigneter Fall vor, so formuliert das Gesetz, dass die Kosten der Unterbringung übernommen werden »können«. Gleichwohl hat die Rechtsprechung ein Ermessen verneint, da alle Kriterien, die sachlich von Bedeutung sind, bereits bei dem Begriff »geeigneter Fall« zu erwägen sind. Es bestehe dann, wenn diese Voraussetzungen gegeben sind, ein Rechtsanspruch auf entsprechende Leistungen (OVG RP 7.12.1989 – 12 A 1/89 – FEVS 39, 330 ff.; vgl. auch BVerwGE 18, 247 ff. zu einer vergleichbaren Auslegung des Begriffs »Geeignetheit« im Baurecht). Anspruch besteht auf die Übernahme von Kosten in einer **geeigneten Wohnform**; die Eignung ergibt sich aus dem Zweck der Leistung, nämlich die Erfüllung der Schulpflicht sicherzustellen. Das kann ggf. ein Internatsplatz, ggf. aber auch eine Unterbringung in einer (anders) betreuten Wohneinrichtung oder in Familienpflege sein. Was die **Beteiligung an den Kosten** anbelangt, so ist eine Heranziehung der Mj. und deren Eltern nach § 91 Abs. 1 Nr. 4 SGB VIII grds. möglich (im Einzelnen vgl. Kap. 16.5.3).

7.3 Die Unterstützung in konkreten Lebenslagen – §§ 19 - 21 SGB VIII

Wichtige, interessante Entscheidungen

- *Zur elterlichen Sorge:* BVerfG 18.12.2003 – 1 BvR 1140/03 – Kind-Prax 2004, 107; BVerfG 29.1.2003 – 1 BvL 20/99, 1 BvR 933/01 (kein Vorrang der gemeinsamen elterlichen Sorge nach Trennung/Scheidung); EGMR 26.2.2004 Görgülü vs. Germany – 74969/01 – FamRZ 2004, 1456 ff. (Sorge- und Umgangsrecht des Vaters eines von der Mutter zur Adoption freigegebenen, nichtehelichen Kindes);
- *Zum Umgangsrecht:* BVerfG 1.4.2008 – 1 BvR 1620/04 – FamRZ 2008, 845 (zwangsweise Durchsetzbarkeit des Umgangsrechts)
- *Zur Vermittlung in Sorge- und Umgangsstreitigkeiten:* AG Lahnstein 8.7.2003 – 1 UR II 6/03 – JAmt 2004, 384 (Nachrang der anwaltlichen Beratungshilfe gegenüber Beratung durch JA); s.a. BVerfG 14.2.2007 – 1 BvR 1351/01 (Vorrang einvernehmlicher Regelungen gegenüber der richterlichen Streitentscheidung)
- *Zur fehlenden Anordnungskompetenz des FamG gegenüber JA oder freien Jugendhilfeträgern zur Begleitung von Umgängen:* BVerfG 29.07.2015 – 1 BvR 1468/15

Weiterführende Literatur

- *Zu § 16:* BMFSFJ 2009; *Correll/Lepperhoff* 2019; *Erler* 2014; *zu Gesundheitsbildung und -förderung nach § 16: Krüger/Schröder* JAmt 2020, 7
- *Zu §§ 17-18 SGB VIII:* BY LJA 2004; *Hohmann/Morawe* 2012; *Trenczek* et al. 2017b.
- *Zu §§ 19-21 SGB VIII:* Deutscher Verein NDV 2003, 12 ff.;
- *Zu den verfassungs- und familienrechtlichen Hintergründen (insb. Sorge- und Umgangsrecht; Unterhalt etc):* Jestaedt HB-KJHR Kap.1.5; *Ernst* HB-KJHR 2011, Kap. 7.1; *Münder* et al. 2020.
- *Zum Anspruch auf Beratungs- und Unterstützungsleistungen des JA: Kasenbacher* NJW-Spezial 2020, 196

8. Förderung von Kindern in Tageseinrichtungen und in Kindertagespflege: §§ 22 - 26 SGB VIII

1 Die Förderung von Kindern in Tageseinrichtungen und in Kindertagespflege ist quantitativ das bedeutsamste Feld der Kinder- und Jugendhilfe. Die mit dem Förderauftrag »Erziehung, Bildung und Betreuung« verbundenen Erwartungen stellen die Praxis vor große, nicht nur finanzielle Herausforderungen. Der Rechtsgehalt der Regelungen ist unterschiedlich, insb. im Hinblick auf die Altersgruppen. Mit dem seit 1.1.1999 bundesweit geltenden Rechtsanspruch auf den Besuch eines Kindergartens hat der Gesetzgeber eine deutliche Zäsur gesetzt. Seit dem 1.3.2013 haben alle Kinder ab dem vollendeten ersten Lebensjahr (und ggf. bereits davor) einen Anspruch auf Förderung in der Tagesbetreuung.

Ausführlich behandelte Bestimmungen

- Tageseinrichtungen, Tagespflege: §§ 22 - 26 SGB VIII
- Finanzierung der Einrichtungen: §§ 74, 74a, 78a ff. SGB VIII
- Elternbeiträge: § 90 SGB VIII

8.1 Bedeutung und Standort des Arbeitsfeldes

2 Sowohl unter quantitativen Gesichtspunkten als auch unter qualitativen Erwägungen ist die Förderung, Betreuung, Erziehung und Bildung von (Klein-)Kindern, insb. in Tageseinrichtungen, ein bedeutsames Feld der Kinder- und Jugendhilfe (ausführlich *Textor/Bostelmann* 2019; zur Frühpädagogik und Tagesbetreuung *Thiersch* 2018). Die Kindertagesbetreuung ist mittlerweile – noch vor den Schulen – das größte sozialstaatlich-institutionelle Angebot, das es in Deutschland gibt, sowohl im Hinblick auf die Anzahl der Fachkräfte als auch im Hinblick auf die Ausgaben der Kinder- und Jugendhilfe. Mehr als 2/3 aller in der Jugendhilfe beschäftigten Personen arbeiten in diesem Bereich (s. Kap. 8.1.1). Auf die Kindertagesbetreuung entfällt der größte Teil der Bruttoausgaben der Kinder- und Jugendhilfe, im Jahr 2018 waren es rund 33,7 Mrd. EUR (66 % von ins. rund 51 Mrd.; *Destatis* 2019), rund 7,4% mehr als 2017.

3 Hinsichtlich der **Terminologie** hat sich folgende Begrifflichkeit herausgebildet:

- Unter **Kinderkrippen/Krabbelstuben** werden Einrichtungen für Kinder bis zur Vollendung des 3. Lebensjahres verstanden.
- **Kindergärten** sind Einrichtungen für Kinder vom vollendeten 3. Lebensjahr bis zum Schuleintritt.
- **Horte** sind Einrichtungen zur außerschulischen Betreuung von Kindern überwiegend im Grundschulalter (wegen des Begriffes Kind in § 7 Abs. 1 Nr. 1 SGB VIII teilweise aber auch bis zur Vollendung des 14. Lebensjahres).

4 Zusammenfassend werden diese Angebote als **Kindertagesstätte** oder -einrichtung bzw. kurz als »KiTa« bezeichnet, wodurch auch altersgemischte oder integrative Gruppen von Kindern mit und ohne Behinderung (vgl. § 22a Abs. 4 SGB VIII) einbezogen sind (zur Inklusion im Kita-Bereich *Häschel* 2016; *Maykus/Beck* et al. 2016; *Sarimski* 2011). Bei der Betreuung im Rahmen sog. »offener Ganztagsschulen« kann es sich je nach Ausgestaltung um eine Tageseinrichtung im o.g. Sinn oder um ein Angebot der Schulverwaltung nach landesgesetzlichen Regelungen handeln (vgl. Kap. 8.3). Ob ein

8.1 Bedeutung und Standort des Arbeitsfeldes

sog. Waldkindergarten als Tageseinrichtung anerkannt werden kann, hängt davon ab, ob hierfür zumindest eine feste Räumlichkeit (z.B. eine angemessen ausgestattete Schutzhütte) zur Verfügung steht (*DIJuF* 2004, 414 ff.). Dies sollte nicht nur im Hinblick auf eine mögliche Betriebserlaubnis (vgl. § 45 SGB VIII), sondern schon aus Gründen des Kindeswohls der Fall sein. Der Begriff der **Kindertagespflege** meint grds. die Betreuung durch eine geeignete (natürliche) Person entweder in ihrem eigenen Haushalt oder im Haushalt der Personensorgeberechtigten der Kinder (§ 22 Abs. 1 Satz 2 SGB VIII, wobei Landesrecht das Nähere über die Abgrenzung von Tageseinrichtungen und Kindertagespflege regeln kann).

Allerdings gibt es keine verbindliche Nomenklatur. Deutlich wird dies z.B. an dem Begriff Kindergarten: In manchen Ländern und Regionen wird damit nur ein Angebot am Vormittag benannt, in anderen Regionen sind dies Ganztagsangebote im Umfang von bis zu 10 oder 12 Stunden. Abzugrenzen sind Kindertagesstätten und -pflege von der Tagesgruppe nach § 32 SGB VIII als individuelle Hilfe zur Erziehung. Allerdings können erzieherische Hilfen auch im Rahmen der Tagesbetreuung geleistet werden (s.u. Kap. 8.1.2 a.E.; zur Kostenübernahme der Kita-Gebühren i.R.d. § 27 SGB VIII vgl. *DIJuF* 2004, 416).

Besondere Bedeutung hat die Kindertagesbetreuung (und die verwaltungsgerichtliche Rechtsprechung) insb. auch durch die nach Altersgruppen differenzierten Rechtsansprüche (s. Kap. 8.2.3). Sowohl die Kindertagespflege (§ 43 SGB VIII) wie auch der Betrieb von KiTas (§ 45 SGB VIII) ist erlaubnispflichtig (hierzu Kap. 11.1).

8.1.1 Quantitative Dimensionen

Am 1.3.2019 wurden in Deutschland insgesamt rund 3,83 Millionen Kinder unter 14 Jahren in einer Kindertageseinrichtung oder in Kindertagespflege betreut. Der Großteil dieser Kinder besuchte eine Tageseinrichtung (ca. 95 % bzw. 3,66 Millionen), 171.626 wurden im Rahmen der öffentlich geförderten Tagespflege betreut (*Destatis* 2019). Hinzu kommt die ausschließlich privat initiierte und bezahlte Tagesbetreuung. In Deutschland gab es 2019 knapp 56.708 Kindertagesstätten (davon in öffentlicher Trägerschaft: 18.586; Einrichtungen freier Träger: 38.122), in denen insgesamt mehr als 752.220 Personen und damit mehr als 2/3 der (ca. 1,1 Mio.) in der Kinder- und Jugendhilfe tätigen Fachkräfte beschäftigt waren (*Destatis* 2019; *KomDat* 1/2020, 1 ff.). Hinzu kommen noch 44.722 Personen, die 2019 in öffentlich geförderter Tagespflege tätig waren.

Seit Mitte der 1990er Jahre kann man eine deutliche Zunahme des Kindergartenbesuches und der entsprechenden Ausgaben feststellen; dementsprechend stieg bis 2015 im Bundesdurchschnitt die **Betreuungsquote** (Platz-Kind-Relation) bei den zur Verfügung stehenden Kindergartenplätzen (vgl. Kap. 4.4, Tab. 1 und 3) für die 3 bis 6-jährigen Kinder bis auf 95,3 % (*BMFSFJ* 2017a, 5 ff. und 16 ff.; *Destatis* 2019), allerdings nicht allein aufgrund des Ausbaus entsprechender Plätze, sondern auch wegen des zeitweisen Rückgangs der Geburten-/Kinderzahlen. Seither sinkt die Quote wieder leicht trotz gestiegener Betreuungszahlen und liegt derzeit im Bundesdurchschnitt bei 93%. Bedingt durch den im Jahr 2013 eingeführten Anspruch auf frühkindliche Förderung von Kindern unter 3 Jahren ist die Betreuungsquote von Kindern dieses Altersegments seither erheblich angestiegen (*BMFSFJ* 2017a, 4 ff.); bei ihnen wie auch bei den über 6-jährigen Kindern sind die Betreuungsquoten deutlich niedriger als in der Altersgruppe 3-6 Jahre. Zudem kann man in allen Altersgruppen große regionale Unterschiede in der

Betreuungsquote feststellen, nicht nur zwischen Ost und West (was vor allem auf die historisch bedingten Entwicklungen zurückzuführen ist), sondern auch unter den westlichen Bundesländern. Allerdings sind die (mit zunehmendem Alter der Kinder bis 6 Jahren) ebenso gestiegenen und weiter steigenden **Betreuungsbedarfe** (vgl. *DJI* 2014; *Gottwald* et al. JAmt 2017, 274 ff.; *Walper* et al. 2015) immer noch nicht gedeckt, insb. auch nicht das bis 2015 selbstgesteckte Ziel von 35% bei den unter 3-Jährigen (*Hubert* et al. DJI-Impulse 1/2019, 10 ff.).

Stieg die Betreuungsquote bei den über 3jährigen Kindern in den westdeutschen Bundesländern bis zur letzten Auflage (2015) an, sank sie mittlerweile wieder auf 92,7%. In den ostdeutschen Bundesländern fiel sie von ehemals über 100 % auf 94,2%, TH: 95,8%, ST: 93,6%. Bei den unter 3-jährigen betrug die Betreuungsquoten in den westlichen Bundesländern im Jahr 2015 noch 27,4%, in den östlichen Bundesländern 52,1%; derzeit (2019) beträgt die Quote 30,3 (West) und 52,1% (Ost); hier wie dort mit deutlichen regionalen Unterschieden (Destatis 2019); im Einzelnen nach Altersgruppen:

0-3 Jahre: insg. 34,3%; West 30,3%, Ost und Berlin 52,1%; z.B. NW 28,4%; BY 28,5%; BW 29,5%; HB 28,4%; SN 52,3%; TH 54,6%; BB 56,9%; ST 58,2%;

3-6 Jahre: insg. 93%; West 92,7%, Ost 94,2%; z.B. HB 87%; NW 91,8%; BY 92,5%; RP; 95,3%; MV und SN 94,5%;TH 95,8%;

6-11 Jahre: insg. 23,5%; West 16,2%; Ost: 53,5%; z.B: HH 7,5%; NW 8,5%; TH 12,9%; BY 25,5%; HB 21,1%; MV 68,7%; BB 74,6%; SN 84,8%;

11-14 Jahre: insg. 0,9%; West: 0,5%, Ost: 2,5%; z.B. BE u. TH: 0%; HH 0,5%; BW u. BY 0,9%; SN 3,3%; ST 4,6%; BB 5,8%.

9 Von erheblicher Bedeutung sind auch die KiTa-Plätze, die von Eltern selbst initiiert und organisiert werden (sog. **Elterninitiativen**, seit 2008 relativ konstant zwischen 4.200 und 4.400; 2019: 4.218 mit insg. 137.083 Plätzen/Kindern), v.a. in Berlin (575) sowie den Bundesländern NI (489), NRW (1.169), BY (557) und BW (517). Diese sollen nach § 25 SGB VIII von der öffentlichen Jugendhilfe beraten und unterstützt werden (s. Rn 47). Die zunehmenden Anforderungen, die sich teilweise nicht zuletzt hinsichtlich der Sicherstellung der Finanzierung ergeben, bringen jedenfalls regional die Gefahr mit sich, dass Elterninitiativen den Betrieb von Einrichtungen aufgeben, die dann von größeren etablierten Trägern übernommen werden.

10 Problematisch ist v.a. die **regional unterschiedliche Betreuungssituation**, nicht nur zwischen den Bundesländern, sondern auch innerhalb der verschiedenen Landesteile oder gar innerhalb des Zuständigkeitsgebiets der kommunalen Träger. Wissenschaftliche Analysen haben gezeigt, dass ein Großteil der Differenz durch sozialstrukturelle und sozialräumliche Unterschiede zwischen den Gemeinden bzw. Stadtteilen erklärt werden kann (*BMFSFJ* 2015, 2 f.).

11 Ganztagesplätze (mehr als 7 Stunden tägliche **Betreuungszeit** bzw. mehr als 35 Std./ wtl. vertraglich vereinbart) stehen nicht für alle Kinder zur Verfügung; immerhin haben aber mittlerweile knapp ¾ der 56.708 KiTas eine Öffnungszeit von 9 und mehr Stunden (zumeist von 7.00 bis mindestens 16.30 Uhr) (*Destatis* 2019). Zum Zeitpunkt der letzten Auflage (2015) hatten nur 40% der KiTas Öffnungszeiten von mindestens 7.30 bis 16.30 Uhr. Für nur 46,6% (1.705.499 von 3.663.344) der Kinder ist eine durchgehende Betreuungszeit von mehr als 35 Std./wt. vereinbart (2015 waren das noch 42% der 3-8-Jährigen). Für die Schüler standen 2019 bundesweit gerade einmal 504.724 (2014: 454.000) Hortplätze zur Verfügung, obwohl gerade für Kinder in die-

8.1 Bedeutung und Standort des Arbeitsfeldes

sem Alter nach der Schule verlässliche Ansprechpartner zuhause aufgrund der (beruflichen) Abwesenheit der Eltern nicht immer zur Verfügung stehen und sie sich dann oft allein überlassen sind – mit allen problematischen Folgewirkungen.

Auch qualitativ sind die Unterschiede immens und fachlich nicht zu erklären: Die **Gruppengrößen** und **Personalschlüssel** variieren ungeachtet der Entwicklungen in den letzten Jahren extrem (*Destatis* 2019; *KomDat* 1/2020; *Statistisches Bundesamt* 2018a; *Fuchs-Rechlin KomDat* 1/2013), sowohl im Hinblick auf die Altersgruppen wie auch in den Bundesländern, wobei hier auch die unterschiedliche Ländergesetzgebung, in welcher teilweise u.a. auch Mindestpersonalschlüssel festgelegt werden (*Geiger* 2019), und die Rechtsprechung eine Rolle spielen (z.B. OVG NW 20.3.2000 – 16A 4169/98: zwei Personen bei altersgemischten Gruppen als personeller Mindeststandard; bei größeren Gruppen – ab etwa 16 Kindern – ist eine dritte Fachkraft erforderlich, vgl. VGH BW 24.3.1998 – FEVS 49/1999, 129 ff.). Während z.B. in den westdeutschen Bundesländern im Jahr 2014 eine Vollzeitkraft für 3,4 Kinder unter drei Jahren zuständig war, war in Ostdeutschland (ohne Berlin) eine Fachkraft für die Betreuung von 5,8 Kindern verantwortlich (*BMFSFJ* 2015, 4). Zwar war in den letzten Jahren in allen Bundesländern das Wachstum der Anzahl des pädagogischen Personal in Kindertageseinrichtungen prozentual stärker als das der dort betreuten Kinder; dies führt aber nicht automatisch zu Verbesserungen bei den Personalschlüsseln, da sich gleichzeitig auch die Betreuungsumfänge der Kinder erhöht und die Beschäftigungsumfänge des Personals verringert haben (*KomDat* 1/2020, 22). In den meisten Ländern hat sich das Verhältnis von Fachkraft zur Anzahl der betreuten Kinder in Gruppen mit unter 3-Jährigen verbessert. 2019 betreut im Bundesschnitt eine Vollzeitkraft 3,9 Ganztagskinder (2012: 4,5). Die deutlichsten Verbesserungen sind in ST, HH und BB zu verzeichnen (ein Ganztagskind pro Vollzeitkraft). Keine nennenswerten Veränderungen gab es in MV, NRW; im SL (+0,3) und (geringfügig) auch in TH ist sogar eine leichte Verschlechterung des Personalschlüssels in den Gruppen für unter 3-Jährige festzustellen (*KomDat* 1/2020, 23). In den sog. Kindergartengruppen (Kinder im Alter von 3 Jahren bis zum Schuleintritt) liegt der Bundesdurchschnitt 2019 bei 8,2 und verbesserte sich seit 2012 um 0,9, also fast um ein Ganztagskind weniger pro Vollzeitkraft. Die stärksten Verbesserungen zeigen sich in MV (von 13,6 auf 12,0) und in BW 8,1 auf 6.5), bei einem deutlich unterschiedlichen Ausgangsniveau. Leicht verbessert (-0,3) haben sich die Personalschlüssel in HE, HB und im SL, während sich dieser in TH (mit dem im Jahr 2012 noch besten Schlüssel unter allen ostdeutschen Ländern) verschlechtert hat (+0,2 auf nun 10,7 Ganztagskindern pro Vollzeitkraft. Ungeachtet der Veränderungen in den einzelnen Bundesländern im Hinblick auf den Personalschlüssel besteht das Ost-West-Gefälle weiterhin: In den ostdeutschen Ländern (10,4; BB 9,7; MV 12,0; ST 10,3; SN 11,0; Th 10,7) ist der Personalschlüssel immer noch wesentlich schlechter als im westlichen Bundesgebiet (7,6; BW 6,5; BY 7.9; HB 7,0; HH 7,1; HE 8,8; NI 7,4; NW 7,9; RP 8,0; SH 7,4; SL 8,9). Auch in den anderen Altersgruppen sind jeweils die Personalschlüssel in den westdeutschen Bundesländern günstiger als in den ostdeutschen (*KomDat* 1/2020; *Statistisches Bundesamt* 2018a).

Unterschiede gibt es auch im Hinblick auf die **berufliche Qualifikation** der pädagogischen Fachkräfte. Von den 653.769 am 1.3.2019 bundesweit in Kindertageseinrichtungen als pädagogisches Personal (inkl. freigestellte Einrichtungsleitung, Verwaltung) tätigen Beschäftigten verfügte die große Mehrzahl (447.261 = 68,4%) über einen Fachschulabschluss (Erzieher*innen, Heilpädagog*innen, Heilzieher*innen sowie Heilerziehungspfleger*innen), weitere 10,6% (69.337 Personen) verfügten über einen

Berufsfachschulabschluss in der Kinderpflege und 15.877 Personen über einen Abschluss als Sozialassistent*innen/Helferberufe (*Destatis* 2019). Der Anteil an Personen mit Hochschulabschluss (Erziehungswissenschaft, Dipl.-Päd. bzw. Sozial-/Heilpädagog*innen) stieg seit 2008 zwar leicht von 3,5 Prozent auf 5,6 Prozent (= 37.135 Personen) in 2019, ist jedoch weiterhin auf einem niedrigen Niveau. Ebenso gering ist die Anzahl der männlichen Fachkräfte (nur 43 838 = 6,7%). Allerdings sind auch das Anforderungsprofil und die pädagogische Qualifikation der Betreuer/innen in den Bundesländern und den einzelnen Kommunen sehr unterschiedlich, wobei auch der zunehmende Fachkräftemangel eine Rolle spielt. So erweiterte das Land MV im Jahr 2019 den Katalog der Berufsgruppen, deren Angehörige als Fachkräfte gewertet werden, um Qualifikationen wie etwa Grundschullehrkräfte, Logopädinnen und Logopäden und Physiotherapeutinnen und Physiotherapeuten (§ 2 KiföG MV). Extreme regionale Unterschiede gibt es auch bei den Elternbeiträgen (hierzu 8.5). Hierin spiegelt sich auch ein **Grundproblem** der derzeitigen rechtlichen Ausgestaltung der Förderung von Kindern in Tageseinrichtungen und in Kindertagespflege wider: die Finanzlast der durch ein Bundesgesetz formulierten Rechtsansprüche und Qualitätsanforderungen müssen in den meisten Bundesländern nahezu vollständig von den Kommunen als zuständigen örtlichen Trägern der Jugendhilfe getragen werden (s. Kap. 8.4). Sofern sich Bundesländer dazu entscheiden, die Förderung für die Eltern beitragsfrei auszugestalten, besteht die Gefahr, dass wichtige qualitative Verbesserungen unterbleiben, da die notwendigen finanziellen Mittel gebraucht werden, um die wegfallenden Elternbeiträge zu kompensieren (s. Rn 54).

8.1.2 KiTas - Inhaltliche Konzeption zwischen Betreuung, Bildung und Erziehung

14   In den westlichen Bundesländern war der geringe Versorgungsgrad mit Plätzen in Tageseinrichtungen Ausdruck eines Verständnisses, dass die Kinder- und Jugendhilfe nur in Ausnahmefällen tätig werden sollte, nämlich dann, wenn die Betreuung durch die Familie nicht sichergestellt werden kann. Inzwischen haben sich die Kindertageseinrichtungen von diesem Verständnis weg entwickelt (vgl. umfassend 14. KJB 2013/BT-Drs. 17/12200, 306 ff.). Sie sind heute zu einem selbstverständlichen Bestandteil kindlicher Sozialisation geworden. Nach § 22 Abs. 3 SGB VIII wird als Inhalt der Förderungsaufgabe in KiTa und Tagespflege die »Erziehung, Bildung und Betreuung des Kindes« benannt. Die Bedeutung von **Erziehung und (früher) Bildung** wurde durch die Umstellung der Förderungstrias im TAG 2004 nochmals hervorgehoben (vgl. *Rauschenbach/Meiner-Teubner* DJI-Impulse 1/2019, 4 ff.). Eine bloße »Betreuung« ohne pädagogische Angebote entspricht nicht den gesetzlichen Anforderungen. So stellt etwa die stundenweise Kinderbetreuung in Kaufhäusern o.ä., mit der keine über die Betreuung hinausgehenden Ziele verfolgt werden, keine Leistung i.S.d. § 22 SGB VIII dar. Die derzeitige Entwicklung geht noch darüber hinaus: die KiTa entwickelt sich von einer pädagogischen Einrichtung mit einem ausgeprägten Betreuungsauftrag hin zur Kindertageseinrichtung als Bildungseinrichtung (vgl. *Autorengruppe Bildungsberichterstattung* 2018, 62 ff. *Corell/Lepperhoff* 2019; *Volkert* 2008).

> Ob die Förderung in Tageseinrichtungen zur Kinder- und Jugendhilfe oder zum schulischen Bildungsbereich zugeordnet werden sollte, war noch in den 1980er Jahren umstritten. Nach einem bundesweit durchgeführten Modellprojekt entschied man sich für die **Zuordnung zur Jugendhilfe** vornehmlich wegen der bedarfsorientierten Flexibilität, dem kindgerechten Situationsansatz, der Lebensweltorientierung und der umfassenden Beteili-

8.1 Bedeutung und Standort des Arbeitsfeldes

gungsmöglichkeit für Eltern (im Einzelnen *Lakies/Beckmann* in: FK-SGB VIII vor § 22 Rn 7 ff.). Bei der Verabschiedung des SGB VIII kam es bei der Frage der Zuordnung der Tageseinrichtung hinsichtlich der Situation im Freistaat Bayern zu einem in § 26 Satz 2 SGB VIII gefundenen Kompromiss (vgl. Kap. 8.3). Mit dem Bayerischen Kinderbildungs- und -betreuungsgesetz vom 8.7.2005 ordnete auch Bayern die KiTa der Kinder- und Jugendhilfe zu. Die Auseinandersetzung um den Standort der Förderung und frühkindlichen Bildung von Kindern in Tageseinrichtungen ist aber spätestens seit der PISA-Studie wieder aufgeflammt (vgl. *Schoch* ZfJ 2003, 301 ff.; zur Kooperation von KiTa und Grundschule *Pohlmann-Rother et al.* 2020)

Die Diskussion bezieht sich insb. auf den Kindergarten bzw. das letzte Kindergartenjahr vor Schulbeginn. Hier wird – gerade im Hinblick auf die Situation von Kindern aus sozial benachteiligten Familien und aus Migrantenfamilien auch die Frage einer »**Kindergartenpflicht**« oder zumindest der Einführung eines Pflichtjahres im letzten Kindergartenjahr erörtert (zu den damit zusammenhängenden verfassungsrechtlichen Fragen vgl. *Hoffmann* ZKJ 2006, 436). Gleichzeitig gibt es im Bereich der schulpflichtigen Kinder Entwicklungen, die zu einer faktischen »Ausdünnung« der Kinder- und Jugendhilfe im Hortbereich führen. Diese zeigt sich in der zunehmenden Etablierung von **Ganztagsschulen** bzw. der Einrichtung von (Grund-)Schulen mit (verlängerten) festen Öffnungszeiten, in denen Kinder große Teile jener Zeit verbringen, die früher als »Freizeit« charakterisiert war. Das hat Folgen für die Zeitstrukturen, in denen Kinder leben; es verändert den Organisationsgrad ihres Lebens und die Möglichkeiten ihres Lernens (14. KJB 2013 BT-Drs. 17/12200, 38; *Wiesner/Struck* § 24 Rn 66). Diese »Ausweitung der Schule« im Schulbereich selbst sieht das Bundesverfassungsgericht durch die Kompetenz der Länder (zumindest für den Fall von Sachsen-Anhalt) gedeckt und im Einklang mit dem Elternrecht nach Art. 6 Abs. 2 Satz 1 GG (BVerfG 16.4.2002 – 1BvR 279/02 – DVBl 2002, 471 ff.). Soll die Sprach- und Bildungsförderung von Kindern noch stärker in den Auftrag der Tageseinrichtungen der Kinder- und Jugendhilfe verankert werden – vgl. 14. KJB 2013 BT-Drs. 17/12200, 41 u. 306 ff. – bedarf es neben den betreuenden und sozialpädagogischen Anteilen einer Profilierung eines jugendhilfespezifischen (frühkindlichen) **Bildungsbegriffs**.

Die Förderung von Kindern in Kindertageseinrichtungen und in Kindertagespflege soll als infrastrukturelles Leistungsangebot sehr verschiedene **Funktionen** erfüllen. Werden die KiTas bildungspolitisch teilweise als »vorweg genommene Schule« verstanden, so geht es familien-/sozialpolitisch v.a. um die Vereinbarkeit von Familie und Beruf und die Unterstützung der wachsenden Zahl Alleinerziehender. Die KiTa als Familienersatz soll aber auch als Institution zur Kompensation von Begrenzungen und Mängeln in der familialen Sozialisation ebenso dienen wie zur Verbesserung der gesellschaftlichen Integration, dem Spracherwerb und der Prävention durch möglichst frühzeitiges Erkennen von möglichen Problemkonstellationen. Dabei wurde der Fokus in den letzten Jahren auch in Kindertageseinrichtungen vor allem auf die Entwicklung von Kinderschutzkonzepten zur Prävention und Intervention gelegt (verengt) (hierzu *BAGLJÄ* 2016).

Aus wirtschaftspolitischer Sicht – und dies scheint wohl der entscheidende Impuls für den Ausbau der Kindertagesbetreuung zu sein – erhofft man durch eine verbesserte Kindertagesbetreuung die Überwindung von Standortnachteilen, wenn gut ausgebildete Fachkräfte in der Region gehalten und insb. die Frauen wieder ins Erwerbsleben integriert werden können (vgl. *Meysen/Schindler* JAmt 2004, 277). Schließlich erhofft man sich in demographischer wie sozioökonomischer Hinsicht durch die Schaffung einer entsprechenden Infrastruktur eine Steigerung der immer noch sinkenden Geburtenzahlen. Die **KiTas** scheinen als **Ausfallbürge** für nahezu sämtliche Mängel der modernen Industriegesellschaft herhalten zu müssen (*Lakies/Beckmann* in: FK-SGB VIII vor § 22 Rn 11 ff.) – wobei das Fehlen bzw. die Nichtverfügbarkeit der Kindertagesbetreuung (z.b. aufgrund der Corona-bedingten Schließungen) mittlerweile vor allem mit Blick auf die Folgen für den Wirtschaftsstandort Deutschland problematisiert zu werden scheint und weniger mit den eingeschränkten Entwicklungsperspektiven der Kinder. Will man verhindern, dass die KiTas an diffusen und überbordenden Zuschreibungen scheitern, bedarf es einer grundsätzlichen qualitativen Neubestimmung der Kindertagesbetreuung im Sinne eines vor allem dem **Kindeswohl** dienenden Lebensortes (vgl. § 22 Abs. 2 Nr. 1 SGB VIII) durch eine ganzheitliche Verbindung von frühkindlicher Bildung, Erziehung und Betreuung.

18 Tageseinrichtungen sollen sich nach § 22a Abs. 3 SGB VIII »pädagogisch und organisatorisch an den Bedürfnissen der Kinder und ihrer Familien orientieren«. Gerade im Hinblick auf »Erziehung und Bildung« erfordert eine »pädagogische Konzeption« den Einsatz entsprechend qualifizierter **Fachkräfte** (zu den Berufsabschlüssen s.o. Rn 13). Der Begriff »organisatorisch« richtet sich insb. auf die Öffnungszeiten von Einrichtungen wie auf die räumliche Erreichbarkeit: eine Ausrichtung an den Bedürfnissen der Familie verlangt bedarfsgerechte und flexible Öffnungszeiten. Da die Bedürfnisse von Familien unterschiedlich sind, stellt diese gesetzgeberische Aussage Anforderungen an die Flexibilität der Kindertageseinrichtungen. Allerdings besteht zwischen »den Betreuungswünschen der Eltern und der Planungssicherheit der Träger, u.a. durch eine möglichst gute Auslastung der Plätze, ... eine Diskrepanz« (*Fuchs-Rechlin KomDat* 14/2011, 17).

19 Angesichts der familialen und gesellschaftlichen Entwicklungen (vgl. Kap. 2.1) kommt dem **sozialpädagogischen Aspekt** im Rahmen der Kindertagesbetreuung steigende Bedeutung zu. Durch zurückgehende Kinderzahlen in Familie und Nachbarschaft haben sich spontane, aus dem Alltag und der Umwelt ergebende Kommunikations- und Spielmöglichkeiten für Kinder verringert. Der öffentliche Raum für Kinder ist enger geworden: Kinder sind heute weitgehend aus der Öffentlichkeit verschwunden. Damit wächst die Bedeutung organisierter Räume, organisierter Spielgruppen für die Entfaltung von Kindern. Die Betreuung in Einrichtungen hat hier die Aufgabe, diese Möglichkeiten für Kinder zu schaffen und sicherzustellen. Von besonderer Bedeutung ist zudem die **Vereinbarkeit von Familie und Beruf** (§ 22 Abs. 2 Nr. 3 SGB VIII). Schließlich geht es auch um die gezielte integrative Förderung von Kindern mit einem erhöhten Förderbedarf, sei es aufgrund ihrer Behinderung (§ 22a Abs. 4 SGB VIII), aufgrund von Migration/mangelnden Sprachkenntnissen oder aufgrund eines individuellen erzieherischen Bedarfes. Allerdings hat die Praxis diese Zielgruppen bislang bei weitem noch nicht erreicht. Zwar sollen z.B. auch Kinder aus Familien mit Migrationshintergrund von frühkindlicher Bildung in der Kindertagesbetreuung profitieren können, insb. dann, wenn zu Hause kein Deutsch gesprochen wird. Allerdings werden die Betreuungsangebote für unter Dreijährige von Familien mit Migrationshintergrund deutlich weniger in Anspruch genommen (Vgl. *DJI* 2020, 55 ff.; 14. KJB 2013 BT-Drs. 17/12200, 311).

8.1.3 Kindertagespflege

Angesichts der trotz aller positiven Entwicklungen immer noch unzureichenden Versorgungssituation vor allem für jüngere Kinder unter 3 Jahren in Kindertageseinrichtungen hat die Betreuung von Kindern durch Tagespflegepersonen (vor allem Tagesmütter) eine erhebliche Bedeutung (14. KJB 2013/BT-Drs. 17/12200, 312 ff.; *BMFSFJ* 2019, 10 ff.; *Schoyerer/Papst* 2015). Über die Jahre hinweg lässt sich ein kontinuierlicher Anstieg der Kindertagespflege feststellen. Im Jahr 2014 wurden 147.507 Kinder in öffentlich geförderter Kindertagespflege (von 43.504 Tagesmüttern und 1.356 Tagespflegevätern) betreut. Im Jahr 2019 waren es 171.626 Kinder (bei 44.722 Tagespflegepersonen, davon nur 1.766 Männer) in öffentlich geförderter Tagespflege. Hinzu kommt die schätzungsweise noch einmal gleich hohe Zahl von Kindern in »informeller Tagespflege« (d.h. ohne Beteiligung des JA).

Die gesetzlichen Regelungen (z.B. §§ 22 Abs. 1, 24 Abs. 2 SGB VIII) gehen von einer grundsätzlichen **Gleichrangigkeit von Kindertagespflege und Tageseinrichtungen** aus. Dies wird auch dadurch betont, dass auch für die Kindertagespflege eine Erlaubniserteilung nach § 43 SGB VIII grds. notwendig ist (hierzu Kap. 11.1). Allerdings benötigen nicht alle Tagesbetreuungspersonen eine Erlaubnis, insb. dann nicht, wenn die Betreuung im Haushalt der Erziehungsberechtigten des Kindes, nicht mehr als 15 Stunden/wtl. oder unentgeltlich erfolgt. Insoweit wird die Autonomie der elterlichen Sorge unterstrichen (s. Rn 29). Zudem besteht im Bereich der Tagespflege kein Vermittlungsmonopol der öffentlichen Träger.

Fachlich ist die Kindertagespflege nach wie vor **umstritten**, insb. wenn und soweit es hierbei vorrangig nur um eine reine Betreuung und Versorgung geht (zur Qualität in der Kindertagespflege s. *Römling-Irek/Waßmuth* 2017). Einerseits wird aber gerade für jüngere Kinder die mehr familiäre Form der Betreuung durch konstante Betreuungspersonen favorisiert, für ältere Kinder wird demgegenüber das Erlernen des Umgangs mit größeren und altersgemischten Gruppen und das soziale Lernen herausgestellt, was in der Tagespflegegruppe zumeist nicht ausreichend gewährleistet ist. Die große Mehrzahl, knapp 60% der 44.722 Personen, die 2019 in öffentlich geförderter Tagespflege tätig war, verfügt nicht über einen fachpädagogischen Berufsausbildungsabschluss, weitere 7,3% überhaupt nicht über eine abgeschlossene **Berufsausbildung** (*Destatis* 2019). In weniger als 2% der Fälle werden auch Großeltern oder Verwandte im Rahmen öffentlich geförderter Tagespflege tätig, in einigen Bundesländern ist dies ausgeschlossen (OVG HH 15.05.2019 – 4 Bf 195/17.Z – ZKJ 2019, 275). Einigkeit besteht darin, dass eine **Qualifizierung** der Tagespflege durch Verbesserung der Rahmenbedingungen notwendig ist. Damit hängt auch die Forderung nach einer leistungsgerechten Vergütung zusammen, z.B. auch dahin gehend, dass Tagespflegepersonen nicht als Selbstständige, sondern als Angestellte (bei einem öffentlichen oder freien Träger) mit abgesichertem arbeits- und sozialversicherungsrechtlichem Status beschäftigt sind – was natürlich die Kosten für einen Tagespflegeplatz erhöhen würde (ausführlich *Lakies/Beckmann* in: FK-SGB VIII § 23 Rn 57 ff.).

8.2 Bundesrechtliche Regelungen

Der Bundesgesetzgeber hat mit Wirkung seit 1.1.2005 die Förderung in Tageseinrichtungen und in Kindertagespflege in einer Norm zusammengefasst. § 22 **SGB VIII** begnügt sich zunächst mit **programmatischen Aussagen**: so in Abs. 2 und 3, wenn das

Ziel der Förderung angesprochen und die Inhalte und die Orientierung der Arbeit benannt werden. Für beide Förderungsangebote differenziert § 24 SGB VIII hinsichtlich der **Intensität des Anspruchscharakters nach Altersgruppen**. Obwohl grds. gleichrangig gibt es im Hinblick auf die Ausgestaltung der Rechtsansprüche auch Unterschiede zwischen Tageseinrichtung und Tagespflege. Zudem hat das SGB VIII den Bereich der Förderung von Kindern in Tageseinrichtungen und Kindertagespflege nicht abschließend geregelt, sondern mit § 26 SGB VIII den Ländern bewusst die weitere Ausgestaltung überlassen (s. Kap. 8.3).

24 Ob und in welcher Form, ab welchem Alter sie ihre Kinder tagsüber in Einrichtungen oder in Kindertagespflege fördern lassen wollen, steht den Erziehungsberechtigten frei (z.B. ausdrücklich § 2 ST KiFöG). Dass ein Anspruch auf einen KiTa-Platz besteht, heißt nicht, dass in Deutschland eine KiTa-Pflicht besteht (VGH Kassel 30.6.2003 – 10 TG 553/03). Dass die Nichtinanspruchnahme einer Sozialleistung wie eines KiTa-Platzes allerdings staatlich in einigen Bundesländern durch das sog. **Betreuungsgeld** gefördert wird (wurde), ist nicht nur aus sozialrechtlicher und -ökonomischer Sicht absurd, sondern wurde in der Fachdiskussion im Hinblick auf die Notwendigkeit sozialer Integration und Inklusion einhellig als kontraproduktiv abgelehnt (*Tammen* in: FK-SGB VIII § 16 Rn 1). Begründet wurde das Betreuungsgeld mit dem Gebot der Wahlfreiheit (BT-Drs. 17/9917, 13). Die Folgen waren allerdings zumeist reine Mitnahmeeffekte, ohne dass sich die Betreuung der Kinder verbessert (sondern mitunter verschlechtert). Darüber hinaus fehlten diese Mittel nicht nur im Hinblick auf den notwendigen (auch qualitativ) bedarfsgerechten Ausbau der Kindertagesbetreuung. Schließlich wurde das Betreuungsgeld kritisiert, weil es ein rückwärtsgerichtetes Familienmodell perpetuiere (»Herdprämie«) und mitunter die soziale Integration von Kindern in Benachteiligungslagen, vor allem in sozial schwachen und bildungsfernen sowie in Familien mit mangelnden Deutschkenntnissen (insb. mangelnde Förderung der sozialen Handlungs- und Sprachkompetenz) gefährde, wenn und weil gerade sie aus finanziellen Gründen nicht bei einer KiTa angemeldet bzw. vorzeitig abgemeldet werden (vgl. *Opielka/Winkler* 2009, 143 f.; *ZEW* 2009). Das Betreuungsgeldgesetz wurde vom BVerfG (21.7.2015 – 1 BvF 2/13) aufgrund der fehlenden Gesetzgebungskompetenz des Bundes als verfassungswidrig und nichtig erklärt. Neben Bayern hatte auch Sachsen das Betreuungsgeld bzw. »Landeserziehungsgeld« auf landesrechtlicher Ebene eingeführt. Die vorübergehende Regelung in BY für ein Landesbetreuungsgeld wurde im Sept. 2018 von der Neuregelung des Bayrischen Familiengeldes abgelöst und ist nicht mehr daran gekoppelt, dass das Kind zuhause betreut wird.

8.2.1 Förderung in Tageseinrichtungen

25 Anders als in § 23 SGB VIII für die Kindertagespflege (s. Kap. 8.2.2) enthält der durch das TAG 2004 eingeführte § 22a SGB VIII nur wenige konkrete Regelungen, sondern umschreibt im Anschluss an § 22 SGB VIII die Ziele der Tageseinrichtungen und damit weitgehend nur einen (z.T. sozialpädagogisch ausgerichteten) allgemeinen Rahmen. Dieser bezieht sich v.a. auf die **Qualitätssicherung und -entwicklung**. Von besonderer Bedeutung ist hier der Einsatz von Fachkräften. Hier bestehen zunehmend Schwierigkeiten aufgrund eines in manchen Regionen erheblichen Fachkräftemangels. Abs. 2 enthält Zusammenarbeitsgebote, vornehmlich ausgerichtet auf die Erziehungsberechtigten und deren Beteiligung an den Angelegenheiten der Tageseinrichtung. Angesprochen ist aber auch die Zusammenarbeit etwa mit Kindertagespflegepersonen, Schulen

8.2 Bundesrechtliche Regelungen

und anderen Institutionen (hierzu *Deinet/Icking* 2018). In Ergänzung zu § 22 Abs. 2 SGB VIII enthält § 22a Abs. 3 SGB VIII Aussagen über die inhaltliche Orientierung der Förderung von Kindern in Tageseinrichtungen. Darüber hinaus finden sich in § 22a SGB VIII auch objektiv-rechtliche Leistungsverpflichtungen des öffentlichen Trägers, z.B. während der Ferienzeiten anderweitige Betreuungsmöglichkeiten sicherzustellen (Abs. 3 Satz 2) oder das in der Praxis häufig noch missachtete Gebot, die integrative Betreuung von Kindern mit und ohne Behinderung als Regelfall zu organisieren (Abs. 4). Abs. 5 schließlich bezieht sich auf die Realisierung des Förderungsauftrags in Einrichtungen von anderen (als den öffentlichen) Trägern. Darüber hinausgehende rechtliche Verpflichtungen und individuelle Rechtsansprüche finden sich vornehmlich in § 24 SGB VIII (dazu Kap. 8.2.3) sowie in landesrechtlichen Regelungen.

8.2.2 Förderung in Kindertagespflege

Als **Formen für die Kindertagespflege** kommt die Betreuung im Haushalt der Pflegeperson, aber auch im Haushalt der Personensorgeberechtigten infrage. Beide Formen sind in § 22 Abs. 1 Satz 2 SGB VIII erwähnt und stehen gleichberechtigt nebeneinander. Aus dem Begriff Kindertagespflege ergibt sich eine zeitliche Begrenzung: Eine Betreuung über Tag und Nacht (also von insgesamt 24 Stunden) fällt nicht darunter. Denkbar ist aber, dass die Betreuung nur nachts (z.B. bei Schichtarbeit) stattfindet.   26

In § 23 SGB VIII werden Inhalte, Ziele der Tagespflege und Aufgaben des JA mit Verweis auf die Ansprüche nach § 24 SGB VIII benannt. Die Aufgaben des JA umfassen nach Abs. 1 Satz 1 die **Vermittlung von Tagespflegepersonen**, deren **fachliche Beratung** und Begleitung sowie die Gewährung einer laufenden **Geldleistung** an die Tagespflegeperson (zu deren Höhe s. Rn 31). Zudem hat der öffentliche Träger nach Abs. 4 Satz 2 sicherzustellen, dass für Ausfallzeiten einer Tagespflegeperson (z.B. wegen Urlaub oder Krankheit) rechtzeitig eine andere Betreuungsmöglichkeit für das Kind vorhanden ist. Da sich der in § 24 Abs. 2 SGB VIII normierte individuelle **Rechtsanspruch** für Kinder zwischen ein und drei Jahren seit 1.8.2013 nicht mehr nur auf eine Tageseinrichtung beschränkt, sondern die Tagespflege einschließt, besteht zumindest insoweit auch ein subjektiv-öffentliches Recht auf die Vermittlung einer Kindertagespflegeperson bzw. Ausfallbetreuung (zur unterschiedlichen Qualität der rechtlichen Verpflichtungen s. Kap. 5.1.3). Da es sich nach § 24 Abs. 1 SGB VIII für unter ein jährige Kinder nur um eine objektive Gewährleistungs- und Vorhaltepflicht des JA-Trägers bzgl. bestimmter Bedarfslagen handelt, besteht auch bzgl. der Vermittlungsleistung nur eine – die Gesamtverantwortung nach § 79 Abs. 2 SGB VIII konkretisierende – objektive Trägerverpflichtung und kein individueller Rechtsanspruch. Gleichwohl ist ein aktives Tun des öffentlichen Trägers gefordert, es sei denn, von der erziehungsberechtigten Person wird eine Tagespflegeperson nachgewiesen (§ 23 Abs. 1 SGB VIII). Bezüglich einer selbst gesuchten Tagespflegeperson hat der öffentliche Träger die Eignungsfeststellung gemäß Abs. 3 zu treffen (*Lakies/Beckmann* FK § 23 Rn 16 ff.).   27

Nach **§ 23 Abs. 3 SGB VIII** bezieht sich die Vermittlungspflicht auf eine »**geeignete**« **Tagespflegeperson**. Darüber hinaus wird die Berufsausübung der Tagespflegepersonen – rechtssystematisch zweifelhaft – gleichzeitig an die gleichlautenden Voraussetzungen des § 43 SGB VIII gebunden (hierzu Kap. 11.1). Beide Bestimmungen nennen einige Stichworte (Persönlichkeit, Fachkompetenz, Kooperationsbereitschaft), die in diesem Zusammenhang von Bedeutung sind (*Lakies/Beckmann* FK § 23 Rn 16 ff.). Allerdings müssen sich geeignete Personen insoweit »auszeichnen«, d.h. dass an sie durchaus er-   28 höhte Anforderungen gestellt werden können (zu Hinweisen, unter welchen Voraussetzungen die Erlaubnis zur Kindertagespflege nach § 43 SGB VIII zu versagen ist, vgl. OVG NW 2.9.2008 – 12 B 1224/08; VG Aachen 15.5.2006 – 2L 193/06: Lebenspartner wegen sexuellen Missbrauchs verurteilt). Außerdem müssen die Tagespflegepersonen über kindgerechte Räumlichkeiten verfügen (ausreichend Platz, Ruhemöglichkeiten usw.; zur Aufsichtspflicht im Rahmen der Betreuung vgl. *Hundmeyer/Pimmer-Jüsten* 2019; *Tammen/Trenczek* 2018a).

29   Ungeachtet der generellen Verpflichtung der JÄ, geeignete Tagespflegepersonen zu vermitteln, ist die private Vermittlung zulässig. Bezüglich einer **selbstorganisierten Kindertagespflegeperson** trifft das Gesetz keine Aussagen. Der Gesetzgeber vertraut auf die Autonomie der Eltern (vgl. Art. 6 Abs. 2 GG). Deshalb sind an die Prüfung der Eignung keine übertriebenen Anforderungen zu stellen. Unter den Voraussetzungen des § 43 Abs. 1 SGB VIII darf allerdings die Tagespflegeperson ihre Tätigkeit nur ausüben, wenn sie über die entsprechende Erlaubnis verfügt, so dass über den Weg der Erlaubniserteilung auch bei »selbstgesuchten« Tagespflegepersonen eine Qualitätskontrolle möglich ist (*Lakies/Beckmann* in: FK-SGB VIII § 23 Rn 22; *Schellhorn/Fischer* SGB VIII § 23 Rn 24). Der Gesetzgeber geht bei Tagespflegepersonen grds. generell von einer selbstständigen Tätigkeit aus (*Wiesner/Dittmar/Kößler* 2014); möglich ist aber eine Festanstellung durch die Eltern, ein Unternehmen oder einen Träger der öffentlichen oder freien Jugendhilfe (*BMFSFJ* 2019, 13 ff.). Umstritten ist die Betreuung von Tagespflegekindern in einer **Großtagespflegestelle** mit Angestellten, denn charakteristisches Merkmal der Tagespflege ist, dass die zu betreuenden Kinder der Tagespflegeperson persönlich zugeordnet sind (VG Stuttgart 5.11.2014 – 7 K 459/13 – JAmt 2015, 53; nach VGH Mannheim 12.7.2017 – 12 S 102/15 kommt aber ausnahmsweise auch eine Festanstellung einer Tagespflegeperson bei einer anderen in Betracht). Möglich sind jedoch Zusammenschlüsse von mehreren Tagespflegepersonen (vgl. § 23 Abs. 4 Satz 3 SGB VIII; *BMFSFJ* 2019, 122 f.).

30   Die Förderung der Kinderpflege umfasst nach § 23 Abs. 1 SGB VIII auch die Gewährung einer **laufenden Geldleistung an die Tagespflegeperson**. Davon zu trennen ist die Frage, ob das JA gegenüber den Eltern oder dem Kind einen Anspruch auf Kostenbeteiligung nach § 90 Abs. 1 Nr. 3 SGB VIII hat (vgl. OVG SH 28.2.2001 – 2L 61/01 – ZfJ 2001, 424; hierzu Kap. 16.5). Privat-rechtlich betrachtet erbringt die Tagespflegeperson eine Dienstleistung gegen Vergütung (§§ 611, 612 BGB). Diese Vergütung schuldet an und für sich derjenige, der die Dienstleistung in Anspruch nimmt, idR also die Eltern. Soweit die Kindertagespflege als Sozialleistung vom öffentlichen Träger zu gewähren ist, übernimmt der öffentliche Träger die Vergütung für die Erbringung der Dienstleistung: ist eine Vermittlung erfolgt oder bei einer selbst gesuchten Kindertagespflegeperson die Eignung dieser Person festgestellt, so hat diese einen **Rechtsanspruch** auf die Geldleistung (*Lakies/Beckmann* in: FK-SGB VIII § 23 Rn 25). Diese Geldleistung steht der Tagespflegeperson ungekürzt zu (BT-Drs. 16/9299, 14; OVG NW 20.6.2001 – 12A 31/01 – ZfJ 2001, 472; VG Oldenburg 21.2.2011 – 13 A 2020/10). Rechtswidrig ist es, wenn der Tagespflegeperson aufgegeben wird, gegenüber den Eltern die Kostenbeteiligung einzufordern und sie vom öffentlichen Träger nur noch die Differenz zwischen der zustehenden Geldleistung (seitens des Trägers der öffentlichen Jugendhilfe) und der Kostenbeteiligung (der Eltern) erhielte (*Lakies/Beckmann* FK § 23 Rn 28). Dies gilt nun auch für den Fall, dass eine Tagespflegeperson unterhaltspflichtig für ein von ihr betreutes Kind ist. Die frühere Ermessensregelung in Abs. 2 Satz 3 aF ist durch das KiföG 2008 ersatzlos gestrichen worden.

8.2 Bundesrechtliche Regelungen

In § 23 Abs. 2 SGB VIII enthält das Gesetz Rahmenvorgaben für die Bemessung der Höhe der Geldleistung, die nach Abs. 2a vom Träger der öffentlichen Jugendhilfe konkret festgelegt wird (insoweit hat der öffentliche Träger einen gerichtlich nur eingeschränkt überprüfbaren Beurteilungsspielraum, OVG Bremen 29.1.2019 – 1 LC 77/17 – ZKJ 2019, 190; OVG Lüneburg 22.5.2019 – 10 LC 17/18). Die Vergütung setzt sich aus drei Teilen zusammen: Sachaufwendungsersatz (Nr. 1), Aufwendungsersatz für Sozialversicherungen (hierzu BVerwG 28.2.2019 – 5 C 1.18) und Alterssicherung (Nr. 3 und Nr. 4) sowie das eigentliche Entgelt für die Erbringung der Dienstleistung, das vom Gesetz als »Anerkennungsbetrag« (Nr. 2) bezeichnet wird (ausführlich *Lode* 2010; *DIJuF* 22.6.2006 – J 3.332 Lo – JAmt 2006, 346 f.; *Lakies/Beckmann* in: FK-SGB VIII § 23 Rn 24). Der »Sachaufwand« bezieht sich grds. auf die Ausgaben, die für das Kind im Zusammenhang mit der Kindertagespflege anfallen, insb. für Verpflegung, Pflegematerialien und Hygienebedarf, Ausstattungsgegenstände (Möbel, Teppich etc), Spielmaterialien und Freizeitgestaltung, anteilige Verbrauchskosten (Miete, Strom, Wasser, Heizung, Müllgebühren), Fahrtkosten und Wegezeitentschädigung für die Tagespflegeperson, die im Haushalt der Erziehungsberechtigten tätig wird. Diese sind zu »erstatten«, weshalb grds. die tatsächlichen Kosten zu Grunde gelegt werden, wobei die Höhe dadurch begrenzt wird, dass sie »angemessen« sein müssen (also keine Luxusausgaben; zum Umfang und der Messung der Geldleistung ausführlich *Lakies/Beckmann* § 23 Rn 29 ff.; zu steuerrechtlichen und sozialversicherungsrechtlichen Fragen s. *BMFSFJ* 2019, 97 ff.; *Lakies/Beckmann* § 23 Rn 57 ff.).

8.2.3 Rechtsansprüche bei der Förderung von Kindern in Tageseinrichtungen und in Kindertagespflege

§ 24 SGB VIII ist die zentrale Rechtsanspruchsnorm für die Förderung von Kindern in Tageseinrichtungen und in Kindertagespflege (ausführlich *Meysen/Beckmann* 2013; *Rauschenbach* ZKJ 2015, 341 ff.; *Wiesner* et al. 2013). Der **Rechtsanspruch auf einen Kindergartenplatz** wurde aufgrund einer Entscheidung des BVerfG (28.5.1993 – 2 BvF 2/90, 4/92, 5/92 – BVerfGE 88, 203 = NJW 1993, 1751; zu den verfassungsrechtlichen Rahmenbedingungen s. *Lakies/Beckmann* in: FK-SGB VIII vor § 22 Rn 24 ff.) erstmals durch das Schwangeren- und Familienhilfegesetz im August 1992 eingeführt. § 24 SGB VIII i.d.F. ab dem 1.8.2013 regelt den Anspruch auf Förderung in Tageseinrichtungen und in Kindertagespflege in Abs. 1 bis Abs. 4 systematisch-chronologisch nach Altersstufen (s. nachfolgende Tab. 5). Für beide – seit 1.1.2005 grds. gleichrangige – Förderungsangebote gibt es hinsichtlich der Intensität des Anspruchscharakters der Norm Differenzierungen nach Altersgruppen und nach Art der Förderungsleistung:

- Abs. 1 regelt im Hinblick auf **Kinder unter einem Jahr** in bestimmten Bedarfslagen die Pflicht des Trägers der öffentlichen Jugendhilfe, ein bedarfsgerechtes Angebot an Plätzen in Tageseinrichtungen und in Kindertagespflege vorzuhalten.
- Abs. 2 gewährt für **Kinder ab dem ersten und unter 3 Jahren** einen individuellen Anspruch auf frühkindliche Förderung in einer Tageseinrichtung oder in Kindertagespflege
- Abs. 3 Satz 1 regelt für **Kinder ab dem vollendeten 3. Lebensjahr bis zum Schuleintritt** einen Rechtsanspruch auf den Besuch einer Tageseinrichtung; Abs. 1 Satz 2 normiert die Verpflichtung, für diese Altersgruppe ein bedarfsgerechtes Angebot an Ganztagsplätzen oder bei einem besonderen Bedarf bzw. ergänzend die Förderung in Kindertagespflege sicherzustellen.

- Nach Abs. 4 ist der Träger der öffentlichen Jugendhilfe im Hinblick auf **Kinder im schulpflichtigen Alter** verpflichtet, ein bedarfsgerechtes Angebot an Plätzen in Tageseinrichtungen vorzuhalten.

Tab. 5: Inhalt und Verpflichtungsgrad der Kindertagesbetreuung

Alter der Kinder	Art der Kindertagesbetreuung	Stärke des Rechtsanspruchs	§ 24 SGB VIII
< 1 Jahr	Krippe oder Kindertagespflege	objektiv-rechtliche Verpflichtung, Gewährleistungs- und Vorhaltepflicht bzgl. bestimmter Bedarfslagen	Abs. 1
1 bis 3 Jahre	Krippe oder Kindertagespflege	individueller Rechtsanspruch des Kindes; mind. 6 Std.	Abs. 2
3 Jahre bis Schuleintritt	Kindergarten oder	individueller Rechtsanspruch des Kindes; mind. 6 Std.	Abs. 3 Satz 1
		bzgl. Ganztagsplatz Hinwirkungspflicht bzgl. bedarfsgerechtem Angebot	Abs. 3 Satz 2
	Kindertagespflege	bei speziellen Bedarfslagen oder ergänzend	Abs. 3 Satz 3
6 bis < 14 Jahre	Hort oder	Vorhaltepflicht bzgl. bedarfsgerechtem Angebot	Abs. 4 Satz 1
	Kindertagespflege	bei speziellen Bedarfslagen oder ergänzend	Abs. 4 Satz 2

33 Während es sich bei den unter einjährigen Kindern (Abs. 1) sowie bei den schulpflichtigen (Abs. 4) nach h.M. lediglich um eine **objektive Gewährleistungs- und Vorhaltepflicht** des JA-Trägers (also nicht um eine »freiwillige« Leistung; zur unterschiedlichen Qualität der rechtlichen Verpflichtungen s. Kap. 5.1.3) handelt, haben Kinder mit Vollendung des ersten Lebensjahres (1. Geburtstag) bis zum Eintritt in die Schule einen **individuellen Rechtsanspruch** auf eine Tagesbetreuung (§ 24 Abs. 2 u. 3 SGB VIII).

34 Der Gesetzgeber wollte in **§ 24 Abs. 1 SGB VIII** zwar nur eine objektiv-rechtliche Verpflichtung des öffentlichen Jugendhilfeträgers normieren (BT-Drs. 16/9299, 15 u. 16/10357, 25), hat die Norm aber so ausformuliert (»Ein Kind ...ist... zu fördern, wenn ...«), wie es typisch für die Formulierung von Rechtsansprüchen ist. Bei den in Abs. 1 genannten Konstellationen handelt es sich um Fälle, in denen Erziehungsberechtigte wegen anderer Verpflichtungen, insb. wegen Erwerbstätigkeit oder Ausbildung an der tatsächlichen Betreuung der Kinder gehindert sind. Ohne diese Leistung (Platz in einer Tageseinrichtung oder Kindertagespflege) wäre eine dem Kindeswohl entsprechende Förderung nicht gewährleistet. Hinsichtlich der **täglichen Betreuungszeit** ist der individuelle Bedarf wie er sich aus den Nr. 1 und 2 ergibt maßgeblich. Das bedeutet z.B. bei einer Vollzeittätigkeit (von 8 Stunden) unter Berücksichtigung von Pausen- und Anfahrts- und Abfahrtszeiten eine tägliche Betreuungszeit von 9 bis 10 Stunden (bei längeren Anfahrtszeiten noch länger). Insoweit besteht aber kein individueller Rechtsanspruch.

35 Ein solcher unbedingter Rechtsanspruch besteht auf frühkindliche Förderung in einer Tageseinrichtung oder in Kindertagespflege erst mit Vollendung des ersten Lebensjahres nach **§ 24 Abs. 2 SGB VIII**, wobei sich der Umfang der täglichen Förderung sich nach dem individuellen Bedarf richtet (Satz 2; hierzu nachfolgend).

8.2 Bundesrechtliche Regelungen

Der Anspruch in **Abs. 3 und 4** für Kinder ab 3 Jahren (bis zum schulpflichtigen Alter) ist gerichtet auf **Bereitstellung bzw. Verschaffung eines Platzes in einer KiTa**, um Kindertagespflege geht es insoweit nur ergänzend, soweit ein bedarfsgerechtes Angebot nicht zur Verfügung steht. Das bedeutet, dass der Träger der öffentlichen Jugendhilfe entweder einen Platz in einer eigenen KiTa-Einrichtung zur Verfügung stellen muss oder in einer Einrichtung eines anderen Trägers. Die Inanspruchnahme von Einrichtungen freier Träger kommt allerdings nur dann in Betracht, wenn der öffentliche Träger entsprechende Vereinbarungen (sog. Leistungssicherstellungsvereinbarungen) geschlossen hat (*Lakies/Beckmann* in: FK-SGB VIII § 24 Rn 23). Es besteht kein primärer Anspruch auf Vermittlung einer Tagespflegeperson (VG Schleswig 15.5.2006 - 15A 468/04 - SjE E I 12, 125j). 36

Die **Anspruchsvoraussetzungen** sind insb. nach Abs. 2 und 3 relativ einfach: Das Kind muss das entsprechende Lebensjahr vollendet haben: Das Gesetz sieht keine Stichtagsregelung vor, so dass der Rechtsanspruch z.B. mit dem Tag des 3. Geburtstages entsteht (und nicht etwa nur, wenn ein »Kindergartenjahr« beginnt – vgl. OVG NI 24.1.2003 - 4 ME 596/02 – JAmt 2003, 429 ff.; s.a. VG Hannover 17.7.2013 – 3B 4548/13: Es ist unzulässig, Plätze für Kinder freizuhalten, die erst im Laufe des Kindergartenjahres altersmäßig einen Anspruch auf einen solchen Platz erwerben werden, und diese Plätze tatsächlich zunächst nicht zu besetzen, wenn Kinder, die altersmäßig bereits anspruchsberechtigt sind, Anspruch auf einen solchen Platz erheben). Im Hinblick auf Abs. 3 darf der Schuleintritt noch nicht stattgefunden haben, d.h. es ist auf den konkreten, faktischen Schuleintritt abzustellen, nicht etwa auf die Vollendung des 6. Lebensjahres o.ä. Anders als in Abs. 1 ist der Rechtsanspruch in Abs. 2 und 3 darüber hinaus an keine weiteren Voraussetzungen geknüpft, es ist also z.B. unerheblich, ob das Kind auch zu Hause versorgt werden könnte, weil etwa ein Elternteil nicht berufstätig ist oder betreuungsbereite Großeltern zur Verfügung stehen. Nur der Umfang der täglichen Betreuung richtet sich bei den 1-3Jährigen gem. Abs. 2 Satz 2 nach dem individuellen Bedarf. Da es sich bei der Kindertagesbetreuung um ein allgemeines Förderungsangebot handelt, ist es aber nicht erforderlich, dass eine erzieherische Mangelsituation i.S.d. Bedarfs nach § 27 SGB VIII vorliegt (andererseits ist es durchaus möglich, den KiTa-Besuch über einen Anspruch nach § 27 SGB VIII sicherzustellen; vgl. *Tammen/Trenczek* in: FK-SGB VIII § 27 Rn 19; s. Kap. 9.2.3). 37

Anspruchsberechtigt sind die Kinder (im Gegensatz zum ansonsten eher »elternlastigen« SGB VIII – vgl. Kap. 4.2.1), wobei der Anspruch idR von den Eltern als gesetzliche Vertreter (§ 1629 BGB) geltend gemacht wird. Leistungsverpflichtet ist – wenn auch in den meisten Fällen freie Träger die Einrichtungen betreiben – der Träger der öffentlichen Jugendhilfe (s. Kap. 8.4). Die Länder sind nicht aus ihrer Verantwortung entlassen, sie haben gemäß § 82 Abs. 2 SGB VIII auf einen gleichmäßigen Ausbau der Einrichtungen und Angebote hinzuwirken. 38

Rechtsfolge von § 24 Abs. 3 und 4 SGB VIII, d.h. Anspruchsinhalt ist »Besuch einer Tageseinrichtung«. Was eine Tageseinrichtung ist, definiert § 22 SGB VIII nur sehr allgemein (s. o. Kap. 8.1). Konkretere Aussagen, etwa zu erforderlichen qualitativen Standards gibt auch § 24 SGB VIII nicht. Nicht verwunderlich ist, dass es deswegen **Kontroversen** gibt, etwa bezüglich des zeitlichen Umfangs der Förderung, der **Öffnungszeiten**, hinsichtlich von Gruppengrößen, Personalschlüsseln, Wohnortnähe des Kindergartens usw. Bei der Auslegung sind §§ 22 - 23 SGB VIII zu berücksichtigen. Angesichts des in § 22 Abs. 1 Nr. 3 SGB VIII genannten Zwecks, neben der Förderung 39 des Kindes und der Unterstützung und Ergänzung der Erziehung in der Familie auch den Eltern dabei zu helfen, Erwerbstätigkeit und Kindererziehung besser miteinander vereinbaren zu können, ist von einer **Mindestbetreuungszeit von sechs Stunden** auszugehen (*Lakies/Beckmann* in: FK-SGB VIII § 24 Rn 48; *Schellhorn/Fischer* SGB VIII § 24 Rn 12). Längere Betreuungszeiten sind zu gewährleisten, wenn die familiäre Situation des Kindes, insb. die Erwerbstätigkeit, die häusliche Abwesenheit wegen Erwerbssuche, die Aus- und Fortbildung der Eltern oder ein besonderer Erziehungsbedarf dies erforderlich machen (vgl. z.B. § 1 Abs. 3 Satz 2 BB KiTaG).

40 Allerdings besteht kein genereller individueller Anspruch auf einen **Ganztagesplatz** (VG Frankfurt 18.2.2011 – 7L 341/11.F; in ST definiert nach § 3 Abs. 2 ST KiFöG mit bis zu zehn Stunden je Betreuungstag oder bis zu 50 Wochenstunden). Dies ergibt sich bereits aus Abs. 3 Satz 2, wonach die Träger der öffentlichen Jugendhilfe auf ein **bedarfsgerechtes Angebot** an Ganztagesplätzen hinzuwirken haben. Bedarfsgerecht ist ein Angebot, wenn es geeignet ist, die Nachfrage zu befriedigen. Das BVerwG (27.1.2000 – 5C 19.99 – ZfJ 2000, 235 ff.) hat allerdings zu § 24 Abs. 1 Satz 2 SGB VIII aF noch entschieden, dass nicht von einem subjektiven, sondern von einem objektiven Bedarf auszugehen sei. Der Begriff des Bedarfs sei nicht im Sinne einer faktischen Nachfrage zu bestimmen, sondern als normativer Begriff im Rahmen der Gesamtverantwortung und der Planungsverantwortung des Jugendhilfeträgers (vgl. Kap. 18) »unter Berücksichtigung der Wünsche, Bedürfnisse und Interessen der jungen Menschen und der Personensorgeberechtigten« zu ermitteln. Es hat allerdings nicht näher ausgeführt, welchen rechtlichen Voraussetzungen eine solche normative Auslegung von Bedarfskriterien im Einzelnen genügen muss. Deswegen werden die öffentlichen Jugendhilfeträger ihrer **Planungsverantwortung** nur gerecht, wenn sie einen **Bedarfskriterienkatalog** aufstellen, der den vom BVerfG genannten Kriterien der Vereinbarkeit von Beruf und Familie (BVerfG 28.5.1993 – 2 BvF 2/90 – BVerfGE 88, 203, 258 ff.) entspricht. Tut ein öffentlicher Jugendhilfeträger dies nicht, so ergibt sich im Umkehrschluss, dass der Bedarf durch die Nachfrage bestimmt wird. Ein auf den Nachmittag beschränktes Betreuungsangebot erfüllt den Rechtsanspruch nach § 24 Abs. 3 SGB VIII (ungeachtet ggf. einschränkender landesrechtlicher Regelungen, vgl. § 12 Abs. 3 Satz 2 NI KiTaG, s. u. Kap. 8.3) nur, wenn dies den individuellen Betreuungsbedarf deckt (BVerwG 26.10.2017 – 5 C 19/16; VGH München 22.7.2016 – 12 BV 15/719; VG Hannover 17.7.2013 – 3 B 4548/13; *Lakies/Beckmann* in: FK-SGB VIII § 24 Rn 38). Rechtswidrig wäre es, den Bedarf unter einen Budgetvorbehalt zu stellen, also davon abhängig zu machen, dass genügend Haushaltsmittel vorhanden sind (*Lakies/Beckmann* in: FK-SGB VIII § 24 Rn 12).

41 Im Hinblick auf die bestehenden Rechtsansprüche ist das **Wunsch- und Wahlrecht** (der Kinder als Anspruchsinhaber und in deren gesetzlicher Vertretung idR deren Eltern) zu beachten. Dieses beinhaltet trotz der Einschränkungen in § 5 Abs. 2 SGB VIII nicht nur die Wahl zwischen den Angeboten verschiedener öffentlicher und freier Träger, sondern umfasst auch inhaltliche Aspekte (z.B. das Erziehungskonzept, religiöse Grundorientierungen, Erreichbarkeit der Einrichtung (OVG SH 17.1.2001 – 2 L 102/99 – NVwZ-RR 2001, 589). Es ist auch räumlich nicht auf den örtlich zuständigen Träger der öffentlichen Jugendhilfe begrenzt (OVG BB 19.4.2001 – 4 B 37/01 – LKV 2002, 32 f.; *Lakies/Beckmann* in: FK-SGB VIII § 24 Rn 19). Andererseits ist der Anspruch nicht zwingend auf einen KiTa-Platz im eigenen Gemeindegebiet gerichtet, sondern es wird für ausreichend erachtet, wenn ein Platz in einer Nachbargemeinde angeboten wird, der sich noch in räumlicher Nähe befindet (VGH BY 2.12.2003 – 7 CE 03.2722,

8.2 Bundesrechtliche Regelungen

zur Wohnortnähe s. u.). Der einzelne Anspruchsinhaber hat grds. keinen Anspruch auf Zulassung zu einer bestimmten KiTa, insb. kann die Entscheidung eines freien Trägers, ein Kind nicht aufzunehmen, nicht durch den öffentlichen Träger ersetzt oder abgeändert werden (OVG BB 30.6.2003 – 2 B 150/03). Andererseits ist in der verwaltungsgerichtlichen Rechtsprechung anerkannt, dass sich der Verschaffungsanspruch mit Rücksicht auf das Wunsch- und Wahlrecht aus § 5 SGB VIII auf einen bestimmten Platz in einer bestimmten Einrichtung verdichten kann, wenn dieser Platz bedarfsgerecht und belegbar ist (NI OVG 22.12.2008 – 4 ME 326/08; VG Hannover 17.7.2013 – 3 B 4548/13).

Ungeachtet des einklagbaren Rechtsanspruchs auf einen KiTa-Platz und des weiterhin teilweise ungedeckten Bedarfes (s. o. Kap. 8.1.1) sind entsprechende gerichtliche Verfahren relativ selten. Weniger als 5 % der JÄ berichteten, dass Klagen oder Verfahren auf vorläufigen Rechtsschutz anhängig seien (*BMFSFJ* 2015, 3). Zudem sind die **Konsequenzen bei Nichterfüllung des Rechtsanspruchs** umstritten (hierzu *Lakies/Beckmann* FK § 24 Rn 65 ff.; *Kuntz* FuR 2019, 200 ff.; *Schwede* NZFam 2017, 200 ff.; *Rixen* NJW 2012, 2839 ff.). Der öffentliche Träger hat im Rahmen seiner Gesamtverantwortung (§ 79 SGB VIII, s. 18.1) für die Erfüllung des Rechtsanspruchs einzustehen, weshalb der Einwand, die Kapazitäten in den vorhandenen Einrichtungen seien erschöpft, rechtlich ebenso ohne Belang ist wie der Hinweis auf mangelnde finanzielle Ressourcen zur Schaffung neuer Plätze. Deshalb ergebe sich aus der Pflicht des öffentlichen Trägers, einen Platz zur Verfügung zu stellen, auch die Pflicht, einen neuen Platz zu schaffen (sog. primärer Verschaffungsanspruch, *Lakies/Beckmann* FK § 24 Rn 65; *Rixen* NJW 2012, 2839 f.; OVG NI 24.1.2003 – 4 ME 596/02 – JAmt 2003, 429 ff.; OVG SH 24.7.2019 – 10 ME/19; a.A. noch OVG SH 1.11.2000 – 2 M 32/00 – NordÖR 2001, 363: nur Anspruch auf Schadensersatz).

Wird der Primäranspruch auf Verschaffung eines Betreuungsplatzes nicht erfüllt und haben sich die Eltern nach erfolgloser Geltendmachung des Bedarfs bei dem Träger der öffentlichen Jugendhilfe selbst einen Betreuungsplatz beschafft, so kommen **Sekundäransprüche** in Betracht. In Frage kommt zunächst ein **Aufwendungsersatzanspruch** wegen selbst beschaffter Sozialleistung in entsprechender Anwendung von § 36a Abs. 3 SGB VIII (*Meysen/Beckmann* 2013 Rn 381; *Lakies/Beckmann* FK § 24 Rn 67 ff.). Dabei besteht die Pflicht, bei der Selbstbeschaffung wirtschaftlich zu handeln, also kein unangemessen hohes Honorar für die selbst beschaffte Betreuung zu vereinbaren. Aufwendungsersatzansprüche werden in diesem Zusammenhang auch von der Rechtsprechung anerkannt. So hat das BVerwG entschieden, dass die »Primärverantwortung« des für die Gewährleistung verantwortlichen Jugendhilfeträgers (hier in entsprechender Anwendung des § 36a Abs. 3 analog i.V.m. § 24, SGB VIII) sich sekundär in der Verantwortung für die Übernahme der Kosten fortsetze, wenn die geschuldete Leistung anderweitig selbst beschafft werden musste (BVerwG 26.10.2017 – 5 C 19/16 – BVerwGE 160, 212; BVerwG 12.9.2013 – 5 C 35.12; OVG RP 25.10.2012 - 7 A 10671/12). Der Sekundäranspruch teile in aller Regel die Rechtsnatur des ihm zugrunde liegenden Leistungsanspruchs (hier also öffentlich-rechtlich) und ist in entsprechender Anwendung von § 36a Abs. 3 i.V.m. § 24 SGB VIII auf den Ersatz der Aufwendungen bzw. Mehrkosten für einen selbst beschafften KiTa-Platz gerichtet (*Rixen* NJW 2012, 2842 f.; VG Stuttgart 28.11.2014 – 7 K 3274/1 – JAmt 2015, 98). Die Möglichkeiten der Kostenerstattung bei **Selbstbeschaffung** sind nicht durch § 36a SGB VIII beschränkt, da sich diese Norm nicht unmittelbar auf die Leistungen nach §§ 22 ff. SGB VIII bezieht (Wiesner ZKJ 2015, 60: s.a. *Meysen* in: FK-SGB VIII § 36a Rn 5: keine entsprechende Anwendung von § 36a im Rahmen der Tagesbetreuung). Allerdings ist zu beachten, dass nach § 24 Abs. 4 Satz 2 SGB VIII Landesrecht bestimmen kann, dass Eltern das JA oder die beauftragte Stelle innerhalb einer bestimmten Frist vor der beabsichtigten Inanspruchnahme der Leistung in Kenntnis setzen müssen.

44 Im Übrigen bleibt Raum für einen Anspruch auf **Schadensersatz aus Amtspflichtverletzung**, der auf Geldersatz gerichtet ist und für den die Zivilgerichte zuständig sind. Der örtlich zuständige Träger der öffentlichen Jugendhilfe hat die Amtspflicht, entsprechend dem Anspruch der Kinder auf Förderung in Tageseinrichtungen und in der Kindertagespflege Plätze zur Verfügung zu stellen. Da der Anspruch auf Förderung in einer Tageseinrichtung oder Tagespflegestelle nach § 22 Abs. 2 Nr. 3 SGB VIII auch den Interessen von Eltern zu dienen bestimmt ist, ist die Pflicht ihnen gegenüber auch drittbezogen, d.h. die Eltern können den Amtshaftungsanspruch auch geltend machen, wenn ihnen ein Schaden durch Verdienstausfall entstanden ist, weil ein Elternteil selbst die Betreuung des Kindes übernommen hat und insofern nicht erwerbstätig sein konnte (BGH 20.10.2016 – III ZR 278/15 – JAmt 2017, 83; *Pernice-Warnke* FamRZ 2015, 905; *Meysen/Beckmann* 2013, Rn 453; *Lakies/Beckmann* FK § 24 Rn 70). Die Amtspflichtverletzung muss schuldhaft erfolgt sein, damit sich daraus ein Amtshaftungsanspruch ergibt. Da der örtliche Träger der Jugendhilfe eine Gewährleistungsverpflichtung hat, sicherzustellen, dass die im Gesetz verankerten Ansprüche auch erfüllt werden können, ist von einem Verschulden zunächst auszugehen, wenn der Anspruch im konkreten Fall nicht erfüllt werden kann. Eine Widerlegung des Verschuldens kommt aber in Betracht, wenn eine sorgfältige Bedarfsplanung stattgefunden hat, der tatsächliche Bedarf aber unvorhersehbar deutlich höher ausfällt als angenommen, oder wenn z.B. trotz Ausschöpfung aller Möglichkeiten zur Fachkräftegewinnung aufgrund des Fachkräftemangels nicht genügend Plätze geschaffen werden konnten (*Lakies/Beckmann* FK § 24 Rn 71).

45 Auch bei anderen strittigen Punkten (insb. **Gruppengrößen, Personalschlüssel, Wohnortnähe** der Kindertageseinrichtung usw; hierzu *Lakies/Beckmann* FK § 24 Rn 14) sind die Vorgaben der §§ 22 - 23 SGB VIII zu beachten: KiTas sind keine bloßen »Verwahranstalten« für Kinder, sondern es soll die Entwicklung des Kindes zu einer eigenverantwortlichen und gemeinschaftsfähigen Persönlichkeit gefördert werden (§ 22 Abs. 1 SGB VIII). Das hat Auswirkungen auf die Gruppengröße, auf die Anzahl der auf die Betreuungsperson entfallenden Kinder, auf die Notwendigkeit von Zweitkräften (dazu VGH BW 24.3.1998 – 9 S 967/96 – FEVS 49, 129 ff.), auf Verfügungszeiten, auf die Einbettung in das soziale Umfeld. § 22 Abs. 2 SGB VIII konkretisiert das allgemeine, in § 80 Abs. 2 Nr. 1 SGB VIII verankerte Prinzip der **Wohnortnähe** (s.a. § 13 Abs. 1 NI KiTaG; in einigen Landesgesetzen ist von »zumutbarer Entfernung« die Rede, § 5 Abs. 1 Satz 2 RP KiTaG, § 10 Abs. 1 SH KiTa, § 3 Abs. 4 ST KiFöG). Die Grenze der Zumutbarkeit lässt sich letztlich nicht abstrakt, sondern nur im konkreten Fall feststellen, wobei die Zumutbarkeit sowohl für das Kind als auch der (Zeit-)Aufwand für den begleitenden Elternteil zu berücksichtigen ist (VGH München 17.11.2015 – 12 ZB 15.1191 – JAmt 2016, 320; vgl. OVG Berlin-BB 14.11.2017 – OVG 6 S 43.7 – JAmt 2018, 114; OVG Lüneburg 24.7.2019 – 10 ME 154/19). Die KiTa muss vom Wohnsitz des Kindes aus in vertretbarer Zeit erreichbar sein, wobei grds. von der am nächsten gelegenen Einrichtung am Wohnort des Kindes auszugehen ist (OVG NI 22.12.2008 – 4 ME 326/08 – NDV-RD 2009, 79). Ein kombinierter Fuß- und Busweg von 30 Minuten für eine Strecke ist jedenfalls für Kind und Eltern nicht mehr zumutbar (vgl. zum alten Recht VG Schleswig 12.1.2000 – 15 B 62/99 – ZfJ 2000, 193).

Zum Teil wurde die Grenze auch schon bei 20 Minuten gezogen (OVG SL 16.12.1997 – 8 W 6/97 – ZfJ 1998, 80; OVG SH 4.2.2020 – 3 MB 38/19: 17 Minuten pro Strecke noch zumutbar). Allerdings muss nicht in jeder kleinen (Splitter-)Siedlung eine Einrichtung vorgehalten werden, insb. wenn ein in der Nachbargemeinde angebotener Platz dem Gebot der Wohnortnähe entspricht (VGH München 2.12.2003 – 7 CE 03.2722; zum Ausgleich für die Betreuung gemeindefremder Kinder sieht das Landesrecht eine Kostenerstattung zwischen den kommunalen Trägern vor) oder wenn insoweit ein Zubringerdienst vorgehalten wird. Bei einem offenkundigen Bedarf an zusätzlichen KiTa-Plätzen, darf der öffentliche Jugendhilfeträger aber nicht dauerhaft auf das Angebot freier Plätze in nicht ortsnahen, auswärtigen Einrichtungen verweisen (OVG SL 16.12.1997 – 8 W 6/97 – ZfJ 1998, 80).

§ 22a Abs. 2 Satz 2 SGB VIII regelt die **Beteiligung der Erziehungsberechtigten** an den Entscheidungen in »wesentlichen Angelegenheiten der Erziehung, Bildung und Betreuung«. Hierzu gehören mithin auch die Ausgestaltung der Öffnungszeiten, die Ausstattung sowie Veränderungen des pädagogischen Konzepts. Im SGB VIII nicht und landesrechtlich (§ 26 SGB VIII, s. Kap. 8.3) durchaus unterschiedlich geregelt ist die Form der Beteiligung; eine institutionalisierte Form (z.B. Elternbeirat o.a.) ist nicht zwingend. Die Träger der öffentlichen Jugendhilfe sind nach § 24 Abs. 5 SGB VIII verpflichtet, Eltern über das Platzangebot im örtlichen Einzugsbereich und die pädagogische Konzeption der Einrichtungen zu informieren und sie bei der Auswahl zu beraten. 46

§ 25 SGB VIII normiert die objektiv-rechtliche Verpflichtung der öffentlichen Träger der Kinder- und Jugendhilfe, **Eltern-** und andere **Selbsthilfeinitiativen** zu beraten und zu unterstützen. Gerade in Mangelversorgungsgebieten decken die Elterninitiativen einen erheblichen Anteil der KiTa-Plätze mit ab, der deutlich über ihren Eigenbedarf hinausgeht (s. o. Kap. 8.1.1). Eine Soll-Leistung im Sinne eines Rechtsanspruchs auf Förderung im Regelfall (vgl. Kap. 5.1.3) lässt sich aus dieser Norm aber nicht herleiten (*Lakies/Beckmann* in: FK-SGB VIII § 25 Rn 3). 47

8.3 Landesrecht

Beim Kinder- und Jugendhilferecht handelt es sich um einen Gegenstand der konkurrierenden Gesetzgebung (s. Kap. 3.1.2). Die Länder haben hier die Gesetzgebungskompetenz, »solange und soweit« der Bund von seiner Kompetenz keinen Gebrauch gemacht hat (Art. 72 Abs. 1 GG). Der **Landesvorbehalt in § 26 SGB VIII** im Hinblick auf das Nähere über Inhalt und Umfang der Kindertagesbetreuung ist deshalb nur deklaratorisch. Entsprechendes gilt im Hinblick auf den in § 24 SGB VIII normierten Rechtsanspruch und den Hinweis in Abs. 6, dass weitergehende Landesregelungen unberührt bleiben. Nicht zulässig sind aber den Rechtsanspruch einschränkende Regelungen. Mittlerweile bestehen in allen Ländern mit ganz unterschiedlichen Bezeichnungen Ausführungsgesetze zur Förderung von Kindern in Tageseinrichtungen und in Tagespflege (vgl. die Auflistung in Kap. 3.1.2). 48

Die Inhalte dieser Gesetze sind unterschiedlich. Schwerpunktmäßig finden sich nähere Festlegungen zur pädagogischen und organisatorischen Ausgestaltung des Leistungsangebots, zu den Anforderungen an das Personal, zur sächlichen Ausstattung, zur Gruppengröße, zur Beteiligung der Erziehungsberechtigten, zur näheren Ausgestaltung der Kindertagespflege und zur Unterstützung von selbstorganisierter Förderung von Kindern. Hervorzuheben sind in diesem Zusammenhang die Regelungen in Thüringen, 49 nach der jedes Kind mit gewöhnlichem Aufenthalt in Thüringen vom vollendeten ersten Lebensjahr bis zum Schuleintritt einen Rechtsanspruch auf ganztägige Förderung (tägliche Betreuungszeit von zehn Stunden) in einer Kindertageseinrichtung hat (§ 2 Abs. 1 TH KiTaG). Auch Schüler der Klassenstufen 1 bis 4 haben in TH einen Rechtsanspruch auf Förderung in einer Kindertageseinrichtung von montags bis freitags mit einer täglichen Betreuungszeit von zehn Stunden unter Anrechnung der Unterrichtszeit (§ 2 Abs. 2 TH KiTaG). In Sachsen-Anhalt hat jedes Kind bis zur Versetzung in den 7. Schuljahrgang Anspruch auf einen ganztägigen Platz in einer Tageseinrichtung (§ 3 Abs. 1 ST KiFöG), anschließend schulpflichtige Kinder soweit Hortplätze vorhanden sind (§ 3 Abs. 2 ST KiFöG). Die Regelung des § 26 Satz 2 SGB VIII wurde ursprünglich mit Rücksicht auf den Freistaat Bayern aufgenommen und hat mittlerweile faktisch keinen Anwendungsbereich mehr (s.o. Kap. 8.1.2).

8.4 Trägerschaft, Finanzierungssystem

50   Leistungsverpflichtet ist der **örtlichen Träger** der Kinder- und Jugendhilfe (ausdrücklich § 3 Abs. 5 ST KiFöG; § 3 Abs. 1 TH KiTAG; OVG Bremen 11.12.2002 – 2 B 308/02, mAnm *Münder* ZfJ 2003, 344 ff.). Das sind – trotz Änderung des § 69 SGB VIII (s. Kap. 15.1) derzeit noch – i.d.R. die kreisfreien Städte und die (Land-)Kreise; die Einrichtungen selbst stehen ganz überwiegend in freier Trägerschaft (s. Kap. 4.4 und 16.1). In den Landkreisen sind die **kreisangehörigen Gemeinden** häufig (mit)verantwortlich, auch wenn sie selbst nicht örtlicher Träger der Kinder- und Jugendhilfe (geworden) sind. Sie haben diese Aufgaben gleichwohl selten »freiwillig« übernommen (zwar wurde der erst durch das TAG 2004 eingeführte § 69 Abs. 5 SGB VIII, nach dem kreisangehörige Gemeinden ohne eigenes JA auf landesrechtlicher Grundlage zur Durchführung der Förderung von Kindern in Tageseinrichtungen und in Kindertagespflege herangezogen werden konnten, durch das KiFöG 2009 wieder gestrichen, eine solche Regelung ist aber in einigen Bundesländern ohnehin geltendes Recht, z.B. § 3 Abs. 1 BW KiTaG, § 17 Abs. 1 Satz 2 TH KiTaG). Rechtsansprüche richten sich aber nicht gegen die Gemeinden, sondern stets an die zuständigen örtlichen Träger der Kinder- und Jugendhilfe (s.o.; Verfassungsgericht BB 20.3.2003 - 54/01 – DVBl. 2003, 938 ff.; VGH BY 20.1.2004 – 12 B 03.587 – FEVS 2004, 429; VG München 23.3.2009 – M 17 E 09.583; zur Verfassungsmäßigkeit des Entzugs der Aufgabe von den Gemeinden BVerfG 21.11.2017 – 2 BvR 2177/16 – BVerfGE 147, 185).

51   Die **Finanzierung** der Tageseinrichtungen ist anders als sonst im SGB VIII und bundesweit sehr unterschiedlich, da diese nach dem (durch das TAG 2004 eingeführten) **§ 74a SGB VIII** durch Landesrecht geregelt wird (seit der Föderalismusreform 2006 liegt die Finanzierungszuständigkeit bei der Ausführung von Bundesgesetzen wie dem SGB VIII gemäß Art. 83, 84 GG ganz allgemein bei den Ländern).

52   Nach den Verfassungen der Bundesländer sind diese verpflichtet, den Kommunen die Kosten für die übertragenen (staatlichen) Aufgaben zu erstatten (**Konnexitätsprinzip**; hierzu *Jestaedt* HB-KJHR Kap. 1.5 Rn 53 f.), was gerade im Hinblick auf die finanzielle Mehrbelastung der Kommunen durch den durch das KiFöG geforderten Ausbau der Kinderbetreuung besondere Bedeutung hat (zur erfolgreichen Verfassungsbeschwerde von mehreren Städten und Kreisen in NW: VerfGH NW 12.10.2010 – VerfGH 12/09 – JAmt 2011, 52 m. Bespr. und Darstellung der Rechtslage in den anderen Bundesländern *Henneke* JAmt 2011, 1; vgl. auch Staatsgerichtshof des Landes Hessen 6.6.2012 – P.St. 2292 – NVwZ-RR 2012, 625; Verfassungsgericht ST 20.10.2015 – LVG 2/14).

8.5 Beteiligung der Eltern an den Kosten

Auf welche Art die Länder die KiTa-Finanzierung regeln, ist ihnen überlassen (§ 74a SGB VIII; zu den verschiedenen Möglichkeiten s. *Diller/Leu/Rauschenbach* 2010, 81 ff.; *Kreyenfeld* et al. 2001; *Münder* 2002; *v. Boetticher/Münder* in: FK-SGB VIII vor Kap. 5 Rn 13; s. a. Kap. 16.3). Die häufig noch anzutreffende sog. **Objektfinanzierung** der Einrichtung leidet an den allgemeinen Problemen der Zuwendungsfinanzierung (z.b. müssen hier die Einrichtungen selbst Eigenmittel aufbringen), sie wird dem Leistungsdreieck bei Rechtsansprüchen (hierzu Kap. 16.3.2) nicht gerecht und führt zu Schwierigkeiten, wenn z.b. Kinder/Eltern Einrichtungen außerhalb des Gemeindegebiets oder umgekehrt Kinder von außerhalb Einrichtungen in einer Gemeinde in Anspruch nehmen wollen (vgl. BVerwG 14.11.2002 – 5 C 57.01 – ZfJ 2003, 338 ff.; VGH BY 20.1.2004 – 12 B 03.587 – FEVS 429 ff.: kein Anspruch eines Trägers der freien Jugendhilfe auf Förderung einer KiTa mit überörtlichem Einzugsbereich gegen die einzelnen Gemeinden; für den Fall, dass Landesgrenzen überschritten werden, z.b. Hamburg/Niedersachsen bzw. Schleswig-Holstein oder Berlin/Brandenburg vgl. BVerwG 25.4.2002 – 5 C 18.01 – ZfJ 2003, 30 ff.). Demgegenüber erlaubt die sog. **Subjektfinanzierung** (d.h. die Förderung der Nutzer ähnlich einem »persönlichen Budget« bzw. Kostenerstattung für einen konkret belegten Platz; zu sog. Kita-Gutscheinen vgl. *Betz/Diller/Rauschenbach* 2010) nicht nur eine leistungsgerechtere Finanzierung, sondern ermöglicht auch dem Unterschied zwischen den verschieden stark ausgeprägten Verpflichtungsgraden (Rechtsanspruch bzw. Bedarfsdeckung) gerecht zu werden und sichert zudem die Chancengleichheit angesichts des – in den alten Bundesländern – nach wie vor unzureichenden Platzangebotes. In der Praxis haben sich Mischformen herausgebildet (*Schmid* HB-KJHR 2011 Kap. 3.4 Rn 37 f.). In aller Regel sind hier neben den kreisfreien Städten und Landkreisen als örtliche Träger der Kinder- und Jugendhilfe auch die kreisangehörigen Gemeinden und die Länder beteiligt. Die Länder MV und ST haben die Finanzierung entsprechend der §§ 78a ff. SGB VIII ausgestaltet, wobei MV durch sein Kindertagesförderungsgesetz (KiföG MV) zum Beginn des Jahres 2020 zur stärkeren Kontrolle der Verwendung der Mittel eine Reihe von abweichenden Regelungen eingeführt hat.

8.5 Beteiligung der Eltern an den Kosten

Die finanzielle Beteiligung der Eltern und ihrer Kinder an den Kosten der Jugendhilfe ist im 8. Kap. des SGB VIII geregelt (ausführlich Kap. 15.3). Für die **Tageseinrichtungen** und für die **Kindertagespflege** ergibt sich hieraus, dass nach § 90 Abs. 1 Satz 1 Nr. 3 SGB VIII **Teilnahmebeiträge oder Gebühren** festgesetzt werden können (vgl. Kap. 16.5). § 90 SGB VIII verpflichtet die öffentlichen Träger nicht zur Erhebung von Teilnahmebeiträgen oder Gebühren, es erlaubt es ihnen lediglich. Mittlerweile besteht in einigen Bundesländern (z.b. § 32c Abs. 2 HE KJGB; § 13 Abs. 3 RP KiTaG; § 23 Abs. 3 NW KiBiz; § 30 TH KiTaG) Kostenfreiheit zumindest für das letzte Kindergartenjahr (vgl. die Übersicht unter http://www.bildungsserver.de/Beitragsfreiheit-von-Kita-Plaetzen-5674.html). In anderen Ländern wird in den letzten drei Jahren vor der Schulzeit keine Kostenbeteiligung erhoben (§ 3 Abs. 5 BE TKBG; § 21 Abs. 1 NI KiTaG). Hamburg stellte ab 1.8.2014 die fünfstündige Grundbetreuung in Kita und Kindertagespflege von der Geburt bis zur Einschulung beitragsfrei (§ 7 HH KibeG). In MV wurde durch das »Gesetz zur Einführung der Elternbeitragsfreiheit, zur Stärkung der Elternrechte und zur Novellierung des Kindertagesförderungsgesetzes Mecklenburg-Vorpommern« (Kindertagesförderungsgesetz – KiföG MV) zum Beginn des Jahres 2020 die Elternbeitragsfreiheit in allen Bereichen der Kindertagesbetreuung (Krippe, Kindergarten, Hort und Kindertagespflege) im vollen Förderumfang bis zu zehn Stunden täglich eingeführt (§ 29 MV KiföG). Die Eltern tragen hier nur noch die Kosten der Verpflegung der Kinder während der Tagesbetreuung. Im Übrigen ist es weitgängige Praxis, dass ein Teilnahmebeitrag oder eine Gebühr erhoben wird. Mag dies angesichts der (auch) bildungspolitischen Bedeutung der Tageseinrichtungen und angesichts des hohen Stellenwertes des unbedingten Rechtsanspruchs unbefriedigend erscheinen, so birgt doch die Elternbeitragsfreiheit für die Kindertagesbetreuung das Risiko in sich, dass notwendige qualitative Verbesserungen, etwa hinsichtlich des Personalschlüssels, im Hinblick auf knappe finanzielle Ressourcen unterbleiben, weil weggefallene Elternbeiträge kompensiert werden müssen. Dies geht vor allem zu Lasten von Kindern, die in ihren Familien keine optimale Förderung erfahren und daher in besonderem Maße auf qualitativ hochwertige Angebote der Förderung in Kindertageseinrichtungen und in Kindertagespflege angewiesen sind.

55 Bei der Festsetzung der **Höhe der Elternbeiträge** (in der Regel durch kommunale KiTa-Gebührensatzungen) ist darauf zu achten, dass nicht eine zu große Höhe den gesetzlich verankerten Rechtsanspruch unverhältnismäßig einschränkt oder gar faktisch »erdrückt«, so dass über die Höhe der Elternbeiträge die Inanspruchnahme der Plätze in der Weise »gesteuert« wird, dass die Nachfrage gering ist (zur Antragsbefugnis von Eltern im Normenkontrollverfahren gegen kommunale KiTa-Gebührensatzungen s. BVerwG 28.3.2019 – 5 CN 1.18; anders dagegen OVG BB 28.3.2019 – OVG 6 A 9.17). Nach § 90 Abs. 1 Satz 2 SGB VIII ist eine Gebührenstaffelung nach Einkommensgruppen und Kinderzahl (bzw. Zahl der Familienangehörigen) möglich; hiervon wird regelmäßig Gebrauch gemacht (im Einzelnen vgl. Kap. 16.5.2), ohne dass sich dadurch etwas an den regional extrem unterschiedlichen Elternbeiträgen geändert hätte.

Wichtige, interessante Entscheidungen
- *Anspruchsumfang und individueller Betreuungsbedarf*: BVerwG 26.10.2017 – 5 C 19/16; VGH München 22.7.2016 – 12 BV 15/719
- *Bedarfsplanung und Bereitstellungspflicht*: BVerwG 27.1.2000 – 5 C 19.99 = ZfJ 2000, 235; OVG NI 24.1.2003 – 4 ME 596/02 = JAmt 2003, 429 ff.; VGH BY 2.12.2003 – 7 CE 03.2722 (KiTa-Platz in Nachbargemeinde) VGH BY 20.1.2004 – 12 B 03.587 – FEVS 2004, 429 ff
- *Inhaltliche/personelle Standards*: OVG NW 20.3.2000 – 16 A 4169/98 – Jugendhilfe 2001, 4347
- *Hochzonung von Aufgaben zur Erfüllung des Anspruchs auf Kindertagesbetreuung von Gemeinden auf Landkreise/kreisfreie Städte*: BVerfG 21.11.2017 – 2 BvR 2177/16 – BVerfGE 147, 185
- *Eignung einer Tagespflegeperson*: OVG NW 2.9.2008 - 12 B 1224/08
- *Geldleistung an Tagespflegepersonen, Zuständigkeit und Kriterien für Festsetzung*: VG Schwerin 11.10.2017 – 6 A 2822/16 SN
- *Ersatz von Aufwendungen für einen selbstbeschafften Platz in einer Kindertageseinrichtung*: BVerwG 26.10.2017 – 5 C 19/16 – BVerwGE 160, 212-237; BVerwG 12.9.2013 - 5 C 35.12;
- *Schadensersatzanspruch von Eltern wegen mangelnden KiTa-Platz (Amtspflichtverletzung)*: BGH 20.10.2016 – III ZR 278/1 – JAmt 2017, 83

8.5 Beteiligung der Eltern an den Kosten

Weiterführende Literatur
- *Kindertagesbetreuung allgemein:* Textor/Bostelmann 2019; Schmid-Obkirchner HB-SGB VIII *2011* Kap. 3.4;
- *Kindertagespflege:* BMFSFJ 2019
- *Konsequenzen bei Nichterfüllung des Rechtsanspruchs:* Kuntz FuR 2019, 200 ff.; Schwede NZFam 2017, 200 ff.; Rixen NJW 2012, 2839 ff.
- *Personalgewinnung und -entwicklung Im KiTa-Bereich:* Geiger 2019
- *Kooperation von KiTa und Grundschule:* Pohlmann-Rother et al. 2020
- *Zur Aufsichtspflicht:* BMFSFJ 2019, 108 ff.; Tammen/Trenczek 2018a.

9. Die »klassischen« individuellen Hilfen – Erziehungshilfe, Eingliederungshilfe, Volljährigenhilfe: §§ 27 - 41 SGB VIII

1   Die von individuellen, persönlichkeitsbezogenen Voraussetzungen abhängigen Leistungen sind schwerpunktmäßig im vierten Abschnitt des zweiten Kapitels geregelt. Hier finden sich die Vorschriften über Hilfen zur Erziehung (§§ 27 - 35 SGB VIII), Eingliederungshilfe für seelisch behinderte Kinder und Jugendliche (§ 35a SGB VIII), Hilfe für junge Volljährige (§ 41 SGB VIII) sowie flankierende Regelungen und Verfahrensvorschriften. Auf diese Hilfen besteht – bei Vorliegen der Leistungsvoraussetzungen – jeweils ein Rechtsanspruch. Die auf Tatbestands- und Rechtsfolgenseite verwendeten unbestimmten Rechtsbegriffe sind teilweise schwierig auszulegen.

Ausführlich behandelte Bestimmungen

- Hilfeformen: §§ 27 ff., 35a, 41 SGB VIII
- Verfahrensvorschriften: §§ 36, 36a SGB VIII

9.1 Grundsätzliches: Rechtsstruktur – Hilfe und Kontrolle

2   Das bis 1990 geltende JWG war stark von ordnungsrechtlichen Aspekten geprägt (vgl. Kap. 3.2.1): So war die Hilfe zur Erziehung teilweise als Eingriffsrecht ausgestaltet, Rechtsansprüche für Mj. mit seelischer Behinderung waren nicht vorhanden, Hilfen für junge Volljährige nur unter sehr eingeschränkten Voraussetzungen möglich. Der Perspektivenwandel des Jugendhilferechts von hoheitlichen Eingriffen hin zu sozialpädagogischen Dienstleistungen (vgl. Kap. 4.2) zeigt sich deshalb besonders deutlich in den Regelungen des vierten Abschnitts. Alle drei Bereiche – die Hilfe zur Erziehung (§§ 27 - 35 SGB VIII), die Eingliederungshilfe für seelisch behinderte Kinder und Jugendliche (§ 35a SGB VIII) und die Hilfe für junge Volljährige (§ 41 SGB VIII) – sind als **Sozialleistungen** (§ 11 SGB I) ausgestaltet und damit den **Regeln des sozialrechtlichen Leistungsverhältnisses** unterworfen. Hieraus ergeben sich bedeutsame Konsequenzen für deren rechtliche Zulässigkeit, ihre inhaltliche Ausgestaltung und das verwaltungsrechtliche Bewilligungsverfahren. Sozialleistungen stehen grds. zur **Disposition des Anspruchsberechtigten** » (»Freiwilligkeit«; s. Kap. 4.3.1). Das SGB VIII verzichtet im gesamten Bereich der Erziehungshilfen – mit Ausnahme von Ausbildungs- und Beschäftigungsmaßnahmen i.S.d. § 13 Abs. 2 SGB VIII und heilpädagogischen Maßnahmen in § 35a SGB VIII – auf den zweideutigen Maßnahme-Begriff (hierzu *Trenczek* 2018, 144 f.). Im Unterschied zu den eingriffsorientierten Maßnahmen des alten JWG entscheiden die Personensorgeberechtigten (bzw. die jungen Volljährigen), ob sie eine Hilfeleistung annehmen wollen. Der Träger der Jugendhilfe hat kein eigenständiges Erziehungsrecht und kann von Amts wegen nur Hilfen initiieren, anbieten und niederschwellig (§ 36a Abs. 2 SGB VIII) vorhalten. Das SGB VIII sieht mit Ausnahme der Inobhutnahme nach §§ 42 ff. SGB VIII formal keine Eingriffe in die Rechte der Anspruchsinhaber vor. Diese finden normativ ausschließlich unter der Ägide des FamG nach §§ 1666 f. BGB statt.

3   Dabei wird nicht verkannt, dass die Individualhilfen leistungsrechtlich an einer **Mangel- oder Belastungssituation** anknüpfen und zudem in der Praxis die Fachkräfte des JA weitgehend über die »**Definitionsmacht**«, die Betroffenen demgegenüber häufig nur über eine eingeschränkte »Beschwerdemacht« verfügen, Familien deshalb gelegentlich

schon mal »keine Wahl« gelassen und (aus Sicht der Fachkräfte) zum Wohle des Kindes mit Sorgerechtsentzug gedroht wird. Freilich: Die Ablehnung einer vom JA für erforderlich gehaltenen Erziehungshilfe durch die Eltern rechtfertigt nicht den Entzug des Sorgerechts (BVerfG 10.9.2009 – 1 BvR 1248/09 – JAmt 2009. 626; OLG Saarbrücken 19.10.2009 – 6UF 48/09 – JAmt 2010, 196). Hierfür müssen die Voraussetzungen von § 1666 BGB gegeben sein. Die Grenzen zwischen Beratung, Förderung und Eingriff sind fließend (s. Kap. 4.3, 9.2.2. und 11.3 Rn 19) und mancherorts wird der Schwerpunkt mehr auf Aufsicht und Kontrolle denn Hilfe gelegt. Aber gerade die um das Wohl gefährdeter Kinder besorgten Fachkräfte müssen – weil der »sozialpädagogisch richtige« Zugang und das **Verhältnis von Hilfe und Kontrolle** stets umstritten ist – die rechtsstaatlich begründeten Grund- und Sorgerechte der Betroffenen ernst nehmen. Bei allen genannten Hilfeformen ist die **Beteiligung** der Personensorgeberechtigten und der Mj. bzw. der jungen Volljährigen am Verfahren in den §§ 36 ff. SGB VIII **zwingend vorgeschrieben** (Partizipationsgrundsatz; vgl. Kap. 9.8). So klar auch die Weichenstellung hin zur Leistungserbringung ist, so schwierig sind im Detail die rechtlichen Fragen der Leistungsvoraussetzungen.

In allen drei Bereichen (§§ 27, 35a, 41 SGB VIII) handelt es sich nicht um Programmsätze oder Aufgabenbeschreibungen, sondern um individuelle, ggf. einklagbare **Rechtsansprüche** der jeweilig Berechtigten (vgl. Kap. 5.1.2). Wer Berechtigter ist, ist unterschiedlich geregelt: Bei den Hilfen zur Erziehung ist ein Personensorgeberechtigter Inhaber des Rechtsanspruches (Kap. 9.2.1), bei der Eingliederungshilfe die Mj. selbst (Kap. 9.3.1) und bei der Hilfe für Volljährige die jungen Volljährigen (Kap. 9.4.1). Bei der Hilfe zur Erziehung und bei der Eingliederungshilfe handelt es sich um zwingende, unbedingte Rechtsansprüche (»hat, haben Anspruch«). Soweit in den §§ 28 - 35 SGB VIII die einzelnen Leistungen mit Soll-Formulierungen inhaltlich näher beschrieben werden, schränkt dies den auf § 27 SGB VIII basierenden Rechtsanspruch nicht ein. Bei der Volljährigenhilfe ist mit der Formulierung des § 41 Abs. 1 SGB VIII »soll... Hilfe... gewährt werden« im Regelfall ein Rechtsanspruch gegeben: Wenn der öffentliche Jugendhilfeträger die Leistung nicht erbringen will, ist er dafür beweispflichtig, dass (atypische) Gründe dafür vorliegen, weswegen der Regelrechtsanspruch ausnahmsweise nicht erfüllt werden kann.

9.2 Hilfen zur Erziehung – §§ 27 - 35 SGB VIII

Der Bereich der Erziehungshilfen im SGB VIII stellt einen praxisrelevanten Schwerpunkt des Kinder- und Jugendhilferechts dar. Als Erziehungshilfen werden die Leistungen der Jugendhilfe zusammengefasst, die für junge Menschen und ihre Familien in besonderen Lebensschwierigkeiten und bei der Bewältigung von Erziehungsproblemen Unterstützung und Hilfen gewähren (hierzu *Moch* 2015; *Tammen* HB-KJHR 2011 Kap. 3.5; *Tammen/Trenczek* in: FK-SGB VIII vor § 27ff.). **Grundnorm** des Anspruchs auf Hilfe zur Erziehung ist **§ 27 SGB VIII**, der am Beginn des vierten Abschnitts steht. Die Norm ist rechtsdogmatisch schwierig einerseits durch die unmittelbare Verknüpfung von Leistungsvoraussetzungen und Rechtsfolge, andererseits durch eine Vielzahl komplexer, unbestimmter Rechtsbegriffe, die korrekt auszulegen auch vielen Juristen schwerfällt.

9.2.1 Personensorgeberechtigte als Anspruchsinhaber

6 **Anspruchsinhaber** der Hilfe zur Erziehung sind nach § 27 Abs. 1 SGB VIII die Personensorgeberechtigten. Im Regelfall verfügen die Eltern des Mj. über die elterliche Sorge und damit die Personensorgeverantwortung (§ 7 Abs. 1 Nr. 5 SGB VIII, §§ 1626 ff. BGB; dazu *Münder* et al. 2020, Kap. 8). Sie sollen in ihrer Erziehungsarbeit unterstützt werden. Kinder und Jugendliche dagegen können aus § 27 SGB VIII keine Ansprüche auf Verbesserung ihrer Erziehungslage ableiten. Dies erstaunt insofern, als der Anspruch auf Erziehungshilfen im JWG den Kindern oder Jugendlichen selbst zustand und eines der zentralen Ziele der Reform des Jugendhilferechts mit Schaffung des SGB VIII die Stärkung der Rechtsposition Mj. sein sollte. Die Frage des Anspruchsinhabers wurde im Zuge des Gesetzgebungsverfahrens kontrovers diskutiert, und nach wie vor wird die Lösung im § 27 SGB VIII kritisiert (hierzu ausführlich *Tammen/ Trenczek* in: FK-SGB VIII § 27 Rn 39 ff.).

7 Indem die Personensorgeberechtigten Anspruchsinhaber sind, setzt die Gewährung von Hilfe zur Erziehung grds. deren Einverständnis voraus (OVG NW 12.9.2002 – 12 A 4352/01 – FEVS 54, 283 ff., *Tammen* UJ 2004, 90 ff.; zur HzE im Rahmen des Jugendstrafverfahrens s. Kap. 11.4.1). Damit besteht die Gefahr, dass das in § 1 SGB VIII als Grundgedanke verankerte Recht auf Förderung der Entwicklung und Erziehung junger Menschen bei Mj. mitunter rechtlich leerläuft. Um für die Mj. gegen den Willen der Eltern Leistungen erbringen zu können, ist ggf. – in glücklicherweise nur wenigen Fällen – der Eingriff in die Rechte der Eltern notwendig. Die undifferenzierte Verwendung des Schlagwortes »Leistung statt Eingriff« geht damit hier zulasten der strukturell schwächeren und damit unterstützungsbedürftigeren Mj. Nun mag man einwenden, dass es in der Praxis auch nicht viel nütze, wenn die Mj. die Rechtsinhaber des Rechtes auf Hilfe zur Erziehung wären. Abgesehen davon, dass dies bei den sog. Autonomiekonflikten zwischen älteren Mj. und ihren Eltern (vgl. *Münder* et al. 2020, Kap. 9.) durchaus von praktischer Bedeutung ist, würde jedoch mit einer solchen Zuordnung der Rechtsinhaberschaft an die Mj. der Gesetzgeber an zentraler Stelle deutlich machen, wer im Zentrum des Kinder- und Jugendhilfegesetzes steht.

8 Auch wenn § 27 SGB VIII nur von »ein Personensorgeberechtigter« spricht, muss bei gemeinsamer elterlicher Sorge die gemeinsame Rechtsinhaberschaft beachtet werden. Entscheidet sich nur ein Elternteil für die Inanspruchnahme, darf die HzE gegen den entgegenstehenden Willen des anderen Elternteils nicht erbracht werden, denn bei der Inanspruchnahme von HzE handelt es sich idR (mit Ausnahme der sog. niederschwelligen Hilfen wie z.B. Erziehungsberatung) um eine Angelegenheit der elterlichen Sorge von erheblicher Bedeutung für die Entwicklung des Kindes, bei der die Eltern Einvernehmen herstellen müssen (§§ 1626 Abs. 2 Satz 2, 1627, 1687 Abs. 1 Satz 1 BGB); ggf. kann das FamG auf Antrag die Entscheidungsbefugnis auf einen Elternteil übertragen (§ 1628 BGB; *Tammen/Trenczek* FK § 27 Rn 35).

9.2.2 Leistungsvoraussetzungen bei der Hilfe zur Erziehung – § 27 SGB VIII

9 Das Problem der Leistungsvoraussetzung für Hilfen ist, dass sie von ihrem Zweck her notwendig die Feststellung einer Belastung und Schwäche voraussetzen, die Hilfe also zwar gerade erforderlich ist, dass diese Definition aber gegebene Ressourcen und Stärken nicht entwerten darf (zu den Zuweisungskriterien und diagnostischen Kompetenzen nach wie vor wichtig der 8. Jugendbericht 1990, BT-Drs. 11/6576, 132 ff.). Die Norm beinhaltet deshalb eine Vielzahl unbestimmter – und deshalb auslegungsbedürf-

tiger – Rechtsbegriffe. Sie ist rechtsdogmatisch auch deshalb schwierig, weil Leistungsvoraussetzungen und Rechtsfolgen in § 27 SGB VIII untrennbar miteinander verwoben sind und erstere die Art der Hilfen unmittelbar bedingen.

Zu den (Tatbestands-)Voraussetzungen der Hilfe zur Erziehung gehören:

- die Tatsache, dass eine dem Wohl des Mj. entsprechende Erziehung nicht gewährleistet ist (der sog. »**erzieherische Bedarf**«),
- die **Geeignetheit** der erzieherischen Hilfe,
- die **Notwendigkeit** der erzieherischen Hilfe.

9.2.2.1 Erzieherischer Bedarf

Nach Abs. 1 hat ein Personensorgeberechtigter Anspruch auf Hilfe, wenn eine dem Wohl des Kindes oder des Jugendlichen entsprechende Erziehung nicht gewährleistet ist. Das Gesetz nahm mit dieser Formulierung bewusst Abstand von den (im JWG verwendeten) Begriffen der Verwahrlosung, Verhaltensauffälligkeit oder Störung, um negative Zuweisungen zu vermeiden. Die Situation, in der eine dem Wohl des Kindes entsprechende Erziehung nicht gewährleistet ist, wird auch mit dem Begriff des **erzieherischen Bedarfs** bezeichnet (§ 27 Abs. 2 SGB VIII) oder – noch wertfreier – mit dem Begriff der **erzieherischen Mangellage**. Mit der bewussten Verwendung des Begriffes »Wohl des Mj.« wollte der Gesetzgeber an § 1666 BGB (ausführlich *Münder* et al. 2020, Kap. 9) anknüpfen, gleichzeitig aber die im JWG verwendeten stigmatisierenden Zuschreibungen (z.B. Verwahrlosung, Defizite, ...) vermeiden. Während § 1666 BGB ein staatliches Eingriffsrecht (Zwangseingriff) gegen die Personensorgeberechtigten für den Fall beinhaltet, dass das Wohl des Kindes oder Jugendlichen **gefährdet** ist, setzt der Leistungsanspruch des § 27 SGB VIII bereits auf einer niedrigeren Stufe ein, nämlich dort, wo das – körperliche, geistige oder seelische – Wohl zwar noch nicht gefährdet, aber schon **nicht** mehr **gewährleistet** ist (zu den unterschiedlichen Interventionsschwellen s. Abb. 3). Maßstab hierfür sind immer die körperlichen, geistigen und seelischen Grundbedürfnisse des Kindes (Liebe, Zuwendung, Bindung, Fürsorge und Anerkennung, Versorgung und Pflege, Gesundheitsfürsorge, Schutz vor Gefahren, geistige und soziale Bildung; vgl. auch Art. 3 ff. UN-KRK) sowie die altersgemäße Entwicklung und Sozialisation des jungen Menschen. Ob eine dem Wohl des Kindes oder Jugendlichen entsprechende Erziehung gewährleistet ist oder nicht, ist immer Frage des Einzelfalls. Anders als bei der familiengerichtlichen Entscheidung gegen den Willen der Eltern (§ 1666 BGB) darf hier das »Milieu, in das das Kind hinein geboren ist« (vgl. OLG Hamm ZfJ 1983, 274), nicht einschränkend berücksichtigt werden. Entscheidend ist, ob das, was für die altersgemäße Sozialisation, Ausbildung oder Erziehung »normal«, üblich und erforderlich ist, tatsächlich vorhanden ist. Es bedarf also eines wertenden Vergleichs der konkreten Lebens- und Sozialisationssituation des jungen Menschen mit der üblichen seiner Altersgruppe. Gefordert ist ein Balanceakt zwischen dem Respekt vor andersartigen Lebensentwürfen (zumal sich die pädagogischen Fachkräfte häufig aus einer anderen sozialen Schicht und anderen Lebensbezügen rekrutieren) und dem Bemühen, Benachteiligungen abzubauen (§ 1 Abs. 3 SGB VIII), um weitest mögliche soziale Teilhabechancen zu eröffnen. Das Kindeswohl ist dann nicht gewährleistet, wenn sich die Sozialisationslage des betreffenden Mj. im Vergleich als benachteiligt darstellt. Dies ist jedenfalls dann gegeben, wenn bei dem konkreten Mj. Entwicklungsbedingungen fehlen, die für einen wesentlichen Teil der jungen Menschen vorliegen, wenn also der Stand nicht erreicht wird, der als »Normalstandard« von Sozialisation und Erziehung angesehen wird (ausführlich zum erzieherischen Bedarf *Tammen/Trenczek* in: FK-SGB VIII § 27 Rn 6 ff.). Ist als Ergebnis dieser Prüfung ein erzieherischer Bedarf zu bejahen, mündet dies grds. in ein Angebot, die Situation zu verbessern und nicht – wie bei § 1666 BGB – in eine Zwangsmaßnahme.

Abb. 3: Interventionsschwellen von Jugendhilfeleistungen und sorgerechtlicher Entscheidung des Familiengerichts

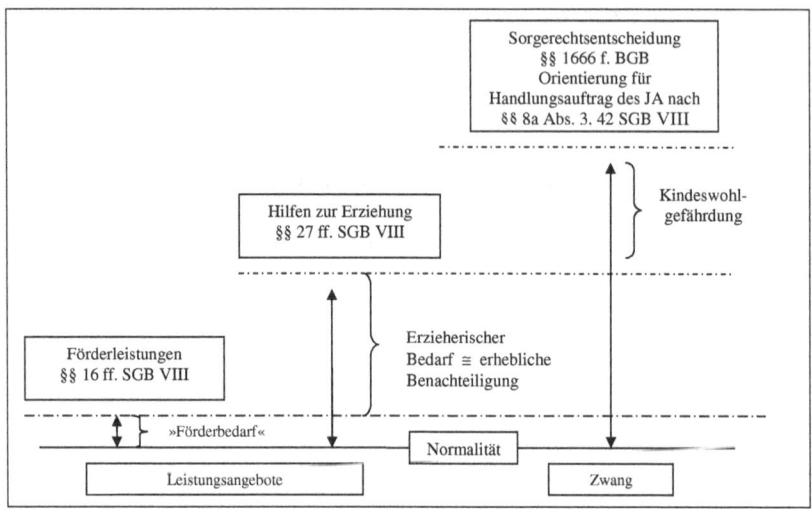

12 Nicht jede Mangellage in der Sozialisation löst jedoch den Anspruch nach § 27 SGB VIII aus (vgl. BVerwG 12.5.2005 – 5 B 56.05 – JAmt 2005, 524: schulischer Leistungsbereich), vielmehr muss es sich um einen **erzieherischen Bedarf** handeln, d.h. um eine Mangellage im Erziehungs- und Entwicklungsprozess, die mit dem sozialpädagogischen Instrumentarium der Jugendhilfe zu beheben ist. Besteht also z.B. ein ausschließlich materieller Bedarf der Familie, so löst dieser keinen Anspruch auf HzE aus, sondern ggf. einen Anspruch auf materielle Sozialleistungen, etwa im Rahmen der Grundsicherung für Arbeitsuchende (SGB II) oder der Sozialhilfe (SGB XII). Gleiches gilt bei einem rein medizinischen Bedarf. Hier werden in erster Linie Ansprüche gegen die Krankenversicherung entstehen (vgl. Kap. 4.2.2). Zwar kann Hilfe zur Erziehung von ihrer **Funktion** her nur bei Problemen und Gefährdungen des Erziehungsprozesses im engeren Sinn ansetzen, da materielle Mangellagen oder gesundheitliche Belastungen – wie etwa Arbeitslosigkeit, Krankheit der Eltern, unzureichende Wohnsituation – nicht mit den Mitteln der Jugendhilfe behoben werden können (vgl. BT-Drs. 11/5948, 68). Soweit aber derartige Belastungsfaktoren den individuellen Erziehungsprozess beeinträchtigen, indem sie z.B. mit einer mangelnden emotionalen und pädagogischen Unterstützung des Jugendlichen einhergehen oder sich in mangelnden Ausbildungs- und Freizeitmöglichkeiten niederschlagen, geht es auch in der Kinder- und Jugendhilfe zumindest mittelbar um die Beseitigung der nachteiligen sozialen Lebenssituation.

13 Andere Benachteiligungen oder **Behinderungen** (zur Definition s. Kap. 9.3) schließen einen erzieherischen Bedarf nicht aus. Deshalb kann selbstverständlich auch bei einem Kind mit geistiger oder körperlicher Behinderung ein erzieherischer Bedarf vorliegen; entscheidend für die HzE ist, dass es nicht um den behinderungsbedingten Eingliede-

rungsbedarf, sondern um die Bewältigung von Schwierigkeiten im Erziehungsprozess geht (VG München 28.3.2007 – M 18 K 06.1856 – SjE E I 12, 302z ff.; BAGüS 2009a, 34). Aktuell dreht sich die fachliche Reformdiskussion im Kinder- und Jugendhilferecht v.a. um die sog. »große Lösung« der Zusammenführung der Eingliederungshilfe (s. Kap. 9.3) für alle Kinder und Jugendlichen mit Behinderung im SGB VIII, um die bisherigen Inklusionsbarrieren zu überwinden (vgl. BT-Drs. 16/12860. 14 f.; die Beiträge in Forum Jugendhilfe 2015).

9.2.2.2 Geeignetheit und Notwendigkeit

Ist ein entsprechender erzieherischer Bedarf des Mj. gegeben, so kommen zahlreiche Hilfen mit völlig unterschiedlicher Intensität infrage (hierzu ausführlich *Tammen/ Trenczek* in: FK-SGB VIII § 27 Rn 18 ff.). Das Gesetz führt in den §§ 28 bis 35 SGB VIII einen Katalog an möglichen (idealtypischen) Hilfen auf, darüber hinaus können jedoch auch andere Angebote entwickelt werden (zur Hilfe nach Maß, s. nachfolgend). Zu beachten ist, dass der Leistungsanspruch als solcher bereits an die Geeignetheit und Notwendigkeit der konkreten Hilfe geknüpft ist. Es handelt sich in § 27 SGB VIII insoweit *nicht* um eine Frage der Rechtsfolge (bei deren Entscheidung die Verwaltung ggf. ein Ermessen haben könnte; s. u. Kap. 5.1.3, Rn 17), sondern um die Ausfüllung unbestimmter Rechtsbegriffe bei der **Prüfung einer Leistungsvoraussetzung** (*Tammen/Trenczek* in: FK-SGB VIII § 27 Rn 56 f.; a.A. OVG NW 11.10.2013 – 12 A 1590 – JAmt 2014, 90; zum Hilfeplanverfahren ausführlich Kap. 9.8.2). Dabei besteht schon im Hinblick auf die Leistungsvoraussetzungen eine **Wechselbeziehung** zwischen Problemlage und Jugendhilfeangebot (Problem-Hilfe-Kongruenz). Eine Hilfe kann überhaupt nur dann **geeignet** sein, wenn sie am Bedarf, am Problem ansetzt (*Trenczek* 2002, 3). Überspitzt ausgedrückt: therapeutisches Reiten hilft selten bei massiven Schulproblemen und auch die sozialpädagogische Familienhilfe ist kein Allheilmittel bei Adoleszenzkonflikten. Im Hinblick auf die Geeignetheit der Hilfe verknüpfen sich mithin zwei in sich **komplexe Faktorenbündel** (hierzu 8. Jugendbericht 1990 BT-Drs. 11/6576, 132). Die Einschätzung der Schwierigkeiten von jungen, heranwachsenden Menschen und ihren Familien (das eine Faktorenbündel = der erzieherische Bedarf) muss bezogen werden auf **Ressourcen**, Chancen und Schwierigkeiten in den Hilfeangeboten (das zweite Faktorenbündel). Es ist dabei zu klären, wie die Hilfen in den Erfahrungs- und Verständnishorizont der Adressaten (Lebensweltorientierung; *Thiersch* 2014) passen, wie sie sich in die gegebenen Lebensverhältnisse einfügen, auf welche Weise sie gewährleisten, dass die Ressourcen (zu Resilienz- und Schutzfaktoren s. *Bender/Lösel* 2005; *Fröhlich-Gildhoff/Rönnau-Böse* 2014; *Trenczek* et al. 2017a, 40 ff.; *Vanistendael* 2003) der Selbsthilfe nicht entwertet oder verschüttet werden, und welche Perspektiven sich aus der Hilfe für einen »gelingenden« Alltag ergeben (zu den Verfahrens- und methodischen Anforderungen im Rahmen der Hilfeplanung s. Kap. 9.8). In jedem Einzelfall ist die genaue Bedarfslage des Kindes oder des Jugendlichen festzustellen und anhand dessen zu entscheiden, welche Art der Hilfe in welchem zeitlichen Umfang und für welche Dauer angebracht ist. Es reicht deshalb nicht aus, auf das begrenzte Standardangebot der idealtypisch beschriebenen Hilfen der §§ 28 - 35 SGB VIII hinzuweisen (s. Kap. 9.2.3). Vielmehr müssen die **Hilfen »nach Maß«** – eben dem Hilfebedarf entsprechend – entwickelt und angeboten werden (hierzu *Tammen/ Trenczek* in: FK-SGB VIII vor § 27 Rn 13; *Trenczek* 2002, 4).

14

15 Der Begriff der **Notwendigkeit** wird in zweierlei Hinsicht relevant. Zunächst muss die öffentliche Sozialleistung in Form von Hilfe zur Erziehung erforderlich sein, um die Mangellage zu beheben. Ein Anspruch auf Hilfe zur Erziehung besteht also nicht, wenn ein erzieherisches Problem zwar besteht, die Personensorgeberechtigten selbst aber willens und in der Lage sind, dieses aus eigener Kraft zu beheben oder wenn unentgeltliche Hilfe Dritter (etwa Verwandter; s. BVerwG 4.9.1997 – 5 C 11.96 – FEVS 48, 289 ff.) zur Verfügung steht. Es muss sich also um eine Mangelsituation handeln, die infolge des erzieherischen Handelns bzw. Nichthandelns der Eltern des Mj. eingetreten ist, und diese nicht in der Lage sind, den Bedarf zu decken (vgl. BVerwG 9.12.2015 – C 32.13. 4; 1.3.2012 – 5 C 12.11; BVerwGE 142, 115 Rn 19). Allerdings geht der Vorrang der Selbsthilfe nicht so weit, (insb. niedrigschwellige) sozialpädagogische Dienstleistungen und Hilfen deshalb zu versagen, weil Eltern sich diese ggf. auch auf dem freien Markt verschaffen könnten. Für die **Verwandtenpflege** stellt zudem § 27 Abs. 2a SGB VIII klar, dass der Anspruch auf HzE nicht dadurch entfällt, dass eine unterhaltspflichtige Person, z.B. die Großeltern, oder sonstige Verwandte bereit sind, den Bedarf zu decken, indem sie das Kind außerhalb des Elternhauses erziehen (s. a. BVerwG 9.12.2014 – 5 C 32.13 – JAmt 2015, 217).

16 Die in den §§ 27 - 35 SGB VIII beschriebenen idealtypischen Hilfeformen sind grds. gleichwertig, auch wenn sich die Reihenfolge der Vorschriften an der pädagogischen Intensität der einzelnen Hilfearten orientiert. Deshalb bedarf es im Hinblick auf die Einschätzung der Notwendigkeit eines differenzierten pädagogischen Vorgehens, um den vielfältigen Problemlagen der unterschiedlichen Adressatenkreise gerecht zu werden und ein bedarfsgerechtes Leistungsprogramm anzubieten. Es ist deshalb im Hinblick auf die **Notwendigkeit** (= Erforderlichkeit, als Teil des allgemeinen Verhältnismäßigkeitsprinzips; hierzu *Trenczek* et al. 2017a, 152 ff.) insb. zu klären (Abwägung: pro und contra), ob »ambulante« Leistungen noch ausreichen, um den Bedarf zu decken oder ob eine sog. Fremdplatzierung, also die außerfamiliäre Unterbringung, eines Kindes oder Jugendlichen erforderlich ist. Dies kann z.B. der Fall sein, wenn von der Familie und deren sozialen Umfeld erhebliche Gefährdungen ausgehen oder der Ablösungsprozess des heranwachsenden Mj. von der Familie gefördert werden soll. Im Zweifel ist der ambulanten Hilfe der Vorzug zu geben, um das familiäre Lebensumfeld zu erhalten (Lebensweltorientierung).

17 Diese Abwägung, insb. zwischen ambulanten und außerfamilialen Hilfen, richtet sich nach dem erzieherischen Bedarf und hat nichts mit der »Wegnahme« eines Kindes aus der Familie zu tun. Bei den Hilfen zur Erziehung handelt es sich um **Leistungsangebote**, die – unterhalb der Schwelle der Kindeswohlgefährdung – nicht angenommen werden müssen (s. Kap. 4.3.1). Die **Akzeptanz** der betroffenen Kinder, Jugendlichen und Erwachsenen ist deshalb ein wesentlicher Aspekt schon der **Geeignetheit**. Dabei ist nicht zu verkennen, dass manche Vorgehensweisen und Hilfen von den Familien eher als Eingriff, als Eindringen in die Privatsphäre (insb. bei der sozialpädagogischen Familienhilfe) denn als Hilfe wahrgenommen werden. Gerade in Krisen ist die sozialpädagogische Überzeugungsarbeit der Fachkräfte des JA besonders gefragt, um den Betroffenen zu verdeutlichen, dass eine anvisierte Hilfe für das Kind sinnvoll und erforderlich ist (zum Dreischritt von Problemakzeptanz, Problemkongruenz und Hilfeakzeptanz s. Kap. 9.8.2).

18 Lehnen die Eltern dennoch eine Hilfe ab, ist Motivationsarbeit erforderlich, es darf ihnen die Hilfe jedoch nicht einfach aufgenötigt werden. Liegen allerdings darüber hi-

9.2 Hilfen zur Erziehung – §§ 27 - 35 SGB VIII

naus gewichtige Anhaltspunkte für die Gefährdung des Wohls eines Kindes vor, so muss das JA aufgrund seiner **Schutzverpflichtung** prüfen, auf welche Weise das Kindeswohl gesichert werden kann (§ 8a SGB VIII; s. Kap. 4.3.2 u. 12.2.1). Nicht jede Weigerung der Eltern, Hilfeangebote des JA anzunehmen, deutet auf eine Kindeswohlgefährdung hin. Ist aber eine Gefahr für das Wohl des Kindes bzw. Jugendlichen gegeben und sind die Eltern weder selbst zu deren Abwendung noch zur Kooperation mit dem JA im Interesse des Kindes bereit, andererseits die Fachkräfte der Kinder- und Jugendhilfe »mit ihrem Latein« am Ende, so ist nach § 8a Abs. 2 SGB VIII das FamG anzurufen (VG Saarlouis 29.10.2014 – 3 L 1176/14), das gegebenenfalls das Sorgerecht der Eltern einschränken bzw. ganz oder teilweise entziehen kann (§§ 1666 f. BGB). So kann das FamG den Eltern nach § 1666 Abs. 3 Nr. 1 BGB auferlegen, öffentliche Hilfen wie zum Beispiel Leistungen der Kinder- und Jugendhilfe und der Gesundheitsfürsorge in Anspruch zu nehmen. Wird das Sorgerecht (teilweise) entzogen, so wird ein Vormund bzw. Pfleger für das Kind eingesetzt, der darüber entscheiden kann, welche Hilfen für das Kind in Anspruch genommen werden. Damit ist rein formal das **Freiwilligkeitsprinzip** gewahrt, sind doch die Personenberechtigten Inhaber des Leistungsanspruchs. Liegt dagegen keine Gefährdung des Mj. vor, so können gegen den Willen der sorgeberechtigten Eltern keine Hilfen realisiert werden (zu den Handlungsoptionen des JA *Schone* 2001, 117; *Trenczek* et al. 2017a, Kap. 3.3.4 sowie die nachstehende Tab. 6). Dies gilt auch dann, wenn der Mj. die Hilfe selbst wünscht, z.B. ein Jugendlicher aufgrund ständiger familiärer Konflikte die elterliche Wohnung verlassen und in eine betreute Wohngemeinschaft ziehen möchte.

Tab. 6: Situation des Kindes, Haltung der Eltern und Handlungsoptionen des Jugendamtes

Situation des Kindes, Haltung der Eltern und Handlungsoptionen des Jugendamtes		
	Eine dem Kindeswohl entsprechende Erziehung ist nicht gewährleistet (sog. erzieherischer Bedarf) § 27 SGB VIII	Kindeswohlgefährdung § 1666 Abs. 1 BGB § 8a SGB VIII
Eltern wollen und können Hilfen annehmen	Jugendamt muss geeignete und erforderliche Hilfen anbieten	Jugendamt muss geeignete und erforderliche Hilfen anbieten
Eltern wollen und/oder können Hilfen nicht annehmen	Jugendamt muss Hilfen anbieten, aber Weigerung respektieren	Jugendamt muss das Familiengericht anrufen

Unter dem Aspekt, dass bei Kindeswohlgefährdungen oft die Fremdunterbringung des Mj. vorgenommen wird, neigte die Rechtsprechung der FamG im Hinblick auf §§ 1666, 1666a BGB lange Zeit dazu, als »mildere Maßnahme« das Aufenthaltsbestimmungsrecht (also nur einen Teil des Personensorgerechts) zu entziehen und auf einen Pfleger – zumeist auf das JA – zu übertragen (mit allen damit verbundenen Problemen, s. Kap. 13.2). Da in § 27 SGB VIII jedoch der Begriff »Personensorgeberechtigter« verwendet wird und das Aufenthaltsbestimmungsrecht nach § 1631 Abs. 1 BGB nur einen von vielen Teilaspekten der Personensorge ausmacht, ist (inzwischen) klar, dass der »Aufenthaltsbestimmungspfleger« mit dem Begriff des Personensorgeberechtigten i.S.d. § 27 Abs. 1 SGB VIII nicht identisch ist. Wenn es nicht ausreicht, die Eltern gem. § 1666 Abs. 3 Nr. 1 BGB zu verpflichten, angebotene Hilfen anzunehmen, ist es erforderlich, ggf. das gesamte **Personensorgerecht** zu entziehen oder zumindest ausdrücklich die **Berechtigung, über die Inanspruchnahme von Hilfe zur Erziehung** zu ent-

19

scheiden und am Hilfeplanungsprozess mitzuwirken, und diese auf einen Pfleger zu übertragen (BVerwG 21.6.2001 – 15 C 6.00 – ZfJ 2002, 30 ff.; *Münder* et al. 2020, Kap. 9; zur rechtlichen Stellung der Eltern zum Pfleger und zum Träger der öffentlichen Jugendhilfe VGH BY 13.11.2003 – 12 B 99.2992 – FEVS 55 [2004], 419).

20 Das Gesetz gibt keine genauen Vorgaben zu **Umfang und Dauer der Erziehungshilfen**. Die Hilfe zur Erziehung kann und muss solange geleistet werden, solange die Leistungsvoraussetzungen vorliegen. Eine konkrete, zeitliche Begrenzung der Leistung (z.B. durch eine Nebenbestimmung gem. § 32 SGB X) ist nicht korrekt (zur Unzulässigkeit der Befristung von Leistungsbescheiden im Kinder- und Jugendhilferecht vgl. mittlerweile auch *Kepert* Sozialrecht aktuell 3/2019, 103 ff., unter Aufgabe seiner früheren Ansicht in Sozialrecht aktuell 2/2016, 52 ff.; vgl. BVerwG 9.12.2015 - 6 C 37/14 zur mit § 32 Abs. 1 SGB X inhaltsgleichen Vorschrift des § 36 Abs. 1 VwVfG BW; zur Problematik im Hinblick auf die Verknüpfung mit einer strafrechtlichen Rechtsfolge, die per se begrenzt sein muss, s. Kap. 12.4.3). Vielmehr sieht das SGB VIII im Rahmen des Verfahrens (s. Kap. 9.6) eine regelmäßige Fortschreibung der Hilfeplanung vor, im Rahmen derer geprüft wird, ob die Leistungsvoraussetzungen noch vorliegen (s. Kap. 9.8.2).

9.2.3 Rechtsfolgen: Die verschiedenen Hilfearten

21 Wenn feststeht, dass die Tatbestandsvoraussetzungen des §§ 27 SGB VIII vorliegen, liegt damit auch gleichzeitig die Art der Erziehungshilfen fest, denn der Anspruch des Personensorgeberechtigten richtet sich stets auf die **geeignete und notwendige Hilfe**. § 27 Abs. 2 und 3 SGB VIII treffen zunächst Aussagen dazu, in welchen Formen HzE erbracht werden. Nach Abs. 2 soll das nähere soziale Umfeld einbezogen werden. Das hierin zum Ausdruck kommende Konzept der sog. »Lebensweltorientierung« (*Thiersch* 1992 u. 2014) wendet sich gegen jede Form der Ausgrenzung und ist auf die (Re-)Integration der Betroffenen in das »normale« Alltagsleben gerichtet (Normalisierungsarbeit). Soweit in den letzten Jahren sog. »sozialraumorientierte Erziehungshilfen« konzipiert bzw. gefordert werden (hierzu *Hinte/Treeß* 2011; *Pichelmeier/Rose* 2011; *Pörksen* 2011), ändert dies nichts am individuellen Rechtsanspruchscharakter der HzE (HH OVG 10.11.2004 – 4 Bs 388/04 – JAmt 2004, 592, m. Anm. *Münder* ZJJ 2005, 85 ff.; ders. 2001; *Meysen* et al. 2014, Rn 77 ff., 265 ff.; *Sämann* 2014; *Tammen* in: FK-SGB VIII § 79 Rn 14). Gemäß Abs. 3 umfassen die Erziehungshilfen insb. die Gewährung pädagogischer und damit verbundener therapeutischer Leistungen. Kern der Hilfe muss also die (sozial)pädagogische Leistung sein. Eine isolierte Gewährung therapeutischer Leistungen als HzE ohne einen Bezug zur pädagogischen Ausrichtung ist nicht möglich (OVG NI 25.3.2020 – 10 LA 292/18 – juris Rn 15).

22 Nach Abs. 2 wird die Hilfe insb. nach Maßgabe der §§ 28-35 SGB VIII erbracht. Diese beschreiben in einer Art sozialpädagogischer **Kurzprogrammatik** einige in der Praxis bewährte idealtypische Hilfeformen, die sich hinsichtlich ihrer Intensität unterscheiden und systematisch nach dem Umfang der Einwirkung in die Familie angeordnet sind. Hieraus ergibt sich keine Rangfolge in dem Sinne, dass zunächst schwächere Hilfeformen heranzuziehen sind, bevor zu intensiveren übergegangen werden kann (**leistungsrechtliche Einheitlichkeit** der HzE; *Trenczek* 2002, 4). Welche Hilfe infrage kommt, ist unter den Aspekten der »Geeignetheit« und »Notwendigkeit« der Hilfe für die konkrete erzieherische Bedarfssituation zu prüfen. Finanzielle Aspekte dürfen – bei Rechtsanspruch-gesicherten Leistungen – insoweit keine Rolle spielen (s. Kap. 5.1.3; zu Kos-

9.2 Hilfen zur Erziehung – §§ 27 - 35 SGB VIII

ten- und Finanzierungsfragen Kap. 16.3). Die Beschreibung der einzelnen Hilfen in den §§ 28-35 SGB VIII verwendet zwar Soll-Formulierungen. Hier ist die Wortwahl allerdings missverständlich: Der Begriff bedeutet nicht, dass es sich um Soll-Leistungen im juristischen Sinne handelt (s. Kap. 5.1.3). Die Formulierung schränkt nicht den Rechtsanspruch auf die Hilfe gemäß § 27 Abs. 1 SGB VIII ein. Mit ihr werden lediglich die Inhalte der Hilfen und die Ziele beschrieben, die mit ihnen erreicht werden sollen.

Ungeachtet der standardisierten Hilfearten in §§ 28 - 35 SGB VIII ist mit Nachdruck darauf hinzuweisen, dass es sich hierbei **nicht** um einen **abschließenden Katalog** möglicher Hilfeformen handelt. Das ergibt sich schon aus dem Begriff »insbesondere« und wird auch in § 27 Abs. 2 Satz 2 SGB VIII unterstrichen, wonach sich Art und Umfang der Hilfe nach dem erzieherischen Bedarf im Einzelfall richten. Es ist also möglich, über die in §§ 28 - 35 SGB VIII genannten Hilfen hinaus neue, **»atypische« Hilfeformen** zu entwickeln. Möglich ist z.B. die gemeinsame Unterbringung von Mutter und Kind in einer Mutter-Kind-Einrichtung des Strafvollzugs (BVerwG 12.12.2002 – 5 C 48.01 – FEVS 54, 311 ff.; dazu *Tammen*, UJ 2004, 43 ff.) oder der Untersuchungshaft (VG München 7.4.2020 – M 18 E 20.1277) im Rahmen von Hilfe zur Erziehung, oder die gemeinsame Unterbringung eines Kleinstkindes mit seinen Eltern nach einer Drogenentziehung in einer Nachsorge-Einrichtung (VGH HE 12.12.2000 – 1 TG 3964/00 – ZfJ 2002, 71). Auch der Übergang von einer Hilfeform zu einer anderen ist möglich. Zudem können mehrere Hilfen nebeneinander zugleich erbracht bzw. deren Elemente miteinander kombiniert werden. Es ist somit auch möglich, dem Anspruchsinhaber aus verschiedenen Hilfeformen eine passende individuelle Hilfe zusammenzusetzen, also eine individuelle **Hilfe »nach Maß«** (s. o. Kap. 9.2.2.2). Auch Leistungen aus anderen Bereichen des SGB VIII – z.B. Familienerholung, Beratungsangebote, Betreuung und Erziehung in Tageseinrichtungen – können als HzE erbracht werden (*Tammen/Trenczek* in: FK-SGB VIII § 27 Rn 19 m.w.N.). Entscheidend ist, dass genau diese geeignet sind, den erzieherischen Bedarf zu decken. Es würde eine der Logik des SGB VIII widersprechende Schlechterstellung des Anspruchsberechtigten bedeuten, ihm diese Hilfe als HzE zu versagen (*Tammen/Trenczek* in: FK-SGB VIII § 27 Rn 19; *GK/Häbel* § 27 Rn 33; a.A. unter Hinweis auf die Systematik des Gesetzes *Wiesner/Schmid-Obkirchner* § 27 Rn 29). Aber auch sozialpädagogisch-konzeptionell sowie aus ökonomischen Gründen ist eine Versagung von in aller Regel niedrigschwelligen Leistungen und eine Verweisung auf intensivere Erziehungshilfen im Rahmen eines HzE-Rechtsanspruches nicht sinnvoll.

Teilweise werden unter den Leistungskatalog der §§ 27 ff. SGB VIII in den letzten Jahren auch die sog. »**Frühen Hilfen**« subsumiert, die ihrem Charakter nach freilich eine unspezifische Querschnittsaufgabe (nicht nur) der Kinder- und Jugendhilfe in einem Netzwerk unterschiedlicher Leistungsträger darstellen (*DIJuF* JAmt 2010, 117; *Freese* et al. 2011; *Meysen/Schönecker/Kindler* 2009; NZFH 2015).

Die »**Versäulung**« der Hilfen durch die Festschreibung der standardisierten Formen in den §§ 28-35 SGB VIII ist problematisch, insb. weil sie in der Praxis dazu führt, dass eine Hilfe aus dem (mehr oder weniger) vorhandenen Programm ausgewählt, der Klient in diese Hilfe gesteckt und wenig Phantasie und Kreativität in die Entwicklung eines individuellen Hilfedesigns für den Einzelfall investiert wird. Andererseits begünstigt die aufgegliederte Darstellung der wichtigsten Hilfen die Entwicklung klarer fachlicher Standards und enthält somit ein qualitätssicherndes Element. Es ist Aufgabe der sozialpädagogischen Fachkräfte, den Blick auf den jeweiligen konkreten Einzelfall zu richten und über die »Schubladen« der §§ 28-35 SGB VIII hinauszusehen.

26 Unabhängig davon, ob die Erziehungshilfen ambulant oder außerfamilial erbracht werden, muss aufgrund der systemischen Familienperspektive des SGB VIII die **Elternarbeit** stets integraler Bestandteil der Hilfen sein. Das gilt insb. im Hinblick auf die potenzielle Rückführung eines Kindes in die Herkunftsfamilie (§ 37 Abs. 1 Satz 2 SGB VIII).

27 In den Anfangsjahren des SGB VIII war umstritten, ob dem JA ein sog. **Auswahlermessen** im Hinblick auf die Hilfeformen zusteht und deshalb eine gerichtliche Überprüfung der Entscheidung für eine Hilfe nur sehr eingeschränkt stattfinden könne. Eine solche Auffassung verkennt den Zusammenhang zwischen Tatbestand und Rechtsfolge: Auf der Tatbestandsseite ist zu prüfen, welcher erzieherische Bedarf besteht und welche Hilfe im Einzelfall geeignet und notwendig ist (s. o. Kap. 9.2.2.2). Wenn dies geschieht, also genau festgestellt ist, was der erzieherische Bedarf ist und welche Hilfe im Einzelfall geeignet und notwendig ist, dann folgt daraus, welche Hilfe im konkreten Fall zu erbringen ist. Damit hat das JA (rechtlich) keine Auswahlmöglichkeit zwischen verschiedenen Hilfen. Für ein Ermessen ist kein Raum (*Tammen/Trenczek* in: FK-SGB VIII § 27 Rn 16 f.). Letztlich klärt sich die Frage, welche Hilfe geeignet und erforderlich ist, nicht abstrakt, sondern stets in einem partizipativ-dialogischen Hilfeplanungsprozess mit den **Betroffenen als Co-Produzenten der Hilfeleistung** (hierzu Kap. 9.6). Gegen den Willen der Personensorgeberechtigten kann eine HzE nicht durchgeführt werden (s. o. Kap. 9.2.1), im Hinblick auf die Geeignetheit ist aber auch die Akzeptanz der Hilfe durch die Mj. von Bedeutung. Lehnen die Beteiligten eine Hilfeart ab, ist diese aus subjektiven Gründen zumeist nicht geeignet (s. o. Kap. 9.2.2; VG Hannover 4.3.2008 – 3 A 6111/07 – NJW 2008, 3371 im Fall der Fremdunterbringung).

28 Hilfen zur Erziehung sind in der Regel im **Inland** zu erbringen; Ausnahmen sind nur zulässig, wenn sie nach Maßgabe des Hilfeplans zur Erreichung des Hilfeziels im Einzelfall erforderlich sind (§ 27 Abs. 2 Satz 3 SGB VIII). Nach § 36 Abs. 4 SGB VIII muss bei Hilfen, die ganz oder teilweise im **Ausland** erbracht werden (hierzu *Klein/Macsenaere* 2015; *Wendelin* 2011), zum Ausschluss einer seelischen Störung mit Krankheitswert zuvor eine Stellungnahme einer in § 35a Abs. 1a Satz 1 SGB VIII genannten Person, also insb. eines Arztes oder Kinder- und Jugendpsychotherapeuten, eingeholt werden. Vereinbarungen nach §§ 78a ff. SGB VIII dürfen bei Leistungen im Ausland nur mit Trägern abgeschlossen werden, die die Voraussetzungen des § 78b Abs. 2 Satz 2 SGB VIII erfüllen.

29 Soweit im Rahmen des **jugendstrafrechtlichen Verfahrens** nach dem JGG Weisungen und Auflagen verhängt werden können, sind diese Maßnahmen nicht identisch mit den jugendhilferechtlichen Leistungen. Zu beachten sind nicht nur die unterschiedlichen Adressaten, Interventionsvoraussetzungen und das Bewilligungs- bzw. Entscheidungsverfahren, sondern auch die unterschiedlichen Handlungsgrundsätze (hierzu ausführlich *Trenczek* 1996; ders. 2017a, 148 ff. sowie ZJJ 2014, 323 ff.). Die gegenüber den jungen Menschen und mittelbar ihren Eltern verhängten strafrechtlichen Maßnahmen können und dürfen nur dann als Hilfeleistungen durch die öffentliche Jugendhilfe umgesetzt und durchgeführt werden, wenn die Leistungsvoraussetzungen des SGB VIII gegeben sind (zum Verhältnis der HzE zum Maßnahmenkatalog des JGG s.a. *Tammen/*

9.2 Hilfen zur Erziehung – §§ 27 - 35 SGB VIII

Trenczek in: FK-SGB VIII Vor § 27 Rn 31 ff., § 52 Rn 50 ff.; *Trenczek/Goldberg* 2016, 155 ff. m.w.N.).

9.2.3.1 § 28 SGB VIII – Erziehungsberatung

Das SGB VIII enthält zahlreiche Beratungsangebote, insb. in §§ 16, 17, 18 SGB VIII (Kap. 7.2). Zusätzlich ist die Erziehungsberatung als standardisierte Hilfe zur Erziehung aufgenommen worden. Neben den auch an anderer Stelle verankerten Präventionsaufgaben von Beratung tritt damit die Aufgabe der Krisenintervention in den Vordergrund. Von den anderen HzE unterscheidet sich die Erziehungsberatung vor allem dadurch, dass ratsuchende Eltern oder Mj. sich zumeist unmittelbar an eine Beratungsstelle wenden (können) und der erzieherische Bedarf, der ja eine Leistungsvoraussetzung der HzE darstellt, geradezu erst im Rahmen der Leistungserbringung geprüft wird. Dieser nach § 36a Abs. 2 SGB VIII zulässige unmittelbare Zugang entspricht dem Charakter der Erziehungsberatung als niedrigschwelliges Angebot (ausführlich zum Zugang *Tammen* 2017, 212 ff.).

Inhaltlich ist die Erziehungsberatung ein ambulantes Beratungs- und oft auch therapeutisch wirksames Leistungsangebot. Sie soll Hilfe und Unterstützung bei Klärung und Bewältigung individueller und familienbezogener Probleme und der zugrundeliegenden Faktoren, bei der Lösung von Erziehungsfragen sowie bei Trennung und Scheidung bieten (ausführlich *Menne* 2017; *Scheurer-Englisch* et al. 2014; *Struck* in: FK-SGB VIII § 28 Rn 10 ff.; *Witte* 2018). Zu den wesentlichen Merkmalen der Erziehungsberatung zählt die in § 28 Satz 2 SGB VIII geforderte multidisziplinäre Besetzung der Beratungsstellen. Dabei zählen zu den wichtigsten Fachrichtungen die Sozialarbeit/Sozialpädagogik, Psychologie, Kinder- und Jugendlichen-Psychotherapie, Medizin, Pädagogik und Heilpädagogik und Recht. Voraussetzung für die **Eignung** der Erziehungsberatung als konkrete Hilfe im Einzelfall ist zunächst, dass die Bewältigung der anstehenden Probleme mit dieser niedrigschwelligen, wenig intensiven Hilfe im Rahmen des gegebenen sozialen Umfeldes realisierbar erscheint. Die Kompetenzen des vorhandenen Umfeldes müssen also grds. noch zur Problemlösung ausreichen bzw. es müssen im Umfeld aktivierbare Problemlösungsressourcen vorliegen. Zudem müssen die Beteiligten bereit und in der Lage sein, mit den Fachkräften zur Bewältigung der Probleme zusammenzuarbeiten. Gemäß **§ 41 Abs. 2 SGB VIII** wird die Hilfe nach § 28 SGB VIII **auch jungen Volljährigen** gegenüber erbracht.

9.2.3.2 § 29 SGB VIII – Soziale Gruppenarbeit

Soziale Gruppenarbeit soll Kindern und Jugendlichen im Rahmen eines gruppenpädagogischen Konzepts bei der Überwindung von Entwicklungsstörungen und Verhaltensproblemen helfen (ausführlich zu den theoretischen Grundlagen und methodischen Konzepten, *Behnisch* et al. 2013). Ein **Schwerpunkt** liegt auf der Verbesserung des Sozialverhaltens. Die Hilfeform richtet sich an ältere Kinder und Jugendliche bzw. nach § 41 Abs. 2 SGB VIII auch an junge Volljährige. Eine feste Altersuntergrenze gibt es nicht, es kommt vielmehr auf den Entwicklungsstand des jeweiligen Kindes an. Bei Kindern unter 12 Jahren wird die Hilfeform jedoch in der Regel nicht geeignet sein. Die **Eignung** setzt auch voraus, dass das Mädchen bzw. der Junge zur aktiven Mitwirkung in der Gruppe bereit ist. Zudem muss das soziale Umfeld als hinreichend tragfähig erscheinen, so dass ein weiteres Aufwachsen des Mj. am bisherigen Lebensort möglich ist. Zur Verbesserung problematischer Familiensituationen ist die Hilfe allein kaum geeignet. Spezifische Bedarfe können ggf. auch durch Kombination mit einzelfallorientierten Unterstützungsangeboten (z.B. § 30 SGB VIII, hierzu nachfolgend 9.2.3.3) gedeckt werden.

33 Hinsichtlich der **Organisationsformen** lassen sich zeitlich begrenzte Kurse und fortlaufende Gruppen unterscheiden. Dabei weisen die Kurse eine thematische Vorgabe, feste Strukturen und klare Zielvorstellungen auf. Die Konzeption geht davon aus, dass die Teilnehmer den Kurs gemeinsam beginnen und bis zum Ende fortsetzen. Die fortlaufenden Gruppen hingegen sind offener angelegt und ermöglichen jederzeit einen Einstieg. Dauer und Methodik der Gruppenarbeit sind unterschiedlich.

34 Nach § 10 Abs. 1 Nr. 6 JGG kann im Rahmen des Jugendgerichtsverfahrens die Teilnahme an einem **sozialen Trainingskurs** durch die Jugendrichter als Weisung gegenüber dem jungen Menschen angeordnet werden (zu den NAM s. Kap. 12.4.3). Eine solche Anordnung verpflichtet jedoch nicht die Träger der Jugendhilfe, dem betreffenden jungen Menschen eine Hilfe in Form von sozialer Gruppenarbeit zu gewähren. Dies hängt allein davon ab, ob die jugendhilferechtlichen Voraussetzungen für eine solche Hilfe (also insb. Vorliegen des entsprechenden erzieherischen Bedarfs) gegeben sind (s. Kap. 12.4.1; ausführlich *Struck/Trenczek* in: FK-SGB VIII § 29 Rn 7 f.; *Trenczek/Goldberg* 2016, 442 ff.).

9.2.3.3 § 30 SGB VIII – Erziehungsbeistand, Betreuungshelfer

35 Ziel der Leistung nach § 30 SGB VIII ist zunächst die **Bewältigung von Entwicklungsproblemen**. Hierunter sind erhebliche Schwierigkeiten zu verstehen, die ihre Ursache in sozialen und psychischen Belastungen und/oder sozialen Benachteiligungen haben können. Neben deliktischen Auffälligkeiten werden hier häufig schulische Probleme (z.B. Motivationsprobleme, Ängste, »Leistungsversagen«, wiederholtes, längeres Schwänzen und dauerhaftes Fernbleiben), Eltern-Kind-Konflikte, Alkohol- und andere Drogenprobleme genannt. Zielgruppe sind junge Menschen, deren soziale Handlungskompetenz durch eine problematische psychosoziale Gesamtsituation überfordert ist. Insoweit ist aber auch zu beachten, dass § 27 SGB VIII im Hinblick auf die Leistungsvoraussetzungen (»erzieherischer Bedarf«, s. Kap. 9.2.2.1) auf eine individualisierende Defizit-Zuschreibung verzichtet und den Blick weniger auf die »Verhaltensauffälligkeiten« und »Störungen« des jungen Menschen richtet als vielmehr auf die das Problem verursachenden Faktoren, insb. mangelnde Sozialisationsbedingungen und individuelle Benachteiligungssituationen. Die Aufgabe der Erziehungsbeistände/Betreuer besteht deshalb darin, Kinder und Jugendliche zu unterstützen, die Problemlagen (mit Unterstützung) selbst zu bewältigen.

36 **Gegenstände der Betreuung** sind vor allem die Beziehungen zwischen Eltern und Kindern/Jugendlichen, Identitätsbildung und Handlungskompetenzen, Schwierigkeiten in Schule, Ausbildung und Arbeit, andere soziale Bezüge des Kindes/Jugendlichen (z.B. Freundeskreis, Sexualität, Freizeit), Unterstützung beim Zugang zu Systemen der materiellen Grundabsicherung hinsichtlich Gesundheit, Wohnen, Einkommen (*Struck/Trenczek* in: FK-SGB VIII § 30 Rn 4). Erziehungsbeistand und Betreuungshelfer (s. nachfolgend Rn 38) können und sollen therapeutische Leistungen nicht ersetzen, sondern Kinder und Jugendliche unter **Einbeziehung des sozialen Umfelds** sozialpädagogisch unterstützen und unter Erhaltung des Lebensbezuges zur Familie ihre **Verselbstständigung** fördern. Die Erhaltung des im Gesetz erwähnten familiären Lebensbezugs erfordert aber nicht immer die Aufrechterhaltung der häuslichen Gemeinschaft mit den

9.2 Hilfen zur Erziehung – §§ 27 - 35 SGB VIII

Eltern oder Personensorgeberechtigten, auch wenn mit diesem ambulanten Hilfeangebot gerade eine Fremdplatzierung vermieden werden soll. Die Betreuung der Jugendlichen kann also gerade während des Ablösungsprozesses von der Herkunftsfamilie angezeigt sein, um Konflikte zu entschärfen und so die Beziehung zur Familie auf Dauer zu erhalten. Entsprechend angepasst (terminologisch weniger Erziehungsbeistand als sozialpädagogische Betreuung) wird diese Hilfe gemäß § 41 Abs. 2 SGB VIII auch gegenüber jungen Volljährigen erbracht. **Zentrales Element** der Hilfe sind zumeist Beratungsgespräche mit den jungen Menschen, aber auch ihren Eltern. Auch wenn sich die Unterstützung vor allem auf den jungen Menschen richtet, ist die **Elternarbeit** (bzw. die Beratung und Unterstützung anderer Personen aus dem sozialen Umfeld, s. § 27 Abs. 2 Satz 2, 2. Hs. SGB VIII) integraler und aus systemischer Perspektive unverzichtbarer Bestandteil der Beistandschaft/Betreuung. Die komplexen Problemlagen in den Lebensumständen und die unterschiedlichen Charaktere junger Menschen erfordern eine flexible Betreuung und eine Vielfalt von Angeboten. Auch die zusätzliche Einbindung in gruppenpädagogische Aktivitäten kann angezeigt sein.

Unterstützung und Betreuung sind in der Regel längerfristig auf einen Zeitraum von einem bis zu drei Jahren angelegt. Wichtig für die grundlegende Beziehungsarbeit ist dabei die kontinuierliche Verantwortung einer bestimmten Bezugsperson, personelle Wechsel sollten vermieden werden. Erziehungsbeistände haben es oft mit schweren Krisen und Konflikten, mitunter auch mit psychischen Auffälligkeiten zu tun. Die Hilfe sollte deshalb idR durch gut ausgebildete und erfahrene **Fachkräfte** durchgeführt werden. Unverantwortlich sind Billiglösungen, bei denen nur dürftig angelernten, häufig studentischen Hilfskräften eine Verantwortung übertragen wird, die den auftretenden Problemlagen nicht gerecht wird (*Struck/Trenczek* in: FK-SGB VIII § 30 Rn 7; kritisch zu Honorarkräften auch *DIJuF* JAmt 2005, 15). 37

Auch die Erziehungsbeistandschaft ist im Jugendstrafrecht genannt, sie kann vom Jugendgericht als Erziehungsmaßregel nach § 12 Nr. 1 JGG angeordnet werden. Der Hinweis auf die im Achten Buch Sozialgesetzbuch genannten Voraussetzungen der HzE ist deklaratorisch (s.a. § 36a Abs. 1 SGB VIII). Die jugendrichterliche Entscheidung verpflichtet den Jugendlichen, nicht jedoch den Träger der öffentlichen Jugendhilfe. Hier ergibt sich wiederum die grundsätzliche Problematik von zwangsweisen Anordnungen im Kontext des sonst durch den Leistungscharakter geprägten Jugendhilfegesetzes (s. o. Kap. 9.1). Entsprechendes gilt für den in § 30 SGB VIII genannten **Betreuungshelfer**. Die Betreuungsweisung stellt im JGG eine sog. »neue« ambulante Maßnahme (hierzu Kap. 12.4.3) dar, die einem Jugendlichen bzw. Heranwachsenden im Rahmen des Jugendstrafverfahrens gemäß § 10 Abs. 1 Satz 3 Nr. 5 JGG (i.V.m. § 105 Abs. 1 JGG) vom Jugendrichter als Weisung auferlegt werden kann. Aber auch insoweit gilt, dass sich diese Weisung nur an den jungen Menschen (und mittelbar seine Eltern) richtet (zum jugendkriminalrechtlichen Dreieck s. Kap. 12.4.1, Rn 46). Das JA ist in diesem Zusammenhang zur Leistung nur verpflichtet und berechtigt, wenn die Leistungsvoraussetzungen des SGB VIII (s. Kap. 9.2.2) vorliegen. Betreuungshilfe und Erziehungsbeistandschaft sind gemeinsam in § 30 SGB VIII genannt, weil in der inhaltlichen Arbeit weitgehende Übereinstimmungen bestehen; die als »Neue Ambulante Maßnahmen« (NAM) bezeichneten Rechtsfolgen des JGG sind aber nicht identisch mit den sozialrechtlich verfassten Leistungen des SGB VIII (hierzu Kap. 12.4.1; kritisch zum Verhältnis SGB VIII und JGG *Trenczek* 1996, 87 ff.; ders. in: FK-SGB VIII § 52 Rn 50 ff.). 38

9.2.3.4 § 31 SGB VIII – Sozialpädagogische Familienhilfe

39 Die sozialpädagogische Familienhilfe (SPFH) ist darauf gerichtet, die Selbsthilfekompetenzen der Familie durch eine gezielte Verbindung von pädagogischen und alltagspraktischen Hilfen zu stärken. Sie versteht sich in erster Linie als konkrete, praktische Lebenshilfe (zu den konzeptionellen Grundlagen der Familienhilfe s. *Richter* 2014; *Rothe* 2017). **Inhaltliche Schwerpunkte** sind die erzieherische Situation, das Verhältnis der einzelnen Familienmitglieder zueinander sowie die Verhältnisse zum sozialen Umfeld, wobei auch die materielle Situation und die Wohnsituation eine Rolle spielen können. Die Hilfe findet innerhalb der Familie statt, ist schwerpunktmäßig auf die gesamte Familie ausgerichtet und umfasst beratende Gespräche, modellhaftes Handeln und praktische Hilfe zur Selbsthilfe (zu Angebotsformen und **Standards** *Struck* in: FK-SGB VIII § 31 Rn 8 ff.). Erforderlich ist die aktive Mitarbeit der Familie. Die SPFH ist keine (»bessere«) Haushaltshilfe (z.B. § 38 SGB V, § 42 SGB VII). Neben Beratungen der Familienmitglieder zu verschiedenen Lebensbereichen und Erziehungsfragen kommen z.B. auch Hausaufgabenbetreuung, Anleitung bei der Alltagsorganisation, Unterstützung bei der materiellen Lebenssicherung oder auch Aktivitäten mit Eltern bzw. Kindern infrage. Regelmäßig handelt es sich um eine längerfristige Hilfe. Die SPFH erfordert besonders qualifizierte und erfahrene Fachkräfte, die persönlich für die jeweilige Familie zuständig sind, und einen zeitlichen Umfang, der der Aufgabe und Problemstellung angemessen ist. Denn die Hilfe richtet sich in erster Linie an Familien mit massiven materiellen und familiären Problemen. Sie ist auch geeignet für Familien in akuten Krisen, wie etwa bei schwerer, längerfristiger Krankheit oder Tod eines Partners (hierzu s.a. § 20 SGB VIII, Kap. 7.3.2.2) bzw. bei Trennung. Demgegenüber scheint SPFH eher ungeeignet bei Familien, die dauerhaft überfordert sind und sich in extremen, sich gegenseitig verstärkenden Lebenskrisen (z.B. Arbeitslosigkeit, Überschuldung, Isolierung) befinden und/oder durch massive Strukturkrisen (z.B. gewalttätige Väter/Eltern, Suchtabhängigkeiten, psychische Leiden) gekennzeichnet sind.

40 Die SPFH scheint mitunter als (kostengünstiges) Allheilmittel für alle möglichen Problemlagen mit immer geringeren Stundenkontingenten vorgeschlagen zu werden (vgl. *Olk/Wiesner* FEH 2015, 208 ff.). Es besteht auch die Gefahr, dass überforderte ASD-Fachkräfte ihren Schutzauftrag quasi an die SPFH »outsourcen« (*Struck* Forum Jugendhilfe 1/2015, 31). Problematisch kann die SPFH zudem wegen des starken Eindringens in die familiale Privatsphäre durch die mehrmals wöchentliche Anwesenheit der Familienhelfer*innen innerhalb der Familie sein (»gläserne Familie«, *Struck* in: FK-SGB VIII § 31 Rn 6). Wohl nicht zuletzt aus diesem Grund nehmen Familien diese Hilfe nur selten von sich aus in Anspruch.

9.2.3.5 § 32 SGB VIII – Erziehung in einer Tagesgruppe

41 § 32 SGB VIII bildet die Schnittstelle zwischen ambulanten und stationären Hilfen. Sie soll die Vorteile stationärer Betreuung, insb. ein flexibles und bedarfsgerechtes Angebot pädagogischer und therapeutischer Möglichkeiten, mit den Vorteilen ambulanter Hilfen, d.h. der Orientierung an der Lebenswelt des Kindes im familialen Kontext, verbinden (*Bavendiek* et al. 2015; *Struck* in: FK-SGB VIII § 32 Rn 2 ff.). Durch die Betreuung des Mj. (für junge Volljährige kommt diese Leistung nicht in Betracht, da § 32 SGB VIII in § 41 Abs. 2 SGB VIIII ausgenommen ist) in der Tagesgruppe sollen die betroffenen Familien entlastet und gleichzeitig durch begleitende Unterstützung der Familie eine Bewältigung der bestehenden Probleme erreicht werden. Dadurch soll der

9.2 Hilfen zur Erziehung – §§ 27 - 35 SGB VIII

Verbleib der Kinder bzw. Jugendlichen in der Familie ermöglicht und eine Fremdunterbringung verhindert werden. Elemente der Erziehung in der Tagesgruppe sind das Lernen in der Gruppe, die Begleitung der schulischen Förderung sowie die Eltern- und Familienarbeit (*Wittke/Solf* 2007). Die inhaltliche Ausgestaltung ist unterschiedlich. Sie reicht von einer hortähnlichen Betreuung der Mj. über behandlungs- und therapieorientierte Ansätze bis hin zu einer intensiven Einzelbetreuung in geeigneten (Pflege-)Familien. Eine Altersbeschränkung für die Hilfe ist nicht vorgesehen, für sehr junge Kinder wird jedoch in der Regel die **Eignung** fehlen. Üblicherweise werden Kinder und Jugendliche im Alter von 7 bis 15 Jahren in Tagesgruppen betreut, wobei aber ältere Jugendliche nicht per se ausgeschlossen sind. Nötig ist auch bei dieser Hilfe wieder die Bereitschaft der Familie zur Mitarbeit. Zudem müssen die Beziehungen innerhalb der Familie grds. tragfähig sein und die Aktivierung materieller und personaler Ressourcen in der Familie muss möglich sein. Problematisch kann die Erziehung in Tagesgruppen unter dem Aspekt sein, dass es durch die Zusammenfassung der in belastenden Situationen befindlichen Mj. in speziellen Gruppen oder Einrichtungen zur Ausgrenzung dieser Personengruppe kommen kann (*Struck* in: FK-SGB VIII § 32 Rn 11).

9.2.3.6 § 33 SGB VIII – Vollzeitpflege

Die Vollzeitpflege ist eine stationäre Hilfe zur Erziehung, nämlich die Unterbringung, Betreuung und Erziehung eines Kindes in einer **anderen** (als der Herkunfts-)**Familie** (ausführlich *BY LJA* 2010; *Kindler* et al. 2010; *Kuhls* et al. 2014). Andere Verwandte wie z.B. die Großeltern des Mj. zählen nicht zur Herkunftsfamilie. Die Aufnahme des jungen Menschen (also auch junger Volljähriger, s. § 41 Abs. 2 SGB VIII) in ihren Haushalt kann also Vollzeitpflege i.S.d. § 33 SGB VIII sein, was auch durch § 27 Abs. 2a SGB VIII klargestellt ist (s.a. BVerwG 9.12.2014 – 5 C 32.13 - JAmt 2015, 217). Dies ist insb. im Hinblick auf daran anknüpfende wirtschaftliche Hilfen nach § 39 SGB VIII (Kap. 9.7) von Bedeutung. Nicht jede Aufnahme eines jungen Menschen in eine andere Familie erfolgt jedoch als Hilfe zur Erziehung im Rahmen von § 33 SGB VIII. Ein Pflegeverhältnis kann auch durch einen privatrechtlichen Vertrag zwischen den Personensorgeberechtigten und der Pflegeperson begründet werden, wobei es allerdings ggf. einer Pflegeerlaubnis nach § 44 SGB VIII bedarf (Kap. 11.2). 42

Mit Ausnahme der in § 33 Satz 2 SGB VIII genannten Familienpflege für besonders entwicklungsbeeinträchtigte Kinder und Jugendliche (mitunter heilpädagogische Pflege- oder Erziehungsstellen genannt) gibt es keine weiteren **gesetzlichen Anforderungen** an die Pflegeperson im Hinblick auf eine fachliche Qualifikation (hierzu und zur gesetzlichen Verpflichtung, diese verstärkt auszubauen, s. *Struck* in: FK-SGB VIII § 33 Rn 19). Die sorgfältige Prüfung ihrer persönlichen Eignung ist jedoch faktisch von großer Bedeutung, insb. wegen der schädlichen Auswirkung von Pflegestellenabbrüchen auf die persönlichen Bindungen und Bindungsfähigkeit des Kindes/Jugendlichen. Andererseits werden die Potentiale des Pflegekinderwesens in Deutschland im Vergleich mit den internationalen Entwicklungen (englisch: »foster care«) und im Hinblick auf den internationalen Forschungsstand nicht auch nur annähernd ausgeschöpft (vgl. auch *Kindler* et al. 2010, 19 ff.). 43

Es gibt unterschiedliche Formen der Vollzeitpflege: Bei der sog. **Bereitschaftspflege** in familiären Notsituationen, insb. im Rahmen einer Inobhutnahme (Kap. 10.1.3), bleiben die Kinder und Jugendlichen nur vorübergehend. **Dauerpflegestellen** sind auf Kontinuität ausgerichtet. Die Dauer der Vollzeitpflege ist unterschiedlich. Im Jahr 2018 be- 44 endete Vollzeitpflegeleistungen dauerten im Schnitt 44 Monate (*Destatis* 2019). Davon zu unterscheiden ist die **Adoptionspflege** als eine rechtlich besonders bestimmte Form (§ 1744 BGB) eines Pflegeverhältnisses mit dem Ziel der Adoption zur »Eingewöhnung« bei überprüften Adoptionsbewerbern (§ 8 AdVermG), weshalb insoweit auch nicht die Annexleistungen §§ 39 f. SGB VIII (insb. Pflegegeld) in Betracht kommen. Lebte das Kind aber bereits zuvor in der Familie, so soll diese Vollzeitpflege und die daran anschließenden Annexleistungen bis zur wirksamen Einwilligung der Eltern in die Adoption weiter gewährt werden (hierzu *DIJuF* JAmt 2006, 339; JAmt 2007, 474; JAmt 2009, 175).

45 § 33 SGB VIII enthält keine Altersbeschränkung und wird auch von § 41 Abs. 2 SGB VIII umfasst. Die Hilfe wird jedoch überwiegend jüngeren Mj. gegenüber erbracht. Ein Schwerpunkt liegt bei Kindern im Vor- und Grundschulalter. Nur 1.101 der rund 15.700 im Jahr 2018 begonnenen Pflegeverhältnisse betrafen junge Volljährige, mehr als die Hälfte betraf Kinder bis 6 Jahre (*Destatis* 2019). **Geeignet** ist die Hilfe besonders in Situationen, in denen Eltern zentrale Versorgungs- und Erziehungsfunktionen nicht wahrnehmen und ein Verbleib des Kindes in der Herkunftsfamilie deshalb – jedenfalls vorübergehend – nicht möglich ist. Bei Jugendlichen wird im Falle der Fremdunterbringung zumeist anstelle der Vollzeitpflege eine Hilfeform gewählt, die stärker auf Verselbstständigung ausgerichtet ist.

9.2.3.7 § 34 SGB VIII – Heimerziehung, sonstige betreute Wohnform

46 Heimerziehung ist dadurch gekennzeichnet, dass der junge Mensch über Tag und Nacht außerhalb der Familie untergebracht ist und seine Betreuung und Erziehung durch professionelle Fachkräfte in Einrichtungen erfolgt. Traditionelle Formen der Heimerziehung wurden bereits infolge der sog. Heimkampagnen in den 70er Jahren zu Recht diskreditiert (*Struck/Trenczek* in: FK-SGB VIII § 34 Rn 5; ausführlich zur Reform der Heimerziehung *Struck* et al. 2003). Die Missstände in der Praxis, insb. auch die vielen Fälle von (sexueller) Ausbeutung/Missbrauch in Heimeinrichtungen, die massiven Verstöße gegen die Menschenwürde und das Grundrecht auf persönliche Freiheit, hat der Runde Tisch Heimerziehung in seinem Abschlussbericht 2010 dokumentiert. Die Aufarbeitung zeigt unabweisbar, dass im »System Heimerziehung« Unrecht und Leid vielfach zugefügt, begünstigt, zugelassen und nur unzureichend unterbunden wurden (*Runder Tisch Heimerziehung* 2010, 31). Hieraus ergibt sich eine besondere Verantwortung für die heutige Praxis (zum Kinderschutz in Einrichtungen der Jugendhilfe s. *Schone/Tenhaken* 2012).

47 Aktuelle Probleme der Heimerziehung sind insb. die oft herrschende Anonymität und Diskontinuität der Beziehungen. Durch dezentrale, flexible Konzepte, wie z.B. die Einrichtung von Kleinstheimen oder familienähnlichen Lebensformen (z.B. SOS-Kinderdörfer), wird dem entgegengewirkt. Der Begriff der **sonstigen betreuten Wohnform** ist ein Sammelbegriff für verschiedene Hilfeangebote. Dies können z.B. betreute Wohngemeinschaften, betreutes Einzelwohnen oder Kinder- und Jugenddörfer sein (*Struck/Trenczek* in: FK-SGB VIII § 34 Rn 6 ff.; zur gemeinsamen Unterbringung von Eltern mit ihren Kindern in »Trainingswohnungen« s. *DIJuF* JAmt 2010, 239). Aufgrund der genannten Aspekte ist die Heimerziehung weniger für jüngere Kinder geeignet, hier hat die Entwicklung familienähnlicher Betreuungskonzepte ihren besonderen Stellenwert. Für ältere Jugendliche (insb. in der Zeit vor Erreichen der Volljährigkeit) sind (betreute) Wohnformen mit Blick auf ihre Verselbstständigung geeignet. Voraussetzung für die

9.2 Hilfen zur Erziehung – §§ 27 - 35 SGB VIII

Eignung der Hilfe nach § 34 SGB VIII ist, dass familienunterstützende Hilfen nicht ausreichen bzw. der Verbleib in der Familie nicht möglich ist. Ungeachtet der außerfamilialen Unterbringung muss die **Elternarbeit** ebenso wie bei der Vollzeitpflege integraler Bestandteil der HzE sein (*Homfeld/Schulze-Krüdener* 2015; *Moos/Schmutz* 2012).

Die Dauer der Hilfe nach § 34 SGB VIII ist ebenso wie die der Vollzeitpflege unterschiedlich. Sie reicht von kurzfristigen Unterbringungen eines Mj. (z.B. in einer Notsituation; zur Inobhutnahme s. Kap. 10.1) bis zu einem dauerhaften Verbleib bis zum Eintritt der Volljährigkeit und darüber hinaus. Die durchschnittliche Dauer der 52.319 im Jahr 2018 beendeten Unterbringungen betrug 19 Monate. Die Hilfe nach § 34 SGB VIII wird gemäß § 41 Abs. 2 SGB VIII auch jungen Volljährigen gegenüber erbracht. Rund 19,5 % der im Jahr 2018 begonnenen Hilfen nach § 34 SGB VIII betrafen junge Volljährige (*Destatis* 2019).

48

Wie schon §§ 29 und 30 SGB VIII hat auch § 34 SGB VIII einen besonderen Bezug zum **Jugendstrafrecht** (*Struck/Trenczek* in: FK-SGB VIII § 34 Rn 19 f.): Nach § 12 Nr. 2 JGG kann das Jugendgericht im Rahmen des Jugendstrafverfahrens den Jugendlichen verpflichten, Hilfe zur Erziehung i.S.d. § 34 SGB VIII in Anspruch zu nehmen. Die Aufnahme in den Katalog des § 12 JGG ändert aber nichts daran, dass es sich bei der Hilfe zur Erziehung um eine Leistung der Jugendhilfe nach § 34 SGB VIII handelt. Eine Instrumentalisierung der sozialrechtlichen Erziehungshilfen für Sanktionszwecke ist sehr problematisch (hierzu ausführlich Kap. 12.4), und wohl auch deshalb findet § 12 JGG in der Praxis kaum noch Anwendung. Demgegenüber ist ein verstärktes Engagement der Heimeinrichtungen der Jugendhilfe in Kooperation mit der Justiz zur **Vermeidung von Untersuchungshaft** (§ 71 Abs. 2 JGG) notwendig (hierzu *Cornel* 2018a; *Eberitzsch* ZJJ 2011, 259 ff.; *Villmow/Savisky* ZJJ 2013, 388 ff.). Eine Verpflichtung von Trägern der Jugendhilfe, den jungen Menschen tatsächlich in einem Heim unterzubringen, ist mit der jugendrichterlichen Anordnung weder nach § 12 JGG noch §§ 71 f. JGG verbunden. Ob eine Hilfe zur Erziehung in Form des § 34 SGB VIII als Jugendhilfeleistung erbracht wird, hängt davon ab, ob die jugendhilferechtlichen Voraussetzungen dafür gegeben sind (s. Kap. 12.4.3). Hinzuweisen ist schließlich darauf, dass § 34 SGB VIII keine Rechtsgrundlage für die **geschlossene Unterbringung** darstellt (s.a. Kap. 10.1.4). Entsprechende Erwartungen von Teilen der Strafjustiz und Kinder- und Jugendpsychiatrie können keine Handlungsgrundlage für die Jugendhilfe sein. Allerdings ist die freiheitsentziehende Unterbringung von Kindern und Jugendlichen in der Psychiatrie nicht weniger problematisch und sie ist skandalös, wenn es sich nur um junge Menschen handelt, die als »besonders schwierig« (*Ader/Schrapper* FEH 2002, 27 ff.; *Müller/Schwabe* 2009; *Trenczek* et al. 2017a, Kap. 2.1.2) und als »dissozial« stigmatisiert, von der Jugendhilfe ausgegrenzt und in die Psychiatrie »entsorgt« werden, weil die Jugendhilfe aus Überforderung oder Kostengründen keine angemessenen Angebote (s. Kap. 9.2.3.8) bereitstellt (*Schrapper* JAmt 2003, 116 ff.; zur Kooperation von Jugendhilfe und Jugendpsychiatrie s. *Fegert/Schrapper* 2004). Freilich wird – hier wie dort – durch den Freiheitsentzug alleine die Problemlage nicht angemessen bewältigt, mitunter geradezu verschärft (ausführlich *Menk/Schnorr/Schrapper* 2013). Nicht zuletzt deshalb ist die Genehmigung einer Unterbringung eines Kindes, die mit Freiheitsentzug verbunden ist, nach § 1631b BGB unzulässig, wenn z.B. die Heimerziehung in einer offenen Einrichtung nicht aussichtslos erscheint (BGH 18.7.2012 - XII ZB 661/11; ausführlich hierzu *Hoffmann/Trenczek* JAmt 2011, 177 ff.).

49

9.2.3.8 § 35 SGB VIII – Intensive sozialpädagogische Einzelbetreuung

50 Die Hilfe richtet sich an besonders gefährdete, belastete oder erheblich geschädigte, oftmals als »besonders schwierig« bezeichnete Jugendliche, die mit anderen Angeboten der Jugendhilfe kaum erreicht werden können (zu den Definitionsprozessen, wie aus Kindern in Schwierigkeiten »schwierige Fälle« werden s. *Ader/Schrapper* FEH 2002, 27 ff.; *Müller/Schwabe* 2009). Vielfach handelt es sich um Personen, die Beziehungsabbrüche und Gewalt erlebt und eine »Heimkarriere« hinter sich haben, zwischen Jugendhilfe- und mitunter auch Psychiatrieeinrichtungen hin und her geschoben worden sind, die Kontakt zum Drogen- oder Prostituiertenmilieu haben und/oder strafrechtlich mehrfach in Erscheinung getreten sind (*Struck/Trenczek* in: FK-SGB VIII § 35 Rn 12). Häufig haben die jungen Menschen, die intensive sozialpädagogische Einzelbetreuung in Anspruch nehmen, ihren Lebensmittelpunkt nicht mehr bei ihren Eltern. Vielfach haben sie vor Beginn der Hilfe ohne feste Unterkunft in subkulturellen Milieus gelebt. Die Hilfe richtet sich überwiegend an ältere **Jugendliche** (§ 7 Abs. 1 Nr. 2 SGB VIII) und kommt gemäß § 41 Abs. 2 SGB VIII auch für **junge Volljährige** infrage. Rund die Hälfte der im Jahr 2018 begonnenen 3.322 Hilfen nach § 35 SGB VIII wurde an junge Volljährige geleistet (*Destatis* 2019).

51 **Ziel der Hilfe** ist es, diese jungen Menschen wieder (schrittweise, ggf. erst einmal ein Stück weit) in die Normalgesellschaft sozial zu integrieren und sie bei einer eigenverantwortlichen Lebensführung zu unterstützen. Die intensive sozialpädagogische Einzelbetreuung ist besonders stark auf die individuelle Situation und Ressourcen der/s Jugendlichen ausgerichtet (**Lebensweltorientierung**) und unterscheidet sich von anderen Betreuungsangeboten vor allem durch größere **Formenvielfalt und hohes Maß an Flexibilität** (ambulantes oder mit Unterbringungshilfen verbundenes Angebot; sozialpädagogisch betreutes Einzelwohnen) sowie eine größere Offenheit der Inhalte (z.B. Über-Lebenshilfen, Alltagsbewältigung- und -strukturierung, Einkommens- und Gesundheitssorge, schulische und berufliche Integration, handlungs- und erlebnispädagogische Angebote). Mitunter werden gerade im Rahmen des § 35 SGB VIII auch **erlebnispädagogische Intensivprogramme** durchgeführt (hierzu ausführlich *Michl/Seidl* 2018); sofern diese im Ausland durchgeführt werden sollen (hierzu *Klein/Macsenaere* 2015; *Wendelin* 2011), sind §§ 27 Abs. 2 Satz 3, 36 Abs. 4 SGB VIII zu beachten. Wesentlich für die Hilfe nach § 35 SGB VIII ist letztlich die deutlich höhere **Betreuungsintensität**. Für die Intensität der Hilfe sind ein entsprechender Personalschlüssel und die zeitliche Verfügbarkeit des Betreuers von besonderer Bedeutung. Teilweise ist die Ansprechbereitschaft einer Fachkraft rund um die Uhr erforderlich, was ein hohes Maß an Motivation und Belastbarkeit erfordert, vor allem weil auch in schwierigen Lebens- und Entwicklungsphasen, bei »Rückfällen«, die enge personale Beziehung zu den Jugendlichen aufrecht erhalten werden muss.

52 Die Leistung nach § 35 SGB VIII ist in der Regel von vorn herein auf längere Zeit angelegt (vgl. aber auch die Konzeption der relativ kurzfristigen »ambulanten intensiven Begleitung« – AIB, *Möbius/Klawe* 2003; *Hoops/Permien* 2003 und ZJJ 2003, 145 ff.). Die im Jahr 2018 beendeten Leistungen der intensiven sozialpädagogischen Einzelbetreuung dauerten im Schnitt 12 Monate (*Destatis* 2019). Die Hilfe ist nicht als »ultima ratio« gedacht, sondern kommt – bei einem entsprechenden Bedarf (insb. im Anschluss an eine Krisenintervention im Rahmen einer Inobhutnahme; hierzu Kap. 10.1) – auch als Einstiegshilfe in Betracht (und ist dann als »richtige« Hilfe kostengünstiger als »billige« Angebote, die den Bedarf nicht decken können). Diese sozialpädagogisch intensive Form der Erziehungshilfe darf nicht als ultimativ letztes Angebot (»letzter Versuch«, *Wiesner/Schmid-Obkirchner* § 35 Rn 2) der Jugendhilfe missverstanden werden und zu einer verstärkten Ausgrenzung und Stigmatisierung der betroffenen Jugendlichen führen, sondern soll gerade in den »schwierigen Fällen« Schritte zur sozialen Integration ermöglichen. Richtig ist aber, dass die intensive Einzelbetreuung eine sozialpädagogische **Alternative zum Freiheitsentzug**, sei es zur geschlossenen Unterbringung in Einrichtungen der Jugendhilfe, der Jugendpsychiatrie oder dem Jugendstrafvollzug darstellt (BT-Drs. 11/5948, 72). Gerade mehrfach benachteiligte und auch mehrfach strafrechtlich auffällige junge Menschen können mit dieser intensiven Hilfe wieder in das Regelangebot der Jugendhilfe einbezogen werden (*Peterich* 2000; *Trenczek* 2018, 7.3.4).

9.3 Eingliederungshilfe – § 35a SGB VIII

9.3.1 Zur Entstehung

§ 35a SGB VIII regelt die sog. Eingliederungshilfe für **Kinder und Jugendliche mit seelischer Behinderung**, um ihnen eine **selbstbestimmte und gleichberechtigte Teilhabe** am Leben in der Gesellschaft zu ermöglichen (**Inklusion**, zur Definition s. Kap. 3.1.3). Die Eingliederungshilfe wurde mit dem 1. ÄndG (1993) als eigenständiger Leistungstatbestand in das SGB VIII aufgenommen, um ein **Abgrenzungsproblem** zur Sozialhilfe zu lösen (*v. Boetticher/Meysen* in: FK-SGB VIII § 35a Rn 31 ff.; *Hoffmann* JAmt 2010, 8 ff.; s.a. Kap. 4.2.2). Dort waren im Kap. über die Eingliederungshilfe (§§ 53 ff. SGB XII i.d.F. bis zum 31.12.2019, seit dem 1.1.2020 befinden sich diese Regelungen im 2. Teil des SGB IX) ursprünglich Leistungen für alle Personen mit Behinderungen und damit auch für Mj. geregelt. Gerade bei jüngeren Kindern ist es aber oft schwierig festzustellen, ob bei ihnen ein erzieherischer Bedarf nach § 27 SGB VIII oder eine seelische Behinderung vorliegt. In den meisten Fällen einer **seelischen Behinderung** sind zudem auch die Voraussetzungen des § 27 SGB VIII erfüllt: Aus einer erzieherischen Mangellage kann sich eine seelische Behinderung entwickeln und andererseits führt das Vorliegen einer solchen Behinderung oft zu Erziehungsproblemen, die die Eltern nicht allein bewältigen können. Deswegen war es unpraktikabel, dass sich Leistungsansprüche bei seelischer Behinderung gegen den Sozialhilfeträger und bei erzieherischen Mängellagen an den Jugendhilfeträger richteten. Der Gesetzgeber des SGB VIII hat deswegen Hilfen für junge Menschen mit seelischer Behinderung der Jugendhilfe zugeordnet. Mit § 35a SGB VIII wurde dann ein eigener Leistungstatbestand der Eingliederungshilfe neben der HzE geschaffen. Nach § 41 Abs. 2 SGB VIII wird Eingliederungshilfe für seelisch Behinderte als Jugendhilfeleistung auch an junge Volljährige erbracht. Im Jahr 2018 wurde für 37.210 junge Menschen (davon 3.566 junge Volljährige) eine Eingliederungshilfe bei (drohender) seelischer Behinderung begonnen (*Statistisches Bundesamt* 2019b).

Die Regelung schließt direkt an die Hilfen zur Erziehung in §§ 27–35 SGB VIII an, ist aber nicht Bestandteil derer, sondern in einen eigenen Unterabschnitt eingeordnet und hat daher **eigene Anspruchsvoraussetzungen** (hierzu Kap. 9.3.4) **und andere Rechtsfolgen** (s. Kap. 9.3.5; zur Frage der Anspruchsinhaberschaft, s. Kap. 9.3.3). Indem der Anspruch auf Eingliederungshilfe bei seelischer Behinderung nun auch im SGB VIII verankert ist, besteht nicht mehr in jedem Fall die Notwendigkeit, eine Situation als Erziehungsmangel auf der einen oder (drohende) seelische Behinderung auf der anderen Seite einzuordnen. Wenn inhaltlich geklärt ist, welcher konkrete Bedarf besteht und dafür sowohl Leistungen nach § 27 SGB VIII als auch nach § 35a SGB VIII infrage kommt, kann die Leistung z.B. auch als Hilfe zur Erziehung erbracht werden, um den Begriff der Behinderung mit seinen oft ausgrenzenden Wirkungen zu vermeiden (s. § 35a Abs. 4 Satz 1 SGB VIII). § 35a SGB VIII erhielt 2001 zusammen mit der Einführung des SGB IX – Rehabilitation und Teilhabe von Menschen mit Behinderungen – seine jetzige Fassung; Abs. 1 Satz 2 (Definition der drohenden Behinderung) und Abs. 1a (ärztliche bzw. psychotherapeutische Stellungnahme) wurde durch das KICK zum 1.10.2005 eingefügt. Durch das Bundeteilhabegesetz (BTHG) wurde das Recht der Eingliederungshilfe zum 1.1.2020 im SGB XII gestrichen und als neuer 2. Teil des SGB IX, Rehabilitation und Teilhabe von Menschen mit Behinderungen, geregelt (*von Boetticher* 2020, § 4 Rn 1 ff.). Im Zuge dessen wurde § 35a Abs. 3 SGB VIII neu gefasst, in welchem insb. bezüglich der Leistungen auf das Recht der Eingliederungshilfe nach dem 2. Teil des SGB IX verwiesen wird.

55 Die Übernahme der Leistungsansprüche nur für Mj. mit seelischer Behinderung in das SGB VIII war allerdings keine systematisch konsequente Lösung. Indem die Ansprüche für Mj. mit körperlichen und/oder geistigen Behinderungen im Recht der Eingliederungshilfe nach dem 2. Teil des SGB IX verbleiben, ergibt sich nun als neues **Abgrenzungsproblem** das **zwischen geistiger Behinderung**, für die gemäß § 94 Abs. 1 SGB IX die durch Landesrecht bestimmten Träger der Eingliederungshilfe zuständig sind, **und seelischer Behinderung** (s. Kap. 4.2.2). Auch hier ist die Diagnose gerade bei jüngeren Menschen sehr schwierig, eine trennscharfe Unterscheidung nicht immer möglich, bei Mehrfachbehinderungen nahezu unmöglich (ausführlich dazu *Wiesner/Wiesner* § 35a Rn 37 ff.; *Baving/Späth* Sozialmagazin 2005, 30 ff.). Erschwerend kommt hinzu, dass Voraussetzung für den Anspruch auf Eingliederungshilfe nach § 99 SGB IX eine wesentliche Behinderung ist, während dieses Merkmal in § 35a SGB VIII nicht enthalten ist. Im Falle einer nicht wesentlichen Behinderung entscheidet die Frage der seelischen oder geistigen Behinderung somit nicht nur über die Zuständigkeit verschiedener Sozialleistungsträger, sondern darüber, ob ein Anspruch auf Leistung besteht oder nicht. Vielfach wird daher im Hinblick auf den Inklusionsauftrag des Art. 7 UN-Behindertenkonvention (s. Kap. 2.3.4) die Übernahme sämtlicher Eingliederungsansprüche Mj. unabhängig von der Art ihrer Behinderung entweder in das Sozialhilferecht oder in das SGB VIII gefordert (sog. »große Lösung«; s. BT-Drs. 16/12860, 14 f.). Die zusammen mit dem BTHG für die 18. Legislaturperiode geplante, unter dem Stichwort der sog. »inklusiven Lösung« bzw. »großen Lösung« diskutierte **Reform der Kinder- und Jugendhilfe** im SGB VIII ist 2017 jedoch nicht zustande gekommen (dazu *Tammen/Trenczek* in: FK-SGB VIII, Vor §§ 27–41, Rn 4, sowie Gesetzesmaterialien und Stellungnahmen zum KJSG unter http://kijup-sgbviii-reform.de), so dass es bis auf weiteres bei der getrennten Zuständigkeit für Kinder und Jugendliche mit seelischen Beeinträchtigungen im SGB VIII einerseits und jenen mit körperlichen und/oder geistigen Beeinträchtigungen – nunmehr im SGB IX – andererseits bleibt. Im Koalitionsvertrag für die 19. Legislaturperiode wurde angekündigt, »das Kinder- und Jugendhilferecht auf Basis des […] Kinder- und Jugendstärkungsgesetzes weiterzuentwickeln«. Zu diesem Zweck hat das BMFSFJ Ende 2018 einen Dialogprozess mit Beteiligten aus Wissenschaft, der Praxis der Kinder- und Jugendhilfe sowie der Behindertenhilfe und den Ländern und Kommunen gestartet, dessen Ergebnisse Ende 2019 der Fachöffentlichkeit präsentiert wurden (https://www.mitreden-mitgestalten.de). Auf Basis der Auswertung der Ergebnisse des Beteiligungsprozesses soll 2020 eine Gesetzesinitiative vorgelegt werden, deren erklärtes Ziel weiterhin die sog. »inklusive Lösung« ist, aufgrund der die Kinder-

und Jugendhilfe für alle Kinder und Jugendlichen mit (drohenden) Behinderungen zuständig werden soll (*Bundesregierung* 2019, S. 30).

9.3.2 Verhältnis zum Rehabilitationsrecht nach dem SGB IX

§ 35a SGB VIII weist nicht nur durch die Verweise in Abs. 3 Schnittstellen zum SGB IX auf. Als verantwortlicher Sozialleistungsträger für die Teilhabe einer Personengruppe mit Behinderungen sind die Träger der öffentlichen Jugendhilfe gemäß §§ 29 Abs. 2 i.V.m. 27 SGB I gleichzeitig auch **Rehabilitationsträger im Rahmen des 1. Teils SGB IX** (s. auch § 6 Abs. 1 Nr. 6 SGB IX). Da die Leistungen für Menschen mit Behinderungen auf insgesamt sieben Rehabilitationsträger mit unterschiedlichen Zuständigkeiten und Voraussetzungen aufgeteilt sind (Übersicht in § 6 Abs. 1 SGB IX), wurden im 1. Teil des SGB IX Regelungen für Menschen mit (drohender) Behinderung getroffen, wie etwa Zielbestimmungen und Grundsätze des Reha-Rechts, Verfahrensvorschriften und Beschreibungen möglicher Leistungen. Diese gelten gemäß § 7 Abs. 1 SGB IX grds. für die Teilhabeleistungen aller sieben Rehabilitationsträger, also auch für Leistungen der Eingliederungshilfe nach § 35a SGB VIII, allerdings nur, soweit das SGB VIII keine eigenständigen Regelungen enthält. Ist also in § 35a SGB VIII etwas vorgegeben, was vom 1. Teil des SGB IX abweicht, geht § 35a SGB VIII vor. Allerdings schreibt § 7 Abs. 2 SGB IX wiederum die unbedingte Anwendung der Kap. 2–4 des 1. Teils des SGB IX vor, unabhängig davon, was in den Leistungsgesetzen der Reha-Träger, im vorliegenden Fall im SGB VIII, steht. Dies betrifft die Pflichten,

- auf eine frühzeitige Antragstellung auf Leistungen zur Teilhabe hinzuwirken, wenn vom Reha-Träger eine (drohende) Behinderung erkannt wird (Kap. 2),
- durch Aufklärung, Beratung und Auskunft i.S.d. §§ 13 - 15 SGB I mittels Broschüren, Informationsveranstaltungen und Internetangeboten und fachlich fortgebildeten Ansprechstellen innerhalb des Trägers dafür zu sorgen, dass Bedarfe auf Teilhabeleistungen frühzeitig erkannt und entsprechende Anträge gestellt werden (Kap. 3, § 12 SGB IX),
- die Teilhabebedarfe anhand standardisierter Instrumente individuell und funktionsbezogen zu ermitteln (Kap. 3, § 13 SGB IX), und
- Anträge auf Teilhabeleistungen innerhalb bestimmter Fristen und bei komplexeren Bedarfen in Abstimmung mit den anderen Reha-Trägern auf der Grundlage eines Teilhabeplans (§ 19 SGB IX) zu entscheiden, um eine nahtlose Leistungsgewährung wie aus einer Hand zu erreichen (Kap. 4, §§ 14 ff. SGB IX, dazu ausführlich *v. Boetticher/ Kuhn-Zuber*, Rn 69 ff.)

Gerade die Pflicht zur Erstellung eines Teilhabeplans verdeutlicht die Bedeutung des Anwendungsvorrangs des SGB IX. Das SGB VIII kennt mit dem Hilfeplan nach § 36 SGB VIII ein eigenes Planungsinstrument (s. Kap. 9.8.2). Falls aber in einem Fall der Eingliederungshilfe nach § 35a SGB VIII zusätzlich ein weiterer Reha-Träger Leistungen erbringen muss, z.B. die BA für Leistungen zur beruflichen Ausbildung eines Jugendlichen mit seelischer Beeinträchtigung, ist gemäß § 19 Abs. 1 SGB IX ein **Teilhabeplan** zu erstellen. Die Vorschriften für den Hilfeplan gelten gemäß § 21 SGB IX in diesem Fall ergänzend und verdrängt nicht etwa den Teilhabeplan; es sind also zwei Pläne zu erstellen.

9.3.3 Anspruchsinhaber

58 Als Anspruchsvoraussetzung des § 35a SGB VIII muss eine seelische Behinderung des Mj. drohen oder bereits bestehen, die dessen gesellschaftliche Teilhabe beeinträchtigt. Die Vorschrift gewährt dann einen Rechtsanspruch auf Eingliederungshilfe. **Inhaber des Rechtsanspruchs** sind die **Kinder bzw. Jugendlichen selbst**; anders als bei den HzE (s. 9.2.1) ist die Anspruchsberechtigung nicht an die Personensorge geknüpft. Im Sozialrecht sind Mj. gemäß § 36 Abs. 1 S. 1 SGB I bereits ab Vollendung des 15. Lebensjahrs handlungsfähig. Als Anspruchsinhaber*in können junge Menschen ab dem Tag ihres 15. Geburtstages Leistungen der Eingliederungshilfe im Regelfall selbstständig, d.h. ohne gesetzliche Vertretung durch ihre Eltern, beantragen und in Anspruch nehmen. Allerdings sollen die Sozialleistungsträger den gesetzlichen Vertreter gemäß § 36 Abs. 1 S. 2 SGB I über die Antragstellung und die erbrachten Sozialleistungen informieren, der zudem die Handlungsfähigkeit des Mj. gemäß § 36 Abs. 2 SGB I durch schriftliche Erklärung einschränken kann. Auch schränkt § 36 Abs. 1 SGB I nicht das Aufenthaltsbestimmungsrecht der Personensorgeberechtigten ein, so dass stationäre Hilfen somit deren Einverständnis voraussetzen. Sofern eine hilfebedürftige Person das fünfzehnte Lebensjahr noch nicht vollendet hat (vgl. § 37 i.V.m. § 36 Abs. 1 Satz 1, Abs. 2 Satz 1 SGB I), ist der Anspruch aus § 35a SGB VIII durch die gesetzlichen Vertreter, etwa durch die Eltern (vgl. § 1626 BGB) oder die Pflegepersonen (vgl. § 1688 Abs. 1 Satz 2 BGB), geltend zu machen (*v. Boetticher/Meysen* in: FK-SGB VIII, § 35a Rn 15). Die Antragstellung ist auch über den 15. Geburtstag hinaus in Vertretung des Kindes möglich.

9.3.4 Leistungsvoraussetzungen

59 Der **Rechtsanspruch** auf Eingliederungshilfe nach § 35a SGB VIII ist nach Abs. 1 Satz 1 an zwei miteinander verknüpfte Voraussetzungen gebunden:
- Nr. 1: die Abweichung von der seelischen Gesundheit und daher
- Nr. 2: eine Beeinträchtigung der gesellschaftlichen Teilhabe (bzw. eine entsprechende Erwartung).

Bei Einführung des § 35a SGB VIII (s. Kap. 9.3.1) stimmte diese Definition überein mit derjenigen im § 2 SGB IX a.F. Der Ausschuss für die Rechte von Menschen mit Behinderungen der Vereinten Nationen, der die Einhaltung der Rechte aus der Behindertenrechtskonvention überwacht (Art. 35 Abs. 2 UN-BRK) kritisierte in seiner Stellungnahme zum Staatenbericht Deutschlands u.a., dass diese Definition defizitorientiert sei, da die Teilhabeeinschränkung kausal zurückgeführt werde auf die individuelle Beeinträchtigung und nicht auf die gesellschaftlichen Rahmenbedingungen, und empfahl eine Reform des Behinderungsbegriffes i.S.d. menschenrechtsbasierten Modells (*Ausschuss für die Rechte von Menschen mit Behinderungen* 2015, 2). Dem wurde durch das **Bundesteilhabegesetz** Rechnung getragen. Seitdem heißt in § 2 Abs. 1 SGB IX, dass Menschen mit Behinderungen Menschen sind, die körperliche, seelische, geistige oder Sinnesbeeinträchtigungen haben, die von dem für das Lebensalter typischen Zustand abweichen und die sie in Wechselwirkung mit einstellungs- und umweltbedingten Barrieren an der gleichberechtigten Teilhabe an der Gesellschaft mit hoher Wahrscheinlichkeit länger als sechs Monate hindern können. Im KJSG war eine dementsprechende Formulierung auch für das SGB VIII geplant, die jedoch nicht umgesetzt wurde (s. 9.3.1). Aufgrund des Vorbehalts abweichender Regelung in § 7 Abs. 1 S. SGB IX (s. 9.3.2) ist

9.3 Eingliederungshilfe – § 35a SGB VIII

die in § 35a Abs. 1 SGB VIII gegebene Definition im Recht der Kinder- und Jugendhilfe weiter anzuwenden.

Die Formulierung des § 35a Abs. 1 SGB VIII und insb. die Aufteilung der Tatbestandsmerkmale in Nr. 1 und 2 macht die **Zweigliedrigkeit des Behinderungsbegriffs** deutlich. Hieran knüpft auch die **Aufgabenverteilung** zwischen Fachkräften unterschiedlicher Professionen an. Die Beurteilung, ob die seelische Gesundheit von dem für das Lebensalter typischen Zustand abweicht, ist Aufgabe der in Abs. 1a genannten heilberuflichen Professionen. Die Einschätzung, ob die Teilhabe des Mj. am Leben in der Gesellschaft beeinträchtigt ist bzw. eine solche Beeinträchtigung droht, fällt in den Aufgabenbereich der Fachkräfte der Jugendhilfe (OVG NI 11.6.2008 - 4ME 184/08 – NVwZ-RR 2008, 792; *Fegert* et al. JAmt 2008, 179). Aus einer medizinisch diagnostizierten »seelischen Störung« ergibt sich nicht zwangsläufig eine »seelische Behinderung« (Integrationsbedarf und -defizit). Hier ist **interdisziplinäre Kooperation** gefordert.   60

Abweichung von der seelischen Gesundheit: Grundlage für die Beurteilung, ob gem. Abs. 1 Satz 1 Nr. 1 eine Abweichung von der seelischen Gesundheit vorliegt, ist nach § 35a Abs. 1a Satz 2 SGB VIII die **Internationale Klassifikation der Krankheiten (ICD-10)**, die von der Weltgesundheitsorganisation (WHO) erstellt und vom Deutschen Institut für medizinische Dokumentation und Information (DIMDI) im Auftrag des Bundesministeriums für Gesundheit ins Deutsche übertragen worden ist und regelmäßig auf der Grundlage des fachlichen Kenntnisstandes aktualisiert wird (www.dimdi.de/static/de/klassifikationen/icd/icd-10-who/kode-suche/htmlamtl2019/ Stand 20.03.2020). ICD steht für »International Statistical Classification of Diseases and Related Health Problems«; die Zahl 10 bezeichnet deren 10. Revision. Die in Kap. V (F) der ICD-10 beschriebenen **psychischen Störungen** sollen einen klinisch erkennbaren Komplex von Symptomen oder Verhaltensauffälligkeiten anzeigen, die immer auf der individuellen und oft auch auf der Gruppen- oder sozialen Ebene mit Belastung und mit Beeinträchtigung von Funktionen verbunden sind (*Dilling* et al. 2015; zu den Grundzügen *v. Boetticher/Meysen* in: FK-SGB VIII § 35a Rn 18 ff.; ausführlich zum Katalog der seelischen Störungen von Kindern und Jugendlichen *Wiesner/Fegert* § 35a Rn 45 ff.). Soziale Abweichungen oder soziale Konflikte allein, ohne persönliche Beeinträchtigungen, sollten nicht als psychische Störung im hier definierten Sinne angesehen werden. Die Kosten für die Diagnose einer psychischen Störung muss als Leistung nach dem SGB V von den Krankenversicherungen getragen werden (*Fegert* et al. JAmt 2008, 177; *v. Boetticher/Meysen* in: FK-SGB VIII § 35a Rn 56).   61

Der Krankheitszustand muss aufgrund einer ärztlichen Prognose mit hoher Wahrscheinlichkeit **länger als sechs Monate andauern**. Dadurch sollen vorübergehende Störungen ausgeschlossen werden, nicht jedoch ein frühzeitiges Tätigwerden der Reha-Träger. Über die Einbeziehung drohender Behinderungen (§ 35a Abs. 1 Satz 2 SGB VIII) und das Gebot der Prävention in § 3 SGB IX sind die Reha-Träger verpflichtet, den Eintritt von Behinderungen nicht erst abzuwarten, sondern strukturell frühzeitig zu erkennen und dem generell entgegenzuwirken (s. 9.3.2).   62

Beeinträchtigung der gesellschaftlichen Teilhabe: Allein das Vorliegen einer psychischen Störung begründet noch keinen Anspruch auf Eingliederungshilfe. Als seelische Behinderung wird ein andauernder Folgezustand einer psychischen Erkrankung bezeichnet, der die Ausübung sozialer Funktionen und Rollen beeinträchtigt (ThürOVG 19.1.2017 – 3 KO 656/16, Rn 38). Diese »chronischen« psychischen Behinderungszustände können anlagebedingt oder frühkindlich erworben sein. Oft werden sie jedoch   63 erst im späteren Kindesalter erkannt, können aber auch im Kindes- und Jugendalter erstmalig auftreten. Fachliche Grundlage für die Teilhabebeeinträchtigung ist heute die differenzierte **Internationale Klassifikation der Funktionsfähigkeit, Behinderung und Gesundheit bei Kindern und Jugendlichen** (ICF-CY) der WHO vom Oktober 2011 (www.dimdi.de; ausführlich dazu *v. Boetticher/Meysen* in: *FK-SGB VIII* § 35a Rn 34 ff.). Wie die ICD-10 verfolgt die ICF-CY das Ziel, in einheitlicher und standardisierter Form eine Kommunikationsgrundlage zur Beschreibung von Gesundheits- und mit Gesundheit zusammenhängenden Zuständen zur Verfügung zu stellen. Sie widmet dabei vier Schlüsselthemen besondere Aufmerksamkeit:

dem **Kontext der Familie,**

der **Entwicklungsverzögerung,**

der **Partizipation** als »Einbezogensein in eine Lebenssituation« und

den **Lebenswelten** als die »materielle, soziale und die einstellungsbezogene Umwelt, in der Menschen leben und ihr Leben gestalten«.

9.3.5 Rechtsfolgen

64 Bezüglich der Rechtsfolgen der Eingliederungshilfe ist § 35a SGB VIII recht unübersichtlich gegliedert. Die **Hilfeformen,** in denen Eingliederungshilfe zu leisten ist, sind zunächst in § 35a **Abs. 2** SGB VIII aufgeführt. In Anlehnung an die Grundformen der Hilfe zur Erziehung nach §§ 28 ff. SGB VIII erfolgen Hilfen im Bereich der Eingliederungshilfe im Kontext ambulanter Angebote, im Rahmen von Tageseinrichtungen/teilstationären Einrichtungen, bei geeigneten Pflegepersonen und in stationären Einrichtungen oder sonstigen Wohnformen. Ebenso wie bei den Erziehungshilfen erfolgt auch im Bereich des § 35a SGB VIII die Auswahl der Hilfeform ausdrücklich nach dem **Bedarf im Einzelfall** unter Berücksichtigung des **Wunsch- und Wahlrechts** gemäß § 5 SGB VIII (s. Kap. 4.3.4).

65 § 35a **Abs. 3** SGB VIII legt fest, dass bei der Bestimmung von Aufgabe, Ziel sowie der Art der Leistungen für Kinder und Jugendliche mit seelischer Behinderung die einschlägigen **Regelungen des 2. Teils des SGB IX** anzuwenden sind, soweit diese Bestimmungen auch auf Personen mit (drohender) seelischer Behinderung Anwendung finden. Dies betrifft die Aufgabe der Eingliederungshilfe (§ 90 SGB IX), die Leistungen der Eingliederungshilfe (Kap. 3 bis 6 des 2. Teils SGB IX) sowie das trägerübergreifende persönliche Budget (Kap. 6 des 1. Teils SGB IX). Soweit in Absatz 3 auch die Bestimmung des Personenkreises genannt ist, handelt es sich dabei um ein redaktionelles Versehen (*v. Boetticher/Meysen* in: *FK-SGB VIII* § 35a Rn 62), denn der leistungsberechtigte Personenkreis wird ja gerade durch § 35a Abs. 1 SGB VIII definiert und auf den § 99 SGB IX wird im Absatz 3 gerade nicht verwiesen, zumal die dortige Definition der Leistungsberechtigung entscheidend von derjenigen des § 35a SGB VIII abweicht (s. Kap. 9.3.1).

66 **Aufgabe der Eingliederungshilfe** allgemein ist es gemäß § 90 Abs. 1 SGB IX, Leistungsberechtigten eine individuelle Lebensführung zu ermöglichen, die der Würde des Menschen entspricht, und die volle, wirksame und gleichberechtigte Teilhabe am Leben in der Gesellschaft zu fördern. Die Leistung soll sie befähigen, ihre Lebensplanung und -führung möglichst selbstbestimmt und eigenverantwortlich wahrnehmen zu können. In § 90 SGB IX werden nicht nur die Ziele des § 1 SGB IX aufgegriffen, sondern es wird zugleich betont, dass es beim Recht der Eingliederungshilfe nicht nur um Sozial-

9.3 Eingliederungshilfe – § 35a SGB VIII

leistungen geht, sondern um das Menschenrecht auf individuelle Autonomie und auf gleichberechtigte Verwirklichungschancen in einer inklusiven Gesellschaft i.S.d. Art. 3 Buchstabe a) und c) UN-BRK. Die in § 90 Abs. 1 SGB IX festgehaltenen Aufgaben der Eingliederungshilfe sind von **übergeordneter Bedeutung** und für die Ausführung sämtlicher Leistungen unabhängig von der jeweiligen Leistungsgruppe als Ziele zu berücksichtigen.

Daneben weisen die Absätze 2 - 5 den einzelnen Leistungsgruppen, nach denen die Leistungen zur Teilhabe unterschieden werden (vgl. § 5 SGB IX) weitere besondere Aufgaben zu:

- die **medizinische Rehabilitation** soll körperliche, geistige, seelische sowie Sinnesbeeinträchtigungen abwenden, beseitigen, mindern, ausgleichen, deren Verschlimmerung verhüten oder die Leistungsberechtigten möglichst unabhängig von Pflege machen (Abs. 2),
- die **Teilhabe am Arbeitsleben** soll die Aufnahme, Ausübung und Sicherung einer der Eignung und Neigung der leistungsberechtigten entsprechenden Beschäftigung ebenso fördern wie die Weiterentwicklung ihrer Leistungsfähigkeit und Persönlichkeit (Abs. 3),
- die **Teilhabe an Bildung** hat zum Ziel, den Leistungsberechtigten eine ihren Fähigkeiten und Leistungen entsprechende Schulbildung und schulische und hochschulische
- Aus- und Weiterbildung für einen Beruf zu ermöglichen (Abs. 4) und
- die **Soziale Teilhabe** soll die gleichberechtigte Teilhabe am Leben in der Gemeinschaft ermöglichen oder erleichtern (Abs. 5).

Aufgrund der Nachrangregelungen in § 10 SGB VIII (s. Kap. 4.2.2) sind sowohl die medizinische Rehabilitation als auch die Teilhabe am Arbeitsleben in der Eingliederungshilfe der Kinder- und Jugendhilfe nur von untergeordneter Bedeutung. Von besonderer Bedeutung sind hingegen diejenigen Hilfeleistungen, die mit dem Sozialisationsprozess zu tun haben. Relevant sind vor allem die **Leistungen zur Teilhabe an Bildung** (§ 112 SGB IX i.V.m. § 75 SGB IX), die die schulische Bildung, die schulische oder hochschulischen Ausbildung für einen Beruf sowie die Weiterbildung für einen Beruf umfassen (ausführlich *v. Boetticher/ Kuhn-Zuber* 2019, Rn 212 ff.), sowie die **Leistungen zur Sozialen Teilhabe** (§ 113 SGB IX i.V.m. §§ 76 ff. SGB IX; ausführlich *v. Boetticher/ Kuhn-Zuber* 2019, Rn 224 ff.). Von besonderer Bedeutung für den Personenkreis des § 35a SGB VIII sind hierbei heilpädagogische Leistungen für Kinder, die noch nicht eingeschult sind (§ 79 SGB IX). Sie sollen im möglichst frühen Kindesalter einsetzen. Für Kinder und Jugendliche mit seelischer Behinderung im Schulalter kommen gerade mit Blick auf den Inklusionsauftrag (Art. 7 UN-BRK) **Inklusionshelfer** an einer allgemeinen Schule in Betracht (BVerwG 28.4.2005 – 5C 20.04; OVG RP 25.1.2013 – 7B 11154/13). § 112 Abs. 4 SGB IX sieht vor, dass die Anleitung und Begleitung in Schulen an mehrere Leistungsberechtigte gemeinsam erfolgen kann (sog. Poolen von Leistungen), wenn ihnen das zumutbar ist. Sofern dabei sichergestellt ist, dass die individuellen Bedarfe tatsächlich gedeckt werden, werden mehrere Schüler*innen mit seelischer Behinderung durch eine Inklusionskraft betreut. Für ältere Jugendliche und junge Volljährige mit seelischer Behinderung von herausgehobener Bedeutung sind auch die Leistungen zur Sozialen Teilhabe in Form der Hilfen zu selbstbestimmtem Leben durch Assistenzkräfte (§ 78 SGB IX).

69 In § 35a Abs. 4 Satz 1 SGB VIII wird herausgestellt, dass für den Personenkreis der Kinder und Jugendlicher mit seelischer Behinderung, bei dem zugleich Hilfe zur Erziehung nach § 27 SGB VIII erforderlich ist, Einrichtungen, Dienste und Personen mit der Erziehung und Betreuung beauftragt werden sollen, die den umfassenden Erziehungs- und Betreuungsaufgaben sowohl der HzE als auch der Eingliederungshilfe gerecht werden. In Abs. 4 Satz 2 wird dann weitergehend bei Kindern im Vorschulalter, für die heilpädagogische Angebote erforderlich sind, auf eine »integrative« Perspektive (**Inklusion**) abgestellt.

9.3.6 Abgrenzungsprobleme

70 Bei allen Leistungen der Eingliederungshilfe ist – mehr als sonst – darauf zu achten, ob gemäß § 10 Abs. 1 SGB VIII andere Sozialleistungsträger vorrangig leisten müssen (s. Kap. 4.1.2; hierzu *Tammen* HB-KJHR Kap. 3.6.3 Rn 18 ff.). Vorrangig gegenüber den Leistungen der Jugendhilfe sind in erster Linie Leistungen der gesetzlichen Krankenversicherung, aber auch die von Schulträgern. Andererseits ist nach § 10 Abs. 4 Satz 1 SGB VIII der örtliche Jugendhilfeträger für Kinder- und Jugendliche mit seelischer Behinderung vorrangig vor dem Träger der Eingliederungshilfe leistungsverpflichtet. Für Kinder und Jugendliche mit wesentlicher körperlicher und geistiger Behinderung ist demgegenüber der Träger der Eingliederungshilfe nach dem 2. Teil SGB IX vorrangig leistungsverpflichtet. Bei mehrfacher Behinderung sowohl seelischer als auch geistiger und/oder körperlicher Art ist zu unterscheiden: sofern für die unterschiedlichen Behinderungen verschiedene Leistungen erforderlich sind, sind JA und der Träger der Eingliederungshilfe nebeneinander zuständig und müssen ihre Leistungen im Rahmen eines Teilhabeplans abstimmen (s. Kap. 9.3.2). Erfordern die verschiedenen Behinderungsarten aber identische Leistungen, ist dafür vorrangig der Träger der Eingliederungshilfe zuständig, man spricht von sog. **Leistungskonkurrenz** (BVerwG 23.9.1999 – 5 C 26.28; s. 4.1.2).

71 Abgrenzungsprobleme ergeben sich auch in anderen Feldern, insb. zum Aufgabenbereich der Schule im Bereich schulisch bedeutsamer **Teilleistungsstörungen** (Legasthenie, Dyskalkulie) und anderer Lern- und Leistungsstörungen (ausführlich *Schönecker/Meysen* in: FK-SGB VIII § 10 Rn 24, *v. Boetticher/Meysen in: FK-SGB VIII* § 35a Rn 42 ff.). Derartige Teilleistungsstörungen können zu einer (drohenden) seelischen Behinderung führen (BVerwG 28.9.1995 – 5C 21.93 – FEVS 46, 360 ff.). Hier besteht für leichte und mittlere Ausprägungsgrade auch eine Zuständigkeit des Bildungswesens, d.h. der Schulen (OVG NW 16.7.2004 – 12 B 1338/04 – ZfJ 2004, 463). Dies wird auf Länderebene durch entsprechende Erlasse und Förderprogramme konkretisiert (zur vorrangigen Feststellung eines **sonderpädagogischen Förderbedarfs** vgl. die landesrechtlichen Regelungen bei *v. Boetticher/Meysen* in: FK-SGB VIII § 35a Rn 43). Stehen bedarfsgerechte Fördermöglichkeiten nicht zur Verfügung, kann eine Leistungsverpflichtung der Jugendhilfe in Betracht kommen (VG Stuttgart 16.2.2015 – 7 K 5740/14, ZKJ 2015, 206, Rn 15. *Ziegenhain/Meysen/Fegert* JAmt 2012, 500). Eine Teilhabebeeinträchtigung wird aber nicht schon bei bloßen Schulproblemen und -ängsten, sondern erst bei »totaler Schul- und Lernverweigerung« anerkannt (ThürOVG 19.1.2017 – 3 KO 656/16, Rn 40 f.).

9.4 Hilfen für junge Volljährige – § 41 SGB VIII

Die Hilfe für junge Volljährige nach § 41 SGB VIII soll verhindern, dass mit der Volljährigkeit Hilfeprozesse abgebrochen werden (müssten) bzw. Jugendhilfeleistungen nicht mehr stattfinden können (*Tammen* HB-KJHR 2011 Kap. 3.7). Sie sollen die Möglichkeit eröffnen, junge Menschen bei ihrer Persönlichkeitsentwicklung mit dem sozialpädagogischen Instrumentarium der Jugendhilfe zu unterstützen, sofern sie trotz Volljährigkeit einer solchen Unterstützung bedürfen. Hierbei spielt auch der Aspekt eine Rolle, dass sich durch verlängerte Schul- und Ausbildungszeiten die Lebensphase der Jugend generell verlängert hat und junge Menschen später selbstständig werden (Kap. 2.1). Eine große Herausforderung für die Praxis ist auch die Unterstützung der sog. »**care leaver**«, d.h. jungen Menschen, die einen Teil ihres Lebens in stationären Erziehungshilfen verbracht haben und von dort aus den Weg in ein eigenständiges Leben beginnen (vgl. *Ehlke* 2020 sowie die Beiträge in FEH 3/2014). Im Jahr 2017 wohnten 28 Prozent der 25-Jährigen (21 Prozent der Frauen und 34 Prozent der Männer) noch im Haushalt der Eltern (*bpb/Destatis/WZB* 2018, 62). Demgegenüber wurde und wird von jungen Menschen, die in einer Form der Fremdunterbringung im Rahmen der Jugendhilfe aufgewachsen sind, zumeist mit 18 Jahren erwartet, den Übergang in die Selbständigkeit zu bewältigen. Im Vergleich zu jungen Menschen, die in ihren Herkunftsfamilien aufwachsen, stehen vielen dieser Jugendlichen und jungen Erwachsenen jedoch weniger stabile private Netzwerke und geringere materielle Ressourcen zur Verfügung. Hieraus ergeben sich erhöhte Unterstützungsbedarfe (*AGJ* 2014).

72

9.4.1 Anspruchsinhaber

Anspruchsinhaber ist der **junge Volljährige** (§ 7 Abs. 1 Nr. 3 SGB VIII) selbst. Nach § 41 Abs. 1 SGB VIII »soll« die Hilfe bei Vorliegen der Voraussetzungen erbracht werden. Es besteht also im Regelfall ein Rechtsanspruch des Betroffenen, der nicht von finanziellen Budgetgrenzen abhängig gemacht werden darf (s. Kap. 5.1.3). Der öffentliche Jugendhilfeträger kann davon nur in besonderen Ausnahmefällen – für die er begründungs- und ggf. beweispflichtig ist – abweichen. Dies gilt auch für die Fortsetzungshilfe nach Vollendung des 21. Lebensjahres (§ 41 Abs. 1 Satz 2, 2. Hs. SGB VIII). In der Praxis versuchen allerdings einige örtliche Träger der Jugendhilfe, sich ihren Leistungsverpflichtungen gegenüber jungen Volljährigen aus fiskalischen Gründen systematisch zu entziehen (*Kolvenbach* 2004; *Nüsken* 2006, 18 ff.; *Tammen* in: FK-SGB VIII § 41 Rn 25). Ist die Altersgrenze von 18 Jahren erreicht, scheinen junge Volljährige aufgrund einer **restriktiven** (teilweise rechtswidrigen) **Gewährungspraxis** vielerorts nur noch aus Anlass eines Strafverfahrens aufgrund des Engagements der für JGH-Aufgaben zuständigen Fachkräfte (hierzu Kap. 12.4.3) mit Jugendhilfeleistungen rechnen zu können (*Nüsken* JAmt 2006, 6; *Riekenbrauk* ZJJ 2007, 159 ff.; *Trenczek* 2018 Kap. 5.2 Rn 9).

73

9.4.2 Leistungsvoraussetzungen

Die Voraussetzungen des § 41 SGB VIII erfordern zunächst, dass es sich um einen jungen Volljährigen handelt. Wer **junger Volljähriger** i.S.d. Gesetzes ist, ergibt sich aus § 7 Abs. 1 Nr. 3 SGB VIII. Danach sind Personen gemeint, die schon 18, aber noch nicht 27 Jahre alt sind. Im Übrigen hat der Gesetzgeber – bewusst – die Tatbestandsvoraussetzungen weit gehalten, um einen möglichst großen Personenkreis junger Volljähriger zu erreichen: Voraussetzung der Hilfe ist deswegen ein Bedarf des jungen Volljährigen

74

für Hilfe zur **Persönlichkeitsentwicklung** und zur **eigenverantwortlichen Lebensführung**. Damit sind die Ausgangslagen, die zu einem Bedarf an Hilfen für junge Volljährige führen können, vielfältig. Ziel ist stets die gelingende **soziale Integration** (besser, weil umfassender: Inklusion). Mangelnde Kompetenz zur Gestaltung einer eigenverantwortlichen Lebensführung kann sich sowohl aus individuellen Beeinträchtigungen als auch aus sozialen Benachteiligungen ergeben. Derartige Benachteiligungen liegen vor, wenn die altersgemäß übliche individuelle Entwicklung oder gesellschaftliche Integration unterdurchschnittlich gelungen ist. Dies ist z.B. der Fall bei fehlender oder unzureichender schulischer und beruflicher Ausbildung, bei Personen mit gesundheitlichen Einschränkungen oder bei Menschen mit Problemen im Kontakt zur sozialen Umwelt. Individuelle Beeinträchtigungen sind insb. bei psychischen, körperlichen oder sonstigen Beeinträchtigungen gegeben (z.B. bei Abhängigkeiten, Behinderungen oder Delinquenz/Kriminalisierung). Häufig handelt es sich um junge Menschen, die von Krisen in der Familie sowie von Krisen in sozialen Beziehungen betroffen sind, um solche, die im Anschluss an eine außerfamiliale Unterbringung in einer Pflegefamilie oder in einem Heim Schwierigkeiten haben, um Personen, die von Obdachlosigkeit betroffen sind, oder um Menschen, die aus einer stationären Unterbringung kommen (psychiatrischen Einrichtungen, Strafvollzug). Es kommen jedoch auch weniger spektakuläre Ausgangslagen für Hilfen nach § 41 SGB VIII infrage, so z.B. Schwierigkeiten im Ablösungsprozess vom Elternhaus (zu den Voraussetzungen im Einzelnen *Tammen* in: FK-SGB VIII § 41 Rn 4 ff.). Die Bildung von Fallgruppen die als vorläufige Regelbeispiele zu verstehen sind, kann zur Vermittlung von Leitlinien für die Praxis hilfreich sein, darf jedoch keinesfalls als abschließender Katalog von Konstellationen begriffen werden, in denen die Hilfe zu erbringen ist (ähnlich *Wiesner/Schmid-Obkirchner* § 41 Rn 15; problematisch OVG HB 13.12.2017 – 1 B 136/17 – JAmt 2018, 169 f.: Ablehnung eines Anspruchs u.a. mit der Begründung, dass keine in der Literatur genannten Fallgruppen erfüllt sei).

75 Wie bei den Hilfen zur Erziehung muss es sich auch bei der Volljährigenhilfe um eine Hilfe handeln, die **geeignet** ist, die Persönlichkeitsentwicklung und die eigenverantwortliche Lebensführung zu fördern. Es geht wie in § 27 SGB VIII um die Wechselbeziehung von Problemlage und Hilfeleistung (s. Kap. 9.2.2.2). Das erfordert – wie bei den zukunftsgerichteten Hilfen der Jugendhilfe stets – nicht nur eine fachgerechte sozialpädagogische **Diagnose**, sondern auch die Abgabe einer **Prognose** im Hinblick auf den Nutzen der Hilfe für die weitere Persönlichkeitsentwicklung des jungen Menschen. Allerdings bedeutet es nicht, dass zum Zeitpunkt der Entscheidung über die Hilfe eine (verbindliche) Aussage getroffen werden muss, dass innerhalb eines bestimmten Zeitraumes (etwa bis zur Vollendung des 21. Lebensjahres) die Persönlichkeitsentwicklung abgeschlossen und damit die eigenverantwortliche Lebensführung erreicht wird; es genügt jede Aussicht auf einen Fortschritt im Prozess der Persönlichkeitsentwicklung des jungen Volljährigen (BVerwG 23.9.1999 – 5C 26.98 – ZfJ 2000, 192; VG Aachen 17.12.2010 – 2L 328/10; *DIJuF* JAmt 2005, 19; VG Düsseldorf 20.6.2005 – 13 K 8951/03 bzgl. § 41 i.V.m. § 35a SGB VIII), abgesehen davon, dass eine solche (End)Prognose zumindest in der Adoleszenz – wenn nicht in der menschlichen Persönlichkeitsentwicklung überhaupt – wohl kaum abgegeben werden kann. Nur wenn sicher ist, dass nicht einmal Teilerfolge zu erwarten sind, wäre die Hilfe ungeeignet und damit zu versagen.

76 Bei Vorliegen der Leistungsvoraussetzungen wird die Hilfe für junge Volljährige im Regelfall bis zur Vollendung des 21. Lebensjahres erbracht. Es bedarf hier keiner vorher-

9.4 Hilfen für junge Volljährige – § 41 SGB VIII

gehenden Jugendhilfeleistung, die Volljährigenhilfe kann also auch erst nach Vollendung des 18. Lebensjahres beginnen. Ausreichend ist, dass die Hilfe zwischen dem 18. und dem 21. Lebensjahr einsetzt. Nach Vollendung des 21. Lebensjahres ist eine Hilfe nur möglich, wenn es sich um eine sog. **Fortsetzungshilfe** (§ 41 Abs. 1 Satz 2, 2. Hs. SGB VIII) handelt. Voraussetzung ist hier, dass es sich um einen begründeten Einzelfall handelt und dass eine Jugendhilfeleistung schon zuvor begonnen wurde, die nun fortgesetzt wird. Hierbei muss es sich allerdings nicht um genau denselben Typus der Hilfe (z.b. soziale Gruppenarbeit oder betreutes Wohnen etc) handeln (leistungsrechtliche Einheitlichkeit der Erziehungshilfen, s. Kap. 9.2.3). Ein begründeter Einzelfall ist gegeben, wenn es aufgrund der individuellen Situation inhaltlich nicht sinnvoll ist, die Hilfe mit dem 21. Lebensjahr zu beenden (*Tammen* in: FK-SGB VIII § 41 Rn 9). Da es sich um eine Ausnahme vom Regelfall handelt, in dem die Hilfe spätestens mit Vollendung des 21. Lebensjahrs endet, sind die Anforderungen für die Fortsetzung der Hilfe allerdings höher als die Voraussetzungen für die Leistungsbewilligung auf der Basis von Absatz 1 Satz 1 (*Wiesner/Schmid-Obkirchner* § 41 Rn 26). Ob ein begründeter Einzelfall vorliegt, ist, da es sich um einen unbestimmten Rechtsbegriff handelt, gerichtlich voll überprüfbar (Kap. 5.3.3 und 9.8.6). Die Leistung nach § 41 Abs. 1 und 2 SGB VIII endet spätestens mit Vollendung des 27. Lebensjahres. Der junge Volljährige soll aber nach § 41 Abs. 3 SGB VIII auch nach Beendigung der Hilfe bei der Verselbständigung im notwendigen Umfang beraten und unterstützt werden (Nachbetreuung).

9.4.3 Rechtsfolgen

§ 41 Abs. 2 SGB VIII verweist hinsichtlich der Rechtsfolgen auf verschiedene Hilfen aus dem Katalog der Hilfen zur Erziehung sowie auf die Eingliederungshilfe. Dabei werden naturgemäß familienergänzende und -unterstützende Leistungen nicht benannt. So kommen mit §§ 28-30 und 33-35a SGB VIII nur Hilfen infrage, die der weiteren Verselbständigung des jungen Menschen dienen und ihn bei der Verwirklichung einer **autonomen Lebensführung** unterstützen. Von besonderer Bedeutung sind dabei die individuelle Betreuung, die Unterstützung im Hinblick auf Ausbildung und Beschäftigung sowie die Vermittlung an andere Behörden und Stellen, da der Hilfebedarf des Betroffenen oft so komplex ist, dass er nicht allein von der Jugendhilfe abgedeckt werden kann. Ergänzend kommen auch weitere Hilfen, etwa zur Beschaffung von Wohnraum, infrage. 77

Schwierigkeiten in der Praxis gibt es gelegentlich beim **Übergang** von der HzE zu den Hilfen nach § 41 SGB VIII bzw. der sog. Fortsetzungshilfe. Eine Änderung der Hilfeform, insb. auch bei der Fortsetzung der Hilfe oder beim Übergang von der Hilfe zur Erziehung zur Hilfe für junge Volljährige, führt nicht zu einer Änderung der Hilfeart (zur leistungsrechtlichen Einheitlichkeit, s. o. Kap. 9.2.3) und deshalb nicht zu einer erneuten Zuständigkeitsprüfung. Der **Begriff Leistung** i.S.d. Zuständigkeitsvorschriften (§§ 86a ff. SGB VIII) meint nicht die unveränderte Weitergewährung einer bestimmten Hilfeform, vielmehr zählt hierzu jede der Leistungen aus dem in § 41 Abs. 2 beschriebenen Leistungsspektrum (BVerwG 14.11.2002 – 5C 56 01 – JAmt 2003, 319 ff.; BVerwG 29.1.2004 – 5C 9/03 – ZJJ 2004, 303 ff.). 78

§ 41 Abs. 3 SGB VIII beinhaltet einen Anspruch der jungen Volljährigen auf **Nachbetreuung** nach Abschluss der eigentlichen Jugendhilfeleistung. Hiermit soll ein abruptes Ende der Unterstützung verhindert und ein gleitender Übergang in die Unabhängigkeit 79

80 **Abgrenzungsfragen** ergeben sich bei § 41 SGB VIII vornehmlich zu § 67 SGB XII und § 99 SGB IX, in der Praxis nicht zuletzt deswegen, weil hier zum Teil eine andere Kostenträgerzuständigkeit besteht (hierzu *Tammen* in: FK-SGB VIII § 41 Rn 14 ff.; OVG Lüneburg 2.12.2003 – 4 LB 159/03).

ermöglicht werden. Beispiele: die Hilfe bei der Wohnungssuche, die Begleitung in behördlichen und geschäftlichen Angelegenheiten.

9.5 Leistungsbewilligung und Inanspruchnahme – statistischer Überblick

81 Im Hinblick auf die Darstellung der empirischen Erkenntnisse zu den Leistungsbewilligungen und der Inanspruchnahme der Erziehungshilfen beschränken wir uns hier auf einige wesentliche Kennzahlen und Entwicklungen und verweisen im Übrigen auf die hervorragende Aufbereitung, auch graphische Darstellung und Erläuterung der vom statistischen Bundesamt (Destatis) in der amtlichen Kinder- und Jugendhilfestatistik veröffentlichten Daten in dem alle 2 Jahre aktualisierten »**Monitor Hilfen zur Erziehung**« der Arbeitsstelle Kinder- und Jugendhilfestatistik (AKJStat; s. *Fendrich* et al. 2018 bzw. http://www.hzemonitor.akjstat.tu-dortmund.de/) sowie die regelmäßigen Veröffentlichungen des Informationsdienst der Dortmunder Arbeitsstelle Kinder- und Jugendhilfestatistik (KomDat).

82 Nach der Kindertagesbetreuung ist der Bereich der individuellen Hilfen nach §§ 27 - 41 SGB VIII der ausgabenstärkste: im Jahr 2018 waren es rund 11,7 Milliarden EUR mit weiterhin steigender Tendenz (1995: ca. 4 Mrd.; 2012: 7,4 Mrd.) und damit knapp ein Viertel (rund 23 %) des **Jugendhilfeetats** von rund 50,9 Mrd. EUR (*Fendrich* et al. 2018, 35 ff.; *Pothmann* KomDat 3/2019, 5 ff.). Davon entfielen etwa 6 Mrd. EUR auf die Unterbringung junger Menschen außerhalb des Elternhauses in Vollzeitpflege, Heimerziehung oder anderer betreuter Wohnform. Die Ausgaben für SPFH lagen bei 974 Mio. EUR. Für HzE (nur Mj.) wurden insg. rund 8,6 Mrd. EUR, für Leistungen an junge Volljährige 1,4 Mrd. EUR ausgegeben, für die Eingliederungshilfen an Mj. nach § 35a SGB VIII insg.1,7 Mrd. EUR (*Destatis* 2019). Die höchsten Ausgabenzuwächse sind im Bereich der Fremdunterbringung erfolgt. In den vergangenen Jahren ist zudem ein besonders hoher Anstieg der Ausgaben für junge Volljährige zu verzeichnen, die im Jahr 2014 noch bei rund 632 Mio. EUR lagen und sich somit mehr als verdoppelt haben.

83 Im Durchschnitt werden etwa 963 EUR pro jungen Menschen unter 21 Jahren für Hilfen auf der Grundlage der §§ 27 ff. SGB VIII ausgegeben (zum Vergleich im Jahr 2000: 257 EUR), wobei allerdings zwischen den einzelnen Bundesländern (und nicht nur zwischen Stadtstaaten und Flächenländern) sowie auch innerhalb der einzelnen Bundesländer zwischen den Zuständigkeitsbereichen der jeweiligen örtlichen Träger der öffentlichen Jugendhilfe große regionale Unterschiede festzustellen sind: So werden im Stadtstaat Bremen etwa 1.619 EUR pro unter 21Jährigen, in HH 980 EUR, in NRW und Brandenburg 771 EUR bzw. 766 EUR, in Hessen und RP 721 EUR bzw. 730, in Sachsen und Thüringen 654 bzw. 496 EUR und in Bayern nur 408 EUR aufgewendet. Neben den Bedarfslagen, die in unterschiedliche Regionen unterschiedlich stark ausgeprägt sein können, liegen die Differenzen auch an dem unterschiedlichen Niveau der Entgelte, die an die Leistungserbringer gezahlt werden. Auch ein regional unterschiedliches Verständnis der Bedeutung staatlicher Unterstützung bei der Erziehung und För-

9.5 Leistungsbewilligung und Inanspruchnahme – statistischer Überblick

derung von jungen Menschen dürfte Auswirkungen auf die Anzahl und Intensität von erbrachten Leistungen haben.

Die **Fallzahl der Erziehungshilfen** ist in den letzten 20 Jahren kontinuierlich angestiegen (ausführlich *Destatis* 2019; *Fendrich* et al. 2018, 11 ff.). 2018 wurden erstmals mehr als eine Million erzieherischer Hilfen und Hilfen für junge Volljährige erbracht (Bestand zum 31.12.2018 und im Laufe des Jahres 2018 beendete Hilfen), wobei innerhalb des Jahres 604.757 Hilfen begonnen und 586.335 Hilfen beendet wurden. Damit ist die Inanspruchnahme innerhalb von zehn Jahren mit 26 % um gut ein Viertel gestiegen (Destatis 2019). Dies entspricht einem durchschnittlichen Anstieg von 2 % pro Jahr. Der Anstieg der Hilfen im Jahr 2018 im Vergleich zum Jahr 2017 lag bei knapp 17.500 Hilfen (https://www.destatis.de/DE/Themen/Gesellschaft-Umwelt/Soziales/Kinderhilfe-Jugendhilfe/_inhalt.html; zur langfristigen Entwicklung der Inanspruchnahme vgl. 8. Auflage Kap. 9.5).

84

Unter den im Jahr 2018 erbrachten erzieherischen Hilfen wurde mit weitem Abstand mit 46 % am häufigsten **Erziehungsberatung** in Anspruch genommen. An zweiter Stelle standen Leistungen der Heimerziehung und sonstigen betreute Wohnform mit 14 %. Es folgten Leistungen der Sozialpädagogischen Familienhilfe mit 13 %, die Vollzeitpflege mit 9 % und die Einzelbetreuung mit 7 %. Andere Hilfearten wurden im Umfang von 11 % in Anspruch genommen. In 71 % der Hilfen waren Mj. unmittelbare Adressaten der Leistungen. Die in der Bundesstatistik als »**familienorientierte Hilfen**« ausgewiesenen Leistungen stiegen um 5,6 % im Verhältnis zum Vorjahr an und machten nun 16 % der Hilfen aus. Die Bezeichnung dieser Hilfen als familienorientiert darf jedoch nicht darüber hinwegtäuschen, dass letztlich alle Erziehungshilfen, die für Mj. erbracht werden, normativ wie konzeptionell am Familiensystem orientiert sind. 13 % der Hilfen richteten sich an junge Volljährige. Mit Ausnahme der Hilfen nach § 34 SGB VIII, bei denen ein Rückgang von 3,3 % im Verhältnis zum Vorjahr zu verzeichnen war, und der Intensiven sozialpädagogischen Einzelbetreuung nach § 35 SGB VIII, bei der die Fallzahlen um 4,9 % zurückgingen, gab es bei allen Hilfearten einen Anstieg im Vergleich zum Jahr 2017.

85

Die **Anlässe und Gründe für die Erziehungshilfen** sind ausweislich der amtlichen Statistik höchst unterschiedlich und verändern sich im Laufe der Jahre. Besonders hoch ist seit Jahren der Anteil von Familien mit einem **alleinerziehenden Elternteil**. So wurden im Jahr 2018 rund 422.000 (42 %) aller erzieherischen Hilfen von Alleinerziehenden in Anspruch genommen. Demgegenüber wurden rund 334.000 bzw. 33 % der Hilfen an zusammenlebende Elternpaare geleistet und 163.000 bzw. 16 % der Hilfen an Elternteile, die in einer neuen Partnerschaft lebten. Auffällig hoch war auch der Anteil von Erziehungshilfen, die an Familien erbracht wurden, die sich im Bezug von **Transferleistungen** befanden. Bei 39 % aller gewährter Hilfen wurden an die (Herkunfts-)Familie oder den jungen Menschen Transferleistungen in Form von Arbeitslosengeld II nach dem SGB II, Grundsicherung im Alter und bei Erwerbsminderung oder Hilfe zum Lebensunterhalt nach dem SGB XII geleistet. Auch innerhalb dieser Gruppe spielen Alleinerziehende eine besonders große Rolle. Der Anteil der Alleinerziehenden mit Transferleistungsbezug war mit 52 % mehr als doppelt so hoch wie bei Elternpaaren, wo der Anteil nur bei 25 % und somit deutlich unter dem Durchschnitt lag. Mit 26.200 Fällen machten erzieherische Hilfen, die im Anschluss an eine Inobhutnahme aufgrund **unbegleiteter Einreise nach Deutschland** gewährt wurden, einen Anteil von 2,6 % der erzieherischen Hilfen des Jahres 2018 aus. Dabei machten die Fremdunter-

86

bringung in Form von Heimerziehung und sonstige betreute Wohnform oder in Vollzeitpflege den größten Anteil aus. In 65 % der Fälle wurden nach unbegleiteter Einreise Hilfen nach § 34 SGB VIII und in 13 % Hilfe nach § 33 SGB VIII in einer Pflegefamilie gewährt.

9.6 Zusammenarbeit bei Hilfen außerhalb der eigenen Familie – §§ 37, 38 SGB VIII

87 §§ 37 und 38 SGB VIII umschreiben besondere (Vermittlungs-)Aufgaben des JA, wenn junge Menschen nicht mehr bei ihren Eltern leben oder eine Tagesgruppe nach § 32 SGB VIII besuchen. Mit **§ 37 Abs. 1 SGB VIII** wird dem JA die Aufgabe der **Moderation** zwischen den Eltern des Mj. und den an der Hilfe beteiligten Personen und Institutionen zugewiesen, um die **Zusammenarbeit** bei Hilfen außerhalb der eigenen Familie zu gewährleisten bzw. zu verbessern (ausführlich hierzu *Steege* JAmt 2010, 101 ff.). Die Vorschrift beinhaltet auch die Forderung, eine Fremdunterbringung auf der Grundlage klarer Zukunftsperspektiven des Mj. entweder im Hinblick auf eine Rückführung in die Herkunftsfamilie oder im Hinblick auf eine dauerhafte Unterbringung vorzunehmen, da daraus jeweils unterschiedliche Aufgaben resultieren. Die **Rückkehr des Kindes oder Jugendlichen zu den Eltern** ist vorrangiges Ziel der Fremdunterbringung (Abs. 1 Satz 2). Ist aber eine nachhaltige Verbesserung der Erziehungsbedingungen in der Herkunftsfamilie innerhalb eines angemessenen Zeitraums nicht erreichbar, so soll nach § 37 Abs. 1 Satz 4 SGB VIII mit den beteiligten Personen eine andere, dem Wohl des Kindes oder des Jugendlichen förderliche und auf Dauer angelegte **Lebensperspektive** erarbeitet werden.

88 Die Pflegeperson hat nach § 37 Abs. 2 Satz 1 SGB VIII einen Anspruch auf Beratung und Unterstützung (im Einzelnen *Schönecker/Meysen* in: FK-SGB VIII § 37 Rn 20 ff.). Nach § 37 Abs. 3 SGB VIII soll, d.h. idR muss (s. Kap. 5.1.3), das JA den Erfordernissen des Einzelfalls entsprechend an Ort und Stelle überprüfen, ob die Pflegeperson eine dem Wohl des Kindes oder des Jugendlichen förderliche Erziehung gewährleistet. Ein unterbliebener »Antrittsbesuch« nach Zuständigkeitswechsel wegen Umzugs der Pflegefamilie kann gegen § 37 Abs. 3 SGB VIII verstoßen und eine Schadensersatzpflicht des zuständig gewordenen JA gegenüber dem durch die Pflegeeltern geschädigten Kind auslösen (BGH 21.10.2004 - III ZR 254/04 - JAmt 2005, 35 ff.).

89 **§ 38 SGB VIII** regelt **Vermittlungsaufgaben des Jugendamtes** bei der Ausübung der Personensorge. Er betrifft die Fälle, in denen Personensorgerecht und tatsächliche Betreuung und Erziehung von Mj. bei verschiedenen Personen angesiedelt sind. Dies ist insb. dann der Fall, wenn das Personensorgerecht (noch) bei den Eltern bzw. bei einem Elternteil des Mj. liegt, dieser aber außerhalb der Herkunftsfamilie untergebracht ist. Lebt hier das Kind längere Zeit in Familienpflege (hierunter fällt nicht nur ein Pflegeverhältnis nach § 33 SGB VIII, sondern jedes familienähnliche Pflege- und Betreuungsverhältnis, auch nach §§ 34, 35, 35a SGB VIII), so haben nach **§ 1688 BGB** die betreuenden Pflegepersonen in **Angelegenheiten des täglichen Lebens** das Recht, Entscheidungen zu treffen. § 1688 BGB schränkt aber die elterliche Sorge selbst nicht ein (*Münder* et al. 2020, Kap. 8). Die Eltern/Pflegeeltern können auch eine von den gesetzlichen Vorgaben des § 1688 Abs. 1 BGB abweichende Übertragung der Ausübung vereinbaren (§ 1688 Abs. 3 BGB). Unzulässig ist ein vom JA »vermittelter« »kalter Sorgerechtsentzug«, nach dem die Eltern standardmäßig dazu angehalten werden, die Aus-

übung der elterlichen Sorge nahezu für alle Angelegenheiten auf die Pflegeperson zu übertragen.

Aufgrund des vom Gesetzgeber gewollten Nebeneinanders von elterlicher Verantwortung und Befugnissen von Pflegeeltern kann es im Alltag immer wieder zu **Konflikten** kommen. Schränken hier die Personensorgeberechtigten die Vertretungsbefugnis der Pflegepersonen so weit ein, dass eine dem Wohl des Mj. entsprechende Erziehung nicht mehr gewährleistet ist, sollen die Beteiligten, wie auch bei sonstigen Meinungsverschiedenheiten, nach § 38 SGB VIII das JA einschalten. Dieses ist verpflichtet, sich um eine einvernehmliche Regelung zu bemühen und hat dabei eine Beratungs-, Unterstützungs- und Vermittlungsaufgabe (*Schönecker/Meysen* in: FK-SGB VIII § 38 Rn 13; zu den Anforderungen an eine fachgerechte **Mediation** ausführlich *Trenczek* et al. 2017b). Kommt es nicht zu einer einvernehmlichen Regelung und liegen gewichtige Anzeichen für eine Kindeswohlgefährdung vor, muss ggf. das FamG nach § 8a Abs. 2 SGB VIII eingeschaltet werden.

9.7 Annexleistungen – §§ 39, 40 SGB VIII

§§ 39 und 40 SGB VIII sind **begleitende und ergänzende** Leistungen, sie sind unselbstständiger Anhang (Annex) der sozialpädagogischen Jugendhilfeleistungen. Hierbei geht es im Wesentlichen um materielle Leistungen.

9.7.1 Leistungen zum Unterhalt

§ 39 SGB VIII beinhaltet den Anspruch auf den notwendigen Unterhalt des Kindes oder des Jugendlichen in den Fällen einer voll- oder teilstationären Unterbringung außerhalb der Herkunftsfamilie im Rahmen der Hilfen zur Erziehung oder der Eingliederungshilfe nach § 35a SGB VIII. Durch § 39 Abs. 7 SGB VIII wird sichergestellt, dass auch der notwendige Unterhalt für das Kind der mj. Mutter im Rahmen der HzE-Leistungen nach § 27 Abs. 4 SGB VIII erbracht wird. Nach § 41 Abs. 2 SGB VIII werden die Leistungen auch begleitend zur Hilfe für junge Volljährige erbracht.

Entscheidendes Kriterium der Leistungen nach § 39 SGB VIII ist, dass sie **nur Annex** zu den **erzieherischen Hilfen** sind, nie eigenständige Hilfe (BVerwG 13.3.2001 – 5 B 83.00 – FEVS 52, 2001, 448). Das heißt, während der gesamten Zeit der Unterbringung muss eine Hilfe zur Erziehung bzw. Eingliederungshilfe oder Volljährigenhilfe vorliegen. Materielle Leistungen werden also nur begleitend zur sozialpädagogischen Hilfe gewährt. Das bedeutet nicht ständige sozialpädagogische Betreuung o. ä., setzt aber voraus, dass das JA die Kontrolle über den Leistungsverlauf behält, insb. die Möglichkeit hat, sich über den Erziehungsprozess zu informieren und ggf. aktiv zu werden (so etwa BVerwG 12.12.2002 – 5 C 48/01 – BVerwGE 117, 261). Liegen diese Voraussetzungen vor, besteht ein **Rechtsanspruch** auf den notwendigen Unterhalt (hierzu Kap. 5.1). Da es sich bei dem Anspruch nach § 39 SGB VIII um einen Annex-Anspruch zur eigentlichen Hilfe handelt, ist **Inhaber des Rechtsanspruches** grds. die Person, die Inhaber des Hauptanspruches nach § 27 SGB VIII (BVerwG 12.9.1996 – 5 C 31.95 – NDV-RD 1997, 80, 81; OVG NW 12.9.2002 – 12 A 4352/01 – ZfJ 2003, 152; *Tammen* in: FK-SGB VIIII § 39 Rn 4) bzw. nach § 35a SGB VIII oder § 41 SGB VIII ist.

Die Leistungen zum Unterhalt nach § 39 SGB VIII werden als laufende und einmalige Leistungen erbracht. Nach Abs. 2 Satz 1 soll durch »**laufende Leistungen**« der gesamte regelmäßig wiederkehrende Bedarf abgedeckt werden. Insofern entspricht die Regelung weitgehend der Systematik des SGB II und des SGB XII. Abzudecken ist der gesamte Lebensbedarf der Mj. Dies umfasst nach Abs. 1 zunächst die Sachaufwendungen, d.h. die Kosten der Ernährung, Unterkunftskosten, Unterkunftsnebenkosten, Heizungskosten, Kleidung, Wäsche, Schuhe, Hausrat, Körperpflege, Reinigung, Energiebedarf, die persönlichen Bedürfnisse des täglichen Lebens usw (*Tammen* in: FK-SGB VIII § 39 Rn 6 ff.). Besonders erwähnt werden daneben die Kosten der Erziehung. Bei außerfamilialer Unterbringung werden Mj. von Personen betreut und erzogen, die hierzu gesetzlich nicht verpflichtet sind. Deswegen schien ein besonderer Hinweis nötig. **Kosten der Erziehung** sind die diesen Personen zu zahlenden Gelder (Arbeitslohn, Honorar). Bei den Kosten, die für die Betreuung eines Pflegekindes in einer Kindertageseinrichtung anfallen, handelt es sich nicht um Kosten für die Pflege und Erziehung des Pflegekindes, sondern um Aufwendungen, die dem Sachaufwand zuzurechnen sind. Sofern diese Position in den festgesetzten Pauschalbeträgen nicht berücksichtigt ist, begründet sich dafür ein Anspruch auf eine Leistung, die neben den Pauschalen i.S.d. § 39 Abs. 4 Satz 3 SGB VIII zu gewähren ist (VG Aachen 17.4.2018 – 2 K 1883/16).

95 Zum Bedarf gehört auch nach § 39 Abs. 2 Satz 2 SGB VIII ein angemessener **Barbetrag** zur persönlichen Verfügung des Mj. (sog. Taschengeld). Sinn des Barbetrags ist die Möglichkeit individueller Verfügung über Geld und das Erlernen des Umgangs mit Geld. Da der Barbetrag zur persönlichen Verfügung des Mj. steht, sind die Mj. insoweit selbst unmittelbar Rechtsinhaber (*Tammen* in: FK-SGB VIII § 39 Rn 14; a.A. *Wiesner/Schmid-Obkirchner* § 39 Rn 16). Festgesetzt wird der angemessene Barbetrag im Falle von §§ 34, 35, 35a Abs. 2 Nr. 4 SGB VIII von der landesrechtlich zuständigen Behörde (§ 39 Abs. 2 Satz 3 SGB VIII; idR das LJA). Bei der Vollzeitpflege nach § 33 SGB VIII ist das Taschengeld im Pflegesatz enthalten, weshalb es der Pflegeperson obliegt, die Höhe des Barbetrags für den Mj. festzulegen (*Tammen* in: FK-SGB VIII § 39 Rn 13).

96 **Einmalige Leistungen** sind die Ausnahme. **§ 39 Abs. 3 SGB VIII** benennt beispielhaft, in welchen Situationen solche infrage kommen. Es handelt sich dabei um im Vorhinein nicht berechenbare, nicht regelmäßig wiederkehrende Bedarfstatbestände wie z.B. Urlaubs- oder Klassenreisen oder wichtige persönliche Anlässe wie Einschulung so Konfirmation, Bar-Mizwa oder Jugendweihe (*Tammen* in: FK-SGB VIII § 39 Rn 15 f.), aber auch die Kosten für einen Nachhilfeunterricht (OVG NI 28.7.1993 – L 4683/92 – FEVS 45, 19 ff.).

97 Da die **laufenden Leistungen in der Vollzeitpflege** im Einzelnen mitunter schwer festzustellen sind, sollen nach § 39 Abs. 2 Satz 4, Abs. 4 Satz 3 und Abs. 5 SGB VIII grds. monatliche Pauschalbeträge für die laufenden Leistungen zum Unterhalt nach Landesrecht von den hierfür zuständigen Behörden festgelegt werden. Die Leistungen richten sich also nicht nach individuellen Verhältnissen der konkreten Pflegefamilie. Vielmehr bemisst sich die Höhe der Leistungen anhand der in einer durchschnittlichen Familie entstehenden Kosten (im Einzelnen *Tammen* in: FK-SGB VIII § 39 Rn 19). Wird ein Kind oder ein Jugendlicher im Bereich eines anderen JA untergebracht, so richtet sich die Höhe des zu gewährenden Pauschalbetrages nach den Verhältnissen, die am Ort der Pflegestelle gelten (Abs. 4 Satz 5). Bei der Festsetzung ist nach Altersgruppen zu differenzieren (Abs. 5 Satz 2). Für die Festlegung ist nach Landesrecht zumeist das LJA oder die oberste Landesjugendbehörde (z.B. Kultus- oder Sozialministerium) zustän-

9.7 Annexleistungen – §§ 39, 40 SGB VIII

dig. Teilweise werden die Beträge auch durch Richtlinien der jeweils zuständigen örtlichen Träger der Jugendhilfe festgelegt, wobei es zu teils erheblichen Abweichungen zwischen benachbarten Landkreisen bzw. kreisfreien Städten desselben Bundeslandes kommen kann.

Für die **Höhe der Pauschalbeträge** gibt es Empfehlungen des DV, die derzeit (2020) für materielle Aufwendungen entsprechend den drei Altersstufen für Kinder im Alter von 0 bis 5 Jahren bei 568 EUR, von 6 bis 11 Jahren 653 EUR und von 12 bis 18 Jahren bei 718 EUR liegen. Als Kosten der Erziehung werden für alle Altersstufen einheitlich 248 EUR empfohlen (www.deutscher-verein.de). Nach Abs. 4 Satz 4 kann der Pauschalbetrag angemessen gekürzt werden, wenn die Pflegeperson dem Mj. gegenüber unterhaltsverpflichtet ist. Hierbei muss die Behörde im Rahmen ihres pflichtgemäßen Ermessens die Besonderheiten des Einzelfalls berücksichtigen, ein generalisierender Abschlag ist nicht zulässig (VG Oldenburg 26.6.2007 – 13 A 3270/06 – JAmt 2007, 542). 2009 wurde durch das KiFöG klargestellt, dass insoweit nur die Kosten für den Sachaufwand des Kindes oder Jugendlichen angemessen gekürzt werden, nicht jedoch die Kosten der Pflege und Erziehung. In Abs. 4 wurde 2005 ergänzend aufgenommen und 2009 präzisiert, dass die laufenden Leistungen auch die Erstattung nachgewiesener Aufwendungen für Beiträge zu einer Unfallversicherung sowie die hälftige Erstattung nachgewiesener Aufwendungen zu einer angemessenen Alterssicherung der Pflegeperson umfassen. Abs. 6 enthält eine Regelung zur **Anrechnung des Kindergeldes**. Danach wird das Kindesgeld für ein Pflegekind, das das älteste Kind in der Pflegefamilie ist, zur Hälfte auf die Leistungen nach § 39 SGB VIII angerechnet.

Seit 2007 gilt im SGB II eine spezielle Regelung (aktuell: § 11a Abs. 3 Nr. 1 SGB II) für die **Anrechnung des Pflegegeldes als Einkommen** der Pflegeperson. Der Teil, der für den erzieherischen Einsatz gewährt wird, also die sog. Kosten der Erziehung, wird für das erste und zweite Pflegekind nicht, für das dritte Pflegekind zu 75% und für das vierte und jedes weitere Pflegekind in voller Höhe als Einkommen der Pflegeperson berücksichtigt (BT-Drs. 16/1410, 50). Bei der Aufnahme von 5 und mehr Pflegekindern ist von einer gewerblichen Erzielung von Einkommen auszugehen (LSG MV 11.11.2010 - L 8 AS 51/07). Der Teil des Pflegegeldes, der für den Sachaufwand des Mj. gewährt wird, kann nicht als Einkommen der Pflegeperson berücksichtigt werden.

9.7.2 Krankenhilfe

§ 40 SGB VIII legt fest, dass als Annex der stationären Hilfen im Rahmen der Hilfe zur Erziehung und der Eingliederungshilfe für seelisch behinderte Kinder und Jugendliche auch Krankenhilfe zu leisten ist. Diese Vorschrift findet nach § 41 Abs. 2 SGB VIII auch bei der Hilfe für junge Volljährige Anwendung. Sie verweist hinsichtlich der Ausgestaltung der Hilfe auf die einschlägigen Regelungen des SGB XII. Diese legen fest, dass die Leistungen in der Regel denen der gesetzlichen Krankenversicherung entsprechen sollen (§ 32 SGB XII). Auf die Krankenhilfe besteht ein Rechtsanspruch, sofern der bestehende Bedarf nicht durch vorrangige Versicherungsleistungen (z.B. über die Familienkrankenversicherung der Eltern) abgedeckt wird (§ 10 Abs. 1 Satz 1 SGB VIII; s. Kap. 4.2.2). Der öffentliche Jugendhilfeträger hat die Wahl, entweder die Leistungen der Krankenhilfe selbst zu erbringen, oder die Beiträge einer freiwilligen Krankenversicherung zu übernehmen (§ 40 Satz 4 SGB VIII; *Tammen* in: FK-SGB VIII § 40 Rn 7 f.) und deren Leistungen ggf. aufzustocken.

9.8 Verfahren und gerichtliche Kontrolle

101 Das SGB VIII ist zwar ein sozialpädagogisch durchdrungenes Recht (s. Kap. 1.1), ungeachtet dessen ist es Teil des Sozialleistungs- und damit Sozialverwaltungsrechts. Damit gelten die allgemeinen Verfahrensvorschriften (Kap. 5.2) unter Berücksichtigung der Besonderheiten des kinder- und jugendhilferechtlichen Verfahrens (Kap. 5.2.3). Darüber hinaus beinhalten §§ 36, 36a SGB VIII zusätzliche Regelungen für die Hilfen zur Erziehung, die Eingliederungshilfe nach § 35a SGB VIII und über § 41 Abs. 2 SGB VIII auch für die Hilfe für junge Volljährige (hierzu *Schmid-Obkirchner* HB-KJHR 2011 Kap. 3.8).

102 Inhaltlich stellen diese Bestimmungen ein **sozialpädagogisches Qualitätssicherungselement** dar. Die Vorgaben des § 36 SGB VIII zur Mitwirkung und zum Verfahren bei der Gewährung von Hilfen gießen sozialpädagogische Fachlichkeit in Gesetzesform (*Schönecker/Meysen* in: FK-SGB VIII § 36 Rn 5). Es sollte sich insoweit von selbst verstehen, dass die Umsetzung in der konkreten Fallarbeit den fachlichen-methodischen Standards entspricht (vgl. *Müller* 2017). Schwerpunkte sind vor dem Hintergrund der kooperativen Struktur die Beteiligung und Beratung aller Betroffenen, das Hilfeplanverfahren, die Aufstellung des Hilfeplans und die teambezogene Entscheidungsstruktur. § 36 Abs. 1 SGB VIII enthält zunächst eine umfassende Beratungsverpflichtung des JA gegenüber den betroffenen Personen (s. Kap. 9.8.1). § 36a SGB VIII regelt insb. die sog. Steuerungsverantwortung der öffentlichen Jugendhilfe (s. Kap. 9.8.3). § 37 SGB VIII regelt das vermittelnde Vorgehen des JA bei der Zusammenarbeit der Beteiligten bei Hilfen für Mj. außerhalb ihrer Herkunftsfamilie (s.o. Kap. 9.6). Darüber hinaus bestehen für § 35a SGB VIII verfahrensrechtliche Sonderregelungen (s.o. Kap. 9.3).

9.8.1 Mitwirkung und Beteiligung

103 §§ 36 und 37 SGB VIII schreiben eine umfangreiche **Beteiligung aller Betroffenen**, insb. der jungen Menschen und ihrer Eltern sowie sonstiger Sorgeberechtigter bzw. des jungen Volljährigen bei der Auswahl und Realisierung der Hilfe vor (*Trenczek/Stöss* ZJJ 2014, 323 ff.). § 36 SGB VIII mit der Festschreibung der kooperativen Gestaltung pädagogischer Prozesse ist Ausdruck der Tatsache, dass der junge Mensch bzw. seine Familie nicht als Objekte der Hilfeerbringung betrachtet werden, sondern als **Subjekte** in ihrem Mittelpunkt stehen (Leistungsempfänger als **Co-Produzenten** der Hilfe). Die beteiligungsfördernde Gestaltung des Hilfeplanverfahrens ist daher einer der zentralen Wirkfaktoren der Kinder- und Jugendhilfe (*ISA* 2009, 55, 57; dies. 2010, 75 ff.). Die erfolgreiche Realisierung einer Hilfe setzt letztlich stets die Akzeptanz und Mitwirkung der Betroffenen voraus (s.a. Kap. 9.2.2.2): Eine auf den ersten Blick »objektiv« sinnvoll erscheinende Hilfe, die nicht mitgetragen wird, wird im Ergebnis weniger erfolgreich sein als eine »objektiv« weniger geeignet erscheinende Hilfe, an der alle Beteiligten mitarbeiten. Dabei bleiben fachliche Kriterien nicht unberücksichtigt, vielmehr bilden sie den Rahmen, innerhalb dessen die Kooperation erfolgt: Eine Hilfe, die gemessen am erzieherischen Bedarf (s. Kap. 9.2.2) nicht geeignet oder nicht erforderlich ist, kann auch im Rahmen des Verfahrens des § 36 SGB VIII nicht von den Betroffenen durchgesetzt werden. Allerdings ist schon die diagnostische Einschätzung der sozialpädagogischen Fachkräfte am Prinzip der Partizipation auszurichten (s. u. Kap. 9.8.2: **Diagnostik als interaktives Geschehen**; *Meysen* in: FK-SGB VIII § 36 Rn 24; *Trenczek* et al. 2017a, 60 ff. m.w.N.).

9.8 Verfahren und gerichtliche Kontrolle

Die Bezeichnung der kooperativen Verfahrensweise als **Aushandlungsprozess** (z.B. *Merchel/Schrapper* NDV 1995, 16) ist bis heute umstritten (*Schönecker/Meysen* in: FK-SGB VIII § 36 Rn 25; *Tammen* 2017, 211). Sofern darauf hingewiesen wird, dass unter rechtlichen Gesichtspunkten die Aushandlung einer Sozialleistung formal nicht möglich ist, haben diese Hinweise ihre Berechtigung. Das JA ist kein Selbstbedienungs-Supermarkt. Das ändert nichts daran, dass die sozialpädagogische Konzeption dieser Bestimmungen von einem partizipativ-interaktiven Verfahren der Konsensbildung ausgeht. Hilfeplanung ist also stets ein **partizipatorischer Gestaltungsprozess**. Die »reine« Freiwilligkeit mag ein zum Teil überhöhtes Konzept sein (zur Hilfe in Zwangskontexten vgl. *Conen* ZJJ 2007; 370 ff.; Conen/Cecchin 2018; *Kähler/Zobrist* 2014; *Trenczek* 2018, 144 ff.), ohne eine Bereitschaft des Betroffenen, sich auf die Hilfe einzulassen, wird sie jedoch kaum wirken können, was Zweifel an ihrer Geeignetheit wecken müsste.

104

Im Hinblick auf die Beratung ist insb. auf die Leistungspalette der Jugendhilfe, die Beteiligungsrechte der Betroffenen, die internen Abläufe im JA einschließlich der datenschutzrechtlichen Bestimmungen und auf die Kostenbeitragsregelungen einzugehen (ausführlich *Schönecker/Meysen* in: FK-SGB VIII § 36 Rn 8 ff.). Im Hinblick auf die Hilfen außerhalb der Herkunftsfamilie normiert Abs. 1 Satz 3 und 4 eine besondere **Pflicht zur Beteiligung** der Betroffenen bei der Auswahl der Einrichtung oder der Pflegestelle, womit das bereits in § 5 SGB VIII geregelte **Wunsch- und Wahlrecht** (Kap. 4.3.4) spezifisch betont wird. Allerdings ist dieses nicht nur im Hinblick auf die (Mehr-)Kosten begrenzt, sondern bezieht sich schon dem Grunde nach nur auf geeignete Leistungen und Einrichtungen (BY VGH 30.3.2006 – 12 B 04.1261). Zudem hat der Träger der öffentlichen Jugendhilfe die Kosten für die Unterbringung eines Mj. in einer Einrichtung im Regelfall nur dann zu übernehmen, wenn für die Einrichtung zwischen deren Träger und dem Träger der öffentlichen Jugendhilfe eine Leistungs-, Entgelt- und Qualitätsentwicklungsvereinbarung nach § 78b SGB VIII abgeschlossen ist (hierzu Kap. 17.3.2). Ist eine dieser Vereinbarungen nicht abgeschlossen, so besteht nur dann eine Verpflichtung zur Übernahme des Leistungsentgelts, wenn dies im Einzelfall geboten ist (§ 78b Abs. 1, Abs. 3 SGB VIII). Darüber hinaus sind Mj. und Personensorgeberechtigte darauf hinzuweisen, dass eine Fremdunterbringung mit neuen Bindungen des Mj. verbunden ist, die Konsequenzen für die Rückkehrperspektive in die Herkunftsfamilie haben werden und einer Rückkehr unter Umständen entgegenstehen können (zur Verbleibensanordnung nach § 1632 Abs. 4 BGB, *Münder* et al. 2020, Kap. 8).

105

Die Realisierung des kooperativen Verfahrensprozesses gemäß § 36 SGB VIII stößt in der Praxis vielfach auf Probleme. Die Betroffenen sind gelegentlich damit überfordert, ihre eigenen Vorstellungen und Wünsche in das Verfahren einzubringen. Dies lässt sich nicht zuletzt auf die Hemmschwelle, dem JA als Behörde gegenüber aufzutreten, und auf Kommunikationsprobleme gegenüber den sozialpädagogischen Fachkräften zurückführen. Damit bleibt die **Herstellung der Beteiligungsfähigkeit** insb. durch Förderung der Handlungskompetenzen und die Realisierung einer wirklichen Beteiligung der Betroffenen eine kontinuierliche professionelle Herausforderung für die Fachkräfte (dazu *BAGLJÄ* 2015, 21 f.).

106

9.8.2 Hilfeplanverfahren und Hilfeplan

107 Ein zentraler Aspekt des § 36 SGB VIII ist die in Abs. 2 normierte **Erstellung eines Hilfeplans**. Zunächst zur Terminologie: Als **Hilfeplanung** (nicht *Jugend*hilfeplanung i.S.d. § 80 SGB VIII, hierzu Kap. 18.2.1) bezeichnet man den Gesamtvorgang der fachgerechten Prüfung der normativen Leistungsvoraussetzungen unter Mitwirkung der Beteiligten (*BY LJA* 2013; *Schmid* 2004; *Schrapper* np 2016, 484 ff.; *Tammen/Trenczek* in: FK-SGB VIII Vor § 27 Rn 27 ff.; zu den Grundlagen der Rechtsanwendung, s. Kap. 5.2.1, *Trenczek* et al. 2018, 133 ff.; zur multiperspektivischen Fallarbeit s. *Müller* 2017). Eine solche ist – nicht nur bei den Erziehungshilfen, sondern bei allen Leistungen – stets erforderlich und liegt in der Verantwortung des öffentlichen Trägers (§ 79 Abs. 1 SGB VIII). Diese kann ebenso wenig wie die Entscheidungsbefugnis über die Leistungsgewährung an freie Träger übertragen werden (OVG NI 9.7.2010 – 4 ME 306/09). Wie wohl in keinem anderen Bereich der sozialen Arbeit sind bei der Hilfeplanung die Bewertung in rechtlicher Hinsicht (Subsumtion) und die Bewertung in fachlich-sozialpädagogischer Hinsicht miteinander verknüpft (z.B. abstrakt-definitorische Ausfüllung des Begriffs »erzieherischer Bedarf« in § 27 Abs. 2 SGB VIII sowie die Anwendung der Definition im konkret zu entscheidenden Einzelfall). Die rechtliche Bewertung baut einerseits auf der fachlich-diagnostischen Bewertung auf; andererseits darf sich jene in diesem justiziablen Zusammenhang nur auf die rechtlich vorgegebenen, relevanten Kriterien beziehen (im Hinblick auf § 27 SGB VIII z.B. Relevanz der Begriffe »erzieherischer Bedarf« und »Kindeswohl«, nicht aber andere denkbare Maßstäbe, z.B. Einkommen, Kinderzahl). Dabei sollte sich das Vorgehen des ASD in der Kinder- und Jugendhilfe im Hinblick auf die Co-Produktion sozialpädagogischer Dienstleistungen darin auszeichnen, dass es nicht vorwiegend mit »professionellen Zuschreibungen« arbeitet, sondern die Perspektive der Betroffenen adäquat einbindet. Der kooperative Entscheidungsprozess ist bereits Teil der Hilfe und respektiert die Autonomie der Betroffenen. Merchel überschrieb das 1994 mit dem Schlagwort »von der psychosozialen Diagnose zur Hilfeplanung« (*Merchel* 1994; zu den fachlichen Standards eines dialogisch-kommunikativ ausgelegten Diagnoseverfahrens zur Feststellung des erzieherischen Bedarfs, s. insb. *BY LJA* 2013; *Heiner* 2004; *Merchel* 2006; *Mollenhauer/Uhlendorff* 2012; *Schönecker/Meysen* in: FK-SGB VIII § 36; *Trenczek* et al. 2017a, 60 ff.; *Uhlendorff* 2010).

108 Bei der sozialpädagogischen Diagnose im Rahmen einer partizipatorisch angelegten Hilfeplanung geht es insb. im Hinblick auf die Einschätzung von erzieherischen Bedarfen und die Geeignetheit von Leistungen auch nicht um hellseherische Fähigkeiten; wesentlich ist die in der dialogischen Auseinandersetzung mit den Betroffenen gewonnene Einschätzung der Situation (*Kohaupt* JAmt 2005, 218 ff.). Es geht dabei mithin vor allem um die sog

- **Problemakzeptanz** (Sehen die Hilfeadressaten selbst ein Problem oder ist dies weniger oder gar nicht der Fall?),
- **Problemkongruenz** (Stimmen die Hilfeadressaten und die beteiligten Fachkräfte in der Problemkonstruktion überein oder ist dies weniger oder gar nicht der Fall?) sowie der
- **Hilfeakzeptanz** (Sind die Hilfeadressaten bereit, die ihnen gemachten Hilfeangebote anzunehmen und zu nutzen oder ist dies nur zum Teil oder gar nicht der Fall?).

109 Unterschiedliche Sichtweisen deuten nicht immer auf Widerstand und mangelnde Kooperationsbereitschaft hin, sondern weisen auf die für den Erfolg einer Hilfeleistung

9.8 Verfahren und gerichtliche Kontrolle

notwendig zu klärenden Aspekte hin. Die Ziel- und Prozessorientierung der Kinder- und Jugendhilfe stützt den kooperativen sozialpädagogischen Entscheidungsprozess für ein gemeinsames Entstehen von Hilfe, in dem zur Effektivierung des Leistungserfolgs bei den Klienten die Problemakzeptanz erweitert, Problemkongruenz verbessert und Hilfeakzeptanz erhöht werden (*Meysen* in: FK-SGB VIII § 36a Rn 7).

Der **Hilfeplan** selbst ist als schriftliches Dokument der (vorläufige) Abschluss des Hilfeplanverfahrens und ein Instrument sozialpädagogischer Hilfesteuerung (BT-Drs. 11/5948, 74; *Schönecker/Meysen* in: FK-SGB VIII § 36 Rn 50 ff.). Er dient der Qualitätssicherung und der Selbstkontrolle des JA, ist ein Koordinierungsinstrument zwischen diesem und dem Träger der Einrichtung als Leistungserbringer und hat die Aufgabe, Vorstellungen, Einschätzungen und Erwartungen aller Beteiligten transparent zu machen. Insoweit erfüllt er auch die Funktion eines sozialpädagogischen Hilfekontrakts und ist nicht nur »reine Formsache« (*SPI 2005*). Der Hilfeplan enthält insb. eine Konkretisierung des erzieherischen Bedarfs, eine Darstellung der bislang geleisteten Hilfen, Vorschläge für geeignete Hilfen, deren konkrete Aufgaben und Ziele, Beginn, Intensität und voraussichtliche Dauer der Hilfe sowie bei Hilfen außerhalb der Herkunftsfamilie Aussagen über perspektivische Planungen etwa im Hinblick auf die Rückkehr des Mj. (*Schönecker/Meysen* in: FK-SGB VIII § 36 Rn 50 ff.; *BY LJA* 2013). Ein Hilfeplan »soll« gemäß § 36 Abs. 2 Satz 1 und 2 SGB VIII erstellt werden, wenn die Hilfe **voraussichtlich für längere Zeit** zu leisten ist. Ob dies der Fall ist, bestimmt sich jeweils nach den Verhältnissen des Einzelfalls. Als Zeitraum wird dabei überwiegend von einer voraussichtlichen Hilfegewährung von mindestens sechs bis zwölf Monaten ausgegangen. Neben diesem quantitativen Aspekt sind allerdings auch qualitative Überlegungen zu berücksichtigen: Eine Heimerziehung wird schon bei einem kurzen Zeitraum wegen ihrer intensiven Wirkung ein Hilfeplanverfahren erfordern, während eine Erziehungsberatung (die u.U. nur alle 14 Tage bis 3 Wochen für eine Stunde stattfindet) anders zu behandeln ist. Diese qualitative Betrachtungsweise erlaubt es, das Erfordernis des Hilfeplanverfahrens im Einzelfall sachangemessen zu berücksichtigen. Insb. bei der Erziehungsberatung nach § 28 SGB VIII als bewusst niederschwelliges Hilfeangebot kann ein vorgeschaltetes Verfahren nach § 36 SGB VIII eher hemmend wirken (ausführlich *Tammen* 2017, 212 ff.). Aus diesem Grund ist hier ja nach § 36a Abs. 2 SGB VIII auch eine unmittelbare Inanspruchnahme der Erziehungsberatung bzw. vergleichbar niedrigschwelliger Leistungen durch die Klienten ohne vorausgehenden förmlichen Hilfeplan möglich.

110

§ 36 SGB VIII enthält zwar keine exakte Zeitvorgabe, aus Sinn und Zweck des Hilfeplanes folgt aber, dass er wenn, dann grds. *vor* der Entscheidung über die Hilfeleistung aufgestellt werden soll (d.h. idR muss). Er ist nach Abs. 2 Satz 2 während der Hilfegewährung regelmäßig zu überprüfen und bei Bedarf, d.h. bei neuen oder veränderten Erkenntnissen, Entwicklungen oder Perspektiven im Hinblick auf die Hilfe zu ändern (sog. Fortschreibung). Allerdings hindert das **Fehlen eines** förmlichen, **schriftlichen Hilfeplans** die Rechtmäßigkeit der Leistung nicht, wenn eine Hilfeplanung fachgerecht durchgeführt und die Geeignetheit und Notwendigkeit der Leistung nach außen dokumentiert wurde (BVerwG 24.6.1999 – 5 C 24.98 – BVerwGE 109, 156 = ZfJ 2000, 3; BayVGH 30.1.2008 – 12 B 07.280; OVG NI 8.5.2008 – 4 LA 128/07 = FEVS 60, 25; OVG NI 11.6.2008 – 4 ME 184/08 = NVwZ-RR 2008, 792). Die Erstellung eines Hilfeplans ist nicht selbst Rechtmäßigkeitsvoraussetzung der Jugendhilfeleistung. Die Durchführung eines Hilfeplangesprächs und der Hilfeplan sind dann umgehend nachzuholen. Auch die Ablehnung einer Leistung setzt eine vorherige Hilfeplanung nicht

111

voraus, wenn anderweitig festgestellt werden kann, dass die Leistungsvoraussetzungen nicht vorliegen (OVG NI 11.6.2008 – 4 ME 184/08 – NDV-RD 2009, 49, 51; 8.5.2008 – 4 LA 128/07 - FEVS 60, 25). Andererseits ist die Entscheidung des JA über die Gewährung oder Ablehnung einer Hilfe aufgrund eines nicht durchgeführten Hilfeplanverfahrens rechtswidrig, wenn eine Beteiligung der Betroffenen trotz ihrer Bereitschaft nicht stattgefunden hat (BVerwG 24.6.1999 – 5 C 24.98 – BVerwGE 109, 156 ff.; VGH BW 6.12.1999 – 2 S 891/98 – ZfJ 2000, 115).

112 Der **Hilfeplan** ist von seinem Rechtscharakter her kein VA, er enthält noch keine Regelung (Leistungsentscheidung). Ihm kann aber u.U. eine »anspruchskonkretisierende Wirkung« zukommen, sofern die hierin enthaltenen fachlichen Stellungnahmen qualifizierte Ausführungen zum erzieherischen Bedarf und der Geeignetheit und Notwendigkeit von Erziehungshilfen enthalten (*Tammen/Trenczek* FK-SGB VIII § 27 Rn 50 ff.; s. Kap. 5.2.3.2). Als unselbstständiges, die Leistungsentscheidung vorbereitendes, sog. »schlichtes« Verwaltungshandeln hat der Hilfeplan aber darüber hinaus keine eigenständige Rechtsbedeutung, insb. kann er nicht selbstständig angegriffen oder beansprucht werden (VG Braunschweig 9.8.2010 – 3 A 147/09). Das ist nur bei der vom JA getroffenen Leistungsentscheidung (VA) möglich.

113 Was zum (förmlichen) Hilfeplan gesagt wurde, gilt entsprechend auch für die Notwendigkeit der sog. **Teamkonferenz**. Als weiteres fachliches Qualifikationsmerkmal fordert § 36 Abs. 2 Satz 1 SGB VIII das **Zusammenwirken mehrerer Fachkräfte**, wenn die Hilfe für voraussichtlich längere Zeit (s. o.) zu leisten ist. Hintergrund dieser gesetzlichen Forderung ist die Tatsache, dass es sich bei den Hilfen zur Erziehung regelmäßig um komplexe Bedarfe und Lebenssachverhalte handelt, die diagnostiziert und bewertet werden müssen, und dass zugleich oft schwierige Prognoseentscheidungen zu treffen sind. In solchen Situationen gibt es keine »eindeutig-objektiv« messbaren Kriterien, an denen Sachverhaltsanalyse und Entscheidung problemlos ausgerichtet werden können. Das Zusammenwirken mehrerer Fachkräfte hat deswegen die Funktion der wechselseitigen professionellen, kollegialen Beratung. Die Formulierung »soll... getroffen werden« bedeutet, dass ein solches kollegiales Zusammenwirken vom Gesetzgeber als Regelfall (Kap. 5.1.3) gefordert wird. Kollegialentscheidungen haben nur dann Relevanz, wenn die einzelnen Beteiligten benannt, ihnen durch trägerinterne Regelungen als Kollegialorgan Verantwortung übertragen und das Verfahren zur Entscheidungsfindung klar normiert wurden. Der in der in Teilen der Praxis erkennbare Versuch, Teamentscheidungen zum verbindlichen Entscheidungskriterium zu machen, täuscht darüber hinweg, dass sich die einzelne Fachkraft ihrer individuellen Verantwortung (zur Garantenstellung s. Kap. 17.2.4) nicht entledigen kann. Dies ist nicht einmal bei einer Weisung von in die konkrete Hilfeplanung nicht eingebundenen Vorgesetzten der Fall (*Trenczek* ZfJ 2002, 385). Die Verlagerung von Entscheidungskompetenzen auf die wirtschaftliche Jugendhilfe ist rechtswidrig. Deren Fachkräften kann im Rahmen des Hilfeplanverfahrens allenfalls eine beratende Funktion zukommen (*Schönecker/Meysen* in: FK-SGB VIII § 36 Rn 45).

114 § 36 Abs. 2 Satz 2 und 3 SGB VIII regeln neben der Beteiligung der Mj. und Personensorgeberechtigten bzw. der jungen Volljährigen auch die Einbindung der Dienste oder Einrichtungen, die bei der Durchführung der Hilfe tätig werden. Eine **Beteiligung nichtsorgeberechtigter Eltern**, etwa nach einem Entzug der Personensorge durch das FamG in einem Verfahren nach § 1666 BGB ist nicht ausdrücklich vorgesehen (VG Saarlouis 19.11.2013 – 3 K 1851/12 – JAmt 2014, 328). Sie wird jedoch in vielen Fäl-

9.8 Verfahren und gerichtliche Kontrolle

len im Hinblick auf die Beziehungsqualität zwischen dem Mj. und seinen Eltern oder eine mögliche Rückkehroption bei Fremdunterbringung sinnvoll sein. Ob und in welcher Weise sie durchzuführen ist, ist jeweils im Einzelfall zu entscheiden.

In der nachfolgenden Abb. 4 wird der **idealtypische Ablauf einer fachgerechten Hilfeplanung** dokumentiert sowie die hiervon gelegentlich abweichenden »Verkürzungen«. In der anschließenden Tab. 7 werden die einzelnen Arbeitsschritte und im Rahmen der Hilfeplanung zu klärenden Fragen (ohne Anspruch auf Vollständigkeit) differenziert.

115

Abb. 4: Idealtypischer Verlauf des Hilfeplanungsprozesses

Wesentliche Elemente:
- die Mitwirkung der Personenberechtigten und der Mj.
- die Beratung und Entscheidung im Fachteam (bei Hilfen für längere Zeit)
- die Dokumentation der Hilfegrundlagen und Perspektiven im Hilfeplan

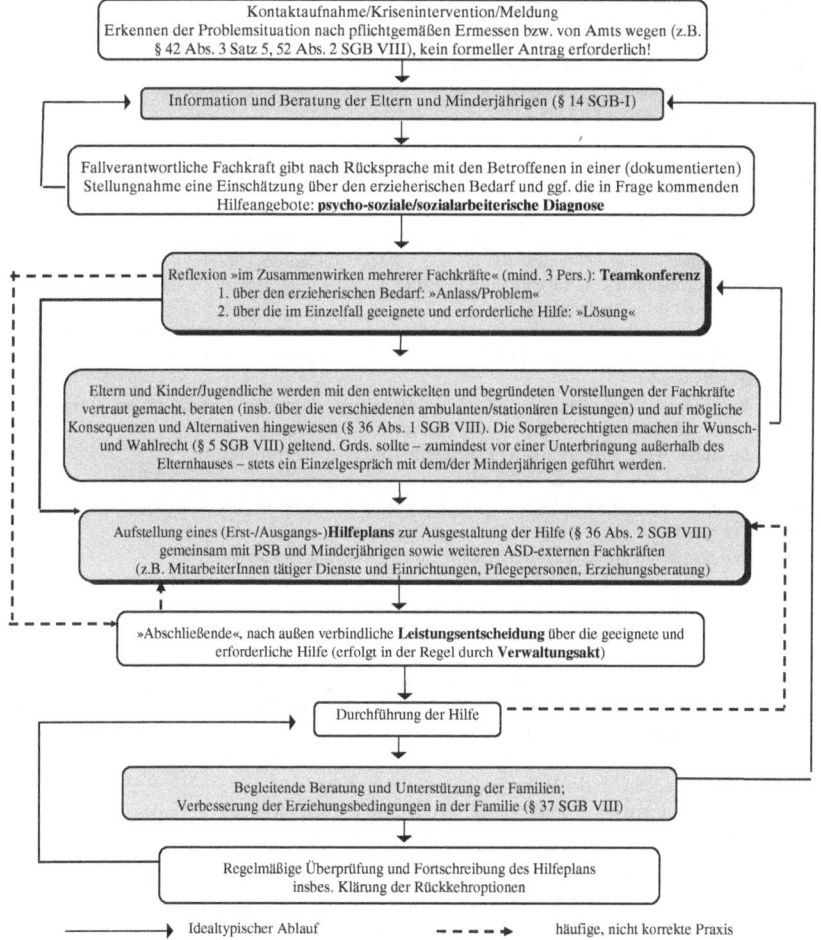

Tab. 7: Arbeitsschritte und Klärungspunkte im Rahmen der Hilfeplanung*

1. Fachliche Erststellungnahme der fallverantwortlichen Fachkraft – psychosoziale/sozialarbeiterische Diagnose und rechtliche Subsumtion mit Votum (»Entscheidungsbogen«)**
- Präzise, faktenreiche Beschreibung der Ausgangssituation ohne Bewertung, Interpretation und Zuschreibung:
- Anlass der Kontaktaufnahme, Meldung durch wen? Krisensituation?
- Beschreibung der derzeitigen Lebenssituation des Kindes und der Familie
- Angaben zur Familiengeschichte
- Angaben zur Beziehungsgeschichte zwischen Kind und Eltern
- mit dem Einverständnis der Betroffenen auch Berichte und Einschätzungen Dritter (Kindergarten, Schule, Betrieb,...)
- bisherige Hilfen (erfolgreiche/nicht ausreichende Hilfen mit Gründen für Scheitern/Abbruch)
- Gehen Gefährdungen von der Familie aus oder ist das soziale Umfeld der Familie gefährdend?
- Sichtweisen der Beteiligten
- Erwartungen und Befürchtungen der Personensorgeberechtigten
- Erwartungen und Befürchtungen der Mj.
- Einschätzung des erzieherischen Hilfebedarfs durch die Fachkraft
  - → Problemakzeptanz, Problemkongruenz, Hilfeakzeptanz?
2. Fachliche Einschätzung der Teamkonferenz***
2.1 Diskussion der psycho-sozialen Diagnose
- Wodurch ist die Lebenswelt/-situation der Mj. aktuell wesentlich gekennzeichnet?
- Welche bestimmenden Faktoren und Muster in der Lebens- und Beziehungsgeschichte des Kindes/ Jugendlichen sind deutlich geworden?
- Welche tragfähigen und verlässlichen Beziehungen/Personen, Ressourcen der Selbsthilfe sind in der Umgebung des Mj. vorhanden, können gefördert, unterstützt und beraten werden?
- Welche Lebensbedingungen (Mensch, Raum, Zeit, sonstige Ressourcen) braucht das Kind/die Jugendliche unter dem Gesichtspunkt der Prävention und Normalität zur Kompensation von negativen Erfahrungen, Verletzungen und Benachteiligungen?
2.2 Erörterung der angezeigten Hilfemöglichkeiten (gleichzeitig Aspekte in der Beratung der Betroffenen)
- Welche konkreten Belastungslagen, Verhaltens- und Erziehungsprobleme sollen durch das Angebot der HzE bearbeitet werden?
- Welche Beziehungs-, Unterstützungs- und Hilfeangebote (ambulant; stationär/außerfamilial) wären für die positive Entwicklung des Kindes/Jugendlichen geeignet, welche erforderlich?
- Passen die Hilfen in den Erfahrungs- und Verständnishorizont der Adressaten?
- Wie fügen sie sich in die gegebenen Lebensverhältnisse (Lebenswelt) ein?
- Auf welche Weise gewährleisten sie, dass die gegebenen Ressourcen der Selbsthilfe nicht entwerten oder verschüttet werden?
- Welche Perspektiven ergeben sich aus der Hilfe für einen »gelingenden Alltag«?
- Sollte eine außerfamiliale Unterbringung vorgeschlagen werden? (Verhältnismäßigkeit!)
- Welche räumlichen und zeitlichen Perspektiven sind sinnvoll?
- Welche geeigneten Alternativen bestehen (Abwägung im Hinblick auf Erforderlichkeit und Wirtschaftlichkeit)?
- Welcher Anbieter/Dienst/welche Einrichtung soll mit der Durchführung der Hilfe beauftragt werden? Welche Angebote sind vor Ort vorhanden, welche überregionalen Angebote stehen zur Verfügung? Welche Hilfeangebote können kurzfristig angeboten werden?
- Welche Folgen hat die Inanspruchnahme der Hilfen für die Betroffenen (räumliche Distanz, Kosten?)
- Welche konkreten Nahziele der Hilfe können festgelegt werden?
- Welche Vereinbarungen können über Inhalt, Verlauf, etc verbindlich festgelegt werden?
- Die Ergebnisse dieser Erörterungen sind zu dokumentieren; sollte in der Fachkonferenz kein Einvernehmen erzielt werden, sind auch die Mindermeinungen zu protokollieren. Stimmt die fallverantwortliche Fachkraft der Ansicht des Teams nicht zu, sollte sie den Vorgang der Fachbereichsleitung vorlegen (vgl. trägerinterne Regelungen). Rechtlich bleibt die fallverantwortliche Fachkraft verantwortlich und kann sich nicht mit Hinweis auf eine Mehrheitsentscheidung entlasten.

9.8 Verfahren und gerichtliche Kontrolle

> 3. Ausgestaltung/-formulierung des konkreten Hilfeangebots – Inhalt des (Erst-, Ausgangs-)Hilfeplans: Angaben über...
> - Ort, Datum und Beteiligte des Hilfeplangespräches
> - den erzieherischen Bedarf im Einzelfall
> - pädagogische Ziele und Teilziele, Art und Umfang der konkreten Leistungen
> - den Inhalt einzelner Vereinbarungen (so konkret wie möglich: Wer macht Was bis Wann ggf. mit Wem?)
> - Zeitpunkte und Kriterien für die regelmäßige Überprüfung/Fortschreibung (mindestens 1x im Jahr).
>
> * Hierzu insb. BY LJA 2013; *Schönecker/Meysen* in: FK-SGB VIII § 36 Rn 50 ff.; *Mollenhauer/Uhlendorff* 2012; *Uhlendorff* 2010; zur multiperspektivischen Fallarbeit s. *Müller* 2017
> ** Im Rahmen der Hilfeplanung stets erforderlich ***Nach § 36 Abs. 2 Satz 1 SGB VIII nur bei Hilfen von voraussichtlich längerer Dauer erforderlich.

116 Erscheinen »Maßnahmen der beruflichen Eingliederung« erforderlich, so sollen nach § 36 Abs. 2 Satz 4 SGB VIII die für die Eingliederung zuständigen Stellen (insb. Bundesanstalt für Arbeit; Jobcenter) beteiligt werden. Eine spezielle Regelung für Leistungen nach § 35a SGB VIII enthält **§ 36 Abs. 3 SGB VIII**. Danach soll, wenn Hilfen nach § 35a SGB VIII erforderlich erscheinen, bei der Aufstellung und Änderung des Hilfeplans sowie bei der Durchführung die Person beteiligt werden, die eine Stellungnahme nach § 35a Abs. 1a SGB VIII abgegeben hat (Kap. 9.3). Wichtige Verfahrensregelungen ergeben sich hier zudem aus dem **SGB IX**. Relevant sind insb. die Fristsetzung zur Zuständigkeitsklärung in § 14 SGB IX und die Erstellung eines Teilhabeplans nach § 19 SGB IX (ausführlich Kap. 9.3).

117 Mit dem seit einigen Jahren diskutierten als »**Familienratverfahren**« oder »Familiengruppenkonferenzen« (»Family Group Conference«) bezeichneten Verfahren soll versucht werden, die Partizipation, die Eigenwirksamkeit und Selbsthilfekräfte der betroffenen Familien im Rahmen der Hilfeplanung zu stärken (*Hansbauer et al.* 2009; *Hilbert et al.* 2011; *Früchtel/Roth* 2017; sowie das Schwerpunktheft Forum Erziehungshilfen 3/2009). Durch dieses Verfahren seien »die in der Hilfeplanung immer wieder beschworenen Leitlinien Empowerment, Partizipation und Koproduktion der Adressaten, Effektivität und Effizienz sowie eine konsequente Ressourcenorientierung perfekt unter einen Hut zu bringen« (*Staub* Sozialmagazin 2005, 37). Die Familienrat-Verfahren werden auf die mitunter etwas romantisierend dargestellten Konfliktregelungsverfahren indigener Völker, z.B. der Maori in Neuseeland, zurückgeführt, deren Familien- bzw. Stammesstrukturen durch erhebliche Ressourcen und eine enge soziale Kohäsion gekennzeichnet sind (hierzu und zu den Entwicklungslinien und Ausprägungen der sog. **Restorative Justice**, s. *Trenczek* NK 2013, 268). Im Rahmen der Familienkonferenzen sollen die Fachkräfte des JA neben den sog. in FGC (nicht unbedingt in Sozialarbeit/-pädagogik) geschulten »Koordinatoren« allenfalls eine initiierende und im Übrigen inhaltlich wie prozessual nur eine Nebenrolle einnehmen. Schon deshalb ist es z.B. im Hinblick auf die Gesamtverantwortung des öffentlichen Trägers (§ 79 SGB VIII), der Fallverantwortung der Fachkräfte sowie dem interdisziplinären Zusammenwirken von mehreren Fachkräften zweifelhaft, ob das FGC-Verfahren den gesetzlichen Vorgaben der Hilfeplanung nach §§ 36 f. SGB VIII entspricht. Die FGC-Idee setzt aber einen wichtigen Impuls in dem Sinne, dass sie die Fachkräfte wieder stärker für die Ressourcen und Interessen der betroffenen Familien sensibilisiert und die zurecht angemahnten Handlungsgrundätze Empowerment (*Herriger* 2014) und Partizipation ernst genommen werden. Eine Ersetzung des gesetzlich vorgeschriebenen und fachlichen Standards entsprechenden Hilfeplanungsverfahrens (§ 36 SGB VIII) oder gar des kooperativen Vorgehens im Hinblick auf die Schutzverpflichtung bei gewichtigen Anzeichen einer Kindeswohlgefährdung nach § 8a SGB VIII ist aber nach der derzeitigen Rechtslage nicht zulässig. Nichts spricht aber dagegen, den Hilfeplanungsprozess im Hinblick auf Partizipation und Selbstwirksamkeit der Familien zu optimieren und dies im Rahmen von § 36 SGB VIII auch gesetzlich neu zu regeln, ohne dass dadurch der Kinderschutz vernachlässigt werden müsste.

9.8.3 Steuerungsverantwortung

118 Die Regelung des § 36a Abs. 1 SGB VIII hat in der Praxis, vor allem der jugendstrafrechtlichen Sozialkontrolle (hierzu Kap. 12.4) zu z.T. hitzigen Diskussionen geführt, obwohl damit nur klargestellt wurde (was u.a. aufgrund des Gewaltenteilungsgrundsatzes ohnehin galt), dass der Träger der öffentlichen Jugendhilfe die Kosten der Hilfe grds. nur dann trägt, wenn sie auf der Grundlage seiner Entscheidung nach Maßgabe des Hilfeplans unter Beachtung des Wunsch- und Wahlrechts erbracht werden (hierzu bereits *Trenczek* 1996, 117 ff. und ZJJ 2007, 31 ff.; BVerfG 11.1.2007 – 2 BvL 7/06 – ZJJ 2007, 213; BVerwG 21.6.2001 – 5 C 6.00 – JAmt 2002, 36 ff.). Ob und unter welchen Voraussetzungen Jugendhilfe gewährt wird, unterliegt nicht der Entscheidungsbefugnis der Familien- oder Strafgerichte, sondern ist vom Jugendhilfeträger in seiner Zuständigkeit zu prüfen. Damit werden wesentliche **Grundprinzipien der rechtsstaatlichen Ordnung** hervorgehoben, das Gewaltenteilungsprinzip, der Grundsatz der Gesetzmäßigkeit öffentlichen (Verwaltungs-)Handelns (Vorrang und Vorbehalt des Gesetzes z.B. § 31 SGB I) sowie das Prinzip der Konnexität von Aufgaben- und Finanzierungsverantwortung.

119 Das SGB VIII als Teil des Sozialleistungsrechts gehört – in Abgrenzung zum Zivilrecht und Strafrecht – zum Sozialrecht. Die Leistungsentscheidung folgt damit anderen Grundsätzen als der familien- bzw. (jugend-)strafrechtliche Eingriff. Die Aufgaben der JÄ sind, soweit es sich nicht um die Führung von Beistandschaften, Vormundschaften und Ergänzungspflegschaften handelt (hierzu Kap. 13), **Aufgaben der kommunalen Selbstverwaltung**. Die Kommunen verfügen bei der Erfüllung dieser Aufgaben über eine sog. Organisations-, Personal- und Finanzhoheit (Art. 28 Abs. 2 GG; hierzu *Trenczek* et al. 2018, 171 f.). Die Ausgabenverantwortung ist dabei strikt an die Aufgabenverantwortung gekoppelt (Konnexitätsprinzip, Art. 104a Abs. 1 GG). Die Kostentragungspflicht ist an die Leistungspflicht gebunden und setzt eine entsprechende Entscheidung aufgrund des vorgeschriebenen Bewilligungsverfahrens voraus. Auf einen kurzen Nenner gebracht bedeutet dies, dass unabhängig von einem familienrechtlichen oder (jugend-)strafrechtlichen Verfahren bzw. einer Entscheidung der Familien- bzw. Jugendgerichte, der öffentliche Jugendhilfeträger die Kosten der Jugendhilfeleistung nur dann trägt, wenn die formellen und materiellen Leistungsvoraussetzungen vorliegen (hierzu Kap. 9.2.2).

120 Ausnahmsweise möglich sind nach § 36 a Abs. 2 SGB VIII Vereinbarungen zwischen Leistungserbringern und dem JA über die **unmittelbare Inanspruchnahme ambulanter Hilfen** durch die Leistungsberechtigten. Diese Vereinbarungen müssen sich allerdings auf »niedrigschwellige« Leistungen beschränken, da mit § 36a Abs. 2 SGB VIII nicht das grds. für notwendig erachtete Hilfeplanverfahren ausgehebelt werden sollte.

9.8.4 Aufwendungsersatz bei Selbstbeschaffung der Hilfen

121 Eine besondere rechtliche Bedeutung hat die Frage nach der Notwendigkeit eines Antrags und die damit eng zusammenhängende Frage der **Zulässigkeit der Selbstbeschaf-**

9.8 Verfahren und gerichtliche Kontrolle

fung. Für die Hilfe zur Erziehung, die Eingliederungshilfe und die Volljährigenhilfe ist – wie generell bei Jugendhilfeleistungen (Kap. 5.2.3.1) – kein formeller Antrag notwendig, die Leistungsberechtigten müssen jedoch zu erkennen geben, dass sie mit der Inanspruchnahme der Hilfe einverstanden sind. Im Hinblick auf den Zweck der Hilfe zur Erziehung, Gefährdungen Mj. i.S.d. § 1666 BGB frühzeitig zu verhindern (Prävention), ist es zudem auch möglich und ggf. geboten, dass der öffentliche Träger zu einem Zeitpunkt Aktivitäten entfaltet, zu dem sich die Leistungsberechtigten noch nicht positiv über die Inanspruchnahme von Hilfe zur Erziehung geäußert haben (*Tammen/Trenczek* in: FK-SGB VIII § 27 Rn 44). So sehen insb. die § 42 Abs. 3 Satz 5 SGB VIII aus Anlass eine Inobhutnahme bzw. § 52 Abs. 2 SGB VIII aus Anlass eines Strafverfahrens vor, dass das JA von Amts wegen eine Hilfeplanung einleiten muss bzw. zu prüfen hat, ob für den jungen Menschen Hilfen in Frage kommen..

Eng mit der Frage des Antrags hängt die Frage nach der Zulässigkeit der Selbstbeschaffung zusammen, also die Frage danach, ob Personensorgeberechtigte/junge Menschen sich die Hilfe selbst besorgen können und dann vom öffentlichen Jugendhilfeträger die **Übernahme bzw. den Ersatz der Kosten** dieser Hilfe verlangen können. Letztlich geht es also nicht um die Frage, ob man sich Leistungen selbst beschaffen darf (dies ist in einer freiheitlichen, marktorientierten Gesellschaft »selbstverständlich« zulässig; Kap. 5.2.3.1), sondern nur darum, ob der öffentliche Jugendhilfeträger die Kosten für diese Hilfe tragen muss. In § 36a Abs. 1 SGB VIII hat der Gesetzgeber klargestellt, dass grds. eine Kostentragung des Leistungsträgers nur dann infrage kommt, wenn ein Hilfeplanverfahren durchgeführt wurde und auf dieser Grundlage eine ausdrückliche Entscheidung des öffentlichen Jugendhilfeträgers erfolgte (s.a. BVerwG 28.9.2000 – 5 C 29.99 – ZfJ 2001, 310 ff., *Tammen* UJ 2003, 235 ff.). Die Möglichkeit der Kostenübernahme bzw. des Aufwendungsersatzes trotz Selbstbeschaffung besteht allerdings nach § 36a Abs. 3 SGB VIII für den Fall des sog. **Systemversagens**. Voraussetzung hierfür ist neben der vorausgehenden Inkenntnissetzung des Leistungsträgers und der Tatsache, dass die normativen Voraussetzungen für die selbstbeschaffte Hilfe jeweils vorliegen, insb. die dort genannte Nr. 3, nämlich dass die Deckung des Bedarfs keinen zeitlichen Aufschub duldet oder im Falle einer zu Unrecht abgelehnten Leistung nicht bis zur Entscheidung über das Rechtsmittel gewartet werden kann, um die erforderliche Hilfe sinnvoll zu leisten (ausführlich *Meysen* in: FK-SGB VIII § 36a Rn 39 ff.; zur rückwirkenden Gewährung von HzE in Form von Vollzeitpflege im Wege des Herstellungsanspruchs s. VGH BY 9.3.2020 – 12 B 19.795).

9.8.5 Zuständigkeit und Kostenbeteiligung

Die **sachliche Zuständigkeit** für die Gewährung von Leistungen der Hilfe zur Erziehung, der Eingliederungshilfe und der Volljährigenhilfe liegt nach § 85 Abs. 1 SGB VIII beim örtlichen Träger. Die **örtliche Zuständigkeit** richtet sich für Hilfen nach §§ 27 und 35a SGB VIII nach § 86 SGB VIII und damit grds. nach dem Ort, an dem die Eltern ihren gewöhnlichen Aufenthalt haben (hierzu Kap. 3.1.4, Rn 24). Die örtliche Zuständigkeit für die **Volljährigenhilfe** ist in § 86a SGB VIII geregelt. Maßgeblich ist grds., wo der junge Volljährige vor Beginn der Leistung seinen gewöhnlichen Aufenthalt hatte.

Die Abwicklung der für die Leistung entstandenen Kosten erfolgt regelmäßig im **jugendhilferechtlichen Dreiecksverhältnis** Leistungsträger – Leistungsberechtigte – Leistungserbringer (hierzu Kap. 17.3.2). Der öffentliche Träger erfüllt seine Leistungsverpflichtung grds. durch Übernahme der dem Leistungsberechtigten in Rechnung gestellten Kosten (OVG NRW 21.8.2001 – 12 B 582/01 – NDV-RD 2002, 26; zur Beurteilung der Rechtsbeziehungen der Beteiligten, insb. der Wertung der Kostenübernahme als Schuldbeitritt OLG BY 5.12.2019 – 32 U 2067/19 – juris Rn 76 ff.).

125 Bei Hilfen, die mit einer (zumindest teilstationären) Unterbringung des Mj. außerhalb des Elternhauses verbunden sind, werden die/der Mj. und seine Eltern bzw. der junge Volljährige gemäß § 91 Abs. 1 bzw. Abs. 3 SGB VIII zu den **Kosten herangezogen**. Bei ambulanten Hilfen erfolgt keine Heranziehung der Leistungsberechtigten bzw. der Mj. (zu den Kosten ausführlich Kap. 15.3).

9.8.6 Rechtsschutz und Umfang der gerichtlichen Überprüfung

126 Nicht in allen Fällen wird im Rahmen des Hilfeplanverfahrens und der Entscheidung des öffentlichen Jugendhilfeträgers Einvernehmen mit den betroffenen Sorgeberechtigten/jungen Menschen hergestellt werden können. Wird ein Hilfeersuchen bzw. ein konkreter Antrag auf HzE abgelehnt, ist die Erhebung eines **Widerspruchs** und dann ggf. einer **Klage vor dem Verwaltungsgericht** möglich (Kap. 5.3). Damit ist der Umfang der gerichtlichen Überprüfung angesprochen, der in der Jugendhilfe generell von Relevanz ist (Kap. 5.3.3.1) und hier, bei den an den individuellen Lebens- und Problemlagen ausgerichteten prognostisch ansetzenden Hilfen, eine besondere Bedeutung hat. In der Regel ist es Aufgabe der Gerichte, angegriffene Verwaltungsentscheidungen im vollen Umfang zu überprüfen und – ggf. unter Hinzuziehung von Sachverständigen – eine eigene Entscheidung in der Sache zu treffen. Mittlerweile ist geklärt, dass dem JA bzgl. der Auswahl der konkreten Hilfeleistung kein Ermessen (welches gerichtlich nur eingeschränkt überprüft werden könnte; § 114 VwGO) zusteht (s. Kap. 9.2.2.2). Allerdings wird im Hinblick auf die Auslegung der unbestimmten Rechtsbegriffe diskutiert, ob es einen **Beurteilungsspielraum** für die Verwaltung gibt, der nur eine eingeschränkte Überprüfung der Entscheidung des JA durch die Verwaltungsgerichtsbarkeit zulässt. Rechtsprechung und Literatur haben bei der Hilfe zur Erziehung, bei der Eingliederungshilfe und bei der Hilfe für junge Volljährige bislang überwiegend einen Beurteilungsspielraum bejaht und sind insofern von einer eingeschränkten gerichtlichen Überprüfbarkeit der Auslegung der unbestimmten Rechtsbegriffe – speziell der Begriffe der Eignung und Notwendigkeit – durch das Verwaltungsgericht ausgegangen, womit der effektive Rechtsschutz der Betroffenen in problematischer Weise stark verkürzt wird (ausführlich *Tammen* 2017, 218 ff.; *Trenczek* JAmt 2015, 190 ff.). Nachdem aber nun auch das Bundesverwaltungsgericht (im Anschluss an das BVerfG) in jüngster Zeit die Bedeutung effektiven Rechtsschutzes gestärkt und die Anerkennung von Beurteilungsspielräumen weiter eingeschränkt hat (30.10.2019 – 6 C 18/18), dürfte sich dies auch auf die Rechtsprechung im Bereich der Hilfen zur Erziehung auswirken (hierzu ausführlich Kap. 5.3.3.1).

9.8 Verfahren und gerichtliche Kontrolle

Wichtige, interessante Entscheidungen

- *Zur Rechtsstellung der Personensorgeberechtigten:* BVerwG 21.6.2001 – 5 C 6.00 – ZfJ 2002, 30 ff.; VGH BY 13.11.2003 – 12 B 99.2992 – FEVS 55 (2004), 419; BVerfG 10.09.2009 – 1 BvR 1248/09 – JAmt 2009. 626
- *Zu §§ 27 ff. SGB VIII:* BVerwG 12.12. 2002 – 5 C 48.01 – FEVS 59, 508 ff.; OVG NW 12.9.2002 – 12 A 4352/01 – FEVS 54, 283 ff.; BVerwG 12.7.2005 – 5 B 56.05 – JAmt 2005, 524; BVerwG 9.12.2014 – 5 C 32.13 – JAmt 2015, 217; OLG Karlsruhe, 13.5.2019 – 18 UF 91/18 – JAmt 2019, 405 (Zusammenleben der Mutter mit einem wegen sexuellen Kindesmissbrauchs vorbestraften Lebensgefährten)
- *Zu § 35a SGB VIII:* OVG NI 19.3.2003 – 4 LB 111/02 – ZfJ 2003, 493 ff.; OVG NI 11.6.2008 – 4 ME 184/08 – NVwZ-RR 2008 (Aufgabenverteilung zwischen den Professionen), OVG SL 30.7.2019 – 2 B 152/19 – JAmt 2020, 112 (Bindungswirkung einer Zielvereinbarung beim Persönlichen Budget)
- *Zum Verfahren/Hilfeplanung:* BVerwG 24.6.1999 – 5 C 24.98 – BVerwGE 109, 156 = ZfJ 2000, 31; VGH BY 30.1.2008 – 12 B 07.280; OVG SH 28.3.2001 – 2L 68/01, ZfJ 2001, 427; OVG NI 11.6.2008 – 4 ME 184/08 – NVwZ-RR 2008, 792; OVG NW 16.1.2017 – 12 E 914/16 (Berücksichtigung des Wunsch- und Wahlrechts)
- *Zu § 36a SGB VIII/Steuerungsverantwortung/Selbstbeschaffung:* BVerfG 11.1.2007 – 2 BvL 7/06 – ZJJ 2007, 213; BVerwG 21.6.2001 – 5 C 6.00 – JAmt 2002, 36 ff.; BVerwG 3.11.2006 – 5 B 40.06; BVerwG 9.12.2014 – 5 C 32.13; OVG NI 11.6.2008 – 4 ME 184/08 – NVwZ-RR 2008, 792; VGH BY 9.3.2020 – 12 B 19.795
- *Zum Umfang der gerichtlichen Überprüfung:* BVerwG 24.6.1999 –5 C 24.98 – ZfJ 2000, 31, 35; VGH HE 8.9.2005 –10 UE 1647/04 – JAmt 2006, 37 ff.; VGH BW 8.11.2001 – 2 S 1198/99 – FEVS 53 (2002), 371; OVG SN 30.9.2019 – 3 A 581/19 – ZKJ 2019, 471
- *Zu den Annexleistungen nach §§ 39, 40 SGB VIII:* BVerwG 13.3.2001 – 5 B 83.00 – FEVS 52, 2001, 448; BFH 19.10.2017 – III R 25/15 (Aufnahme eines Pflegekindes zu Erwerbszwecken); OVG ST 19.2.2019 – 4 K 165/17 - DVBl 2019, 866 (Normenkontrolle einer Kinder- und Jugendhilfe-Pflegegeld-Verordnung)
- *Zu § 41 SGB VIII:* BVerwG 25.8.1998 – 5 B 58.98 – FEVS 49, 99; VG Bremen 2.9.2005 – 7 K 511/04; OVG NW 06.9.2018 – 12 E 639/18 (Hilfe bei Defiziten bei Hygiene und Ordnung)
- *Zur Zuständigkeitsprüfung:* BVerwG 14.11.2002 – 5 C 56 01 – JAmt 2003, 319

Weiterführende Literatur

- *Zu §§ 27 ff. SGB VIII:* Fendrich et al. 2018; *Tammen* HB-SGB VIII *2011* Kap. 3.5
- *Zu § 28 SGB VIII:* Menne 2017; *Scheuerer-Englisch* et al. 2014
- *Zu §§ 29, 30 SGB VIII:* Behnisch et al. 2013; *Peterich* 2000
- *Zu § 31 SGB VIII: Richter* 2018; *Rothe* 2017
- *Zu § 32 SGB VIII:* BY LJA 2007; *IGfH* 2010
- *Zu § 33 SGB VIII: Kindler* et al. 2011
- *Zu §§ 34, 35 SGB VIII: Peterich* 2000; *Struck* et al. 2003; *Schone/Tenhaken* 2012
- *Zu § 35a SGB VIII: Tammen* HB-KJHR 2011, Kap. 3.6; *v. Boetticher/Meysen* in: FK-SGB VIII § 35a; *Wiesner/Fegert* § 35a
- *Zu §§ 36, 36a SGB VIII: Merchel* 2006; *Schmid-Obkirchner* HB-KJHR 2011, Kap. 3.8; *Trenczek/Stöss* ZJJ 2014, 323 ff., Trenczek JAmt 2015, 190 ff.
- *Zu § 41 SGB VIII: Tammen* HB-KJHR 2011 Kap. 3.7
- *Zu den Erziehungshilfen/NAM im Zusammenhang mit dem Jugendstrafrecht: Trenczek* 2018; *Trenczek/Goldberg* 2016
- *Zur Kooperation von Jugendhilfe und Jugendpsychiatrie: Fegert/Schrapper* 2004

3. Teil: Andere Aufgaben der Jugendhilfe

1   Die im 3. Kapitel des SGB VIII in §§ 42 - 60 SGB VIII als »andere Aufgaben« des Kinder- und Jugendhilferechts bezeichneten Aufgaben haben nur eine schwache gemeinsame inhaltliche Struktur. Verbindendes Element ist allein die Tatsache, dass es sich um sog. »hoheitliche« Aufgaben der öffentlichen Träger handelt; damit sind aber nicht automatisch Eingriffsbefugnisse der Jugendhilfe verbunden.

2   Die »anderen« Aufgaben der Jugendhilfe im 3. Kap. des SGB VIII sind sehr unterschiedlicher Art: vorläufige Interventionen zum Schutz von Kindern und Jugendlichen (§ 42 SGB VIII; s. Kap. 10.1), die Erlaubniserteilung für Pflegestellen und Einrichtungen (§§ 43 bis 49 SGB VIII; s. Kap. 11), die Mitwirkung der JÄ im gerichtlichen Verfahren (§§ 50 bis 52 SGB VIII; s. Kap. 12) und die Aufgabe der JÄ in der Beistandschaft, Pflegschaft und Vormundschaft (§§ 52a - 58a SGB VIII; s. Kap. 13) sowie die damit zusammenhängende Beurkundungs- und Beglaubigungstätigkeit (§§ 59, 60 SGB VIII). Verbindender Aspekt ist, dass es sich im Rahmen dieser Vorschriften zur Sicherung des Wohls der Mj. und ihrer Familien um vorrangig öffentlich-rechtliche (traditionell »hoheitlich« genannte) Aufgaben handelt, die vorrangig von den JÄ wahrgenommen und bei Einzelfallregelungen im Außenverhältnis insb. gegenüber Bürger*innen zumeist mittels Verwaltungsakt (§ 31 SGB X) umgesetzt werden (vgl. § 3 Abs. 3 SGB VIII; zum grundlegenden Unterschied zwischen Leistungen und anderen Aufgaben s. Kap. 4.3.1).

3   Ein großer Teil der anderen Aufgaben stammt aus dem **Traditionsbestand der Jugendwohlfahrt** (Kap. 3.2): die Aufsicht über Pflegestellen und Einrichtungen, das Vormundschaftswesen, die verschiedenen Möglichkeiten zu eingreifenden Maßnahmen. Inhaltlich geht es dabei zu einem großen Teil – damals wie heute – um den Schutz, um die Interessenwahrnehmung und um die Rechtsvertretung Mj., allerdings geschieht dies heute nicht mehr ordnungsrechtlich, sondern vielmehr im Rahmen der sozialpädagogischen Aufgabenwahrnehmung. Deswegen wurde dieser ganze Bereich auch der sozialpädagogischen Fachbehörde JA zugeordnet. Das hat zur Folge, dass diese Tätigkeit **inhaltlich und methodisch sozialpädagogisch zu gestalten** ist: bei der Inobhutnahme geht es vorrangig nicht um die Herausnahme von Kindern aus der Familie, sondern um eine sozialpädagogische Krisenintervention, bei den Pflege- und Betriebserlaubnissen geht es nicht um obrigkeitsstaatliche Aufsicht, sondern vorrangig um fachliche Beratung; bei der Beistandschaft/Amtspflegschaft/Amtsvormundschaft nicht um die entmündigende Bevormundung, sondern um die unterstützende Dienstleistung; bei der Mitwirkung im familien- bzw. jugendgerichtlichen Verfahren nicht um eine »verlängerte« gerichtliche Tätigkeit, sondern um sozialpädagogische Unterstützung junger Menschen und ihrer Familien im gerichtlichen Verfahren.

4   Die »anderen Aufgaben« im 3. Kapitel des SGB VIII beinhalten zunächst die Beschreibung der Aufgaben des öffentlichen Jugendhilfeträgers in diesem Bereich. Aus diesen **Aufgabenbeschreibungen** ergeben sich noch keine Befugnisse des öffentlichen Trägers zu Eingriffen in die Rechte von Bürgern. In gewisser Parallelität zum Unterschied von Aufgabenbeschreibungen und individuellen Rechtsansprüchen von Bürgern im Leistungsrecht (Kap. 5.1) haben wir hier den **Unterschied zwischen Aufgabenbeschreibung und Eingriffsbefugnis** des hoheitlichen Trägers. Auch hier gilt: Aus der Tatsache, dass die gesetzlichen Bestimmungen eine Aufgabenbeschreibung für den öffentlichen Träger beinhalten, folgt noch nicht die Befugnis des öffentlichen Trägers zu Eingriffen in

Rechte (so wie aus der Aufgabenbeschreibung bei den Leistungen nicht folgt, dass Rechtsansprüche bestehen). Will der öffentliche Träger in Rechte Dritter eingreifen, so **bedarf es** dazu einer **ausdrücklichen gesetzlichen Eingriffsbefugnis** (sog. Gesetzesvorbehalt, vgl. Art. 20 Abs. 3 GG, § 31 SGB I; hierzu *Trenczek* et al. 2018, 102 ff.).

> Das bedeutet z.B., dass aus der Tatsache, dass der öffentliche Träger für die Einrichtungs-/Betriebserlaubnis zuständig ist (Kap. 11), nicht gefolgert werden kann, dass er Betriebserlaubnisse entziehen oder versagen kann, wenn für entsprechende Einrichtungen nach seiner Auffassung kein Bedarf mehr besteht. Dies wäre nur möglich, wenn es hierfür eine ausdrückliche gesetzliche Bestimmung gäbe (was nicht der Fall ist; zu den Voraussetzungen der Rücknahme oder Widerrufs s. § 45 Abs. 7 SGB VIII). Oder: auch wenn eine Fachkraft der Meinung sein sollte, dass eine Jugendliche geschlossen untergebracht werden müsste, so darf sie dies nur, wenn eine ausdrückliche gesetzliche Bestimmung die freiheitsentziehende Unterbringung erlaubt (dazu Kap. 10.1.4).

Da es sich bei den anderen Aufgaben des 3. Kap. um **hoheitliche Aufgaben** handelt, ist (anders als bei den sozialpädagogischen Leistungen des 2. Kap.) grds. der **öffentliche Träger** zuständig. Private Träger haben – so ausdrücklich § 3 Abs. 3 SGB VIII – hier kein originäres Betätigungsfeld. Nur in den in **§ 76 SGB VIII** als Ausnahmefälle benannten Bereichen besteht die Möglichkeit, dass anerkannte Träger der freien Jugendhilfe an der Aus- und Durchführung der dort genannten Aufgaben beteiligt werden (im Einzelnen Kap. 4.3.1 und 16.1). Hoheitsrechte (z.B. zum Erlass eines VA oder Eingriffsbefugnisse) werden dadurch aber nicht übertragen; eine sog. »Beleihung« findet also nicht statt.

Der in §§ 1 Abs. 3 Nr. 3, § 8a SGB VIII hervorgehobene **Schutzauftrag** ist ein integraler Bestandteil jeder Aufgabe (sowohl der Leistungen als auch der anderen Aufgaben) der Kinder- und Jugendhilfe. Neben den in § 8a SGB VIII normierten Verpflichtungen im Umgang mit gewichtigen Anhaltspunkten für eine Kindeswohlgefährdung (hierzu Kap. 4.3.2.1), geht es in § 14 SGB VIII um den primärpräventiv angelegten sog. »erzieherischen Jugendschutz« (hierzu Kap. 6.3). Im Hinblick auf Mj., die außerhalb des Elternhauses betreut werden bzw. leben, sollen nach §§ 43 ff. SGB VIII Gefahren durch an Bedingungen geknüpfte Erlaubniserteilung und Kontrolle der Dienste und Einrichtungen vorgebeugt werden (Kap. 11). In akuten Krisensituationen erfolgt die Schutzgewährung mangels anderer Abhilfemöglichkeiten im Rahmen einer vorläufigen Unterbringung (Kap. 10). Zudem hat das JA u.U. die Interessen und Rechte unmittelbar als Beistand, Pfleger oder Vormund wahrzunehmen (Kap. 13).

Der **Schutz** von Kindern und Jugendlichen ist allerdings nicht nur im SGB VIII mit unterschiedlichen Instrumenten geregelt, sondern auch Regelungsgegenstand anderer Gesetze und Schutzsysteme mit unterschiedlichen Zielen und Handlungsgrundsätzen. Das betrifft insb. die (unglücklicherweise häufig als »gesetzlicher Jugendschutz« bezeichneten) Regelungen des **JuSchG** zum Schutz konkreter Gefahren in der Öffentlichkeit und durch jugendgefährdende Konsumangebote (z.B. Alkohol, Tabak, Medien), dessen Ge- und Verbote sich v.a. an die Anbieter dieser Waren und Leistungen richten (hierzu *Tammen/Trenczek* 2018, 196 ff.; s. Kap. 6.3). Zwar hat auch hier das JA einen Handlungsauftrag, dieser ist regelmäßig in Kooperation mit den Polizeibehörden wahrzunehmen (vgl. § 8 JuSchG i. V. m. landesrechtlichen Regelungen, z. B. § 20 Abs. 5 AG-JHG TH; §§ 48 ff. HE KJGB; § 16 NI AG SGB VIII) und unterscheidet sich auch deshalb teilweise in der Art und Weise der Umsetzung von den Aufgaben des SGB VIII.

10. Schutz von Minderjährigen in akuten Krisensituationen

1   Unter der Überschrift »Vorläufige Maßnahmen zum Schutz von Kindern und Jugendlichen« regeln die §§ 42, 42a ff. SGB VIII im ersten Abschnitt des 3. Kapitels des SGB VIII die Voraussetzungen und den Inhalt der Inobhutnahme. Es geht dabei nicht vorrangig um eine ordnungsrechtliche Maßnahme der Gefahrenabwehr, sondern um eine sozialpädagogische Krisenintervention im Rahmen eines öffentlich-rechtlichen Schutz- und Sorgeverhältnis. Diese beinhaltet beides, sowohl unmittelbare Schutzgewährung (Gefahrenabwehr und Betreuung) als auch weiterführende Klärungshilfe und Unterstützung; beide Teile sind nach den durch das SGB VIII normierten fachlichen Standards der Kinder- und Jugendhilfe sozialpädagogisch wahrzunehmen.

Ausführlich behandelte Vorschriften

- Krisenintervention und Schutzgewährung: § 42 SGB VIII, §§ 1631b, 1666 f. BGB
- Vorläufige Inobhutnahme und bundesweites Verteilungsverfahren von mj. Geflüchteten: §§ 42a - 42f SGB VIII

2   Die »Inobhutnahme« genannten Interventionen der Kinder- und Jugendhilfe in akuten Krisensituationen (§§ 42, 42a ff. SGB VIII) sollen den Schutz von Mj. kurzfristig und nur vorläufig – d.h. bis zur Gewährung weitergehender Hilfen und ggf. einer notwendigen familienrechtlichen Regelung – sicherstellen (hierzu ausführlich *Trenczek* et al. 2017a; *Trenczek* in: FK-SGB VIII § 42). Neben der »klassischen« Inobhutnahme nach § 42 SGB VIII hat der Gesetzgeber – sprachlich unglücklich – zum 1.1.2015 die sog. »vorläufige Inobhutnahme« von ausländischen Kindern und Jugendlichen nach unbegleiteter Einreise (§ 42a - § 42f SGB VIII) neu eingeführt, an die sich dann die »reguläre« – vom Sinn und Zweck ebenfalls vorläufige – Inobhutnahme nach § 42 Abs. 1 Nr. 3 SGB VIII anschließt. Gleichwohl wird im folgenden Kap. 10.1 zunächst die Inobhutnahme nach § 42 SGB VIIII dargestellt und erst danach die dieser zeitlich vorgeschaltete »vorläufige« Inobhutnahme nach §§ 42a ff. SGB VIII (Kap. 10.2). In § 42 SGB VIII sind im Anschluss an § 8a Abs. 2 Satz 2 SGB VIII die grundlegenden Handlungsgrundsätze, fachlichen Verfahrens- und Handlungsstandards der sozialpädagogischen Krisenintervention geregelt, die im Wesentlichen auch für die »vorläufige« Inobhutnahme gelten (vgl. den Verweis in § 42a Abs. 1 Satz 3 SGB VIIII; hierzu *Trenczek* in: FK-SGB VIII § 42a Rn 2).

10.1 Inobhutnahme – § 42 SGB VIII

3   Das Wohl von Kindern und Jugendlichen wird von Erwachsenen nicht immer beachtet. Bisweilen gilt es, das Interesse von Kindern und Jugendlichen gegenüber ihren Eltern oder anderen Personen zu sichern und durchzusetzen. Während es in manchen Ländern hierfür besondere Institutionen gibt, ist der Schutz von Kindern in Deutschland im Wesentlichen den JÄ übertragen. Hierin wird der Doppelcharakter des JA erkennbar, sowohl als sozialpädagogische, familienorientierte Sozialleistungsbehörde als auch Institution, die das staatliche Wächteramt gegenüber den Eltern wahrnehmen muss, insb. wenn das Wohl des Kindes gefährdet ist.

4   Das besondere Schutzverhältnis durch Inobhutnahme wird aus drei verschiedenen Anlässen begründet. Im Falle des § 42 Abs. 1 Satz 1 Nr. 1 SGB VIII handelt es sich um sog. **Selbstmelder**, insb. um Situationen, in denen Kinder und Jugendliche aufgrund

10.1 Inobhutnahme – § 42 SGB VIII

von Konflikten mit ihren Personensorge- oder Erziehungsberechtigten von zu Hause weglaufen. Im Falle des § 42 Abs. 1 Satz 1 Nr. 2 SGB VIII steht die **Gefährdung des Wohls des Kindes** (i.S.d. § 1666 BGB) im Vordergrund. Oft handelt es sich um sog. zugeführte Mj., d.h. um (meist von der Polizei) an sog. jugendgefährdenden Orten (Bahnhofsszene, Drogenmilieu, Prostituiertenmilieu u.a., s. § 8 JuSchG) aufgegriffene Kinder und Jugendliche. Nr. 3 bezieht sich auf den spezifischen Unterbringungs- und Betreuungsbedarf von **minderjährigen, unbegleiteten Geflüchteten und anderen Migrant*innen** (ggf. im Anschluss an eine bereits vorher durchgeführte, »vorläufige« Inobhutnahme, hierzu Kap. 10.2). Entsprechend diesen unterschiedlichen Ausgangspunkten sozialer und rechtlicher Art sind die Voraussetzungen für den Rechtsanspruch bzw. die Eingriffsbefugnisse unterschiedlich (hierzu Kap. 10.1.2). Die Rechtsfolgen der (regulären) Inobhutnahme dagegen sind unabhängig vom Anlass identisch (hierzu Kap. 10.1.3).

In der Bundesrepublik wurden nach einem deutlichen Rückgang zwischen 2002 und 2006 (auf 26.500) zwischen 2007 und 2016 jedes Jahr mehr Kinder und Jugendliche in Obhut genommen. 2017 und 2018 ging die Zahl der Inobhutnahmen wieder deutlich zurück. Die Zunahme wie Abnahme der Inobhutnahmen kann in erster Linie auf die Zahl der mj. unbegleiteten Geflüchteten aus dem Ausland (UMA) zurückgeführt werden (s. Tab. 8). Rechnet man diese spezifische Zielgruppe heraus (die z.T. auch Doppelzählungen verursacht, wenn die UMA zunächst vorläufig nach § 42a SGB VIII und im Anschluss noch einmal regulär nach § 42 Abs. 1 Nr. 3 SGB VIII in Obhut genommen wurden), zeigt sich ein etwas anderes Bild. War die Zahl der Inobhutnahmen zwischen 2010 und 2015 relativ konstant um die 35.000, stieg sie 2016 auf 39.295 und hat 2018 nun mit 40.389 einen neuen Höchststand erreicht (*Destatis* 2019; ausführlich zur Krisenintervention im Spiegel der Statistik *Trenczek* et al. 2017a, 103 ff.). Dies ist gerade unter Berücksichtigung der Bevölkerungsentwicklung (deutlicher Rückgang des Anteils junger Menschen; hierzu Kap. 2.1) eine erhebliche Zunahme. Zugenommen hat v.a. die Inobhutnahme aufgrund einer nicht anders abwendbar erscheinenden Kindeswohlgefahr insb. bei jüngeren Kindern. Deutlich wird darin allerdings nicht eine zunehmende Gefahrenlage, sondern ein **verändertes**, sensibleres **Vorgehen der Fachkräfte in den Jugendämtern**, mitunter aber auch aus der Befürchtung, zu lange abgewartet und bei Eintritt einer erheblichen Verletzung oder dem Tod eines Kindes hierfür (insb. strafrechtlich) haftbar gemacht zu werden (zu den Rechtsfolgen bei Verletzung fachlicher Standards Kap. 17). Sichtbar wird das auch an der enormen Anzahl der § 8a-Verfahren (im Jahr 2018 über 140.000!), die relativ selten in gerichtliche Maßnahmen zum (teilweisen) Entzug der Personensorge, sondern zumeist in eine Leistungsbewilligung oder gar zu einer völligen Entwarnung (weder Kindeswohlgefährdung noch erzieherischer Bedarf) führen (Abb. 5). Es sind also nicht eine vermehrte Anzahl von Gefährdungen zu beklagen, sondern eine grds. begrüßenswerte Sensibilisierung und erhöhte Meldebereitschaft festzustellen, mitunter gepaart mit einem erhöhten Sicherheitsbedürfnis der Fachkräfte – in deren Folge mitunter frühzeitigere Interventionen im Rahmen der § 8a-Verfahren (*Münder/Mutke/Seidenstücker* 2007, 113 und *Münder et al.* 2017; vgl. auch *Pothmann* KomDat 2/2018, 5 ff.). Freilich ist die Angst vor strafrechtlichen Konsequenzen kein guter Ratgeber, die mitunter schwierige Beziehung zu den Klienten zu gestalten und die rechtlich verbriefte Autonomie der (mitunter überforderten) Familien zu respektieren. Gelegentlich wird dann schon mal schneller eingegriffen (»Kinder heraus genommen«) als Leistungen angeboten. Das ist Wasser auf die Mühlen der Kritiker, die beklagen, dass das JA viel zu früh Kinder aus der Familie heraus- und den Eltern wegnehme und die in Art. 6 Abs. 2 GG/Art. 8 Abs. 2 EMRK garantierten Elternrechte missachte (hierzu auch Kap. 12.2.1). Doch auch die deutschen Kinderschutz- und Jugendhilfeverbände kritisierten, dass auf Krisen und Gefährdungssituationen »mit alten Reflexen der Ausweitung von Kontrolle« reagiert und somit die Chance vertan werde, sich den tatsächlichen Herausforderungen zu stellen (JAmt 2008, 16). Das JA (bzw. seine Fachkräfte) kann es – folgt man der medial aufbereiteten öffentlichen Diskussion – offenbar nur falsch machen: entweder wird zu früh oder zu spät gehandelt. In der Praxis fallen allerdings starke regionale Unterschiede auf, die darauf hinweisen, dass im Hinblick auf Organisation und Verfahrensweisen keine einheitlichen Standards existieren und die Inobhutnahme und der Schutz der Kinder auch sehr von regionalen bzw. lokalen Traditionen und Zufälligkeiten abhängen (zur Praxis der Inobhutnahme ausführlich *AKI* 2013, *Trenczek* et al. 2017a, 83 ff.).

6 Im Vergleich der Daten des Statistischen Bundesamts (Abb. 5) wird deutlich, dass die Zahl der § 8a-Verfahren wegen einer »akuten« Kindeswohlgefährdung weit geringer ist wie die Zahl der Inobhutnahmen. Diese Unterschiede weisen darauf hin, dass die Inobhutnahme eine wichtige Funktion im Rahmen der Krisenintervention besitzt, durch die die JÄ ohne gerichtliche Entscheidungen kurzfristig und vorläufig Schutz und Krisenhilfe für Kinder und Jugendliche gewähren können. Das gilt insb. für die Inobhutnahme auf Wunsch der Mj., die allerdings die letzten Jahre kontinuierlich abnimmt. Eine hohe Selbstmelder-Quote ist ungeachtet des belastenden Krisenanlasses auch als positives Zeichen zu werten, zeigt es doch, dass Kinder und Jugendliche den Weg zur Jugendschutzstelle und dem JA finden. Andererseits kann eine hohe Quote der Selbstmelder auch auf Mängel im präventiven Hilfesystem hinweisen, wenn Jugendliche den Weg zum JA erst in eskalierten Konflikten und nur über das Inobhutnahme-Versprechen finden. Hier scheinen fehlende ambulante Krisenberatungsangebote ebenso eine Rolle zu spielen, wie möglicherweise auch die (mitunter verkürzt kommunizierte) gesetzliche Konstruktion, nach der Anspruchsinhaber der Erziehungshilfen nicht die Mj. selbst, sondern ihre Personensorgeberechtigten sind (s. Kap. 4.2.1 und 9.2.1).

10.1 **Inobhutnahme – § 42 SGB VIII**   10.

Tab. 8: Inobhutnahmen - Anzahl und Anlass (1995 - 2018)

Anlass der Inobhutnahme	1995	2000	2005	2010	2011	2012	2013	2014	2015	2016	2017	2018
Integrationsprobleme im Heim /in der Pflegefamilie	2054	2650	1730	2115	2393	2537	2727	2957	2915	3525	3270	2907
Überforderung der Eltern / eines Elternteils	6944	10307	10366	15760	16813	17289	16859	17215	16400	17462	17291	17743
Schul- / Ausbildungsprobleme	1316	1870	1439	1682	1697	1752	1617	1689	1597	1589	1607	1780
Vernachlässigung	2358	2790	2812	4317	4652	4774	4679	4745	4846	5454	5439	5991
Delinquenz des Kindes / Straftat des Jugendlichen	2201	2419	1856	2087	2167	2477	2718	2730	2502	2992	3043	3087
Suchtprobleme des Kindes / Jugendlichen	431	1223	975	905	1085	1159	1216	1449	1289	1498	1626	2010
Anzeichen für Misshandlung	891	2233	2359	3450	3720	3769	3831	3862	4023	4619	4918	6157
Anzeichen für sexuellen Missbrauch	1098	836	655	710	730	635	618	642	611	607	693	840
Trennung / Scheidung der Eltern	715	663	461	814	764	735	741	784	683	685	684	715
Wohnungsprobleme	653	831	617	1088	1176	1254	1354	1401	1538	2054	1665	1902
Unbegleitete Einreise aus dem Ausland	996	1453	602	2822	3482	4767	6584	11642	42309	44935	22492	12201
Beziehungsprobleme	6530	9178	6581	7128	6885	6717	6808	6837	6222	5592	5183	5442
Sonstige Probleme	6628	8987	7294	9709	10125	11003	11741	12165	14512	15752	14677	13555
Insgesamt	23271	31014	25442	36343	38481	40227	42123	48059	77645	84230	61383	52590
davon Selbstmelder								11447	15101	16004	10404	9606
								23,8%	19,4%	19,0%	16,9%	18,2%
Insgesamt ohne UMA	22275	29561	24840	33521	34999	35460	35539	36417	35336	39295	38891	40389

Quelle *Destatis* 16.8.2019; Hinweis: bis 2016 Inobhutnahmen nach § 42 SGB VIII. Ab 2017: Vorläufige und reguläre Inobhutnahmen nach §§ 42, 42a SGB VIII. Zeitvergleiche sind daher ab 2017 nur eingeschränkt möglich. Doppelzählungen von Kindern/Jugendlichen sind möglich, wenn diese zum Beispiel zunächst vorläufig nach § 42a SGB VIII und im Anschluss noch einmal regulär nach § 42 Absatz 1 Nr. 3 SGB VIII in Obhut genommen wurden.

Abb. 5: *Anzahl der Inobhutnahmen, Anrufung des FamG/»Anträge« auf Entzug der Elterlichen Sorge und entsprechender gerichtlicher Entscheidungen bzw. § 8a-Verfahren 1995-2018*

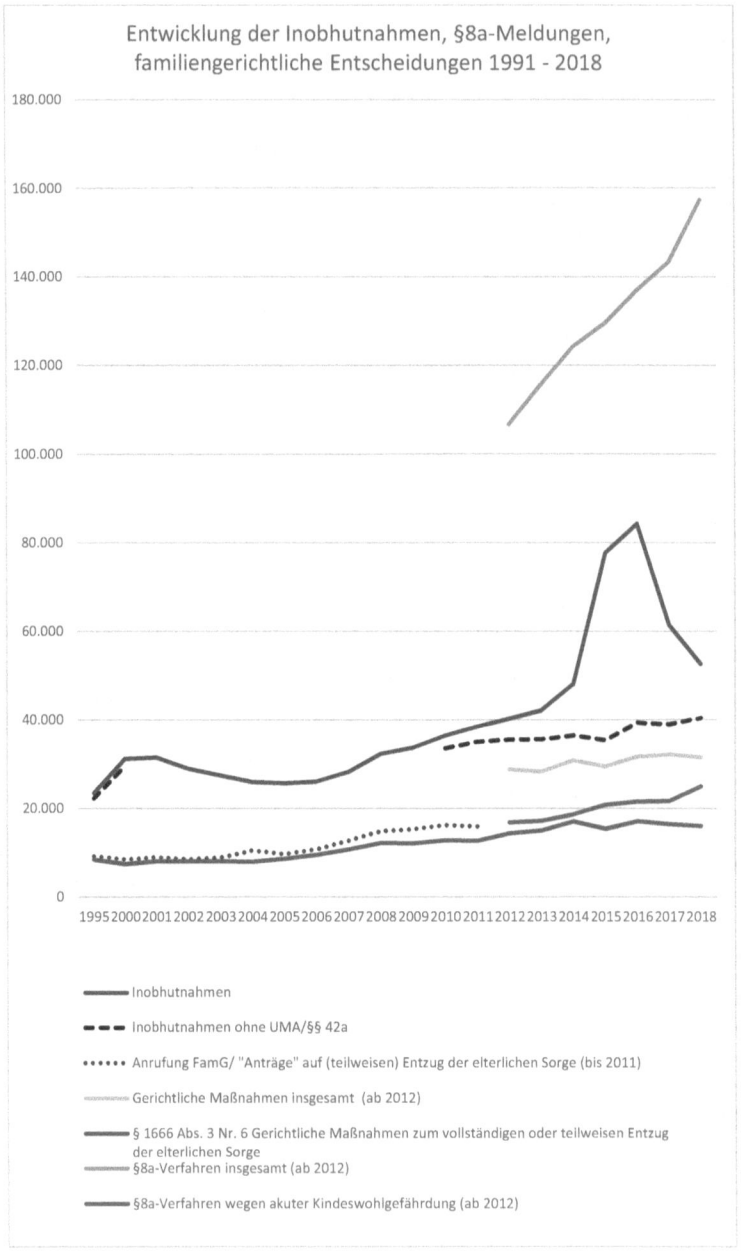

Quelle: *Destatis* 2019 und eigene Berechnungen, ab 2012 § 8a-Verfahren

10.1.1 Rechtscharakter – sozialpädagogische Krisenarbeit zwischen Rechtsanspruch und Eingriff

§ 42 SGB VIII befasst sich mit Voraussetzungen und Inhalt der Inobhutnahme als einer sozialpädagogischen **Krisenintervention** zur Sicherung des Kindeswohls (Kinderschutz) aus drei unterschiedlichen Anlässen und macht hierbei den Spagat zwischen Sozialleistung und schützender Intervention mitunter auch gegen den Willen der Betroffenen deutlich. Dabei verknüpft § 42 SGB VIII Elemente der anderen Aufgaben mit der Leistungsverwaltung (vgl. BVerwG 11.7.2013 – 5 C 24.12; ausführlich *Trenczek* et al. 2017a, Kap. 4.2.1): Es handelt sich nicht nur um eine **öffentlich-rechtliche Berechtigung und Verpflichtung** zur Inobhutnahme, sondern im Fall von **Nr. 1** – bei den sog. Selbstmeldern – besteht darüber hinaus ein **Rechtsanspruch** auf Inobhutnahme. Zudem werden die zur Umsetzung der Aufgabe notwendigen **Befugnisse** des JA, insb. zur Unterbringung des Jugendlichen (womit in das Aufenthaltsbestimmungsrecht der Personensorgeberechtigten eingegriffen wird) geregelt, die im Fall der nicht anders abwendbaren Kindeswohlgefährdung (Abs. 1 Nr. 2) auch die Wegnahme des Kindes/Jugendlichen umfassen (s.u. Rn 14). Verbindendes Element – und damit der Grund dafür, dass ein Rechtsanspruch und eine Befugnis in einer Bestimmung behandelt werden – ist die Tatsache, dass die Aufgaben des JA (also die Rechtsfolge – dazu Kap. 10.1.3) und die verfahrensmäßigen Aspekte (z.B. Kosten, s. u. Kap. 10.1.5) inhaltlich identisch sind, egal ob es sich um eine Inobhutnahme nach Nr. 1, Nr. 2 oder nach Nr. 3 handelt.

Die Entscheidung des JA, einen Mj. in Obhut zu nehmen, ist ein **Verwaltungsakt** (§ 31 Satz 1 SGB X), der beiden Adressaten (dem Kind/Jugendlichen sowie seinen Personensorgeberechtigten) bekannt zu geben und zu begründen (§ 35 Abs. 1 SGB X) ist. Dabei sind neben den rechtlichen die wesentlichen tatsächlichen Gründe mitzuteilen, die das JA zur Inobhutnahme bewogen haben (§ 35 Abs. 1 Satz 2 SGB X). Eine Jugendschutzstelle eines **freien Trägers** kann mangels Hoheitsbefugnissen eine Inobhutnahme nicht veranlassen. Nach § 76 Abs. 1 SGB VIII können freie Träger lediglich an der Durchführung der Inobhutnahme beteiligt oder ihnen diese Aufgaben zur Ausführung übertragen werden. »Durchführung« und »Ausführung« betreffen aber nicht die hoheitliche Entscheidungs- oder Eingriffsbefugnisse, also z.B. einen Mj. in Obhut und ggf. seinen Eltern wegzunehmen. Dies gilt auch dann, wenn Selbstmelder bei Einrichtungen der freien Jugendhilfe um Inobhutnahme bitten. Eine Einwilligung oder ein Einverständnis des Mj. reicht im Hinblick auf den **strafrechtlichen Vorwurf** der »Entziehung Minderjähriger« nicht aus, da das geschützte Rechtsgut von **§ 235 StGB** in erster Linie die Sicherung des Sorgerechts ist (*Kindhäuser* 2017, § 235 Rn 1). Nur die Einwilligung des Sorgeberechtigten, das Notwehr-/-hilferecht (§ 32 StGB) bzw. das Notstandsrecht (§ 34 StGB) in einer gegenwärtigen, nicht anders abwendbaren Kindeswohlgefährdung (was bei den Selbstmeldungen in aller Regel nicht vorliegt) oder eine behördliche Erlaubnis beseitigt die Rechtswidrigkeit. Schon deshalb muss das JA eine 24-stündige **Rufbereitschaft** vorhalten (*Trenczek* in: FK-SGB VIII § 42 Rn 62), um eine solche hoheitliche Entscheidung treffen zu können, weil sich sonst die freien Träger/Bereitschaftspflegestellen ggf. strafbar machen würden (vgl. § 235 StGB).

Im Hinblick auf einen **Widerspruch gegen den Verwaltungsakt**/die Inobhutnahme ist zwischen dem familien- (hinsichtlich des Eingriffs in die Personensorge) und verwaltungsgerichtlichen Rechtsschutz (z.B. hinsichtlich der Kosten) zu unterscheiden (s.u. Kap. 10.1.3, Rn 22, ausführlich *Trenczek/Meysen* JAmt 2010, 543 ff.).

10.1.2 Voraussetzungen

10 § 42 Abs. 1 SGB VIII beschreibt drei **Anlässe für eine Inobhutnahme**. Stets ist Voraussetzung, dass es sich um einen mj. jungen Menschen handelt. Maßgeblich für das Alter ist gemäß § 33a Abs. 1 SGB I in der Regel die Erstangabe vor einem Sozialleistungsträger bzw. nach Abs. 2 eine im Original zuvor ausgestellte Urkunde (zu den Schwierigkeiten der Altersfeststellung insb. bei jungen Migranten s. *Trenczek* et al. 2017a, 252 ff. u. 366 ff. sowie Kap. 10.2.2). Nach **§ 42 Abs. 1 Satz 1 Nr. 1** SGB VIII ist das JA zur Inobhutnahme berechtigt und verpflichtet, wenn ein Mj. darum bittet (sog. **Selbstmelder**). Inhaltlich und formal sind an diese »Bitte« keine Anforderungen geknüpft. Ein objektiver Hilfebedarf ist ebenso wenig erforderlich wie eine Begründung, ausreichend ist der Wunsch und das **subjektive Schutzbedürfnis** des Kindes/Jugendlichen (ganz h.M. *Trenczek* in: FK-SGB VIII § 42 Rn 14.). Die Inobhutnahme darf bei Selbstmeldern deshalb nicht von einer mit § 42 Abs. 1 Nr. 2 SGB VIII vergleichbaren Gefährdungseinschätzung abhängig gemacht werden. Nicht möglich ist die Inobhutnahme eines Mj. auf Bitten der Eltern oder eines Elternteils. Allerdings wird ein derartiger Wunsch der Eltern Grund dafür sein, zu prüfen, ob Hilfen zur Erziehung in diesem Fall angesagt sind.

11 Die Voraussetzungen für die Befugnis (aber auch Verpflichtung) zur Inobhutnahme nach **§ 42 Abs. 1 Satz 1 Nr. 2** SGB VIII sind komplizierter. Erforderlich, dass eine **dringende Gefahr für das** körperliche, geistige oder seelische **Wohl des Kindes** vorliegt und die Eltern nicht gewillt oder in der Lage sind, diese Gefahr abzuwenden. Der Begriff der Gefahr für das Wohl des Kindes entspricht inhaltlich dem § 1666 BGB (s. Kap. 4.3.2, Rn 32). Im Hinblick auf die Gefährdungslage knüpft § 8a SGB VIII mithin an den **Maßstab des § 1666 Abs. 1 BGB** an (*Trenczek* et al. 2017a, 157 ff.). Dabei handelt es sich um die Fälle der massiven Nichtbeachtung der Basisbedürfnisse von Kindern wie Vernachlässigung, Misshandlung, sexuelle/r Ausbeutung/Missbrauch (ausführlich *Münder* et al. 2020, Kap. 9). Die Dringlichkeit der Gefährdung ist regelmäßig dann gegeben, wenn – für den Fall, dass eine einvernehmliche Lösung mit den Eltern nicht möglich ist – eine (vorläufige) Entscheidung des FamG nicht abgewartet werden kann, um die Gefahr abzuwenden (§ 8a Abs. 3 Satz 2 SGB VIII). Eine diffuse, »latente« Gefahrenlage legitimiert die Inobhutnahme nicht (Kap. 4.3.1.2, Rn 33). Die gesetzliche Regelung weist im Hinblick auf die vorrangige Erziehungsverantwortung der Eltern (Art. 6 Abs. 2 GG) in Abs. 1 Nr. 2a darauf hin, dass vor der Entscheidung über die Inobhutnahme grds. die Eltern zu kontaktieren sind (*Trenczek* in: FK-SGB VIII § 42 Rn 18), soweit hierdurch der wirksame Schutz des Kindes oder des Jugendlichen nicht in Frage gestellt wird (§ 8a Abs. 1). Hat das JA gar nicht erst versucht, die Eltern zu erreichen, ist die Inobhutnahme rechtswidrig (VG München 18.2.2009 – M 18 K 07.3534). Sind die Eltern nicht erreichbar oder widerspricht (auch nur) ein Personensorgeberechtigter der Inobhutnahme, muss zunächst versucht werden, eine Entscheidung des FamG einzuholen (§ 8a Abs. 2, § 42 Abs. 1 Nr. 2b). Nur wenn aufgrund der dringenden Gefahr die (Eil-)Entscheidung des FamG (§ 157 Abs. 3 FamFG) nicht abgewartet werden kann, ist die Inobhutnahme erforderlich.

12 Der Gesetzgeber hatte bisher die **Erstversorgung unbegleiteter Minderjähriger** im Rahmen der Inobhutnahme geregelt (§ 42 Abs. 1 Nr. 3 SGB VIII; zur Verpflichtung zur Schutzgewährung aufgrund Haager KSÜ sowie Art. 19, 22 UN-KRK s. *Cremer* 2011; *DIJuF* JAmt 2010, 547). § 42 Abs. 1 Nr. 3 regelt lediglich den *Anlass* für die Inobhutnahme, bei deren *Durchführung* (Abs. 2 bis 6) erlaubt das Gesetz insoweit keine Un-

terschiede zwischen (unbegleiteten) ausländischen und deutschen Mj. Allerdings ist nun der regulären eine »vorläufige« Inobhutnahme unbegleiteter Mj. unmittelbar nach der Einreise vorgeschaltet (s. Kap. 10.2).

10.1.3 Rechtsfolgen

Die primäre Rechtsfolge ist zunächst die Inobhutnahme. Damit sind verschiedene Inhalte und Aufgaben verbunden: »Obhut« bedeutet ein allgemeines Schutzverhältnis und ist daher traditionell gekoppelt an den Begriff der »Für-Sorge« (*Jordan/Münder* 1987, 41). Sinn und Inhalt der Inobhutnahme ist die **Schutzgewährung und** fachgerechte **sozialpädagogische Krisenintervention** (BT-Drs. 11/5948, 79; ausführlich *Trenczek* et al. 2017a, 215 ff.). Im Wesentlichen umfasst die Inobhutnahme – aus welchem Anlass auch immer – den Schutz durch die vorläufige Unterbringung inklusive der Sicherstellung des notwendigen Unterhalts des Kindes/ Jugendlichen, die sozialpädagogische Betreuung und Klärungshilfe, die Zusammenarbeit mit den Eltern und dem FamG sowie die verwaltungsrechtliche Ausgestaltung der Inobhutnahme.

Liegen die Voraussetzungen der Inobhutnahme nach Abs. 1 Satz 1 vor, so darf und muss das JA Kinder und Jugendliche aus dieser Situation heraus in Obhut nehmen. Die Inobhutnahme umfasst ggf. die **Befugnis zur Wegnahme** des Kindes von den Eltern oder einer anderen Person (Abs. 1 Satz 2 a.E.; *Trenczek* in: FK-SGB VIII § 42 Rn 24). Die früher in § 43 aF geregelte »Herausnahme« ist seit dem KICK 2005 im Gesetz nicht mehr vorgesehen; gleichwohl wird der Begriff in der Praxis (und in der Jugendhilfestatistik) weiterhin, teilweise als Synonym zu der in Abs. 1 Satz 2 letzter Halbsatz vorgesehenen »Wegnahme« verwendet. Eine weitergehende Gewaltanwendung oder die Durchführung anderer Zwangsmaßnahmen durch das JA sind nicht zulässig; insoweit muss die Polizei oder andere Vollzugsdienste eingeschaltet werden (Abs. 6). Die Inobhutnahme hat grds. auch nichts mit Einsperren oder anderen freiheitsentziehenden Maßnahmen zu tun (s. Kap. 10.1.4; Rn 26).

Mit der Inobhutnahme sind Aufgaben und Pflichten zur umfassenden Sorge für das physische und das psychische Wohl des Kindes, die Beratung in seiner gegenwärtigen Lage, das Aufzeigen von Möglichkeiten der Hilfe und Unterstützung verbunden. So ist den Mj. **unverzüglich**, gleich zu Beginn (zur Auslegung des in § 42 an verschiedenen Stellen verwendeten Begriffs »unverzüglich« s. *Trenczek* in AKI 2017, 18 ff.) Gelegenheit zu geben, eine **Person ihres Vertrauens** zu benachrichtigen (Abs. 2 Satz 2). Die Inobhutnahme ist als **sozialpädagogische Krisenintervention** ausgestaltet (VGH BW B. 18.3.2002 - 7S 1818/01 – FEVS 53, 57 ff.; *Trenczek* et al. 2017a, 25 ff.). Ziel ist es, mit allen Beteiligten eine gemeinsame Perspektive zu erarbeiten, die sich am Wohl des Kindes/Jugendlichen orientiert. Deswegen haben die Beratung und Unterstützung besondere Bedeutung. Die Inobhutnahme beginnt aber nicht schon mit dem ersten Kontakt, der Beratung (in Krisensituationen ggf. auch ohne Kenntnis der Eltern, § 8 Abs. 3 SGB VIII; Kap. 4.2.1, Rn 8). Auch eine Zuführung durch die Polizei (z.B. § 8 Nr. 2 JuSchG) löst nicht zwingend eine Inobhutnahme aus. Solange keine Entscheidung über die **Unterbringung** des jungen Menschen getroffen wurde (zum Rechtscharakter der Entscheidung, s. o. Kap. 10.1.1), handelt es sich um eine Beratung ggf. auch ohne Einschaltung der Personensorgeberechtigten (§ 8 Abs. 2 und 3 SGB VIII).

Im Hinblick auf die **Art und Weise der Unterbringung** ermöglicht Abs. 1 Satz 2 die Wahl zwischen drei gleichwertigen Alternativen, die insb. im Hinblick auf die Krisenintervention allesamt geeignet, d.h. personell und sachlich angemessen ausgestattet sein müssen (*Trenczek* in: FK-SGB VIII § 42 Rn 26 ff.). Das JA haftet für Pflichtverletzungen der Unterbringungsstelle, wenn es deren Geeignetheit nicht fachgerecht geprüft und deren Kontrolle vernachlässigt hat (vgl. OLG Stuttgart 6.7.2005 - 4U 81/05 - JAmt 2005, 476). Im Hinblick auf die erste Alternative (»geeignete Person«) sind insb. die sog. **Bereitschaftspflegestellen** von großer praktischer Bedeutung (*BMFSFJ* 2002a). Es kann aber auch jede andere im Hinblick auf die Schutzgewährung geeignete natürliche Person in Frage kommen. Zu den geeigneten **Einrichtungen** zählen insb. die sog. Kinder- und Jugendschutzstellen, sog. Mädchenhäuser sowie alle Einrichtungen nach § 34 SGB VIII (s. Kap. 9.2.3.7), in denen die spezifischen Bedürfnisse von Schutz suchenden bzw. bedürftigen Kindern und Jugendlichen gewährleistet werden kann (ausführlich *Trenczek et al.* 2017a, 266 ff.).

17 Nach § 42 Abs. 2 Satz 3 SGB VIII hat das JA während der Inobhutnahme für das Wohl des Kindes oder Jugendlichen zu sorgen. Das JA übt im Rahmen einer **öffentlich-rechtlichen**, das Elternrecht vorübergehend substituierenden **Notkompetenz** wichtige Teilbereiche der Personensorge (insb. Beaufsichtigung und Aufenthaltsbestimmung, Gesundheitssorge; rechtsgeschäftliche Vertretung) aus (BVerfG 11.7.2013 - 5 C 24.12; ausführlich *Trenczek* et al. 2017a, 4.2.4.6), wobei der mutmaßliche Wille der Personensorge- bzw. Erziehungsberechtigten stets zu berücksichtigen ist.

18 Auch im Rahmen der Inobhutnahme hat die sog. Elternarbeit (mit Personensorge- oder Erziehungsberechtigten) eine wichtige Schlüsselfunktion, beginnend mit deren unverzüglichen (d.h. ohne schuldhaftes Verzögern, möglichst schnellen) Information, denn nach wie vor obliegt ihnen die Erziehungsverantwortung (Art. 6 Abs. 2 GG). Allerdings bestimmt sich der Begriff der **Unverzüglichkeit** aus dem Schutzzweck der Norm (*Trenczek* in: FK-SGB VIII § 42 Rn 1 und 40). Da mitunter allein schon durch die Benachrichtigung (zum Umfang der Information *Trenczek* in: FK-SGB VIII § 42 Rn 42) eine Verschärfung der Situation eintreten kann, muss zumindest Zeit zur Abklärung, Beratung und Unterstützung der Mj. bleiben. Sinn der Benachrichtigung ist nicht die blanke Information, sondern es soll das Gefährdungsrisiko eingeschätzt und zugleich eine Zukunftsperspektive entwickelt werden. Was im weiteren Verlauf passiert, hängt entscheidend von der Reaktion der Personensorge- oder Erziehungsberechtigten ab. Vielfach wird man die Eltern dazu bewegen können, ihr Einverständnis zum vorläufigen Verbleib des Kindes oder des Jugendlichen in der Schutzstelle zu erklären. Je mehr Zeit man sich für die Eltern nimmt, desto weniger Widerstände, Widersprüche und Verschließungen werden provoziert und desto größer ist die Akzeptanz nicht nur im Rahmen der Krisenintervention, sondern auch im Hinblick auf ggf. erforderliche Anschlusshilfen.

19 Widersprechen die Personensorgeberechtigten der Inobhutnahme nicht, so ist nach § 42 Abs. 3 Satz 5 SGB VIII unverzüglich von Amts wegen ein **Hilfeplanverfahren** zur Gewährung einer Hilfe einzuleiten. Die in der Praxis nicht seltene, aus Kostengründen vorgenommene Um-Etikettierung einer begonnenen Inobhutnahme als stationäre Erziehungshilfe, nur weil die Personensorgeberechtigten der Inobhutnahme nicht widersprochen haben, ist unzulässig weil im SGB VIII nicht vorgesehen (*Trenczek* in: FK-SGB VIII § 42 Rn 53). Stammen die Mj. aus einem anderen JA-Bereich so muss im Hinblick auf weiterführende Hilfen beachtet werden, dass für verbindliche Leistungszusagen das für die Leistungsgewährung nach §§ 86 ff. zuständige **Heimatjugendamt** zuständig ist, weshalb dieses alsbald von der Inobhutnahme informiert werden sollte (VG Freiburg 1.3.2017 - 4 K 3020/15). Im Rahmen der Inobhutnahme können nur

erste Perspektiven entwickelt bzw. die jungen Menschen unterstützt werden, insb. wenn das Heimat-JÄ es versäumen sollten, erforderliche Anschlusshilfen zu initiieren.

Sind die Personensorgeberechtigten nicht für eine gemeinsame Perspektive zu gewinnen und widersprechen sie der Inobhutnahme, so muss nach Abs. 3

- der Mj. den Personensorge- oder Erziehungsberechtigten übergeben oder
- eine Entscheidung des FamG über die erforderlichen sorgerechtlichen Maßnahmen herbeigeführt werden.

Die Information des FamG ist allerdings im Hinblick auf Art. 6 Abs. 2 GG nur dann eine Option, wenn das JA nach Prüfung der Situation (weiterhin) davon überzeugt ist, dass eine **dringende Kindeswohlgefährdung** besteht und die Eltern nicht bereit sind, diese (ggf. unter Annahme von Hilfen) abzuwenden. Ist das nicht der Fall, muss das Kind an seine Eltern herausgegeben werden (*Trenczek* in: FK-SGB VIII § 42 Rn 45).

Ist (auch nur) ein/e Personensorgeberechtigte/r (beachte §§ 1628, 1687 Abs. 1 Satz 1 BGB) nicht mit der (Fortdauer der) Inobhutnahme einverstanden, kann sie/er gegen eine noch andauernde Inobhutnahme **jederzeit** dagegen Widerspruch erheben. Bei diesem durch einen **Widerspruch gegen eine noch andauernde Inobhutnahme** ausgelösten Rechtsschutzverfahren handelt es sich um einen der durch Bundesgesetz geregelten Ausnahmefälle nach § 62 SGB X, § 40 Abs. 1 VwGO, § 1632 Abs. 3 BGB. Mithin gelten insoweit – anders als sonst bei VA – nicht die Regelungen, insb. Form und Fristen des Widerspruchverfahrens nach §§ 40 ff., 68 – 80b VwGO (hierzu *Trenczek/Meysen* JAmt 2010, 545). Eine Unterbringung gegen den Willen der Eltern bedarf stets einer Entscheidung des FamG nach §§ 1666 f. BGB. Zwar muss der Widerspruch nicht als solcher bezeichnet werden, aber doch unmissverständlich zum Inhalt haben, dass ein Einverständnis mit der (weiteren) Unterbringung nicht gegeben ist. Besteht nach Ansicht des JA trotzdem weiterhin eine nicht anders abwendbare Gefährdung für das Wohl des Kindes/Jugendlichen, darf es/er nicht herausgegeben und die Inobhutnahme muss bis zur Entscheidung des FamG aufrechterhalten werden. Das FamG entscheidet allerdings nicht über die Rechtmäßigkeit der Inobhutnahme als solche, sondern allein über ggf. erforderliche sorgerechtliche Maßnahmen (*Trenczek/Meysen* JAmt 2010, 543 ff.; OLG BB, 10.7.2019 - 13 UF 121/19). Soweit die Rechtmäßigkeit der Inobhutnahme bzw. deren Beendigung (nur) sozialrechtlich in Frage steht (z.B. im Hinblick auf die Kostenentscheidung), ist der Verwaltungsrechtsweg eröffnet (§ 62 SGB X i.V.m. § 40 Abs. 1 S. 1 VwGO; BayVGH 8.8. 2011 – 12 ZB 10.974, Rn 16; *Trenczek* in: FK-SGB VIII § 42 Rn 49 ff.). Während das VG im Nachhinein die Rechtmäßigkeit des Behördenhandelns prüft, nimmt das FamG eine zukunftsorientierte Betrachtung des Kindeswohls vor (*Ernst* FamRZ 2017, 1120 ff; *Zempel* NZFam 2017, 184). Solange die Inobhutnahme und damit der Sorgerechtseingriff aber andauert, ist der familiengerichtliche Rechtsweg vorrangig, womit widersprechende Entscheidungen der Familien- und Verwaltungsgerichte vermieden werden (*Ernst* FamRZ 2017, 1120 ff.; *Trenczek/Meysen* JAmt 2010, 544; vgl. VG Hannover 22.5.1996 – 9 B 2639/96; OVG NRW 11.9.2012 – 12 B 1020/12). Alle anderen Fragen der Rechtmäßigkeit der Inobhutnahme können nach Beendigung des Sorgerechtseingriffs (z.B. auch aufgrund des Einverständnisses des sorgeberechtigten Eltern oder eines mittlerweile eingesetzten Vormunds) im verwaltungsgerichtlichen Verfahren (z.B. auch aus Anlass der Kostenheranziehung bzw. -erstattung) geklärt werden.

Die Inobhutnahme ist zwar eine vorläufige und deshalb grds. kurzfristige Unterbringung, das Gesetz gibt eine genaue Zeitgrenze für die **Dauer der Inobhutnahme** aber nicht vor. Sie (und damit die Unterbringung) darf erst und muss dann aber auch beendet werden, wenn die (Hilfe auslösenden, gesetzlich geregelten) Voraussetzungen nicht (mehr) vorliegen (*Trenczek* in: FK-SGB VIII § 42 Rn 64). Sie ist nur zulässig, soweit und solange sie geeignet, erforderlich und angemessen ist. Dies ist zum Beispiel nicht der Fall, wenn die Krisensituation oder Gefährdung des Kindes nicht mehr besteht, das Kind ohne Gefahren für sein Wohl den Eltern übergeben oder die Inobhutnahme in eine längerfristige (nicht zwingend stationäre) Hilfe übergeleitet werden kann. **Verweildauern** von mehreren Monaten, weil keine geeignete Anschlusshilfe gesucht und gefunden wird oder weil das FamG keine (nicht einmal eine vorläufige) Sorgeentscheidung trifft, widersprechen dem Sinn und Zweck von § 42 SGB VIII.

24 Auch eine **Unterbrechung** (»Beurlaubung«) der Inobhutnahme sieht das SGB VIII nicht vor. Entweder ist die Schutzgewährung erforderlich oder sie muss beendet werden. Die **Beendigung** ist in § 42 Abs. 4 SGB VIII (unbefriedigend) geregelt. Die Inobhutnahme endet nicht schon mit Verlassen des Unterbringungsortes, sondern nach der 1. Alt. erst mit der Übergabe des Kindes oder Jugendlichen in die Obhut der Personensorge-/Erziehungsberechtigten. Nach der 2. Alt. wird die Inobhutnahme durch **Entscheidung über die Hilfegewährung nach dem SGB** (nicht notwendig SGB VIII) beendet (in der Bestellung des JA als Vormund/Pfleger liegt noch keine Sozialleistung). Zur Vermeidung von »rechtsfreien« Zeiträumen muss Abs. 4 Nr. 2 so ausgelegt werden, dass eine Inobhutnahme erst beendet ist, wenn eine Überleitung in eine andere Hilfeform (sog. Anschlusshilfe) tatsächlich erfolgt ist (*Trenczek* in: FK-SGB VIII § 42 Rn 53; zur Inanspruchnahme der Hilfen zur Erziehung s. Kap. 9.5).

25 Die Abb. 6 ermöglicht einen schnellen Einstieg in den **chronologischen Ablauf** und das Verfahren der Inobhutnahme und ergänzt die notwendigen Erläuterungen der rechtlichen Regelung (*Trenczek* et al. 2017a, 328).

10.1 Inobhutnahme – § 42 SGB VIII

Abb. 6: Chronologischer Ablauf und Verfahren der Inobhutnahme (§ 42 SGB VIII)

24h - Bereitschaftsdienst des JA (Information der Mitarbeiter ggf. über Polizei oder Rettungsleitstelle) ausgebautes System zielgruppenspezifischer Jugendschutz- und Bereitschaftspflegestellen

Anlass der Inobhutnahme (Abs. 1 Nr. 1 -3)
- Selbstmelder
- dringende Gefahr für das Wohl des Kindes
- unbegleitete minderjähriger Ausländer

nur im Fall Nr. 2: vor Entscheidung erste Risikoabschätzung insb. mit den Eltern; Vorliegen einer Gefährdungssituation, deren Abwendung keinen Aufschub duldet (PSB widersprechen nicht oder Entscheidung des FamG kann nicht abgewartet werden)

- Zugang über Jugendschutzstelle eines freien Trägers: **sofortige** Information des JA!
- **Entscheidung** durch das JA, dass Kind/Jugendliche in Obhut genommen wird (VA, nicht an freie Träger delegierbar) = **Beginn** der Inobhutnahme.
- ggf. Heraus- und **Wegnahme** (aus der das Kindeswohl gefährdenden Situation (Abs. 1 S. 2 a.E.).
  - unter **Zwang** (grds. nur) mit polizeilicher Hilfe (Abs. 6).
- **Schutzgewährung** (Sicherstellung von Kindeswohls, Unterhalt und Krankenhilfe (Abs. 2 S. 3) ggf. sofortige **ärztliche Versorgung** !
- **Unterbringung** bei einer geeigneten Person oder Einrichtung und **Betreuung** (Abs. 1 S. 2, Abs. 2).
- **Situationsklärung** und Risikoabschätzung mit dem Kind bzw. Jugendlichen (Abs. 2 S. 1) und
- unverzüglich (sofort) Gelegenheit geben, eine **Vertrauensperson** zu informieren (Abs. 2 S. 1);
- bei minderjährigen **unbegleiteten Migranten**: unverzügliche Bestellung eines Vormunds/Pflegers (Abs. 3 S. 3).
- (unverzügliche) **Unterrichtung der Personensorge-/Erziehungsberechtigten** und gemeinsame Risikoabschätzung (Abs. 3 S. 1):

Zustimmung	Widerspruch	Scheitern der Kontaktaufnahme
• vorläufige Fortführung der Inobhutnahme • Einstieg in die **Hilfeplanung** (Abs. 3 S. 5)	• wenn keine Kindeswohlgefährdung: Beendigung der Inobhutnahme durch **Übergabe** des Kindes/ Jugendlichen an die Eltern (Abs. 3 S. 2 Nr. 1) • bei Vorliegen einer Kindeswohlgefährdung unverzüglich (hier: sofortige) Herbeiführung einer Entscheidung des **Familiengericht** (Abs. 3 S. 2 Nr. 2) • vorläufige Fortführung der Inobhutnahme bis zur Entscheidung des FamG, in der Zwischenzeit **Hilfeplanung** (§ 36)	• unverzüglich (hier: sofortige) Herbeiführung einer Entscheidung des **Familiengericht** (Abs. 3 S. 3) • vorläufige Fortführung der Inobhutnahme bis zur Entscheidung des FamG oder Beendigung der Kindeswohlgefahr

- **Beendigung** der Inobhutnahme durch Übergabe des Kindes/Jugendlichen an die Personensorgeberechtigten oder Überleitung in eine andere Hilfeform (Abs. 4).

Beachte: Vor **freiheitsentziehenden Maßnahmen** ist die Genehmigung des FamG einholen (Art. 104 Abs. 2 S. 1 GG), ausnahmsweise **sofort** nach Beginn. Ohne richterliche Entscheidung ist der Freiheitsentzug spätestens am Ende des nächsten Tages zu beenden (Abs. 5 S. 2).

10.1.4 Freiheitsentziehende Maßnahmen, geschlossene Unterbringung

Obwohl in der Praxis der Jugendhilfe die Freiheitsentziehung, die sog. geschlossene Unterbringung, quantitativ keine so große Rolle spielt, erregt die Diskussion hierüber die Gemüter heftig (*Fegert/Späth/Salgo* 2001; *Hoffmann/Trenczek* JAmt 2011, 177 ff.). Das hat damit zu tun, dass in diesem Zusammenhang auch Grundkonzepte sozialpädagogischen Handelns angesprochen sind. Dies verstellt bisweilen den Blick auf die rechtlichen Vorgaben des § **42 Abs. 5 SGB VIII**. Zunächst zum Begriff (ausführlich *Trenczek et al.* 2017a, Kap. 4.2.7): **Freiheitsentziehung** liegt vor, wenn durch besondere Vorrichtungen oder Maßnahmen das Verlassen eines abgeschlossenen gesicherten Bereichs erschwert oder verhindert wird und dadurch die Anwesenheit der Mj. sichergestellt wird. Die mj. Person wird also zur Anwesenheit gezwungen. Freiheitsentziehung liegt nur vor, wenn sie gegen den Willen des Mj. erfolgt. Wenn (einsichtsfähige) Mj. aufgrund ihrer autonomen Entscheidung einwilligen, liegt keine Freiheitsentziehung vor. Entscheidend ist, ob die körperliche Bewegungsfreiheit umfassend beeinträchtigt ist, aus welchen Gründen dies erfolgt, spielt keine Rolle. Freiheitsentziehung liegt nicht vor, wenn bei kurzfristigen Maßnahmen die körperliche Bewegungsfreiheit unvermeidlich aufgehoben wird (z.B. beim Anhalten, Anwenden unmittelbaren Zwangs, Mitnahme in einem Dienstfahrzeug durch die Polizei usw). Freiheitsentziehung liegt auch nicht vor, wenn es sich um altersgemäße bzw. kulturtypische **Freiheitseinschränkungen** handelt, so etwa begrenzte Ausgangszeiten, nächtliches Verschließen des Hauses (*Trenczek* in: FK-SGB VIII § 42 Rn 55).

27 Bei der Inobhutnahme handelt es sich nicht um eine zivilrechtliche Unterbringung von Mj. durch die Personenberechtigten (z.B. in einem Internat, im Rahmen einer Hilfe zur Erziehung oder in einem Krankenhaus), sondern um eine **öffentlich-rechtliche Unterbringung** in einer nicht anders abwendbaren Krise, weshalb auch für die in diesem Rahmen durchgeführten freiheitsentziehenden Maßnahmen die öffentlich-rechtlichen Regelungen zu beachten sind. Nach § 42 Abs. 5 SGB VIII ist im Rahmen einer Inobhutnahme Freiheitsentzug ausschließlich als besondere (Krisen)Intervention als letztes Mittel (ultima ratio) zulässig (*Hoffmann/Trenczek* JAmt 2011, 177 ff.).

28 **Voraussetzung** für eine freiheitsentziehende Maßnahme im Rahmen der Inobhutnahme ist zunächst, dass alle Voraussetzungen nach § 42 Abs. 1 SGB VIII vorliegen. Weiterhin ist erforderlich, dass eine **Gefahr für Leib und Leben** des Mj. oder eines Dritten (z.B. Crash-Kids, Suizidgefährdung) vorliegt. Die Gefährdung von Eigentum, Besitz oder anderen Rechtsgütern, die Begehung von sonstigen Straftaten oder aggressives oder »aufsässiges Verhalten« ist nicht ausreichend. Eine freiheitsentziehende Unterbringung aus »erzieherischen« Gründen oder zur Sanktionierung ist unzulässig (BT-Drs. 16/6816, 10; *Trenczek* et al. 2017a, Kap. 4.2.7.3 m.w.N.). Da eine freiheitsentziehende Maßnahme stets ein grundrechtlicher Eingriff ist, ist schließlich Voraussetzung die Einhaltung des verfassungsrechtlichen **Verhältnismäßigkeitsprinzips**: die freiheitsentziehende Maßnahme muss zur Abwehr der Gefahr von Leib und Leben nicht nur geeignet, sondern auch erforderlich sein. Das ist sie nur dann, wenn es kein milderes, weniger stark in die Rechte eingreifendes Mittel gibt, mit dem auch das Ziel der Maßnahme (Abwendung der Gefahr für Leib und Leben) erreicht werden kann.

29 Weitere Voraussetzung für eine freiheitsentziehende Maßnahme ist stets die **Genehmigung des FamG**. Diese ist grds. vorher einzuholen. Prüfmaßstab ist dabei das Wohl des Kindes, wobei der Freiheitsentzug gerade zum Wohl des Kindes, insb. zur Abwendung einer erheblichen Selbst- oder Fremdgefährdung, erforderlich sein muss und der Gefahr nicht auf andere Weise, auch nicht durch andere öffentliche Hilfen, begegnet werden kann (OLG BB 31.8.2010 – 10 WF 177/10). Ausnahmsweise sind sofortige freiheitsentziehende Maßnahmen ohne gerichtliche Entscheidung zulässig bei der akuten

Gefahr für Leib und Leben der Mj. oder von Dritten. Hierbei muss aber **Gefahr im Verzuge** sein, d.h. dass die mit einer gerichtlichen Entscheidung verbundene Zeitverzögerung im Hinblick auf die Lebensgefahr nicht hingenommen werden kann. In diesen Fällen muss die gerichtliche Entscheidung sofort (spätestens nach wenigen Stunden) eingeholt werden. Gelingt dies nicht, so ist die Freiheitsentziehung innerhalb der in § 42 Abs. 5 Satz 2 SGB VIII genannten Frist (nicht erst nach 48 Std.!) zwingend zu beenden.

Unberührt davon bleibt das jedem zustehende Notwehrrecht (§ 32 StGB) und der rechtfertigende Notstand (§ 34 StGB). Notwehr ist die Verteidigung, die erforderlich ist, um einen aktuellen rechtswidrigen Angriff gegen sich oder eine dritte Person abzuwenden. Rechtlich zulässig ist auch eine Notstandshandlung, wenn bei einer Gefahr für Leib, Leben, Freiheit, Ehre, Eigentum oder ein anderes Rechtsgut eine Handlung begangen wird, um diese Gefahr von sich oder einem anderen abzuwehren und durch diese Tat ein anderes Rechtsgut betroffen wird. So ist z.B. das Festhalten eines Mj., der nach ernsthafter Überzeugung das Leben oder die Gesundheit anderer bedroht, rechtlich zulässig, obwohl in dem Festhalten zugleich eine Freiheitsentziehung gegenüber dem Mj. vorliegt. Rechtsgrundlage hierfür ist aber eben nicht § 42 SGB VIII, sondern das jedem Menschen zustehende Notwehrrecht, bzw. der sog. rechtfertigende Notstand.

§ 42 Abs. 5 SGB VIII beinhaltet keine allgemeine **Rechtsgrundlage** zur geschlossenen Unterbringung in der Kinder- und Jugendhilfe. Auch § 34 SGB VIII erlaubt als solche keine freiheitsentziehende Unterbringung (*Struck/Trenczek* in: FK-SGB VIII § 34 Rn 15 ff.; *Wiesner/Wiesner* § 34 Rn 21). Die geschlossene, freiheitsentziehende Unterbringung von Mj. ist insoweit nur zivilrechtlich über das Personensorgerecht und die gerichtliche Genehmigung zulässig (ausführlich *Hoffmann/Trenczek* JAmt 2011, 177 ff.). Eine Rechtsgrundlage für eine öffentlich-rechtliche Unterbringung in geschlossenen Einrichtungen findet sich lediglich in den strafrechtlichen Bestimmungen (Straf- und Untersuchungshaft) sowie in den Unterbringungsgesetzen bzw. den Gesetzen über psychische Kranke der Länder in der **Psychiatrie**, die in der Praxis die geschlossene Unterbringung in der Kinder- und Jugendhilfe bei weitem übersteigt und gerade deshalb nicht weniger problematisch ist. Dagegen sind freiheitsentziehende Maßnahmen durch die Jugendhilfe auf der Rechtsgrundlage des **§ 71 Abs. 2 JGG** (Anordnung der einstweiligen Unterbringung durch den Jugendrichter in einem Heim der Jugendhilfe) oder auf der Rechtsgrundlage des § 72 Abs. 4 JGG (zur **Vermeidung der U-Haft**; hierzu *Cornel* 2018a) nicht zulässig (*Trenczek* in: FK-SGB VIII § 52 Rn 43), da sich die einstweilige Unterbringung nach § 71 Abs. 2 Satz 3 JGG ausdrücklich nach den für das Heim der Jugendhilfe geltenden Regelungen richtet – und wie eben behandelt, ist der Freiheitsentzug nach den jugendhilferechtlichen Vorschriften nur im Rahmen von § 42 Abs. 5 SGB VIII möglich.

10.1.5 Zuständigkeit, Kostenerstattung, Kostenbeteiligung

Örtlich **zuständig** für die Inobhutnahme sind die öffentlichen Träger der Jugendhilfe, in deren Bereich sich das Kind oder der Jugendliche vor Beginn der Inobhutnahme **tatsächlich aufhalten** (§ 87 SGB VIII). Das ist der Ort, an dem der/die Mj. um Inobhutnahme bittet oder wo er/sie aufgegriffen wird. Das hiernach zuständige JA trägt zunächst auch die **Kosten** der Inobhutnahme, allerdings besteht (bei einer rechtmäßigen Inobhutnahme, vgl. § 89f SGB VIII) eine **Kostenerstattungspflicht** des örtlichen Jugendhilfeträgers am Ort, an dem die personensorgeberechtigten Eltern ihren gewöhnlichen Aufenthalt haben (§§ 89b Abs. 1 SGB VIII; Kap. 15.5). Zu erstatten sind die Kosten der Inobhutnahme, zu denen die Unterbringung, die Betreuung und Unterstützung, die Aufwendungen für Taschengeld, Kleidergeld sowie die Rückführungskosten gehören. Zu den Kosten können die Mj. (sofern sie überhaupt Vermögen oder Einkommen haben) und die Eltern nach § 91 Abs. 1 Nr. 7, § 92 SGB VIII herangezogen werden (im Einzelnen Kap. 15.3.3).

10.2 Vorläufige Inobhutnahme unbegleitete, ausländischer Minderjährige – §§ 42a ff. SGB VIII

32 In den letzten Jahren war aufgrund (bürger-)kriegerischer Auseinandersetzungen, einer zunehmend prekären wirtschaftlichen Lage insb. in den Ländern Afrikas, des Nahen Ostens und der Krisengebiete in Asien ein erhöhter Zuzug von geflüchteten Menschen nach Europa und auch nach Deutschland festzustellen. Gestiegen waren bis 2016 auch die Zahlen der sog. unbegleiteten, minderjährigen Flüchtlinge/Ausländer (UMF/UMA). Solange Mj. mit ihren Eltern nach Deutschland kommen, entstehen zumindest auf jugendrechtlicher Ebene keine zusätzlichen rechtlichen Probleme, es gelten im Hinblick auf die Jugendhilfeaufgaben die allgemeinen Regeln unter Beachtung von § 6 SGB VIII (hierzu Kap. 3.1.4). Anders ist es jedoch bei Mj., die alleine nach Deutschland kommen, also »unbegleitet« sind, d.h. nicht von einer personensorge- oder erziehungsberechtigten Person begleitet werden (*Trenczek* in: FK-SGB VIII § 42 Rn 21). Hier stellen sich rechtlich zusätzliche Problemfelder: die Feststellung des Alters (ob es sich um Mj. oder Volljährige handelt), die rechtliche Vertretung bzw. die Bestellung eines Vormunds/Pflegers, die gesundheitliche Situation und adäquate Unterbringung und Betreuung der UMA/UMF (auch unter Beachtung möglicher Fluchttraumata) sowie im Hinblick auf das bundesweite Verteilungsverfahren (*Brinks/Dittmann/Müller* 2016; *Trenczek/Behlert* FoE 2016, 53 ff.).

33 Die sog. »vorläufige« Inobhutnahme ist bei den UMF/UMA der »regulären« Inobhutnahme vorgeschaltet und beinhaltet die erste Stufe eines mehrstufigen Verfahrens zur Erstaufnahme/Unterbringung, Versorgung und Betreuung junger Geflüchteter und deren bundesweiten Verteilung auf die örtlichen Träger der Kinder- und Jugendhilfe. Letzteres, die möglichst gleichmäßige bundesweite Verteilung der jungen Flüchtlinge nach ihrer Einreise, ist das wesentliche Ziel der Neuregelung (BT-Drs. 18/5921, 16; ausführlich *Trenczek* et al. 2017a, Kap. 4.3).

34 §§ 42a ff. SGB VIII erlauben die Durchführung von Schutzmaßnahmen bereits zu einem Zeitpunkt, in dem die Tatbestandsvoraussetzungen der regulären Inobhutnahme nach § 42 noch nicht geklärt sind (z.B. Alter des jungen Menschen). Anderseits gelten aufgrund des Verweises in § 42a Abs. 1 Satz 3 SGB VIII einige der Regelungen der »regulären« Inobhutnahme auch für die »vorläufige«, insb. die Befugnis zur Unterbringung (§ 42 Abs. 1 Satz 2), die Regelungen über Benachrichtigung einer Vertrauensperson (§ 42 Abs. 2 Satz 2) sowie die Sorge für das Wohl des Kindes oder Jugendlichen (§ 42 Abs. 1 Satz 3), die Regelungen über die Freiheitsentziehung (§ 42 Abs. 5) und die (mangelnde) Befugnis zur Anwendung unmittelbaren Zwangs (§ 42 Abs. 6). Damit wird klargestellt, dass die **fachlichen Standards der Inobhutnahme** auch für die Ausgestaltung der Schutzgewährung von UMA/UMF weiterhin Gültigkeit haben. Am **Primat der Kinder- und Jugendhilfe**, der **Primärzuständigkeit des JA** für die Erstaufnahme und das Clearingverfahren und damit auch an der sozialpädagogischen Ausrichtung der Aufgabe hat sich nichts geändert.

10.2.1 Clearingphase und Unterbringung

Im Rahmen der vorläufigen Inobhutnahme hat das JA innerhalb kurzer Zeit zunächst nach § 42a Abs. 2 SGB VIII einige für das weitere Vorgehen (bundesweite Verteilung und Überführung in die reguläre Inobhutnahme) wesentliche Fragen zu klären und insb. das Alter des jungen Menschen einzuschätzen (§ 42f SGB VIII). Diese Phase wird mittlerweile mit Bezug auf die Gesetzesbegründung als »**Erstscreening**« (BT-Drs. 18/5921, 18 u. 23; zur Kritik an dem Begriff s. *Trenczek* et al. 2017a, Kap. 4.2.4.5.), besser als Clearing/Klärungsverfahren bezeichnet. Zu beachten sind dabei die spezifischen **Informations- und Beteiligungsrechte des UMF** (z.B. § 42a Abs. 2 Satz 1, Abs. 3 Satz 2, Abs. 5 Satz 3, § 42f Abs. 1 Satz 2, Abs. 2 Satz 2, 3 SGB VIII).

35

Der Gesetzgeber hat darauf verzichtet, in § 42a SGB VIII spezifische Aspekte der Unterbringung und Betreuung der UMF besonders zu regeln. Vielmehr wird auf die entsprechende Regelung in § 42 Abs. 1 Satz 2 SGB VIII verwiesen, nach der die (vorläufige) Unterbringung bei einer geeigneten Person, in einer geeigneten Einrichtung oder in einer sonstigen Wohnform zu erfolgen hat. Entscheidend ist mithin die **Geeignetheit** der Unterbringung (inkl. der Betreuung) im Hinblick auf die besondere Situation der jungen Menschen, die allein und unbegleitet, durch Flucht und sonstige Gewalterfahrungen schwer belastet und nicht selten traumatisiert sind (*Trenczek/Behlert* FoE 2016, 53 ff.). Soweit über den allgemeinen Verweis auf die »Geeignetheit« der Unterbringung spezifische Ausführungen im Hinblick auf die Betreuung unbegleiteter Mj. fehlen, sind zumindest die Vorgaben der **EU-Aufnahmerichtlinie** (Art 24. Abs. 2 RL 2013/33/EU) Danach können UMF

36

- bei erwachsenen Verwandten;
- in einer Pflegefamilie;
- in Aufnahmezentren mit speziellen Einrichtungen für Mj.;
- in anderen für Mj. geeigneten Unterkünften

untergebracht werden. Entscheidend im Hinblick auf die Unterbringungsart und -weise ist insoweit das »**Primat des Kindeswohls**«, wobei insb. der **Vorrang der Familienzusammenführung** auch im Rahmen der Unterbringung zu beachten ist (vgl. auch § 42a Abs. 5 Satz 2, § 42b Abs. 4 Nr. 3, Abs. 5 SGB VIII). Im Übrigen erfordert die »Geeignetheit« der Unterbringung und Versorgung die am Wohl und den Bedarfen dieser unbegleiteten jungen Flüchtlinge entsprechende sozialpädagogische Betreuung inklusive ggf. notwendiger therapeutischer Hilfen.

10.2.2 Alterseinschätzung

Das in § 42f SGB VIII normierte **Verfahren zur Feststellung des Alters** findet – im Unterschied zur Klärung der Tatbestandsvoraussetzungen des § 42 SGB VIII – nicht vor, sondern im Rahmen der vorläufigen Inobhutnahme statt. Deshalb ist die Erstaufnahme nach § 42a SGB VIII gerade bei Zweifeln am Alter des jungen Menschen und damit zur Alterseinschätzung nicht nur zulässig, sondern verpflichtend durchzuführen (BayVGH 13.12.2016 – 12 CE 16.2333 Rn 24; OVG Bremen 18.11.2015 – 2 B 221/15, JAmt 2016, 42 ff.). Eine exakte Methode der Altersfeststellung gibt es allerdings nicht. Diese bleibt selbst bei einer Kombination verschiedener medizinischer Methoden, wie einer anthropologischen und kulturethnologisch kundigen Begutachtung mit Erfassung der Körpermaße, der Reifezeichen und Entwicklungsstörungen, einer entsprechenden körperlichen Untersuchung bzw. Erhebung des Zahnstatus und selbst

37

unter Hinzurechnung der höchst umstrittenen Röntgenuntersuchung (hierzu *Trenczek* in: FK-SGB VIII § 42f Rn 11) mit großen Unwägbarkeiten verbunden (zu den fachlichen Standards s. *AGFAD* 2004; *BAG KJPP* 2015; *BUMF* 2019; *Zentrale Ethikkommission der Bundesärztekammer*»Medizinische Altersschätzung bei unbegleiteten jungen Flüchtlingen« Deutsches Ärzteblatt 30.9.2016; *Nowotny/Eisenberg/Mohnike*, Deutsches Ärzteblatt 2014 (111), A 786; vgl. BayVGH 13.12.2016 – 12 CE 16.2333). Mithin kann von einer »Altersfeststellung« ohnehin keine, sondern allenfalls von eine »Einschätzung« oder »Festlegung des Alters« die Rede sein. In der Gesetzesbegründung (BT-Drs. 18/6392, 20) wird insoweit ausdrücklich auf die »Handlungsempfehlungen zum Umgang mit unbegleiteten minderjährigen Flüchtigen« der BAGLJÄ vom Mai 2014 hingewiesen (*BAGLJÄ* 2014, 15 ff.; vgl. die aktualisierte Fassung 2017). Eine fachlich angemessene Altersdiagnostik ist eine besonders anspruchsvolle, in aller Regel von den JÄ nicht allein zu bewerkstelligende Aufgabe. Im Hinblick auf die »Inaugenscheinnahme« durch JA-Fachkräfte ist zu beachten, dass diese ohnehin nur im bekleideten Körper zulässig ist und äußerliche körperliche Merkmale für sich genommen keine ausreichende Grundlage für die Altersfeststellung darstellen. In Zweifelsfällen darf eine Verneinung der Minderjährigkeit und daran anknüpfenden Versagung der Erstaufnahme nicht allein auf die Einschätzung von Mitarbeitern des JA gestützt werden, sondern bedarf einer ärztlichen Untersuchung (BayVGH 13.12.2016 – 12 CE 16.2333).

10.2.3 Rechtliche Vertretung und Interessenswahrnehmung

38 Während der vorläufigen Inobhutnahme ist die Bestellung eines Vormunds/Pflegers nur dann verpflichtend vorgesehen, wenn sie länger als einen Monat andauert (§ 42d Abs. 3 Satz 2). Allerdings ist eine frühere Antragsstellung durch das JA nicht nur nicht ausgeschlossen, sondern angeraten (*Dürbeck* ZKJ 2014, 266; *GK-SGB VIII/Öndül* § 42a Rn 48). Bis dahin ist das JA nach § 42a Abs. 3 SGB VIII verpflichtet, alle Rechtshandlungen vorzunehmen, die zum Wohl des Kindes oder des Jugendlichen notwendig sind. Dies entspricht im Wesentlichen der Regelung in § 42 Abs. 2 Satz 4 SGB VIII zur Ausübung der Personensorge und rechtsgeschäftlichen Vertretung im Rahmen einer **öffentlich-rechtlichen Notkompetenz** (s.o. Kap. 10.1.3, Rn 17). Das Stellen eines **Asylantrags** wurde nach wohl einhelliger Ansicht der Fachpraxis als zwar möglich, aber selten als dringend und jedenfalls nicht stets (sondern nur in den völlig unproblematischen Fällen) für den Mj. vorteilhaft angesehen (*Achterfeld* JAmt 2017, 350). Im Jahr 2017 hat der Gesetzgeber diese Aufgabe durch das »Gesetz zur besseren Durchsetzung der Ausreisepflicht« in § 42 Abs. 2 SGB VIII den Vormündern im Rahmen der »regulären« Inobhutnahme zugewiesen. Damit ist klargestellt, dass diese Aufgabe *nicht* von den JÄ im Rahmen der vorläufigen Inobhutnahme zu erledigen ist, sondern zu diesem Zeitpunkt nur im Einvernehmen mit dem jungen Menschen ein Asylantrag gestellt werden kann. Im Rahmen von § 42 Abs. 2 SGB VIII ist der junge Mensch zumindest zu beteiligen. Kritisiert wird an dieser Regelung allerdings, dass das JA in einer problematischen Doppelrolle agiert – einerseits als rechtlicher Vertreter der UMF und andererseits als die für das Erstclearing- und Verteilungsverfahren zuständige Behörde – womit eine **Interessenkollision** unvermeidbar ist (*Katzenstein* et al. JAmt 2015, 534; *Trenczek* in: FK-SGB VIII § 42a Rn 18).

10.2 Vorläufige Inobhutnahme unbegleitete, ausländischer Minderjährige

10.2.4 Bundesweites Verteilungsverfahren

Zusammen mit der Erstaufnahme junger unbegleiteter Flüchtlinge im Rahmen der »vorläufigen Unterbringung« (§ 42a SGB VIII) hat der Gesetzgeber in § 42b SGB VIII das **Verfahren zur Verteilung junger unbegleiteter ausländischer Kinder und Jugendlicher** geregelt, um eine möglichst gleichmäßige bundesweite Verteilung der UMA/UMF nach ihrer Einreise auf die örtlichen Träger der Kinder- und Jugendhilfe sicherzustellen (zum Ablauf s. nachfolgend Abb. 7). Sie unterliegen nicht dem Verteilungs- und Unterbringungsverfahren des Asylverfahrens- und Ausländerrechts.

Abb. 7: Vorläufige Inobhutnahme und wesentliche Merkmale des bundesweiten Verteilverfahrens (BMFSFJ 2015)

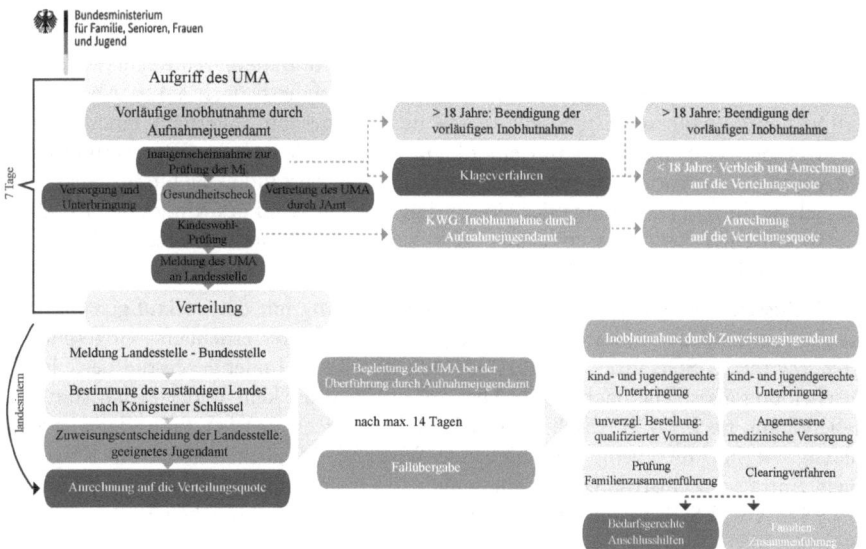

Das **Verteilungsverfahren** ist nach § 42b Abs. 4 SGB VIII (vgl. auch § 42a Abs. 2 SGB VIII zu den vom JA zu klärenden Aspekten) zwingend (kein Ermessen!) **ausgeschlossen**, wenn das Wohl des Mj. gefährdet würde, sein Gesundheitszustand die Durchführung eines Verteilungsverfahrens innerhalb von 14 Werktagen nicht zulässt, die Zusammenführung mit einer verwandten Person (z.B. auch in einem europäischen Nachbarland im Rahmen des Dublin III-Verfahrens), kurzfristig erfolgen kann oder die Durchführung des Verteilungsverfahrens nicht innerhalb von einem Monat erfolgt.

Bei der Durchführung des bundesweiten Verteilungsverfahrens sind nach § 42a, § 42b SGB VIII einige **Fristen** einzuhalten:

- Innerhalb von sieben Werktagen soll das für die vorläufige Inobhutnahme zuständige JA seine Entscheidung über die Anmeldung zur Verteilung oder ihren Ausschluss der Landesverteilstelle seines Bundeslandes mitteilen (§ 42a Abs. 4 SGB VIII).

- Die Landesverteilstelle – das ist das Landesjugendamt, sofern dies nicht landesrechtlich anders geregelt ist (§ 42b Abs. 3 SGB VIII) – gibt die Meldung dann innerhalb von drei Werktagen an das Bundesverwaltungsamt weiter, sofern sie nicht selbst eine Verteilung nach § 42b Abs. 4 SGB VIII ausschließt.
- Das Bundesverwaltungsamt bestimmt sodann das aufnahmeverpflichtete Bundesland (Aufnahmepflicht der Länder) anhand einer Aufnahmequote (§ 42b Abs. 1 Satz 2, § 42c SGB VIII), die sich nach dem sog. Königsteiner Schlüssel (*Trenczek* in: FK-SGB VIII § 42c Rn 1) richtet, sofern zwischen den Ländern nichts anderes vereinbart wurde (§ 42c Abs. 1 SGB VIII).
- Die zuständige Landesverteilstelle weist den Mj. dann anschließend innerhalb von zwei Werktagen einem in seinem Bereich gelegenen (ggf. anderen) JA zu (§ 42b Abs. 3 SGB VIII; Vorrang der landesinternen Verteilung; s. a. § 42b Abs. 2 Satz 1 SGB VIII).

43 Das Überschreiten der o.g. Fristen hat allerdings keine unmittelbaren Rechtswirkungen mit Ausnahme der Regelung, dass das Verteilungsverfahren nach § 42b Abs. 4 Nr. 4 SGB VIII ausgeschlossen ist, wenn dieses nicht insgesamt innerhalb eines Monats durchgeführt wird. Danach kann ein JA ein anderes JA nur mit Einverständnis des UMA und seines Vormunds um die Übernahme der Zuständigkeit bitten, wenn zum Beispiel die dortige Betreuung oder Unterbringung dem Wohl des Kindes dient und seinen spezifischen Bedürfnissen besser gerecht werden kann (BT-Drs. 18/5921, 26; *Trenczek* in: FK-SGB VIII § 42b Rn 9).

44 Die **Rechtsschutzmöglichkeiten** sind im Zusammenhang mit der vorläufigen Inobhutnahme bzw. dem bundesweiten Verteilungsverfahren erheblich eingeschränkt (*Trenczek* in: FK-SGB VIII § 42a Rn 23, § 42b Rn 13). So findet gegen die Verteilungsentscheidung als solche nach § 42b Abs. 7 SGB VIII grds. kein Widerspruch statt (das Nähere kann nach § 42b Abs. 8 SGB VIII das Landesrecht regeln). Eine Klage ist zwar zulässig, sie hat aber keine aufschiebende Wirkung. Möglich ist hier, die Klage mit einem Antrag auf einstweiligen Rechtsschutz zu verbinden (§ 123 VwGO oder im Fall von § 42f Abs. 3 SGB VIII nach § 80 Abs. 5 VwGO; vgl. VG München 28.04.2020 - M 18 E 20.1548).

Wichtige, interessante Entscheidungen
- *Zur Inobhutnahme* allgemein: BVerwG 11.7.2013 – 5 C 24.12 - JAmt 2013, 588; BayVGH 9.1.2017 – 12 CS 16.2181;
- *Zur Rechtsstellung der Eltern im Rahmen einer Inobhutnahme:* BayVGH 9.1.2017 – 12 CS 16.2181 Rn 14; EGMR 8.4.2004 – Beschwerde Nr. 11057/02 (Haase./. Deutschland) = NJW 2004, 3401; OLG BB 31.8.2010 – 10 WF 177/10.
- *Zur Alterseinschätzung:* BayVGH 13.12.2016 – 12 CE 16.2333; OVG Bremen 18.11.2015 – 2 B 221/15 - JAmt 2016, 42 ff.
- *Zum Freiheitsentzug:* BVerfG 14.6.2007 – 1 BvR 338/07; BGH 18.12.2012 – XII ZB 661/11
- *Zum Rechtsschutz bei einer Inobhutnahme:* BayVGH 8.8. 2011 – 12 ZB 10.974; BayVGH 9.1.2017 – 12 CS 16.2181; VG München 28.04.2020 - M 18 E 20.1548

Weiterführende Literatur
- *Arbeitskreis Inobhutnahme* 2013; *Brinks/Dittmann/Müller* 2016; *Trenczek* et al. 2017a

11. Schutz von Kindern und Jugendlichen und Qualitätssicherung in Familienpflege und in Einrichtungen – §§ 43 - 49 SGB VIII

Die §§ 43 - 49 SGB VIII im zweiten Abschnitt des 3. Kapitels des SGB VIII dienen dem vorbeugenden Schutz von Minderjährigen, die nicht zuhause bei Ihren Eltern, sondern in Familienpflege und in Einrichtungen betreut und gefördert werden, und zwar durch eine Vorab-Prüfung im Rahmen des Verfahrens zur Erteilung einer Pflege- bzw. Betriebserlaubnis. Die sog. (Heim-)Aufsicht über Pflegestellen und Einrichtungen stammt zwar aus dem Traditionsbestand der Jugendwohlfahrt, sie ist aber heute in erster Linie nicht als ordnungspolitische Kontrolle ausgerichtet, sondern zur nachhaltigen Qualitätssicherung auch auf die Beratung und Unterstützung der Leistungsanbieter.

Ausführlich behandelte Vorschriften

- Vorbeugender Schutz durch Erlaubniserteilung: §§ 43 - 49 SGB VIII

Die meisten Leistungen in der Jugendhilfe (Einrichtungen, Dienste usw) werden von privaten Anbietern, nicht vom Träger der öffentlichen Jugendhilfe erbracht (Kap. 4.3 und 16.1). Theoretisch ist auch denkbar, dass Leistungen in Anspruch genommen werden, ohne dass die Jugendhilfe überhaupt tangiert ist oder davon weiß: z.B. werden Kinder von Eltern privatfinanziert in Krippen, in Tagespflege oder in Internaten untergebracht. Wenn Mj. in zeitlich größerem Umfang von Personen (Familienpflege oder Vollzeitpflege) oder in Einrichtungen betreut oder ihnen Unterkunft gewährt wird, hat sich der Gesetzgeber dafür entschieden, die Aufnahme ihrer Tätigkeit von einer **Erlaubnis** abhängig zu machen. Dadurch soll schon im Vorfeld **präventiv geprüft** werden, ob das Wohl der Mj. gewährleistet und ein Mindestmaß an Qualität gesichert ist. Historisch war die Kontrolle der Erziehung Mj. in Pflegestellen und Einrichtungen eine zentrale Wurzel der Jugendhilfe (Kap. 3.2). Auch hier brachte das SGB VIII eine Änderung: War die Tätigkeit lange Zeit durch Aufsicht über und Eingriffe in Pflegestellen und Heime gekennzeichnet, so steht heute die Beratung der Pflegestellen, der Einrichtungen und die Kooperation zwischen den Beteiligten im Vordergrund (*Smessaert/Lakies* in: FK-SGB VIII vor § 43 Rn 2). Durch das KICK 2005 wurden die Vorschriften zum Schutz von Kindern und Jugendlichen in Familienpflege und in Einrichtungen neu gestaltet. Die bisherige Vorschrift über die Familienpflege wurde ersetzt durch eine eigenständige Regelung bezüglich der Erlaubnis zur Kindertagespflege (§ 43 SGB VIII) und der Erlaubnis zur Vollzeitpflege (§ 44 SGB VIII), was der zunehmenden eigenständigen Bedeutung der Kindertagespflege Rechnung trägt. Sofern eine Erlaubnis nach §§ 43 - 45 SGB VIII erforderlich ist, ist diese vor Beginn der Tätigkeit bzw. Inbetriebnahme der Einrichtung einzuholen (sog. Verbot mit Erlaubnisvorbehalt). Ein Verstoß gegen §§ 43 ff. SGB VIII stellt eine Ordnungswidrigkeit (§ 104 Abs. 1 Nr. 1 und 2 SGB VIII), unter bestimmten Voraussetzungen eine Straftat (§ 105 SGB VIII) dar.

Ist das Wohl des Kindes oder des Jugendlichen in der Pflegestelle oder in der Einrichtung gefährdet und ist diese nicht bereit oder in der Lage, die Gefährdung abzuwenden, so ist die Erlaubnis zurückzunehmen oder zu widerrufen. Anders als bei der Erlaubnis zur Vollzeitpflege (§ 44 Abs. 3 Satz 2 SGB VIII) oder einer Betriebserlaubnis (§ 45 Abs. 7 Satz 1 SGB VIII) findet sich für die Entziehung des Tagespflegeerlaubnis keine spezielle Rechtsgrundlage im SGB VIII, weshalb die allgemeinen Regelungen der §§ 44 ff SGB X gelten (*Smessaert/Lakies* in FK-SGB VIII § 43 Rn 27). **Erteilung, Versagung und Widerruf** der Erlaubnisse sind **Verwaltungsakte**. Schon deshalb kann die Erlaubniserteilung nicht an freie Träger, auch nicht an einen organisatorisch aus der Kommunalverwaltung ausgegliederten Eigenbetrieb delegiert werden. Das verwaltungsrechtliche Verfahren und der Rechtsschutz richtet sich nach den allgemeinen Regeln, sofern das SGB VIII keine spezifischen Vorschriften enthält (ausführlich *Trenczek* FK-SGB VIII Anhang Verfahren).

11.1 Erlaubnis zur Kindertagespflege – § 43 SGB VIII

4   § 43 SGB VIII sieht für die Kindertagespflege einen präventiven **Erlaubnisvorbehalt** zur Mindeststandardsicherung vor. Eine Erlaubnis ist allerdings nur erforderlich, wenn die Betreuung

- außerhalb der Wohnung des Kindes in anderen Räumen erfolgt: damit ist die Kindertagespflege in der Wohnung der Erziehungsberechtigten von der Erlaubnispflicht ausgenommen, das gilt damit auch für das sog. Babysitting für ein paar Stunden in der Wohnung der Eltern;
- während des Tages stattfindet: damit soll eine Abgrenzung zur Vollzeitpflege (§ 44 SGB VIII) vorgenommen und deutlich gemacht werden, dass es nicht um Dauerpflege geht;
- mehr als 15 Stunden wöchentlich erfolgt: damit ist die minimale Gesamtstundenzahl für alle zu betreuenden Kinder gemeint, die 15 Stunden müssen regelmäßig erreicht werden;
- gegen Entgelt erfolgt: dadurch soll die unentgeltliche Kindertagespflege durch Verwandte, Freunde oder Nachbarn von der Erlaubnispflicht ausgenommen werden;
- länger als 3 Monate stattfindet: damit wird aus der Erlaubnis für die Kindertagespflege die einmalige oder kurzzeitige Betreuung von Kindern in Pflege ausgenommen.

5   Liegen diese Voraussetzungen vor, so besteht nach § 43 Abs. 2 SGB VIII ein **Rechtsanspruch** auf die Kindertagespflegeerlaubnis, wenn die Tagespflegeperson für die Kindertagespflege geeignet ist. § 43 Abs. 2 Satz 2 SGB VIII legt die persönlichen und räumlichen **Eignungskriterien** im Einzelnen fest. Außerdem soll nach Satz 3 die Tagespflegeperson über vertiefte fachspezifische Kenntnisse über die Anforderungen der Kindertagespflege verfügen. Sind diese Voraussetzungen gegeben, so besteht ein Rechtsanspruch auf die Erteilung einer entsprechenden Erlaubnis, eine Bedarfssteuerung darf hier nicht stattfinden.

6   Nach § 43 Abs. 3 SGB VIII dürfen maximal **bis zu 5 fremde Kinder gleichzeitig** aufgenommen werden. Eigene Kinder bleiben unberücksichtigt; es können am Tag insgesamt auch mehr als 5 Kinder betreut werden, sofern nicht mehr als fünf fremde Kinder gleichzeitig anwesend sind. Die Erlaubnis ist auf 5 Jahre befristet und dann ggf. zu verlängern. Landesrecht (§ 49 SGB VIII) kann für Fachkräfte mit einer pädagogischen Ausbildung Ausnahmen von der Begrenzung auf 5 fremde Kinder vorsehen (Abs. 3 Satz 3). Die Erlaubnis wird ungeachtet dessen für eine bestimmte Tagespflegeperson erteilt, d.h. die zu betreuenden Kinder müssen dieser Bezugsperson persönlich zugeordnet sein. Diese trägt die Verantwortung und damit die Betreuungs- und Aufsichtspflicht. Die Betreuung von Kindern in einer Großtagespflegestelle mit angestellten Beschäftigten ist i.d.R. unzulässig (*Smesseart/Lakies* in: FK-SGB VIII § 43 Rn 24; VG Stuttgart 5.11.2014 – 7 K 459/13 – JAmt 2015, 53; OVG Münster 19.3.2015 – 12 B 211/15; nach VGH Mannheim 12.07.2017 – 12 S 102/15 kommt ausnahmsweise auch

eine Festanstellung einer Tagespflegeperson bei einer anderen in Betracht). Möglich sind Zusammenschlüsse von mehreren Tagespflegepersonen (vgl. § 23 Abs. 4 Satz 3 SGB VIII; *BMFSFJ* 2019, 122 f.).

11.2 Vollzeitpflegeerlaubnis – § 44 SGB VIII

§ 44 SGB VIII befasst sich mit der Erlaubnis für die Vollzeitpflege. Eine solche liegt nach der **Definition** von § 44 Abs. 1 SGB VIII vor, wenn jemand einen Mj. außerhalb des Elternhauses in seiner Familie regelmäßig betreut oder ihm Unterkunft gewährt. Der Begriff ist offen, grds. kann jede volljährige Einzelperson Mj. als Pflegekinder in ihren Haushalt aufnehmen. Mit der Definition der Pflegeperson ist die Pflegestelle zugleich gegenüber Einrichtungen abgegrenzt. Einrichtungen sind orts- und gebäudebezogen, die Pflegestelle ist personenbezogen (*Smessaert/Lakies* in: FK-SGB VIII § 44 Rn 7). Schwierigkeiten kann es bei der Abgrenzung zwischen Einrichtungen/Heimen und sog. **Großpflegestellen** geben. I.d.R. wird die Abgrenzung in landesrechtlichen Bestimmungen pragmatisch gelöst: ab (meist) sechs Mj. ist eine Einrichtungserlaubnis nach § 45 SGB VIII erforderlich, bis zu dieser Zahl eine Pflegeerlaubnis nach § 44 SGB VIII (*Wiesner/Mörsberger* § 44 Rn 7). Entscheidend ist letztlich die persönliche Zuordnung des Kindes bzw. Jugendlichen zur Vollzeitpflegeperson, die deshalb umfassend allein persönlich verantwortlich ist. Ist dies nicht der Fall und kann die Verantwortung mit anderen geteilt werden und unabhängig von der betreuenden Person weiterbestehen, richtet sich die Verantwortung wie bei einer Einrichtung (OVG RP 24.10.2008 – 7 A 10444/08).

In § 44 Abs. 1 Satz 2 SGB VIII ist eine Vielzahl von **Ausnahmen** formuliert, die dazu führen, dass nur in den wenigsten Fällen tatsächlich eine Pflegeerlaubnis notwendig ist. Dies ergibt sich insb. aus der in Satz 1 Nr. 1 angesprochenen Hilfe zur Erziehung (insb. nach § 33 SGB VIII): ein Erlaubnisvorbehalt hat hier keine eigenständige Bedeutung mehr, denn bei der Hilfe zur Erziehung bringt das JA (meist auf Wunsch der Personensorgeberechtigten) das Kind im Rahmen der vom JA erbrachten Hilfe zur Erziehung in einer **geeigneten Pflegestelle** unter. In diesem Zusammenhang hat das JA bereits die Eignung dieser Pflegeperson für das konkrete Pflegekind geprüft. Ist eine Pflegeerlaubnis notwendig, so besteht ein **Rechtsanspruch auf Erteilung** der Pflegeerlaubnis, wenn die Voraussetzungen gegeben sind. Die Pflegeerlaubnis wird – anders als für die Kindertagespflege (§ 43 SGB VIII) oder der Betriebsgenehmigung (§ 45 SGB VIII) – nicht generell, sondern nur für ein jeweils bestimmtes Kind erteilt (*Smessaert/Lakies* in: FK-SGB VIII § 44 Rn 8). Bei jeder weiteren Aufnahme von Pflegekindern ist jeweils eine weitere Pflegeerlaubnis nötig, beim Widerruf z.B. wegen Kindeswohlgefährdung hat dieser dementsprechend hinsichtlich jedes einzelnen Kindes zu erfolgen.

Die **Voraussetzungen** für die Pflegeerlaubnis finden sich indirekt in § 44 **Abs. 2 SGB VIII**, wonach die Erlaubnis zu versagen ist, wenn das Wohl des Mj. nicht gewährleistet ist. Mit dem Begriff **Kindeswohl** wird zwar an § 1666 BGB angeknüpft, dieser aber dem Schutzzweck des § 44 SGB VIII (präventiver Schutz, kein Eingriff in die Personensorge) angepasst (*Smessaert/Lakies* in: FK-SGB VIII § 44 Rn 17; *Wiesner/Mörsberger* § 44 Rn 10, 18a; vgl. Kap. 4.3.2). Wesentlich ist hier die **persönliche Eignung der Pflegeperson**, die sich jeweils nach dem zu betreuenden Kind und dessen individuellem Bedürfnis und Entwicklungsstand richtet. Außerdem müssen auch die äußeren Rahmenbedingungen (hinreichender Wohnraum usw) gegeben sein.

10 Pflegeperson kann jede volljährige Einzelperson sein, die einen Mj. in ihren Haushalt aufnimmt, so dass als Pflegepersonen sowohl verheiratete als auch nicht verheiratete Männer und Frauen in Betracht kommen. Auch miteinander nicht verwandte Personen können ein gemeinsames Pflegekind aufnehmen, selbstverständlich auch homosexuelle Frauen und Männer. Die Einzelprüfung schließt es aus, bestimmte Bevölkerungsgruppen (z.b. ältere/jüngere; einkommensschwache, behinderte, nicht-deutsche, ...) von vornherein auszuschließen, ohne dass die z.b. durch Krankheit und (Drogen-)Sucht drohenden Gefahren für das Kindeswohl ignoriert oder verharmlost werden dürften. Die Darlegungs- und Beweislast für das Vorliegen von Versagungsgründen liegt beim JA (*Smessaert/Lakies* in: FK-SGB VIII § 44 Rn 17; *Schellhorn/Mann* § 44 Rn 13). In verschiedenen Landesgesetzen sind Versagungsgründe für die Pflegeerlaubnis im Einzelnen geregelt (§ 49 SGB VIII). Aber auch solche Kataloge können nicht die stets für den Einzelfall erforderliche Prüfung ersetzen.

11 Entsprechend der Qualitätssicherung durch präventive Erlaubnis sind die Kompetenzen des JA während der Betreuung in der Pflegestelle reduziert. Das Schwergewicht der Tätigkeit hat nun auf der Beratung und Unterstützung der Pflegepersonen zu liegen, entsprechend dem Grundsatz, dass ein Minimum an Intervention und ein Maximum an Beratung erfolgen muss. Dennoch bestehen **Überprüfungs- und Kontrollmöglichkeiten**. Nach § 44 Abs. 3 Satz 1 SGB VIII soll das JA »den Erfordernissen des Einzelfalls entsprechend an Ort und Stelle« (z.B. nach entsprechenden Hinweisen; also keine routinemäßige Prüfung ohne Anlass, vgl. BGH 21.10.2004 – III ZR 254/03 - JAmt 2005, 35 ff. zum pflichtwidrig unterbliebenen Antrittsbesuch bei Pflegefamilie nach Zuständigkeitswechsel) überprüfen, ob weiterhin die Voraussetzungen für die Erlaubniserteilung bestehen. Als Maßnahme, das Wohl des Mj. zu sichern, hat das JA die Möglichkeit, die **Pflegeerlaubnis zurückzunehmen**. Allerdings ist die Hürde nach § 44 Abs. 3 Satz 2 SGB VIII hierfür hoch: Erforderlich ist eine Gefährdung des Wohls der Mj., die anhand objektivierbarer Merkmale feststellbar sein muss. Vermutungen reichen nicht aus. Zweite Voraussetzung ist, dass die Pflegeperson nicht bereit oder in der Lage ist die Gefahr abzuwenden, beide Voraussetzungen müssen gemeinsam vorliegen. Außerdem ist – wie bei Eingriffen stets – der Verhältnismäßigkeitsgrundsatz zu beachten, also zu prüfen, ob nicht andere Maßnahmen, Unterstützungen usw ausreichen, um die Gefährdung des Kindeswohls abzuwenden.

11.3 Betriebs- und Einrichtungserlaubnis – § 45 SGB VIII

12 Das SGB VIII hat die ehemalige »Heimaufsicht« durch die vorherige Erlaubnis für den Betrieb einer Einrichtung nach § 45 SGB VIII ersetzt. Mit dem **Begriff Einrichtung** findet eine Abgrenzung zu dem auf eine Person ausgerichteten Begriff der Pflegeerlaubnis (§ 44 SGB VIII) statt (ausführlich *Smessaert/Lakies* in: FK-SGB VIII § 45 Rn 8 ff.): Einrichtungen sind vom wechselnden Bestand des Personals unabhängig, sie sind orts- und gebäudebezogen (damit fallen ambulante Leistungen nicht darunter; zum Waldkindergarten *Hilke* ZfJ 2000, 271).

> Über die Begriffe der ganztägigen oder teilweisen Betreuung für den Tag oder auch der bloßen Unterkunftsgewährung soll ein möglichst weiter Kreis von Einrichtungen im Interesse des Wohls der Mj. erfasst werden, auf die Zahl der betreuten Kinder kommt es nicht an: Heime, Kleinheime, Kinderhäuser, Jugendaufnahmeheime, Jugendschutzstellen, Kindererholungsheime als ganztägige Einrichtungen ebenso wie Horte, Kindertagesstätten, Kindergärten und Krippen als Einrichtungen für einen Teil des Tages. Wie § 48a SGB VIII

11.3 Betriebs- und Einrichtungserlaubnis – § 45 SGB VIII

deutlich macht, gelten die Bestimmungen des § 45 SGB VIII auch für sonstige Wohnformen entsprechend; hierzu zählen etwa Jugendwohngemeinschaften und mobile Betreuung (BVerwG 24.2.1994 – 5 C 42.91 – FEVS 45, 52 ff.). Mit dem Wort »entsprechend« soll erreicht werden, dass keine schematische Übertragung stattfindet, sondern dass diese sonstigen Wohnformen, die etwa durch Formen der Selbstbestimmung, Selbstorganisation o. ä. geprägt sein können, ihrer Sondersituation nach angemessen behandelt werden.

Für alle diese Einrichtungen sieht § 45 SGB VIII die Notwendigkeit einer Einrichtungserlaubnis vor Aufnahme des Betriebes vor. **Ausnahmen von der Erlaubnispflicht** enthalten § 45 Abs. 1 Satz 2 Nr. 1 bis 3 SGB VIII, die aus sich heraus verständlich sind. 13

Auf die Erteilung der Betriebs-/Einrichtungserlaubnis besteht ein Rechtsanspruch, wenn die **Voraussetzungen für die Erteilung** vorliegen. § 45 Abs. 2 Satz 2 SGB VIII nennt zwei wesentliche Aspekte: das Wohl des Kindes sowie die in Nr. 1 – 3 im Hinblick auf das Kindeswohl nicht abschließend genannten, »Gewährleistungskriterien«. Hierzu zählt insb. die Erfüllung der dem Zweck und der Konzeption der Einrichtung entsprechenden räumlichen, fachlichen, wirtschaftlichen und personellen Voraussetzungen (ausführlich *Smessaert/Lakies* in: FK-SGB VIII § 45 Rn 27 ff.). Der Träger muss den Nachweis der einer ausreichenden Finanzierung liefern und die Gewähr für eine ordentliche Wirtschaftsführung bieten (OVG NI 18.6.2012 – 4 LA 27/11). Allerdings ist im Hinblick auf die verfassungsrechtlich geschützte Berufs- und Betätigungsfreiheit der Einrichtungsträger (Art. 12 Abs. 1 GG) zu beachten, dass die Versagung der Einrichtungserlaubnis nur bei einer feststehenden Nichteignung der Einrichtung oder des Einrichtungsträgers in Betracht kommt und nicht schon, wenn die Einrichtung nicht dem besten, modernsten, wünschenswerten Standard entspricht (VGH München 2.2.2017 – 12 CE 17.71 - JAmt 2017, 251 ff.). 14

Im Hinblick auf die fachlichen wie **personellen Voraussetzungen** muss darauf geachtet werden, dass die Betreuung durch eine im Hinblick auf die Zielgruppe und Konzeption der Einrichtung ausreichende Zahl an geeigneten Fachkräften gesichert ist (OVG NW 21.11.2007 - 12 A 4697/06 - ZKJ 2008, 258). Zwar verzichtet das Gesetz hinsichtlich der Qualifikation auf eine genaue Festlegung der Ausbildung, allerdings muss sich die Geeignetheit am Fachkräftebegriff und an den Eignungskriterien der §§ 72, 72a SGB VIII (Kap. 15.3) ausrichten (s. *BAGLJÄ* 2010). Die Eignung ist nach den Erfordernissen der ausgeübten Tätigkeit zu beurteilen, das bedeutet z.B., dass an die Leitung der Einrichtung andere Maßstäbe anzulegen sind, als an die übrigen Mitarbeiter, an sozialpädagogisches Betreuungspersonal andere als an Hauswirtschaftskräfte (im Einzelnen *Smessaert/Lakies* in: FK-SGB VIII § 45 Rn 34 f.). In den letzten Jahren lag der Fokus der öffentlichen Diskussion stark auf den Übergriffen offensichtlich ungeeigneter Personen, wie Misshandlung und Ausbeutung/Missbrauch durch Mitarbeiter in Einrichtungen zeigen (*Fegert/Wolff* 2002; *Runder Tisch Heimerziehung* 2010). Bei der rechtskräftigen Verurteilung zu einer der in § 72a Abs. 1 SGB VIII aufgeführten einschlägigen Straftaten ist von der Nichteignung der Person für eine Tätigkeit in einer Einrichtung auszugehen. Auch die **personelle Mindestausstattung** richtet sich nach dem Angebot der konkreten Einrichtung. Sie ist abhängig von der Größe der Gruppe und der konkreten sozialpädagogischen Arbeit. Maßstab der personellen Mindestausstattung ist das Wohl der Kinder, wobei sichergestellt werden muss, dass eine pädagogische Arbeit im Sinne einer erzieherischen Förderung und nicht nur eine Beaufsichtigung stattfindet (OVG NI 13.2.2006 – 12 LC 538/04; OVG SL 4.7.2000 - Q 105/99). Außerdem muss gesichert sein, dass bei Krankheit, Urlaub usw genügend Kräfte zur 15

Verfügung stehen; deswegen ist es z.B. nicht möglich, dass in einem eingruppigen Kindergarten nur eine Betreuungsperson tätig ist (VGH München 5.11.2009 – 12 ZB 08.1533). Für mehrgruppige Kindergärten wird je nach Öffnungszeiten ein Personalschlüssel von 1,5 - 1,7 vollen Fachkräften pro Kindergartengruppe verlangt; bei großen altersgemischten Gruppen stellt die Betreuung durch zwei Fachkräfte i.d.R. den notwendigen personellen Mindeststandard dar (*Smessaert/Lakies* in: FK-SGB VIII § 45 Rn 35 m.w.N).

16 Zudem fordert § 45 Abs. 2 Nr. 2 SGB VIII, dass die **gesellschaftliche und sprachliche Integration** in der Einrichtung **unterstützt** wird sowie die gesundheitliche Vorsorge und die medizinische Betreuung der Kinder und Jugendlichen nicht erschwert werden. Schließlich ist Voraussetzung für die Erlaubnis, dass zur Sicherung der Rechte von Kindern und Jugendlichen in der Einrichtung **geeignete Verfahren der Beteiligung** sowie der **Möglichkeit der Beschwerde** in persönlichen Angelegenheiten Anwendung finden (Abs. 2 Satz 2 Nr. 3; hierzu *BAGLJÄ* 2013; *Urban-Stahl/Jann* 2014). Im Hinblick auf die Beteiligung ist z.B. zu denken an einrichtungsinterne Mitbestimmungs- und einrichtungsübergreifende Mitwirkungsforen (*Hansen/Knauer/Sturzenhecker* 2011; Empfehlungen des DV zur Sicherung der Rechte von Kindern und Jugendlichen in Einrichtungen, NDV 2012, 315 ff.). Im Hinblick auf die Beschwerdemöglichkeiten ist auch an externe Personen und Einrichtungen als Beschwerde- bzw. Ombudsstelle zu denken (hierzu Kap. 5.4)

17 Die Einrichtungs-/Betriebserlaubnis muss nach § 45 Abs. 1 SGB VIII **vor der Betriebsaufnahme** eingeholt werden (Erlaubnisvorbehalt). Eine erteilte Erlaubnis erlischt ohne dass es eines Widerrufs bedarf (§ 39 Abs. 2 SGB X), wenn sich wesentliche Tatsachen (z.B. Ort der Einrichtung, Wechsel des Trägers), die der Erlaubniserteilung zugrunde lagen, nach Erlaubniserteilung ändern (*Smessaert/Lakies* in: FK-SGB VIII § 45 Rn 5). In diesen Fällen ist vor Weiterbetrieb der Einrichtung eine neue Erlaubnis erforderlich. Die Einrichtungsträger unterliegen nach § 47 SGB VIII im Hinblick auf einige wesentlichen Merkmale der Einrichtung und deren Änderung entsprechenden unverzüglichen Meldepflichten.

18 Zur Klärung, ob das Kindeswohl in der Einrichtung in sonstiger Weise gewährleistet ist, hat die Erlaubnisbehörde eine **umfassende Prüfungspflicht** (*Smessaert/Lakies* in: FK-SGB VIII § 45 Rn 27). Die Zuständigkeit liegt nach § 85 Abs. 2 Nr. 6 SGB VIII beim überörtlichen Träger bzw. bei der durch Landesrecht bestimmten Behörde (§ 84 Abs. 4 SGB VIII). Werden Mängel in einer Einrichtung festgestellt, so ist entsprechend dem Verhältnismäßigkeitsgrundsatz der Träger zunächst zu beraten (Abs. 3 Satz 1), werden die Mängel nicht abgestellt, so sind dem Träger nachträgliche Auflagen zu erteilen (Abs. 2 Satz 5, Abs. 3 Satz 3) und schließlich kommt der **Entzug der Erlaubnis** in Betracht (Abs. 2 Satz 5). Wenn Beratung und nachträgliche Auflagen jedoch nicht ausreichen, kann in gravierenden Fällen auch sofort der Entzug der Erlaubnis in Betracht kommen. Hinsichtlich der Mängel kommt es nicht auf das Verschulden des Trägers an, maßgeblich ist allein die objektive Gefährdung des Kindeswohls. Widerspruch und Anfechtungsklage gegen die Rücknahme oder den Widerruf der Erlaubnis haben nach § 45 Abs. 2 Satz 7 SGB VIII keine aufschiebende Wirkung.

19 Nach § 46 Abs. 1 SGB VIII soll die zuständige Behörde (i.d.R. das Landesjugendamt) an Ort und Stelle nach den Erfordernissen des Einzelfalles überprüfen, ob die Voraussetzungen für die Erlaubniserteilung fortbestehen. Damit verbietet sich eine regel- oder routinemäßige **Überprüfung** (s.o. Kap. 11.2). Als Anlässe für die Überprüfung kom-

11.3 Betriebs- und Einrichtungserlaubnis – § 45 SGB VIII

men etwa größere Personalveränderungen, Wechsel in der Leitung, Veränderung des pädagogischen Konzeptes, der Gruppenstruktur, des aufzunehmenden Personenkreises usw in Betracht (zu beachten sind auch die Meldepflichten der Einrichtungsträger nach § 47 SGB VIII). Damit wird deutlich, dass die »Überprüfung« weniger eine bloße Kontrollmaßnahme sein kann als vielmehr den Charakter von fachlicher Beratung, Unterstützung und Planung haben muss. Das Gesetz verzichtet aber auch nicht auf die Möglichkeit der Intervention des öffentlichen Trägers bei einer Gefährdung des Wohls des Mj. Deutlich wird dies etwa in § 46 Abs. 2 SGB VIII (Zutrittsrecht) oder in § 48 SGB VIII, der es der zuständigen Behörde gestattet, ein »**Beschäftigungsverbot**« zu verhängen (Tätigkeitsuntersagung), wenn Beschäftigte nicht die erforderliche Eignung besitzen.

Wichtige, interessante Entscheidungen
- OVG RP 24.10.2008 - 7A LA 10444/08 (Abgrenzung zwischen einrichtungs- und familienähnlich ausgestalteten Hilfeformen nach § 34 SGB VIII); BGH 21.10.2004 – III ZR 254/03 – JAmt 2005, 35 (Antrittsbesuch bei Pflegefamilie); BVerwG 24.2.1994 – 5 C 42.91 (Wohnformen); VGH München 2.2.2017 – 12 CE 17.71 - JAmt 2017, 251 ff. (Einrichtungsstandards)

Weiterführende Literatur
- *BAGLJÄ* 2010 und 2013; *Kindler* et al. 2011; *Fegert/Wolff* 2002; *Mühlmann* 2014; *Urban-Stahl/Jann* 2014

12. Mitwirkung der Jugendhilfe im gerichtlichen Verfahren: §§ 50 – 52 SGB VIII

1   Der dritte Abschnitt des 3. Kapitels des SGB VIII behandelt das Kooperationsfeld der Jugendhilfe zur Justiz. Entscheidungen der Familien- und Jugendgerichte, die sich auf junge Menschen beziehen, müssen außerrechtliche, insb. (sozial-)pädagogische Erkenntnisse berücksichtigen. Deswegen wirkt das Jugendamt als sozialpädagogische Fachbehörde in den entsprechenden Verfahren vor den Familien- bzw. Jugendgerichten mit. Inhaltlich stehen die jungen Menschen im Mittelpunkt dieser Tätigkeit.

Ausführlich behandelte Vorschriften

- Zu den Aufgaben, Funktionen und Handlungsgrundsätzen der Kinder- und Jugendhilfe in gerichtlichen Verfahren: § 8a, § 36a, §§ 50 – 52 SGB VIII
- Stellung des JA im familiengerichtlichen Verfahren: § 50 SGB VIII, §§ 151 ff., §§ 162 ff. FamFG
- Stellung des JA im jugendgerichtlichen Verfahren: § 52 SGB VIII, §§ 38, 50, 71, 72a JGG

12.1 Jugendhilfe und Justiz – Grundsätzliches

2   Gerichte »sprechen Recht«, sie gewähren Rechtsschutz und kontrollieren, dass die öffentliche Verwaltung sich an »Gesetz und Recht« hält (Art. 20 Abs. 3 GG). Wenn sich Gerichte mit jungen Menschen und ihrer Lebenssituation befassen, reicht die juristische Kompetenz aufgrund der juristischen Ausbildungsinhalte und dementsprechend mangelnder psychosozialer Kenntnisse oft nicht aus, eine am Kindeswohl orientierte Entscheidung (hierzu 12.1.1/Rn 4) zu treffen. Deshalb es notwendig, dass die Kinder- und Jugendhilfe ihre (spezifisch transdisziplinäre) sozialpädagogische Kompetenz auch in gerichtlichen Verfahren zur Geltung bringt. Andererseits führt dies mitunter zu Konflikten, gerade weil hier unterschiedliche Professionen mit unterschiedlichen Handlungsorientierungen und Denkmustern aufeinandertreffen. Im 3. Abschnitt des 3. Kap. des SGB VIII (§§ 50 – 52) werden unter Hinweis insb. auf §§ 162 ff. FamFG (§ 50 Abs. 1 Satz 2 SGB VIII) und auf §§ 38, 50 JGG (§ 52 Abs. 1 SGB VIII) eine Vielzahl von am Gerichtsverfahren orientierten Aufgaben der Kinder- und Jugendhilfe angesprochen. Von Bedeutung sind insb. drei inhaltlich unterschiedliche Bereiche:

- die Mitwirkung im familiengerichtlichen Verfahren (§ 50 SGB VIII; Kap. 12.2)
- die Mitwirkung in Adoptionsverfahren (§ 51 SGB VIII; Kap. 12.3)
- die Mitwirkung in Verfahren nach dem JGG (§ 52 SGB VIII; Kap. 12.4)

3   Um zu sachangemessenen Ergebnissen zu kommen, ist es notwendig, das Verhältnis von JA/Jugendhilfe und Gerichten nach den einzelnen Aufgabenfeldern differenziert zu betrachten. Einige Aspekte allerdings, die für das Verständnis der interdisziplinären Kooperation bedeutsam sind, sollen vorweg behandelt werden (ausführlich *Trenczek* in: FK-SGB VIII vor § 50 Rn 1 ff.).

12.1.1 Aufgaben der Jugendhilfe – Unterschiede zu den Gerichten – Kooperation

4   Das **Kindeswohl** (zu Inhalt und Reichweite des Begriffs s. *Dettenborn* 2014; *Jeand'Heur* 1993; *Trenczek* et al. 2017a, 147 ff. m.w.N.; *Zitelmann* 2001) ist Maßstab

12.1 Jugendhilfe und Justiz – Grundsätzliches

und Richtschnur jedes richterlichen (§ 1697a BGB) ebenso wie jugendamtlichen (z.B. § 1 Abs. 3, § 4 Abs. 1, § 8a Abs. 1, § 27 Abs. 1, § 42 Abs. 1 Nr. 2 SGB VIII) Handelns. Das wird auch durch **Art. 3 UN-KRK** hervorgehoben, der die Orientierung am Kindeswohl zur vorrangigen (!) Verpflichtung aller öffentlichen oder privaten Einrichtungen der sozialen Fürsorge, Gerichte, Verwaltungsbehörden und Gesetzgebungsorgane macht (s. Kap. 2.3.4; zum Vorrang des Kindeswohls im deutschen Jugendstrafrecht s. *Rabe von Kühlewein* ZJJ 2011, 134 ff.). Neben Gemeinsamkeiten lassen sich zwischen JA und Gericht insoweit allerdings auch unterschiedliche Perspektiven und Zugänge feststellen. Traditionell wurde die Tätigkeit der JÄ – ausgehend von den überkommenen Begriffen in den alten Rechtsnormen (RJWG/JWG bzw. RJGG/JGG; vgl. § 38 JGG, s. Kap. 12.4) – als »Familien-« bzw. »Jugendgerichtshilfe« bezeichnet und mitunter fehlerhaft als entsprechender »Dienst« verstanden: Hiernach sei es Aufgabe der JÄ, auf Ersuchen Hilfe für die Gerichte zu leisten. Mit dem KJHG (1991) änderte sich die Terminologie (§§ 50, 52 SGB VIII spricht im Hinblick auf das JA von »Mitwirkung in Verfahren …«), was zur **Klärung der gerichtsbezogenen Aufgaben des Jugendamts** nach dem SGB VIII beigetragen hat. Im Hinblick auf die Mitwirkung des JA im Strafverfahren (Kap. 12.4.1) führte dies sogar zu einer veränderten Auslegung des JGG (*Trenczek* 1996, 111 ff.; ders. in: FK-SGB VIII § 52; s. u. Kap. 12.4). Im familiengerichtlichen Verfahren (s. Kap. 12.2) hatte sich diese neue, am SGB VIII ausgerichtete Aufgabenwahrnehmung früher durchgesetzt und wurde im neuen FamFG (2009) auch verfahrensrechtlich verankert (*Trenczek* ZKJ 2009, 92 ff. und in: FK-SGB VIII Vor § 50 ff.).

Die Mitwirkung im gerichtlichen Verfahren nach §§ 50 bis 52 SGB VIII gehört zu den »**anderen Aufgaben**«. Damit gelten auch hier die Ausführungen, die für alle diese anderen Aufgaben von Bedeutung sind (s. o. Einleitung Dritter Teil vor Kap. 10). Die Mitwirkung im gerichtlichen Verfahren ist keine Leistung, die vom Willen der Betroffenen abhängig ist, sondern eine vom JA vorzunehmende (hoheitliche) Aufgabe. Damit entscheidet das JA zwar nicht **ob**, allerdings grds. nach pflichtgemäßem Ermessen darüber, **wie** es diese Aufgabe wahrnimmt (beachte die Ausnahmen, z.B. in § 52 Abs. 2 SGB VIII; Kap. 12.4.2.1). Der öffentlich-rechtliche (»hoheitliche«) Charakter der Aufgabe tritt hier weniger zu Tage als bei den »anderen Aufgaben« zum Schutz oder als gesetzlicher Vertreter von Mj., zumal das JA in diesem Bereich mit Ausnahme der Befugnisse zur Datenerhebung und -weitergabe nicht über Eingriffsbefugnisse verfügt (s. u. Kap. 12.4.2.1, Rn 56). Bei der Aufgabenerfüllung sind – wie bei den anderen Aufgaben generell und ungeachtet des justiziellen Kontextes – die **sozialpädagogischen Handlungsorientierungen** (s. Kap. 4.3) zu beachten. Auch die Mitwirkung im gerichtlichen Verfahren ist nach § 2 Abs. 1 SGB VIII »zu Gunsten« junger Menschen und Familien zu erbringen (Sozialanwaltschaft, s. Kap. 3.1.3, Rn 15). Damit gelten auch für die Mitwirkung im gerichtlichen Verfahren die allgemeinen fachlichen und rechtlichen Standards der Kinder- und Jugendhilfe, seien es die im ersten Kap. genannten Grundsätze, die Verfahrens- und insb. die Datenschutzvorschriften oder sei es die Ausrichtung an den Lebens- und Interessenlagen der Betroffenen. 5

Zwar verändern (Sorgerechts- oder Sanktions-)Entscheidungen der Gerichte mit der rechtlichen mitunter auch die tatsächliche Situation von Kindern und Jugendlichen. In welcher Weise sich diese auf die Entwicklung des jungen Menschen auswirken, hängt letztlich aber von seinen und den familiären **Ressourcen** und deshalb entscheidend von der ihm dabei geleisteten Unterstützung ab. Während die Gerichte die Rechtspositionen und die Vergangenheit bewerten müssen, um den Ist-Zustand entscheiden zu kön- 6 nen, ist das sozialarbeiterische Denken und Handeln prozesshaft und auf die zukünftigen Entwicklungsmöglichkeiten gerichtet. Während das Gericht im Konfliktfall die »objektive Wahrheit« zu ermitteln und eine »richtige« Entscheidung zu treffen versucht, geht es der Jugendhilfe gerade auch im Hinblick auf eine Verbesserung der Situation von jungen Menschen um eine weitgehend **kooperative und** (deshalb notwendigerweise) **rekonstruktive Problembewältigung** (*Kohaupt* JAmt 2003, 568 ff. und JAmt 2005, 218 ff.). Selbst in den familien- und jugendgerichtlichen Verfahren geht es vor dem Hintergrund einer angemessenen Problembewältigung nicht ausschließlich um die »richtige«, sondern um eine **einvernehmliche Konfliktregelung** (*Trenczek* FPR 2009, 335 ff.). Das BVerfG hat wiederholt auf die Bedeutung einvernehmlicher Konfliktregelungen und die Subsidiarität gerichtlicher Entscheidungen hingewiesen (BVerfG 14.2.2007 - 1 BvR 1351/01 – Rn 35 – NJW-RR 2007, 1073). Deshalb haben sowohl im familiengerichtlichen als auch im jugendstrafrechtlichen Verfahren **informelle Lösungswege Vorrang**. So soll das FamG nach §§ 36, 156, 165 FamFG auf eine einvernehmliche Regelung hinwirken. Im Jugendstrafverfahren gilt Entsprechendes, d.h. der Vorrang informeller Regelungen (zur sog. Diversion – Kap. 12.4.3). Da sich einvernehmliche Lösungen nicht ohne Weiteres von selbst herstellen, haben in den letzten Jahren insb. **Mediationsverfahren** an Bedeutung gewonnen (ausführlich *Trenczek* et al. 2017b; zur Vermittlung nach § 17 SGB VIII, s. Kap. 7.2).

7 Diese kurzen Ausführungen weisen schon darauf hin, dass sich beide Institutionen, Gericht und JA – auch wenn sich beide mit Fragen der Personensorge und des Kindeswohls befassen – in ihren Zielen, Aufgaben und Funktionen sowie Handlungsinstrumenten unterscheiden. Diese beiden **System-Zwecke und -Logiken** sind nicht immer identisch (*Trenczek* 2015). Jedes System (Justiz bzw. Jugendhilfe) hat verfassungsrechtlich die Verpflichtung, seine Aufgaben/Zwecke soweit wie möglich zu realisieren (sog. **Zweckbindung**). Während der Zweck der Justiz darin liegt, Streitentscheidungen mit Verbindlichkeit für alle Betroffenen zu treffen bzw. Verstöße gegen Strafgesetze zu sanktionieren, ist der Zweck der Jugendhilfe nach § 1 SGB VIII, das Wohl der jungen Menschen zu verwirklichen. Dies wird immer wieder zu Spannungen führen (müssen). Die unterschiedlichen Zwecke und die sich daraus ergebenden Interessengegensätze müssen von den jeweiligen Beteiligten transparent gemacht und ausgehalten werden. Im Interesse des Wohls der jungen Menschen ist es aber erforderlich, dass es zwischen den Systemen von Jugendhilfe und Justiz zur **Kooperation** kommt, ohne dass diese lediglich den Eigennutzen der beteiligten Institutionen und Personen dienen darf. Deshalb ist es nicht hilfreich vernebelnd darauf hinzuweisen, dass doch alle Beteiligten »in einem Boot« säßen und doch letztlich »alle das Gleiche« wollten. Die tun sie gerade nicht! Kooperation bedeutet vielmehr ein verantwortungsbewusstes Zusammenwirken im Bewusstsein der fachspezifischen, normativ geregelten Unterschiede, es verbietet die Unterordnung des einen Systems unter das andere.

8 Soweit die Gesetze keine ausdrücklichen Befugnisnormen nennen, darf/kann das JA nicht durch die Gerichte zum Tätigwerden »ermächtigt« oder verpflichtet werden. Das JA unterstützt das Gericht, es ist aber nicht Erfüllungsgehilfe, nicht Ermittlungshelfer der Gerichte (vgl. die Gesetzesbegründung in BT-Drs. 11/5948, 87), sondern **sozialpädagogische Fachbehörde**. Die Unterstützung der Gerichte ist eine Aufgabe des JA gegenüber den Adressaten der Jugendhilfe, damit deren Rechte verwirklicht werden. Im Zentrum der Jugendhilfetätigkeit stehen die jungen Menschen und – bei Mj. – auch deren Eltern. Die Aufgaben, die Pflichten und die Rechte des JA ergeben sich aus dem SGB VIII, sie werden nicht durch die Gerichte festgelegt (ausführlich *Trenczek* in: FK-

12.1 Jugendhilfe und Justiz – Grundsätzliches

SGB VIII vor § 50 Rn 11 ff.). So ist die Mitwirkung der JÄ im gerichtlichen Verfahren auch **keine Amtshilfe**, denn das JA nimmt keine Aufgabe des Gerichtes wahr. Die Mitwirkung im gerichtlichen Verfahren ist eine eigene, dem JA gesetzlich (originär) obliegende Aufgabe. Deshalb können die (Zivil- oder Straf-)Gerichte dem JA auch **keine Weisungen** erteilen. Das gilt für alle Phasen gerichtlicher Tätigkeit, sei es bei der Ermittlung des Sachverhaltes (die Gerichte haben entsprechend dem Amtsermittlungsgrundsatz selbst zu ermitteln), sei es hinsichtlich der Umsetzung der Entscheidungen der genannten Gerichte. Anders ist dies freilich bei Verpflichtungsurteilen der Verwaltungsgerichte, wenn das JA z.B. zur Erbringung einer bestimmten Leistung durch Urteil verpflichtet wird (im Einzelnen *Trenczek* FK- SGB VIII Anhang Verfahren Rn 82 ff.).

Die in der Praxis z.T. immer noch bestehenden Unsicherheiten hatten den Gesetzgeber veranlasst, durch das KICK 2005 in § 36a Abs. 1 Satz 1, 2. Halbsatz **SGB VIII** eine klarstellende Regelung zu treffen: danach werden durch die Entscheidung der Familien- bzw. Jugendgerichte nur die Eltern oder die jungen Menschen gebunden, nicht aber die öffentlichen Jugendhilfeträger. Diese haben vielmehr nach den entsprechenden gesetzlichen Vorgaben des SGB VIII zu prüfen und zu entscheiden, ob die Voraussetzungen für die Erbringung von Hilfen vorliegen und – wenn die Voraussetzungen gegeben sind – eine entsprechende Entscheidung zu treffen und dann auch die Kosten der Hilfe zu tragen (sog. **Steuerungsverantwortung**; ausführlich zur Hilfeplanung aus Anlass eines gerichtlichen Verfahrens *Trenczek* ZJJ 2007, 31 ff.; *Trenczek/Stöss* ZJJ 2014, 323 ff.; s. auch Kap. 9.8.3). Folgerichtig haben die (Zivil- und Straf-)Gerichte auch keine Zwangsmittel gegenüber den JÄ, um sie zu einer von den Gerichten gewünschten Aufgabenerledigung anzuhalten, es gibt hierfür keine Rechtsgrundlage. Dies alles macht deutlich, dass – im Interesse der jungen Menschen – die beiden selbstständigen Institutionen Gericht und Jugendhilfe dieses Spannungsverhältnis nur auf der Ebene einer sinnvollen Kooperation konstruktiv lösen können.

9

Die **Zuständigkeit** des JA für die Mitwirkung im gerichtlichen Verfahren richtet sich gemäß § 87b Abs. 1 SGB VIII nach § 86 Abs. 1–4 SGB VIII. Demnach ist primär maßgebend der gewöhnliche Aufenthalt der Eltern (und erst nachrangig der des Mj. – s. Kap. 15.4); das ist nicht immer das JA, das im Bezirk des Gerichtes liegt, das für das Verfahren zuständig ist. Grundsätzlich werden diese anderen Aufgaben vom JA selbst wahrgenommen, eine Aufgabenwahrnehmung durch (anerkannte) **freie Träger** ist aber im Rahmen des § 76 SGB VIII möglich (im Einzelnen Kap. 16.1). Wie generell in der Jugendhilfe ist es auch hier erforderlich, dass **Fachkräfte** (§ 72 SGB VIII) tätig sind. Aufgrund der spezifischen Anforderungen des Arbeitsfeldes sind hinsichtlich der Zusammenarbeit mit der Justiz besondere (insb. rechtliche) Kenntnisse und eine entsprechende Kommunikationsfähigkeit erforderlich.

10

12.1.2 Verfahrensrechtliche Stellung des Jugendamtes

Welche **Aufgaben** im gerichtlichen Verfahren und wie das JA diese wahrzunehmen hat, ergibt sich aus dem SGB VIII, nicht aus den prozessrechtlichen Bestimmungen. Die **verfahrensrechtliche Stellung** des JA in den Gerichtsverfahren ergibt sich demgegenüber aus den jeweiligen Verfahrensgesetzen der Gerichte, also dem GVG sowie einerseits aus dem FamFG bzw. der ZPO (für das familiengerichtliche Verfahren) sowie andererseits aus dem JGG und der StPO (für das jugendgerichtliche Verfahren). Im gerichtlichen Verfahren wirken die Fachkräfte der JÄ nur dann als förmliche **Verfahrensbetei-**

11

ligte mit, wenn sie durch eigene Willenserklärungen aktiv und gestaltend am gerichtlichen Prozess mitwirken (können). Davon unabhängig können sie die Gesichtspunkte der Kinder- und Jugendhilfe zur Geltung bringen, weil sie über gewisse Mitwirkungsrechte verfügen. In Verfahren nach den §§ 1666 f. BGB ist das JA stets zu beteiligen (§ 166 Abs. 2 Satz 1 FamFG), im Übrigen wird es im familiengerichtlichen Verfahren zum (förmlichen) Verfahrensbeteiligten, wenn es dies ausdrücklich wünscht (§ 162 Abs. 2 Satz 2, § 188 Abs. 2, § 204 Abs. 2, § 212 Abs. 2 FamFG; sog. **Zugriffslösung**, s. *Trenczek* ZKJ 2009, 100 sowie in: FK-SGB VIII, Vor § 50-52 Rn 34). Im **Jugendstrafverfahren** verfügt das JA zwar über einige Beteiligungsrechte, die förmliche Stellung als Verfahrensbeteiligter wird ihm aber aufgrund nur beschränkter Gestaltungsrechte nicht zugebilligt (*Trenczek* in: FK-SGB VIII § 52 Rn 14).

12 Die Verpflichtung der JÄ im gerichtlichen Verfahren mitzuwirken, korrespondiert mit der Verpflichtung der Gerichte, die JÄ anzuhören (§§ 162 Abs. 1 Satz 1, §§ 176, 194, 205, 213 FamFG; § 38 Abs. 2 Satz 2, Abs. 3 Satz 3, § 50 Abs. 3 JGG). Die **fehlende Anhörung des Jugendamtes** kann eine Verletzung des Grundsatzes auf ein faires Verfahren (Art. 6 EMRK) begründen und muss deshalb im Rechtsmittelverfahren regelmäßig zur Aufhebung und Zurückweisung der Entscheidung führen (*Trenczek* in: FK-SGB VIII vor § 50-52 Rn 34; zur Beschwerdebefugnis des JA im familiengerichtlichen Verfahren FK-SGB VIII § 50 Rn 12).

13 Wie das JA seine **Anhörung** wahrnimmt, hat das Gesetz nicht festgelegt. Traditionell nahmen JÄ im Vorfeld schriftlich Stellung und äußerten sich in den Verhandlungen mündlich. Im Hinblick auf das beschleunigte Verfahren der FamG und insb. den frühen, ersten Termin (§ 155 Abs. 2 FamFG) liegt der Verzicht auf schriftliche Stellungnahmen und die mündliche Erörterung in der Natur der Sache. Auch im jugendstrafrechtlichen Verfahren gehen erfahrene Fachkräfte zunehmend zur mündlichen Stellungnahme über, gerade wenn es sich um ein jugendtypisches Verhalten von jungen Menschen handelt und ein förmliches Verfahren aus jugendkriminologischer Sicht nicht erforderlich erscheint (*Trenczek* MschKrim 2000, 273 f. und 2003, 128; zur Diversion s. u. Kap. 12.4.3). Eine bestimmte Form kann das Gericht dem JA nicht vorschreiben. Soweit dies nicht durch das Gesetz ausdrücklich vorgeschrieben ist (§§ 50 Abs. 2, 51 Abs. 2 Satz 3 SGB VIII), ist das JA nicht zu einer bestimmten Form der Mitwirkung verpflichtet. Wesentlich ist letztlich nicht die Form – mündlich oder schriftlich – sondern die **Qualität**. Inhaltlich geht es darum, dass das JA die sozialpädagogisch begründete Sicht der Kinder- und Jugendhilfe ein- und zur Geltung bringt. Eine fachlich qualifizierte **Stellungnahme** der Kinder- und Jugendhilfe ist mehr als der bloße Bericht über biographische Daten, Fakten und Meinungen (*Oberloskamp* et al. 2017, 17 ff.; *Trenczek* in: FK-SGB VIII vor § 50 Rn 23 ff.; zur Kritik an der Qualität sozialarbeiterischer Stellungnahmen s. z.B. *Harnach* 2011, 29 ff.; *Lindemann* 1998; *Trenczek/Goldberg* 2016, 268 m.w.N.). Sie muss der sozialpädagogisch fundierten Aufgabenerledigung, Entscheidungsfindung und Vorbereitung der konkreten Hilfeleistung des JA dienen. Wird eine (schriftliche) Stellungnahme abgegeben, so sollte diese auf Basis einer transparenten empirischen Datengrundlage, einer sorgfältigen Anamnese und aufgabenspezifischen Fachdiagnose über die im Einzelfall bestehenden Ressourcen und (Hilfe-)Bedarfe, geeignete Unterstützungsleistungen sowie ggf. weitere entscheidungsrelevante Fragestellungen (z.B. Entwicklungsstand und strafrechtliche Verantwortlichkeit; dient eine Regelung dem Kindeswohl?) Auskunft geben können (zu **Gliederung und Inhalt fachlicher Stellungnahmen** der Sozialen Arbeit *Oberloskamp* et al. 2017, 106 ff.;

Trenczek in: FK-SGB VIII vor § 50 Rn 25 ff.; *Trenczek/Goldberg* RPsych 4-2019, 475 ff.).

Ungeachtet der Tatsache, dass das JA in das gerichtliche Verfahren als sachkundige sozialpädagogische Fachbehörde einbezogen wird, haben ihre Fachkräfte auch hinsichtlich der von ihnen u.U. erstellten fachlichen Stellungnahme nicht den Status von Sachverständigen i.S.d. gerichtlichen Verfahrensvorschriften. Sie werden nicht vom Richter ausgewählt, sondern wirken Kraft der gesetzlichen Regelungen im Verfahren mit. Sie könnten allerdings als **Zeugen** vernommen werden und haben dann – wie alle Zeugen – wahrheitsgemäße Aussagen zu machen, soweit sie nicht über ein Zeugnisverweigerungsrecht verfügen. Als Beschäftigte eines öffentlichen Trägers muss das Gericht dafür sorgen, dass sie hierfür eine entsprechende **Aussagegenehmigung** erhalten, ohne die Mitarbeiter*innen öffentlicher Träger keine Aussagen machen dürfen (§ 30 FamFG i.V.m. § 376 ZPO, § 54 StPO). Im Rahmen der Erteilung der Aussagegenehmigung sind insb. auch die sich aus den Datenschutzvorschriften ergebenden Grenzen der §§ 64 Abs. 2, 65 SGB VIII zu beachten (s. Kap. 14.5.2). Zur Aussage sind sie nur dann nicht verpflichtet, wenn sie ein Zeugnisverweigerungsrecht haben. Vor den Zivilgerichten ist das **Zeugnisverweigerungsrecht** der Sozialarbeiter der Kinder- und Jugendhilfe aufgrund des besonderen Sozialdatenschutzes in der Kinder- und Jugendhilfe und der Schweigepflicht nach § 203 StGB anerkannt, im Strafverfahren wird dies von der strafrechtlichen Praxis immer noch weitgehend abgelehnt, anders dagegen die ganz h.M. der sozialrechtlichen Literatur (s. Kap. 14.5.3).

12.2 Mitwirkung im familiengerichtlichen Verfahren – § 50 SGB VIII

Im familiengerichtlichen Verfahren ist das JA aufgrund seiner unterschiedlichen Aufgaben in ganz **unterschiedlichen Rollen** mit unterschiedlichen Rechten und Pflichten beteiligt (hierzu die nachfolgende Abb. 8). Im Folgenden geht es alleine um die Mitwirkung im gerichtlichen Verfahren nach § 50 SGB VIII ohne dabei zu vergessen, dass sich die verschiedenen Aufgaben und Funktionen des JA beeinflussen, ja sogar in Konflikt geraten können (zu den Aufgaben des JA als Beistand, Pfleger und Vormund s. Kap. 13.3; als Sozialleistungsträger s. Kap. 6 ff. und 15). Das JA wird im familiengerichtlichen Verfahren zum (förmlichen) **Verfahrensbeteiligten**, wenn es dies beantragt (§ 162 Abs. 2 Satz 1, § 172 Abs. 2 Satz 1, § 188 Abs. 2 Satz 1, § 204 Abs. 2 Satz 1, § 212 Abs. 2 Satz 1 FamFG; sog. Zugriffslösung, *Trenczek* ZKJ 2009, 100; *Hoffmann/Trenczek* in: FK-SGB VIII, § 50-Anhang Rn 11).

12. 3. Teil: Andere Aufgaben der Jugendhilfe

Abb. 8: Die verschiedenen Rollen des JA im familiengerichtlichen Verfahren

15a

Mitwirkung im familiengerichtlichen Verfahren (§§ 50, 51 SGB VIII)	Amtsvormund/-pfleger (§§ 1791b, 1791c BGB; § 55 SGB VIII)	Sozialleistungsträger (§ 79 SGB VIII)

▲ Anrufung FamG bei nicht anders abwendbarer Kindeswohlgefahr (§ 8a III SGB VIII)
▲ Widerspruch der Eltern im Rahmen der Inobhutnahme (§ 42 III 2 SGB VIII)
▲ Mitwirkung und Anhörung im gerichtlichen Verfahren soweit Grundsatz der Amtsermittlung (§ 26 FamFG) gilt in
  ◦ Kindschaftssachen (§ 162 FamFG)
  ◦ Abstammungssachen (§§ 172, 176 FamFG)
  ◦ Adoptionssachen (§§ 188, 194 FamFG), insb. § 51 SGB VIII
  ◦ Ehewohnungssachen (§§ 204 f. FamFG)
  ◦ Gewaltschutzsachen (§§ 212, 213 FamFG) sowie
▲ Anhörung grds. in allen (anderen) das Kindeswohl betreffenden Verfahren
▲ Unterstützung bei der Vollstreckung von Regelungen zur Kindesherausgabe und zum Umgang (§ 88 FamFG)
▲ JA wird zum (förmlichen) Verfahrensbeteiligten im gerichtlichen Verfahren nur auf Antrag (sog. Zugriffslösung); dann u.a. Akteneinsichtsrecht (§ 13 FamFG) und Mitwirkungspflicht
▲ das JA ist nur insoweit antragsberechtigt als seine eigene Rechtsposition betroffen ist (verfahrensrechtlich; nicht hinsichtlich der materiell-rechtl. Verfahrensgegenstände)
▲ Beschwerdebefugnis unabhängig von Beteiligtenstellung (§ 59 III, § 162 III 2. ... FamFG)
	▲ als Beteiligter nach § 7 I, II Nr. 1 FamFG (z.B. bzgl. Aufenthaltsbestimmung vgl. § 1800, 1632 BGB; Umgang § 1684 III BGB; Vermögensverwaltung §§ 1802 ff. BGB)
	▲ als gesetzlicher Vertreter des beteiligten Kindes (vgl. § 9 II FamFG)
	▲ als Umgangspfleger (§ 1684 III 3-5 BGB Beratung und Aufsicht durch das Familiengericht (§§ 1837 ff. BGB)
	
	Beistand
	(§§ 1712 ff. BGB; § 55 SGB VIII)
	▲ als gesetzlicher Vertreter des beteiligten Kindes bei der Feststellung der Vaterschaft (vgl. §§ 1712 I Nr. 1 BGB; § 173 FamFG)
	▲ als gesetzlicher Vertreter des beteiligten Kindes in Verfahren zum Kindesunterhalt (vgl. § 1712 I Nr. 2, § 234 FamFG)
		▲ Bereitstellung von Angeboten
		  ◦ Partnerschafts-, Trennungs- und Scheidungsberatung (§ 17 SGB VIII)
		  ◦ Beratung und Unterstützung bei Fragen des Umgangs (§ 18 III SGB VIII)
		  ◦ Erziehungsberatung (§ 28 SGB VIII)
		▲ Gewährung von Leistungen
		  ◦ im Rahmen der Erörterung einer (möglichen) Kindeswohlgefährdung
		  ◦ zur Deckung erkennbarer Hilfebedarfe (§§ 11 ff., insb. §§ 27 ff., 50 III SGB VIII) und Umsetzung gerichtl. Verpflichtungen (§ 1666 III Nr. 1 BGB)

↕ »**Verantwortungsgemeinschaft**«
unterschiedliche Funktionen und Aufgaben, aber **Kooperation**

JUGENDHILFE/JUGENDAMT

- muss stets das Kindeswohl und das Elternprimat beachten (Art. 1 und 6 GG; § 1 SGB VIII)
- berät Eltern/PSB sowie junge Menschen
- unterstützt die Betroffenen zugunsten einvernehmlicher Regelungen
- Interessens- und Prozessorientierung
- grds. keine Eingriffsbefugnisse (Ausn. § 42 I SGB VIII)
- bringt die sozialpädagogischen Gesichtspunkte in das Verfahren ein
- unterstützt gleichzeitig das FamG, insb. Information über angebotene und erbrachte Leistungen (§ 50 II SGB VIII)

FAMILIENGERICHT

- muss stets das Kindeswohl und das Elternprimat beachten (Art. 1 und 6 GG; §§ 1626 ff BGB)
- respektiert einvernehmliche Regelungen der Betroffenen
- entscheidet, wenn keine einvernehmlichen Regelungen getroffen werden oder diese dem Kindeswohl widersprechen
- Rechts(schutz-) und Entscheidungsorientierung
- Eingriffsbefugnisse z.B. §§ 26, 162 I 1, 176, 194, 205, 213 FamFG, auch im Eilverfahren vor Erlass einer einstweiligen Anordnung (§ 155 II 2, § 162 I FamFG)
- muss das Jugendamt anhören (§ 155 II 2, § 162 I FamFG)

12.2 Mitwirkung im familiengerichtlichen Verfahren – § 50 SGB VIII

Mit der **Reform des familienrechtlichen Verfahrens** (FGG-RG/FamFG) wurde zum 1.9.2009 das Vormundschaftsgericht aufgelöst, dessen Kinder und Jugendliche betreffenden Aufgaben dem FamG übertragen und das familiengerichtliche Verfahren grds. neu geregelt (hierzu *Trenczek* ZKJ 2009, 97 ff.). In diesem Zusammenhang wurde § 50 SGB VIII neu gefasst, wobei der Gesetzgeber der **Kooperation von Familiengericht und Jugendamt** besondere Bedeutung zugemessen hat (BT-Drs. 16/6308, 236 ff.). § 50 **Abs. 1 Satz 2 SGB VIII** listet die Gegenstände der Verfahren vor den FamG auf, in denen die Mitwirkung des JA besonders wichtig ist, namentlich die

- Kindschaftssachen (§ 162 FamFG)
- Abstammungssachen (§ 176 FamFG)
- Adoptionssachen (§ 188 Abs. 2, §§ 189, 194, 195 FamFG)
- Ehewohnungssachen (§ 204 Abs. 2, § 205 FamFG) und die
- Gewaltschutzsachen (§§ 212, 213 FamFG).

Die Regelung des § 50 Abs. 1 Satz 2 FamFG ist nicht abschließend (»insbesondere«; z.B. § 1851 BGB). Vielmehr hat das JA das FamG in allen **Angelegenheiten der Personensorge** zu unterstützen (§ 50 Abs. 1 Satz 1 SGB VIII). Ausdrücklich vorgesehen ist z.B. die Beteiligung des JA auch zur **Unterstützung bei der Vollstreckung** von Entscheidungen über Herausgabe und Umgang (§ 88 Abs. 2 FamFG; hierzu *Ziegler* JAmt 2009, 585 ff.). Andererseits ist das JA nicht in allen Familiensachen, sondern nur insofern beteiligt als Kinder/Jugendliche betroffen sind (hierzu ausführlich *Balloff* 2018).

Eine besondere Bedeutung für die Kinder- und Jugendhilfe haben die durch **§ 151 FamFG** definierten **Kindschaftssachen** (s. a. § 50 Abs. 2 Satz 2 SGB VIII). Diese Sammelbezeichnung bezieht sich auf Verfahren, die ein mj. Kind bzw. einen Jugendlichen, mithin das Kindeswohl und die elterliche Erziehungsverantwortung betreffen und nicht einer anderen Verfahrensgruppe der Familiensachen (z.B. Abstammungs- und Adoptionssachen) zugeordnet sind (*Hoffmann/Trenczek* in: FK-SGB VIII § 50 Anhang Rn 24 ff.). Nach § 151 FamFG handelt es sich hierbei im Wesentlichen um Verfahren über

- die elterliche Sorge (§§ 1626 ff. BGB)
- das Umgangsrecht (§ 1632 Abs. 2, §§ 1684 und 1685 BGB)
- die Kindesherausgabe (§§ 1632, 1682 BGB)
- die Vormundschaft und Pflegschaft (§§ 1697, 1909, 1912 BGB) sowie
- die Genehmigung der freiheitsentziehenden Unterbringung eines Mj. (§§ 1631b, 1800, 1915 BGB).

Das Spektrum der möglichen familienrechtlichen Maßnahmen nach §§ 1666, 1666a BGB ist sehr weit, die Aufzählung der Ge- und Verbote in § 1666 Abs. 3 BGB ist nicht abschließend. Das FamG kann unter Beachtung des Verhältnismäßigkeitsgebotes nahezu alle Regelungen treffen und Maßnahmen anordnen, die dem Kindeswohl dienen (§ 1697a BGB; zu den Grenzen: BGH 23.11.2016 – XII ZB 149/16 – FamRZ 2017, 212). Das JA hat deshalb im Rahmen seiner Mitwirkung im gerichtlichen Verfahren aus seiner fachlichen Perspektive einzuschätzen, ob eine beabsichtigte Regelung aus sozialpädagogischer, insb. entwicklungspsychologischer und familiensystemischer Perspektive dem Kindeswohl dient bzw. diesem nicht widerspricht. Von besonderer praktischer Bedeutung ist die **Kooperation von Familiengericht und Jugendamt** v.a. im Bereich des Kindesschutzes (hierzu Kap. 12.2.1) und zur Regelung des Sorge- und Umgangsrecht bei Trennung und Scheidung (Kap. 12.2.2).

20 Das FamFG hat für das familiengerichtliche Verfahren einige **Verfahrensgrundsätze** hervorgehoben, die insb. auch vom JA im Rahmen seiner Mitwirkung zu beachten sind. Nach § 156 Abs. 1 FamFG soll das FamG auf **einvernehmliche Regelungen** hinwirken und kann hierzu nach Abs. 2 das gerichtliche Verfahren für eine außergerichtliche Beratung bzw. Mediation insb. durch das JA (§ 17 SGB VIII) aussetzen (s. auch §§ 36, 165 FamFG). Mit Blick auf die künftige Entwicklung des Kindes muss es zunächst immer um den Konsens gehen, der auf die (Wieder-)Herstellung eines verantwortungsgerechten Verhaltens der Eltern sowie die (Re-)Organisation sozialer Beziehungen gerichtet ist. Andererseits normiert § 155 Abs. 1 FamFG ein ausdrückliches **Vorrang- und Beschleunigungsgebot** für Kindschaftssachen, die den Aufenthalt des Kindes, das Umgangsrecht oder die Herausgabe des Kindes betreffen sowie für Verfahren wegen Gefährdung des Kindeswohls (hierzu im Einzelnen *Meysen* in: *Meysen* FamFG § 155 Rn 4; *Hoffmann/Trenczek* in: FK SGB VIIII § 50 Anhang Rn 26 ff.). Mithin muss das JA im Rahmen seiner Mitwirkung zwei Prinzipien des familiengerichtlichen Verfahrens beachten, die mitunter in Konkurrenz treten können (allerdings nicht müssen).

21 § 50 Abs. 1 und 2 SGB VIII verpflichten das JA zur Unterstützung, Mitwirkung und Unterrichtung der genannten Gerichte. Inhaltlich ist »**Unterstützung**« gegenüber der »Mitwirkung« der weitere Begriff und meint die allgemeine, gesetzlich nicht näher definierte Aufgabe des JA, die diese »zugunsten junger Menschen und Familien« (§ 2 Abs. 1 SGB VIII) wahrzunehmen hat. Unterstützende Jugendhilfe im Rahmen gerichtlicher Verfahren ist vor allem **Gestaltungshilfe** und nicht vorrangig Entscheidungs- oder Ordnungshilfe. Deutlich wird der enge Zusammenhang von Leistungen der Jugendhilfe einerseits und der Unterstützung der Gerichte andererseits v.a. im Hinblick auf die Konfliktberatung junger Menschen nach § 8 Abs. 2 und 3 SGB VIII, die Trennungs- und Scheidungsberatung (§ 17 SGB VIII) sowie im Hinblick auf die Beratung und Unterstützung bei Fragen des Personensorge-, Umgangs- und Unterhaltsrechts (§ 18 SGB VIII). In der fachlich sachgemäßen Hilfeleistung und Unterstützung der Eltern und ihrer Kinder zur Deeskalation und mitunter Lösung der Konflikte in kindschaftsrechtlichen Streitigkeiten liegt gleichzeitig auch eine Unterstützung für das Gericht. Das JA kann sich aber nicht auf eine reine Beratung der Eltern und der Mj. beschränken, sondern ist verpflichtet, die jugendhilfefachliche Perspektive im gerichtlichen Verfahren ein zu bringen. Mitunter kann das JA die Erkenntnisse aus den Beratungsleistungen – allerdings nur unter Beachtung der datenschutzrechtlichen Regelungen (§§ 64, 65 SGB VIII; hierzu Kap. 14.4.2) – auch im Hinblick auf die Unterstützung des Gerichts nutzen, damit dieses eine sachgerechte Entscheidung treffen kann.

22 **Mitwirkung** im gerichtlichen Verfahren bedeutet über die in § 50 Abs. 2 SGB VIII konkretisierte Pflicht zur Unterrichtung über angebotene und erbrachte Leistungen hinaus vor allem, den sozialpädagogischen Sachverstand entsprechend den fachlichen Standards der Kinder- und Jugendhilfe in das Verfahren ein- und zur Geltung zu bringen. § 50 SGB VIII legt weder in Abs. 1 noch Abs. 2 die **Art und Weise** der Unterstützung und Mitwirkung (in welcher Form – schriftlich/mündlich – und in welchem Umfang) fest, sondern überlässt es dem JA nach pflichtgemäßen Ermessen zu entscheiden, **wie** es seine Mitwirkungspflicht erfüllt (*Trenczek* in: FK-SGB VIII § 50 Rn 10 f.). Die Pflicht zur Unterrichtung über Jugendhilfeleistungen und das Einbringen erzieherischer

und sozialer Gesichtspunkte nach § 50 Abs. 2 SGB VIII darf nicht als Umschreibung der klassischen gutachtlichen, bewertenden **Stellungnahme mit Entscheidungsvorschlag** (z.B. im Hinblick auf die Übertragung des Sorgerechts) missverstanden werden (vgl. Kap. 12.1.2). Eine Verpflichtung des JA, stets eine Wertung vorliegender Fakten vorzunehmen und in der Rolle eines Gutachters Empfehlungen auszusprechen, ergibt sich aus dem Gesetz nicht (ganz h.M., s. *Trenczek* in: FK-SGB VIII § 50 Rn 12 m.w.N.). Soweit das Gesetz dies nicht ausdrücklich vorschreibt (wie z.B. in § 189 FamFG), ist das JA nicht verpflichtet, ein Gutachten oder einen eigenen Entscheidungsvorschlag zu unterbreiten. Die Frage, ob das JA im Zusammenhang mit der Unterrichtung nach § 50 Abs. 2 SGB VIII eine gutachterliche Wertung abgibt und einen **Entscheidungsvorschlag** unterbreitet, ist stets nur im konkreten Einzelfall aufgrund einer Abwägung zu treffen, welche Vorgehensweise dem Kindeswohl und dem Handlungsauftrag des JA am besten gerecht wird. Entscheidungsvorschläge sind kontraproduktiv und untunlich, solange einvernehmliche Regelungen (s.o. Rn 20) möglich erscheinen oder gar vom JA noch nicht einmal initiiert worden sind. Es gibt andererseits Fälle und Konstellationen, in denen eine qualifizierte sozialpädagogische Stellungnahme aus Sicht des JA notwendig erscheint. In diesem Fall ist es erforderlich, die Stellungnahme für die Betroffenen transparent und nachvollziehbar zu verfassen.

12.2.1 Mitwirkung im Hinblick auf den zivilrechtlichen Kindesschutz – § 8a SGB VIII, § 157 FamFG

Von den denkbaren Fällen des Zusammenwirkens von Jugendhilfe und Justiz ist der Bereich des **Kindesschutzes** von besonderer Bedeutung (s. Kap. 4.3.2.1; *Münder* et al. 2020, Kap. 9; *Trenczek* et al. 2017a, 182 ff.; zu den empirischen Daten s. nachfolgend). Die auf der Grundlage der verfassungsrechtlichen Vorgaben erlassenen rechtlichen Regelungen des Privat- und Sozialrechts stellen die handelnden Akteure in ein Gesamtsystem wechselseitiger Beziehungen (s. nachstehende Abb. 9), die professionell angemessen nur durch eine interdisziplinäre Perspektive erfasst und bearbeitet werden können. Familiengerichte wie JÄ stehen stets vor der ihnen wesenseigenen Aufgabe, in diesem System (nicht nur) rechtlicher Beziehungen die schwierige Balance zwischen Elternverantwortung und Kindeswohl (Art. 6 Abs. 2 GG) zu finden, und haben dabei unterschiedliche Aufgaben und Befugnisse. Wiederholt hat das BVerfG (z.B. 22.5.2014 – 1 BvR 2882/13; 27.8.2014 – 1 BvR 1822/14) darauf hingewiesen, dass Eingriffe in die Elternverantwortung nach Art. 6 Abs. 2 GG, insb. die Trennung des Kindes von der Familie, nur bei einer nachhaltigen Gefährdung des Kindeswohls und unter strikter Beachtung des Verhältnismäßigkeitsgebotes erfolgen und aufrechterhalten werden dürfen. Deshalb muss das JA zur Vermeidung der Trennung der Kinder von ihren Eltern nach Möglichkeit versuchen, die Sicherung und Gewährleistung des Wohl der Kinder und Jugendlichen durch helfende, unterstützende, auf Herstellung oder Wiederherstellung eines verantwortungsgerechten Verhaltens der leiblichen Eltern gerichtete Interventionen zu erreichen.

23

24 *Abb. 9: Systematik rechtlicher Beziehungen im Kinderschutz*

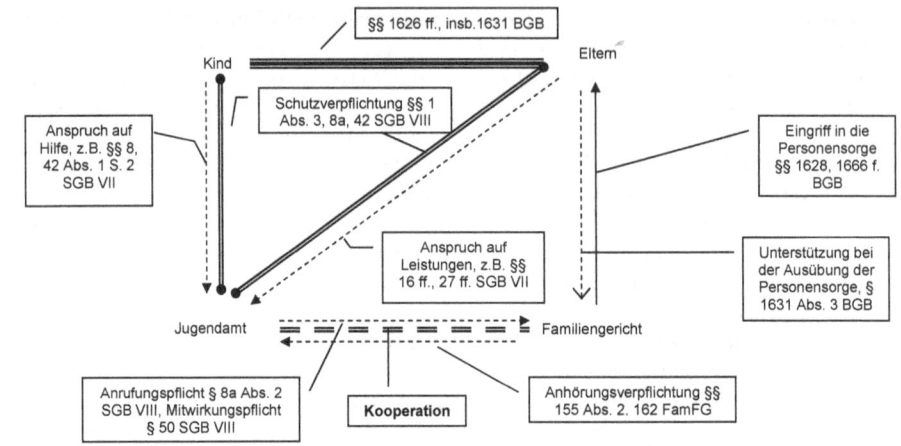

25 In der Regel wird dem JA die Gefährdung von Kindern und Jugendlichen nicht kurzfristig bekannt, sondern die Familien werden zumeist seit längerem betreut. Selbst wenn »**gewichtige Anhaltspunkte für die Gefährdung des Wohls eines Kindes oder Jugendlichen**« vorliegen, ist es zunächst die primäre Aufgabe des JA zusammen mit den Eltern und den Mj. die Situation zu klären und frühzeitig Leistungen zugunsten junger Menschen und Familien zu erbringen (§ 8a Abs. 1 SGB VIII; zum Umgang mit Gefährdungsmeldungen im JA, s. Kap. 4.3.2.1). Wenn die Personensorgeberechtigten die Hilfe nicht (mehr) annehmen (können/wollen), steht die Sicherung des Kindeswohls und die Abwendung der Kindeswohlgefahr im Vordergrund. Die Ablehnung einer vom JA für erforderlich gehaltenen Erziehungshilfe allein rechtfertigt aber nicht, den Eltern das Sorgerecht zu entziehen (BVerfG 10.9.2009 – 1BvR 1248/09 – JAmt 2009, 626). Das JA ist hierzu ohnehin nicht befugt, sondern nur das Familiengericht. Nach **§ 157 Abs. 1 FamFG** erörtert das FamG das Vorliegen einer Kindeswohlgefährdung (hierzu Kap. 4.3.2.1, Rn 32), in einem beschleunigt durchzuführenden Verfahren, zu dem das persönliche Erscheinen der Eltern verbindlich angeordnet werden soll (zur Teilnahme des Kindes s. *Trenczek* ZKJ 2009, 105). Hinzuweisen ist, dass der Eingriff in das elterliche Sorgerecht weiterhin an die Voraussetzungen des **§ 1666 BGB** gebunden ist, d.h. also nicht nur Vorliegen einer objektiven Gefährdungslage, sondern auch eine mangelnde Bereitschaft oder Fähigkeit der Eltern zu Gefahrabwendung (hierzu *Münder* et al. 2020, Kap. 9.; *Trenczek* et al. 2017a, 157 ff.). Die Schwelle wird auch nicht durch die verfahrensrechtliche Vorschrift über die Erörterung einer möglichen Kindeswohlgefährdung gesenkt (OLG Saarbrücken 19.10.2009 – 6 UF 48/09 – JAmt 2010, 196; *Coester* JAmt 2008, 8).

26 In Kindesschutzverfahren hat das Gericht auch den **Erlass einer einstweiligen Anordnung** zu prüfen (§ 157 Abs. 3 FamFG). Von besonderer Bedeutung ist hierbei die kurzfristige (in der Regel nach drei Monaten) **Überprüfungspflicht des Gerichts**, wenn es von einer Maßnahme nach den §§ 1666 bis 1667 BGB absieht (§ 166 Abs. 3 FamFG). Das soll auch verhindern, dass sich Eltern nach einem für sie »folgenlosen« Gerichtsverfahren als »Gewinner« fühlen, nicht mehr mit dem JA kooperieren und ihrem Kind damit notwendige Hilfen vorenthalten (*Hoffmann/Trenczek* in: FK-SGB VIII § 50-Anhang Rn 33). Zum Zweck der Überprüfung kann das Gericht zum Beispiel das JA um

Mitteilung der Ergebnisse der Hilfeplangespräche und der durchgeführten Hilfen bitten. Davon unberührt ist die Verpflichtung des JA, das FamG nach § 8a Abs. 2 Satz 1 SGB VIII ggf. erneut anzurufen.

Ergibt diese Prüfung, dass der Gefahr für das Kindeswohl nicht anders als durch die **Anrufung des Familiengerichtes durch das JA** begegnet werden kann, dann muss eine Anrufung erfolgen (dies war vor der Einführung des § 8a SGB VIII als Element der Mitwirkung im familiengerichtlichen Verfahren in § 50 Abs. 3 SGB III geregelt; der dortige Wortlaut findet sich nun im Wesentlichen unverändert in § 8a Abs. 2 Satz 1 SGB VIII). Wie dies im Einzelnen geschieht, liegt in der Beurteilungskompetenz des JA. Entgegen einer in der Praxis weit verbreiteten Formulierung stellt das JA insoweit **keinen Antrag** auf (Teil)Entzug der elterlichen Sorge – dies würde einen Kampf gegen die Eltern um Gewinnen oder Verlieren suggerieren. Das JA verfolgt nicht das Ziel, gegen die Eltern »zu siegen«. Es verliert deshalb auch nicht, sollte das Gericht zu einer anderen Einschätzung kommen. Eltern sind keine Gegner des JA, es geht diesem nicht um eine parteiliche, einseitige Interessensvertretung für das Kind (das ist die Aufgabe des Verfahrensbeistands; s. u. Kap. 12.2.3), sondern im Hinblick auf das vorrangige Kindeswohl um eine systemische Aufgabenerfüllung zugunsten der Kinder und ihrer Familien. Aufgrund des Amtsermittlungsgrundsatzes im Verfahren vor den FamG (§ 26 FamFG) klärt und entscheidet dieses selbst, welche Maßnahme es gegenüber den Eltern trifft. Es hat andererseits **keine Anordnungs- oder Weisungsbefugnis** gegenüber dem JA, noch kann das FamG das JA zur Erbringung bestimmter Jugendhilfeleistungen oder Erledigung bestimmter Aufgaben (z.B. der Beaufsichtigung von Umgangsregelungen, *DIJuF* 2003, 359; *Röchling* ZfJ 2004, 260) verpflichten (ganz h.M. *Hoffmann/Trenczek* in: FK-SGB VIII § 50-Anhang Rn 18; a.A. wohl nur noch *Münchner Kommentar BGB/Tillmanns* § 50 Rn 2; zur sog. Steuerungsverantwortung s. Kap. 9.8.3). Die dem FamG in §§ 1666, 1666a BGB gegebene Befugnis erlaubt nur den zivilrechtlichen Eingriff in die elterliche Sorge. Hinzuweisen ist auch darauf, dass der Entzug des Aufenthaltsbestimmungsrechtes allein nicht ausreicht, um entsprechende Hilfen zur Erziehung zu beantragen (BVerwG 21.6.2001 – 5 C 6.00 - FamRZ 2002, 668 ff.; *Tammen/Trenczek in: FK-SGB VIII* § 27 Rn 36).

§ 8a Abs. 2 SGB VIII ist das Scharnier zwischen der Tätigkeit des JA, im Einvernehmen mit den Personensorgeberechtigten Hilfen zu erbringen, und dem Eingriff der FamG gegen den Willen der Personensorgeberechtigten. In Fällen von Kindeswohlgefährdung ist die Arbeit des JA häufig eine (sozialpädagogische) **Gratwanderung** zwischen der Intention, die bestehenden Sozialisationsbedingungen in der Familie zu verbessern, sie über Krisensituationen hinweg zu unterstützen und der ständigen Abwägung, ob das Familiensystem tatsächlich in der Lage sein wird, eine Kindeswohlgefährdung abzuwenden (s. o. Kap. 4.2.2). Die Anrufung des Gerichts nach § 8a Abs. 2 Satz 1 SGB VIII bildet dann für das JA oft das vorletzte Mittel zur Kindeswohlsicherung, die Inobhutnahme das letzte Mittel (sog. »ultima ratio«) in nicht anders abwendbaren Krisensituationen (s. Kap. 10.1.2). Aus der Auswertung statistischer Unterlagen und aus Untersuchungen zum Kindeswohl im Spannungsfeld von Jugendhilfe und Justiz (auch *Münder/Mutke/Schone* 2000; *Münder* et al. 2017) ergibt sich, dass ein Entzug der elterlichen Sorgerechte ca. 0,05% aller Mj. betrifft. In den meisten Fällen gelingt es der Jugendhilfe offenbar, bestehende Kindeswohlgefährdungen abzuwenden, ohne den Schritt an das Gericht tun zu müssen. JA und FamG sowie die übrigen im Rahmen des Kinderschutzes aktiven Personen und Institutionen (Einrichtungen, Sachverständige, mitunter auch die Polizei) sind dabei trotzdem häufig und dann auch gleich heftig **Ge-**

genstand öffentlicher (zu einem erheblichen Teil medial erzeugter) **Kritik**. Zum einen gibt es den Vorwurf, das JA sei seiner Verantwortung für die Sicherung des Kindeswohls nicht ausreichend nachgekommen und die betroffenen Kinder dadurch zu Schaden oder gar zu Tode kommen. Die Namen der Kinder (z.B. Laura-Jane, Kevin, Yagmur) oder Orte (z.B. Osnabrück, Lügde) haben sich allen Verantwortlichen in der Kinder- und Jugendhilfe eingeprägt. Andererseits beklagen Betroffeneninitiativen und Kritiker, dass Kinder »vorschnell«, »viel zu früh«, »ohne Grund« aus der Familie herausgenommen und die in Art. 6 Abs. 2 GG/Art. 8 Abs. 2 EMRK garantierten Elternrechte missachtet werden. Offenbar kann es das JA niemandem Recht machen. In der Tat gibt es Fälle, in denen fachliche Standards nicht eingehalten werden, auch weil die handelnden Personen – begünstig durch Fallüberlastung und mangelnde Organisationsstrukturen – überfordert und – durch die widersprüchlichen öffentlichen Diskussionen – verunsichert sind. Mitunter landen diese Verfahren dann vor dem Europäischen Gerichtshof für Menschenrechte in Straßburg und haben auch schon zu einer Verurteilung der Bundesrepublik Deutschland geführt (z.B. EGMR 8.4.2004 – *Haase./. Deutschland* – Beschwerde Nr. 11057/02 – NJW 2004, 3401).

Tab. 9: Verfahren nach § 8a SGB VIII und sorgerechtliche Maßnahmen des Familiengerichts

Jahr	Verfahren nach § 8a SGB VIII insg. (ab 2012)	Anrufung des FamG ab 2012: § 8a-Verfahren wg. »akuter« KWG	Gerichtliche Maßnahmen nach § 1666 BGB insgesamt (ab 2012)	Gebot, Hilfe-leistungen anzunehmen (§ 1666 Abs. 3 Nr. 1 BGB)	vollständiger oder teilweise Entzug der elterlichen Sorge (§ 1666 Abs. 3 Nr. 6 BGB)	zum Vergleich: Anzahl der Inobhutnahmen; ab 2010 ohne UMA/UMF
1991		8.795			6.998	
1996		9.518			8.163	28.052
2000		8.496			7.505	31.124
2005		9.724			8..686	25.664
2010		16.252			12.771	33.521
2011		15.924			12.723	34.999
2012	106.623	16.875	28.797	8.970	14.370	35.460
2013	115.687	17.211	28.298	8.360	15.067	35.539
2014	124.213	18.630	30.751	8.446	17.029	36.417
2015	129.485	20.806	29.405	8.730	15.403	35.336
2016	136.925	21.571	31.621	8.785	17.168	39.295
2017	143.275	21.694	32.181	9.012	16.486	38.891
2018	157.271	24.939	31.504	9.081	16.035	40.389

Quelle: *Destatis* 2019 und eigene Berechnungen

29 Bei einer genaueren Analyse der Jugendhilfestatistik (s. Tab. 9 sowie Abb. 5 in Kap. 10.1) zeigt sich, dass sich der quantitative Umfang der Interventionen des JA und der familiengerichtlichen Maßnahmen stark unterscheidet. Zwar sind neben der Gesamtheit der familiengerichtlichen Maßnahmen nach § 1666 BGB auch die Maßnahmen

zum teilweisen oder vollständigen Entzug von Sorgerechten bis 2014 gestiegen, danach aber relativ konstant geblieben. In vielen Fällen und seit 2012 ansteigend handelte es sich auch nach § 1666 Abs. 3 Nr. 1 BGB um das Gebot an die Sorgeberechtigten, angebotenen Hilfen der Jugendhilfe anzunehmen. Auch diese Daten stützen die bereits im Kap. 10.1 im Zusammenhang mit der Inobhutnahme formulierte These, dass sich die Gefährdungslagen von Kindern und Jugendlichen in ihren Familien von heute mit hoher Wahrscheinlichkeit nicht wesentlich von denen des Jahres 2004 unterscheiden, also keine vermehrten Kindeswohlgefährdungen und Sorgerechtsentzüge feststellen lassen (ebenso *Münder/Mutke/Seidenstücker* 2007, 112). Die Auswertung der Daten zeigt, dass sich der Trend kontinuierlich steigender § 8a-Verfahren zwar weiter fortsetzt, allerdings nicht mit einer entsprechend erwartbaren Häufigkeit der gerichtlichen Feststellung einer nicht anders abwendbaren Kindeswohlgefährdung einher geht (vgl. *Pothmann* KomDat 2/2018, 5 ff.). Die Daten legen vielmehr nahe, dass im fachlichen Handeln der mit Kinderschutz befassten Professionen, insb. in den Jugendämtern, ein deutlicher Wandel feststellbar ist.

Auch hinsichtlich der Zusammenarbeit zwischen Jugendhilfe und Justiz ergeben sich Unterschiede. Selbst in den § 8a-Verfahren wegen einer nach Ansicht des JA akuten, nicht anders abwendbaren Kindeswohlgefährdung kommt es nicht immer zu einem teilweise oder vollständigen Sorgerechtsentzug. Durch die Befragung von Richter*innen wurde deutlich, dass die Gerichte sowohl in Bezug auf die jeweils verfügten Maßnahmen, als auch in ihrer Zusammenarbeit mit den jeweiligen JÄ erheblich variieren (*Münder/Mutke/Schone* 2000, 208 ff.; *Münder/Mutke/Seidenstücker* 2007, 107 ff.; *Münder et al.* 2017, 107 ff.) und die Unterschiede sich wohl nur aus unterschiedlichen individuellen Haltungen der agierenden Personen erklären lassen. Einige Richter*innen orientieren sich stark an den Einschätzungen und Darstellungen der Fachkräfte der JÄ und entscheiden tendenziell i.S.d. Vorschläge der Fachkräfte. Andere verstehen sich als vollkommen neutrale Instanz, die eigenständig ermittelt (z.B. auch Hausbesuche bei den Familien durchführt) und ihre Entscheidung nur bedingt an den Einschätzungen der Fachkräfte des JA orientiert. Darüber hinaus stehen einige Richter*innen in enger Kooperation mit dem JA und treffen regelmäßig informelle Absprachen zum weiteren Verlauf; manche Richter hingegen lehnen ein solches Vorgehen entschieden ab.

Kommt es tatsächlich zu einem Eingriff in das Sorgerecht, insb. zu einem teilweisen oder gar vollständigen Entzug der elterlichen Sorge, so wird das JA sehr häufig zum Pfleger oder Vormund bestellt (hierzu Kap. 13.2). Damit kommt dem JA eine schwierige Aufgabe zu: Einerseits tritt es als Amtspfleger/-vormund in die den Eltern entzogenen Rechte und Pflichten ein und kann nunmehr etwa Hilfen zur Erziehung beantragen (s. Kap. 9.2.1), andererseits muss es nach wie vor versuchen, mit den Eltern ein Hilfekonzept für die Mj. umzusetzen – ein oft nicht auflösbarer institutioneller **Interessens- und Rollenkonflikt** (dazu Kap. 13.3). Mit der 1998 eingeführten, ursprünglich »Verfahrenspfleger«, seit 1.9.2009 **Verfahrensbeistand** genannten Interessenvertretung von Kindern und Jugendlichen nach §§ 158, 174, 191 FamFG wollte der Gesetzgeber dieser Problematik begegnen (hierzu Kap. 12.2.3).

12.2.2 Mitwirkung bei Trennung und Scheidung

Eine Mitwirkung des JA in Scheidungsverfahren (§§ 133 ff. FamFG) ist nicht immer, sondern nur dann notwendig, soweit mit der Scheidung auch eine sog. Folgesache anhängig ist, die das Wohl der von der Scheidung betroffenen Kinder betrifft (§ 137

Abs. 3 FamFG). Das ist insb. der Fall bei einem im sog. »Scheidungsverbund« (§ 137 FamFG) anhängigen **Antrag über die elterliche Sorge** bzw. **Umgangsregelungen**. Im Scheidungsfall muss nicht mehr von Gesetzes wegen über die Verteilung der elterlichen Sorge entschieden werden, sondern nur dann, wenn von einem der Elternteile ein entsprechender Antrag gestellt wird (§ 1671 BGB; im Einzelnen *Münder/Ernst/Behlert/Tammen* 2020, Kap. 10). Die Möglichkeit der gemeinsamen Sorge nach Trennung und Scheidung (zu den verschiedenen Regelungsmöglichkeiten im Hinblick auf die Wahrnehmung der elterlichen Sorge, z.B. Residenz- oder Wechselmodell; s. *Tammen/Trenczek* in: FK-SGB VIII § 17 Rn 24 f.) hat zwar vielfach zur Konfliktentschärfung in Ehescheidungen geführt, die Mitwirkung des JA in Trennungs- und Scheidungsverfahren hat in der Praxis aber nach wie vor eine hohe Bedeutung. Zwar nimmt die Zahl der von Ehescheidungen betroffenen Kinder ab: waren es im Jahr 2006 noch rund 94.000 Ehescheidungen mit mj. Kindern innerhalb der betroffenen Familien, waren es 2017 mit rund 77.000 deutlich weniger. Im Jahr 2017 waren insg. 123.563 Kinder unter 18 Jahren von der Scheidung der Eltern betroffen, im Jahr 2006 waren es 148.624 Kinder (*BT-WD* 2018, 11). Ungeachtet der sinkenden Zahlen, die Scheidung der Eltern bleibt für die Kinder vielfach mit traumatischen (Spät)Folgen verbunden (*Wallerstein/Lewis/Blakeslee* 2002; *Walper/Langmeyer* ZKJ 2009, 94 ff.). Zudem setzen sich die zur Trennung und Scheidung führenden Konflikte in zahlreichen Fällen auch danach noch fort (zu eskalierten Elternkonflikten *Weber/Schilling* 2012). Häufig kommt es anstelle der Konflikte um das Sorgerecht nun vermehrt zu Streitigkeiten bei Umgangsregelungen (*Kindler* ZKJ 2009, 110). Nicht immer dient das gemeinsame Sorgerecht dem Wohl der Kinder, vor allem wenn es von den Eltern vorschnell nur zur Vermeidung von aktuellen Konflikten gewählt wird.

33 Allerdings ist das JA mit Trennung und Scheidung nicht nur im gerichtlichen Verfahren, sondern auch im Zusammenhang mit seiner **Beratungstätigkeit nach § 17 und § 18 SGB VIII** (s. o. Kap. 7.2) befasst, weshalb insoweit die Wechselwirkung der unterschiedlichen Aufgaben (auch organisatorisch) berücksichtigt werden muss (zur personellen Trennung von mediativen und gerichtsorientierten Aufgaben s. Kap. 7.2.3).

12.2.3 Exkurs: Verfahrensbeistandschaft

34 In einigen familiengerichtlichen Auseinandersetzungen stehen die Interessen der Eltern und ihrer Kinder in Konkurrenz oder gar Widerspruch. Da das JA ungeachtet seiner Orientierung am Kindeswohl eher eine systemische Sichtweise auf junge Menschen und ihre Familien einnimmt (und mithin nicht zu einer parteilichen Interessensvertretung einer Seite berufen ist) muss bzw. kann das FamG dem Kind bzw. Jugendlichen eine (ursprünglich »Verfahrenspfleger«) seit 1.9.2009 **Verfahrensbeistand** genannte Interessenvertretung zur Seite stellen, die in der Praxis mitunter (missverständlich) als »Anwalt des Kindes« bezeichnet wird (*Prenzlow* 2016, 181 ff.; *Trenczek* ZKJ 2009, 196; *Salgo* et al. 2019). Vorgesehen ist eine Verfahrensbeistandschaft nicht nur in Kindschafts- (§§ 158, 167 Abs. 1 Satz 3 FamFG), sondern auch in Abstammungs- (§ 174 FamFG) und Adoptionssachen (§ 191 FamFG).

35 § 158 Abs. 1 FamFG normiert eine **Verpflichtung zur Bestellung eines Verfahrensbeistands** in Kindschaftssachen, soweit dies zur Wahrnehmung der Interessen des Kindes erforderlich ist. In § 158 Abs. 2 FamFG hat der Gesetzgeber **Beispiele** aufgelistet, in denen in der Regel die Bestellung eines Verfahrensbeistands erforderlich ist. Dies sind etwa Verfahren nach §§ 1666, 1666a, 1632 Abs. 1 und 4 BGB oder Umgangsverfahren,

12.2 Mitwirkung im familiengerichtlichen Verfahren – § 50 SGB VIII

wenn der Ausschluss oder eine wesentliche Beschränkung des Umgangsrechts in Betracht kommt. Die Beispiele stellen keinen abschließenden Katalog dar, können aber der Orientierung zur Auslegung des Begriffs der Erforderlichkeit in § 158 Abs. 1 FamFG dienen. Erforderlich ist die Bestellung immer auch, wenn zwar nicht unmittelbar ein erheblicher Konflikt zwischen die Interessen des Kindes und denen seiner Eltern vorliegt, aber sich die Eltern eines Kindes mit unterschiedlichen, widerstreitenden Anträgen gegenüberstehen und ihr Kind »dazwischen« steht (vgl. BT-Drs. 16/6308, 238; BGH 7.9.2011 – XII ZB 12/11 – FamRZ 2011, 1788). In Unterbringungssachen ist dem Kind nach § 167 Abs. 1 Satz 3 FamFG stets ein Verfahrensbeistand zu bestellen.

Nach § 158 Abs. 3 Satz 1 FamFG hat die **Bestellung** des Verfahrensbeistands **so früh wie möglich** zu erfolgen, damit er bzw. das Kind mit dessen Unterstützung Einfluss auf die Gestaltung und den Ausgang des Verfahrens nehmen kann (BT-Drs. 16/6308, 239). Erscheint aus der Perspektive des mitwirkenden JA die Bestellung eines Verfahrensbeistands erforderlich, hat es diese anzuregen. Trotz Vorliegens eines Regelbeispiels des § 158 Abs. 2 FamFG darf von einer Bestellung aus besonderen Gründen abgesehen werden. Denkbar sind solche **Ausnahmen** insb. bei Entscheidungen von geringer Tragweite oder wenn die Interessen des Kindes in anderer Weise ausreichend im Verfahren zur Geltung gebracht werden (z.B. durch einen Ergänzungspfleger, s. Kap. 13). 36

Das Gesetz regelt in § 158 Abs. 4 FamFG **Aufgaben und Rechtsstellung** des Verfahrensbeistands (hierzu ausführlich *Prenzlow* 2016, 181 ff.; *Salgo* et al. 2019). Er handelt im eigenen Namen, also nicht als gesetzlicher Vertreter des Kindes (§ 158 Abs. 4 Satz 6 FamFG), und hat nach § 158 Abs. 4 Satz 1 FamFG die **Interessen des Kindes** (Art. 3 Abs. 1 UN-KRK »*best interests of the child*«) festzustellen und im gerichtlichen Verfahren zur Geltung zu bringen. Das Kindesinteresse erfordert die Berücksichtigung sowohl des Willens des Kindes (»subjektive Interesse«) als auch des Kindeswohls (»objektive Interesse«). Der Verfahrensbeistand hat zwar »in erster Linie« den Kindeswillen deutlich zu machen und in das Verfahren einzubringen, der Gesetzgeber knüpft aber auch an die materiellrechtliche Konzeption des **Kindeswohls** an (BT-Drs. 16/6308, 239). Er unterscheidet sich damit in seiner Funktion sowohl vom JA (das allein dem Kindeswohl verpflichtet ist, § 1 Abs. 1 und 3 SGB VIII) und andererseits Rechtsanwälten, die vorrangig den von der Selbstbestimmung getragenen Willen ihrer Parteien zu vertreten haben. 37

Der Verfahrensbeistand hat nach § 158 Abs. 4 Satz 2 FamFG das Kind über Gegenstand, Ablauf und möglichen Ausgang des Verfahrens in geeigneter Weise (z.B. altersgemäß) zu informieren. Es ist grds. keine Aufgabe des Verfahrensbeistands, Gespräche mit den Eltern und weiteren Bezugspersonen des Kindes zu führen sowie am Zustandekommen einer einvernehmlichen Regelung mitzuwirken. Diese Aufgaben kann ihm das FamG nach § 158 Abs. 4 Satz 3 FamFG im Einzelfall als **zusätzliche Aufgabe** übertragen. Es handelt sich damit trotz der eigenen **Beteiligtenstellung** (§ 7 Abs. 2 Nr. 2 FamFG), um eine in ihrem Umfang auch von den Interessen und Ansichten des einzelnen Familienrichters **abhängige Tätigkeit**. 38

Das **Verhältnis von Verfahrensbeiständen und JA** ist nicht immer ohne Spannungen. Anders als der Verfahrensbeistand ist das JA nicht eindeutig auf die Interessen des Kindes oder Jugendlichen ausgerichtet, sondern ist dem Kindeswohl verpflichtet und hat das Familiensystem als Ganzes im Blick. Weitere strukturelle Interessenskollisionen der Fachkräfte eines JA sind damit noch überhaupt nicht angesprochen (z.B. im Hinblick 39 auf die Kostenverantwortung des Trägers der Jugendhilfe). Zudem geht es im familiengerichtlichen Verfahren häufig implizit auch um eine Bewertung des bisherigen Vorgehens des JA. Eine Bestellung des JA als Verfahrensbeistand ist zwar gesetzlich nicht ausgeschlossen, sollte jedoch unterbleiben, weil bei einer Beteiligung des JA in doppelter Funktion – als Verfahrensbeistand und mitwirkende Fachbehörde bzw. als Verfahrensbeistand und Vormund/Pfleger des Kindes – der externe Blick verloren geht.

12.3 Mitwirkung im Adoptionsverfahren – § 51 SGB VIII

40 § 186 FamFG definiert als Adoptionssachen alle Verfahren auf Annahme als Kind sowie bestimmte weitere Einzelverfahren mit Bezug zur **Adoption**. § 186 Nr. 1 FamFG umfasst das gesamte Adoptionsverfahren, Nr. 2 behandelt das sog. Zwischenverfahren, das die Ersetzung der Einwilligung zur Annahme als Kind betrifft (§§ 1748, 1749 Abs. 1 Satz 2 BGB). § 51 SGB VIII bezieht sich nur auf dieses **Verfahren zur Ersetzung der Adoptionseinwilligung** und regelt zwei voneinander unabhängige Belehrungs- und Beratungsaufgaben des JA bei der Adoption von Mj. (§§ 1741 ff. BGB; hierzu ausführlich *Hoffmann/Trenczek* in: FK-SGB VIII § 51).

41 Das nicht widerrufliche Erteilen der **Einwilligung in die Adoption** und damit der Verzicht auf das eigene Kind ist für Eltern ganz überwiegend eine schwierige und schmerzhafte Entscheidung. Die abgebenden Mütter – Vätern wird insoweit eher selten Beachtung geschenkt – befinden sich vielfach in besonders schwierigen, belastenden und als ausweglos wahrgenommenen Lebenslagen (*Hoffmann* JAmt 2011, 10; *Paulitz* et al. 2006, 198; vgl. z.B. den Sachverhalt, der der Entscheidung des EGMR 5.6.2014 – 31021/08, FamRZ 2014, 1351 zugrunde lag). Eltern, die ihr Kind zur Adoption freigeben, entscheiden sich dann nicht gegen, sondern bei Abwägung anderer Alternativen für ihr Kind. Nicht allen Eltern ist diese Entscheidung »so einfach« möglich. Es stellt sich die Frage, ob im Interesse des Kindes die Einwilligung der Eltern in die Annahme durch eine familiengerichtliche Entscheidung ersetzt werden kann. Eine Zwangsadoption wie zu Zeiten des Nationalsozialismus und in der DDR ist nach dem Adoptionsrecht des BGB nicht möglich. Die Ersetzung der Einwilligung in die Adoption durch das FamG setzt im Hinblick auf Art. 6 Abs. 2 GG nach § 1748 BGB eine erheblich über die Kindeswohlgefährdung nach § 1666 BGB hinausreichende, anhaltende gröbliche bzw. besonders schwere Pflichtverletzung voraus (Einzelheiten in *Hoffmann/ Trenczek* in: FK-SGB VIII § 51 Rn 8 ff.).

42 Die im Vorfeld der eigentlichen Adoption zu leistenden Aufgaben im Rahmen der sog. **Adoptionsvermittlung** sind in einem eigenständigen Gesetz (AdVermiG) geregelt (hierzu *BAGLJÄ* 2014a; *Wiesner/Oberloskamp* Anhang III). ASD-Aufgaben und Adoptionsvermittlung überschneiden sich, z.B. im Hinblick auf die Adoptionsbegleitung (§ 9 AdVermiG), Stellungnahmen (§ 189 FamFG) und insb. weil auch im Rahmen der Adoptionsvermittlung durch »sachdienliche Ermittlungen« bei der leiblichen Mutter bzw. bisherigen Vater festzustellen ist, ob sie in die Adoption einwilligen werden (§ 7 Abs. 1 AdVermiG). Die Belehrung und Beratung nach **§ 51 SGB VIII** ist eine ASD-Aufgabe des JA und keine Aufgabe der Adoptionsvermittlungsstellen. Zwar haben die JÄ auch die Aufgaben der Adoptionsvermittlung sicherzustellen (§ 9a AdVermiG), hierzu haben sie aber teilweise mit Nachbarjugendämtern gemeinsame Stellen geschaffen oder die Aufgabe an freie Träger delegiert (§ 76 SGB VIII und § 2 Abs. 2 AdVermiG). Notwendig wäre eine die abgebenden Eltern stärker in den Blick nehmende Perspektive (»Adoptionsviereck«), nicht zuletzt im Hinblick auf mögliche Alternativen (§§ 27 ff., § 36

Abs. 1 Satz 2, § 37 Abs. 1 Satz 4 SGB VIII), die nicht dem strukturellen Interessenkonflikt der kostenbelasteten Jugendhilfeträger (Kostenersparnis bei Adoption) zum Opfer fallen dürfen.

12.4 Jugendhilfe im Strafverfahren – § 52 SGB VIII

Es gibt wohl kaum ein anderes Arbeitsfeld, welches so durch unterschiedliche Erwartungen, Logiken und Diskurse von Sozialer Arbeit und (Straf-)Justiz geprägt ist wie das Jugendkriminalrecht und die (Jugend-)Straffälligenhilfe (hierzu *Dollinger/Schmidt-Semisch* 2018; *Trenczek* 1996 und 2015; *Trenczek/Goldberg* 2016), weshalb es auch zutreffend als »**Spannungsfeld**« charakterisiert wird. Auf der einen Seite stehen die vom allgemeinen Strafrecht abweichenden Verfahrensprinzipien und eine grds. unterschiedliche Rechtsfolgensystematik des JGG sowie die von der höchstrichterlichen Rechtsprechung wiederholt angemahnten Subsidiarität und die spezifischen Grundsätze des Jugendstrafrechts (hierzu *Cornel/Trenczek* 2019, 142 ff.; *Eisenberg* 2018; *Ostendorf* 2015 und 2015a). Auf der anderen Seite scheinen große Teile der (Jugend-)Strafjustiz von der interdisziplinären Perspektive und Subsidiarität wenig zu halten, erfolgt doch in der Praxis die Bestimmung der jugendstrafrechtlichen Rechtsfolgen ganz überwiegend wie im allgemeinen Strafrecht (*Heinz* 2017; *Trenczek/Goldberg* 2016, 124 ff. m.w.N.; zur Praxis der Jugendstrafjustiz s.a. *Höynck/Leuschner* 2014 und ZJJ 2014, 364). Trotz wiederholter Reformbestrebungen und neuer Hoffnungen und Engagement ist es letztendlich ernüchternd feststellen zu müssen: »Das Jugendstrafrecht ist zu einem ›Straf-‹ Recht verkommen, in dem der Erziehungsgedanke dazu dient, einen – im Vergleich zur Sanktionierungspraxis im allgemeinen Strafrecht – ›Zuschlag‹ aus erzieherischen Gründen zu legitimieren« (*Heinz* ZJJ 2012, 139). Die »traditionelle Konnexität von Strafe und Erziehung, die schon im JGG 1923 hergestellt, im JGG ideologisch überhöht und im JGG 1953 fürsorgerisch beibehalten wurde« (*Ostendorf* Grdl. z. §§ 1 und 2 Rn 4), ist bis heute nicht aufgelöst worden. Einer Strafinflation durch »Erziehung« ist weiterhin Tür und Tor geöffnet. Es ist auch deshalb Aufgabe der Jugendhilfe, nicht nur der sozialpädagogischen, sondern auch der vom Gesetzgeber gewollten interdisziplinären, sozialwissenschaftlich-kriminologisch fundierten Perspektive im Rahmen der Mitwirkung des JA im (Jugend-)Strafverfahren Geltung zu verschaffen.

12.4.1 Wandel im Aufgaben- und Rollenverständnis

In § 52 SGB VIII ist aus sozialrechtlicher Sicht ein besonders durch traditionelle Vorstellungen geprägtes Verhältnis zwischen Jugendhilfe und (Straf-)Justiz im Hinblick auf abweichendes Verhalten junger Menschen (hierzu *Dollinger/Schabdach* 2013; *Trenczek/Goldberg* 2016) definiert. Als es 1922/1923 nicht zu einem gemeinsamen Gesetz von Jugendhilfe- und Jugendstrafrecht kam (s. Kap. 3.2.1), wurde das Zusammenwirken von Jugendhilfe und Jugendgerichten unter dem Stichwort der »Jugendgerichtshilfe« (JGH) zugleich in das damalige RJWG und RJGG aufgenommen. »JGH« wurde vornehmlich als Hilfe für das (erstmals 1908 verhandelnde) Jugendgericht verstanden (zur Diskussion über die Sozialarbeit im »Souterrain der Justiz« *Müller/Otto* 1986; *Trenczek* RdJB 1993, 316 ff. und RdJB 2010, 293 ff.). Mit dem KJHG von 1990/91 hat der Gesetzgeber im SGB VIII – in Abkehr von der bisherigen Formulierung des JWG – den Begriff »Jugendgerichtshilfe« aufgegeben und durch den Begriff der **Mitwirkung** des JA ersetzt. Dies signalisierte eine **Veränderung des Aufgabenver-**

ständnisses (*Trenczek* 1991 und 2003 sowie RdJB 1993, 316 ff.; *DJI* 2011; *Klier/Brehmer/Zinke* 2002; *Trenczek/Müller* 2018). Die Neuregelung im SGB VIII hat jedoch bislang keine entsprechende Reform des JGG nach sich gezogen. Dieses verwendet – auch nach der aktuellen Novellierung 2019 (s. nachfolgend Rn 45) – in § 38 JGG unverändert den (überholten) Begriff »**Jugendgerichtshilfe**«. Freilich sind die alten Regelungen des JGG zu den Aufgaben der Jugendhilfe aufgrund der Vorgaben des SGB VIII anders als noch zu Zeiten des JWG auszulegen (*Trenczek* 1996, 111 ff.; *ders.* FK-SGB VIII § 52 Rn 4), um auch im strafrechtlichen Zwangskontext einen verantwortbaren, (sozial)pädagogischen Umgang mit strafrechtlich auffälligen (z.T. hochdelinquenten) jungen Menschen sicher zu stellen (*Peterich* 2000; *Trenczek* 2018).

45 Im Zuge der Umsetzung der **EU-Richtlinie 2016/800** über »Verfahrensgarantien in Strafverfahren für Kinder, die Verdächtige oder beschuldigte Personen in Strafverfahren sind«, welche neben einem umfassenden Recht auf Zugang zur Verteidigung (Art. 6) u.a. auch ein Recht auf eine »individuelle Begutachtung« (Art. 7) in der »frühestmöglichen geeigneten Phase des Verfahrens«, explizit vor Anklageerhebung statuiert (hierzu ausführlich *Trenczek/Goldberg* RPsych 4-2019, 477 ff.), wurden nun mit dem »Gesetz zur Stärkung der Verfahrensrechte von Beschuldigten im Jugendstrafverfahren« vom 09.12.2019 nicht nur einige Vorschriften des JGG i.S.d. o.g. Bezeichnung des Gesetzes geändert (z.B. §§ 67 f. JGG zur rechtlichen Stellung der Erziehungsberechtigten, §§ 68 ff. JGG zur notwendigen Verteidigung; vgl. *Schmoll/Holthusen* NDV 2020, 4; *Sommerfeld* ZJJ 2018, 296 ff.), sondern auch solche, die die Mitwirkung der »Jugendgerichtshilfe« betreffen ohne dass diese etwas mit einer Stärkung von Verfahrensrechten des Beschuldigten zu tun hätten. Zwar wurde – lange überfällig – in § 38 Abs. 2 JGG die Terminologie teilweise aktualisiert und dem Aufgabenverständnis des SGB VIII angepasst. Statt von »fürsorgerischen« ist nun von »erzieherischen, sozialen und sonstigen im Hinblick auf die Ziele und Aufgaben der Jugendhilfe bedeutsamen Gesichtspunkten« die Rede sowie davon, dass die Fachkräfte sich (aus Sicht des SGB VIII ohnehin selbstverständlich) zu einer möglichen besonderen Schutzbedürftigkeit des Jugendlichen äußern sollen. Dass in § 38 Abs. 2 - 4 sowie in § 50 Abs. 3 JGG weiterhin vom »Vertreter der Jugendgerichtshilfe« die Rede ist und damit offenbar immer noch die SGB VIII-Aufgabe mit einer Institution (vergleichbar einem Justizsozialdienst wie der Gerichts- oder Bewährungshilfe) verwechselt wird, ist zumindest als überholt zu werten, wenn man nicht gar eine andere Absicht dahinter vermuten will. Letzteres liegt nahe, weil insb. nach dem neu eingefügten § 38 Abs. 4 JGG – ungeachtet der Bedenken aus Wissenschaft und Praxis und obwohl die EU-Richtlinie 2016/800 das nicht vorgibt – offenbar bewusst im Widerspruch zur Regelung des SGB VIII (hierzu *Trenczek* in FK-SGB VIII § 52 Rn 45) eine formale (d.h. anders als im § 52 Abs. 3 SGB VIII nicht mit der Betreuungsnotwendigkeit des jungen Menschen begründete) **Teilnahme- und Anwesenheitspflicht im strafgerichtlichen Verfahren** (u.a. auch wiederholte Berichtspflichten, vgl. § 38 Abs. 3 S. 2 JGG) eingeführt wurde (ausführlich s.u. Rn 61). Soweit damit die Bedeutung der nur von der Jugendhilfe im Strafverfahren zu leistenden Aufgaben sowie die damit verbundenen fachlichen und personellen Standards hervorgehoben werden, ist dies zu begrüßen. Problematisch ist dies aber, wenn damit die Jugendhilfe wieder ins Souterrain der Justiz zurückverwiesen werden soll (s.o. Rn 44). Absehbar ist, dass die neuen Regelungen erheblichen Einfluss auf die Aufgabenwahrnehmung und den Personalbedarf des JA in Jugendstrafverfahren haben werden (ebenso *Schmoll/Holthusen* NDV 2020, 4), auch wenn die Konsequenzen des Nebeneinanders von JA, den Aufgaben als bzw. einer »geeignete volljährige Person«

12.4 Jugendhilfe im Strafverfahren – § 52 SGB VIII

(»Vertrauensperson«) insb. bei einem temporären Ausschluss der Erziehungsberechtigten/gesetzlichen Vertreter (§§ 51 Abs. 6 Satz 4 und Abs. 7, 67a Abs. 4 Satz 3 JGG; s.u. Rn 53), dem Beistand (§ 69 JGG) sowie aufgrund der Erweiterung der Regelungen zur notwendigen Verteidigung (insb. Anlass und Zeitpunkt; vgl. §§ 68 Nr. 5, 68a, 68b, §§ 140 ff. StPO) noch unklar bzw. umstritten sind. Verpasst wurde zudem die Chance, die Regelungen des JGG zur Mitwirkung des JA im jugendstrafrechtlichen Verfahren mit dem für die Aufgabenerfüllung der Fachkräfte der JÄ relevanten SGB VIII (insb. § 52 SGB VIII) in Einklang zu bringen.

Der Gesetzgeber hatte allerdings bereits mit dem KICK 2005 durch die Hervorhebung der sog. **Steuerungsverantwortung** des JA in § 36a Abs. 1 Satz 1 Hs. 2 SGB VIII gerade auch im Hinblick auf das jugendstrafrechtliche Verfahren die Autonomie jugendhilferechtlichen Handelns betont (s. Kap. 9.8.3; ausführlich *Trenczek* ZJJ 2007, 31 ff.). Verfahrensrechtlich knüpfen die §§ 27 ff., 36a, 52 SGB VIII die Bewilligung, Durchführung und die Kostenerstattung von öffentlich-finanzierten Jugendhilfeleistungen stets an die fachgerechte Prüfung der Leistungsvoraussetzungen unter Mitwirkung der Betroffenen (§§ 5, 8, 9, 36 f. SGB VIII) und die abschließende Entscheidung des JA. Dieser als **Hilfeplanung** zu bezeichnende Klärungs- und Subsumtionsprozess (hierzu Kap. 9.8.2) ist im Hinblick auf den Gesetzesvorbehalt in § 31 SGB I eine sozialrechtliche Selbstverständlichkeit. Das JA darf keine Leistungen oder gar »Maßnahmen« bewilligen, durchführen oder refinanzieren, wenn die Leistungsvoraussetzungen des SGB VIII nicht vorliegen oder gar nicht geprüft worden sind (s.u. Kap. 12.4.3). Andererseits darf eine im Hinblick auf einen erzieherischen Bedarf geeignete und erforderliche Jugendhilfeleistung nicht von vornherein in ihrer Dauer begrenzt werden, im Unterschied zur ggf. parallel angeordnete Sanktion, die aus strafrechtlichen Gründen zwingend bestimmt und begrenzt sein muss. Das jugendgerichtliche Urteil lässt das sozialrechtliche Verwaltungsverfahren unberührt und ersetzt nicht die fachliche Entscheidung des JA als Sozialleistungsbehörde (s. Abb. 10; ausführlich zum Verhältnis im jugendkriminalrechtlichen Dreieck *Trenczek/Goldberg* 2016, 442 ff.). Liegt keine gerichtliche Entscheidung vor, die den Eingriff in die Sorgeverantwortung der Eltern legitimiert (d.h. also im Rahmen der Diversion), dürfen Erziehungshilfen nur mit Einwilligung der Eltern durchgeführt werden (*Tammen/Trenczek* in: FK-SGB VIII Vor § 27 Rn 32; *Trenczek/Stöss* ZJJ 2014, 325; allgemein zur **Rolle der Eltern/Erziehungsberechtigten**, insb. ihrem Anwesenheitsrecht im jugendstrafrechtlichen Verfahren s. die Neuregelung in §§ 67 f. JGG sowie BVerfG 16.1.2003 – 2 BvR 716/01 – ZJJ 2003, 68 ff.).

Abb. 10: Jugendkriminalrechtliches Dreieck und Steuerungsverantwortung des JA

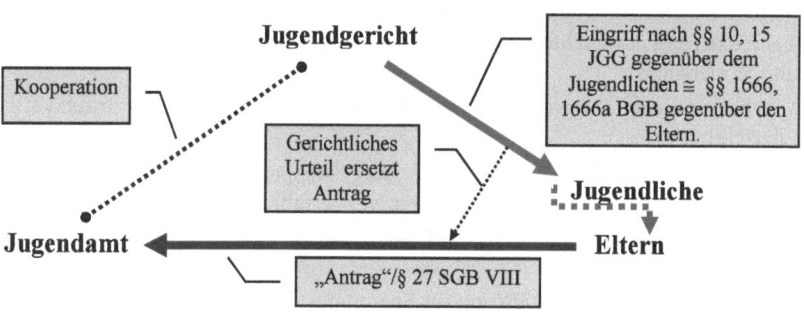

47 Die Schwierigkeiten bei der Klärung von Rolle und Aufgaben der Jugendhilfe im strafrechtlichen Zwangskontext spiegeln sich – symptomatisch für das Spannungsverhältnis von SGB VIII und JGG – auch in den Diskussionen über den sog. »**Erziehungsgedanken**« wider (ausführlich *Trenczek/Goldberg* 2016, 312 ff.; *Cornel* 2018). Im Strafrecht war dieser Begriff ursprünglich nur als Chiffre gedacht, nach der alles der Erziehung zugerechnet wurde, was der Abwendung des Freiheitsentzuges und damit nicht der Legitimation, sondern allein der Begrenzung staatlicher Sanktionen und Besserstellung junger Menschen diente (*Pieplow* 1989). Allerdings wurden dem Begriff dann nicht nur während der Nazidiktatur, sondern auch in der Folgezeit, höchst zweifelhafte Vorstellungen untergeschoben (»Erziehung durch Strafe«). Zwar hat der Gesetzgeber durch den zum 1.1.2008 in Kraft getretenen § 2 Abs. 1 JGG klargestellt, dass in einem Rechtsstaat das Ziel der strafrechtlichen Sozialkontrolle nur die Verhinderung von (weiteren) Straftaten (Legalbewährung) sein kann. Gleichwohl bleibt das Festhalten am »Erziehungsgedanken« problematisch soweit Straffälligkeit per se als Anlass dafür genommen wird, die vermeintlich in ihr zum Ausdruck gekommenen »Defizite« in der jugendlichen Biographie mit den Mitteln des (Jugend)Strafrechts »erzieherisch« aufzuarbeiten (*Trenczek* in: FK-SGB VIII § 52 Rn 7). **Jugendstrafrecht ist Strafrecht**, auch wenn es im Unterschied zum Allgemeinen Strafrecht teilweise anderen Prinzipien folgt (*Trenczek/Goldberg* 2014, 471). Das JGG gibt keine Antwort auf die von der Jugendhilfe zu klärenden Fragen nach dem erzieherischen Hilfebedarf und der geeigneten und erforderlichen Erziehungshilfe, sondern regelt die Voraussetzungen der (jugendspezifischen) Reaktion auf Straftaten.

48 Auf der anderen Seite ist (**Jugend-**)**Kriminalität** ebenso wenig wie andere Gewaltphänomene ein von der Jugendhilfe zu lösendes gesellschaftliches Problem. Die JA-Fachkräfte sollten nicht der Versuchung erliegen, eine rasche Abhilfe der Probleme junger Menschen oder gar der (Jugend-)Kriminalität zu versprechen. Der sozialrechtliche wie sozialpädagogische Auftrag an die Jugendhilfe unterscheidet sich im Kontext strafrechtlicher Sozialkontrolle nicht vom allgemeinen Auftrag der Kinder- und Jugendhilfe: es geht um nichts weniger als um die Förderung der Entwicklung des jungen Menschen zu einer eigenverantwortlichen wie gemeinschaftsfähigen Persönlichkeit (§ 1 Abs. 1 SGB VIII), also um die die **soziale Integration** (ohne bereits von Inklusion zu sprechen). Notwendig sind hierbei insb.:

- die Gewährleistung bedarfsgerechter und die Handlungskompetenzen junger Menschen fördernde (Sozial-)Leistungen (Hilfeleistung),
- der Schutz vor (den auch aufgrund der strafrechtlichen Sozialkontrolle bedingten und verschärften) Gefahren für ihr Wohl (Schutzauftrag),
- die Thematisierung gesellschaftlicher Erwartungen/Normen (Grenzsetzung und Umgang mit Widerstand),
- das Angebot von tragfähigen Beziehungs- und Bindungsangeboten (Vertrauen stiftende Beziehungsarbeit).

49 § 52 SGB VIII spezifiziert das weit gefächerte **Aufgabenspektrum** des JA im Hinblick auf ein Jugendstrafverfahren; es umfasst präventive, verfahrensbegleitende wie nachgehende Tätigkeitsbereiche (ausführlich *Trenczek* 2018, 136 ff.; *Trenczek/Goldberg* 2016, 166 ff.), insb. geht es um:

- die verfahrensbegleitende Mitwirkung im Spannungsfeld zwischen § 52 Abs. 1 und Abs. 3 SGB VIII und § 38 Abs. 2 JGG (hierzu Kap. 12.4.2)

12.4 Jugendhilfe im Strafverfahren – § 52 SGB VIII

- die leistungsorientierten Aufgaben, insb. zur Förderung der Diversion gemäß § 52 Abs. 2 SGB VIII als Ausdruck des jugendrechtlichen Subsidiaritätsprinzips (s. Kap. 12.4.3)

In beiden Bereichen bedarf es besonders qualifizierter und für die Aufgaben spezialisierter **Fachkräfte** (§ 72 Abs. 1 SGB VIII), die über Erfahrung, Geduld und einem langen Atem sowie über eine professionelle Haltung verfügen, die Rückschläge und Verweigerungen aushalten kann. Während die Aufgabe der verfahrensbegleitenden Jugend(gerichts)hilfe ganz überwiegend von den öffentlichen Trägern und deren für diese Aufgaben besonders qualifizierten/spezialisierten Fachkräfte der JÄ wahrgenommen werden (zur Organisation der JGH-Aufgaben s. *Trenczek* in: FK-SGB VIII § 52, Rn 62 ff.), werden die Aufgaben der nachgehenden Jugendhilfe (also insb. die Durchführung sozialpädagogischer Leistungen und sog. »Neuen ambulanten Maßnahmen« (NAM) sehr häufig gem. § 76 Abs. 1 SGB VIII an freie Träger delegiert. Den **Trägern der freien Jugendhilfe** ist es allerdings verwehrt, eine verbindliche Hilfeplanung durchzuführen und Leistungszusagen zu machen. Die Gewährung einer nach § 52 Abs. 2 SGB VIII frühzeitig zu prüfenden Hilfeleistung ist ein VA, zu dessen Erlass freie Träger nicht befugt sind (hierzu Kap. 5.2.1). Freilich können freie Träger der Justiz Dienstleistungen unabhängig von den Leistungsvoraussetzungen des SGB VIII anbieten, die aber dann aus Eigenmitteln oder aus dem Justizetat zu finanzieren wären.

12.4.2 Verfahrensbegleitende Mitwirkung – §§ 52 Abs. 1 und 3 SGB VIII

Die Pflicht des JA zur Mitwirkung im Strafverfahren ist im § 52 Abs. 1 SGB VIII als »andere Aufgabe« und mit Verweis auf § 38 JGG festgelegt. Von der Justiz, aber auch in der Praxis der JÄ wird mitunter übersehen, dass Zweck dieser Mitwirkung ausschließlich die Verwirklichung der sozialpädagogischen Gesichtspunkte der Jugendhilfe ist (**Zweckbindung der Jugendhilfe**). § 38 JGG ist ungeachtet der zum 17.12.2019 vorgenommenen Änderungen weiterhin keine Befugnisnorm (*Trenczek* DVJJ-J 1991, 251; *ders.* in: FK-SGB VIII § 52 Rn 10; mittlerweile ganz h.M. auch aus strafrechtlicher Sicht, *Eisenberg* § 38 JGG Rn 43b). Die Verknüpfung zu den Bestimmungen des JGG führt nicht zu einer Loslösung der JGH-Aufgaben von den sonstigen Aufgaben (oder gar Befugnissen; zum Unterschied s. Kap. 3.2.2, Rn 50) des JA (vgl. BT-Drs. 11/5948, 89). Der Systemzweck der Jugendhilfe, nämlich die Verwirklichung des Wohles des jungen Menschen, wird dem Systemzweck der Strafjustiz, nämlich Strafverfolgung und Verfahrensschutz, nicht untergeordnet. **Adressat der Hilfe und Unterstützungsleistungen** sind zwar sowohl der jungen Mensch (und bei Jugendlichen seine Eltern) sowie gleichzeitig auch die Justiz, die für die Aufgaben nach § 52 SGB VIII verantwortlichen Fachkräfte müssen freilich stets die Zweckbindung der Jugendhilfe und damit das Wohl des Jungen Menschen vorrangig beachten.

Die **Einbindung des JA in das strafrechtliche** (Ermittlungs- und Haupt-)**Verfahren** hat frühzeitig zu erfolgen, damit es seine in § 52 Abs. 1 - 3 SGB VIII genannten Aufgaben erfüllen kann. Nach dem neu eingefügten § 70 Abs. 2 Satz 1 JGG ist die »Jugendgerichtshilfe« – korrekt müsste es heißen: das JA (s.o. Rn 4) – grds. spätestens zum Zeitpunkt der Ladung der Jugendlichen zu ihrer ersten Vernehmung als Beschuldigte über die Einleitung des Verfahrens zu unterrichten. Damit kann das JA bereits in einer frühen Phase des Ermittlungsverfahrens Kontakt zu den jungen Menschen aufnehmen, Beratung und weitergehende Hilfen anbieten, um damit insb. die Möglichkeiten für eine Diversionsentscheidung zu erweitern (vgl. § 52 Abs. 2 SGB VIII). Freilich hatte schon bislang auch die Polizei nach der PDV 382, 3.2.7 das JA unverzüglich (also nicht erst nach »Durchermittlung« des Falls) bei Gefährdungen des jungen Menschen zu informieren bzw. wenn Leistungen der Jugendhilfe infrage kommen. Aufgrund der Novellierung des § 70 JGG ist zu hoffen, dass die JÄ nicht nur schneller und frühzeitiger informiert werden, sondern dass deren Fachkräfte auch verstärkte Anstrengungen im Hinblick auf die informelle Erledigung der Strafverfahren (Diversion, s. Kap. 12.4.3) entfalten.

53 Ungeklärt ist, wer und ob ggf. auch Fachkräfte des JA die Aufgaben als »geeignete volljährige Person« anstelle der Erziehungsberechtigten bzw. gesetzlichen Vertreter insb. bei deren temporären Ausschluss wahrnehmen sollten (§§ 51 Abs. 6 Satz 4 und Abs. 7, 67a Abs. 4 Satz 3 JGG). So wichtig es ist, dass der junge Mensch im Strafverfahren von einer volljährige Person seines Vertrauens begleitet wird (vgl. Art. 15 EU-RL 2016/800), so klar sollte es aus sozialpädagogischer/jugendhilferechtlicher Perspektive sein, dass es sich nicht um die für Aufgaben nach § 52 SGB VIII zuständige Fachkraft, sondern um eine andere Person handeln sollte, damit für die Jugendlichen die unterschiedlichen Rollen erkennbar bleiben ((*Schmoll/Holthusen* NDV 2020, 3). Damit sind zusätzliche personelle Ressourcen an Fachkräften zwingend notwendig.

12.4.2.1 Sozialpädagogische Aufgaben

54 Das JA war bereits bisher nach § 52 Abs. 2 und 3 SGB VIII verpflichtet, **frühzeitig** mit dem jugendlichen Beschuldigten und seinen Eltern bzw. mit dem Heranwachsenden **Kontakt aufzunehmen**, vor allem um ihn über den Ablauf des Strafverfahrens zu **informieren** und zu **beraten** sowie im Hinblick auf Hilfebedarfe ggf. um **Leistungen anzubieten** (Abs. 2, hierzu Kap. 12.4.3) und ihn während des gesamten Verfahren zu **betreuen** (Abs. 3). Aufgrund der Vorgaben der EU-RL 2016/800 (s.o. Rn 45) ist nach dem neu eingefügten § 70a Abs. 1 Satz 1 JGG nun auch die Justiz ihrerseits verpflichtet, den jugendlichen/heranwachsenden Beschuldigten unverzüglich über die Grundzüge des Jugendstrafverfahrens zu informieren. Dabei müssen die »Belehrungen« des Jugendlichen in einer Weise erfolgen, die seinem Alter und seinem Entwicklungs- und Bildungsstand entspricht (§ 70b Abs. 1JGG). Insoweit kann man nur an die Kooperationsbereitschaft von JA und Justiz appellieren, gemeinsame **Informationsmaterialien** und -zugänge (u.a. Flyer, Broschüren, Online-Informationen) adressatengerecht zu entwickeln, damit die Informationen die jungen Menschen auch erreichen und von ihnen verstanden werden (*Schmoll/Holthusen* NDV 2020, 4).

55 Die Aufklärung der Straftat ist Aufgabe der Strafverfolgungsbehörden, die Jugendhilfe hat keine entsprechenden Ermittlungsaufgaben (zu § 43 JGG s. Rn 56), sie bringt die »erzieherischen, sozialen und fürsorgerischen«, d.h. in der Sprache des SGB VIII die sozialpädagogischen, jugendhilferechtlich verankerten Gesichtspunkte in das Verfahren ein und dort »zur Geltung« (§ 51 Abs. 1 SGB VIII i.V.m. § 38 Abs. 2 Satz 1 JGG). Das bedeutet, dass die Fachkräfte der JÄ die Aspekte benennen, die für den betroffenen jungen Menschen fördernd, unterstützend, benachteiligungsverhindernd sind und so dem sozialpädagogischen Auftrag des § 1 Abs. 3 SGB VIII entsprechen. Das Strafverfahren ist (nur) Anlass für die Erörterung sozialpädagogischer Aspekte. Jugendhilfe muss in diesem Zusammenhang versuchen, durch pädagogisch intendierte Hilfen die Lebenslage der betroffenen jungen Menschen zu verbessern, um Ausgrenzung zu verhindern und zur **sozialen Integration** (oder sogar zum umfassenden Inklusion, s. Kap. 3.1.3) beizutragen (s. Kap. 12.4.1). Zu den sozialpädagogischen Aspekten gehören

12.4 Jugendhilfe im Strafverfahren – § 52 SGB VIII

auch die kriminologischen/sozialwissenschaftlichen Erkenntnisse über Jugendkriminalität und der empirischen Sanktionsforschung (hierzu *Goldberg/Trenczek* 2014; *Walter/Neubacher* 2011; *Heinz* ZJJ 2012, 129 ff.). Diese Erkenntnisse wiederum haben Auswirkungen auf das Handeln der Jugendhilfe.

Bei der in § 38 Abs. 2 Satz 2 JGG genannten sog. »Erforschung« von Persönlichkeit und sozialer Umwelt (nach der Neuregelung heißt es jetzt klarstellend: »Persönlichkeit, der Entwicklung und der Umwelt des familiären, sozialen und wirtschaftlichen Hintergrundes«) geht es nicht um tatbezogene Ermittlungen, sondern um die Erhebung von psychosozialen Daten und die verstehende **Untersuchung von Biographie und Lebenslage** des jungen Menschen und seiner Lebenswelt (hierzu s. Kap. 2.1). Dabei hat das JA die datenschutzrechtlichen Vorschriften der §§ 61 ff. SGB VIII (hierzu Kap. 14) uneingeschränkt zu beachten (*Riekenbrauk* ZJJ 2011, 75; *Trenczek* in: FK-SGB VIII § 52 Rn 25). Das gilt nicht nur für die Datenweitergabe (z.B. im Rahmen einer Stellungnahme), sondern bereits bei der Datenerhebung (§ 62 SGB VIII). Daran hat die aktuelle Novellierung (2019) des JGG nichts geändert (*Riekenbrauk* ZJJ 2020, 50). Allerdings muss man insoweit feststellen, dass sich einige JA-Fachkräfte bei der Erledigung der JGH-Aufgaben immer noch fälschlich an dem Fragenkatalog des § 43 JGG ausrichten, der sich allein an die strafrechtlichen Ermittlungsorgane richtet. Das JA ist aber nicht Ermittlungs- oder Hilfsorgan des Gerichtes. Die Datenerhebung dient dazu, die Lebenssituation der jungen Menschen, ihre subjektiven Verhaltens- und Deutungsweisen für eine sachgerechte Entscheidung ins Verfahren einzubringen. Leider muss man immer wieder feststellen, dass die wissenschaftlichen Befunde zur Entwicklung und Sozialisation von Kindern und Jugendlichen von den Mitarbeiter*innen der JÄ nicht immer rezipiert, die zur Normalität und Episodenhaftigkeit von abweichenden Verhalten junger Menschen immer noch negiert, defizitfixierte Sozialisationsmythen (z.B. das broken-home-Syndrom) und zweifelhafte Alltagstheorien über abweichendes Verhalten sorgsam gepflegt und ein überkommenes Erziehungs- und Resozialisierungsmodell selbst dort bemüht werden, wo es weder etwas zu erziehen noch zu (re)sozialisieren gibt. Das Begehen einer rechtswidrigen oder gar Straftat als solche stellt noch keine Kindeswohlgefährdung dar, die das JA im Rahmen seiner Schutz- (§ 8a, § 42 SGB VIII) oder Leistungsverpflichtung (z.B. §§ 27 ff. SGB VIII) zu einer Intervention veranlassen müsste (*Trenczek* IzKK 2011, 47 f.).

Zur Geltendmachung der sozialpädagogischen/sozialrechtlichen Perspektive bedarf es nicht immer einer schriftlichen **Stellungnahme**. Auch wenn durch das sog. »Gesetz zur Stärkung der Verfahrensrechte von Beschuldigten im Jugendstrafverfahren« vom 09.12.2019 die Berichtspflichten des JA erweitert wurden (z.B. § 46a JGG), schreibt das Gesetz weder die Form noch den Umfang der Mitwirkung nach § 52 SGB VIII vor (s.o. 12.1.2). Mitnichten ist eine (schriftliche) Stellungnahme des JA »obligatorisch« (vgl. *Ostendorf* 2015, 81). Andererseits ist zu beachten, dass nach § 46a JGG (in Entsprechung der EU-RL 2016/800, s.o. Rn 45) eine **Anklage** grds. nicht ohne bzw. nur ausnahmsweise ohne individuelle Begutachtung und vor einer Berichterstattung des JA nach § 38 Abs. 3 JGG erhoben werden darf, wenn dies dem Wohl des jungen Menschen dient und zu erwarten ist, dass das »Ergebnis der Nachforschungen« spätestens zu Beginn der Hauptverhandlung zur Verfügung stehen wird. In welcher Weise Auskünfte, Berichte oder eine Stellungnahme abgegeben wird, müssen die Fachkräfte weiterhin im pflichtgemäßen Ermessen unter Beachtung der fachlichen Standards (hierzu *Trenczek* in FK Vor § 50 Rn 26 ff.) entscheiden. Zwar soll das JA über die Ergebnisse seiner »Nachforschungen« »sobald es im Verfahren von Bedeutung ist« und (damit)

»möglichst zeitnah Auskunft« geben (§ 38 Abs. 3 Satz 1). Dies ist vor allem auch deshalb von Bedeutung, weil das JA nach § 52 Abs. 2 SGB VIII die Aufgabe hat, möglichst frühzeitig eine Diversionsentscheidung der Justiz zu fördern. Das heißt aber nicht, dass das JA in allen Fällen (ausführliche, schriftliche) Stellungnahmen zu erarbeiten hat. Auch in der Begründung zur Neuregelung des § 38 Abs. 3 JGG (BT-Dr 19/13839, 49) wird auf eine im Einzelfall angemessene, »abgestufte« Handhabung hingewiesen und mithin darauf, dass nicht immer ein schriftlicher und umfassender Bericht vorzulegen sei. Auch müsse nicht zu allen Aspekten Auskunft gegeben werden, sondern nur soweit sie im konkreten Verfahren tatsächlich relevant sein können. Eine fachlich qualifizierte Stellungnahme ist zudem nicht nur ein zusammenfassender Bericht über »erforschte« Daten und Ereignisse. Die Fachkräfte des JA müssen (und dürfen nur) deshalb (nur) das in das Verfahren einbringen, was sie aus ihrer eigenen Arbeit und um ihrer eigenen Aufgaben willen zu sagen haben (zum Aufbau und Inhalt der Stellungnahmen s. *Trenczek/Goldberg* 2016, 269 ff.; *Trenczek/Goldberg* RPsych 4-2019, 487 ff.) .

58   Im Hinblick auf den psychosozialen Befund geht es auch um Aussagen zur **strafrechtlichen Verantwortlichkeit** Jugendlicher i.S.d. § 3 JGG (*Eisenberg* § 3 JGG Rn 4 ff.; *Nix* ZJJ 2012, 416). Entsprechendes gilt für die Klärung der Jugendlichkeit von Heranwachsenden bzw. Vorliegen einer Jugendverfehlung i.S.d. § 105 JGG (*Eisenberg* § 105 JGG Rn 7 ff.). Hierzu bedarf es spezifischer Kompetenzen in der psychosozialen Diagnostik (*Ludwig* 2014; *Streek* ZJJ 2012, 57; *Trenczek* ZJJ 2010, 256 f.; *Trenczek/Goldberg* RPsych 4-2019, 488 ff.; *Mollenhauer/Uhlendorff* 2012).

59   Die Jugendhilfe äußert sich nach § 38 Abs. 2 Satz 2 JGG zum einen aus Sicht des SGB VIII selbstverständlich (nun in Satz 2 a.E. neu eingefügt) zu einer möglichen besonderen Schutzbedürftigkeit des Jugendlichen sowie auch zu den Maßnahmen, die zu ergreifen sind. Dies wird nicht selten verkürzt als ein »Sanktions-« oder »**Maßnahmevorschlag**« verstanden. Inhaltlich geht es aber nicht um einen Vorschlag zur Entscheidung, schon gar nicht im Hinblick auf die strafrechtlichen Sanktionen (ausführlich *Trenczek* FK-SGB VIII § 52 Rn 39 ff.). Unter Beachtung der in § 38 JGG ausdrücklich genannten Zweckbindung der Jugendhilfe sollen die für JGH-Aufgaben zuständigen Fachkräfte des JA die »erzieherischen, sozialen und sonstigen im Hinblick auf die Ziele und Aufgaben der Jugendhilfe bedeutsamen Gesichtspunkten zur Geltung bringen« und sich entsprechend »äußern« (§ 38 Abs. 2 Satz 2, Abs. 3 Satz 2 JGG), d.h. sie sollen aus sozialpädagogisch/sozialrechtlicher Sicht zu den Auswirkungen der (jugend-)strafrechtlichen Entscheidung insb. auf die Entwicklung und die Handlungskompetenz des jungen Menschen Stellung nehmen, sie schlagen selbst aber nur solche Interventionen vor, die dem Jugendhilfe- und Erziehungsverständnis des SGB VIII (insb. Hilfebedarf des jungen Menschen, Geeignetheit und Erforderlichkeit der Intervention) entsprechen und deshalb vom JA nach dem Leistungskatalog des SGB VIII initiiert bzw. angeboten werden können (mittlerweile ganz h.M. *Trenczek* in FK-SGB VIII § 52 Rn 38 m.w.N.; *Wiesner/Mörsberger/Wapler* § 52 Rn 38). Damit verbunden kann die informelle Erledigung des Strafverfahrens (Diversion, s.u. Rn 70) angeregt werden. Insoweit sind nicht nur Vorschläge zu unterbreiten, sondern es sind nach § 52 Abs. 2 SGB VIII auch »frühzeitig« leistungsorientierte Aktivitäten zu entfalten, um diese Vorschläge realisieren zu können (hierzu Kap. 12.4.3). Dabei darf sich das JA bei einem entsprechenden Bedarf nicht darauf beschränken, die immer noch (falsch) als »Neue Ambulante Maßnahmen« bezeichneten Hilfeleistungen vorzuschlagen, sondern muss ggf. das Gesamtspektrum der Jugendhilfe initiieren/abrufen. »Sanktions-« und »Ahndungsvorschläge« –

insb. skandalös vor der gerichtlichen Feststellung von Täterschaft und strafrechtlicher Verantwortlichkeit – haben zu unterbleiben.

Nach § 72a Satz 1 JGG ist die »Jugendgerichtshilfe« (also das JA) unverzüglich von der Vollstreckung eines Haftbefehls zu informieren, insb. weil die Verwahrung junger Menschen in Untersuchungshaft regelmäßig destabilisierend ist. Die Jugendhilfe muss deswegen in solchen Fällen nicht nur beschleunigt »berichten« (vgl. § 38 Abs. 3 JGG), sondern sich besonders intensiv und schnell um **Alternativen zur Haft** bemühen (*Eberitzsch* ZJJ 2011, 259 ff.; *ders.* ZJJ 2012, 296 ff.; *Villmow* ZJJ 2009, 226; *Villmow/Savinsky* ZJJ 2013, 388 ff.; *Villmow/Robertz* 2003) und zwar nicht nur bei Jugendlichen, sondern auch bei Heranwachsenden (s. § 109 Abs. 1 JGG). Die Vermeidung bzw. schnelle Beendigung von Untersuchungshaft bei jungen Menschen wird aber nur dann erfolgreich sein, wenn es gelingt, tragfähige Kooperationsstrukturen von Jugendhilfe, Einrichtungen der Jugendhilfe und Justiz aufzubauen.

Ort und Zeit der **Hauptverhandlung** sind dem JA gemäß § 50 Abs. 3 Satz 1 JGG in angemessener Frist vor dem vorgesehenen Termin mitzuteilen. Aus dieser Pflicht des Gerichtes ergab sich ein **Anwesenheitsrecht** (vgl. §§ 50 Abs. 3 Satz 1 JGG, s. Kap. 12.4.2.2), jedoch bislang keine Verpflichtung des JA, an der Hauptverhandlung (oder an sonstigen Terminen) teilzunehmen (*Trenczek* in: FK-SGB VIII § 52 Rn 45 ff.). Die Entscheidung über die Teilnahme an der Hauptverhandlung richtet sich nach § 52 SGB VIII und lag damit im pflichtgemäßen Ermessen (d.h. Entscheidung nach fachlichen Standards) des JA. Wenn der junge Mensch eine Begleitung benötigte und/oder wünschte, so reduzierte sich das Ermessen auf null im Sinne einer individuellen Betreuungspflicht des JA, da nach § 52 Abs. 3 SGB VIII die für JGH-Aufgaben verantwortlichen Fachkräfte die jungen Menschen während des gesamten Verfahrens betreuen sollen. Nun sieht der neue § 38 Abs. 4 JGG eine formale **Teilnahme- und Anwesenheitspflicht** des »Vertreters der Jugendgerichtshilfe« vor, soweit nicht das Jugendgericht oder im Vorverfahren die Jugendstaatsanwaltschaft auf Antrag des JA auf dessen Anwesenheit »verzichtet«. Zwar könnte man sich im Hinblick auf die überholte Terminologie fragen, wer mit »Vertreter der Jugendgerichtshilfe« gemeint sein soll, weil es eine solche Institution nicht gibt (nochmals: nach § 52 SGB VIII ist die »Mitwirkung des Jugendamts im jugendstrafrechtlichen Verfahren lediglich eine »Aufgabe«, kein Dienst oder selbständige Institution, s.o. Rn 4), die Botschaft ist freilich klar: Nach § 38 Abs. 4 JGG soll es nicht mehr allein dem pflichtgemäßem Ermessen des JA überlassen bleiben, ob bzw. in welchen Verfahren ihre Fachkräfte an der gerichtlichen Hauptverhandlung teilnehmen, vielmehr soll nun letztlich die Strafjustiz darüber entscheiden, ob und wann das JA im gerichtlichen Verfahren zu erscheinen hat. Damit verbunden wurde zudem in § 38 Abs. 4 Satz 2 JGG der Justiz die bislang nicht geregelte Befugnis verliehen, dem Träger der öffentlichen Jugendhilfe für den Fall des (trotz Mitteilung nach § 50 Abs. 3 Satz 1 JGG) Nichterscheinens »der JGH« in der Hauptverhandlung die dadurch verursachten Kosten auferlegen zu können, sofern das Nichterscheinen nicht rechtzeitig genügend entschuldigt wird oder das Nichterscheinen schuldhaft ist. Darüber zu entscheiden, ist freilich wieder Sache der Gerichte. Hintergrund dieser gesetzgeberischen Entscheidung ist der zu recht kritisierte Umstand, dass manche Kommunen die Mitwirkung des JA im gerichtlichen Verfahren nicht an fachlichen Standards, sondern an der kommunalen Haushaltslage ausgerichtet hatten. Mit der Neuregelung will man offenbar verhindern, dass (einige) Kommunen die Nichtteilnahme an dem Gerichtsverfahren weiterhin auf ihre begrenzten personellen Ressourcen zurückführen (können), denn in der Gesetzesbegründung wird ausdrücklich darauf hingewiesen, dass die für einen Verzichtsantrag des JA anerkannten Hinderungsgründe einzelfallbezogen sein müssen, sich aber »nicht in generellen Organisationsproblemen oder generellen Begrenzungen durch die Personalausstattung der Jugendgerichtshilfe erschöpfen« dürfen (BT-Drs. 19/13837, 50). Konfliktträchtig bleiben aber die Fälle, in denen Jugendhilfe und Justiz diese Gründe unterschiedlich bewerten und dieser Dissens nicht durch vernünftige Kooperationsgespräche und Terminabstimmungen gelöst werden kann.

62 Zudem kann in den Fällen der Nichtanwesenheit des JA nun unter den Voraussetzungen des § 38 Abs. 7 Satz 1 JGG – in Abweichung von den strafrechtlichen Prozessmaximen Mündlichkeit und Unmittelbarkeit (hierzu *Cornel/Trenczek* 2020, 90 f.) – auch ein schriftlicher »Bericht der Jugendgerichtshilfe« in der Hauptverhandlung verlesen werden. Die **Verlesung** von (insb. mangelhaften, veralteten, ...) **JGH-Berichten** wurde freilich schon vor der nun eingeführten Regelung aus fachlichen Gründen kritisiert (*Trenczek* in: FK-SGB VIII Vor § 50 Rn 24, § 52 Rn 37 m.w.N.; *Trenczek/Goldberg* 2016, 266 f.), wobei sich die Problematik nicht allein durch »ergänzende Nachforschungen« (§ 38 Abs. 3 S. 3 JGG) und Ergänzungsberichte beseitigen lässt. Die Neuregelung des § 38 JGG lässt daran zweifeln, ob es der Politik und Strafjustiz um eine den fachlichen Standards der Jugendhilfe entsprechende Mitwirkung des JA im Strafverfahren geht oder letztlich nur um eine Dienstbarkeit des JA, um strafrechtliche Entscheidungen revisionssicher zu machen.

63 § 38 JGG beschreibt in Abs. 2 Sätze 5 bis 7 **Überwachungsaufgaben** im Hinblick auf gerichtlich auferlegte Auflagen und Weisungen und erweckt damit zumindest den Anschein, das Gericht könnte die Mitarbeiter des JA insoweit verpflichten. Allerdings ist sehr umstritten, ob und inwieweit die Übertragung einer strafvollstreckungsähnlichen Sanktionsüberwachung auf die kommunale Jugendhilfe zulässig ist (*Trenczek* in: FK-SGB VIII § 52 Rn 47). Gemäß § 38 Abs. 2 Satz 6 JGG sind bei der Bewährungsüberwachung »erhebliche Zuwiderhandlungen« dem Gericht mitzuteilen. Damit kommt zum Ausdruck, dass die für JGH-Aufgaben verantwortlichen Fachkräfte zunächst versuchen müssen, mit ihren sozialpädagogischen Möglichkeiten den Konflikt zusammen mit dem jungen Menschen zu lösen. Nur bei beharrlicher, kontinuierlicher Weigerung darf eine Meldung an das Gericht erfolgen. Im Falle der Meldung dürfen es die Fachkräfte des JA nicht bei der bloßen Meldung belassen, sondern sie haben sich zugleich zu bemühen und ggf. Möglichkeiten vorzuschlagen, wie der entstandene Konflikt bearbeitet werden kann.

64 Die nach **§ 52 Abs. 3 SGB VIII** geforderte **Betreuung** des Jugendlichen bzw. jungen Volljährigen (das schließt nach § 7 Abs. 1 Nr. 3 SGB VIII nicht nur die Heranwachsenden, sondern alle jungen Menschen bis noch nicht 27 Jahre mit ein) ist nicht die Kür, sie steht nicht »neben« den – aus überkommener Sicht der Justiz – zentralen »Pflicht«-Aufgaben des JA, welche traditionell in der sog. Persönlichkeitserforschung und Berichterstattung gesehen wurden, sondern ist der wesentliche Teil und Zweck der Mitwirkung der Jugendhilfe im Strafverfahren, auch wenn sie in § 38 JGG nicht ausdrücklich genannt ist. Denn **Rechtsgrundlage** für die Aufgaben des JA ist nicht § 38 JGG, sondern § 52 SGB VIII (zur verfahrensrechtlichen Stellung des JA s. Kap. 12.4.2.2). Notwendig ist die Betreuung, weil das gesamte Strafverfahren (Ermittlungsverfahren, Hauptverhandlung, Vollstreckung) für die jungen Menschen eine höchst schwierige, für sie undurchsichtige und sie zumeist überfordernde Situation darstellt. Zudem befinden sie sich häufig etwa am Ausbildungs-, Arbeitsplatz, im Bekanntenkreis, in der

12.4 Jugendhilfe im Strafverfahren – § 52 SGB VIII

Familie usw in schwierigen, belasteten Lebenssituationen. Die Betreuung schließt auch die nachgehende Betreuung ein, schon um die Reaktionen der jungen Menschen im Zusammenhang mit einer Verurteilung rechtzeitig bearbeiten zu können.

Die umfassende Betreuung der jungen Menschen wird auch in der durch § 52 Abs. 3 SGB VIII (bzw. in § 38 Abs. 2 Satz 4 JGG) normierten Abschaffung des **Gerichtsgängerprinzips** klar: Ein und dieselbe sozialpädagogische Fachkraft hat sich kontinuierlich mit den jungen Leuten zu befassen und kann sich in der Hauptverhandlung nicht durch einen sog. »Gerichtsgänger«, d.h. einen hauptsächlich für die »Vertretung des Jugendamtes« im Hauptverfahren zuständigen Mitarbeiter, vertreten lassen (*Trenczek* in FK-SGB VIII § 52 Rn 44).

65

12.4.2.2 Verfahrensrechtliche Stellung

Zur Erfüllung ihrer Aufgaben und Konkretisierung des Mitwirkungsrechts sind den Fachkräften des JA im Jugendstrafverfahren im Einzelnen folgende **Verfahrens- und Beteiligungsrechte** eingeräumt:

66

- Informationsrechte, z.B. Mitteilung über die Einleitung des Verfahrens spätestens zum Zeitpunkt der ersten Vernehmung als Beschuldigtem (§ 70 Abs. 2 JGG); Mitteilung von Ort und Zeit der Hauptverhandlung (§ 50 Abs. 3 Satz 1 JGG); Mitteilung von Erlass und Vollstreckung eines Haftbefehls bzw. der vorläufigen Festnahme (§ 72a Satz 1 JGG)
- Recht (und Pflicht) auf Anwesenheit in der Hauptverhandlung (§ 38 Abs. 4 und 7, § 50 Abs. 3 Satz 1, § 48 Abs. 2 Satz 1 JGG)
- Anhörungs- und Äußerungsrechte, z.B. im Hinblick auf die zu ergreifenden Maßnahmen (§ 38 Abs. 2 Satz 2, Abs. 3 Satz 3 JGG, § 50 Abs. 3 Satz 2 JGG, § 65 Abs. 1 Satz 2 JGG, § 87 Abs. 3 Satz 4 JGG) oder zu einer gemeinsamen Unterbringung in der U-Haft (§ 89c Abs. 3 Satz 2 JGG)
- Verkehrs- und Kontaktrechte, z.B. während des Vollzugs einer Jugendstrafe (§ 38 Abs. 2 Satz 9 JGG); in der U-Haft (§ 93 Abs. 3 JGG, § 148 StPO)
- Antragsrecht zur Beseitigung des Strafmakels bei Mj. (§ 97 Abs. 1 Satz 2 JGG).

Das JA hat aber **kein Recht auf Einsicht in die Strafverfahrensakten**, kein allgemeines Fragerecht (§ 240 StPO), kein formelles (Beweis-)Antragsrecht und kann nicht Rechtsmittel einlegen. Damit unterscheidet sich die Stellung des JA von der einer Strafverteidigung (die nicht selten über die Fallkonstellationen des § 68 JGG neben der Betreuung durch das JA hinaus notwendig ist) und anderen (formellen) Verfahrensbeteiligten. Zwar ist umstritten, ob diese Verfahrensrechte – mit Ausnahme eines über die Anhörungs- und Äußerungsrechte hinausgehenden Fragerechts zu pädagogisch relevanten Sachverhalten – in Anbetracht informeller Handlungs- und Anregungsmöglichkeiten für eine sozialanwaltliche, auf die Selbsthilfe des jungen Menschen ausgerichtete Jugendhilfe erforderlich erscheinen. Es spricht aber auch nichts gegen eine Angleichung der verfahrensrechtlichen Stellung des JA entsprechend den Regelungen des FamFG (s. o. Kap. 12.1.2). Entscheidend ist, dass die für JGH-Aufgaben verantwortlichen Fachkräfte, die für die Ziele und Aufgaben der Jugendhilfe bedeutsamen Gesichtspunkte in Inhalt und Darstellung offensiv **zur Geltung bringen**. Viel zu häufig verzichten die Fachkräfte der JÄ darauf, das »Wort zu verlangen« und auf sozialpädagogische Gesichtspunkte hinzuweisen oder sich zu jugendhilferelevanten Aspekten zu äußern. Eine

67

nur formal wahrgenommene Anwesenheitspflicht des JA (s.o. Rn 61) wird daran nichts ändern.

12.4.3 Leistungsorientierte Aufgaben des Jugendamts

68 Auch bei einer sozialpädagogisch orientierten Aufgabenwahrnehmung lässt sich fragen, ob die im Zusammenhang von Bestrafung eingebettete Tätigkeit des JA der sozialpädagogischen Grundorientierung von Jugendhilfe gerecht werden kann. Diese kommt v.a. in § **52 Abs. 2 SGB VIII** zum Ausdruck. Hiernach ist das JA verpflichtet, **frühzeitig** (d.h. unmittelbar nach Kenntnis der durch Straftatbegehung oder polizeilichen Festnahme ausgelösten Krisensituation und insb. vor Anklageerhebung) von Amts wegen (also auch ohne Bitte oder Antrag der Betroffenen) zu prüfen, ob und wenn ja, welche Leistungen der Jugendhilfe für den Jugendlichen oder den jungen Volljährigen in Betracht kommen. Freilich darf das JA aufgrund des sozialrechtlichen Gesetzesvorbehalts (§ 31 SGB I) Leistungen nur erbringen bzw. refinanzieren, wenn die formellen und materiellen Leistungsvoraussetzungen (insb. §§ 27 ff., 36a SGB VIII) vorliegen (s.o. Kap. 12.4.1 Steuerungsverantwortung des JA). Andererseits darf die Dauer einer im Hinblick auf einen erzieherischen Bedarf geeigneten und erforderlichen Jugendhilfeleistung (s. Kap. 9.2.2.2) nicht von vornherein begrenzt werden, im Unterschied zur ggf. parallel angeordnete Sanktion, die aus strafrechtlichen Gründen zwingend bestimmt und begrenzt sein muss.

69 Von besonderer Bedeutung in der Praxis sind die Leistungen der §§ 27 ff., 41 SGB VIII (s. Kap. 9), die zumeist immer noch als sog. »**Neue Ambulante Maßnahmen**« (NAM) bezeichnet werden. Die NAM finden im SGB VIII allerdings nur teilweise (z.B. als soziale Gruppenarbeit und Betreuungshilfe; s. Kap. 9.2.3) einen jugendhilferechtlichen Anknüpfungspunkt (hierzu ausführlich *Trenczek* 1996, 87 ff.; ders. in: FK-SGB VIII § 52 Rn 50 ff.; *Trenczek/Goldberg* 2016, 155 ff.; kritisch zum Verhältnis SGB VIII und JGG auch *Wiesner* 1995; *Wiesner/Schmid-Obkirchner* § 30 Rn 26 f.). Die seit den 1980er Jahren entwickelten »Neuen Ambulante Maßnahmen« (hierzu BAG NAM 1992 und 2000) sind zwar nicht mehr neu und der Begriff historisch überholt, im Übrigen allerdings im Hinblick auf strafrechtliche Interventionen korrekt, weil »Maßnahmen« auch gegen den Willen der Betroffenen durchgesetzt werden können (Soziale Arbeit im **Zwangskontext**; hierzu *Conen* ZJJ 2007, 370 ff.; *Conen/Cecchin* 2018; *Kähler/Zobrist* 2014; *Trenczek* 2018, 144 ff.). Anders ist dies freilich mit Blick auf das SGB VIII, welches im Hinblick auf Leistungen auf den zweideutigen Maßnahmebegriff verzichtet (s. Kap. 4.3.1, Rn 21). Aus Sicht der Jugendhilfe ist die Bezeichnung NAM inkorrekt, weil es sich insoweit (gleichzeitig) um an die Eltern gerichtete Angebote insb. von ambulanten, sozialpädagogischen Hilfen zur Erziehung handelt (s. Kap. 9.2). Dagegen fällt die rein administrative Abwicklung von Arbeitsleistungen ohnehin nicht in den Aufgabenbereich des JA. Umstritten ist im Hinblick auf die Vermittlung (Mediation) zur Förderung eines sog. Täter-Opfer-Ausgleichs (*Trenczek* in: FK-SGB VIII § 52 Rn 52).

70 Hintergrund für die NAM bzw. die sozialpädagogischen Jugendhilfeangebote für junge Straffällige ist die empirisch/kriminologisch gesicherte Erkenntnis, dass abweichendes jugendliches Verhalten in einen Entwicklungsprozess und sozialen Kontext eingebunden ist, auf den strafrechtliche Reaktionen kaum positiv einwirken können, und dass deviantes Verhalten von jungen Menschen zudem ganz überwiegend episodenhaft (passager) ist, es sich also um ein Verhalten handelt, das sich im Sozialisationsprozess

»auswächst« (*Goldberg/Trenczek* 2014, 269 ff.). Vor dem Hintergrund dieser Erkenntnisse setzte sich zunehmend die Forderungen durch, auf delinquentes Verhalten Jugendlicher »informell« zu reagieren (sog. **Diversion,** was wörtlich Ab-/Umlenkung bedeutet), nicht zuletzt mit Blick auf die Ergebnisse der empirischen Sanktionsforschung, nach der formelle Sanktionen und Strafschärfungen, insb. freiheitsentziehende Sanktionen, keine positiven Effekte (z.b. im Hinblick auf die Legalbewährung) bewirken (hierzu *Heinz* 2016; *Trenczek/Goldberg* 2016, 126 ff. und 261 m.w.N.). § 52 Abs. 2 SGB VIII unterstreicht ebenso wie §§ 5, 45, 47 JGG den **Vorrang der Jugendhilfe vor dem Strafrecht** (zur Subsidiarität des Jugendstrafrechts s. *Trenczek* ZRP 1993, 184 ff.) und trägt »der Erkenntnis Rechnung, dass informelle Erledigungen als kostengünstigere, schnellere und humanere Möglichkeiten der Bewältigung von Jugenddelinquenz auch kriminalpolitisch im Hinblick auf Prävention und Rückfallvermeidung wirksamer« sind (BT-Drs. 11/5829, 11; BT-Drs. 11/7421, 1). Mit großer Sorge muss die in manchen JÄ feststellbare **Tendenz zur systematischen Leistungsverweigerung** insb. bei straffällig gewordenen jungen Volljährigen betrachtet werden, sei es durch interne, Rechtsansprüche unterlaufende Weisungen (z.B. keine Leistungen bei mehrfach straffälligen Jugendlichen oder jungen Volljährigen zu initiieren) oder andere verwaltungstechnische Strukturen, Tricks und Schwellen (Bestehen auf formaler Antragstellung; Weisung an JGH-Fachkräfte, keine HzE initiieren zu dürfen) sowie einer langwierigen Entscheidungsfindung, so dass sich das »Problem« bei weiteren Krisen und Straftaten aufgrund von Inhaftierung von selbst »erledigt« (*Trenczek* in: FK-SGB VIII § 52 Rn 57). Andererseits scheinen junge Volljährige vielerorts nur noch aus Anlass eines Strafverfahrens aufgrund des Engagements der für JGH-Aufgaben zuständigen Fachkräfte mit Jugendhilfeleistungen rechnen zu können (*Trenczek/Goldberg* 2016, 469 ff.; *Nüsken* JAmt 2006, 6; *Riekenbrauk* ZJJ 2007, 159 ff.; *Trenczek* 2018 Kap. 5.2 Rn 9).

Allerdings bietet das JA seine Leistungen nicht an, weil ein Jugendlicher oder junger Volljähriger eine Straftat begangen hat, sondern weil er ggf. (insb. auch im Strafverfahren) der Hilfe bedarf (im Hinblick darauf, was straffällige Jugendliche wirklich brauchen, nach wie vor grundlegend *Lösel* 1993/ZJJ 2013, 260 ff.; zu interaktionistisch ausgerichteten, **resilienz- und kontrolltheoretischen Ansätzen** sowie zu den Implikationen für die Praxis aus der Lebenslauf- bzw. »desistance«-Forschung s. *Trenczek/Goldberg* 2016, 108 ff.; *Walter/Neubacher* 2011, 49 ff.). Leistungsauslösendes Moment ist ein entsprechender »**erzieherischen Bedarf**« (ausführlich Kap. 9.2.2.1), nicht die Straffälligkeit. Abweichendes Verhalten von jungen Menschen ist als solches weder ein Indiz für eine Kindeswohlgefährdung noch für einen erzieherischen Bedarf, die das JA im Rahmen seiner Schutz- (§ 8a SGB VIII) und Leistungsverpflichtung (z.B. §§ 27 ff. SGB VIII) zu einer Intervention veranlassen müsste. Vielmehr kann die **ubiquitäre, jugendtypische Jugenddelinquenz als Entwicklungsaufgabe** angesehen werden (*Trenczek* IzKK 2011, 47 f.). Allerdings deutet die über die jugendtypische und episodenhafte Begehung von Delikten hinausgehende Devianz auf Schwierigkeiten in der Lebensbewältigung hin (*Goldberg/Trenczek* 2014, 266 ff.). Hier bedarf es ggf. der Förderung von sozialen Handlungskompetenzen und eines Ausgleichs sozialer Desintegrationslagen. Im Rahmen der Diversion bedarf die Leistung von Erziehungshilfen allerdings stets der Zustimmung der Eltern (*Tammen/Trenczek* in: FK-SGB VIII Vor § 27 Rn 32; *Trenczek/Stöss* ZJJ 2014, 325).

Wichtige, interessante Entscheidungen

- *Vorrang einvernehmlicher Regelungen im gerichtlichen Verfahren:* BVerfG 14.2.2007 – 1 BvR 1351/01 – Rn 35 – NJW-RR 2007, 1073
- *Verhältnis Eltern-Kinder-Staat:* BVerfG 22.5.2014 – 1 BvR 2882/13; 27.8.2014 – 1 BvR 1822/14; 10.9.2009 – 1 BvR 1248/09 – JAmt 2009, 626 (Ablehnung einer vom JA für erforderlich gehaltenen Erziehungshilfe allein rechtfertigt keinen Sorgerechtsentzug); EGMR 8.4.2004 – Haase vs. Germany – 11057/02 – NJW 2004, 3401 (*Trennung von Kind und Eltern*)
- *Jugendamt/Familiengericht:* BVerfG 21.6.2002 – 1 BvR 605/02 – JAmt 2002, 307; BVerfG 24.03.2014 – 1 BvR 160/14 – JAmt 2014, 223 ff.; OLG Bremen 2.11.2009 - 4UF 83/09 – JAmt 2009. 629; OLG Saarbrücken 19.10.2009 - 6UF 48/09 – JAmt 2010, 196
- *Jugendamt/Jugendgericht:* BVerfG 11.1.2007 – 2 BvL 7/06 - ZJJ 2007, 213

Weiterführende Literatur

- *Zum Familienrecht/familiengerichtlichen Verfahren:* Balloff 2018; Münder et al. 2020
- *Zivilrechtlicher Kinderschutz und Aufgaben der Jugendhilfe:* Kindler et al. 2006; Meysen in FK-SGB VIII §§ 8a ff.
- *Zum Verfahrensbeistand:* Salgo et al. 2019
- *Zum (Jugend-)Strafrecht/-verfahren und zur Jugendstrafjustiz:* Eisenberg 2018; Ostendorf 2015 und 2015a; Cornel/Trenczek 2019, 142 ff.
- *Zur Mitwirkung des JA im (Jugend-)Strafverfahren:* Trenczek/Goldberg 2016; Trenczek 1996, 2003
- *Soziale Arbeit und Jugendstraffälligenhilfe:* Dollinger/Schmidt-Semisch 2018; Trenczek 2018
- *Kriminologie/empirische Sanktionsforschung:* Dollinger/Schabdach 2013; Heinz 2017; Trenczek/Goldberg 2016; Walter/Neubacher 2011

13. Beistandschaft, Pflegschaft, Vormundschaft – §§ 52a - 58a SGB VIII

Die §§ 52a – 58a SGB VIII im 4. Abschnitt des 3. Kapitel des SGB VIII beschreiben die Aufgaben und Befugnisse des Jugendamts im Hinblick auf die Interessenswahrnehmung und gesetzliche Vertretung von Kindern und Jugendlichen. Die Regelungen stehen in engem Zusammenhang mit den familienrechtlichen Regelungen des BGB, weshalb die Tätigkeit der Jugendämter – ungeachtet ihrer öffentlich-rechtlichen Aufgabe – inhaltlich zivilrechtlichen Charakter hat.

Ausführlich behandelte Vorschriften

- §§ 52a – 58 SGB VIII

Bei der Beistandschaft, Pflegschaft und Vormundschaft (ausführlich *Oberloskamp* 2017) handelt es sich um eine Form **staatlicher Rechtsfürsorge**, die heute darüber hinaus mit sozialpädagogischen Elementen und mit der Tätigkeit des JA verbunden werden (zur Abgrenzung von der Interessenswahrnehmung von Kindern durch den »Verfahrensbeistand« s. Kap. 12.2.3; zur Ombudschaft in der Kinder- und Jugendhilfe s. Kap. 5.4). Das war nicht immer so: Inhaltlich hatten diese Rechtsinstitute mit Sozialpädagogik zunächst wenig zu tun und organisatorisch waren sie nicht auf das JA ausgerichtet. Vormundschaft/Pflegschaft/Beistandschaft knüpfen an die fehlende oder eingeschränkte Geschäftsfähigkeit an. Geregelt sind die Rechtsinstitute deshalb auch im BGB (dazu *Münder* et al. 2020, Kap. 12):

- **Beistandschaft** (§§ 1712 ff. BGB): ist die Unterstützung des alleinsorgeberechtigten Elternteils
- **Pflegschaft** (§ 1909, §§ 1915 - 1919 BGB) ist für Mj. als sog. Ergänzungspflegschaft in § 1909 BGB geregelt und tritt ein, wenn der/die Inhaber*in der elterlichen Sorge an der Wahrnehmung einzelner Angelegenheiten verhindert ist; sie ersetzt also die elterliche Sorge nur in Teilbereichen
- **Vormundschaft** (§§ 1773 - 1895 BGB) ersetzt umfassend die elterliche Sorge. Ein Mj. erhält in drei Fällen einen Vormund
  - wenn er nicht unter elterlicher Sorge steht, z.B. Tod der Eltern (§ 1680 BGB), Maßnahmen nach § 1666 BGB
  - wenn die Eltern nicht zur Vertretung des Mj. berechtigt sind (z.B. § 1673 Abs. 2 BGB)
  - wenn der Familienstand eines Kindes nicht zu ermitteln ist, z.B. bei Findelkindern (§ 1773 Abs. 2 BGB).

Gemeinsam ist allen drei Funktionen, dass das JA als **gesetzlicher Vertreter der jungen Menschen** agieren (kann). Die Tätigkeit der Beistände, Vormünder und Pfleger wird deshalb rechtssystematisch auch heute noch dem **Zivilrecht** zugeordnet. Mit der Institutionalisierung des JA wurden diesem diese Aufgaben übertragen für den Fall, dass eine als Vormund/Pfleger geeignete Einzelperson nicht vorhanden ist (§ 1791b BGB). Damit kommt das JA seiner öffentlich-rechtlichen Verpflichtung zur (Rechts)Fürsorge nach und verknüpft dies mit seinem sozialpädagogischen Handlungsauftrag. Auch mit der Abschaffung der gesetzlichen Amtspflegschaft über nicht-ehelich geborene Kinder und der Ersetzung durch entsprechende Beratungs- und Unterstützungstätigkeiten nach § 52a SGB VIII im Jahr 1998 erfolgte ein deutlicher Ausbau in Richtung sozialpädagogische Aufgabenwahrnehmung (ausführlich *Münder/Mutke/Seidenstücker* 2007). Inhaltlich überschneiden sich im Wesentlichen zwei Aufgabenkreise:

- die **Beratung** der Mutter eines nichtehelichen Kindes (§ 52a SGB VIII) sowie Gewinnung und Beratung von Vormündern, Pflegern und Beiständen durch das JA (§ 53 SGB VIII)
- die **Wahrnehmung** von Vormundschaft, Pflegschaft und Beistandschaft durch das JA selbst (§§ 55 ff. SGB VIII).

4   Hinzu kommt noch die Erlaubniserteilung zur Übernahme von Vereinsvormundschaften nach § 1791c BGB (§ 54 SGB VIII).

5   Die Formen staatlicher Rechtsfürsorge, insb. die Vormundschaft, waren und sind Gegenstand intensiver Reformdiskussionen (z.b. *Hansbauer/Mutke/Oelerich* 2004; *Oberloskamp* 2017, 5 ff.; *Rüting* 2012). Wesentliche Änderungen wurden insb. in § 55 SGB VIII durch das Gesetz zur Änderung des Vormundschafts- und Betreuungsrechts 2011 (BR-Drs. 243/11; BT-Drs. 17/5512, 17/3617) vorgenommen, die – soweit es das SGB VIII betrifft – zum 5.7.2012 in Kraft traten. Durch weitere zahlreiche Ergänzungen und Änderungen ist das Vormundschaftsrecht unübersichtlich geworden, bildet die Praxis nicht zutreffend ab und soll nun umfassend reformiert werden, um die Personensorge für Mj. zu stärken und die Vorschriften zur Vermögenssorge vor allem für den Betreuer zu modernisieren (zum derzeitigen Stand s. die Internetseite des BMJV https://www.bmjv.de).

6   Das BGB geht in §§ 1791a f. BGB zwar nach wie vor davon aus, dass Vormund und Pfleger natürliche Einzelpersonen sind (zu den Auswahlkriterien, Vorrang der Familienbindungen und Nachrang der Amtsvormundschaft, s. BVerfG 18.12.2008 – 1 BvR 2604/06 – ZKJ 2009, 252 ff.; OLG Düsseldorf 12.11.2009 – II 4 UF 110/06 – JAmt 2011, 348). In der Realität wird das Ziel allerdings weit verfehlt: bei der ganz überwiegenden Zahl der Vormundschaften – etwa drei von vier – wird das JA bestellt, das diese Aufgaben gemäß § 55 SGB VIII einzelnen seiner Fachkräfte überträgt (vgl. *Hansbauer* 2018, 1814 ff.; *Wagenblass/Wüst* et al. 2014, 8).

13.1 Beratung und Unterstützung von Pflegern und Vormündern

7   Ist die Vormundschaft nicht einem nach § 1776 BGB von den Eltern Berufenen zu übertragen, so hat das FamG nach Anhörung des JA eine geeignete Person als Vormund auszuwählen (zu den Kriterien, s. § 1779 Abs. 2 BGB). Im Hinblick auf die Eignung ist zu beachten, dass die Ausübung von Vormundschaften und Pflegschaften auch pädagogische Fähigkeiten, rechtliche und ökonomische Kenntnisse erfordert. Die Pflicht, dem FamG geeignete Personen und Vereine vorzuschlagen (§ 53 Abs. 1 SGB VIII), setzt voraus, dass sich das JA um entsprechende Personen bemüht. Die **Gewinnung, Beratung** und **Unterstützung** der (Einzel-) **Pfleger und Vormünder** ist mithin Aufgabe der JÄ (§ 53 Abs. 1 und 2 SGB VIII). Die Bestellung erfolgt dann durch das FamG (§ 1789 BGB). Auf die Unterstützungspflicht seitens des JA sollen die Vormünder und Pfleger bereits bei ihrer Bestellung hingewiesen werden. Auf Beratung und Unterstützung besteht ein **Rechtsanspruch** (Abs. 2). Dieser bezieht sich sowohl auf die pädagogische als auch auf die rechtliche Unterstützung. Infrage kommen neben allgemeinen Informationen, die Ausgabe entsprechender Merkblätter, Fortbildungsveranstaltungen, insb. konkrete Unterstützungen bei Einzelfallangelegenheiten. Diese können sich insb. auf rechtliche Angelegenheiten im konkreten Einzelfall (Rechtsberatung)

beziehen, wie die Hilfe bei Abfassung von Eingaben, Gesuchen, Klagen usw (*Hoffmann* in: FK-SGB VIII § 53 Rn 9 ff.). Wichtig ist aber auch die Beratung in Erziehungsfragen.

In Realisierung des **staatlichen Wächteramtes** gemäß Art. 6 GG hat das JA bei Vormündern und Pflegern nach § 53 Abs. 3 SGB VIII darauf zu achten, dass die Erziehung und Pflege der Mündel (das ist der/die unter Vormundschaft stehende Mj.) gesichert ist. Auch hier hat die Beratung Vorrang vor kleinlicher Kontrolle. Insb. stehen dem JA kein Weisungsrecht oder sonstige Kompetenzen über die Vormünder/Pfleger zu. Wenn problematische Situationen durch Beratung nicht beseitigt werden können, hat das JA nach § 53 Abs. 3 Satz 3 SGB VIII das FamG zu informieren, damit dieses im Rahmen seiner **Rechtsaufsicht** (s. Kap. 13.3, Rn 22) prüfen kann, ob sein Einschreiten nach § 1837 BGB notwendig ist.

Hinsichtlich der Beistände fehlt es an einer entsprechenden Regelung. Nach dem Beistandschaftsrecht wird regelmäßig nur das JA Beistand (im Einzelnen *Münder et al.* 2020, Kap. 12), so dass eine Beratungspflicht hier unsinnig wäre.

13.2 Das Jugendamt als Vormund, Pfleger und Beistand

Die FamG müssen, wenn die gesetzlichen Voraussetzungen vorliegen, von Amts wegen dafür sorgen, dass ein geeigneter Vormund bestellt wird (§§ 1774, 1779 BGB). Die Tatsache, dass sich nicht in ausreichendem Maße Einzelpersonen als Vormünder und Pfleger zur Verfügung stellten (und vom JA zumeist nur in Einzelfällen Einzelvormünder/-pfleger gesucht bzw. gefunden werden), war der Grund für die Entwicklung zur Amtspflegschaft/Amtsvormundschaft. Dieser Begriff bedeutet, dass in der Praxis zumeist nicht eine Einzelperson Pfleger oder Vormund ist, sondern dass das **Jugendamt als Behörde Pfleger** oder **Vormund** wird (§ 55 Abs. 1 SGB VIII).

Aufgrund zweier Situationen kann dies geschehen:

- Wenn keine Person vorhanden ist, die als Einzelpfleger/Einzelvormund infrage kommt, wird das JA zum Pfleger/Vormund bestellt (§ 1791b BGB); das ist die sog. **bestellte Amtspflegschaft/Amtsvormundschaft.**
- Wenn die Eltern eines Kindes nicht miteinander verheiratet sind und das Kind einen Vormund braucht (§ 1673 BGB; s.u. Kap. 13.2.2), so wird das JA von Gesetzes wegen Amtsvormund (§ 1791c BGB); das ist die sog. **gesetzliche Amtsvormundschaft.**

Die gesetzlichen Amtspflegschaften wurden zum 1.7.1998 abgeschafft und in Beistandschaften (Kap. 13.2.1) umgewandelt (dies betraf nur die alten Bundesländer, da die gesetzliche Amtspflegschaft mit dem Einigungsvertrag in den östlichen Bundesländern gar nicht eingeführt wurde); nur die bestellten Amtspflegschaften blieben erhalten. Zwar sinkt die Gesamtzahl der Amtsvormundschaften/-pflegschaften und Beistandschaften, stellt aber mit aktuell etwa 50.000 (gesetzliche und bestellte) Amtsvormundschaften, über 30.000 bestellten Amtspflegschaften sowie über 500.000 Beistandschaften im Jahr 2018 nach wie vor einen beachtlichen Aufgabenbereich in der Jugendhilfe dar.

Tab. 10: Minderjährige unter Beistand-, Amtspfleg-, Amtsvormundschaft (*Destatis* 2019)

	Minderjährige unter Beistandschaft	Minderjährige unter Amtspflegschaft (ab 1998 nur bestellte)		Minderjährige unter Amtsvormundschaft		
	Insgesamt	bestellt	gesetzlich	Insgesamt	bestellt	gesetzlich
1991	85.052	24.209	501.521	40.571	29.270	11.301
1995	130.558	31.130	604.171	47.692	35.414	12.278
1998	706 414	28.046		48.273	35.272	13.001
2000	660.304	24.607		43.131	33.056	10.075
2005	689.046	26.957		39.758	30.447	9.311
2010	630.562	32.556		37.855	31.377	6.478
2011	615.456	33 445		37.855	32.280	5.575
2012	605.728	33.489		36.569	31.619	4.950
2013	589.504	33.774		37.390	32.219	5.171
2014	571.607	32.808		41.148	35.825	5.323
2015	552 091	33 883		65.003	59.501	5.502
2016	538 297	32 393		75.426	69.719	5.707
2017	524 139	32.046		60.204	54.969	5.235
2018	505.809	31.551		49.436	44.944	4.492

Anm.: Die gesetzlichen Amtspflegschaften sind seit dem 1.7.1998 entfallen und in Beistandschaften umgewandelt worden.

13.2.1 Beistandschaft

13 Die Beistandschaft (§§ 1712 ff. BGB, *Münder* et al. 2020, Kap 12; *Kunkel* in: *Oberloskamp* 2017, 547 ff.) ist ein **Beratungs- und Unterstützungsangebot**, das von den Anspruchsberechtigten nur **freiwillig** in Anspruch genommen werden kann. Das JA (ausnahmsweise ggf. nach Landesrecht ein rechtsfähiger Verein) wird Beistand, wenn von dem allein sorgeberechtigten Elternteil bzw. – im Falle der gemeinsamen elterlichen Sorge – von dem Elternteil, in dessen Obhut sich das Kind (überwiegend) befindet (§ 1713 Abs. 1 BGB), ein entsprechender schriftlicher Antrag (§ 1714 BGB) gestellt wird. Zuständig ist das JA, in dessen Bezirk die sorgeberechtigte Mutter ihren gewöhnlichen Aufenthalt hat (§ 87c Abs. 5 SGB VIII). Es existiert ein **Rechtsanspruch auf Beistandschaft** (§ 1712 BGB). Weitere Prüfungen (etwa ob die Beistandschaft aus Gründen des Kindeswohls erforderlich ist usw) entfallen, das JA kann also einen solchen Antrag nicht ablehnen; ist dies warum auch immer doch der Fall, kann Widerspruch und ggf. Klage eingereicht werden.

14 Die Beistandschaft ist nicht mit hoheitlichen Befugnissen und Eingriffen in das Recht der elterlichen Sorge verbunden (zu den **Aufgaben** nach § 1712 BGB und **Rechtsfolgen** der Beistandschaft *Kunkel* in: *Oberloskamp* 2017, 558 ff.). Durch die Beistandschaft wird die elterliche Sorge nicht eingeschränkt (§ 1716 Satz 1 BGB). Inhaltlich geht es im Wesentlichen um die Vaterschaftsfeststellung und Geltendmachung von Unterhaltsan-

sprüchen; insoweit ist die Beistandschaft vergleichbar mit der in § 18 SGB VIII geregelten Beratungsleistung (Kap. 7.2). Der Beistandschaft nach dem BGB wird zudem ein spezifisches jugendhilferechtliches **Beratungs- und Unterstützungsangebot** nach § **52a SGB VIII** vorgeschaltet. Das JA erfährt über das Standesamt von der Geburt eines nichtehelichen Kindes und hat dann die in § 52a SGB VIII genannte **Beratung** (Vaterschaftsfeststellung, Unterhaltsansprüche, Beistandschaft, Möglichkeiten gemeinsamer elterlicher Sorge) anzubieten. Anders als bei § 18 SGB VIII ist das JA nach § 52a SGB VIII **von Amts** wegen verpflichtet, auf die Mutter zuzugehen, um sie frühzeitig und umfassend zu informieren, um die Feststellung der Vaterschaft sowie Unterhaltsansprüche sicherzustellen und Entscheidungen zur elterlichen Sorge zu ermöglichen (hierzu *Hoffmann/Proksch* in: FK-SGB VIII § 52a Rn 1 ff.).

13.2.2 Jugendamt als Amtsvormund

Die Vormundschaft (§§ 1773 - 1895 BGB) ersetzt die elterliche Sorge umfassend, ohne dass das Eltern-Kind-Verhältnis ansonsten (z.B. Unterhalt) berührt wäre (ausführlich *Münder* et al. 2020, Kap. 12.; *Hoffmann* in: *Oberloskamp* 2017, 157 ff.). Die **bestellte Amtsvormundschaft** tritt immer dann ein, wenn für einen Mj. die gesamte elterliche Sorge ersetzt werden muss und wenn keine als Einzelvormund geeignete Person vorhanden ist (§§ 1773 ff. BGB). Die **gesetzliche Amtsvormundschaft** tritt nach § 1791c BGB kraft Gesetzes ein mit der Geburt eines Kindes, dessen Eltern nicht miteinander verheiratet sind und das eines Vormunds bedarf. Nach § 1773 Abs. 1, § 1673 Abs. 2, § 106 BGB ist dies der Fall, wenn ein Mj. nicht unter elterlicher Sorge steht oder die Eltern nicht zur Vertretung des Mj. berechtigt sind. Dabei handelt es sich zumeist um Fälle, in denen die Mutter des nichtehelichen Kindes noch mj. ist (*Trenczek* et al. 2018, 344). Hier tritt die Amtsvormundschaft von Gesetzes wegen ein (ein gerichtlicher Beschluss des Gerichts ist nicht notwendig) mit der Besonderheit, dass der mj. Mutter die Personensorge neben dem Vormund zusteht und im Konflikt ihre Meinung insoweit vorgeht (§ 1673 Abs. 2 BGB).

Das zuständige JA ist nach § 87c Abs. 1 SGB VIII i.d.R. dasjenige, in dessen Bereich die Mutter ihren gewöhnlichen Aufenthalt hat (OLG Celle 5.3.2018 – 17 UF 16/18, mit Anm. *Hoffmann* JAmt 2018, 218). Verlegt diese ihren gewöhnlichen Aufenthalt wird die Amtsvormundschaft nach § 87c Abs. 2 SGB VIII übergeben. Die gesetzliche Amtsvormundschaft endet insb. mit der Volljährigkeit der Mutter. In diesem Fall kann sie – als sorgeberechtigter Elternteil – dann Beistandschaft beantragen.

13.2.3 Jugendamt als Amtspfleger

Die gesetzliche Amtspflegschaft wurde 1998 abgeschafft. Die **bestellte Amtspflegschaft** ähnelt der bestellten Vormundschaft, unterscheidet sich jedoch von dieser dadurch, dass sie sich nicht auf alle Angelegenheiten des Mj. erstreckt (§ 1909 BGB; *Münder* et al. 2020, Kap. 12; *Oberloskamp* 2017, 353 ff.). Sie wird insb. dann angeordnet, wenn die Eltern oder auch der Vormund an der Übernahme einzelner Angelegenheiten verhindert sind. Vormundschaft und Pflegschaft unterscheiden sich insofern, da die Vormundschaft immer – genau wie die elterliche Sorge – eine umfassende Fürsorge sowohl für die Person als auch für das Vermögen des Mündels beinhaltet. Die Tätigkeit des Pflegers hingegen ist auf einen besonderen, ihm speziell zugewiesenen Bereich beschränkt und deshalb rechtstatsächlich weniger intensiv. Bestellte Pflegschaften werden gemeinhin weiter differenziert nach Unterhalts- und Sorgerechtspflegschaften. Zur Anwendung kommt die bestellte Pflegschaft vornehmlich dann, wenn nur Teile der elterlichen Sorge ersetzt werden müssen, wenn beispielsweise das Personensorgerecht ganz oder teilweise entzogen wurde oder nicht ausgeübt werden kann. Ebenso wie bei der bestellten Amtsvormundschaft erfolgt die Bestellung ausdrücklich durch das Gericht. Nach § 1915 BGB finden die für die bestellte Vormundschaft geltenden Vorschriften auch auf die bestellte Pflegschaft entsprechende Anwendung, soweit sich aus dem Gesetz nichts anderes ergibt.

13.3 Aufgaben als Beistand, Amtspfleger, Amtsvormund

18 Die Aufgaben des Beistands, des Pflegers und des Vormundes sind im **BGB** (§§ 1712 bis 1717, §§ 1793 bis 1836e bzw. § 1915 BGB) geregelt. Diese Bestimmungen gelten grds. auch für das JA (§ 56 Abs. 1 SGB VIII). Dem JA als Amt wird vom Gesetzgeber jedoch mehr Vertrauen als der Einzelperson entgegengebracht, deswegen sieht **§ 56 Abs. 2 und 3 SGB VIII** vor, dass das JA von einer Anzahl von Bestimmungen, die für den Einzelvormund gelten, befreit ist. Auch im Hinblick auf den Datenschutz gibt es Sonderregelungen (§ 61 Abs. 2, § 68 SGB VIII; Kap. 14.5.1; *Hoffmann* in: FK-SGB VIII § 55 Rn 51).

19 Da das JA als solches die Vormundschaft/Pflegschaft wie auch die Beistandschaft nicht als Institution ausüben kann, wird die Ausübung der Aufgaben einzelnen Bediensteten übertragen (§ 55 Abs. 2 SGB VIII) – grds. nach Anhörung des Mj. Auch wenn die Tätigkeit der Vormünder/Pfleger selbst dem Zivilrecht unterliegt (s.o. einleitend Kap. 13, Rn 2, ist die **Übertragung** auf sie ein öffentlich-rechtlicher Hoheitsakt. Sie gehört nach § 55 Abs. 3 SGB VIII zu den Geschäften der laufenden Verwaltung (also ohne Einschaltung des Jugendhilfeausschusses, hierzu Kap. 15.2.1), wobei eine verwaltungsinterne Einzelverfügung für ausreichend gehalten wird (*Hoffmann* in: FK-SGB VIII § 55 Rn 33; a.A. *Kunkel/Leonhardt* LPK § 55 Rn 15). Im Außenverhältnis bleibt das JA gesetzlicher Vertreter, kann aber nur durch die Fachkraft repräsentiert werden, der das Amt übertragen wurde.

20 Die Stellung und die Möglichkeit des JA im Kontext zur Beistandschaft, Pflegschaft, Vormundschaft ist bedeutsam, insb. weil diese Tätigkeit nicht selten mit der Aufgabe des Kindesschutzes und der Erbringung von Jugendhilfeleistungen zusammenfällt. So nimmt das JA mehrere **Aufgaben und Funktionen** gleichzeitig wahr (hierzu auch Abb. 8 in Kap. 12.2): Es ist die Behörde, die in der Regel die Gerichte über die Sachverhalte informiert, die Anlass sind für gerichtliche Maßnahmen (ausführlich Kap. 12.2.1); es wird in den meisten Fällen Pfleger oder Vormund; als Sozialleistungsträger entscheidet es über entsprechende Jugendhilfeleistungen. Diese »Rollenvermischung« führt nicht selten zu **Interessenkonflikten**. Auch deshalb sollte die Vormund- und Pflegschaft nur besonders erfahrenen Fachkräften mit entsprechender Zusatzausbildung (§ 72 SGB VIII) übertragen werden, die die Interessen ihres Mündels auch gegenüber den Sparwünschen des öffentlichen Trägers verfolgen. Eine Personalunion mit Beschäftigten, die für diesen Mj. ASD-Aufgaben wahrnimmt ist unzulässig (*DIJuF* JAmt 2012, 35; *Hoffmann* in: FK SGB VIII § 55 Rn 37). Auch nach § 16 Abs. 1 SGB X darf in einem Verwaltungsverfahren für eine Behörde nicht tätig werden, wer – wie der Amtsvormund als Inhaber der Sorgeberechtigung – selbst Beteiligter ist. Darüber hinaus ist es nach wie vor notwendig, die Aufgaben des JA im Vormundschafts- und Pflegschaftswesen zu »entzerren« (*Hansbauer* ZfJ 1998, 496 ff.): Vormundschaft und Pflegschaft sollten nicht durch das JA, sondern nach Möglichkeit durch natürliche oder juristische

13.3 Aufgaben als Beistand, Amtspfleger, Amtsvormund

Personen außerhalb des JA wahrgenommen werden (*Schumann* 2002). Wesentlicher Zweck des Vormundschafts- bzw. Pflegschaftsgedanken ist eine individuelle, auf den Mj. ausgerichtete personenbezogene, der elterlichen Sorge angenäherte Aufgaben- und Verantwortungsübernahme (*Petersen* 2002). In der Reformdiskussion (vgl. *Hansbauer/Mutke/Oelerich* 2004; *Heilmann/Salgo* 2002; *Rüting* 2012; *Salgo/Zenz* FamRZ 2009, 1378; *Zenz* 2002; *Zitelmann/Schweppe/Zenz* 2004) wurde zumindest eine größere Unabhängigkeit und Rollenklarheit der als Vormund und Pfleger tätigen Fachkräfte bis zu einer Verselbstständigung der Amtsvormundschaft in einer eigenständigen Behörde außerhalb des JA angeregt.

Im Zusammenhang mit den **Änderungen im Vormundschaftsrecht** (s. o. Kap. 13) wurde auch § 55 SGB VIII novelliert. Neu geregelt wurden insb. die Regelungen über die Anhörung des Kindes oder Jugendlichen vor Übertragung des Amts (§ 55 Abs. 2 Satz 2 u. 3 SGB VIII), die Begrenzung der Fallzahl pro Fachkraft und den verpflichtenden persönlichen Kontakt. Die in § 55 Abs. 2 Satz 4 SGB VIII festgelegte **Obergrenze von 50 Vormundschaften** bzw. Pflegschaften je Vollzeitmitarbeiter nimmt sich nur auf den ersten Blick und angesichts der bisherigen z.T. skandalösen Praxis von Fallzahlen bis über 200 (zum »Fall Kevin« s. *Sünderhauf* JAmt 2010, 405 ff.) niedrig aus. Der in Abs. 3 Satz 2 i.V.m. § 1793 Abs. 1a BGB eingeforderte persönliche Kontakt von in der Regel einmal im Monat in der üblichen Umgebung des Mündels (d.h. in der Pflege-/Familie, in der Heimeinrichtung o.a.) ist selbst bei einer Fallzahl von weniger als 50 kaum zu schaffen, andererseits Voraussetzung dafür, dass der Vormund/Pfleger sich sinnvoll und Erfolg versprechend für ein Kind/einen Jugendlichen einsetzen und Entscheidungen treffen kann, die sich für dessen Lebensweg positiv auswirken. Deshalb ist ein generelles Abweichen von der monatlichen Besuchsregel unzulässig; andererseits erlaubt, ja fordert § 1793 Abs. 1a BGB für begründete Einzelfälle auch eine andere (mitunter engere!) Kontaktfrequenz.

Vormünder, auch die Amtsvormünder, unterliegen der **Aufsicht des Familiengerichts,** und zwar in der Praxis zumeist nicht durch die Familienrichter, sondern die Rechtspfleger (§ 3 Nr. 2a RPflG), wobei wesentliche Entscheidungen den Richtern vorbehalten sind. Nach § 1837 Abs. 2 BGB kann es sich nur um eine **Rechtsaufsicht** handeln, da das Gericht nur gegen Pflichtwidrigkeiten einschreitet. Das FamG hat insb. die Einhaltung der erforderlichen persönlichen Kontakte des Vormunds zu dem Mündel zu beaufsichtigen. Das JA unterliegt deshalb bestimmten Auskunfts-, Berichts- und Rechnungslegungspflichten (§§ 1839 ff. BGB). Insb. hat das JA dem FamG mindestens einmal jährlich über die persönlichen Verhältnisse des Mündels (Aufenthalt, Entwicklungsstand, …) zu berichten und dabei Angaben zu den persönlichen Kontakten sowie die Führung und Arbeitsweise des Vormunds/Pflegers zu machen. Zum Teil ist umstritten, gegen wen sich die Aufsicht richtet und wie weit diese geht. Nach wohl herrschender Meinung besteht die Aufsicht nur gegenüber dem JA und nicht gegenüber der einzelnen Fachkraft, die das Amt wahrnimmt (*Hoffmann* in: FK-SGB VIII § 55 Rn 18). Aus einer familiengerichtlichen Weisung gegenüber dem JA kann sich ein Weisungsrecht gegenüber der Fachkraft ergeben, der das Amt übertragen wurde. Anders als bei einer natürlichen Person, kann das FamG aber das JA nicht durch Auferlegung eines Zwangsgeldes zu einem bestimmten Tätigwerden veranlassen (§ 1837 Abs. 3 BGB). Nicht ausgeschlossen ist dagegen die Verhängung eines Ordnungsgeldes nach § 98 FamFG bei einem schuldhaften Verstoß gegen eine Unterlassungs- und Duldungspflicht (vgl. BGH 19.2.2014 – XII ZB 165/13 – JAmt 2014, 230 ff.). Zudem kann das FamG dem JA die Vormundschaft wieder entziehen (§ 1837 Abs. 4 BGB) bzw. das JA als Vormund entlassen und einen anderen Vormund bestellen, wenn dies dem Wohl des Mündels dient (§ 1887 BGB). Andererseits hat das JA nach § 1837 Abs. 1 BGB auch einen Anspruch auf Beratung und Unterstützung insb. bei gravierenden Angelegenheiten gegenüber dem FamG. Das JA hat nach § 56 Abs. 4 SGB VIII in der Regel jährlich zu prüfen, ob im Interesse des Kindes oder des Jugendlichen seine Entlassung als Amtspfleger oder Amtsvormund und die Bestellung einer Einzelperson oder eines Vereins angezeigt ist, und dies dem FamG mitzuteilen.

23 Auch im Innenverhältnis unterliegt die als Amtsvormund tätige Fachkraft zwar der internen Dienstaufsicht, allerdings nur einem **eingeschränkten Weisungsrecht** (*Hoffmann FK SGB VIII § 55 Rn 41*). Die Aufgabe, als gesetzlicher Vertreter und zum Wohl des Mündels zu handeln, erfordert eine gewisse Autonomie. Insb. Weisungen im Hinblick auf eine einzelne Entscheidung – Aufenthaltsort des Kindes, Kontakte zwischen Eltern und Kind etc. – sind regelmäßig nicht zulässig. Sind dem JA als gesetzlicher Vertreter des Kindes allerdings durch das FamG im Rahmen der Rechtsaufsicht Weisungen erteilt worden, dann können und müssen sie an die einzelne Fachkraft weitergegeben werden. Andererseits ist die als Amtsvormund/-pfleger tätige Fachkraft berechtigt, im Interesse des Mündels gegen den örtlichen Träger der öffentlichen Jugendhilfe Klage zu erheben. Die Entbindung der Fachkraft von den Aufgaben der Vormund- bzw. Pflegschaft ist allerdings auch gegen den Willen der Fachkraft möglich und ebenso wenig wie die Bestellung ein VA. Vielmehr endet das übertragene Amt mit dem Widerruf oder der Rücknahme der Einzelverfügung, durch die die Vormund-, Pfleg- oder Beistandschaft übertragen wurde.

Wichtige, interessante Entscheidungen
- *Auswahlkriterien Vormundschaft, Nachrang der Amtsvormundschaft:* BVerfG 18.12.2008 – 1 BvR 2604/06 – ZKJ 2009, 252 ff.; OLG Düsseldorf 12.11.2009 – II 4 UF 110/06 – JAmt 2011, 348

Weiterführende Literatur
- *Zur Beistandschaft, Pflegschaft, Vormundschaft:* Oberloskamp 2017

4. Teil: Sozialdatenschutz

14. Sozialdatenschutz – Voraussetzung für sozialpädagogisches Handeln: §§ 61 – 68 SGB VIII

Der auf dem informationellen Selbstbestimmungsrecht beruhende Sozialdatenschutz deckt sich inhaltlich mit einer sozialpädagogisch ausgerichteten Kinder- und Jugendhilfe, wonach die betroffenen Bürger*innen im Zentrum der Jugendhilfeaktivitäten stehen. Damit verstärken sich der Datenschutz in der Jugendhilfe und die sozialpädagogische Orientierung der Jugendhilfe wechselseitig.

Ausführlich behandelte Bestimmungen

- Zum Sozialdatenschutz: §§ 1 - 23 DSGVO, §§ 61 - 68 SGB VIII, § 35 SGB I, §§ 67 - 68 SGB X
- Zum Akteneinsichtsrecht: § 25 SGB X
- Zum Zeugnisverweigerungsrecht: § 30 FamFG, § 383 ZPO, § 53 StPO

Im SGB VIII als Teil des Sozialrechtsgesetzbuches gelten die allgemeinen sozialrechtlichen **Verfahrensvorschriften** unter Berücksichtigung der Besonderheiten des kinder- und jugendhilferechtlichen Verfahrens (s. Kap. 5.2; ausführlich *Trenczek* in: FK-SGB VIII Anhang Verfahren). Das betrifft im Wesentlichen das Verfahren im Hinblick auf eine Entscheidung und Regelung durch VA (z.B. bei einer Leistungsentscheidung, bei einer Inobhutnahme) und den Rechtsschutz, insb. aber auch den (Sozial-)Datenschutz nach §§ 1 ff. DSGVO, § 35 SGB I, §§ 67 ff. SGB X. Die besonderen Datenschutzbestimmungen der §§ 61 - 68 SGB VIII sind im 4. Kap. des SGB VIII geregelt und gelten damit nicht nur bei Leistungen (2. Kap. des SGB VIII, s. Kap. 9), sondern auch bei den anderen Aufgaben (3. Kap. des SGB VIII, s. Kap. 10). Der Gesetzgeber hat damit verdeutlicht, dass die gesamte Tätigkeit in der Kinder- und Jugendhilfe dem Datenschutz verpflichtet ist und dieser wiederum Teil der spezifischen Fachlichkeit der Kinder- und Jugendhilfe sind.

Wichtigste Rechtsgrundlage des Datenschutzes ist die **EU-Datenschutzgrundverordnung** (VO (EU) 2016/679 <DSGVO> vom 24.5.2016), die seit dem 25.5.2018 in Deutschland gilt. Als **europäisches Gesetz** ist sie unmittelbar in allen Mitgliedstaaten und als EU-Recht zudem vorrangig anzuwenden (vgl. § 35 Abs. 2 Satz 1 SGB I). Allerdings enthält die DSGVO Öffnungsklauseln, z.B. in Art. 6 Abs. 2 und 3, Art. 9 Abs. 4 sowie Art. 23 DSGVO, die es den Mitgliedstaaten erlauben, Beschränkungen oder Abweichungen zu regeln. Aufgrund dieser Öffnungsklauseln geregelte Beschränkungen in den Büchern des SGB sind vorrangig anzuwenden.

Die Regelungen des Sozialdatenschutzes sind aufgrund des Zusammenspiels der verschiedenen Rechtsquellen der DSGVO und im SGB strukturell, aber auch im Detail kompliziert. Hier kann nur ein Überblick über die wichtigsten Grundsätze (hierzu *Trenczek* et al. 2018, III-1.2.3, S. 406 ff.) gegeben werden. Für eine Vertiefung und Klärung von Einzelfragen ist die Heranziehung von Spezialliteratur und Kommentaren notwendig (*Hoffmann* in: FK-SGB VIII, *Wabnitz* et al./*Kunkel* GK-SGB VIII sowie *Wiesner/Mörsberger* SGB VIII, jeweils zu den §§ 61 ff. SGB VIII bzw. *Krahmer* in LPK SGB I, § 35; *ders*. (Hrsg.) HK-SozDatenschutzR). Die **Beachtung zentraler Prinzipien** (hierzu s. 14.3) erlaubt aber in den meisten Fällen, die Alltagsarbeit so zu strukturieren, dass sie den datenschutzrechtlichen Grundsätzen entspricht.

14.1 Datenschutz und Kinder- und Jugendhilfe – §§ 61 – 68 SGB VIII

5   Datenschutz wird in der Praxis manchmal als »Behinderung eines sinnvollen Informationsaustausches« und deswegen bisweilen als lästig angesehen (*Meinunger* NDV 2019, 103 f). Denn in der sozialen Arbeit – so die Vorstellung – sei es notwendig, dass umfangreiche Informationen zur Verfügung stünden, weil nur dann die Helfer dank ihres fachlichen Wissens professionell handeln könnten. In einem solchen Verständnis sind die Professionellen die »Herren« des Hilfeprozesses. Dies entspricht *nicht* der sozialpädagogischen Ausrichtung des Kinder- und Jugendhilferechts. Denn diese bedeutet, dass Angebote und Leistungen nicht einseitig realisiert werden können, sondern nur dann, wenn es gelingt, die Leistungsberechtigten für diese Angebote und Leistungen zu gewinnen: die **Klienten sind sog. Co-Produzenten der Hilfe** (ausführlicher unter Kap. 3.2.2 und 9.8.1). Eine solche sozialpädagogische Orientierung deckt sich mit dem Kern des Datenschutzes, dieser ist also gerade ein Qualitätsmerkmal (*Meinunger* NDV 2019, 105 f.). Entwickelt hat das Bundesverfassungsgericht den Datenschutz aus dem Persönlichkeitsrecht und als Grundrecht auf **informationelle Selbstbestimmung** formuliert (BVerfG 15.12.1983 1 BvR 209, 269, 362, 420, 440, 484/ 83 – BVerfGE 65, 1 ff.). Dabei hat das BVerfG ausgeführt, dass grds. jeder und jede das Recht habe, »selbst zu entscheiden, wann und innerhalb welcher Grenzen persönliche Lebenssachverhalte offenbart werden« (BVerfG, aaO). Mittlerweile ist das Recht auf Schutz der eigenen personenbezogenen Daten auch in Art. 8 Abs. 1 **EU-Grundrechtecharta** verankert. Gemäß dessen Abs. 2 dürfen diese Daten nur nach Treu und Glauben für festgelegte Zwecke und mit Einwilligung der betroffenen Person (14.2.1) oder auf einer sonstigen gesetzlich geregelten legitimen Grundlage verarbeitet werden. Zudem hat jede Person das Recht, Auskunft über die sie betreffenden erhobenen Daten zu erhalten und die Berichtigung der Daten zu erwirken.

6   Basis für den Sozialdatenschutz ist im Rahmen der Öffnungsklauseln der DSGVO die allgemeine Bestimmung des § 35 **SGB I** zum **Sozialgeheimnis**. Gemäß dessen Abs. 2 wird die Verarbeitung von Sozialdaten abschließend durch die Vorschrift des 2. Kap. des SGB X (§§ 67 - 85a) und die bereichsspezifischen Bestimmungen in den übrigen Büchern des SGB geregelt. Für das Kinder- und Jugendhilferecht sind das die bereichsspezifischen Bestimmungen der §§ **61 ff. SGB VIII**.

7   Im Sozialleistungsverfahren haben die (möglichen) Leistungsberechtigten eine sog. **Mitwirkungspflicht**, die sich auch auf den Umgang mit ihren persönlichen Daten auswirkt. Sie müssen ggf. auch Informationen über sich preisgeben, um die entsprechende Leistung zu erhalten. Diese sog. Obliegenheitspflicht, ihr Inhalt, der Umfang und die Grenzen dieser Mitwirkungspflicht sind in §§ 60 - 66 SGB I geregelt. Dort ist festgelegt, dass derjenige, der Sozialleistungen erhalten möchte, alle Tatsachen anzugeben hat, die für die Leistung erheblich sind, dass er ggf. auch der Einholung von Auskünften bei Dritten zustimmen, dass er Änderungen mitteilen muss, usw (im Einzelnen §§ 60, 61, 62 SGB I). Diese Mitwirkungsverpflichtung hat Grenzen, etwa, wenn sie den Betroffenen aus einem wichtigen Grund nicht zugemutet werden kann, oder der Umfang der abgefragten Daten unverhältnismäßig ist bezüglich der begehrten Sozialleistung usw (im Einzelnen § 65 SGB I).

14.2 Der Anwendungsbereich – für was und für wen gelten die Bestimmungen?

Auch im Bereich des **Kinderschutzes** steht der Datenschutz nicht im Widerspruch zu den Grundsätzen der Kinder- und Jugendhilfe. Freilich ist mit Sozialdaten besonders sensibel umzugehen, wenn erhebliche Anzeichen bestehen, dass das Wohl der Mj. nicht gesichert bzw. gefährdet ist (zum staatlichen Wächteramt und zur Schutzverpflichtung des JA s. Kap. 4.3.2.1). Dass in so einem Fall die Personensorgeberechtigten nicht mit der Informationsweitergabe einverstanden sind, ist nicht verwunderlich. Also muss die Information im Interesse der Sicherung des Kindeswohls ohne Einverständnis der Personensorgeberechtigten erfolgen können. Dies war und ist unter den normativ geregelten Bedingungen rechtlich zulässig (§ 62 Abs. 3 Nr. 2d) SGB VIII, 14.4.2). Wenn es nicht gelingt, die Personensorgeberechtigten zur Kooperation zu gewinnen und das Kindeswohl nicht anders abgewendet werden kann, muss das JA das FamG nach § 8a Abs. 2 SGB VIII einschalten (Kap. 14.2.1). Die bei allen Leistungen der Kinder- und Jugendhilfe immer notwendige Wahrnehmung des staatlichen Wächteramts darf nun aber nicht dazu führen, dass vorschnell Datenschutzgrundsätze beiseitegeschoben werden. Die sorgfältige Beachtung der Datenschutzgrundsätze wird auch hier dazu führen können, dass das geplante Vorgehen unter sozial-pädagogisch-methodischen Gesichtspunkten (nochmals) geprüft werden muss. Während eine Weitergabe von Sozialdaten in Kinderschutzfällen sogar geboten sein kann, haben Fachkräfte der Kinder- und Jugendhilfe ansonsten regelmäßig keine Verpflichtung zur Weitergabe (*Meininger* NDV 2019, 105).

14.2 Der Anwendungsbereich – für was und für wen gelten die Bestimmungen?

Der Geltungsbereich des Datenschutzes legt fest, für welche Gegenstände (Kap. 14.2.1) und für welche Stellen und Träger (Kap. 14.2.2) die Bestimmungen überhaupt gelten.

14.2.1 Begriffsdefinitionen

Der **Anwendungsbereich der DSGVO** erfasst sowohl **staatliches als auch privates Handeln**, sofern sich letzteres nicht ausschließlich auf persönliche oder familiäre Tätigkeiten beschränkt (§ 2 DSGVO). Schutzzweck ist gemäß Art. 1 DSGVO einerseits der **Schutz personenbezogener Daten**, andererseits aber auch der **Schutz des freien Verkehrs personenbezogener Daten** in der EU, der aus Gründen des Schutzes natürlicher Personen bei der Verarbeitung personenbezogener Daten weder eingeschränkt noch verboten werden darf. Dadurch werden persönliche Daten als Handelsware im europäischen Binnenmarkt etabliert und – abgesehen von zulässigen Beschränkungen aufgrund der Öffnungsklauseln – einzelstaatlicher Regulierung entzogen. Räumlich erstreckt sich der Anwendungsbereich der DSGVO gemäß § 3 DSGVO nicht nur auf das Gebiet der EU, sondern erfasst auch die Datenverarbeitung außerhalb, wenn sie auf Veranlassung einer natürlichen oder juristischen Person, Behörde, Einrichtung oder anderen Stelle mit Sitz oder Niederlassung innerhalb der EU erfolgt, die allein oder gemeinsam mit anderen über die Zwecke und Mittel der Verarbeitung von personenbezogenen Daten entscheidet oder aber diese Daten im Auftrag einer solche Person oder Stelle verarbeitet (sog. Marktortprinzip).

Der Sozialdatenschutz des Sozialgesetzbuches wird in § 35 SGB I auch als **Sozialgeheimnis** bezeichnet. In § 35 SGB I sind nur die diesbezüglichen Grundlagen festgelegt, Details dann in im 2. Kap. des SGB X, Schutz der Sozialdaten, geregelt. Das Sozialgeheimnis beinhaltet den Anspruch eines jeden, dass seine bzw. ihre **Sozialdaten** von den

Sozialleistungsträgern (§ 12 SGB I) nicht unbefugt verarbeitet werden. Bei der Definition des Begriffs wird es schon kompliziert. § 35 Abs. 1 Satz 1 SGB I verweist auf § 67 Abs. 2 SGB X. Danach sind Sozialdaten personenbezogene Daten, die von einem Sozialleistungsträger im Hinblick auf die Aufgaben nach dem SGB verarbeitet werden. Bezüglich der personenbezogenen Daten wird dabei auf die durch Art. 4 Nr. 1 DSGVO verbindlich vorgegebenen Definition verwiesen. Danach bezeichnet der »Ausdruck ´personenbezogene Daten` alle Informationen, die sich auf eine identifizierte oder identifizierbare natürliche Person (im Folgenden »betroffene Person«) beziehen; als identifizierbar wird eine natürliche Person angesehen, die direkt oder indirekt, insb. mittels Zuordnung zu einer Kennung wie einem Namen, zu einer Kennnummer, zu Standortdaten, zu einer Online-Kennung oder zu einem oder mehreren besonderen Merkmalen, die Ausdruck der physischen, physiologischen, genetischen, psychischen, wirtschaftlichen, kulturellen oder sozialen Identität dieser natürlichen Person sind, identifiziert werden kann.« Zusammengefasst sind Sozialdaten also alle Angaben, die individuelle Merkmale einer Person beinhalten, die von den Sozialleistungsträgern des SGB verarbeitet werden. Dazu gehören feststehende Eigenschaften und Merkmale wie Geburtsdatum, Name, Alter, Geschlecht, Familienstand, Arbeitgeber und Einkommen ebenso wie alle in der Lebenssphäre von Betroffenen vorkommende oder anzutreffenden Angaben über ihre Person, Eigenschaften und Lebensverhältnisse, aufgrund von Angaben von Ihnen selbst oder aber von Dritten, wie z.B. ärztliche oder psychologische Gutachten, Aussagen von Bekannten, Nachbar*innen über Wohn- und Lebensverhältnisse und Partnerschaften etc. Gleichgestellt sind den Sozialdaten auch Betriebs- und Geschäftsgeheimnisse (§ 35 Abs. 4 SGB I). Maßgebend ist allein die Tatsache, dass es eine Aussage über eine bestimmte oder bestimmbare Person beinhaltet. Damit ist auch klar, dass diese personenbezogenen Daten nicht in irgendwelchen Dateien, gar in elektronischen Datenverarbeitungsanlagen usw gespeichert sein müssen. So handelt es sich auch bei in E-Mails und in Gesprächen gemachten Angaben um Sozialdaten (VG Köln 31.10.2016 – 26 K 5681/15, Rn 70).

12 Bis zum Inkrafttreten der DSGVO wurde bezüglich des Umgangs mit Daten unterschieden in die Erhebung, die Verarbeitung und die Nutzung von Daten (§§ 67a und 67b SGB X a.F.). Nunmehr ist durch die Definition des § 4 Nr. 2 DSGVO die **»Verarbeitung«** zum Oberbegriff erklärt worden. Die Verarbeitung meint »jeden mit oder ohne Hilfe automatisierter Verfahren ausgeführten Vorgang oder jede solche Vorgangsreihe im Zusammenhang mit personenbezogenen Daten wie das Erheben, das Erfassen, die Organisation, das Ordnen, die Speicherung, die Anpassung oder Veränderung, das Auslesen, das Abfragen, die Verwendung, die Offenlegung durch Übermittlung, Verbreitung oder eine andere Form der Bereitstellung, den Abgleich oder die Verknüpfung, die Einschränkung, das Löschen oder die Vernichtung. Die **Verarbeitung** von Sozialdaten bedarf einer **ausdrücklichen Erlaubnis**, um rechtmäßig zu sein. Grundlagen für eine rechtmäßige Verarbeitung sind in Art. 6 DSGVO benannt. Für die Verarbeitung von Sozialdaten kommen im Bereich des SGB insb. in Frage

- Die betroffene Person hat **ihre Einwilligung** zu der Verarbeitung der sie betreffenden personenbezogenen Daten für einen oder mehrere bestimmte Zwecke gegeben (Art. 6 Abs. 1 Buchstabe a);
- die Verarbeitung ist zur **Erfüllung einer rechtlichen Verpflichtung** erforderlich, der der Verantwortliche unterliegt (Art. 6 Abs. 1 Buchstabe c)

14.2 Der Anwendungsbereich – für was und für wen gelten die Bestimmungen?

- die Verarbeitung ist für die **Wahrnehmung einer Aufgabe** erforderlich, die **im öffentlichen Interesse** liegt oder in Ausübung öffentlicher Gewalt erfolgt, die dem Verantwortlichen übertragen wurde (Art. 6 Abs. 1 Buchstabe e).

Eine gesetzliche Aufgabe für sich genommen berechtigt dabei noch nicht zur Verarbeitung von Sozialdaten. Dafür ist eine zusätzliche Rechtsgrundlage als Befugnisnorm erforderlich, wie z.B. die §§ 67 – 85a SGB X und §§ 62 – 64 SGB VIII, die die Datenverarbeitung zur Erfüllung staatlicher Verpflichtungen und zur Ausübung öffentlicher Gewalt in zulässiger Weise auf der Grundlage der Öffnungsklausel des Art. 6 Abs. 2 und Abs. 3 b) DSGVO konkretisieren.

Besonderem Schutz unterliegt die Verarbeitung **besonderer Kategorien personenbezogener Daten**. Gemäß Art. 9 GS-GVO sind das solche Daten, aus denen ethnische oder rassische Herkunft, politische Meinungen, religiöse oder weltanschauliche Überzeugungen oder die Gewerkschaftszugehörigkeit hervorgehen sowie genetische oder biometrische Daten. Zur Vermeidung von Diskriminierungen ist die **Verarbeitung solcher Daten grundsätzlich untersagt** und nur in den engen Grenzen des Art. 9 Abs. 2 DSGVO erlaubt. Für die Kinder- und Jugendhilfe kommt insoweit die Ausnahme nach Abs. 2 Buchstabe h) in Betracht, wenn die Datenverarbeitung zur Versorgung oder Behandlung im Gesundheits- oder Sozialbereich oder für die Verwaltung von Systemen und Diensten im Gesundheits- oder Sozialbereich erforderlich ist. Allerdings ist die Verarbeitung gemäß des Absatzes 3 nur dann zulässig, wenn sie durch **Fachpersonal** oder unter dessen Aufsicht erfolgt, dass dem Berufsgeheimnis unterliegt (14.2.2). Zudem erfordert die Verarbeitung gem. § 67a Abs. 1 Satz 3 SGB X i.V.m. § 22 Abs. 2 BDSG **spezielle Schutzmechanismen**, wie z.B. die Beschränkung des Zugangs zu diesen Daten.

Im Sinne des Grundrechts auf informationelle Selbstbestimmung ist dabei die **Einwilligung** von herausragender Bedeutung. Darunter ist gemäß Art. 4 Nr. 11 DSGVO »jede freiwillig für den bestimmten Fall, in informierter Weise und unmissverständlich abgegebene Willensbekundung in Form einer Erklärung oder einer sonstigen eindeutig bestätigenden Handlung, mit der die betroffene Person zu verstehen gibt, dass sie mit der Verarbeitung der sie betreffenden personenbezogenen Daten einverstanden ist«, zu verstehen. Zu beachten ist, dass einzelne Vorgänge aufgrund der Vorgaben im SGB nochmal einer ausdrücklichen separaten Einwilligung bedürfen, wie z.B. die Weitergabe anvertrauter Daten gemäß § 65 Abs. 1 Nr. 1 SGB VIII. Die DSGVO schreibt **keine Form für die Einwilligung** vor, sie ist also auch mündlich oder durch schlüssiges Handeln möglich. Da der Verantwortliche für die Datenverarbeitung gemäß Art. 7 Abs. 1 DSGVO nachweisen können muss, dass eine Einwilligung vorgelegen hat, sollen die Sozialleistungsträger gemäß § 67b Abs. 2 Satz 1 SGB X dafür sorgen, dass die Einwilligung **schriftlich oder elektronisch** erfolgt. Beim Einholen der Einwilligung ist die betroffene Person nicht nur über den Zweck der Verarbeitung, sondern auch über ihr Recht zu informieren, dass sie die Einwilligung **jederzeit widerrufen** kann (Art. 7 Abs. 3 DSGVO).

Betroffene Person nach § 4 Nr. 1 DSGVO ist diejenige, auf die sich die Sozialdaten beziehen. Der Begriff ist weiter als z.B. der des Leistungsberechtigten (§ 62 Abs. 4 SGB VIII). Dies hat Bedeutung, für wen die Datenschutzvorschriften zur Anwendung kommen bzw. wer mit der entsprechenden Datenerhebung, Datenverarbeitung usw. einverstanden sein muss. So ist z.B. für den Rechtsanspruch auf den Besuch eines Kindergartens das Kind Leistungsberechtigter (s. Kap. 8.2.3). Wenn es um den Kostenbeitrag hierfür geht, ist u.a. das Einkommen der Eltern maßgeblich – insofern sind auch diese Betroffene. Soweit die Einwilligung der Betroffenen erforderlich ist, kommt es hierbei nicht auf die Geschäftsfähigkeit an, die gemäß § 2 BGB die Volljährigkeit voraussetzt, sondern auf die sog. **Einsichtsfähigkeit. Minderjährige**, die in datenschutzrechtlichen Aspekten einsichts- und urteilsfähig sind, entscheiden selbst, nicht ihre Personensorgeberechtigten. Von einer Einsichtsfähigkeit ist regelmäßig mit Vollendung des 14. Lebensjahres auszugehen (*Hoffmann* in: FK-SGB VIII VorKap 4 Rn 20). Eine Besonderheit gilt gemäß Art. 8 Abs. 1 DSGVO bei Angebot von Diensten der Informationsgesellschaft, das einem Kind direkt gemacht wird. Gemeint sind damit Dienstleistung, die auf individuellen Abruf eines Empfängers elektronisch im Fernabsatz in der Regel gegen Entgelt erbracht werden (Art. 1 Nr. 1 Buchst. b RL (EU) 2015/1535). Die Verarbeitung der von einem Kind eingegeben Daten ist dabei nur dann rechtmäßig, wenn das Kind das sechzehnte Lebensjahr vollendet hat, ansonsten nur bei Einwilligung des Trägers der elterlichen Verantwortung.

14.2.2 Die Adressaten des Datenschutzes

16 Verantwortliche für die Einhaltung des Sozialdatenschutzes i.S.d. § 4 Nr. 7 DSGVO sind gemäß § 67 Abs. 4 SGB X die Sozialleistungsträger nach § 12 SGB I, soweit es sich dabei um Körperschaften (z.B. Krankenkassen) des öffentlichen Rechts handelt. Ist der Leistungsträger hingegen eine Gebietskörperschaft, wie z.B. in der Kinder- und Jugendhilfe die Kreise und kreisfreien Städte gemäß § 27 Abs. 2 SGB I, ist Verantwortlicher die Organisationseinheit, die eine Aufgabe nach einem der Teile des SGB funktional durchführt. Somit binden die Regelungen des Sozialdatenschutzes alle Stellen des **Trägers der öffentlichen Kinder- und Jugendhilfe**, die in § 69 Abs. 1 SGB VIII durch die Ausführungsgesetze der Länder bestimmt werden (im Einzelnen Kap. 15), soweit sie Aufgaben nach dem SGB wahrnehmen. Neben den Aufgaben des SGB VIII bezieht das auch diejenigen nach dem UVG und dem AdVermG mit ein, da diese durch § 68 Nr. 12 und 14 SGB I auch zu Besonderen Teilen des SGB erklärt werden. Nicht zum SGB gehören hingegen das KKG und das JuSchG. Die Aufgaben nach diesen Gesetzen unterliegen neben der DSGVO »nur« dem jeweiligen Landesdatenschutzgesetz.

17 Adressat der Datenschutznormen sind nicht etwa ein Amt oder die Behörden, auch nicht persönlich die einzelnen Mitarbeitenden (Ausnahme § 65 SGB VIII, s. u. Kap. 14.4.2), sondern grds. die sog. »**Stellen**« der Träger der öffentlichen Jugendhilfe gem. § 61 Abs. 1 S. 2 SGB VIII. Der Begriff »Stelle« ist **funktional** auszulegen: Stelle ist diejenige kleinste Einheit innerhalb einer Organisation, die **für die konkrete Aufgabenerledigung** funktional zuständig ist. So ist Stelle etwa die Erziehungsberatungsstelle des Trägers der öffentlichen Jugendhilfe und nicht die Abteilung Beratungs- und Unterstützungshilfen. Oder: Stelle ist der Pflegekinderdienst und nicht die gesamte Abteilung Soziale Dienste (ASD) – und schon gar nicht das gesamte JA. Das bedeutet, dass bei der Weitergabe von einer Stelle zur anderen – auch innerhalb des JA (!) – eine Offenbarung von Sozialdaten, eine Weitergabe von Sozialdaten usw vorliegt und deswegen die dafür maßgeblichen Datenschutzvorschriften zu beachten sind. Besonderheiten gibt es im Hinblick auf § 65 SGB VIII zu beachten, der sich nicht an die Stelle, sondern die einzelne Fachkraft richtet. Zudem unterliegen die Fachkräfte der JÄ, seien es Sozialarbeiter*innen bzw. -pädagog*innen oder anderer Professionen, der persönlichen Pflicht zur **Amtsverschwiegenheit** (z.B. § 3 Abs. 1 TVöD, § 37 BeamtStG), die zudem durch § 203 StGB strafrechtlich abgesichert ist (14.5.3). Werden die Auf-

14.3 Grundsätze für die Datenverarbeitung

gaben nicht von einem Träger der öffentlichen Jugendhilfe, sondern durch eine kreisangehörige Gemeinde oder Gemeindeverbände wahrgenommen (z.␣B. im Kindergartenbereich, bei der Jugendarbeit), so gelten die Datenschutzbestimmungen für die dort agierende Stelle entsprechend (§ 61 Abs. 1 Satz 3 SGB VIII).

Die Erbringung von Leistungen in der Kinder- und Jugendhilfe sowie die Durchführung der Inobhutnahme erfolgt zum größten Teil durch die sog. **freien Träger** (im Einzelnen Kap. 4.4.3 und Kap. 16.1). Während die Vorschriften der DSGVO auch deren Tätigkeit erfasst (14.2.1), gilt der auf die Sozialleistungsträger bezogene Sozialdatenschutz i.␣S.␣d. § 35 SGB I, §§ 61 ff. SGB VIII und §§ 67 ff. SGB VIII für freie Träger nicht unmittelbar. Vielmehr haben die öffentlichen Träger durch Vereinbarungen sicherzustellen, dass der Schutz der personenbezogenen Daten wie bei der Nutzung durch den öffentlichen Träger selbst gewährleistet ist (§ 61 Abs. 3 SGB VIII). Ist dies der Fall, führt dies zu einer faktischen Geltung des Sozialdatenschutzes nicht zuletzt auch aufgrund des sog. **verlängerten Datenschutzes** nach § 78 SGB X unter besonderer Betonung der **Zweckbindung**: Erhalten Einrichtungen der freien Träger Sozialdaten vom öffentlichen Träger, dann haben sie diese Daten im selben Umfang geheim zu halten wie der öffentliche Träger selbst (§ 78 Abs. 1 Satz 2 SGB X). Insgesamt soll durch diese Regelung sichergestellt werden, dass bei öffentlichen und freien Trägern hinsichtlich der Sozialdaten letztlich derselbe Schutz wirkt.

Das JA hat darüber zu wachen, dass der Datenschutz durch die freien Träger gewahrt ist, er gilt gerade auch gegenüber dem JA selbst (das JA bzw. die entsprechende Funktionseinheit ist gegenüber dem freien Träger funktional eine andere Stelle; zum funktionalen Stellenbegriff s.␣o.). Dh, dass der Sozialdatenschutz nicht nachlässig gehandhabt werden darf, wenn die freien Träger Informationen an das JA weitergeben (wollen/sollen). Vielmehr gilt er für alle Informationen, die der freie Träger selbst einholt, ebenso wie für die Daten, die ihm vom öffentlichen Träger überlassen wurden.

14.3 Grundsätze für die Datenverarbeitung

Ausgangspunkt ist das auf dem Persönlichkeitsrecht beruhende **informationelle Selbstbestimmungsrecht**, wie es in der zentralen Entscheidung des Bundesverfassungsgerichts (BVerfG 22.6.1982 – 1 BvR 1376/79 – BVerfGE 61, 1 ff.) ausführlich herausgearbeitet wurde. Das bedeutet zunächst, dass **jede Datenerhebung**-, -nutzung und -weitergabe einen **grundrechtsrelevanten** Vorgang darstellt und einer gesetzlichen Regelung bedarf (14.2.1). Damit verbunden gilt, dass grds. immer die Bürger*innen selbst darüber bestimmen, welche Informationen, in welchem Umfang und an wen sie sie preisgeben und wie diese verwendet werden. Um dieses zu gewährleisten, stellt Art. 5 DSGVO zentrale Grundsätze für die Verarbeitung auf, deren Befolgung eine gute Richtschnur für eine datenschutzkonforme Arbeitspraxis darstellt. Der für die Datenerhebung Verantwortliche ist für die Einhaltung dieser Grundsätze verantwortlich und muss diese gemäß Art. 5 Abs. 2 DSGVO nachweisen können. Die Grundsätze, die auf der Art. 8 Abs. 2 der EU-Grundrechtecharta aufbauen (14.1), lauten:

- Rechtmäßigkeit, Verarbeitung nach Treu und Glauben, Transparenz,
- Zweckbindung und Speicherbegrenzung,

- Datenminimierung und Erforderlichkeit,
- Richtigkeit, Integrität und Vertraulichkeit.

14.3.1 Rechtsmäßigkeits- und Transparenzgebot

21 Die **Rechtsmäßigkeit** erfordert, dass die Datenverarbeitung auf einer rechtlichen Grundlage (strenger Gesetzesvorbehalt) und im Rahmen deren Grenzen erfolgt. Gemäß dem **Transparenzgebot** muss Betroffenen verständlich gemacht werden, warum welche Daten auf welcher Grundlage zu welchem Zweck erhoben werden (§ 62 Abs. 2 S. 2 SGB VIII). Dieses Konzept geht vom aufgeklärten und mündigen Bürger aus. Dort, wo dies nicht so ohne Weiteres gegeben ist, müssen die Jugendhilfeträger alles unternehmen, um durch ihr Tun zur Aufklärung und Mündigkeit beizutragen. Eng damit zusammen hängt der im SGB formulierte Grundsatz der **Datenerhebung bei den Betroffenen** gemäß § 62 Abs. 2 S. 1 SGB VIII. Das bedeutet, dass die Betroffenen nicht »hinten herum« ausgeforscht werden dürfen. Wenn die Daten bei Dritten erhoben werden sollen, bedeutet der Vorrang der Erhebung beim Betroffenen, dass dieser hierin grds. ausdrücklich einwilligen muss; eine Datenerhebung ohne bzw. gegen den Willen des Betroffen bedarf stets einer ausdrücklichen gesetzlichen Erlaubnis (z.B. in § 62 Abs. 3 SGB VIII – Kap. 14.4.1). Wenn z.B. bei der Frage, welche Hilfe die geeignete Hilfe ist (Kap. 9.2.2.2), Informationen aus der Schule wichtig sind, so können diese nicht einfach von der Schule abgefragt werden, sondern dazu ist stets die ausdrückliche Einwilligung der Betroffenen (der Personensorgeberechtigten, bei einsichtsfähigen Mj. auch deren Einverständnis; s. o. Kap. 14.2.1) erforderlich. Grundsätzlich muss der Verantwortliche gemäß Art. 14 DSGVO die betroffene Person über die bei Dritten erhobenen Daten informieren (**Informationspflicht**, Ausnahmen s. Art. 14 Abs. 5 DSGVO). Aus dem Transparenzgebot folgt auf Seiten der betroffenen Person grds. ein **Auskunftsrecht** gemäß Art. 15 DSGVO, ob und wenn ja, welche ihrer personenbezogenen Daten verarbeitet worden sind, sowie ein Recht auf eine Kopie dieser Daten. Darüber hinaus kann sie die Information verlangen, zu welchem Zweck und ggf. die Dauer der Speicherung, bei welchen Dritten ggf. Daten erhoben wurden und an welche Empfänger sie ggf. weitergegeben worden sind, sowie welche Rechte der betroffenen Person zustehen (zu Ausnahmen vom Auskunftsrecht vgl. § 83 SGB X). Der Verantwortliche hat gemäß Art. 12 DSGVO alle Informationen, die sich auf die Verarbeitung von Daten beziehen, der betroffenen Person in präziser, transparenter, verständlicher und leicht zugänglicher Form und in einer klaren und einfachen Sprache zu übermitteln; dies gilt insb. für Informationen, die sich **speziell an Kinder** richten.

14.3.2 Zweckbindung und Speicherbegrenzung

22 Weiteres zentrales Prinzip des Datenschutzes ist die **Zweckbindung**. Sozialdaten dürfen nur für die in der Rechtsgrundlage festgelegten, eindeutig benannten und legitimen Zwecke erhoben und verwendet werden (§ 67c SGB X, § 64 SGB VIII). Die Betroffenen müssen sich in allen Phasen des Umgangs mit ihren Daten sicher sein, dass sie nur zu den Zwecken benutzt werden, zu denen sie erhoben wurden. Sollen Daten, die für einen bestimmten Zweck erhoben worden sind, später für andere Zwecke verwendet werden, so bedarf es dazu entweder – was immer der beste Weg ist – der Zustimmung der Betroffenen oder einer ausdrücklichen gesetzlichen Befugnis für eine entsprechende anderweitige Zweckverwendung. Von besonderer Bedeutung ist dieser Zweckbin-

dungsgrundsatz bei der Weitergabe und der Verwertung einmal erhobener Daten. Der Zweckbindungsgrundsatz wird unterstützt durch die ausdrückliche Regelung des § 63 Abs. 2 SGB VIII, wonach grds. die **Verpflichtung zur getrennten Aktenführung** besteht, und durch § 65 SGB VIII, der die Notwendigkeit einer Führung von Sonderakten für besonders geschützte »anvertraute Daten« erfordert. Eng mit der Zweckbindung verbunden ist der **Grundsatz der Speicherbegrenzung.** Einmal erhoben Daten sollen nicht endlos gespeichert werden, sondern nur so lange, wie es für die Erreichung des Zwecks erforderlich ist, für den sie erhoben werden. Damit korrespondiert ein **Recht auf Lösung** der betroffenen Person (»Recht auf Vergessenwerden«) gemäß Art. 17 Abs. 1 Buchstabe a) DSGVO. Stehen der Löschung satzungsmäßige oder vertragliche Aufbewahrungsfristen i.S.d. Art. 17 Abs. 3 Buchstabe b) DSGVO entgegen, tritt gemäß § 84 Abs. 1 und 4 SGB X an die Stelle der Löschung eine **Einschränkung der Verarbeitung** nach Art. 18 DSGVO. Sie dürfen dann nur noch mit Einwilligung der betroffenen Person, zur Geltendmachung, Ausübung oder Verteidigung von Rechtsansprüchen oder zum Schutz der Rechte einer anderen natürlichen oder juristischen Person oder aus Gründen eines wichtigen öffentlichen Interesses der Union oder eines Mitgliedstaats verarbeitet werden.

14.3.3 Datenminimierung und Erforderlichkeit

Eng mit dem Grundsatz der Zweckbindung zusammen hängt auch derjenige der **Datenminimierung.** Der Zweck heiligt insoweit nicht die Mittel, sondern der Umfang der Daten muss auf das dem Zweck der Verarbeitung **notwendige Maß beschränkt** bleiben. Im SGB findet dieser Grundsatz seinen Ausdruck darin, dass nur Daten erhoben werden dürfen, wenn und soweit ihre Kenntnis und die Verarbeitung zur Erfüllung einer gesetzlichen Aufgabe erforderlich ist (§§ 67a Abs. 1 Satz 1, § 67c SGB X, §§ 62 Abs. 1, 63 SGB VIII). Auch dann, wenn den betroffenen Bürger*innen der Sinn der Datenerhebung klargemacht worden ist und sie zustimmen, gilt immer noch, dass die Verwaltung vor einer Datenverarbeitung selbst unter fachlichen Gesichtspunkten genau prüfen muss, ob es tatsächlich erforderlich ist, dass die entsprechenden Daten erhoben werden, und wenn ja, welche Daten zur Erfüllung des gesetzlichen Zwecks unbedingt benötigt werden. Mit dem Erforderlichkeitsgrundsatz soll insb. einer »allgemeinen Datensammelei« »auf Vorrat« vorgebeugt werden (zur Verfassungswidrigkeit der Regelungen des TelekommunikationsG und der StPO über die **Vorratsdatenspeicherung** BVerfG 2. 3. 2010 – 1 BvR 256/08 und 8. 6.2016 -1 BvQ 42/15 und 1 BvR 229/16; EuGH 24.11.2011 – C-468/10 und 21.12.2016 – C-203/15 und C-698/15). 23

14.3.4 Richtigkeit, Integrität und Vertraulichkeit

Der Grundsatz der Richtigkeit verlangt von den Verantwortlichen, dass sie sicherstellen müssen, dass die verarbeiteten Daten sachlich richtig und erforderlichenfalls auf dem neuesten Stand sind, und alle angemessenen Maßnahmen zu treffen, damit personenbezogene Daten, die im Hinblick auf die Zwecke ihrer Verarbeitung unrichtig sind, unverzüglich gelöscht oder berichtigt werden. Mit der Verpflichtung zur Richtigkeit geht spiegelbildlich – zusätzlich zum Recht auf Löschung – auch ein Recht der betroffenen Person einher auf Berichtigung unrichtiger Daten gemäß Art. 16 DSGVO. 24

Der **Grundsatz der Integrität und Vertraulichkeit** erfordert schließlich, dass personenbezogene Daten in einer Weise verarbeitet werden, die eine angemessene Sicherheit gewährleistet. Dies schließt den Schutz vor unbefugter oder unrechtmäßiger Verarbei- 25 tung und vor unbeabsichtigtem Verlust, unbeabsichtigter Zerstörung oder unbeabsichtigter Schädigung durch geeignete technische und organisatorische Maßnahmen ein. Hierunter fallen u.a. technische Vorkehrungen, um den unbefugten Zugriff anderer interner Stellen ebenso zu verhindern wie denjenigen durch Externe (sog. »Hackerangriff«).

26 Aus all dem ergibt sich eine Vorgehensweise gegenüber dem bzw. der Betroffenen, die im Grunde genommen einem korrekten **sozialpädagogischen Handeln** entspricht: Aufklärung, Information, **Transparenz** in allen Phasen der Arbeit gegenüber den Betroffenen und auf dieser Basis Einholung des Einverständnisses der Betroffenen zur Erhebung, zur Speicherung, zur Verwertung, zur Weitergabe der Sozialdaten.

14.4 Überblick über die einzelnen Schutzbereiche

14.4.1 Datenschutz bei der Erhebung und Speicherung

27 Der Schutz der Daten beginnt mit der Datenerhebung. Nach § 62 SGB VIII dürfen Sozialdaten nur erhoben werden, wenn die Kenntnis dieser Informationen für die Erfüllung der jeweiligen Aufgabe erforderlich ist (**Erforderlichkeitsgrundsatz**, s. Kap. 14.3). Welche Informationen man braucht, ist unterschiedlich: Für die Beurteilung eines Rechtsanspruches auf einen Kindergartenplatz braucht man nur Informationen über das Lebensalter des Kindes (Kap. 8.2.3), da erzieherische Aspekte o. ä. keine Rolle spielen. Bei den Hilfen zur Erziehung braucht man sicher mehr Informationen, um beurteilen zu können, ob die Voraussetzungen einer erzieherischen Mangellage vorliegen (s. Kap. 9.2.2.1) und welches die geeignete und notwendige Hilfe zur Erziehung ist.

28 Bei der Datenerhebung ist der in § 62 Abs. 2 SGB VIII genannte Grundsatz, dass die Sozialdaten grds. **beim Betroffenen** zu erheben sind, besonders wichtig. Alle in § 62 Abs. 3 SGB VIII genannten möglichen Ausnahmen von diesem Grundsatz sind eng auszulegen. So lässt z.B. § 62 Abs. 3 Nr. 2d SGB VIII die Datenerhebung ohne Mitwirkung der Betroffenen zu, wenn dies zur **Erfüllung des Schutzauftrags nach § 8a SGB VIII** erforderlich ist: so kann in diesen Fällen etwa das JA Informationen ggf. bei Beratungsstellen, Kinderärzten usw einholen, wenn auf andere Weise der Schutzauftrag nicht sichergestellt werden kann (inwiefern diese Stellen befugt sind, die Informationen weiterzugeben, ergibt sich aus den für diese Personengruppen maßgeblichen Datenschutzvorschriften; s. Kap. 14.4.2). § 62 Abs. 3 Nr. 1 SGB VIII ist auch keine Rechtsgrundlage zur Datenerhebung bei der Mitwirkung des JA in familiengerichtlichen Verfahren, in denen es nicht um Schutz vor Kindeswohlgefährdung geht. Eine Datenerhebung bei Dritten in einem gewöhnlichen Sorgerechtsverfahren ist daher ohne Einwilligung unzulässig (OLG Zweibrücken 21.2.2013 – 6 U 21/12 – JAmt 2013, 414 ff.; zur Datenerhebung im Hinblick auf die Aufgaben nach § 52 s. Kap. 14.5.2).

29 Wenn Daten erhoben sind, werden sie häufig gespeichert. Unter den Begriff **Speichern** (§ 63 SGB VIII) fällt **jede Form des Festhaltens einer Information** zum Zweck der weiteren Verwendung. Zu den Speichermedien zählt jede Form von Datenträgern und manuell nutzbarer Medien, z.B. jede Notiz, jeder Zettel, jede Akte, jede Karteikarte, natürlich jeder elektronisch steuerbare Datenträger. Auch bei der Datenspeicherung gilt der **Grundsatz der Erforderlichkeit**. Es ist also bei der Speicherung erneut zu prüfen, ob die Speicherung erforderlich ist. Im Speichern von Daten können zusätzliche Gefahren für das informationelle Selbstbestimmungsrecht liegen; § 63 Abs. 2 SGB VIII greift eine davon besonders auf. Er schreibt nämlich ausgehend vom Zweckbindungsgrund-

satz (s. Kap. 14.3) vor, dass Informationen, die für unterschiedliche Aufgaben der Jugendhilfe erhoben worden sind, auch bei der Speicherung grds. nicht zusammengeführt werden dürfen, sondern nur dann, wenn die Zusammenführung für die Aufgabenerfüllung erforderlich ist. Damit soll verhindert werden, dass ein dichtes und vernetztes Bild von Persönlichkeiten entsteht. Erfolgt z.B. Beratung und Unterstützung für Alleinerziehende nach § 18 SGB VIII (s. Kap. 7.2), so dürfen die hier festgehaltenen Daten **nicht** einfach mit einem parallel laufenden Fall der Hilfe zur Erziehung oder gar im Hinblick auf die Mitwirkung im gerichtlichen Verfahren (§§ 50-52 SGB VIII) zusammengefügt werden. Informationen, die insoweit notwendig sind, müssen ggf. dann neu erhoben werden, oder die Betroffen stimmen zu, dass die Daten der Beratung und Unterstützung nach § 18 SGB VIII hier verwandt werden.

14.4.2 Datenschutz bei der Nutzung und Übermittlung

Da Daten, wenn die einmal erhoben und gespeichert sind, zu unterschiedlichen Zwecken verwendet werden könnten (z.B. für Planungszwecke oder für andere Leistungen), ist der datenschutzrechtliche Grundsatz der Zweckbindung auch insoweit zu beachten, dass Sozialdaten nur zu den **Zwecken** verwendet werden dürfen, zu denen sie erhoben worden sind. Nach § 64 Abs. 3 SGB VIII dürfen aber alle Daten in der Jugendhilfe zu *Planungszwecken* verwendet werden, sie müssen hierfür jedoch **unverzüglich anonymisiert** werden.

30

Die **Übermittlung von Daten** ist eine besondere Form der Datenverwendung. Eine Datenübermittlung ist nur zulässig, wenn eine sog. **Offenbarungs- bzw. Übermittlungsbefugnis** besteht (§ 64 SGB VIII; §§ 67d ff. SGB X; *Hoffmann* in: FK-SGB VIII § 64 Rn 1 ff.; *Wiesner/Mörsberger* SGB VIII Anhang § 61), denn dadurch wird der Grundsatz der Direkterhebung der Daten bei der betroffenen Person eingeschränkt und diese droht die Übersicht zu verlieren, wer über welche ihrer Daten verfügt. Es braucht also sowohl die datenabfragende bzw. datenannehmende Stelle eine Befugnis zur Erhebung der Daten als auch die datenübermittelnde eine Ermächtigung, die Daten weitergeben zu dürfen. Dementsprechend liegt die Verantwortung für die Zulässigkeit auch bei der übermittelnden Stelle gemäß § 67d Abs. 1 SGB X, d.h. sie muss sich sicher sein, die Daten an den Dritten auch weitergeben zu dürfen, und darf nicht blind darauf vertrauen, dass die Übermittlung schon in Ordnung sei. Von den in §§ 67e-77 SGB X genannten Fällen der Datenübermittlung sind für die Kinder- und Jugendhilfe der § 68 SGB X für die Übermittlung von Grunddaten (Name, Adresse etc) an die Polizei- und Justizbehörden, soweit kein Grund zur Annahme besteht, dass dadurch schutzwürdige Interessen des Betroffenen beeinträchtigt werden, von besonderer Bedeutung, sowie die Übermittlung von Daten für die Erfüllung sozialer Aufgaben nach § 69 SGB X. Auch bei der Übermittlung von Sozialdaten ist die Zweckbindung zu berücksichtigen. Erhobene Daten dürfen gemäß § 64 Abs. 1 SGB VIII nur zu dem Zweck übermittelt werden, zu dem sie erhoben worden sind.

31

Für die Kinder- und Jugendhilfe bringt § **64 Abs. 2 SGB VIII** eine weitere Einschränkung: Hiernach ist eine Übermittlung nach § 69 SGB X zur Erfüllung sozialer Aufgaben nur dann zulässig, wenn dadurch der **Erfolg einer Jugendhilfeleistung nicht in Frage gestellt** wird. Zu dem Aspekt der Erforderlichkeit kommt also hier der des Erfolges der Jugendhilfeleistung am Maßstab des § 1 SGB VIII hinzu (*Wabnitz* et al./*Kunkel* GK-SGB VIII § 64 Rn 5 f.). Dabei ist nicht erforderlich, dass die Leistungsgewährung bereits begonnen hat oder dass etwa ein Rechtsanspruch auf eine Leistung besteht. Die

32

Einschränkung des § 64 Abs. 2 SGB VIII gilt für alle Leistungen, die in einem aktuellen und inhaltlichen Zusammenhang mit der in Frage stehenden Datenübermittlung stehen (*Wiesner/Mörsberger* SGB VIII § 64 Rn 10 ff.).

33 Einen besonderen Schutz vor der Weitergabe von Sozialdaten sieht **§ 65 SGB VIII** vor. §§ 61 ff. SGB VIII ist ja ein stellenbezogener Datenschutz (s. o. Kap. 14.2.2). § 65 SGB VIII aber geht darüber hinaus. Hiernach ist auch die Weitergabe innerhalb der »Stelle« nicht zulässig, wenn die **Informationen** einer konkreten Fachkraft zum Zwecke persönlicher und erzieherischer Hilfe **anvertraut** wurden. Adressat dieser Bestimmung ist also nicht die Stelle, sondern sind die einzelnen Mitarbeiter*innen des Trägers. Der Grund: Bei den persönlichen und erzieherischen Hilfen werden oft sehr sensible, private Daten von den Betroffenen weitergegeben. Dies geschieht häufig erst dann, wenn ein **hinreichendes Vertrauensverhältnis** zu den konkreten Beschäftigten besteht. Deswegen ist hier der besondere Schutz vorgesehen (VG Würzburg 26.1.2017 – W 3 K 16.885, Rn 38). Eine Weitergabe ist hier nur möglich, wenn eine Einwilligung vorliegt (OLG Karlsruhe 13.5.2019 – 18 UF 91/18, Rn 82 m.w.N.), wenn es bei einer gründlichen Güterabwägung um die nicht anders abwendbare Gefährdung des Wohls eines Kindes geht oder unter den Voraussetzungen des § 203 StGB, wenn eine (grds. strafbedrohte) Informationsweitergabe ausnahmsweise nicht strafbar wäre (dazu Kap. 14.5.2 und 14.5.3).

34 Persönliche und erzieherische Hilfe liegt etwa in den Beratungssituationen des §§ 16 ff. SGB VIII (s. Kap. 7.1.1 und 7.2) und natürlich bei allen Formen der Hilfe zur Erziehung nach §§ 27 ff. SGB VIII (Kap. 9) vor. Geschützt sind darüber hinaus aber alle Formen persönlicher Betreuung, Beratung/Unterstützung, wie sie sowohl bei »Leistungen« wie auch als »andere Aufgaben« vorgesehen sind (*Hoffmann* in: FK-SGB VIII § 65 Rn 11; s.a. Kap. 14.5.2). »**Anvertraut**« bedeutet die Mitteilung einer Information durch den Betroffenen an die Mitarbeiterin oder den Mitarbeiter im inneren Zusammenhang mit der Ausübung seines Berufes unter Umständen, aus denen sich ein Interesse des Betroffenen an einer Geheimhaltung ergibt. Das muss die Klientin bzw. der Klient also nicht ausdrücklich betonen, tut er es (»...*bitte sagen Sie es keinem weiter*«, »... *das ist jetzt nur für Sie bestimmt*«), dann ist die Information unzweifelhaft anvertraut. Ein »Anvertrauen« ist aber nicht gegeben, wenn die Mitarbeiterin bzw. der Mitarbeiter ausschließlich ermittelnd tätig wird und dies dem Betroffenen gegenüber unmissverständlich offengelegt hat oder wenn Informationen den Mitarbeitern »gelegentlich« ihrer Tätigkeit, sozusagen zufällig oder durch Dritte bekannt werden, ehe sie diese im Rahmen der Ausführung ihres Arbeitsauftrages oder im Rahmen eines Verwaltungsverfahrens erfahren (*Hoffmann* in: FK-SGB VIII § 65 Rn 12 f.). Aber auch Angaben Dritter können ggf. z.B. zu einer möglichen Kindeswohlgefährdung (sog. Behördeninformationen) unter den Vertrauensschutz des § 65 Abs. 1 SGB VIII fallen und nur unter den entsprechenden engen Voraussetzungen offenbart werden (vgl. VGH BY 23.12.2011 – 12 ZB 10.482 ff.; VG Oldenburg 14.12.2009 – 13 A 1158/08 – JAmt 2010, 152; VG Schleswig 11.5.2009 – 15A 160/08 – JAmt 2010, 150).

14.4.3 Recht der betroffenen Person

35 Die Datenschutzgrundverordnung regelt nicht nur Pflichten der Sozialleistungsträger als verantwortlichen Stellen für den Datenschutz, sondern zugleich im Kap. III auch Rechte der betroffenen Person, um deren Daten es geht. Diese sind in den §§ 81 – 84 SGB X näher geregelt; dabei wurde von der Öffnungsklausel des Art. 23 DSGVO Ge-

14.4 Überblick über die einzelnen Schutzbereiche

brauch gemacht, die es den Mitgliedstaaten erlaubt, die Rechte der betroffenen Person zum Schutz wichtiger Interessen zu beschränken. Folgende Rechte sind vorgesehen:

- **Auskunftsanspruch** gemäß Art. 15 DS-GVO, ob und ggf. welche personenbezogenen Daten verarbeitet wurden, und weitere damit im Zusammenhang stehende Informationen (14.3.1). Einschränkungen des Auskunftsrechts sind in § 83 SGB X enthalten.
- Das **Recht auf Berichtigung** bzgl. falscher und unvollständiger Angaben (Art. 16 DSGVO), d.h. auf Korrektur oder Vervollständigung beweisbarer Tatsachen wie Name, Adresse, Alter, nicht aber auf fachliche Bewertungen wie Entwicklungsprognosen o.ä. (14.3.4).
- **Recht auf Löschung** (»Vergessen-Werden«) gemäß Art. 17 DSGVO, wenn die Daten für den Zweck der Erhebung nicht mehr erforderlich sind oder die Einwilligung zur Verarbeitung widerrufen wurde und keine andere Rechtsgrundlage für die weitere Verarbeitung mehr vorhanden ist. Wenn dies nicht oder nur mit unverhältnismäßigem Aufwand möglich ist (§ 84 Abs. 1 SGB X) oder wenn Aufbewahrungspflichten bestehen, erfolgt statt der Löschung nur eine Einschränkung der Verarbeitung (14.3.2). Ein uneingeschränkter Anspruch auf Löschung besteht allerdings, wenn die Daten unrechtmäßig verarbeitet wurden (§ 84 Abs. 1 Satz 3 SGB X).
- **Recht auf Einschränkung der Verarbeitung** (Art. 18 DSGVO) anstelle der Löschung, so dass die Daten künftig nur mit Einwilligung der betroffenen Person oder aus wichtigen öffentlichen Gründen verarbeitet werden dürfen.
- Berichtigungen, Löschungen und Einschränkungen der Verarbeitungen sind Empfänger*innen, denen die betroffenen Daten zuvor mitgeteilt worden sind, gemäß Art. 19 DSGVO mitzuteilen, sofern das mit verhältnismäßigem Aufwand möglich ist.
- Art. 21 DSGVO räumt der betroffenen Person ein **Widerspruchsrecht** gegen die weitere Verarbeitung ein. Dies greift jedoch gemäß § 84 Abs. 5 SGB X nicht ein, wenn ein zwingendes öffentliches Interesse an der Verarbeitung besteht, das dasjenige der betroffenen Person überwiegt, und bei gesetzlicher Pflicht zur Verarbeitung von Sozialdaten.
- Darüber hinaus hat die betroffene Person das **Recht der Beschwerde** bei der bzw. dem **Bundes-/ Landesdatenschutzbeauftragten** gemäß § 81 SGB X als unabhängige Aufsichtsbehörde i.S.d. Art. 51 DSGVO, wenn sie der Meinung ist, durch einen Sozialleistungsträger in ihren Datenschutzrecht verletzt worden zu sein. Die bzw. der Beauftragte hat gemäß Art. 57 Abs. 1 DSGVO die Pflicht, sich mit der Beschwerde zu befassen, d.h. den Gegenstand der Beschwerde in angemessenem Umfang zu untersuchen und die beschwerdeführende Person innerhalb einer angemessenen Frist über den Fortgang und das Ergebnis der Untersuchung zu unterrichten. Die Datenschutzbeauftragten verfügen gemäß Art. 58 DSGVO über umfangreiche Befugnisse zur Informationsbeschaffung (Abs. 1) sowie zur Abhilfe (Abs. 2), die von Warnungen über konkrete Anweisungen und Anordnungen bei der verarbeitenden Stelle bis hin zur Verhängung von Geldbußen reichen.
- Schließlich besteht ein **Klagerecht vor dem Verwaltungsgericht** (Art. 79 DSGVO), wenn die geforderte Berichtigung, Löschung oder Einschränkung der Verarbeitung nicht vorgenommen worden ist. Die zu erhebende allgemeine Leistungsklage ist auf die Anweisung der Behörde zur Vornahme der gewünschten Handlung zu richten (Art. 79 DS-GVO, § 81b SGB X).

Das in Art. 20 DSGVO vorgesehene Recht auf Datenübertragbarkeit, worin es um die Übernahme von Kundendaten von einem zum anderen Dienstanbieter geht, ist im Rahmen des SGB nicht anzuwenden, da Art. 20 Abs. 3 Satz 2 DS-GVO dessen Anwendung für hoheitliche Aufgaben ausschließt.

14.5 Besonderheiten und Probleme

36 Die Datenschutzbestimmungen des 4. Kapitels des SGB VIII gelten für die gesamte Tätigkeit des öffentlichen Jugendhilfeträgers. Da dieser nach dem SGB VIII verschiedene Aufgaben wahrzunehmen hat, sieht der Gesetzgeber zum Teil Sonderbestimmungen vor, zum Teil gibt es eine (heftige) Diskussion über die Bedeutung des Datenschutzes in speziellen Teilbereichen.

14.5.1 Besonderheiten für die Beistandschaft, Amtspflegschaft, Amtsvormundschaft

37 Nach § 61 Abs. 2 SGB VIII gilt für die Erhebung, Verarbeitung und Nutzung der Sozialdaten bei der Tätigkeit des JA als Beistand, Amtspfleger, Amtsvormund und Gegenvormund nur § 68 SGB VIII. Der Grund für die Sonderregelung: Das JA ist hier als gesetzlicher Vertreter des Mj. tätig (s. Kap. 13.3). Mit der Sonderregelung des § 68 SGB VIII wird das JA als Beistand/Pfleger/Vormund grds. einer entsprechend privat tätigen Person gleichgestellt. So sieht § 68 SGB VIII Sonderregelungen für die Datenerhebung und Datenverwendung (Abs. 1 für die Datenlöschung und Datensperrung; Abs. 2 und für die Verlängerung der Zweckbindung) sowie für die Übermittlung von Sozialdaten an andere Personen oder Stellen vor (Abs. 4; im Einzelnen *Hoffmann* in: FK-SGB VIII § 68 Rn 1 ff., *dies.* JAmt 2019, 356). Mündel und Pfleglinge haben, wenn sie volljährig sind, nach § 68 Abs. 3 SGB VIII ein **Recht auf Kenntnis** der zu ihrer Person in Akten oder sonstigen Datenträgern im Zusammenhang mit der Beistandschaft/ Amtspflegschaft/Amtsvormundschaft **gespeicherten Informationen**. Daraus folgt jedoch kein umfassendes, globales Akteneinsichtsrecht (*Hoffmann* in: FK-SGB VIII § 68 Rn 33). Begrenzt wird dieses Recht auf Kenntnis durch **berechtigte Interessen Dritter**. Das sind Personen, die außerhalb der Beziehung Beistand/Amtspfleger/Amtsvormund zum Pflegling/Mündel stehen. Dazu zählen rechtliche, wirtschaftliche und auch ideelle Interessen, so kann z.B. die Mutter ein berechtigtes Interesse daran haben, dass ihr Kind keine Einzelheiten aus ihrer Intimsphäre (z.B. bei Vaterschaftsprozessen) erfährt. Wenn die Betroffenen noch nicht volljährig sind, steht ihnen o.g. Recht auf Kenntnis zu, wenn sie die erforderliche Einsichts- und Urteilsfähigkeit besitzen (zur Auslegung dieser Begriffe *Münder* et al. 2020, Kap. 8).

14.5.2 Probleme: Datenschutz zwischen Jugendhilfe und Justiz

38 Die Unklarheit der Informationsbeziehungen zwischen Sozialleistungsträgern und Justiz war einer der wesentlichen Gründe für die Schaffung der ersten detaillierten datenschutzrechtlichen Bestimmungen im SGB X (1980). Auch die Schaffung der bereichsspezifischen Datenschutzvorschriften im SGB VIII hat schnell zu kontroversen Diskussionen über ihre Auslegung geführt (vgl. 4. Aufl. dieses Lehrbuchs, Kap. 5.5.2). Grund für diese Debatte ist, dass in §§ 50 bis 52 SGB VIII das Zusammenwirken von Jugendhilfe und Justiz in bestimmten Feldern ausdrücklich vorgesehen ist (dazu Kap. 12). Die Heftigkeit der Debatten erklärt sich daraus, dass unterschiedliche (zum Teil allerdings auch unrichtige) Auffassungen über die Funktionen der jeweiligen Teilsysteme Jugend-

14.5 Besonderheiten und Probleme

hilfe und Justiz bestehen, was bis zu »Machtkämpfen« geht. Losgelöst von diesen Auseinandersetzungen ist im Alltag ein datenschutzrechtlich korrektes Verhalten relativ unproblematisch möglich, wenn man sich detailliert und genau mit den einzelnen Arbeitsfeldern befasst. Was das Zusammenwirken mit dem FamG anbelangt, so sind hier die Situationen der elterlichen Sorge bei Trennung (§ 1671 BGB) und bei der Sicherung des Kindeswohls (zivilrechtlicher Kindesschutz § 1666 BGB) von besonderer Bedeutung (*Münder* et al. 2020, Kap. 9.).

Bei der **Trennung und Scheidung** führt eine Orientierung am informationellen Selbstbestimmungsrecht und dem Prinzip der Zweckbindung zu einem – relativ mühelosen – korrekten Verhalten: An die FamG werden die Informationen weitergegeben, mit deren Weitergabe alle Beteiligten einverstanden sind. Wird diese nicht erteilt, bedarf es einer sonstigen Offenbarungsbefugnis (*Trenczek* in: FK-SGB VIII § 50 Rn 30; zur unzulässigen Datenerhebung bei Dritten in einem gewöhnlichen Sorgerechtsverfahren s. bereits oben OLG Zweibrücken 21.02.2013 – 6 U 21/12 – JAmt 2013, 414 ff.). Das fachliche Handeln hier allein über den Datenschutz sicherstellen zu wollen (z.B. LJA RP 2008, 18), reicht aber mitunter zum Schutz des Vertrauens aus der Perspektive der Betroffenen nicht aus. Im Hinblick auf den Trennungs- und Scheidungskonflikt sollte deshalb – ebenso wie im sog. Täter-Opfer-Ausgleich – die personelle Trennung von (allparteilichen) Beratern/Mediatoren nach § 17 SGB VIII einerseits und (parteilichen) Beratern bzw. Entscheidern (z.B. über Inhalte von Stellungnahmen, Leistungen nach SGB VIII) andererseits selbstverständlich sein (*Trenczek* in: FK-SGB VIII vor § 50 Rn 42).

39

Im Hinblick auf den zivilrechtlichen **Kindesschutz** haben die JÄ nach § 8a Abs. 2 SGB VIII das Gericht anzurufen, wenn sie die Information des Gerichts zur Abwendung der Gefährdung für erforderlich halten. Um diese Aufgabe korrekt zu erfüllen, darf das JA die Informationen, die zum Kindesschutz notwendig sind, an das FamG weitergeben (§§ 8a, 64 Abs. 2 SGB VIII, § 69 SGB X), auch wenn etwa die betroffenen Eltern damit nicht einverstanden sind. Und § 65 Abs. 1 Nr. 2 SGB VIII erlaubt auch bei Sozialdaten, die zum Zwecke persönlicher und erzieherischer Hilfe der konkreten Mitarbeitenden anvertraut worden sind, die Weitergabe an das Familiengericht, nicht aber das nicht Strafgericht (s. Kap. 14.4.2). Die Regelungen zum Kindesschutz berechtigen das JA auch zu Warnhinweisen an Erziehungsberechtigte mj. Kinder, wenn gewichtige Anhaltspunkte für eine Kindeswohlgefährdung durch Dritte vorliegen (VG Münster 5.4.2019 – 6 L 211/19, Rn 25).

40

Besonders sensibel ist der Schutz der Sozialdaten im **Jugendstrafverfahren**, nicht nur bei der Kooperation mit den **Jugendgerichten** (s. Kap. 12.4), sondern auch im Hinblick auf die Strafverfolgungsbehörden Polizei und Staatsanwaltschaft (im Einzelnen *Trenczek* in: FK-SGB VIII § 52 Rn 29 ff.). Zwar sieht § 52 SGB VIII die Mitwirkung des JA in Verfahren nach dem Jugendgerichtsgesetz vor, schreibt aber weder die Form noch den Umfang dieser Mitwirkung vor (*Trenczek* in: FK-SGB VIII § 52 Rn 32). Das JA hat in Erfüllung eigener Aufgaben nach pflichtgemäßem Ermessen unter Berücksichtigung des Kindeswohls zu entscheiden, inwieweit es an einem Strafverfahren mitwirkt und Daten übermittelt; mit Ausnahme des § 73 SGB X ist die Behörde hierzu nicht verpflichtet (LG Oldenburg 25.7.2017 – 6 Qs 35/17, Rn 16). Die Weitergabe von ordnungsgemäß erhobenen Daten (z.B. an die Staatsanwaltschaft und das Gericht, aber auch an jede andere Stelle) unterliegt im Übrigen der **Zweckbindung** (zu den Aufgaben und Funktionen der Jugendhilfe im Strafverfahren s. Kap. 12.4). Auch insoweit

41

dürfen die Daten nur zu dem Zweck übermittelt werden, zu dem sie erhoben worden sind. Das JA kann sich im Rahmen seiner Ermessensausübung weigern, ihm vorliegende Daten zu übermitteln, z.B. um das aufgebaute Vertrauensverhältnis zu dem Jugendlichen im Rahmen der angedachten oder bereits eingeleiteten Jugendhilfemaßnahme nicht zu gefährden. Eine Beschlagnahme- und Durchsuchungsanordnung der Staatsanwaltschaft von kompletten Akten des JA würde diese Wahrnehmung eigener Aufgaben des JA und des Datenschutzes konterkarieren und ist grds. unzulässig (LG Oldenburg 25.7.2017 – 6 Qs 35/17, Rn 16; ebenso *Trenczek* in: FK-SGB VIII § 52 Rn 31 m.w.N.). Ausnahmsweise ist die Weitergabe an die Polizei auch ohne Einwilligung auf der Grundlage von § 8a Abs. 3 SGB VIII zulässig, wenn die Gefährdung des Kindeswohls z.B. durch erkennbare Radikalisierungstendenzen mit Maßnahmen der Kinder- und Jugendhilfe nicht abzuwenden ist (DIJuF JAmt 2018, 560). Informationen, die bei der Leistungsgewährung erhoben oder im Rahmen eines Beratungsgespräches anvertraut (§ 65 Abs. 1 SGB VIII) worden sind, dürfen mitunter nicht an Richter und Staatsanwalt weitergeben werden. Ein »Anvertrauen« ist im Bereich der JGH-Aufgabenwahrnehmung nicht ausgeschlossen, vielmehr ist neben der Leistungsinitiierung zur Ermöglichung der Diversion (§ 52 Abs. 2 SGB VIII) nach **§ 52 Abs. 3 SGB VIII die Betreuung eine Kernaufgabe** der Mitwirkung. Zum Schutz des Vertrauensverhältnisses darf die Fachkraft dann nicht nur, vielmehr muss sie auch im Strafverfahren schweigen (*Eisenberg* § 38 JGG Rn 44a; *Kunkel* ZJJ 2004, 427).

14.5.3 Exkurs: Datenschutz und Zeugnisverweigerungsrecht

42   Ob und inwieweit Fachkräfte der JÄ vor Gericht als Zeug*innen vernommen werden können, ist nicht unumstritten (hierzu kritisch *Eisenberg* § 50 JGG Rn 32a; *Trenczek* in: FK-SGB VIII Vor § 50 Rn 37 f.). Das ist auf jeden Fall nur dann zulässig, wenn sie von ihrem Dienstherrn eine **Aussagegenehmigung** (z.B. § 376 ZPO, § 54 StPO) erhalten sollten und solange ihnen kein **Zeugnisverweigerungsrecht** zugestanden wird. Die Datenschutzvorschriften sind mit Ausnahme von § 65 SGB VIII stellenbezogene Vorschriften, d.h. die jeweilige Stelle und damit auch der Anstellungsträger sind verpflichtet, die Datenschutzbestimmungen einzuhalten. Das Zeugnisverweigerungsrecht ist dagegen ein personenbezogenes Recht. Aber es gibt Verknüpfungen: dies zeigt sich z.B. bei § 65 SGB VIII und insb. bei § 35 Abs. 3 SGB I. Deswegen hier ein kurzer Exkurs.

43   Eine Zeugnispflicht der JA-Mitarbeitenden wirkt sich negativ auf das Vertrauensverhältnis zu den (übrigen, potenziellen) Klienten aus. Die Ladung zur Zeugenaussage steht unter dem Vorbehalt der Verhältnismäßigkeit und sollte deshalb ohnehin auf absolute Ausnahmefälle beschränkt bleiben (so auch *Ostendorf* § 38 JGG Rn 10 f.). In diesen Fällen müssen sich die JA-Fachkräfte zunächst stets auf ihre Pflicht zur Amtsverschwiegenheit (§ 3 Abs. 1 TVöD, § 37 BeamtStG) berufen. Es ist dann allein Aufgabe des Gerichts (und nicht des JA-Mitarbeiters) dafür Sorge zu tragen, dass ausnahmsweise eine auf das konkrete Beweisthema gerichtete **Aussagegenehmigung** des Dienstherrn (§ 30 FamFG i.V.m. § 376 ZPO, § 54 StPO) vorliegt. Hierbei sind insb. die Grenzen der §§ 64 Abs. 2, § 65 SGB VIII einzuhalten (DIJuF JAmt 2001, 343). § 65 SGB VIII verpflichtet zudem den öffentlichen Jugendhilfeträger, alles zu unterlassen, was seine Fachkräfte in die Lage bringen könnte, gegen das Weitergabeverbot zu verstoßen (vgl. VG Aachen 9.9.2009 – 2 K 213/06). Mitarbeitenden öffentlicher Träger wird deshalb grds. die Aussagegenehmigung zu verweigern sein, um die Funktionsfähigkeit des JA nicht zu gefährden (vgl. VG Schleswig 11.1.1984 – 11 A 234/83; *von*

14.5 Besonderheiten und Probleme

Pirani DVJJ-J 1993, 190). Wird sie nicht erteilt, ist eine Vernehmung unzulässig, das Fernbleiben der Fachkraft trotz Ladung als Zeuge entschuldigt (OLG Köln 15.3.2004 – 27 WF 26/04 – JAmt 2004, 255). Liegt aber eine wirksame Aussagegenehmigung vor, sind die Fachkräfte verpflichtet, als Zeuge auszusagen, sofern ihnen kein Zeugnisverweigerungsrecht eingeräumt wird.

Da das Zeugnisverweigerungsrecht ein individuelles Recht ist, müssen stets die konkreten individuellen Voraussetzungen gegeben sein. Die Rechtsfolge eines Zeugnisverweigerungsrechts besteht darin, in gerichtlichen Verfahren nicht aussagen zu müssen. Dabei ist nach Art der gerichtlichen Verfahren zu unterscheiden: 44

- Im **familien- wie zivilgerichtlichen Verfahren** gibt es nach § 30 FamFG, § 383 ZPO aus persönlichen Gründen ein Zeugnisverweigerungsrecht (z.B. nach Nr. 14 für Ehegatten, Lebenspartner usw). Nach § 383 Abs. 1 Nr. 6 ZPO haben Personen ein Zeugnisverweigerungsrecht, denen aufgrund ihrer Tätigkeit Geheimnisse anvertraut worden sind, deren Geheimhaltung durch gesetzliche Vorschriften (oder nach der Natur der Sache) geboten ist. Durch Gesetz geboten ist die Geheimhaltung im Falle des § 203 StGB, wonach (strafrechtlich) u.a. Beratungspersonen in bestimmten anerkannten (z.B. Familien- und Erziehungs-) Beratungsstellen, in Schwangerschaftskonfliktberatungsstellen und – generell – nach § 203 Abs. 1 Nr. 5 StGB staatlich anerkannte Sozialarbeiter*innen sowie staatlich anerkannte Sozialpädagog*innen verpflichtet sind, Privatgeheimnisse zu wahren. Entsprechendes gilt nach § 4 MediationG nun auch für Mediator*innen für alles, was ihnen in Ausübung ihrer Tätigkeit bekannt geworden ist. Daraus ergibt sich im familien- und zivilgerichtlichen Verfahren ein Zeugnisverweigerungsrecht, wenn die Preisgabe von Informationen unbefugt erfolgt. Eine Befugnis zur Preisgabe kann dann, auch wenn seitens der betroffenen Person keine Schweigepflichtentbindung erteilt wurde, aus vorrangigen Interessen des Kindeswohls folgen (Saarl OLG 27.4.2015 – 9 WF 13/15, Rn 10 ff). Die Bestimmungen des § 383 ZPO gelten entsprechend in arbeits-, sozial- und verwaltungsrechtlichen Verfahren (z.B. § 46 Abs. 2 ArbGG, § 118 SGG, § 98 VwGO). Einer im Jugendamt tätigen Fachkraft kann trotz einer nach § 376 ZPO wirksam erteilten Aussagegenehmigung grds. ein Zeugnisverweigerungsrecht hinsichtlich von Kenntnissen über die Vaterschaft einer Person zustehen, die sie dienstlich im Rahmen einer Vertrauensstellung erlangt hat (Saarl OLG 27.4.2015 – 9 WF 13/15, Rn 10).

- Im **Strafprozess** ist das Zeugnisverweigerungsrecht umstritten. Nach § 53 StPO besteht ein Zeugnisverweigerungsrecht aus beruflichen Gründen z.B. nach Nr. 1 - 3 nur für Geistliche, Verteidiger, Rechtsanwälte, aus dem Bereich der Sozialen Arbeit jedoch nur für Personen aus anerkannten Schwangerschaftskonfliktberatungsstellen (§ 53 Abs. 1 Nr. 3a StPO) bzw. aus anerkannten Drogenberatungsstellen (§ 53 Abs. 1 Nr. 3b StPO). Ein **allgemeines strafrechtliches Zeugnisverweigerungsrecht** etwa **für anerkannte Sozialarbeiter*innen/Sozialpädagog*innen ist in der StPO nicht ausdrücklich normiert** und wurde vom Bundesverfassungsgericht 1972 noch ausdrücklich abgelehnt (BVerfG 19.7.1972 – 2 BvL 7/71 – BVerfGE 33, 367 ff. – NJW 1972, 2214 ff.). Damals wurde dies mit der Rolle des Sozialarbeiters als »Helfer des Gerichts« begründet, die per se ihr »in dieser Funktion erlangtes Wissen von Amts wegen weiterzugeben« hätten, weshalb erst gar kein schützenswertes Vertrauen aufgebaut werden könne. Seit der Existenz der Sozialdatenschutzregelungen im SGB VIII hat sich jedoch zumindest für die Fachkräfte der Kinder- und Jugendhilfe eine neue Rechtslage ergeben. Besonders deutlich wird dies im Hinblick auf § 35

Abs. 3 SGB I: Hiernach besteht zunächst für **Mitarbeiter*innen der öffentlichen Träger** keine Zeugnispflicht, wenn die Übermittlung aus datenschutzrechtlichen Gründen nicht zulässig ist. **§ 64 Abs. 2, § 65 SGB VIII** setzen der Datenweitergabe sehr enge Grenzen, die in dieser Form zum Zeitpunkt der Entscheidung des BVerfG 1972 nicht gezogen waren. Und hier schließt sich der Kreis zwischen Zeugnisverweigerungsrecht und Datenschutz: in dem Umfang und dem Inhalt, in dem datenschutzrechtlich eine Übermittlung nicht zulässig ist, hat die entsprechende Person, die diese Übermittlung nicht vornehmen darf, auch ein entsprechendes Zeugnisverweigerungsrecht. Denn eine Zeugnispflicht stellte eine unzulässige Umgehung der gesetzlichen Datenschutzvorschriften dar. Das sozialrechtliche Zeugnisverweigerungsrecht verdichtet sich für Mitarbeitende öffentlicher Träger aufgrund § 35 Abs. 3 SGB I sogar zu einer **Zeugnisverweigerungspflicht** soweit keine Offenbarungs- bzw. Übermittlungsbefugnisse nach den §§ 68 f., 73 SGB X bestehen (*Trenczek* in: FK-SGB VIII Vor § 50 Rn 38 m.w.N.; *Kunkel* GK-SGB VIII § 61 Rn 54). Für Mitarbeitende freier Träger gilt das Sozialgeheimnis des § 35 Abs. 3 SGB I nicht unmittelbar. Zu berücksichtigen ist aber, dass sie entsprechende Datenschutzpflichten haben, wenn Fälle des »verlängerten Datenschutzes« nach § 78 SGB X vorliegen (s. o. Kap. 14.2.2) bzw. wenn Einrichtungen und Dienste der Träger der freien Jugendhilfe nach § 61 Abs. 3 SGB VIII in Anspruch genommen werden. Als abgeleitete Normadressaten des Sozialgeheimnisses wären ihnen die gleichen Schutzpflichten wie Träger der öffentlichen Jugendhilfe zuzugestehen - einschließlich der Pflicht zur Zeugnisverweigerung nach § 35 SGB I, soweit eine Übermittlungsbefugnis fehlt (*Hoffman* in: FK-SGB VIII Vor Kap. 4 Rn 97 m.w.N.); auch im Hinblick auf das verfassungsrechtliche Gebot der Gleichbehandlung (a.A. z.B. LG Köln 9.11.2001 – NStZ 2002, 332).

Wichtige, interessante Entscheidungen

- *Grundlegend zum informationellen Selbstbestimmungsrecht:* BVerfG 15.12.1983 – 1 BvR 209/83 – BVerfGE 65, 1 ff.
- *Zur Vorratsdatenspeicherung:* BVerfG 2.3.2010 – 1 BvR 256/08; EuGH 24.11.2011 – C-468/10
- *Zum beschränkten Recht auf Akteneinsicht wegen anvertrauter Daten:* OVG NRW 18.2.2019 – 12 E 24/17; OVG NRW 13.9.2018 – 12 A 1057/17

Weiterführende Literatur

- *Zum Sozialdatenschutz (in der Kinder- und Jugendhilfe):* Dörfler-Paa KommunalPraxis BY 2018, 138; Eschelbach JAmt 2020, 66; Hundt 2020, Kap. 8; Kunkel ZKJ 2020, 89; Kunkel/ Vetter/Rosteck StV 2017, 829; Treichel NZFam 2018, 823

5. Teil: Leistungsverpflichtung und -erbringung, Aufgabenverpflichtung und -wahrnehmung sowie deren Finanzierung

Im 2. Teil wurden bisher die Leistungen, im 3. Teil die sog. anderen Aufgaben dargestellt. Noch nicht behandelt wurde, von wem und wie die Leistungen erbracht, die Aufgaben erfüllt, wie sie abgewickelt und wie sie finanziert werden. Zuständig und verpflichtet bei den Leistungen sind die Träger der öffentlichen Jugendhilfe als Leistungsträger. Sie erbringen die Leistungen z.T. auch selbst (z.b. in kommunalen Kindergärten), Leistungserbringer sind aber in einem beachtlichen Umfang auch die Träger der freien Jugendhilfe (Kap. 4.4). Die anderen Aufgaben werden meist von den Trägern der öffentlichen Jugendhilfe selbst wahrgenommen, aber auch hier ist eine Beteiligung anerkannter Träger der freien Jugendhilfe möglich. Das alles führt zum Teil zu verzwickten rechtlichen Verhältnissen. Im Folgenden behandeln wir die Leistungs- und Aufgabenverpflichtung der öffentlichen Träger (Kap. 15, s.a. Kap. 18), befassen uns mit der Leistungserbringung/Aufgabenwahrnehmung durch freie Träger (Kap. 16) und gehen dabei insb. auf die Finanzierung der Leistungen bei der Leistungserbringung durch Dritte ein (Kap. 16.3).

15. Organisation und Zuständigkeit

Das SGB VIII als Bundesgesetz benennt die Träger der öffentlichen Jugendhilfe, trifft Aussagen über die Organisation und das Personal der Jugendämter und regelt die sachliche und örtliche Zuständigkeit der öffentlichen Träger. Details innerhalb dieses Rahmens werden durch die Bundesländer in eigenen Landesgesetzen geregelt.

Ausführlich behandelte Vorschriften:
- Öffentliche Träger und JÄ: §§ 69 - 72 SGB VIII
- Sachliche Zuständigkeit: § 85 SGB VIII
- Örtliche Zuständigkeit und Kostenerstattung: §§ 86 - 89h SGB VIII

15.1 Eigenständige Jugendämter - § 69 SGB VIII

15.1.1 Der örtliche Träger und das Jugendamt

Bis Ende 2008 legte § 69 Abs. 1 SGB VIII fest, dass die **Kreise und kreisfreien Städte** die örtlichen Träger der öffentlichen Jugendhilfe sind. Seit dem 10.12.2008 gilt in Folge der sog. **Föderalismusreform** (*Münder* UJ 2006, 497 ff.), dass durch Landesrecht bestimmt wird, wer die Träger der öffentlichen Jugendhilfe sind. In vielen Fällen sind auch heute die Kreise und die kreisfreien Städte die zuständigen Leistungsträger der Kinder- und Jugendhilfe, aber es ist nunmehr möglich, dass z.B. kreisangehörige Gemeinden oder Gemeindeverbünde zu Trägern der öffentlichen Jugendhilfe durch Landesrecht bestimmt werden. Details sind den Landesgesetzen zu entnehmen, die zumeist unter der Bezeichnung **Ausführungsgesetz KJH oder SGB VIII** i.V.m. dem Namen des

Bundeslandes zu finden sind, z.B. das Thüringer Kinder- und Jugendhilfe-Ausführungsgesetz (ThürKJHAG) oder das Niedersächsisches Gesetz zur Ausführung des Achten Buchs des Sozialgesetzbuchs und zur Niedersächsischen Kinder- und Jugendkommission (Nds. AG SGB VIII).

3   Unverändert geblieben ist § 69 Abs. 3 SGB VIII. Dieser schreibt ausdrücklich vor, dass für alle Aufgaben nach dem SGB VIII **jeder örtliche Träger ein Jugendamt** zu errichten hat. Die Verpflichtung zur Errichtung von JÄ geht auf das RJWG von 1922 zurück (Kap. 3.2.1). Die Vorschrift, dass jeder örtliche Träger ein JA errichten muss, war nicht ganz unumstritten. Wurde doch der Vorwurf erhoben, dass der Bundesgesetzgeber mit einer derartigen Regelung in die Kompetenz der Länder (die grds. für die Verwaltung zuständig sind) eingreife (Kap. 3.1.2); das Bundesverfassungsgericht hat die entsprechende Vorläuferbestimmung (§ 13 JWG) für verfassungsgemäß erklärt (BVerfG 18.7.1967 – 2 BvF 3 u.a. /62; 2 BvR 139 u.a. /62 – BVerfGE 22, 180, 211 ff.).

4   Durch die ausdrückliche Zuständigkeitsbenennung des **Jugendamtes für alle Aufgaben der Jugendhilfe** wird die sozialpädagogische Autonomie der Kinder- und Jugendhilfe organisatorisch gesichert. So war die Zusammenfassung der Aufgaben in einem eigenständigen Amt wesentliche Bedingung für die Entwicklung einer professionellen Jugendhilfe. Das eigenständige JA als **sozialpädagogische Fachbehörde** für alle Aufgaben der Jugendhilfe hat für die Struktur des deutschen Jugendhilferechts auch weiterhin ihre Bedeutung. Zurzeit existieren in Deutschland ca. 563 JÄ. Gelegentlich tragen diese auch die Bezeichnung »Amt für Jugend«, »Amt für Kinder, Jugendliche und Familien«, »Fachbereich Jugend«.

5   Gemäß § 79 Abs. 3 SGB VIII ist der Träger der öffentlichen Jugendhilfe verpflichtet, für eine **ausreichende Ausstattung** der JÄ einschließlich einer bedarfsgerechten Anzahl von Fachkräften (Kap. 15.3) zu sorgen (gleiches gilt bezogen auf das Landesjugendamt, Kap. 15.1.2). Gleichwohl gibt es bezüglich der Ausstattung, der Aufgabenwahrnehmung und der Leistungsfähigkeit ein erhebliches Gefälle zwischen den JÄ. Das ist nicht verwunderlich. Reicht die Bandbreite der Zuständigkeiten doch von Städten mit hunderttausenden von Einwohnern bis zu JÄ in kreisangehörigen Gemeinden mit etwas über 20.000 Einwohnern. Aber nicht nur hinsichtlich der Quantitäten unterscheiden sich die JÄ, sondern auch hinsichtlich ihrer Qualität: Die Bandbreite »reicht von hoch innovativen Jugendämtern, die u.a. in fast allen neuen Handlungsfeldern tätig sind, die zudem ihre Arbeit... immer wieder an neuen Standards zeitgemäßer Jugendhilfe ausrichten, bis hin zu... innovationsresistenten Verwaltungen der Jugendämter« (*Kreft/Lukas* et al. 1993, Band 1, 378). Zentraler Grund ist das verfassungsrechtlich abgesicherte Selbstverwaltungsrecht der Kommunen. So werden die einzelnen Aufgaben der JÄ in den Städten und Landkreisen **in kommunaler Selbstverwaltung** ausgeführt. Das ermöglicht es einerseits, passgenaue Lösungen für die regional unterschiedlichen Bedarfe zu entwickeln, überlässt andererseits die quantitative und qualitative Ausgestaltung jenseits der bundesgesetzlichen (und ggf. landesrechtlichen) Rahmenvorgaben den einzelnen Gebietskörperschaften.

6   Trotz der klaren Regelung des § 69 Abs. 3 SGB VIII gibt es Erörterungen über die Aufgabenwahrnehmung der JÄ. Diskutiert wird insb. die **Übertragung einzelner Aufgabenblöcke** der Kinder- und Jugendhilfe auf andere Ämter und die Aufgabenwahrnehmung des **Allgemeinen Sozialdienstes** (ASD).

7   Bezüglich der Übertragung einzelner Aufgabenblöcke wird etwa die Zuordnung der Kindergärten und Horte zum Schulamt, ein eigenständiges Amt für Kindertagesstätten,

ein Amt für Kinderinteressen, die Ausgliederung von Hilfen zur Erziehung in ein eigenständiges Amt für soziale Dienste usw erörtert. § 69 Abs. 3 SGB VIII verbietet nicht organisatorische Neuüberlegungen. Entscheidend aber ist, dass derartige neue Organisationseinheiten unter der uneingeschränkten Fachaufsicht des JA stehen müssen (*Schäfer/Weitzmann* in FK-SGB VIII § 69 Rn 11). § 26 Satz 2 SGB VIII, wonach am 31.12.1990 geltende Landesregelungen, die das Kindertagesstättenwesen dem Bildungsbereich zuordnen, weiter Bestand haben können, unterstreicht als Ausnahmeregelung diesen Grundgedanken. Zudem hat § 26 Satz 2 SGB VIII faktisch keine Bedeutung mehr (*Lakies/Beckmann* in FK-SGB VIII § 26 Rn 2 m.w.N.).

Dieser Grundgedanke gilt auch für die organisatorische Anbindung des ASD. Auch hier würde die Übertragung von Aufgaben nach dem SGB VIII an eine eigenständige Organisationseinheit, etwa an ein selbstständiges Amt für soziale Dienste gegen die Formulierung des § 69 Abs. 3 SGB VIII verstoßen (im Einzelnen Kap. 15.2.2). 8

Auch in der Diskussion um die **Verwaltungsmodernisierung** (dazu Kap. 15.2.3) wird zum Teil das eigenständige JA in Frage gestellt. Viele der erörterten Überlegungen sind im Rahmen der Organisationsvorschriften des SGB VIII möglich (*Schäfer/Weitzmann* in FK-SGB VIII § 69 Rn 10 f.). Der Handlungsspielraum wird jedoch gegenwärtig durch den klaren Gesetzesbefehl des § 69 Abs. 3 SGB VIII beschränkt: Die Auflösung von JÄ wäre unzulässig. Ihre Zuordnung zu anderen Organisationseinheiten ist nur dann möglich, wenn die fachliche Aufsicht der Jugendhilfe für den neuen Gesamtbereich besteht und die Kompetenz des Jugendhilfeausschusses nicht beschnitten wird (Kap. 15.2.1). 9

15.1.2 Der überörtliche Träger und das Landesjugendamt

Neben dem örtlichen Träger, der ein JA errichten muss, schreibt § 69 Abs. 3 SGB VIII auch vor, dass es einen überörtlichen Träger geben muss, der ein Landesjugendamt errichtet. Der überörtliche Träger wird ebenfalls durch das Landesrecht bestimmt – § 69 Abs. 1 SGB VIII. So gibt es unterschiedliche überörtliche Träger: 10

- Sog. höhere Kommunalverbände, d.h. ein Verband, der von den beteiligten Kommunen gemeinsam getragen wird: in Baden-Württemberg und Nordrhein-Westfalen (aufgeteilt in die Landschaftsverbände Rheinland und Westfalen Lippe);
- staatliche Landesbehörden (selbstständige Behörden oder Teile von anderen Behörden des Landes): z.B. so in Bayern, Brandenburg, Hessen, Mecklenburg-Vorpommern, Niedersachsen, Rheinland-Pfalz, Saarland, Sachsen, Sachsen-Anhalt, Schleswig-Holstein, Thüringen.

Demgemäß sind die Landesjugendämter bei diesen jeweiligen überörtlichen Trägern angesiedelt. In allen Stadtstaaten (Berlin, Bremen, Hamburg) fallen die überörtliche Ebene und die örtliche Ebene zusammen. Auch wenn es dort (Berlin, Hamburg) in den Bezirken JÄ gibt, so sind diese keine örtlichen Träger i.S.d. SGB VIII. 11

15.2 Die Zweigliedrigkeit des Jugendamtes – §§ 70, 71 SGB VIII

Das SGB VIII als Bundesgesetz enthält entsprechend der in Art. 84 GG vorgesehenen Zuständigkeitsverteilung zwischen Bund und Ländern keine umfassenden Bestimmungen über die Organisation des JA. Diese ist weitgehend den Ländern überlassen. Eine zentrale Entscheidung allerdings trifft das SGB VIII: In § 70 **Abs. 1 SGB VIII** wird die 12 sog. **Zweigliedrigkeit des Jugendamtes** festgelegt. Das bedeutet, dass das JA aus dem **Jugendhilfeausschuss**, der sich nicht nur aus Kommunalvertretern, sondern auch aus Vertretern der anerkannten freien Jugendhilfe zusammensetzt, und der **Verwaltung** des Jugendamtes besteht. Damit unterscheidet sich das JA von fast allen anderen kommunalen Ämtern, die ausschließlich Verwaltung sind.

15.2.1 Der Jugendhilfeausschuss

13 Der Jugendhilfeausschuss ist für die kommunale Kinder- und Jugendhilfepolitik ein zentrales Gremium. Er kann alle Fragen, die bei der öffentlichen Aufgabenwahrnehmung für Kinder, Jugendliche und ihre Familien von Bedeutung sind, behandeln (§ 71 Abs. 2 SGB VIII) und dazu Beschlüsse fassen (§ 71 Abs. 3 SGB VIII), er definiert insofern seine Aufgabenwahrnehmung selbst (*Merchel/Reismann* 2004, 99 ff.), allerdings im Rahmen der von der Vertretungskörperschaft bereitgestellten Mittel, der von dieser erlassenen Satzungen und gefassten Beschlüsse (§ 71 Abs. 3 SGB VIII, s. Kap. 15.2.1).

14 Im **Verhältnis zur Verwaltung des Jugendamts** ist der Jugendhilfeausschuss nach § 70 Abs. 2 SGB VIII das »übergeordnete Gremium«, denn die »Geschäfte der laufenden Verwaltung... werden vom Leiter der Verwaltung... im Rahmen... der Beschlüsse... des Jugendhilfeausschusses geführt«. Der Vorrang des Jugendhilfeausschusses gegenüber der Verwaltung gilt grds. und in jeder Hinsicht (ausführlich *Münder/Ottenberg* 1999, 62 ff.). Für **grundsätzliche Angelegenheiten** ist der Jugendhilfeausschuss – im Verhältnis zur Verwaltung – allein zuständig, z.B. die sozialpädagogische Ausgestaltung und Schwerpunktsetzung der Verwaltung und der einzelnen Handlungsfelder der Kinder- und Jugendhilfe (*Schäfer/Weitzmann* in FK-SGB VIII § 71 Rn 4 f.). Der Jugendhilfeausschuss stellt den jugendpolitischen Teil dar, die Verwaltung des JA den behördlichen Teil (*Gallep* NDV 2015, 375). Auch bei **laufenden Geschäften** gilt der Vorrang des Jugendhilfeausschusses. Wenn allerdings für die laufenden Geschäfte keine einschlägigen Beschlüsse des Jugendhilfeausschusses vorhanden sind, kann die Verwaltung des JA selbstständig handeln. Laufende Geschäfte sind im Allgemeinen diejenigen, die zu einer ungestörten und ununterbrochenen Fortdauer der Verwaltungstätigkeit notwendig sind, es sei denn, dass es sich um einmalige oder außergewöhnliche Geschäfte oder solche von erheblicher Bedeutung handelt (Einzelheiten und Beispiele bei *Münder/Ottenberg* 1999, 63 ff.).

15 Das **Verhältnis des Jugendhilfeausschusses zur** sog. **Vertretungskörperschaft** (die in den Ländern unterschiedliche Bezeichnungen hat: Stadtverordnetenversammlung, Stadtrat, Kreistag o.ä.) ist nach § 71 Abs. 3 SGB VIII geregelt: Die Vertretungskörperschaft ist im Verhältnis zum Jugendhilfeausschuss das **übergeordnete Organ** und berechtigt, diesen sowohl durch generelle Vorgaben in der Satzung als auch durch einzelne Beschlüsse und Weisungen zu binden; Beschlüsse der Vertretungskörperschaft als zentrale Instanz der kommunalen Gebietskörperschaft auch in Fragen der Jugendhilfe gehen im Grundsatz dem Beschlussrecht des Jugendhilfeausschusses vor (BVerwG 4.2. 2016 – 5 C 12/15, Rn 10 ff. - BVerwGE 154, 144). Allerdings muss der Jugendhilfeausschuss vorher i.d.R. angehört werden (s. Rn 20) und ihm müssen Aufgaben von »substanziellem Gewicht« zur eigenen Entscheidung verbleiben (BVerwG aaO Rn 10; DV Gutachten NDV 1996, 334 ff.).

16 **§ 71 SGB VIII** bezieht sich auf die Zusammensetzung und regelt die Kompetenzen des Jugendhilfeausschusses. Der Kreis der stimmberechtigten Mitglieder ist bundesgesetzlich nicht vorgeschrieben, sondern wird durch Landesrecht konkretisiert. Es müssen je-

15.2 Die Zweigliedrigkeit des Jugendamtes – §§ 70, 71 SGB VIII

doch Frauen und Männer vertreten und die Anzahl der **stimmberechtigten Mitglieder muss durch fünf teilbar sein**. Gemäß § 71 Abs. 1 SGB VIII stammen 3/5 der stimmberechtigten Mitglieder aus der Vertretungskörperschaft selbst oder aus in der Jugendhilfe erfahrenen Frauen und Männern, die von der Vertretungskörperschaft direkt gewählt werden. Die verbleibenden 2/5 der stimmberechtigten Mitglieder werden auf Vorschlag der anerkannten Träger der freien Jugendhilfe (Kap. 4.4.2) von der Vertretungskörperschaft gewählt (zur realen Beteiligung freier Träger *Santen* Forum Jugendhilfe, 4/2003, 52; zu Fragen der Wahl *Schmidt* JAmt 2015 431 f.). Dadurch soll bewusst die Einbeziehung der freien Träger stattfinden.

Aufgrund dieser Besetzung auch mit Vertretern der freien Jugendhilfe und sachverständigen Bürgern unterscheidet sich die Zusammensetzung des Jugendhilfeausschusses von anderen beschließenden Ausschüssen des Kommunalrechts, da sie die (politischen) Mehrheitsverhältnisse der Vertretungskörperschaft nur teilweise widerspiegelt (BVerwG 15.12.1994 – 5 C 30/91, Rn 18 – BVerwGE 97, 223 ff.). Der damit verbundene Eingriff in das durch Art. 28 GG geschützte kommunale Verfassungs-, Organisations- und Verfahrensrecht hat das Bundesverfassungsgericht bezogen auf die entsprechenden Vorläuferregelungen in § 12 JWG als sachbezogene und für die Gewährleistung eines wirksamen Gesetzesvollzuges notwendige Annexregelungen durch den Bund akzeptiert (BVerfG 18.7.1967 – 2 BvF 3/62, Rn 99 ff. – BVerfGE 22, 180, 222). Von anderer Seite wurde kritisiert, dass die Vertreter der anerkannten freien Träger durch ihre Beteiligung im Jugendhilfeausschuss bei der Vergabe von Fördermitteln ihre eigene Nachfrage schaffen könnten, während gewerbliche Träger von der Mitwirkung im Ausschuss ausgeschlossen seien (Monopolkommission 2014, Rn 351). Demgegenüber rechtfertigt die Bundesregierung diese Zusammensetzung mit der besonderen Bedeutung der freien Träger der Kinder- und Jugendhilfe für die Ausführung der Aufgaben nach dem SGB VIII (BT-Drs. 18/4721, 8).

Dem Jugendhilfeausschuss gehören außerdem auch **beratende Mitglieder** an. Die Benennung dieser Personengruppe ist nach § 71 Abs. 5 Satz 2 SGB VIII dem Landesrecht überlassen (zur konkreten Zusammensetzung *Santen* Forum Jugendhilfe, 4/2003, 52 f.). Durch Landesrecht wird auch bestimmt, ob der oder die **Leiter*in der Verwaltung** der Gebietskörperschaft (also der Gesamtverwaltung, d.h. der oder die Bürgermeister*in oder der Landrat oder die Landrätin) oder der oder die **Jugendamtsleiter*in** stimmberechtigt ist (zu den Einzelheiten *Münder/Ottenberg* 1999, 38). Eine strukturelle Beteiligung von Kindern- und Jugendlichen im Jugendhilfeausschuss ist in § 71 SGB VIII nicht vorgesehen.

Die **Aufgaben des Jugendhilfeausschusses** sind in **§ 71 Abs. 2 SGB VIII** benannt. Danach befasst er sich mit **allen Angelegenheiten der Jugendhilfe**. Was Angelegenheiten der Jugendhilfe sind, ergibt sich aus dem SGB VIII und kann nicht kommunal vor Ort bestimmt werden. Aufgrund der Querschnittsfunktion der Kinder- und Jugendhilfe bezüglich verschiedenster Lebensbereiche fallen – jeweils bezogen auf die Lebenswelten von Kindern und Jugendlichen – auch Fragen z.B. der Arbeitsmarkt-, Umwelt-, Struktur-, Wohnungs- und Planungspolitik darunter (*Schäfer/Weitzmann* in FK-SGB VIII, § 71 Rn 10). Besonders hervorgehoben werden in § 71 Abs. 2 SGB VIII beispielhaft die Befassung mit aktuellen Problemlagen junger Menschen und ihrer Familien sowie mit Anregungen und Vorschlägen zur Weiterentwicklung der Jugendhilfe, die Jugendhilfeplanung nach § 80 SGB VIII und die Förderung der freien Jugendhilfe nach § 74 SGB VIII. Entsprechend der Formulierung »insbesondere« sind die aufgezählten Aufgaben zudem nicht abschließend. Schon aus dieser umfassenden Zuständigkeit des Jugendhilfeausschusses ergibt sich, dass die Ausgliederung von Aufgabenblöcken aus der Zuständigkeit des JA (Kap. 15.1.1) problematisch ist, weil dadurch die Kompetenzen des Jugendhilfeausschusses beschnitten werden könnten. Sollten Aufgaben aus der Kinder – und Jugendhilfe in anderen Verwaltungseinheiten als der Verwaltung des JA wahrgenommen werden, darf hierdurch grds. die Kompetenz des Jugendhilfeausschusses nicht eingeengt werden: Er kann und hat sich auch dann, wenn die Verwaltung des JA organisatorisch nicht zuständig wäre, mit allen Angelegenheiten des SGB VIII zu befassen, denn eine kommunale organisatorische Entscheidung kann die bundesrechtlich im SGB VIII geregelten »Angelegenheiten der Jugendhilfe« nicht verändern.

20 Die **Rechte des Jugendhilfeausschusses** sind in **§ 71 Abs. 3 SGB VIII** benannt: **Antragsrecht, Anhörungsrecht, Beschlussrecht**. Entsprechend der umfassenden Kompetenz können sich die Anträge des Jugendhilfeausschusses an die Vertretungskörperschaft auf das gesamte Feld der Kinder- und Jugendhilfe beziehen, eine Einengung durch kommunale Regelungen ist nicht möglich. Befasst sich die Vertretungskörperschaft mit Fragen der Jugendhilfe und will sie hierüber Beschlüsse fassen, so soll gemäß § 71 Abs. 3 Satz 2 SGB VIII der Jugendhilfeausschuss vorher gehört werden. Diese Formulierung bedeutet, dass im Regelfall und üblicherweise der Jugendhilfeausschuss anzuhören ist. Unterbleibt die Anhörung, so liegt ein Verfahrensfehler vor, der im Wege des sog. **Kommunalverfassungsstreit**verfahrens vor den Verwaltungsgerichten beanstandet werden kann (z.B. OVG SN 3.3.2015 – 4 A 584/13).

21 Das am weitesten gehende Recht ist das **Beschlussrecht des Jugendhilfeausschusses**. Bindende Beschlüsse kann der Jugendhilfeausschuss nur innerhalb des von der Vertretungskörperschaft gezogenen Rahmens treffen. § 71 Abs. 3 Satz 1 SGB VIII nennt drei Rahmendaten für die Beschlüsse des Jugendhilfeausschusses: Die von der Vertretungskörperschaft bereitgestellten Mittel, die von ihr erlassene Satzung und die von ihr gefassten Beschlüsse (*Münder/Ottenberg* 1999, 83 ff.). Eine Beschlussfassung der Vertretungskörperschaft im Rahmen der Haushaltssatzung, die ohne Beteiligung des Jugendhilfeausschusses bereits einzelne Fördersummen zur Förderung von Trägern der freien Jugendhilfe festlegt, verletzt den Jugendhilfeausschuss in seinen Rechten, denn dadurch würde seine Beschlussfassung über die Förderung vorweggenommen; ihm verbliebe insoweit kein Entscheidungsbereich von substantiellem Gewicht mehr (OVG NRW 10.7.2003 – 16 A 2822/01, Rn 47 ff. m.w.N.).

22 **Verfahrensrechtliche Regelungen** zum Jugendhilfeausschuss sind entsprechend § 71 **Abs. 5 SGB VIII** weitgehend **landesrechtlich** geregelt (zu typischen Verfahrensaspekten *Münder/Ottenberg* 1999, 47 ff.). **Bundesrechtlich** sieht das SGB VIII nur zwei verfahrensrechtliche Vorgaben vor: nach § 71 Abs. 3 Satz 3 muss der Jugendhilfeausschuss **zusammentreten**, wenn mindestens ein Fünftel der Stimmberechtigten dies verlangt. Und in § 71 Abs. 3 Satz 4 SGB VIII ist außerdem grds. die **Öffentlichkeit der Sitzungen** vorgeschrieben. Bei der Beratung über personenbezogene Sozialdaten (14.2.1), Geschäfts- oder Betriebsgeheimnisse oder sonstiger berechtigter Interessen einzelner Personen oder schutzbedürftiger Gruppen hat der Jugendhilfeausschuss hingegen nichtöffentlich zu tagen (zu den zum Teil detaillieren landesrechtlichen Regelungen für den Ausschluss der Öffentlichkeit *Münder/Ottenberg* 1999, 55 f.).

23 Seine Entsprechung findet der Jugendhilfeausschuss auf der überörtlichen Ebene im Landesjugendhilfeausschuss (§ 70 Abs. 3 SGB VIII). Dies gilt zunächst für das Verhältnis des Landesjugendhilfeausschusses zur Verwaltung des Landesjugendamtes ebenso,

15.2 Die Zweigliedrigkeit des Jugendamtes – §§ 70, 71 SGB VIII

wie das Verhältnis vom Landesjugendhilfeausschuss zu dem, was auf der örtlichen Ebene der »Vertretungskörperschaft« entspricht, das ist entweder das Land bzw. die sog. höheren Kommunalverbände (Kap. 15.1.2). Entsprechend der Verteilung der sachlichen Zuständigkeit (Kap. 15.4.1) beziehen sich die Aufgaben des Landesjugendhilfeausschusses auf alle dem überörtlichen Träger der Jugendhilfe obliegenden Aufgaben (§ 85 Abs. 2 SGB VIII). Von besonderer Bedeutung sind dabei zum einen die überörtliche Jugendhilfeplanung und die Anforderungen an die Fachkräfte i.S.d. § 72 SGB VIII sowie die Entwicklung des Fachkräftebedarfs im Land.

15.2.2 Die Verwaltung des Jugendamtes

Über die Organisation der Verwaltung des JA enthält das Bundesgesetz SGB VIII keine weitere Aussage als die, dass diese vom Leiter der Gebietskörperschaft oder in seinem Auftrag vom Jugendamtsleiter geführt wird. Auch Ländergesetze (Kap. 3.1.2) sehen hier meist keine detaillierten Regelungen vor. Damit ist die Gestaltung der kommunalen Autonomie überlassen. So kann es ganz unterschiedliche Organisationsformen geben (*Mamier* et al. 2002, 265 ff.). Dennoch finden sich in vielen JÄ ähnliche Organisationsstrukturen, beruhend auf herkömmlichen Verwaltungsprinzipien: Ein **vertikaler** (hierarchischer) **Aufbau** und eine **horizontale** (ressortmäßige) **Gliederung** (Abteilungen). In den ressortmäßig gegliederten Abteilungen finden sich oft die klassischen Arbeitsfelder der Jugendhilfe wieder, was nicht selten einen integrativen Ansatz erschwert (ausführlich *Jordan/Maykus/Stuckstätte* 2015, 374 ff., woraus auch Abbildung 11 stammt; dort auch Schaubild zur sozialräumlichen Ausrichtung eines JA).

Abb. 11: Aufbau der Verwaltung eines Jugendamtes (Beispiel)

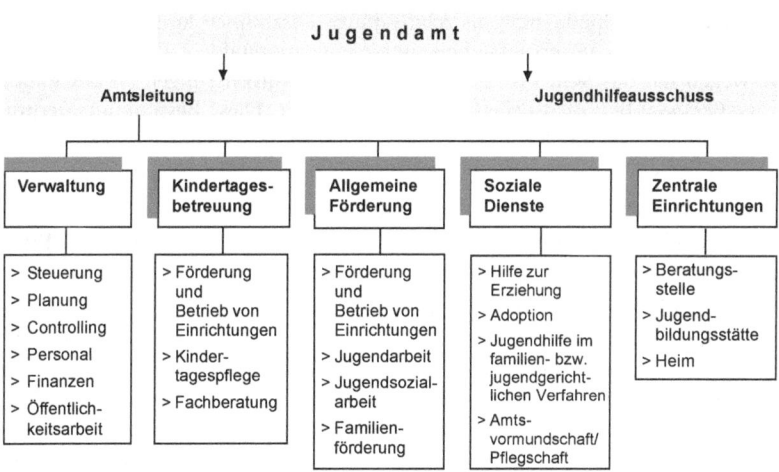

Besonders diskutiert wird die Frage, wie die »sozialpädagogische Basisarbeit« in der Verwaltung des JA organisiert werden soll (*Jordan/Maykus/Stuckstätte* 2015, 374 ff.). Durch den sozialpädagogischen Basisdienst soll gesichert werden, dass alle Menschen in einem Jugendamtsbezirk sowohl durch die Leistungen des JA als auch bei den anderen Aufgaben (z.B. bei der Sicherung des Kindeswohls) erreicht werden. Diese »Basiseinheit« wird üblicherweise als allgemeiner sozialer Dienst (*Greese* et al. 1993), als **allgemeiner Sozialdienst** (Krieger 1994) – jeweils abgekürzt **ASD** –, bisweilen auch als (allgemeiner) sozialpädagogischer Dienst (ehedem oft: Familienfürsorge) bezeichnet. Insbesondere zwei Problembereiche werden erörtert.

26 Zum einen die oft anzutreffende **Teilung zwischen Innen- und Außendienst**: Durch sozialarbeiterische und sozialpädagogische Fachkräfte findet die unmittelbare Arbeit mit den Bürger*innen statt (Außendienst). Im Innendienst wird die verwaltungsmäßige Entscheidung getroffen. Diese Organisationsstruktur lässt sich – zumindest im Kernbereich der Hilfen zur Erziehung – nur schwer mit den Verfahrensvorschriften (insb. § 36 SGB VIII – Kap. 9.8.2) in Einklang bringen.

27 Zum anderen der **Aufgabenumfang des ASD** und seine Zuordnung: Da die Menschen, mit denen es Jugendhilfe zu tun hat, oft auch andere soziale Probleme haben (materielle Nöte, gesundheitliche Probleme usw), kann es durchaus sinnvoll sein, dass sie es nicht mit verschiedenen Stellen zu tun haben, sondern mit einer zentralen Stelle. Deswegen gibt es nicht selten die Organisationsform, dass der ASD auch Aufgaben der Sozialhilfe und der Gesundheitshilfe mit bearbeitet. Bisweilen wird in (sehr) wenigen Kommunen diese Arbeit in einem eigenständigen Amt für Soziale Dienste zusammengefasst, das – zur Erhöhung der Verwirrung – ebenfalls als ASD abgekürzt wird (z.B. in Bremen). Hier wird dann die Frage der organisatorischen Zuordnung aufgeworfen. Eine Zuordnung des Allgemeinen Sozialdienstes zu einem anderen Amt als dem JA wird regelmäßig mit dem Gesetzesbefehl des § 69 Abs. 3 SGB VIII in Konflikt kommen, wonach das JA für die Wahrnehmung aller Aufgaben nach dem SGB VIII zuständig ist (Kap. 15.1).

15.3 Das Personal – §§ 72, 72a SGB VIII

28 Jugendhilfe und Sozialpädagogik als relativ junge Disziplinen konnten lange Zeit nur eingeschränkt auf eigene, professionell umfassend ausgebildete Personen zurückgreifen. Deswegen hat das SGB VIII in § 72 gesetzliche Anforderungen an das hauptamtlich tätige Personal bei öffentlichen Trägern formuliert. Diese Bestimmung verpflichtet die öffentlichen Träger im Regelfall (»sollen« – Kap. 5.1.1) nur entsprechend diesen Vorschriften Personal zu beschäftigen, welches

- aufgrund der Persönlichkeit geeignet ist und
- eine entsprechende Ausbildung erfahren hat (Fachkraft) oder besondere Erfahrungen in der Sozialen Arbeit aufweist.

29 Unter die **Legaldefinition der Fachkräfte** fallen nur diejenigen, die eine ihrer Aufgabe entsprechende Ausbildung absolviert haben. Dabei ist nicht eine bestimmte Ausbildung gemeint, sondern als fachliche Ausbildung in der Jugendhilfe ist die sozialarbeiterische, sozialpädagogische, erzieherische, psychologische, diplompädagogische, heilpädagogische, sonderpädagogische, jugendpsychiatrische, psychagogische, psychotherapeutische, pädiatrische Ausbildung zu verstehen – kurz, die gesamte Bandbreite der sozialen sowie kinder- und jugendspezifischen Heilberufe. Die sozialberufliche Ausbildung eröffnet damit generell den Zugang zu den öffentlichen Jugendhilfeträgern. Andere fachliche Ausbildungen (z.B. sozial- oder erziehungswissenschaftliche, politologische, juristische, betriebs-, volkswirtschaftliche Ausbildung) ermöglichen den Zugang (nur) zu jeweils einzelnen spezifischen Sektoren (z.B. Jugendhilfeplanung, politische Bildung, wirtschaftliche Jugendhilfe usw), nicht aber zu den Arbeitsfeldern mit unmittelbarem Personenbezug.

15.3 Das Personal – §§ 72, 72a SGB VIII

Die Voraussetzung »oder auf Grund besonderer Erfahrungen in der sozialen Arbeit in der Lage« ist nicht als generelle Alternative zu den Fachkräften zu verstehen. Vielmehr stellte diese Erweiterung bei der Einführung des Fachkräftegebots eine Bestandschutzregelung dar für die bereits im JA beschäftigten Mitarbeiter*innen ohne fachliche Ausbildung (*Schindler/Smessaert* in FK-SGB VIII, § 72 Rn 4). Angesichts der Tatsache, dass inzwischen durch die Ausbildungsinstitutionen in hinreichendem Umfang entsprechend ausgebildete Personen zur Verfügung stehen (*Rauschenbach/Schilling* 2005), hat die Alternative »entsprechende Ausbildung« heute bei Neueinstellungen faktisch alleinentscheidendes Gewicht. Allerdings lässt die Vorgabe, dass Fachkräfte beschäftigt werden »sollen«, auch Ausnahmen in besonders gelagerten Einzelfällen zu. Wenn es die **jeweilige Aufgabe** erfordert, können gemäß § 72 Abs. 1 S. 2 SGB VIII jedoch **nur Fachkräfte** (ggf. sogar nur Fachkräfte mit **Zusatzausbildung**) beschäftigt werden. Für den öffentlichen Träger bedeutet dies, dass im gesamten Bereich der Verwaltung des JA heutzutage faktisch nur noch Fachkräfte beschäftigt werden können. Gemäß § 72 Abs. 2 SGB VIII können auch leitende Funktionen des JA oder des Landesjugendamtes in der Regel nur Fachkräften übertragen werden.

30

Die neben der Fachlichkeit verlangte »**persönliche Eignung**« ist »angesichts der großen Verantwortung, die alle in der Jugendhilfe Tätigen für die Entwicklung junger Menschen tragen, [...] neben der fachlichen Qualifikation [...] unabdingbare Voraussetzung« (BT-Drs. 11/5948, 97). So nachvollziehbar der Ansatz ist, neben der Fachlichkeit auch »weiche Faktoren« wie soziale Kompetenz und Empathie vorauszusetzen, so problematisch ist dessen Umsetzung dieses unbestimmten Rechtsbegriffes in der täglichen Arbeit. Aus berufspolitischer Sicht wird der Formulierung »**persönliche Eignung**« Skepsis entgegengebracht (»extrafunktionale Qualität«). Auf jeden Fall darf dieser Begriff nicht zum Einfallstor subjektiver Beurteilungsgründe (gar Vorurteile und Vorverständnisse) werden. Im Grunde genommen ist der Anstellungsträger beweispflichtig, wenn er meint, eine Bewerberin oder ein Bewerber hätte nicht die persönliche Eignung.

31

Teil der persönlichen Eignung, aber versehen mit handfesten Kriterien ist der in § 72a SGB VIII geregelte »**Tätigkeitsausschluss einschlägig vorbestrafter Personen**«. Die mit dem KICK eingeführte, durch das KiföG geänderte und mit dem BKiSchG grds. überarbeitete Vorschrift soll den **präventiven Schutz von Kindern und Jugendlichen** sicherstellen, die Leistungen der Kinder- und Jugendhilfe erhalten. Ziel ist es, Personen mit entsprechenden Vorstrafen von der Tätigkeit in der Kinder- und Jugendhilfe auszuschließen. Als einschlägige Delikte werden hierbei genannt:

32

- die Verletzung der Fürsorge- und Erziehungspflicht (§ 171 StGB),
- Straftaten gegen die sexuelle Selbstbestimmung insb. von Mj. und Jugendlichen (§§ 174-174c, 176-180, 182, 184i StGB),
- Straftaten im Zusammenhang mit unzulässiger Prostitution (§§ 180a, 181a, 184f und 184g StGB),
- Straftaten durch öffentliche sexuelle oder exhibitionistische Handlungen sowie durch das Verbreiten pornographischer Medien (§§ 183-184e StGB)
- Misshandlung von Schutzbefohlenen (§ 225 StGB) sowie
- Straftaten im Zusammenhang mit Menschen- und Kinderhandel, Menschenraub und Entziehung Minderjähriger (§§ 232-233a, 234, 235 und 236 StGB).

Den öffentlichen Trägern ist durch § 72a SGB VIII nicht nur die hauptberufliche Beschäftigung einschlägig vorbestrafter Personen (Abs. 1) untersagt, Abs. 3 erweitert dies

33

auch auf **neben- und ehrenamtliche Tätigkeit** bei den Trägern der öffentlichen Jugendhilfe (zur Erläuterung von Nebentätigkeit, Ehrenamtlichkeit, Tätigkeit unter Verantwortung des Trägers *Schindler/Smessaert* in FK-SGB VIII § 72a Rn 12 ff.). Hinsichtlich der **Träger der freien Jugendhilfe** gilt, dass die Träger der öffentlichen Jugendhilfe bei den hauptamtlichen Beschäftigten (Abs. 2) bzw. bei den neben- oder ehrenamtlich tätigen Personen (Abs. 4) durch entsprechende Vereinbarungen erreichen sollen, dass dort weder einschlägig vorbestrafte hauptamtliche Beschäftigte (Abs. 2) noch neben- oder ehrenamtlich tätigen Personen (Abs. 4) zum Einsatz kommen. Hier also besteht »nur« die Verpflichtung der Träger der öffentlichen Jugendhilfe, im Wege der Vereinbarung dafür zu sorgen, dass bei den Trägern der freien Jugendhilfe keine einschlägig vorbestraften Personen beschäftigt oder tätig sind. Dieser Ausschluss von rechtskräftig wegen Straftaten gegen die sexuelle Selbstbestimmung Verurteilten ist sowohl in das Vertragsrecht der Sozialhilfe übernommen worden (§ 75 Abs. 2 Satz 3 SGB XII) als auch in jenes des Eingliederungshilferechts im 2. Teil des SGB IX (§ 124 Abs. 2 Satz 3 SGB IX).

34 Zur Umsetzung des Tätigkeitsausschlusses sollen sich die Träger der öffentlichen Jugendhilfe unmittelbar bzw. die freien Träger aufgrund der mit den öffentlichen Trägern geschlossenen Vereinbarungen jeweils **Führungszeugnisse** nach § 30 Abs. 5, § 30a Abs. 1 BZRG vorlegen lassen. Beim öffentlichen Träger wird dies regelmäßig das sog. Behördenführungszeugnis sein, bei den freien Trägern das sog. Führungszeugnis für Private (*Schindler/Smessaert* in FK-SGB VIII § 72a Rn 26 ff.). Ist dort eine rechtskräftige Verurteilung wegen einer einschlägigen Straftat eingetragen, hat dies zwingend einen Tätigkeitsausschluss zur Folge (VGH BW 23.4.2019 – 12 S 675/19, Rn 2). Nach Verbüßen der Straftat und Ablauf der Löschungsfrist (§ 45 BZRG) darf der betreffende Person die Straftat nicht mehr entgegengehalten werden. Vielmehr bedarf es dann neuer Indizien, die gegen die persönliche Eignung sprechen (*Schindler/Smessaert* in FK-SGB VIII § 72a Rn 25).

35 Die **vorgeschriebene Einsichtnahme** ist insoweit **problematisch**, als Führungszeugnisse auch Auskunft geben über andere Straftaten als die, die in Abs. 1 unter dem Gesichtspunkt der Gefährdung, des Missbrauchs, der Misshandlung von Kindern und Jugendlichen von Bedeutung sind, also über Straftaten, die in keiner Weise einschlägig sind. Die Bestimmung wird trotz der Bedenken weitgehend für noch verhältnismäßig gehalten, da kein gleich geeignetes milderes Mittel zur Verfügung steht, um die Einhaltung der gesetzlichen Vorgabe umzusetzen (*Weber/Wocken* JAmt 2012, 62; *DIJuF* JAmt 2005, 348 m.w.N.). Eine bisherige obergerichtliche Klärung dieser Rechtsfrage steht aus. Ob durch die datenschutzrechtliche Regelung des § 72a Abs. 5 SGB VIII die Bedenken, dass nicht einschlägige Straftaten zur Kenntnis gelangen können, ausgeräumt werden können, ist offen. Es ist zumindest der Versuch, dafür zu sorgen, dass die Kenntnisnahme und die damit verbundene Speicherung, Verarbeitung usw der Daten auf das erforderliche Minimum beschränkt bleiben.

36 Der überörtliche Träger der Jugendhilfe kann dem Träger einer erlaubnispflichtigen Einrichtung gemäß § 48 SGB VIII die weitere Beschäftigung des Leiters, eines Beschäftigten oder eines sonstigen Mitarbeiters ganz oder für bestimmte Funktionen oder Tätigkeiten untersagen, wenn Tatsachen die Annahme rechtfertigen, dass sie oder er die für die Tätigkeit erforderliche persönliche Eignung nicht besitzt. Das ist bspw. der Fall bei einer rechtskräftigen Verurteilung wegen einer Vergewaltigung nach § 177 StGB (OVG SL 8.4.2020 – 2 D 65/20, Rn 6).

15.4 Zuständigkeit der kommunalen Ebene – §§ 85 - 88 SGB VIII

Während durch § 69 SGB VIII sichergestellt wird, dass Deutschland flächendeckend mit einem Netz von JÄ überzogen ist, so regeln die Zuständigkeitsvorschriften

- welche Ebene sachlich zuständig ist (§ 85 SGB VIII), d.h. der örtliche oder der überörtliche Träger, und
- welches der 563 JÄ örtlich zuständig ist (§§ 86 - 88 SGB VIII).

15.4.1 Sachliche Zuständigkeit

Grundsätzlich ist nach § 85 Abs. 1 SGB VIII der **örtliche Träger** und damit das JA für **alle Aufgaben, Leistungen** usw des SGB VIII sachlich zuständig. Nur in den ausdrücklich in § 85 Abs. 2 SGB VIII aufgezählten Einzelfällen ist der **überörtliche Träger**, das Landesjugendamt, sachlich zuständig. Der überörtliche Träger hat hiernach insb. beratende, fördernde, anregende und planende Zuständigkeiten. Ihm ist vornehmlich die Verantwortung für den Ausbau der Fachlichkeit, die Fortbildung und die bedarfsgerechte Weiterentwicklung der Jugendhilfe übertragen. An Einzelaufgaben ist insb. die in § 85 Abs. 2 Nr. 6 SGB VIII angesprochene Einrichtungserlaubnis und deren Entzug, die Beratung und Aufsicht über die Einrichtungen und die Tätigkeitsuntersagung bezüglich ungeeigneter Mitarbeiter i.S.d. §§ 45 - 48a von Bedeutung (Kap. 11.3).

15.4.2 Örtliche Zuständigkeit – §§ 86 - 88 SGB VIII

Für die Bürger*innen sind die beim örtlichen Träger eingerichteten JÄ die zentralen Anlaufstellen. Unter dem Stichwort der örtlichen Zuständigkeit regelt der Gesetzgeber, welches JA im Einzelfall konkret zuständig ist. Die Regelung der örtlichen Zuständigkeit (§§ 86 - 88 SGB VIII) ist kompliziert und in unklaren Fällen zwischen den örtlichen Trägern heftig umstritten, denn wer (sachlich und) örtlich zuständig ist, muss die Kosten der jeweiligen Leistungen und anderen Aufgaben tragen. In schwierigen Fällen bedarf es der Heranziehung entsprechender Kommentar- oder einschlägiger Fachliteratur. Im Folgenden ein kurzer Überblick über die Systematik.

Das SGB VIII unterscheidet zwischen der örtlichen Zuständigkeit für Leistungen (§§ 86 - 86d SGB VIII) und der örtlichen Zuständigkeit für die anderen Aufgaben (§§ 87 - 87e SGB VIII).

Bei der **Zuständigkeit für Leistungen** wird unterschieden zwischen Leistungen für Minderjährige und Leistungen für volljährige Menschen. Nach § 86 SGB VIII ist bei **Minderjährigen** (und ggf. deren Eltern) grds. der **gewöhnliche Aufenthalt** (zur Begriffsdefinition s. Rn 43) **der Eltern** maßgebend. Wenn diese verschiedene Aufenthaltsorte haben (z.B. bei Trennung, Scheidung), richtet sich die Zuständigkeit danach, wo der **personensorgeberechtigte Elternteil** seinen gewöhnlichen Aufenthalt hat. Sind beide Eltern personensorgeberechtigt, haben aber keinen gemeinsamen gewöhnlichen Aufenthalt, ist der gewöhnliche Aufenthalt des Elternteils maßgebend, bei dem der Minderjährige vor Beginn der Jugendhilfeleistung seinen gewöhnlichen Aufenthalt hatte (zu weiteren Einzelheiten vgl. § 86 Abs. 2, 3 SGB VIII). Fallen diese Kriterien als Anknüpfungspunkte für die örtliche Zuständigkeit aus (z.B. beide Elternteile haben im Inland keinen gewöhnlichen Aufenthalt, der gewöhnliche Aufenthalt ist nicht feststellbar oder sie leben getrennt, haben aber jeweils allein das Sorgerecht für getrennte Bereiche, vgl. BVerwG 30.5.2018 – 5 C 2/17, Rn 11), so ist der gewöhnliche Aufenthalt des Mj. maßgebend. Falls auch dieser nicht festgestellt werden kann, so ist der tatsächliche

Aufenthalt des Mj. zu Beginn der Leistung entscheidend (§ 86 Abs. 4 SGB VIII). Eine Sonderregelung sieht § 86 Abs. 6 SGB VIII bei Kindern in **Pflegeverhältnissen** vor: Lebt das Kind zwei Jahre in der Pflegestelle und ist sein Verbleib bei der Pflegeperson auf Dauer zu erwarten, so ist der örtliche Träger des gewöhnlichen Aufenthalts der Pflegeperson zuständig.

42 Bei **jungen Volljährigen** richtet sich die örtliche Zuständigkeit nach dem **gewöhnlichen Aufenthalt** des jungen Volljährigen vor Beginn der Leistung (**§ 86a SGB VIII**). Weitere spezielle Regelungen sieht **§ 86b SGB VIII** für die Leistungen in gemeinsamen Wohnformen von Müttern/Vätern mit ihren Kindern nach **§ 19 SGB VIII** vor, sowie die §§ 86c, 86d SGB VIII bei Zuständigkeitswechseln oder Unklarheit über die örtliche Zuständigkeit.

43 Der Begriff des **gewöhnlichen Aufenthalts** wird in § 30 SGB I (für alle Bücher des SGB) definiert: Nach § 30 Abs. 3 Satz 2 SGB I hat jemand den gewöhnlichen Aufenthalt dort, wo er sich aufhält unter Umständen, die erkennen lassen, dass er an diesem Ort oder in diesem Gebiet nicht nur vorübergehend verweilt (s. auch Kap. 3.1.4, Rn 24). Damit wird der gewöhnliche Aufenthalt praktisch bestimmt durch den Schwerpunkt der sozialen und familiären Bindungen, er ist der Mittelpunkt der Lebensbeziehungen. Bei Mj., insb. Kindern, kommt es für die Begründung des gewöhnlichen Aufenthalts maßgeblich auf den Willen des oder der Sorgeberechtigten an (BVerwG 15.12.2016 – 5 C 35/15, Rn 26). Mit der formalen melderechtlichen Anmeldung, einem Wohnsitz o.ä. hat er dagegen nichts zu tun (BVerwG 26.9.2002 – 5 C 46/01 – FEVS 54, 198 ff.).

44 Für die »**anderen Aufgaben**« (§§ 42 - 60 SGB VIII, hier Kap. 11 - 13) sehen die §§ 87 - 87e SGB VIII jeweils entsprechend den unterschiedlichen Aufgaben Regelungen für die örtliche Zuständigkeit vor. Auf die sich hieraus ergebenden Zuständigkeiten wurde im Zusammenhang mit den jeweiligen Kap. zu diesen Aufgaben hingewiesen (vgl. dort).

15.5 Kostenerstattung – §§ 89 - 89h SGB VIII

45 Mit der Zuständigkeit für die Leistungen und andere Aufgaben verbunden ist die Pflicht zur Tragung der Kosten. Die §§ 89 - 89h SGB VIII beinhalten Regelungen über die Kostenerstattung zwischen den öffentlichen Trägern für die Fälle, in denen es inakzeptabel wäre, dass der konkret handelnde, örtlich tätige Träger mit der Kostentragung belastet wird, zB:

- Es gibt gar keinen gewöhnlichen Aufenthalt, so dass der örtliche Träger des tatsächlichen Aufenthaltsortes maßgeblich ist (§ 89 SGB VIII) – um hier die Belastung einiger weniger Jugendhilfeträger (z.B. in Großstädten) zu vermeiden, findet hier eine Erstattung durch den überörtlichen Träger statt.
- Der bisher örtlich zuständige Träger hat dem neu zuständig gewordenen Träger bei Pflegeverhältnissen (Kap. 15.4.2) die Kosten der konkreten Hilfe zu erstatten (§ 89a SGB VIII).
- Bei Krisenintervensionsmaßnahmen (Kap. 10.1) sind dem handelnden örtlichen Träger von dem Träger, in dessen Zuständigkeitsgebiet die entsprechenden Personen (Eltern bzw. Minderjährige) ihren gewöhnlichen Aufenthalt haben, die Kosten der Krisenintervensionen zu erstatten (§ 89b SGB VIII).
- Der sog. Schutz der Einrichtungsorte (§ 89e SGB VIII): Nach § 86 SGB VIII haben Personen (Eltern/Minderjährige/junge Volljährige), die längerfristig in Einrichtungen der Erziehung, Pflege usw leben, dort ihren gewöhnlichen Aufenthalt. Damit wären

diese Gemeinden zuständig – und mit übermäßig hohen Kosten belastet. Deswegen sieht § 89e SGB VIII vor, dass die Orte, in denen die Personen vor Aufnahme in der Einrichtung lebten, den zuständigen Einrichtungsorten die Kosten zu erstatten haben.

Der Umfang der Kostenerstattung wird in § 89f SGB VIII festgelegt. Zu beachten ist, dass die Länder die Aufgaben des Landes bzw. des überörtlichen Trägers (Landesjugendamt) bei der Kostenerstattung auf andere Körperschaften des öffentlichen Rechts (z.B. Bezirke) übertragen können (§ 89g SGB VIII).

46

15.6 Zuständigkeit der Landes- und Bundesebene – §§ 82 - 84 SGB VIII

Die Durchführung der Kinder- und Jugendhilfe ist originär kommunale Aufgabe (Kap. 15.1, 15.3), die Länder und der Bund sind deswegen in §§ 82 - 84 SGB VIII nur kurz angesprochen. Hinsichtlich der **Länder** liegt die Zuständigkeit bei den **obersten Landesjugendbehörden**, die einem Ministerium bzw. in den Stadtstaaten einer Senatsverwaltung zugeordnet sind. Ihre zentrale Aufgabe liegt in der Anregung und Förderung der Jugendhilfe und deren Weiterentwicklung. Gemeint ist damit die ideelle Förderung (z.B. Fachberatung), aber auch die finanzielle Förderung etwa der landeszentralen Träger der Jugendhilfe und ihrer Aktivitäten. Außerdem hat das Land eine **Ausgleichsfunktion** wahrzunehmen, die angesichts der regionalen Unterschiede in der Ausstattung der Jugendhilfe und der unterschiedlichen örtlichen Leistungsfähigkeit eine wichtige Bedeutung hat (ausführlich *Schäfer/Weitzmann* in FK-SGB VIII § 82 Rn 4 f.). Wichtigstes gestalterisches Instrumentarium neben der Förderung sind die **Landesgesetze**, sei es als Ausführungsgesetze zum SGB VIII, seien es Landesgesetze zu einzelnen Feldern der Jugendhilfe (Kap. 3.1.2; 6.5; 7.1.3; 8.3).

47

§ 83 SGB VIII regelt die Aufgaben des **Bundes**. Auch hier ist die Anregung und Förderung überregionaler Aktivitäten die zentrale Aufgabe. Die zuständige fachliche **Bundesbehörde** ist (z.Z.) das Bundesministerium für Familie, Senioren, Frauen und Jugend – BMFSFJ. Auf der **parlamentarischen Ebene** im Deutschen Bundestag ist der gleichnamige Ausschuss für Angelegenheiten der Jugendhilfe federführend. Seine Anregungsfunktion nimmt der Bund insb. durch die in jeder Legislaturperiode von einer Sachverständigenkommission zu erstellenden **Jugendberichte** (§ 84 SGB VIII) wahr (zu den Themenstellungen der Jugendberichte vgl. *Schäfer/Weitzmann* in FK-SGB VIII § 84 Rn 2; 13 - 15. Jugendbericht abrufbar unter https://www.bmfsfj.de/bmfsfj/service/publikationen). Zur Anregungsfunktion des Bundes gehört auch die Förderung des Deutschen Jugendinstitutes eV und die finanzielle **Förderung von Modellen und Experimenten**. Die Förderfunktion des Bundes konzentriert sich weitgehend auf bundeszentrale Aktivitäten. Zentrales Finanzierungs- und Förderungsinstrumentarium des Bundes ist der **Bundeskinder- und Jugendplan**. Mit der Stiftung Jugendmarke eV, die den Erlös aus dem Verkauf von Jugendmarken für die Förderung von Projekten in der Jugendhilfe vergibt, steht ein weiteres bundeszentrales Instrumentarium zur Förderung zur Verfügung (weitere Einzelheiten *Schäfer/Weitzmann* in FK-SGB VIII § 83 Rn 6).

48

Das Bundesjugendkuratorium (§ 83 Abs. 2 SGB VIII) berät als Sachverständigengremium die Bundesregierung. Bei der Berufung durch die Bundesregierung wird bei der Zusammensetzung versucht, die verschiedenen Interessensorganisationen in der Jugendhilfe zu berücksichtigen (zu den aktuellen Mitgliedern s. unter https://www.bmfsfj.de/

49

15. 5. Teil: Leistungsverpflichtung und -erbringung

bmfsfj/ministerium/behoerden-beauftragte-beiraete-gremien/bundesjugendkuratorium/bundesjugendkuratorium-mitglieder/mitglieder-des-bundesjugendkuratoriums/89284).

50 Wichtigstes Instrumentarium des Bundes ist die **Gesetzgebung:** Der Bundesgesetzgeber legt mit dem Kinder- und Jugendhilfegesetz, mit dem SGB VIII, den zentralen Rahmen der gesamten Kinder- und Jugendhilfe in Deutschland fest.

Wichtige, interessante Entscheidungen:

- *Zur Kompetenz des Bundesgesetzgebers, Organisationsfragen des JA zu regeln:* BVerfG 18.7.1967 – 2 BvF 3 u.a. /62; 2 BvR 139 u.a. /62 – E 22, 180 ff., 211
- *Zur Kompetenz des Jugendhilfeausschusses:* BVerwG 4.2.2016 – 5 C 12/15 – BVerwGE 154, 144 ff.; BVerwG 15.12.1994 – 5 C 30/91 – E 97, 223 ff. – ZfSH/SGB 1995, 303 ff.
- *Zur Sozialraumorientierung:* OVG Lüneburg 11.7.2012 – 4 LA 54/11

Weiterführende Literatur

- *Zu den öffentlichen Trägern/Jugendämtern: Manier et al.* 2002; *Niedzwicki* RdJB 2008, 305 ff.
- *Zur örtlichen Zuständigkeit und Kostenerstattung: Eschelbach/Nickel* 2016
- *Zum Jugendhilfeausschuss: Münder/Ottenberg* 1999; *Merchel/Reismann* 2004; *Gallep* NDV 2015, 375 ff.
- *Zum ASD: Greese et al.* 1993
- *Zu neueren Entwicklungen (Verwaltungsmodernisierung, Sozialraumorientierung: Jordan/Maykus/Stuckstätte* 2012, 302 ff.; *Fürst/Hinte* 2014

16. Leistungserbringung, Aufgabenwahrnehmung und ihre Finanzierung

Leistungsträger und gegenüber den leistungsberechtigten Personen verantwortlich für die Deckung der Bedarfe sind die Träger der öffentlichen Jugendhilfe. Unmittelbar erbracht werden die Leistungen gegenüber den Leistungsberechtigten meist durch Träger der freien Jugendhilfe (Leistungserbringer). Die Finanzierung der den Leistungserbringern entstehenden Kosten kann entweder unmittelbar zwischen den Trägern der öffentlichen Jugendhilfe und den Leistungserbringern oder (zunehmend) über das jugendhilferechtliche Dreiecksverhältnis erfolgen. Dabei sind gegebenenfalls auch wettbewerbsrechtliche Vorschriften zu beachten. In einer Anzahl von Fällen ist die Beteiligung der Leistungsberechtigten an den Kosten der Leistungen vorgesehen.

Ausführlich behandelte Vorschriften

- Leistungserbringung und Kostenabwicklung: §§ 74, 74a, 77, 78a - 78g SGB VIII
- Beteiligung anerkannter freier Träger bei anderen Aufgaben: § 76 SGB VIII
- Kostenbeteiligung der Leistungsberechtigten: §§ 90 - 96 SGB VIII

Wenn das JA selbst Leistungen erbringt oder Aufgaben wahrnimmt, sind die bereits angesprochenen (Kap. 5.1) Rechtsfragen zu klären: Sind die Tatbestandsvoraussetzungen erfüllt, welche Rechtsqualität hat ein Rechtsanspruch, wie sind unbestimmte Rechtsbegriffe auszulegen usw?

Werden die **Leistungen** durch andere (natürliche oder juristische) Personen außerhalb des Trägers der öffentlichen Jugendhilfe **erbracht**, also durch **freie/ private Träger**, so kommen **weitere Rechtsfragen** hinzu:

- Darf jede (natürliche oder juristische) Person in der Jugendhilfe Leistungen erbringen (Kap. 16.1)?
- Wie geschieht die rechtliche Abwicklung zwischen Leistungsträger, Leistungsberechtigten, Leistungserbringer (Kap. 16.2)?
- Wie erfolgt in diesen Fällen die finanzielle Abwicklung (Kap. 16.3; 16.4)?
- Wie werden die Leistungsberechtigten an den Kosten beteiligt (Kap. 16.5)?

16.1 Wer kann Leistungen erbringen, wer andere Aufgaben wahrnehmen?

Leistungen erbringen kann nach § 3 Abs. 2 SGB VIII neben dem Träger der öffentlichen Jugendhilfe auch jeder Träger der freien Jugendhilfe. Dabei räumt das Gesetz i.S.d. Subsidiarität in § 4 Abs. 2 den freien Trägern einen gleichberechtigten Platz ein (ausführlich Kap. 4.4). **Andere Aufgaben** werden nach § 3 Abs. 3 SGB VIII grds. vom Träger der öffentlichen Jugendhilfe wahrgenommen, gemäß der ausdrücklichen Bestimmung des § 76 SGB VIII ist in den dort genannten Fällen eine teilweise oder vollständige Erledigung dieser anderen Aufgaben durch anerkannte freie Träger möglich.

Lange Zeit wurde in der alltäglichen Praxis davon ausgegangen, dass der **Begriff der freien Träger** gleichbedeutend ist mit frei-gemeinnützigen Trägern. Erklärlich ist dies daraus, dass in der Tat die **gemeinnützigen** Träger bei den freien Trägern ein massives Übergewicht haben (Kap. 4.4.3). Rechtlich sind diese Begriffe jedoch nicht gleichzusetzen. Seit der Einführung des SGB VIII verzichtet der Gesetzgeber auf eine Definition dessen, was freie Träger sind. Frei ist im Sinne von freiwillig zu verstehen, dass also der Träger aufgrund eigenen Willensentschlusses in der Kinder- und Jugendhilfe **in privatrechtlicher Rechtsform** tätig wird (z.B. als eingetragener Verein, GmbH, - selten auch als – Aktiengesellschaft) im Gegensatz zu den öffentlichen Trägern, die dies aufgrund einer gesetzlichen Verpflichtung tun (s. § 3 Abs. 2 S. 2 SGB VIII, Kap. 5.1). Das bedeutet, dass auch natürliche Personen (also Einzelpersonen, insb. in der Kindertagespflege) und juristische Personen, die **privat-gewerblich** tätig sind, zu den freien Trägern i.S.d. SGB VIII zählen, womit zu den freien Trägern **alle privaten Träger von Einrichtungen, Diensten und Angeboten** zu rechnen sind, es sei denn, das Gesetz spricht ausdrücklich von anerkannten Trägern der freien Jugendhilfe (Kap. 4.4.2).

6 Damit können **alle** natürlichen oder juristischen **Personen**, egal ob sie anerkannt sind, ob sie gemeinnützig sind, **Leistungen** der Jugendhilfe anbieten. Zwar sind für bestimmte Leistungsangebote Erlaubnisse erforderlich, z.B. für Pflegepersonen oder für Einrichtungen, die Minderjährige ganztägig betreuen, Unterkunft gewähren usw (Kap. 11.2); derartige Erlaubnisse brauchen aber alle Einrichtungen, auch Einrichtungen anerkannter freier Träger oder öffentlicher Träger. Das SGB VIII beinhaltet keine Vorschriften, die hinsichtlich der Leistungsanbietung Einschränkungen vorsehen.

7 Anders ist es bei den **anderen Aufgaben**. Diese anderen Aufgaben sind gekennzeichnet durch hoheitliches Handeln (Kap. 10-13), das grds. nur dem Träger der öffentlichen Jugendhilfe möglich ist. Ausnahmen hiervon sieht § 76 SGB VIII vor. Hiernach ist eine Beteiligung **anerkannter Träger der freien Jugendhilfe** bei der Krisenintervention (§§ 42, 43 SGB VIII – Kap. 10.1), den Beratungsaufgaben (§§ 51, 52a, 53 SGB VIII – Kap. 13) und bei der Mitwirkung im gerichtlichen Verfahren (§§ 50, 52 SGB VIII – Kap. 12) möglich (OVG ST 10.4.2002 8 UF 57/02 – UJ 2003, 45 f.). **Voraussetzung** für eine solche Beteiligung ist, dass es sich um **anerkannte Träger** der **freien Jugendhilfe** handelt, d.h. insb., dass der freie Träger gemeinnützig sein und sich in der Kinder- und Jugendhilfe bewährt haben muss (zur Anerkennung Kap. 4.4.2).

8 **Rechtsfolge** des § 76 SGB VIII ist die **Beteiligung** bzw. die **Übertragung** der genannten Aufgaben. Beteiligung ist die teilweise, Übertragung die vollständige Aufgabenwahrnehmung durch anerkannte freie Träger. Die Beteiligung/Übertragung dieser anderen Aufgaben erfolgt durch öffentlich-rechtlichen Vertrag (vgl. *von Boetticher/ Münder* in: FK-SGB VIII § 76 Rn 3). Allerdings können auch bei einer solchen Beteiligung/Übertragung die anerkannten **freien Träger nicht hoheitlich** handeln, also z.B. keine VA erlassen oder sonstiges Handeln vornehmen, das verwaltungsrechtliche Folgen auslöst. Hoheitliche Kompetenzen werden nicht übertragen, sondern verbleiben beim öffentlichen Träger (zu den Konsequenzen im Hinblick auf eine Inobhutnahme, s. Kap. 10.1.1, Rn 8). Wenn ihnen diese anderen Aufgaben zur Aus- bzw. Durchführung übertragen werden, so haben die anerkannten freien Träger (nur insoweit: also Aus- und Durchführung) ein Betätigungsrecht auf diesem Feld. Der Umfang und der Inhalt ihrer Betätigung hängen davon ab, wie die vertragliche Vereinbarung zwischen dem Träger der öffentlichen Jugendhilfe und dem anerkannten Träger der freien Jugendhilfe aussieht. In diesem öffentlich-rechtlichen Vertrag wird regelmäßig auch die Frage der Kosten geregelt.

16.2 Wie können Leistungen erbracht werden?

Generell gibt es für die Erbringung sozialer Leistungen eine große Breite von Gestaltungsmöglichkeiten. Die **Bandbreite** reicht einerseits von **offenen Angeboten**, von Leistungen, die zur Verfügung gestellt werden, **ohne** dass **individuelle Voraussetzungen** erforderlich wären (wie z.B. Jugendarbeit (Kap. 6.1) bis anderseits hin zu **individuellen Hilfeleistungen, bei denen im Einzelfall Voraussetzungen erfüllt sein** müssen (z.B. Sozialpädagogische Familienhilfe, Heimerziehung oder Eingliederungshilfe, Kap. 9.2 und 9.3.) (umfassend *Meysen* et al. 2014).

16.2.1 Leistungserbringung ohne individuelle Prüfung – allgemeine Daseinsvorsorge

In der Kinder- und Jugendhilfe gibt es verschiedene Leistungsangebote für Kinder, Jugendliche und/oder Familien, die offen und niedrigschwellig, d.h. ohne Prüfung von Leistungsvoraussetzungen erbracht werden: viele Angebote der Jugendarbeit, Spielplätze, Müttertreffpunkte, Stadtteilcafés, frühe Hilfen, Beratungsangebote usw. Hier wird nicht geprüft, ob die Personen, die derartige Angebote in Anspruch nehmen, aus dem »Zuständigkeitsbereich« des jeweiligen JA kommen, ob sie die individuellen Voraussetzungen z.B. für eine Beratung erfüllen. Im Grunde genommen handelt es sich um allgemeine Angebote der sog. **Daseinsvorsorge**: Sie stehen allen zur Verfügung, die sie in Anspruch nehmen wollen. Das kann in Einzelfällen durchaus zu Problemen führen, wenn derartige allgemeine Angebote nicht in hinreichendem Umfang zu Verfügung stehen, dann gibt es lange Wartezeiten (z.B. bei Erziehungsberatungsstellen). Die Inanspruchnahme wird hier nicht über individuelle Voraussetzungen gelöst, sondern über das »Anstellen in der Warteschlange«. Die niederschwellige und offene Ausgestaltung hat aber auch Auswirkungen auf die Kostenbeteiligung der Leistungsberechtigten: Meist, aber nicht immer sind derartige Angebote für die Bürger*innen kostenfrei.

Einen Sonderfall stellt demgegenüber insb. die **Erziehungsberatung** dar. Während die Träger der öffentlichen Jugendhilfe die Kosten individueller Hilfeleistungen grds. nur dann übernehmen, wenn sie eine individuelle Einzelfallentscheidung getroffen haben (§ 36a Abs. 1 SGB VIII), ist bei den in § 36 Abs. 2 SGB VIII genannten ambulanten Hilfen, insb. der Erziehungsberatung, bewusst die niederschwellige unmittelbare Inanspruchnahme gewollt. Das hat dann regelmäßig auch Auswirkungen auf die Finanzierungsform: Sie findet regelmäßig allein zweiseitig zwischen öffentlichen Trägern und Leistungserbringern statt (Kap. 16.3.1, ausführlich *Meysen* et al. 2014, 31 ff.). Die sich beraten lassenden Individuen spielen bei der Finanzierung keine Rolle, allenfalls die Anzahl der Beratungsgespräche.

16.2.2 Leistungserbringung nach individueller Prüfung – das jugendhilferechtliche Dreiecksverhältnis

Aus dem erwähnten § 36a Abs. 1 SGB VIII wird deutlich, dass die individuellen Hilfen zur Erziehung und zur Eingliederung für Kinder und Jugendliche mit seelischer Behinderung grds. nur erbracht werden nach Entscheidungen im Einzelfall. D.h. der Leistungsträger (das JA) prüft, ob in dem konkreten Fall die entsprechenden Voraussetzungen für die Inanspruchnahme der Leistung vorliegen (Kap. 5), trifft hierüber im jugendhilferechtlichen Verfahren eine entsprechende Entscheidung und erteilt einen Bescheid (Kap. 5.2). Dies gilt grds. für alle subjektiven Rechtsansprüche (Kap. 5.1.2) und reicht von den Rechtsansprüchen auf Förderung in Tageseinrichtungen bis zu den

Rechtsansprüchen für junge Volljährige, also alle Fälle, in denen eine Leistung nach einer Einzelfallentscheidung des JA erbracht wird (ausführlich *Meysen* et al. 2014, 81 ff.). Sind die Voraussetzungen einer Leistung im Einzelfall erfüllt, gewährt das JA als Leistungsträger der Bürgerin bzw. dem Bürger die Leistung in einem Bewilligungsbescheid. Damit ist sie bzw. er berechtigt, die Leistung in Anspruch zu nehmen, und hat aufgrund des Wunsch- und Wahlrechts (Kap. 4.3.4) ein Mitspracherecht, bei welchem Leistungserbringer sie bzw. er diese nachfragen will. Das kann beim öffentlichen Träger sein, sofern dieser selbst einen Dienst oder Einrichtung unterhält (z.B. einen kommunalen Kindergarten). Das kann aber auch das Angebot eines Dritten, eines freien Trägers, sein. Rechtliche Grundlage, auf der diese Leistungen erbracht (und dann auch finanziell abgewickelt) werden, ist in dieser Konstellation das sog. **jugendhilferechtliche Dreiecksverhältnis** (z.T. auch allgemeiner als sozialrechtliches Dreiecksverhältnis bezeichnet).

13   Dieses besteht eben aus drei Personen bzw. Institutionen:

- **Leistungsträger** ist der Träger der öffentlichen Jugendhilfe, der auch dann, wenn die Leistung durch einen Dritten erbracht wird, leistungsverpflichtet bleibt (vgl. § 3 Abs. 2 Satz 2 SGB VIII).
- **Leistungsberechtigte(r)** ist die einzelne Bürgerin oder der einzelne Bürger, die Berechtigung ergibt sich (dort wo Rechtsansprüche bestehen Kap. 5) aufgrund gesetzlicher Regelungen, konkretisiert wird der abstrakte Anspruch auf mögliche Leistungen durch einen entsprechenden Bescheid des Leistungsträgers; dabei ist zu beachten, dass ein derartiger »Leistungsbescheid« bisweilen stillschweigend, konkludent erfolgt.
- **Leistungserbringer** ist derjenige freie Träger, der die Leistung unmittelbar gegenüber der leistungsberechtigten Person erbringen.

14   Somit kommt es zu einem »Auseinanderklaffen« der Rechtsbeziehungen, die genau zu unterscheiden und voneinander zu trennen sind:

1. Zunächst gibt es eine **Rechtsbeziehung** zwischen der **leistungsberechtigten Person** und dem **Leistungsträger** (Träger der öffentlichen Jugendhilfe). Diese ist **öffentlich-rechtliches** Jugendhilferecht: der Leistungsberechtige hat dabei einen Rechtsanspruch (Kap. 5.) gegen den Leistungsträger, z.B. auf HzE. Dieser ist zur Leistung verpflichtet und behält auch dann die Verantwortung dafür, dass der festgestellte Bedarf auch tatsächlich gedeckt wird, wenn die Leistung von einem freien Träger erbracht wird, einschließlich des dafür zu erbringenden Entgeltes. Wer genau Inhaber der Rechtsansprüche ist, ergibt sich aus den jeweiligen Gesetzesbestimmungen; es können Minderjährige sein (z.B. §§ 24, 35a SGB VIII), Personensorgeberechtigte (§ 27 SGB VIII) oder junge Volljährige (§ 41 SGB VIII).

16.2 Wie können Leistungen erbracht werden?

Abb. 12: Leistungsberechtigte – Leistungsträger

Leistungsberechtigte —(einseitiger) **Rechtsanspruch auf**→ **Leistungsträger**

- Förderung in Tageseinrichtungen
- Hilfe zur Erziehung
- Hilfe für junge Volljährige
- usw.

2. Des Weiteren existieren regelmäßig **gegenseitige Verträge** zwischen der **leistungsberechtigten Person** und dem **Leistungserbringer**. Leistungsberechtigte Person und Leistungserbringer begegnen sich dabei auf der Ebene gleichgestellter privater Personen. Welcher Leistungserbringer in Anspruch genommen wird, entscheidet die (leistungsberechtigte) Person selbst im Rahmen ihres Wunsch- und Wahlrechts (Kap. 4.3.4). Sie hat die dafür maßgeblichen rechtlichen Grenzen zu beachten (geeignete Leistungen, Mehrkostenvorbehalt). Hier handelt es sich um ein **privatrechtliches Rechtsverhältnis**, i.d.R. um einen Dienstleistungsvertrag, in (teil-) stationären Einrichtungen verbunden mit mietvertraglichen Regelungen, dessen Inhalt nach den Regeln des BGB zu bewerten ist. Bei diesen Verträgen muss es sich nicht immer um formal geschlossene (z.B. schriftliche) Verträge handeln; auch mündliche oder gar nur stillschweigend bzw. konkludent geschlossene Verträge sind möglich. Aus diesen Verträgen ergeben sich gegenseitige Ansprüche (s. § 194 BGB). So haben die Bürger Ansprüche z.B. auf Beratung, Unterstützung, Betreuung, Unterbringung und Verpflegung, Erziehungs- und Pflegeleistungen usw. Auf der anderen Seite haben die Einrichtungen Ansprüche auf ein entsprechendes Entgelt. Zu zahlen ist das zwischen den Parteien vereinbarte Entgelt. Ob dieses vereinbarte Entgelt vom Leistungsträger übernommen wird, ist eine davon gesondert zu prüfende Frage im Rechtsverhältnis zwischen Leistungsberechtigten und Leistungsträger (Kap. 16.3.2) – so kann es sein, dass nicht in allen Fällen dieses vereinbarte Entgelt (z.B. wegen der Berücksichtigung des Mehrkostenvorbehalts) vollständig übernommen wird (dazu OVG NW 31.5.2002 – 12 A 4699/99 – FEVS 54, 236 ff.). In diesen Fällen bleibt es bei dem vertraglichen Zahlungsanspruch des Leistungserbringers unmittelbar gegen die Bürgerin/den Bürger.

Abb. 13: Bürgerin – Leistungserbringer

Bürgerin ←—→ **Leistungserbringer**

Gegenseitiger Vertrag mit Ansprüchen der Bürgerin auf Erbringung von Betreuung, Unterkunft, Erziehung, Förderung, usw.

und dem Anspruch der Einrichtung auf Leistung des Entgelts

3. Es besteht eine **Rechtsbeziehung** zwischen dem Leistungsträger und dem **Leistungserbringer** in Form von Vereinbarungen, auf deren Grundlage der Leistungserbringer überhaupt erst Leistungen auf Kosten des JA erbringen kann. Bei den Vereinbarungen handelt es sich um öffentlich-rechtliche Verträge (BGH 12.11.1991 – KZR 22/90, BGHZ 116, 339 ff.; BVerwG 30.9.1993 – 5C 41/91, BVerwGE 94, 202 ff.). Inhaltlich werden in derartigen Vereinbarungen die Leistungsangebote der Einrichtungen und die dafür zu zahlenden Entgelte festgelegt, z.B. das Angebot einer sozialpädagogischen Familienhilfe sowie dessen Kosten pro Stunde oder das Angebot eines Heimes und dessen Tagessatz. Es handelt sich dabei um Vereinbarungen, die vorab festlegen, welche Leistungen zu welchen Konditionen der Leistungserbringer erbringen und gegenüber dem Leistungsträger abrechnen kann. Ein konkreter Zahlungsanspruch entsteht hingegen erst, wenn der Leistungserbringer einen Vertrag mit einem Leistungsberechtigten geschlossen hat, der sich im Rahmen der Vereinbarung mit dem öffentlichen Jugendhilfeträger bewegt, und ihm die geschuldeten Leistungen erbracht hat.

Abb. 14: Jugendamt – Leistungserbringer

Vereinbarung
über die Leistungen,
über die Qualität und
über das Entgelt

Jugendamt ◄─────────► **Leistungserbringer**

15 Der Abschluss solcher Vereinbarungen zwischen Einrichtungen und JA ist in den in § 78a Abs. 1 SGB VIII oder nach Landesrecht vorgeschriebenen Fällen zwingend (Details dazu Kap. 16.2.3), ist aber auch in Fällen darüber hinaus üblich. **Rechtsgrundlage** ist in diesen weiteren Fällen **§ 77 SGB VIII**, dem zufolge derartige Vereinbarungen anzustreben sind. Ein Anspruch auf Abschluss einer Vereinbarung ergibt sich aus § 77 SGB VIII nicht, allerdings hat der öffentliche Träger eine **ermessensfehlerfreie Entscheidung** über den Abschluss einer Vereinbarung zu treffen. In diesem Rahmen sind fachbezogene, sachliche Gesichtspunkte und der Gleichbehandlungsgrundsatz zu berücksichtigen. Eine Bedarfssteuerung über den Abschluss derartiger Vereinbarungen, um nur eine begrenzte Anzahl von Leistungserbringern zuzulassen, stellte einen unzulässigen Eingriff in die Berufsfreiheit der unberücksichtigt gebliebenen freien Träger nach Art. 12 GG dar und ist dem Träger der öffentlichen Jugendhilfe untersagt (im Einzelnen *von Boetticher/ Münder* in: FK-SGB VIII § 77 Rn 11 f.).

16 Mit Abschluss solcher Vereinbarung zwischen Leistungsträger und Leistungserbringer ist das Dreieck geschlossen und das **jugendhilferechtliche Dreiecksverhältnis** zu Stande gekommen (vgl. Abb. 15). Damit sind zum Teil komplizierte Rechtsfragen aufgeworfen (ausführlich zum jugendhilferechtlichen Dreiecksverhältnis *Neumann* 1992; *Münder* 2002, 109 ff.; *Banafsche* 2010, 115 ff.; *Meysen* et al. 2014, 81 ff.).

Abb. 15: *Das jugendrechtliche Dreiecksverhältnis*

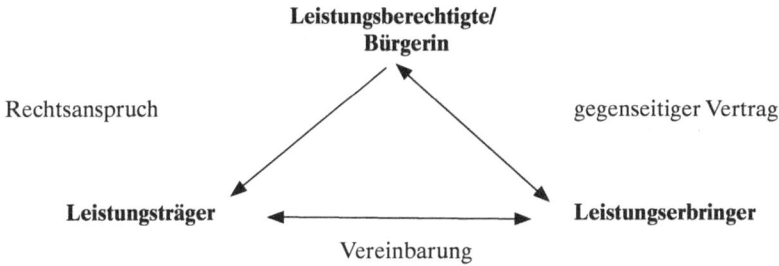

Wichtig für das Verständnis des jugendhilferechtlichen Dreiecksverhältnisses ist die Tatsache, dass die **Rechtsverhältnisse grundsätzlich unabhängig voneinander** sind. Die Abwicklung der jeweiligen Rechtsbeziehungen und eventuelle Streitfragen sind in den jeweiligen Rechtsverhältnissen zu klären.

Wenn z.B. das JA und eine Einrichtung eine Vereinbarung über Leistungen und Entgelte abschließen, so bedeutet dies nicht, dass die Einrichtung auch durch das JA »belegt« wird. Vielmehr wählen die Leistungsberechtigten im Rahmen ihres Wunsch- und Wahlrechts aus, welche Einrichtung sie in Anspruch nehmen.

Der Anspruch auf das Entgelt richtet sich z.B. zunächst allein gegen den Bürger (so für § 33 SGB VIII: BGH 6.7.2006 – III ZR 2/06 – NJW 2006, 2553 ff.). Wird das Entgelt nicht gezahlt, so ist dieser ggf. (vor den Zivilgerichten) zu verklagen.

Diese klare Aussage der rechtlichen Unabhängigkeit der jeweiligen Rechtsbeziehungen mag Praxiskenner überraschen, denn in der Praxis ist die direkte Zahlung des Entgeltes vom öffentlichen Träger an die Einrichtung gang und gäbe (dazu Kap. 16.3.2).

16.3 Die Finanzierung der Leistungen – §§ 74, 77, 78a - 78g SGB VIII

Mit der Frage, wer Leistungen der Kinder- und Jugendhilfe erbringen kann, unmittelbar verbunden ist die nach der Finanzierung dieser Leistungen. Für die Leistungsberechtigten ist diese Frage von eher untergeordneter Bedeutung, da zum einen ihr zu deckender Bedarf im Vordergrund steht, es zum anderen zwar Regelungen über ihre Beteiligung an den Kosten gibt, die in der Praxis i.d.R. angesichts der Einkommensverhältnis nur in der Minderzahl der Fälle tatsächlich zu einer Zahlungspflicht führen (Kap. 16.5). Von besonderer Relevanz sind die Finanzierungsfragen hingegen für die Leistungserbringer. Die **Wahrnehmung anderer Aufgaben** durch Dritte ist eher selten und wenn, dann wird in diesem Zusammenhang auf der Rechtsgrundlage des § 76 SGB VIII regelmäßig auch die Frage der Kosten geregelt (Kap. 16.1). Somit bleibt rechtlich relevant, wie die Struktur ist, wenn **Leistungen durch Dritte erbracht** werden. Grundsätzlich sieht das Kinder- und Jugendhilferecht zwei unterschiedliche Finanzierungsstrukturen vor (*Münder* 2002; *Meysen* et al. 2014):

- Die **zweiseitige Finanzierung** zwischen dem öffentlichen Träger und Dritten erfolgt entweder durch Zuwendungen bzw. Subventionen (§ 74 SGB VIII) oder durch gegenseitigen Vertrag (§ 77 SGB VIII). Bei der zweiseitigen Finanzierung wird grds. **das Objekt finanziert**, also die Einrichtung, der Spielplatz, die Beratungsstelle usw. Auf die Nutzer dieser Angebote kommt es bei der Finanzierung nicht im Einzelnen

an, sie fließen nur als Rechengröße in die Berechnung der erforderlichen Kapazitäten ein.
- Die **dreiseitige Finanzierung** wird auf der Basis des sozialrechtlichen Dreiecksverhältnisses abgewickelt. Bei der dreiseitigen Finanzierung wird das **Subjekt**, also die einzelne leistungsberechtigte Person, **finanziert**, indem die Leistungserbringer die im Einzelfall notwendigen Leistungen nach den zuvor mit dem Leistungsträger vereinbarten Konditionen abrechnen.

22 Wird ein Leistungsangebot ausschließlich durch eine dieser beiden Finanzierungsstrukturen bezahlt, spricht man von einer **monistischen Finanzierung**. Daneben gibt es aber auch Mischfinanzierungen, wenn z.B. die Investitionskosten über eine zweiseitige Finanzierung gedeckt werden, also objektbezogen, die laufenden Betriebskosten aber über die dreiseitige Finanzierung, anknüpfend an die Inanspruchnahme der Leistungsberechtigten, also subjektbezogen. Damit liegt dann eine **duale Finanzierung** vor, d.h. es wird nicht einheitlich, sondern in zwei unterschiedlichen Weisen finanziert.

Tab. 11: Finanzierung bei Leistungserbringung durch Dritte

Zweiseitige Finanzierung		Dreiseitige Finanzierung	Mischfinanzierung
1 Zuwendung	2 gegenseitiger Leistungsvertrag/ Beschaffungsvertrag	3 Entgeltübernahme	4 Mischfinanzierung
grds. nur bei nicht rechtsanspruchsgesicherten Leistungen; bei Daseinsvorsorge	grds. nur bei nicht rechtsanspruchsgesicherten Leistungen; bei Daseinsvorsorge	bei individuellen Rechtsansprüchen über das jugendhilferechtliche Dreiecksverhältnis	Mischung zwischen 1 und 3 oder zwischen 2 und 3
Rechtsgrundlage: - § 74	Rechtsgrundlage: - § 77 - § 55 BHO/LHO	Rechtsgrundlage: - § 77 - §§ 78a ff. bei Leistungen nach § 78 Abs. 1	Rechtsgrundlage (Zulässigkeit umstritten): - § 78c Abs. 2 Satz 4 - § 74a
Finanzierung - monistisch - objektbezogen	Finanzierung - monistisch - objektbezogen	Finanzierung - monistisch - subjektbezogen	Finanzierung - dual - teils objektbezogen - teils subjektbezogen

16.3.1 Die zweitseitigen Finanzierungsformen

23 Für die Formen der zweiseitigen Finanzierung in Gestalt von Zuwendungen/Subventionen findet sich im Gesetz die Rechtsgrundlage in §§ 74, 74a SGB VIII. § 77 SGB VIII enthält die Rechtgrundlage für die ebenfalls zweiseitige Finanzierung auf vertraglicher Basis, regelmäßig in Form eines sog. Beschaffungsvertrags.

16.3.1.1 Die Zuwendung/Subvention

24 In § 4 SGB VIII, der sich grds. mit der Zusammenarbeit zwischen der öffentlichen Jugendhilfe und der freien Jugendhilfe befasst (Kap. 4.4), wird auch die Förderung der

16.3 Die Finanzierung der Leistungen – §§ 74, 77, 78a - 78g SGB VIII

freien Jugendhilfe angesprochen. **Förderung** kann verschiedenen Formen umfassen: von der Beratung und Unterstützung über die Bereitstellung von Sachmittel- und Personalressourcen bis hin zur Finanzierung. § 74 SGB VIII befasst sich mit der finanziellen Förderung der freien Jugendhilfe. Diese finanzielle Förderung wird – in Übereinstimmung mit dem öffentlichen Haushaltsrecht auch als **Zuwendung** oder, in Anlehnung an die Wirtschaftsförderung, als (Sozial-)**Subvention** bezeichnet. Laut § 23 BHO/LHO sind Zuwendungen vermögenswerte Leistungen, die vom Träger der öffentlichen Verwaltung einem Privaten gewährt werden, damit dieser einen öffentlichen Zweck erfüllt, ohne dass der Zuwendung eine konkrete, marktmäßig »gekaufte« Gegenleistung gegenübersteht. D.h. ein Verwaltungsträger stellt einem Privaten insb. Geld zur Verfügung, damit dieser einen eigenen Zweck verwirklichen kann, der auch im Allgemeininteresse liegt. In der Jugendhilfe war die Zuwendung lange Zeit der klassische Weg zur Absicherung von Angeboten und Leistungen freier Träger (ausführlich *Geis* 1997). Neben dem korporatistischen Grundverständnis (Kap. 4.4.4.2) war dies auch dadurch bedingt, dass das Jugendhilferecht zunächst nur wenige individuelle Rechtsansprüche kannte.

Die Finanzierung über **Zuwendungen** findet sich in der Kinder- und Jugendhilfe vornehmlich in den Bereichen, in denen **keine Rechtsansprüche** bestehen, oder, falls bewusst **Leistungen**, auf die auch Rechtsansprüche bestehen können, **niederschwellig**, unmittelbar im Zugang angeboten werden (*Meysen* et al. 2014, 31 ff., 34 f.). Hier ist regelmäßig die Finanzierung (und Abrechnung) über einzelne leistungsberechtigte Personen nicht möglich oder nicht sinnvoll. So finden sich Zuwendungen schwerpunktmäßig in der Jugendarbeit, in der allgemeinen Erziehungsförderung, bei Beratungsangeboten (hier ist in § 36a Abs. 2 Satz 2 SGB VIII vom Gesetzgeber ausdrücklich eine Ausnahmemöglichkeit vorgesehen – Kap. 16.2.1) und bei (Modell-)Projekten. Einen Sonderfall stellen Tageseinrichtungen für Kinder dar, die traditionell auch über Zuwendungen finanziert wurden, da es bis zum 1.1.1996 keine Rechtsansprüche auf Kindertagesbetreuung gab (Kap. 8.2.3). Seit Einführung und insb. seit der Ausweitung des Rechtsanspruches zum 1.8.2013 findet ein Umbruch statt. Dies hat nicht zuletzt damit zu tun, dass die Subventionsfinanzierung hier an ihre Grenzen stößt (deutlich in der Entscheidung des BVerwG 25.4.2002 – 5 C 18.01 – NDV-RD 2002, 100 ff.; BVerwG, 21. 1.2010 – 5 CN 1/09, Rn 29 ff.). Dennoch hat der Gesetzgeber mit § 74a SGB VIII die Finanzierung bei den Tageseinrichtungen offengelassen und dem Landesrecht überlassen, um den Ausbau von Tageseinrichtungen voranzutreiben (zu den unterschiedlichen landesrechtlichen Regelungen vgl. *Wiesner* LKV 2016, 433 ff.).

§ 74 Abs. 1 SGB VIII nennt die **jugendhilferechtlichen Voraussetzungen für die Förderung** (ausführlich *Wabnitz* 2011, Kap. 5.3; *von Boetticher/ Münder* in FK-SGB VIII, § 74 Rn 8 ff.):

- Nr. 1: Die **fachlichen Voraussetzungen** beziehen sich in der Regel auf die fachliche Qualifikation des Personals, auf die Qualität der konzipierten Angebote und auf die Einhaltung inhaltlicher Standards.

- Nr. 2: Die **zweckentsprechende** und **wirtschaftliche Verwendung** der Mittel wird regelmäßig durch entsprechende Abrechnungen nachgewiesen. Im Rahmen der Zuwendungsbescheide werden die sich aus dem öffentlichen Haushaltsrecht der BHO/LHO ergebenden Kontrollbefugnisse der Rechnungshöfe für die Prüfung der Mittelverwendung zur Auflage gemacht.

- Nr. 3: Die **Gemeinnützigkeit** ist regelmäßig durch die Anerkennung der steuerrechtlichen Gemeinnützigkeit im Sinne von § 51 AO durch entsprechende Freistellungsbescheide der Finanzämter nachzuweisen. Durch ein solch striktes Verständnis von Gemeinnützigkeit wären jedoch gewerbliche, auf Gewinnerzielung gerichtete freie Träger aus der Zuwendungsfinanzierung ausgeschlossen (was im Bereich der Zuwendungen bisher für rechtlich zulässig angesehen wurde – vgl. BVerwG 27.1.1988 – 7 B.1.88 – RsDE 3, 75 ff.; VGH BW 7.3.1988 – 6 S 2088/86 – FEVS 38, 329 ff.; VG Köln 27.6.2013 – 26 K 34/12, Rn 160). Allerdings ist diese Privilegierung der frei-gemeinnützigen Träger gegenüber den frei-gewerblichen Trägern zunehmend umstritten (vgl. einerseits z.b. VG Hamburg 17.1.2006 – 13 K 1657/04 – ZKJ 2006, 377 ff., andererseits OVG HH 22.4.2008 – 4 Bf 104/06 – Sozialrecht aktuell 2008, 238; *von Boetticher* 2003), insb. auch unter dem Gesichtspunkt der Chancengleichheit von Marktteilnehmern nach dem EU-Recht (Kap. 16.4). Eine vermittelnde Lösung stellt darauf ab, dass es auf den steuerrechtlichen Freistellungsbescheid nicht ankommt, solange die Grundsätze der Tätigkeit im Allgemeininteresse (§ 52 Abs. 1 AO) und derjenige der Selbstlosigkeit (§ 55 Abs. 1 AO) gewahrt sind (AG OLJB 2016, 3).
- Nr. 4: Die Forderung nach **angemessenen Eigenleistungen** bedeutet, dass der Staat nur als Ko-Finanzier einer privaten Initiative auftritt, dass also überhaupt Eigenleistungen zu erbringen sind (OVG NI 11.9.1992 4 M 3953/92 – ZfF 1994, 84 f.). Die **angemessenen Eigenleistungen** müssen nicht unbedingt finanzielle Mittel sein, sondern können auch z.B. Dienstleistungen ehrenamtlicher Mitarbeiter usw sein (*Forkel* ZKJ 2010, 311); über die Höhe wird im Gesetz nichts ausgesagt, diese richtet sich z.B. nach der unterschiedlichen Finanzkraft freier Träger (*Meysen* et al. 2014, 74; VG Dresden 29.8.2019 – 1 K 2743/17, Rn 26) und wird durch den Leistungsträger i.d.R. im Bewilligungsbescheid festgesetzt.
- Nr. 5: Die **Gewähr** für eine den Zielen des Grundgesetzes förderliche Arbeit hatte zu Zeiten kontroverser Konfliktaustragung ihre Bedeutung. Angesichts der Offenheit des Grundgesetzes auch für alternative Verfassungskonzepte ist der Gestaltungsraum weit (im Einzelnen vgl. *von Boetticher/ Münder* in: FK-SGB VIII § 74 Rn 14).

27 Ist die Förderung auf Dauer angelegt, so müssen die Organisationen zusätzlich gemäß § 74 Abs. 1 Satz 2 SGB VIII in der Regel als **Träger** der freien Jugendhilfe **anerkannt** werden (Kap. 4.4.2).

28 Trotz eines möglicherweise in diese Richtung deutenden Wortlautes besteht bei Vorliegen der Förderungsvoraussetzungen **kein Rechtsanspruch einzelner Träger auf Förderung** (BVerfG 18.7.1967 – 2 BvF 3 u.a./62; 2 BvR 139 u.a. /62 – E 22, 288 ff.; BVerwG 17.7.20095C 25/08 – dazu *Forkel* ZKJ 2010, 5 ff.; *von Boetticher/ Münder* in: FK-SGB VIII § 74 Rn 18 ff. mit Nachweisen). Die Förderung steht im **Ermessen** des öffentlichen Trägers. Da jedoch die Bestimmungen im Interesse auch der freien Träger sind, besteht für den einzelnen freien Träger ein **Anspruch auf fehlerfreie Ermessensausübung** (BVerwG 19.6.1974 – VIII C 89.73 – E 45, 197 ff.; OVG RP 4.9.199712A 10610/97 – FEVS 48, 208 ff.). Für die Ausübung des Ermessens nennt § 74 Abs. 3–5 SGB VIII einige **wichtige Kriterien** (BVerwG 17.7.2009 – 5 C 25/08; *Meysen* Sozialrecht aktuell 2010, 39; *Wabnitz* 2011, Kap. 5.3):

29 Wichtigster Aspekt ist der **Gleichheitsgrundsatz**. Er beinhaltet den formalen Grundsatz der Gleichmäßigkeit, der dann von Bedeutung ist, wenn gleichartige Maßnahmen von verschiedenen Trägern angeboten werden (VG Dresden 29.8.2019 – 1 K 2743/17,

16.3 Die Finanzierung der Leistungen – §§ 74, 77, 78a - 78g SGB VIII

Rn 27 ff.). Im Übrigen ermöglicht und erfordert der Gleichheitsgrundsatz eine Differenzierung bei Vorliegen sachlicher Gründe: Gleiches muss gleich und Ungleiches ungleich behandelt werden (z.b. BVerwG 28.9.2017 – 5 C 13/16, Rn 13: Kinder- und Jugendhaus einerseits und Kindertagesstätten andererseits sind keine gleichartigen Maßnahmen). Der Gleichheitsgrundsatz schließt den Gedanken der **Chancengleichheit** ein. Um gleiche Chancen einzuräumen, sind unterschiedliche Bedingungen und Ausgangslagen zu berücksichtigen. Ein sachlicher Differenzierungsgrund sind die von den freien Trägern erbrachten **Eigenleistungen**. Diese hängen von der unterschiedlichen Finanzkraft und den sonstigen Verhältnissen der freien Träger ab. Hier sind neben den konkret vorhandenen Mitteln auch die unterschiedlichen Möglichkeiten zur Mittelschöpfung (z.b. Haus- und Straßensammlungen, Wohlfahrtsmarken, andere Einnahmequellen) zu beachten (VG Frankfurt/ Main 2.1.1995 – 8 G 3674/94 – ZfJ 1995, 339 f.). Zur Chancengleichheit gehört auch der **Bewerbungsverfahrensanspruch**, der das Recht auf eine faire, chancengleiche Behandlung unter Einhaltung des vorgeschriebenen Verfahrens einschließlich etwaiger Anhörungs- und Beteiligungsrechte beinhaltet (VGH HE 2.2.1989 – 9 TG 4407.88 – RsDE 6, 110 ff.). Ein Verweis darauf, dass keine Mittel zur Verfügung stehen, da »bewährte« Träger bereits jahrelang gefördert würden, ist damit nicht vereinbar und somit rechtswidrig (OVG NW 15.6.2001 – 12 A 3045/99 – ZfJ 2001, 471 f.). Stehen Mittel zur Verfügung, so bedeutet es nicht, dass jeder mögliche Antragsteller entsprechend die Mittel bekommen kann, sondern es bedeutet zunächst nur, dass er am Verteilungsverfahren zu beteiligen ist. Sind dann die Mittel korrekt und wirksam verteilt, so besteht grds. kein Anspruch auf Aufstockung der Förderungsmittel (OVG SH 23.1.2001 2 L 51/01 – SchlHA 2001, 73). Bei der Entscheidung über die Förderung spielt die **Jugendhilfeplanung** eine wichtige Rolle, da hier planerische Aussagen für das Verhalten der Verwaltung geliefert werden (zur Verknüpfung von Planung und Förderung: *von Boetticher/ Münder* in: FK-SGB VIII § 74 Rn 23 und Kap. 18.2.1).

Zuständig für die Förderung ist der jeweils **örtlich zuständige öffentliche Träger**. Hier gibt es Schwierigkeiten mit der Förderung von Kindertagesplätzen in den Fällen, wenn »gemeindeangehörige« Kinder Kindertagesplätze in anderen Gemeinden in Anspruch nehmen: hier soll grds. auch eine Förderung auswärtiger Kindertagesplätze möglich sein, da es sich letztlich um die Subventionierung von Kindertagesplätzen für gemeindeangehörige Kinder handelt (BVerwG 25.4.2002 – 5 C 18.01 – NDV-RD 2002, 100 ff.). 30

Bezüglich der **Form der Vergabe von Subventionen** hat der Träger der öffentlichen Jugendhilfe zwei Möglichkeiten. Traditionell und wohl gegenwärtig auch noch in den meisten Fällen werden Zuwendungen durch einseitigen Bescheid, durch VA des öffentlichen Trägers vergeben – die Formulierung des § 74 Abs. 3 Satz 1 SGB VIII (»entscheidet«) weist in diese Richtung. Inzwischen findet sich vereinzelt auch die Vergabe von Subventionen durch öffentlich-rechtlichen Zuwendungsvertrag. Der Wortlaut des § 74 Abs. 3 SGB VIII spricht nicht dagegen. Allerdings: auch beim Zuwendungsvertrag ist der Träger der öffentlichen Jugendhilfe an die rechtlichen Vorgaben des SGB VIII und die haushaltsrechtlichen Anforderungen gebunden. Denn neben den genannten jugendhilferechtlichen Voraussetzungen gibt es, da es sich um die Vergabe öffentlicher Mittel handelt, auch noch entsprechende **haushaltrechtliche Anforderungen**, die zu beachten sind (dazu Kap. 16.4; *Münder* 2002, 120). 31

16.3.1.2 Der gegenseitige (Beschaffungs-/Leistungs-)Vertrag

32 Dort, wo aus fachlichen oder inhaltlichen Gründen das System der Leistungsentgelte (16.3.2) nicht in Frage kommt, wird bisweilen anstelle der Subventionen der Weg der **gegenseitigen Verträge** vorgeschlagen. In Abgrenzung zur Zuwendung handelt es sich bei dieser Finanzierung auf der Grundlage von § 77 SGB VIII um Verträge, in denen die Erbringung konkreter Leistungen gegen Entgelt vereinbart wird. Umstritten ist, inwiefern dieses Vertragsmodell im Rahmen des SGB VIII möglich ist (*Münder* 2002, 124 f.). In der Praxis setzt es sich zunehmend durch. Rechtsgrundlage für einen solchen gegenseitigen Vertrag ist § 77 SGB VIII. Wegen seiner weiten Formulierung ist § 77 SGB VIII auch in Fällen zweiseitiger Finanzierung anwendbar, nicht nur in den Fällen, wo es sich um dreiseitige Beziehungen handelt. Das bedeutet zugleich, dass sich aus jugendhilferechtlichen Gesichtspunkten auf der Basis des § 77 SGB VIII keine speziellen gesetzlichen Anforderungen an derartige gegenseitige Verträge ergeben. Rechtliche Vorgaben, an die solche gegenseitigen Verträge gebunden sind, ergeben sich aus den allgemeinen **haushaltsrechtlichen** Bestimmungen und gegebenenfalls aus dem **Wettbewerbsrecht** (Kap. 16.4.).

16.3.2 Die dreiseitige Finanzierung beim jugendhilferechtlichen Dreiecksverhältnis: Vereinbarungen über Leistungsangebot, Leistungsentgelte und Qualitätsentwicklung

33 Die Kosten für Leistungen, auf die die Leistungsberechtigten einen individuellen Rechtsanspruch haben, über den das JA regelmäßig durch Bescheid entschieden hat – z.B. § 36a Abs. 1 SGB VIII (Kap. 5.2 und 5.3), werden rechtlich auf der Basis des jugendhilferechtlichen Dreiecksverhältnisses abgewickelt (Kap. 16.2.2.). Sei es, dass (wie in § 78a Abs. 1 SGB VIII) dies ausdrücklich durch Bundesgesetz vorgeschrieben ist, sei es, dass es auf der Grundlage des § 78a Abs. 2 SGB VIII landesrechtlich vorgeschrieben ist (wie z.B. in MV für die Förderung in Kindertageseinrichtungen), sei es, dass sich der öffentliche Träger auf der Rechtsgrundlage des § 77 SGB VIII für die dreiseitige Variante entscheidet, was nicht vorgeschrieben, aber zulässig ist.

34 Während nach § 77 SGB VIII der Abschluss von Vereinbarungen **anzustreben** ist, ist in den §§ 78a ff. SGB VIII für die dreiseitige Finanzierung beim jugendhilferechtlichen Dreiecksverhältnis der Abschluss von **Leistungs-, Entgelt- und Qualitätsentwicklungsvereinbarungen vorgeschrieben.** Denn ohne solche Vereinbarungen sind die Träger der öffentlichen Jugendhilfe regelmäßig nicht zur Übernahme der Entgelte der Einrichtungen verpflichtet – § 78b Abs. 3 SGB VIII. Zentrale Elemente dieses Vereinbarungssystems sind:

- Vereinbarungsabschlüsse als Voraussetzung der Entgeltübernahme: Gemäß § 78b Abs. 1 SGB VIII ist der Abschluss von Leistungs-, Entgelt- und Qualitätsentwicklungsvereinbarungen Voraussetzung dafür, dass das Entgelt des Einzelfalles vom öffentlichen Jugendhilfeträger übernommen wird.
- Abschluss mit allen Leistungsanbietern: Während § 77 SGB VIII nur die Träger der privaten/freien Jugendhilfe (zum Begriff Kap. 16.1) erwähnt, finden die §§ 78a ff. SGB VIII auch Anwendung dort, wo öffentliche Träger selbst Träger von Einrichtungen sind.
- Prospektive Pflegesätze: Die Entgelte sind für einen zukünftigen Zeitraum zu vereinbaren. Ein nachträglicher Ausgleich (d.h. Ausgleich von Defiziten oder Rückzah-

16.3 Die Finanzierung der Leistungen – §§ 74, 77, 78a - 78g SGB VIII

lung von Überschüssen) ist unzulässig. Durch die Wettbewerbssituation der Leistungserbringer, den Mehrkostenvorbehalt beim § 5 SGB VIII und das Gebot der Wirtschaftlichkeit (§ 78b Abs. 2 SGB VIII) sollen ökonomische Anreize zum kostengünstigen Einsatz der Mittel geschaffen werden.

- **Schiedsstelle:** Wegen der hohen Bedeutung der Vereinbarungen für alle Beteiligten wird zur schnellen Schlichtung von Streitfragen eine Schiedsstelle eingerichtet (§ 78g SGB VIII).
- Die auf die einzelne Einrichtung bezogenen Vereinbarungen sind eingebettet in ein überörtliches System: nach § 78f SGB VIII sollen auf Landesebene Rahmenverträge abgeschlossen werden – dies ist inzwischen in allen Bundesländern der Fall.

Die **§§ 78a ff. SGB VIII** sind eine Spezialregelung für die Leistungen, die in § 78a Abs. 1 SGB VIII benannt sind, d.h. die dort genannten **teilstationären und stationären Leistungen.** Hier liegen regelmäßig dreiseitige Beziehungen vor, wie sie im jugendhilferechtlichen Dreiecksverhältnis dargestellt wurden:

- der leistungsberechtigte Bürger hat – konkretisiert durch einen entsprechenden Bescheid des JA – einen Anspruch gegen den Leistungsträger,
- er schließt einen privatrechtlichen Vertrag mit einem Leistungserbringer zur Deckung seines festgestellten Bedarfs und nimmt dessen Leistungsangebot in Anspruch,
- der Leistungserbringer hat zuvor die o.g. Vereinbarungen mit dem Leistungsträger abgeschlossen, in denen geregelt ist, welche Leistungen er zu welchen Preisen gegenüber dem Leistungsträger abrechnen kann.

Für diese Inanspruchnahme der Leistungen hat bzw. hätte der leistungsberechtigte Bürger zur Erfüllung seiner Pflicht aus dem privatrechtlichen Vertrag eigentlich das Entgelt an den Leistungserbringer zu bezahlen. »Hätte« – damit ist gemeint, dass er es in der Praxis nicht oder nur äußerst selten zu zahlen hat. Wenn ihm die Leistungen zuvor vom Leistungsträger in einem Bescheid bewilligt worden sind (Kap. 5.2) und die Leistungserbringung durch den Leistungserbringer im Rahmen der geschlossenen Vereinbarungen erfolgt, dann hat der Leistungsberechtigte gegen den öffentlichen Träger der Jugendhilfe einen **Anspruch auf Übernahme der Kosten.** Rechtsfolge dieser Verpflichtung des Leistungsträgers ist, dass eine **Übernahme des Entgeltes gegenüber dem Leistungsberechtigten** stattfindet. Das Entgelt fließt also rechtlich gesehen »über« den Leistungsberechtigten zum Leistungserbringer.

Diesen Kostenübernahmeanspruch erfüllt der Leistungsträger i.d.R. aber nicht durch Zahlung des Betrages an die leistungsberechtigte Person, sondern in der Praxis »fließt« das Geld vom Leistungsträger unmittelbar zum Leistungserbringer. Dies ist auch rechtlich zulässig (im Einzelnen *Schindler/ Münder* in: FK-SGB VIII § 78b Rn 25 ff.). Rechtliche Grundlage dafür ist in der Praxis der **sog. Schuldbeitritt** (BSG 2.2.2010 – B 8 SO 20/08 R). Das bedeutet, dass der Leistungsträger als sog. »Gesamtschuldner« (§ 421 BGB) Partei des zivilrechtlichen Vertrages zwischen Leistungserbringer und leistungsberechtigter Person wird. Dies erfolgt regelmäßig durch die Erklärung der Kostenübernahme im Bewilligungsbescheid. Dadurch erhält der Leistungserbringer einen zusätzlichen Schuldner bezüglich des zivilrechtlichen Zahlungsanspruches und einen unmittelbaren Zahlungsanspruch gegen den Leistungsträger (OLG München 5.12.2019 – 32 U 2067/19, Rn 83 ff.). Zudem kann der Leistungsberechtigte seinen Anspruch auf Kostenübernahme gegen den öffentlichen Träger auf Erstattung des Entgelts an den Leistungserbringer abtreten, der dann unmittelbar den Anspruch gegen den öffentlichen Träger geltend machen kann (zur Abtretung s. § 398 BGB). Eine solche Abtretung passiert z.B. häufig in Heimaufnahmeverträgen. Außerdem ist denkbar, dass dann, wenn ein Leistungsberechtigter konkret eine Einrichtung in Anspruch nimmt, die Einrichtung vom öffentlichen Träger eine ausdrückliche **Entgeltzusage** ihm, also dem Leistungserbringer, gegenüber will. Das bedeutet dann, dass der Leistungserbringer selbst aufgrund dieser ihm gegenüber erteilten Entgeltzusage einen unmittelbaren Anspruch gegenüber dem Leistungsträger hat. Rechtsgrundlage einer solchen Entgeltzusage ist regelmäßig § 91 Abs. 5 SGB VIII, wonach in den dort genannten Fällen (Kap. 16.5.3) der Träger der öffentlichen Jugendhilfe die Kosten der Leistungen tragen muss. In diesen Fällen verlangen die Leistungsanbieter – damit sie auch sicher ihr Geld bekommen – regelmäßig eine Entgeltzusage.

38 Für die Leistungen, die in § 78a Abs. 1 SGB VIII nicht genannt sind (das sind vornehmlich ambulante Leistungen und die Förderung von Kindern in Tageseinrichtungen und in Kindertagespflege), gilt die Spezialregelung der §§ 78a ff. SGB VIII nicht. Während die Finanzierung von Kindertageseinrichtungen gemäß § 74a SGB VIII durch Landesrecht geregelt wird, ist **Rechtsgrundlage** für die Finanzierungen der ambulanten Leistungen **§ 77 SGB VIII**. § 77 SGB VIII ist sehr weit formuliert (deswegen kann er ja auch zugleich die Rechtsgrundlage für die oben genannten gegenseitigen Verträge sein, Kap. 16.3.1.2). Wegen dieser weiten Formulierung kann er zugleich auch die Rechtsgrundlage für die Übernahme von Entgelten im Dreieckverhältnis darstellen. Der Unterschied zwischen § 77 und §§ 78a ff. SGB VIII: für die Übernahme der Entgelte müssen bei § 78a Abs. 1 SGB VIII die genannten Vereinbarungen vorliegen, bei § 77 SGB VIII (und d.h. bei allen nicht in § 78a Abs. 1 SGB VIII genannten Leistungen) bedarf es derartiger Vereinbarungen nicht, die Übernahme des Entgeltes kann auch unabhängig von derartigen Vereinbarungen erfolgen (VG Stuttgart 3.12.2003 – 7 K 714/03 – ZfJ 2004, 382 ff.).

16.4 Subventionen, Verträge, Leistungsentgelte und (nationales und EU-rechtliches) Wettbewerbsrecht

39 Die in der Kinder- und Jugendhilfe aufgewandten finanziellen Mittel sind durchaus beachtlich (Kap. 19.2). Zugleich ist mit der Einführung der dreiseitigen Finanzierung nach §§ 78a ff. SGB VIII ein marktähnliches Anbietermodell entstanden, in dem freigemeinnützige und frei-gewerbliche Träger um »Kunden« und Erwerbschancen konkurrieren. Solange Jugendhilfe im korporatistischen Zusammenwirken zwischen öffentlichen und freien Trägern erbracht wurde (Kap. 4.4.4.2), versuchte man mögliche Konflikte durch entsprechende Absprachen zu bewältigen. Mit der stärkeren Ökonomisierung der Leistungserbringung, die in den §§ 78a ff. SGB VIII zum Ausdruck kommt, haben die rechtlichen Auseinandersetzungen zugenommen. Denn zusammen mit dem Marktmodell ist die – zuvor praktisch ausgeschlossene – Möglichkeit des wirtschaftlichen Scheiterns, der Insolvenz, reales Szenario geworden. Wesentliche Bedingungen für das Funktionieren eines Marktes sind Chancengleichheit der Anbieter, Transparenz der Marktregeln und bei monopolistischer Nachfrage wie in der Kinder- und Jugendhilfe die Nicht-Diskriminierung durch den Nachfrager. Zusammen mit diesen Anforderungen rückt das **EU-rechtliche Markt- und Wettbewerbsrecht** in das Blickfeld. D.h. mit der Entscheidung für ein Marktmodell in der Kinder- und Jugendhilfe hat der deutsche Gesetzgeber – unbeabsichtigt – zugleich die Tür für die EU-Insti-

16.4 Subventionen, Verträge, Leistungsentgelte und Wettbewerbsrecht

tutionen geöffnet, um im Bereich der Sozialen Dienste intervenieren zu können, dessen Ausgestaltung eigentlich allein den Mitgliedstaaten vorbehalten ist (*Boetticher/ Münder* 2009, S 14 f.).

Von besonderer Bedeutung sind dabei 40

- das sog. **Vergaberecht**, dass den Einkauf von Leistungen durch Teile der Verwaltung i.d.R. insb. von einer vorherigen Ausschreibung abhängig macht, um Transparenz herzustellen,
- die sog. **Dienstleistungs- und Niederlassungsfreiheit**, also die grds. unbeschränkte Möglichkeit, grenzüberschreitend Dienstleistungen anzubieten oder feste Betriebsstätten einzurichten (geregelt in den Art. 49, 54, 55 und 62 des Vertrages über die Arbeitsweise der Europäischen Union <AEUV>, vormals EG-Vertrag), und
- das sog. **Beihilferecht**, dass staatliche Zuwendungen nur an bestimmte Unternehmen einer Branche verbietet, um Wettbewerbsverzerrungen (im grenzüberschreitenden Handel- und Dienstleistungsverkehr) zu vermeiden (geregelt in Art. 107 AEUV).

Unter diesen markt- und **wettbewerbsrechtlichen Gesichtspunkten** stehen insb. die Zu- 41
wendungsfinanzierung und die unmittelbar **zweiseitigen Verträge** zwischen dem Träger der öffentlichen Jugendhilfe und privaten Leistungserbringern nach § 77 SGB VIII im Fokus der Diskussion. Bei der **Zuwendungsfinanzierung** ist das Vergaberecht nicht einschlägig, da hierbei der Staat gerade keine Leistung gegen Entgelt erwirbt, sondern einseitig Zuschüsse zu privaten Initiativen gibt (Kap. 16.3.1.1). Dafür stellte sich zunächst die Frage nach der Vereinbarkeit mit der Niederlassungs- und der Dienstleistungsfreiheit. Denn nach (noch) h.M. ist Voraussetzung für den Erhalt von Zuwendungen die steuerrechtliche Anerkennung der Gemeinnützigkeit durch das Finanzamt (Kap. 16.3.1). Hier war es ursprünglich so, dass nach § 51 Abs. 2 AO i.V.m. § 5 Abs. 1 Nr. 9 und § 2 Nr. 1 KStG nur solche Träger als gemeinnützig anerkannt werden konnten, die ihren Sitz oder zumindest ihre Geschäftsleitung in Deutschland hatten. Dh Anbieter sozialer Dienste mit Sitz im EU-Ausland konnten nicht als gemeinnützig anerkannt werden und damit auch keine Förderungsfinanzierung nach § 74 SGB VIII erhalten. Der Ausschluss ausländischer Körperschaften von der steuerrechtlichen Gemeinnützigkeit und der damit einhergehende Ausschluss von Steuerprivilegien ist vom Gerichtshof der Europäischen Gemeinschaften als unzulässiger und abzustellender Verstoß gegen die Niederlassungs- und Dienstleistungsfreiheit eingestuft worden (EuGH 17.9.2006 – C 386/04 [*Stauffer*/FA München] – NJW 2006, 3765 ff. – Anm. *Boetticher* ZESAR 2007, 129 ff.). Mit anderen Worten: auch ein **Non-Profit Träger** aus einem **anderen EU-Mitgliedsstaat** muss die Anerkennung **der Gemeinnützigkeit** nach deutschem Recht erlangen können, damit er seine Dienstleistungen in Deutschland zu gleichen Bedingungen anbieten kann. Die Bundesregierung hat mit dem Jahressteuergesetz 2009 die Konsequenzen aus og Urteil gezogen und eine Gleichstellung von inländischen und EU-ausländischen Trägern geregelt (§ 5 Abs. 2 Nr. 2 KStG).

Noch offen ist hingegen das **Verhältnis der frei-gemeinnützigen Träger** und **der frei-ge-** 42
werblichen Träger. Denn Letztere bleiben durch die Voraussetzung der Gemeinnützigkeit in § 74 Abs. 1 Nr. 3 SGB VIII von der Förderfinanzierung ausgeschlossen. Dass es hier noch nicht zu Gerichtsverfahren bis hin zum EuGH gegeben hat, ist eher damit zu erklären, dass sich einerseits das EU-Binnenmarktrecht für Ungleichbehandlungen zwischen inländischen Gruppen nicht interessiert (sog. Inländerdiskriminierung), andererseits das grenzüberschreitende Angebot sozialer Dienste durch ausländische frei-ge-

werbliche Träger angesichts insb. der Sprachbarrieren noch (im wahrsten Sinne) in Grenzen hält.

43 Bei den **zweiseitigen Verträgen** auf der Rechtsgrundlage des § 77 SGB VIII wird intensiv erörtert, ob derartige Verträge den wettbewerbsrechtlichen Vorschriften über die **Vergabe öffentlicher Aufträge** nach den §§ 97 ff. GWB unterliegen (*Neumann/ Nielandt/Philipp* 2004; *Mrozynski* ZfSH/SGB 2004, 3 ff.; *Banafsche* 2010; *Meysen* et al. 2014, 60 ff.; *Meysen* et al., SozR aktuell 2015, 56 ff.; DIJuF JAmt 2018, 502 ff.), wobei allerdings nicht immer hinreichend präzise unterschieden wird. Denn § 77 SGB VIII kann die Rechtgrundlage für ganz unterschiedliche Finanzierungsformen sein:

- Rechtsgrundlage für individuelle, subjektive Rechtsansprüche (insb. ambulante Leistungen nach §§ 27 ff. SGB VIII – Kap. 16.3.1.1),
- oder Rechtsgrundlage für Leistungen, die sich der Träger der öffentlichen Jugendhilfe auf der Basis zweiseitiger Finanzierung mittels eines (Beschaffungs-) Vertrags bei privaten Anbietern besorgt (Kap. 16.3.1.2).

44 Wie sich schon aus den Ausführungen zu §§ 78a ff. SGB VIII ergab, sind bei den individuellen, subjektiven Rechtsansprüchen im Rahmen des Dreiecksverhältnisses die Leistungsberechtigten »Auftraggeber« der privaten Leistungsanbieter, so dass hier das Vergaberecht nicht gilt (*Banafsche* 2010, 162 ff.; vgl. auch BT-Drs. 18/9522, 289 f.). Besorgt sich dagegen der Träger der öffentlichen Jugendhilfe mittels eines zweiseitigen Vertrags Leistungen bei privaten Anbietern unmittelbar selbst, um sie dann als niederschwellige Leistungen ohne Einzelfallprüfung anzubieten (z.B. Jugendclub, Beratungsstelle), dann ist der Träger der öffentlichen Jugendhilfe Auftraggeber, so dass grds. das Vergaberecht zur Anwendung kommen muss, denn hier wird es sich regelmäßig um entsprechende **Beschaffungsverträge** i.S.d. § 103 GWB handeln (so die vorgenannten Autoren a.A. *Meysen* et al. 2014, 60 ff.). Dh diese Verträge dürften erst nach Durchführung von Ausschreibungen gemäß den haushaltsrechtlichen Vorgaben der sog. Unterschwellenvergabeordnung – UVgO geschlossen werden. Für die Vergabe sozialer Dienstleistungen ist dabei in einem erleichterten Verfahren möglich. Liegt der wirtschaftliche Wert eines solchen Vertrages über dem Schwellenwert gemäß § 106 GWB, ist diese Ausschreibung gemäß den Regeln des GWB und der Vergabeverordnung (VgV) europaweit durchzuführen. Der Schwellenwert wird alle 2 Jahre von der EU-Kommission neu festgesetzt. Seit dem 1.1.2020 beträgt er 214.000 EUR (https:// www.bmwi.de/Redaktion/DE/Dossier/oeffentliche-auftraege-und-vergabe.html), wobei der Wert gemäß § 3 Abs. 11 VgV für die Gesamtlaufzeit – max. 4 Jahre – hochgerechnet wird. Weiterer Unterschied ist, dass bei Auftragswerten oberhalb des Schwellenwertes ein unterlegener Bieter die Vergabeentscheidung in einem Nachprüfverfahren (§§ 155 ff. GWB) und anschließend ggf. gerichtlich überprüfen lassen kann (§§ 171 ff. GWB).

45 Bei der Leistungserbringung und Finanzierung im jugendhilferechtlichen Dreiecksverhältnis sind weder die Binnenmarktfreiheiten noch das **Vergaberecht** betroffen. Denn zum einen »sind« die Leistungs-, Entgelt- und Qualitätsentwicklungsvereinbarungen nach **§ 78b Abs. 2 SGB VIII** mit geeigneten Trägern abzuschließen, die leistungsfähig und zugleich wirtschaftlich und sparsam sind (zur Geeignetheit *Schindler/ Münder* in FK-SGB VIII § 78b Rn 12 ff.). Es besteht ein Anspruch auf Aufnahme entsprechender Verhandlungen und – bei erwiesener Geeignetheit – auch auf Abschluss der Vereinbarungen mit allen potenziellen Anbietern; eine Verweigerung durch den öffentlichen

16.4 Subventionen, Verträge, Leistungsentgelte und Wettbewerbsrecht

Träger mit Blick auf eine mögliche Überversorgung ist unzulässig (*Schindler/ Münder* in FK-SGB VIII § 78b Rn 21). Zum anderen ist das Vergaberecht nicht einschlägig, da sich bei diesem Modell der öffentliche Träger selbst die Leistungen nicht vorab einkauft, um sie seinen Bürgern zur Verfügung zu stellen, sondern mit Abschluss der drei og Vereinbarungen eine Zulassung geeigneter Träger zum Leistungserbringungsmarkt bewirkt. Die Beauftragung der zu erbringenden Leistung findet dann jedoch durch die Leistungsberechtigten, die Bürger, unter Ausübung ihres Wunsch- und Wahlrechts statt (Kap. 16.2.; 4.3.4). Ebenso besteht ein Anspruch des Leistungserbringers auf das Entgelt nicht unmittelbar gegen den Träger der öffentlichen Jugendhilfe, sondern gegenüber dem Bürger, der die Leistungen des Leistungserbringers in Anspruch nimmt (Kap. 16.3.2).

Ein wettbewerbsrechtlich problematischer Punkt sind aber unterschiedliche Ausgangsbedingungen für verschiedene Anbietergruppen, die frei-gemeinnützigen Träger andererseits und die frei-gewerblichen Träger anderseits, und zwar sowohl bei der Leistungserbringung im Dreiecksverhältnis wie bei derjenigen über zweiseitige Verträge – und künftig auch bei der Zuwendungsfinanzierung, wenn diese auch für frei-gewerbliche Träger geöffnet würde. Ansatzpunkt der Kritik sind hier die mit der Anerkennung der steuerbegünstigten Zwecke nach § 51 AO verbundenen sog. **Gemeinnützigkeitsprivilegien**. Das sind vermögenswerte Vorteile, die an den Status der Gemeinnützigkeit geknüpft sind: neben dem exklusiven Zugang zu Fördermitteln nach § 74 SGB VIII fallen darunter die vollständige oder teilweise Befreiung von Steuerpflichten, die Möglichkeit, für Spenden Quittungen ausstellen zu können, die der Spender steuermindernd einreichen kann, sowie finanzielle bzw. steuerliche Anreize für ehrenamtliche Helfer, sich als sog. Übungsleiter oder im Rahmen des Bundesfreiwilligendienstes und des Freiwilligen Sozialen Jahres bei frei-gemeinnützigen Trägern zu engagieren (*Boetticher* 2003, 26 ff.). Das Wettbewerbsrecht will u.a. Chancengleichheit der Wettbewerber sicherstellen. Das bezieht sich auch auf deren finanziellen Ausgangsbedingungen, die wiederum Auswirkungen auf ihre Preise haben. Deswegen verbietet das sog. **Beihilferecht** (Art. 107 Abs. 1 AEUV) den Mitgliedsstaaten generell, nur bestimmten Unternehmen Subventionen (hier auch verstanden im Sinne von Steuererleichterungen) zu gewähren, wenn dadurch der Wettbewerb verzerrt – hier derjenige zwischen frei-gemeinnützigen und frei- gewerblichen Trägern – und der grenzüberschreitende Handel bzw. Dienstleistungsverkehr beeinträchtigt wird. Hier ist im Einzelnen noch Vieles umstritten, so z.B. was alles unter den Begriff der Beihilfen fällt, ob es konkret zu einem grenzübergreifenden Dienstleistungsverkehr kommt, ob es für die dargestellten Gemeinnützigkeitsprivilegien ggf. Ausnahmetatbestände als Rechtfertigungsmöglichkeiten greifen können usw (zu allen Fragen ausführlich *Boetticher* ZJJ 2011 154 ff.; umfassend *Banafsche* 2010, 162 ff.; *Boetticher/Münder* 2009; *Luthe* SGb 2000, 505 ff.; EuG 9.6.2016 – T-162/13 zum geförderten Betrieb von Kletterhallen des Deutschen Alpenvereins <DAV> e.V.; OVG NW 1.12.2014 – 12 A 2523/13, Rn 200 ff. zu einem Betriebskostenzuschuss für einen privat-gewerblichen Kindergarten). Für die traditionelle Struktur der Finanzierung in Deutschland hat die Anwendung des nationalen und gemeinschaftlichen Wettbewerbsrechts erhebliche Auswirkungen (vgl. DV-NDV 2007, 7 ff.). Bei allen verständlichen Interessenspositionen und rechtlich offenen Fragen wird aber immer klarer, dass die **Finanzierung der Leistungen in der Kinder- und Jugendhilfe** nicht nur **Sozialrecht**, sondern **auch Wirtschaftsrecht** ist. Und je mehr Markt vom Gesetzgeber gewollt ist (wie es z.B. in den §§ 78a ff. SGB VIII zum Ausdruck kommt), desto mehr ist auch eine rechtliche Regelung des Wettbewerbs (also Wettbewerbsrecht) erforderlich, um zu verhindern, dass einzelne Marktteilnehmer selbst oder insb. auch die öffentliche Hand den Wettbewerb verhindern oder verzerren.

16.5 Die Beteiligung der Leistungsberechtigten an den Kosten

47 Dass manche Leistungen niederschwellig, unmittelbar in Anspruch genommen werden und dass subjektive, individuelle Rechtsansprüche auf Leistungen bestehen können, bedeutet nicht automatisch, dass all diese Leistungen für jungen Menschen und Familien kostenfrei sind. Kinder- und Jugendhilfe ist zum Teil immer noch Fürsorge; Leistungen der Kinder- und Jugendhilfe werden – unter finanziellen Gesichtspunkten – zum Teil nur dann bzw. insoweit erbracht, wenn die jungen Menschen oder die Eltern selbst finanziell für derartige Leistungen nicht aufkommen können. Die Regelungen dazu finden sich in §§ 90 - 95 SGB VIII. In der Realität werden die finanziellen Aufwendungen für Leistungen in den allermeisten Fällen nicht von den Betroffenen getragen, denn die Jugendhilfe hat es (außerhalb der Kindertageseinrichtungen) oft mit Menschen zu tun, die gar kein oder nur geringes Einkommen oder Vermögen haben, das sie einsetzen könnten. Aber rechtlich bleibt es grds. dabei, dass der Einsatz des eigenen Vermögens und Einkommens der jungen Menschen und ihrer Eltern vorrangig ist und Jugendhilfe nur dann die Kosten trägt, wenn entsprechendes Vermögen und Einkommen nicht vorhanden ist. Aber Kinder- und Jugendhilfe ist eben nicht mehr nur nachrangige Fürsorge, sondern zum Teil auch allgemeines sozialpädagogisches Angebot, deswegen gibt es heute auch eine **Vielzahl von Leistungen** des SGB VIII, die **kostenfrei** sind. Das macht die Kostenvorschriften etwas schwer überschaubar (ausführlich *Schindler* 2011, Kap. 5.5).

48 Die §§ 90–95 SGB VIII gelten **primär** für **Leistungen**. An den Kosten der **anderen Aufgaben** müssen sich die Bürger*innen finanziell grds. nicht beteiligen, mit einer Ausnahme: An den Kosten der Inobhutnahme (§ 42 SGB VIII – Kap. 10.1) werden die Betroffenen beteiligt (§ 91 Abs. 1 Nr. 7 SGB VIII). Voraussetzung für die Kostenbeteiligung ist zunächst, dass es sich um »**rechtmäßige**« Leistungen handelt. Werden Leistungen unter Verstoß gegen gesetzliche Vorschriften erbracht, so handelt es sich nicht um ordnungsgemäße, rechtmäßige Leistungen i.S.d. Gesetzes. Wurden also zu Unrecht Leistungen erbracht, ist eine Kostenbeteiligung der Betroffenen überhaupt nicht möglich.

49 Dies kann z.B. der Fall sein, wenn die rechtlich zuständigen Personen mit den Leistungen nicht einverstanden waren. Wenn z.B. den personensorgeberechtigten Eltern das Aufenthaltsbestimmungsrecht entzogen worden ist, dann müssen sie immer noch bei Hilfen zur Erziehung nach § 27 SGB VIII als »Personensorgeberechtigte« mit den Hilfen einverstanden sein (Kap. 9.2.2, 9.2.3). Hat anstelle der – weiterhin – personensorgeberechtigten Eltern etwa der Pfleger, der Inhaber des Aufenthaltsbestimmungsrechts ist, zugestimmt, so handelt es sich eben nicht um eine rechtmäßige Hilfe. Die Hilfe zur Erziehung wurde unter rechtlichen Gesichtspunkten zu Unrecht geleistet: Eine Kostenbeteiligung ist dann nicht möglich.

16.5.1 Überblick

50 Zunächst sind die Kostenvorschriften nach drei Kategorien zu unterscheiden:
- Leistungen ohne Kostenbeteiligung,
- Leistungen mit einer pauschalierten Kostenbeteiligung durch Kostenbeiträge (§ 90 SGB VIII) und

16.5 Die Beteiligung der Leistungsberechtigten an den Kosten

- Leistungen mit individueller Kostenbeteiligung durch Heranziehung zu den Kosten bzw. Überleitung von Ansprüchen (§§ 91–95 SGB VIII).

Die Leistungen, die in den Kostenbestimmungen überhaupt nicht erwähnt sind, sind für die Leistungsberechtigten **kostenfrei**. Dazu gehören z.B. die Beratungsangebote (§§ 17, 18, 28 SGB VIII) und die ambulanten Formen der Hilfen zur Erziehung (§§ 28–31 SGB VIII). Die Kostenfreiheit soll zur Niedrigschwelligkeit dieser Leistungen beitragen. Die **pauschalierte Kostenbeteiligung** nach § 90 SGB VIII ist im Wesentlichen bei der Jugendarbeit und bei der Förderung von Kindern in Tageseinrichtungen und in Kindertagespflege von Bedeutung. Die **individuelle Kostenbeteiligung** spielt insb. bei stationären und teilstationären Leistungen eine Rolle (vgl. im Einzelnen Abb. 16).

Abb. 16: Kostenbeteiligung bei Leistungen und anderen Aufgaben

Keine Kostenbeteiligung	Pauschalierte Kostenbeteiligung	Individuelle Kostenbeteiligung
	durch Kostenbeiträge § 90	durch Kostenbeiträge nach §§ 91 ff.
1.1 Jugendsozialarbeit – § 13 Abs. 1, 2 (außer Unterbringung in sozialpädagogisch begleiteter Wohnform § 13 Abs. 3 – vgl. diese Abb. 3.1.1)	2.1 Jugendarbeit – § 11	3.1 Leistungen in vollstationärer Form
1.2 Erzieherischer Kinder- und Jugendschutz – § 14	2.2 Allgemeine Förderung der Erziehung in der Familie – § 16 Abs. 1, Familienbildung – § 16 Abs. 2 Nr. 1, Familienfreizeit/-erholung – § 16 Abs. 2 Nr. 3	3.1.1 Unterbringung in sozialpädagogisch begleiteter Wohnform – § 13 Abs. 3 (vgl. diese Abb. 1.1)
1.3 Familienberatung – § 16 Abs. 2 Nr. 2		3.1.2 Mutter-Kind Einrichtungen – § 19
1.4 Beratung in Fragen der Partnerschaft Trennung und Scheidung – § 17	2.3 Förderung von Kindern in Tageseinrichtungen und Kindertagespflege – § 22 ff.	3.1.3 Betreuung und Versorgung in Notsituationen in vollstationärer Form – § 20
1.5 Beratung und Unterstützung bei der Ausübung der Personensorge – § 18		3.1.4 Unterbringung zur Erfüllung der Schulpflicht – § 21
1.6 Ambulante Hilfen zur Erziehung (Erziehungsberatung § 28, soziale Gruppenarbeit § 29, Erziehungsbeistand/ Betreuungshelfer § 30, sozialpädagogische Familienhilfe § 31)		3.1.5 Stationäre Hilfen zur Erziehung (Vollzeitpflege § 33, Heim/sonstige betreute Wohnformen § 34, intensive sozialpädagogische Einzelbetreuung sofern außerhalb der eigenen Familie § 35)
1.7 Ambulante Eingliederungshilfe – § 35a		3.1.6 Eingliederungshilfe in Einrichtungen – § 35a
1.8 Nachbetreuung für junge Volljährige – § 41 Abs. 3		3.1.7 Hilfe für junge Volljährige – § 41 entsprechend Nr. 3.1.5 und 3.1.6
		3.2 Leistungen in teilstationärer Form
		3.2.1 Betreuung und Versorgung in Notsituationen – § 20 in teilstationärer Form
		3.2.2 Teilstationäre Hilfe zur Erziehung – Tagesgruppe § 32
		3.2.3 Eingliederungshilfe für seelisch behinderte Kinder und Jugendliche in Tageseinrichtungen und anderen teilstationären Einrichtungen § 35a Abs. 2 Nr. 2
		3.2.4 Hilfe für junge Volljährige, soweit sie den in den Nummern 3.2.2 und 3.2.3 genannten Leistungen entspricht
		3.3 Vorläufige Maßnahmen: Inobhutnahme – § 42

16.5.2 Pauschalierte Kostenbeteiligung – Kostenbeiträge § 90 SGB VIII

Bei den in § 90 Abs. 1 SGB VIII genannten Leistungen ist eine pauschalierte Kostenbeteiligung in Form von Kostenbeiträgen möglich. Werden Kostenbeiträge erhoben, sind diese eine Art Gegenleistung der Bürger*innen für die Inanspruchnahme jugendhilferechtlicher Angebote, es sind »sozialrechtliche Abgaben eigener Art« (so OVG NW

16.5 Die Beteiligung der Leistungsberechtigten an den Kosten

5.9.2018 – 12 A 181/17, Rn 65 f. m.w.N.). Die Bestimmung des § 90 SGB VIII ermächtigt **nur** den öffentlichen Träger, so dass dieser für seine Einrichtungen entsprechende Entgelte festlegen kann. Freie Träger können keine Kostenbeiträge im Sinne von § 90 SGB VIII einseitig festsetzen. Werden bei ihnen Leistungen in Anspruch genommen, so handelt es sich um ein zivilrechtliches Entgelt (vgl. dazu das jugendhilferechtliche Dreiecksverhältnis – Kap. 16.3.2.1, insofern grds. richtig BVerwG 25.4.1997 – 5 C 6/96 – NDV-RD 1997, 124 ff. – im Einzelnen *Schindler* in: FK-SGB VIII § 90 Rn 6 f.). Allerdings binden die öffentlichen Träger zum Teil die freien Träger hinsichtlich der Höhe der von den freien Trägern privatrechtlich mit den Bürger*innen zu vereinbarenden Entgelten. Dies kann einerseits dadurch erfolgen, dass sie bei einer Zuwendungsfinanzierung entsprechende Nebenbestimmungen erlassen, wonach die freien Träger bei dem mit den Bürgern zu vereinbarenden Entgelt hinsichtlich der Höhe an die von den öffentlichen Trägern vorgegebenen Beiträge gebunden sind, anderseits kann dies ggf. auch gesetzlich geschehen. Nur der Klarstellung halber: die Bürger*innen müssen natürlich nicht Beiträge <u>und</u> Entgelte zahlen – in Einrichtungen öffentlicher Träger zahlen sie Beiträge, in Einrichtungen freier Träger Entgelte.

Für die in **§ 90 SGB VIII** genannten Leistungen **können** die öffentlichen Träger **Kostenbeiträge** erheben, sie müssen nicht. In der Praxis ist es allerdings so, dass für den quantitativ umfangreichsten Bereich, nämlich die Förderung von Kindern in Tageseinrichtungen, zur Zeit noch in den meisten Bundesländern Kostenbeiträge verlangt werden (Übersicht über die Regelungen in den Bundesländern unter https://www.bildungsserver.de/Kita-Gebuehren-und-Beitragsfreiheit-5674-de.html). Hier ist die in § 90 Abs. 1 Satz 2 SGB VIII angesprochene **Staffelung** der Kostenbeiträge von besonderer Bedeutung. Diese Bestimmung ermächtigt die öffentlichen Jugendhilfeträger unmittelbar (BVerwG 25.4.1997 – 5 C 6/96 – FEVS 48, 16) zur Beitrags- und Gebührenstaffelung. Eine solche Staffelung nach der Kinderzahl und nach dem Familieneinkommen ist grds. möglich und verfassungsrechtlich in Ordnung (BVerfG 10.3.1998 – 1 BvR 178/97, BVerfGE 97, 332 ff.). Bei der Tagesbetreuung von Kindern ist die Staffelung durchgängige Praxis.

53

Von praktischer Bedeutung ist der **völlige oder teilweise Erlass** des Kostenbeitrages nach **§ 90 Abs. 2-4 SGB VIII**. Dabei ist zwischen Abs. 2 und Abs. 3 zu unterscheiden. **Abs. 2** bezieht sich auf die Jugendarbeit und die allgemeine Förderung der Erziehung in der Familie. **Voraussetzung** für den teilweisen Erlass oder die Übernahme des Kostenbeitrages ist hier – neben der Tatsache, dass die Belastung nicht zumutbar ist (was gemäß Abs. 4 unter finanziellen Gesichtspunkten zu prüfen ist) –, dass das entsprechende Angebot **für die Förderung** der jungen Menschen **erforderlich** ist. Die Erforderlichkeit wird regelmäßig dann gegeben sein, wenn durch die genannte Leistung die Entwicklung für die Mj. positiver gestaltet werden kann. Damit besteht die Möglichkeit, die entsprechenden Kosten auch schon dann zu übernehmen, wenn sich die Situation (noch) nicht in Richtung eines individuellen erzieherischen Defizits verschärft hat (das dann zur Grundlage für weitergehende Hilfen zur Erziehung würde Kap. 9.2.2). **Rechtsfolge** von Abs. 2 ist, dass das JA die Kostenbeteiligung erlassen bzw. übernehmen kann, es hat also ein **Ermessen**.

54

Anders ist es bei **Abs. 3**, der sich auf die Einrichtungen der Kindertagesbetreuung bezieht. **Voraussetzung** für den Erlass oder die Übernahme ist hier, – neben einem entsprechenden Antrag – dass die Belastung nicht zumutbar ist. Hier spielen also nur finanzielle Gründe eine Rolle, die anhand des Abs. 4 zu prüfen sind; weitere Vorausset-

55

zungen sind nicht erforderlich, so dass keine sozialpädagogische Notwendigkeit, pädagogische Erforderlichkeit o.ä. verlangt werden kann (BVerwG 27.1.2000 – 5 C 19/99, BVerwGE 110, 320 ff.; VGH BY 15.3.2006 – 12 B 05.1219). **Rechtsfolge** in diesem Fall ist, dass der Kostenbeitrag (teilweise) erlassen werden **soll**: d.h. im Regelfall ist hier der Kostenbeitrag zu erlassen, für Ausnahmen wäre der öffentliche Jugendhilfeträger nachweispflichtig (Kap. 5.1.3). Der Erlass der Kostenbeteiligung kann auch nachträglich beantragt werden (DV-NDV 2013, 138).

16.5.3 Individuelle Kostenbeteiligungen – Heranziehung, Überleitung – §§ 91 ff. SGB VIII

56 Die **Leistungen**, bei denen eine individuelle Kostenbeteiligung stattfindet, sind in **§ 91 SGB VIII** detailliert **genannt**. § 91 Abs. 1 und 2 SGB VIII unterscheidet dabei zwischen **vollstationären und teilstationären Leistungen.**

57 Dabei ist genau aufzupassen: z.B. findet eine individuelle Kostenbeteiligung bei der intensiven sozialpädagogischen Einzelbetreuung (§ 35 SGB VIII) nur statt, wenn sie außerhalb der eigenen Familie erfolgt – § 91 Abs. 1 Nr. 5c SGB VIII.

58 **Wer zur Zahlung eines Kostenbeitrags verpflichtet** ist, wird in § 92 SGB VIII geregelt, wobei unterschieden wird zwischen Kindern und Jugendlichen, jungen Volljährigen, volljährigen Leistungsberechtigten, Ehegatten und Lebenspartnern junger Menschen und Leistungsberechtigten nach § 19 SGB VIII, Elternteilen. Außerdem wird in **§ 92 Abs. 2 SGB VIII** geregelt wie die Heranziehung erfolgt, nämlich in Form der öffentlich-rechtlichen Heranziehung durch einen **Leistungsbescheid** (§ 92 Abs. 3 bis 5 SGB VIII regeln dann Einzelheiten).

59 Es erfolgt **nur eine Heranziehung des Einkommens**, § 93 SGB VIII befasst sich ausführlich mit der Berechnung des Einkommens: Abs. 1 legt fest, was zum Einkommen gehört - u.a. auch der darlehensweise gewährte Anteil des BAföG (OVG SH 27.11.2014 – 3 LB 1/12), die Abs. 2 und 3 benennen die Beiträge, die vom Einkommen abzusetzen bzw. abzuziehen sind.

60 Nachdem so feststeht, welches Einkommen einzusetzen ist, benennt § 94 SGB VIII die Faktoren, die für den Umfang der Heranziehung maßgeblich sind, dies sind im Wesentlichen:

- die Angemessenheit der Kostenbeiträge, die die tatsächlichen Aufwendungen nicht überschreiten dürfen – Abs. 1
- die angemessene Berücksichtigung weiterer Unterhaltspflichten – Abs. 2
- zumindest der Einsatz des Kindergelds, sofern der Kostenbeitragspflichtige dies bezieht – Abs. 3.

61 Von Bedeutung ist schließlich § **94 Abs. 5 SGB VIII**, denn er liefert die Rechtsgrundlage für die vom BMFSFJ durch die Rechtsverordnung erlassene **Kostenbeitragsverordnung**: diese legt die nach Einkommensgruppen gestaffelten pauschalierten Kostenbeiträge von Eltern, Ehegatten und Lebenspartnern junger Menschen fest (ausführlich *Schindler* in: FK-SGB VIII Anhang zu § 94).

62 Würde nun aber vor der Gewährung einer Leistung erst geprüft werden, ob und in welchem Umfang die Betroffenen ihr Einkommen einzusetzen hätten, würde für die sozialpädagogischen Leistungen häufig wertvolle Zeit verstreichen. Deswegen ist § 91 Abs. 5 SGB VIII von zentraler Bedeutung. Er legt den sog. **Grundsatz der Vorleistungs-**

16.5 Die Beteiligung der Leistungsberechtigten an den Kosten

pflicht des Trägers der öffentlichen Jugendhilfe fest. Hiernach haben zunächst die Träger der öffentlichen Jugendhilfe die Kosten aller der in § 91 SGB VIII genannten Leistungen zu tragen – unabhängig davon, ob und in welchem Umfang von den Betroffenen ein Kostenbeitrag erhoben werden kann. Das bedeutet, dass die Kostenbeitragspflichtigen erst **nachträglich zu den Kosten herangezogen** werden. Neben dem Zeitfaktor liegt der Grund für diese Regelung wesentlich darin, dass die Begünstigten der Leistungen (und der vorläufigen Maßnahmen) regelmäßig die jungen Menschen sein werden, während kostenbeitragspflichtig – wenn überhaupt – meist die Eltern sein werden. Damit soll durch die Vorleistungspflicht auch sichergestellt werden, dass die jungen Menschen Leistungen erhalten, auch wenn die Eltern sich weigern, einen entsprechenden Kostenbeitrag zu leisten (VG Braunschweig 21.11.2002 – 3 A 193/01).

Der **Übergang von Ansprüchen** gegen Dritte nach § 95 SGB VIII ist in der Praxis nicht von allzu großer Bedeutung. Denn Ansprüche, die die betreffenden Personen gegen Sozialleistungsträger haben (z.B. Ansprüche auf Arbeitslosengeld, Rentenansprüche, Krankenversicherungsansprüche o.ä.), fallen nicht unter § 95 SGB VIII, sondern gehen nach §§ 102-114 SGB X über. Somit verbleiben nur seltene Fälle, etwa der der Rückforderung einer Schenkung wegen Verarmung des Schenkers (§ 528 BGB).

63

Wichtige, interessante Entscheidungen

- *Zu Vereinbarungen zwischen öffentlichen und freien Trägern:* BVerwG 30.9.1993 – 5 C 41/91 – E 94, 202 ff.
- *Zur Finanzierung im jugendhilferechtlichen Dreiecksverhältnis:* OVG NW 31.5.2002 – 12 A 4699/99 – ZfJ 2003, 118 f.; BSG 2.2.2010 – B 8 SO 20/08 R zum sog. »Sachleistungsverschaffungsanspruch«
- *Zum Anspruch auf Förderung:* BVerwG 17.7.2009 – 5 C 25/08 , BVerwGE 134, 206 ff.,
- *Zur Ermessensausübung bei der Förderung:* OVG RP U. 4.9.199712A 10610/97 – FEVS 48, 208 ff.
- *Zum Verhältnis von (europäischen) Wirtschaftsrecht und deutschem Gemeinnützigkeitsrecht:* EUGH 14.9.2006 – C 386/04 (Stauffer/FA München) – NJW 2006, 3765 ff.
- *Zu den Kindergartenbeiträgen:* BVerfG 10.3.1998 – 1 BvR 178/97 – E 97, 332 ff.; BVerwG 27.1.2000 – 5 C 19.99 – NDV-RD 2000, 67 ff.; BVerwG 14.5.2004 – 5 B 24.04 – FEVS 56, 297

Weiterführende Literatur

- *Zu den verschiedenen Finanzierungsformen: von Boetticher/Münder* FK-SGB VIII vor Kap. 5 Rn 5 ff.;
- *Zur Förderung: Kunkel* ZKJ 2013, 228
- *Zu § 78a ff. SGB VIII: Münder/Tammen* 2003; *Banafsche* 2010
- *Zum Verhältnis (europäischen) Wirtschafts- und Wettbewerbsrecht und Kinder- und Jugendhilferecht: Boetticher* 2003 und ZJJ 2011, 154; *Boetticher/Münder* 2009, *Banafsche* 2010, 162 ff.
- *Zur Kostenbeteiligung: Schindler* 2011, Kap. 5.5
- *Zu den Kindergartenbeiträgen:* DIJuF JAmt 2019, 261 ff. *Knörzer* JAmt 2019, 304 ff.

17. Exkurs: Rechtsfolgen bei der Verletzung fachlicher Standards

17.1 Rechtliche Ausgangssituation

1   Die Erfüllung der im SGB VIII angesprochenen Leistungen und anderen Aufgaben erfordert von den Akteuren eine hohe **fachliche Kompetenz**. Dies ergibt sich nicht nur aus der allgemeinen Überlegung, dass Akteure, die Leistungen erbringen oder Aufgaben erledigen, gegenüber den davon betroffenen Personen professionell und fachlich arbeiten sollen. Für die **Träger der öffentlichen Jugendhilfe** ergibt sich dies aus den allgemeinen Vorschriften des Sozialgesetzbuches (z.B. §§ 12 ff. SGB I und den Verfahrensvorschriften des SGB X): hiernach sind die Träger der öffentlichen Jugendhilfe verpflichtet, entsprechend fachlich zu handeln. Bei den **Trägern der freien/privaten Jugendhilfe** ergibt sich das regelmäßig aus ihren vertraglichen Verpflichtungen zur Leistungserbringung gegenüber den Leistungsberechtigten. Speziell in der Kinder- und Jugendhilfe ist dies in § 72 SGB VIII mit dem sog. **Fachkräftegebot** für die JÄ verpflichtend angesprochen (Kap. 15.3). Für die Träger der freien/privaten Jugendhilfe ergibt sich dies aus den Schutzvorschriften nach §§ 43 ff. SGB VIII (Kap. 11) und aus den entsprechenden Finanzierungsvorschriften (Kap. 16.3), sei es bei der Förderung (z.B. § 74 Abs. 1 Satz 1 Nr. 2 SGB VIII), bei den Vereinbarungen nach §§ 78 b ff. SGB VIII (z.B. § 78c Satz 1 Nr. 1, 3, 4 SGB VIII) oder den Vereinbarungen nach § 77 SGB VIII.

2   Was die jeweiligen **fachlichen Standards der sozialpädagogischen Profession** sind, darüber gibt es bisher noch keinen hinreichenden, verbindlich anerkannten Konsens (grundlegend *Jordan* ZfJ 2001, 48 ff.). Hinzu kommt, dass die Qualität des fachlichen Handelns bei personenbezogenen Dienstleistungen Leistungen regelmäßig weniger an den (»richtigen«) Ergebnissen gemessen werden kann, sondern in erster Linie an der Einhaltung des richtigen und normativ vorgeschriebenen Verfahrens. Ansätze hierzu gibt es mit den Beteiligungsvorschriften, den Vorgaben im Hinblick auf die Fachberatungsvorgaben (z.B. §§ 8a Abs. 1, 4; §§ 8b; 36 Abs. 2) und der Beschreibung fachlicher Standards (*Kommunale Spitzenverbände* JAmt 2009, 231; umfassend *Meysen* in FK-SGB VIII Anhang II Rn 1 f.). Die Diskussion um die zu beachtenden fachlichen Standards wurde – etwa im Zusammenhang mit Kindeswohlgefährdung, Missbrauch usw – vornehmlich unter strafrechtlichen Aspekten erörtert (s. Kap. 17.2.4), was dazu führte, dass zum Teil von der juristischen Profession festgelegt wurde, was fachliche Standards der Kinder- und Jugendhilfe seien. Eine Konzentration auf strafrechtliche Aspekte würde jedoch die Erörterung der fachlichen Standards unangemessen beschränken. Rechtlich ist zu differenzieren, inwiefern sich bei der Verletzung fachlicher Standards Rechtsfolgen für die Anstellungsträger (also die Träger der öffentlichen bzw. der privaten/freien Jugendhilfe) ergeben (s. Kap. 17.2.1 und 17.2.2) und welche Rechtsfolgen sich für die Beschäftigten selbst ergeben (s. Kap. 17.2.3), wenngleich der Aspekt strafrechtlicher Folgen nicht zuletzt wegen der breiten öffentlichen Diskussion nach wie vor von besonderer Bedeutung ist (s. Kap. 17.2.4).

17.2 Rechtsfolgen für die Anstellungsträger

17.2.1 Rechtsfolgen für die Träger der öffentlichen Jugendhilfe

3   Wenn die Annahme besteht, dass durch unfachliches Handeln bei der Leistungserbringung oder der Aufgabenwahrnehmung durch den Träger der öffentlichen Jugendhilfe Sozialrechte der Bürger*innen verletzt wurden, insb. also z.B. Vorschriften des SGB

17.2 Rechtsfolgen für die Anstellungsträger

nicht eingehalten wurden, so handelt es sich zunächst um **sozialrechtliche, jugendhilferechtliche Ansprüche** gegen den Träger der öffentlichen Jugendhilfe. Hier ist in den entsprechenden Verwaltungsfahren (Widerspruchsverfahren, bzw. gerichtliches Verfahren vor den Verwaltungsgerichten Kap. 5.3.) im Konfliktfall das Recht der Bürger durchzusetzen. Man könnte daran denken, sich auch die Leistung selbst unmittelbar zu beschaffen und anschließend die dafür entstandenen Kosten vom Träger der öffentlichen Jugendhilfe zu verlangen. Grundsätzlich ist das denkbar, aber einen Ersatz der Aufwendungen gibt es nur unter den engen Voraussetzungen des § 36a Abs. 3 SGB VIII (Kap. 5.2.3.1). Liegt eine Verletzung von sozialrechtlichen Nebenpflichten durch den öffentlichen Träger vor (wurde z.B. wegen unrichtiger und/oder nicht vollständiger Beratung die Einhaltung von Fristen versäumt), kann ein sog. **sozialrechtlicher Herstellungsanspruch** bestehen – allerdings ist dies in der Kinder- und Jugendhilfe nicht ganz unstrittig (*Meysen* in FK-SGB VIII Anhang II Rn 3).

Denkbar sind auch **zivilrechtliche Schadensersatzansprüche**. Rechtsgrundlage für einen Anspruch gegen den Anstellungsträger ist bei den **öffentlich-rechtlichen Körperschaften** § 839 BGB i.V.m. Art. 34 GG (sog. **Amtshaftungsanspruch**). Solche zivilrechtlichen Ansprüche bestehen, wenn ein **rechtswidriges Handeln** von Fachkräften vorliegt, diese sich also nicht an etablierte fachliche Standards oder höchstrichterliche Rechtsprechung halten. Außerdem muss ein **Schaden** durch **schuldhaftes**, d.h. **zumindest fahrlässiges Handeln**, eingetreten sein. Hier sind eine Vielzahl ganz unterschiedlicher Konstellationen denkbar, etwa bei Verletzung der Pflicht zur Beratung von Leistungsberechtigten, bei nicht hinreichender Durchsetzung von Unterhaltsansprüchen im Bereich der Pflegschaft/Vormundschaft oder wenn das JA seine Pflichten zum Schutz von Kindern vernachlässigt (zahlreiche Beispiele bei *Meysen* in FK-SGB VIII Anhang II Rn 5). In den letzten Jahren besonders bekannt wurden die Schadensersatzansprüche auf Aufwendungsersatz, wenn bei einem Rechtsanspruch eines Kindes auf Förderung in einer Kindertageseinrichtung vom JA kein entsprechender Platz rechtzeitig zur Verfügung gestellt wurde (Kap. 8.2.3., sowie *Lakies/Beckmann* in FK-SGB VIII § 24 Rn 67ff.).

17.2.2 Rechtsfolgen für die Träger der privaten/freien Jugendhilfe

»Freie« Träger sind privatrechtlich organisierte Träger (Kap. 4.4.1) und deshalb keine Sozialleistungsträger. Deswegen kommen Ansprüche, die sich aus dem Sozialrechtsverhältnis ergeben (Kap. 17.2.1 Rn 3), wie z.B. Amtshaftungsansprüche, Aufwendungsersatzansprüche bei zulässiger Selbstbeschaffung oder sozialrechtlicher Herstellungsanspruch, nicht in Betracht. In Frage kommen nur **zivilrechtliche (Haftungs-)Ansprüche**. Diese können sich aus **Verträgen**, die regelmäßig zwischen den leistungserbringenden privaten Trägern und den diese Leistungen erhaltenden Bürgerinnen und Bürgern (z.B. auf Betreuung, Förderung, Erziehungsleistungen, Unterbringung usw) bestehen, ergeben – jeweils i.V.m § 278 BGB, wonach in diesen Fällen die private Organisation »ein Verschulden der Personen, deren er sich zur Erfüllung seiner Verbindlichkeiten bedient« (sog. »Erfüllungsgehilfen«), wie ein eigenes Verschulden zu vertreten hat. Das bedeutet, dass dann, wenn ein Verschulden der Beschäftigten der privaten/freien Träger vorliegt, sie also zumindest fahrlässig gehandelt haben, und ein Schaden eingetreten ist, die privaten/freien Träger hierfür in Anspruch genommen werden können. Hauptfall in der Praxis ist die **Verletzung der Aufsichtspflicht** (*Münder* et al. 2020, Kap. 8). Die Aufsichtspflicht obliegt zunächst (§ 1631 Abs. 1 BGB) den Personensorgeberechtigten, wird in der Kinder- und Jugendhilfe bei minderjährigen Kindern (stillschweigend oder ausdrücklich) durch Vertrag auf die das Kind betreuende Einrichtung übertragen (zu weiteren Delegation auf die Beschäftigten Rn 6). Damit haben private Träger dafür zu sorgen, dass in den Einrichtungen das Personal fachlich ausgewählt, fortgebildet, angeleitete wird, sie haben die Strukturen und die Arbeitsprozesse so zu organisieren, dass nach Möglichkeit Verletzungen der Aufsichtspflicht nicht zu erwarten sind.

17.2.3 Rechtsfolgen für die Beschäftigen selbst

6   Die Haftung für Schäden aus Pflichtverletzungen trifft u.U. die Beschäftigten selbst. Bei den **Beschäftigten öffentlich-rechtlicher Körperschaften** haftet im Außenverhältnis zunächst der Anstellungsträger, kann jedoch Rückgriff nehmen bei dem Beschäftigten, der den Schaden verursacht hat. Allerdings ergibt sich aus Art. 34 Satz 2 GG, dass ein **Rückgriff des Arbeitgebers** nur bei Vorsatz und grober Fahrlässigkeit besteht. Bei **Beschäftigten privater Körperschaften** stellt sich die Situation vergleichbar dar. Die privaten Träger müssen (s.o.) für die bei ihnen Beschäftigten als seine sog. Erfüllungsgehilfen nach § 278 BGB einstehen. Auch hier kann ein Rückgriffsanspruch gegen die Beschäftigten bestehen, Rechtsgrundlage ist dafür eine Verletzung des Arbeitsvertrages. Der Anspruch besteht ebenfalls bei Vorsatz und grober Fahrlässigkeit, bei leichter Fahrlässigkeit ist er regelmäßig ausgeschlossen, bei mittlerer Fahrlässigkeit hängt er von den jeweils konkreten Umständen ab. Im Bereich der Kinder- und Jugendhilfe spielten Rückgriffsfälle vornehmlich dort eine Rolle, wo es um »messbare« Leistungen ging, wie in der Pflegschaft und Vormundschaft (z.B. Geltendmachung von Unterhaltsansprüchen). Für Schäden, die durch zu beaufsichtigende Personen an Rechtsgütern Dritter verursacht werden, denen gegenüber keine öffentliche-rechtliche oder vertragliche Pflicht besteht, haftet der Anstellungsträger nicht, wenn er darlegen kann, dass er die Aufsichtsperson ordnungsgemäß ausgesucht hat und die Arbeitsprozesse so organisiert hat, dass Schäden nicht zu erwarten sind (§ 834 BGB). In diesen Fällen haftet der aufsichtführende Beschäftigte unmittelbar, wenn der Schaden dadurch möglich wurde, dass die notwendige Aufsicht eben nicht geführt wurde.

7   Die Beschäftigten können u.U. auch unmittelbar selbst haften, wenn (so der Gesetzestext) eine »unerlaubte Handlung« (§§ 823 ff. BGB) vorliegt. Dies ist z.B. der Fall, wenn die Beschäftigten durch eigenes vorsätzliches oder fahrlässiges Verhalten Kinder, Jugendliche, Personen, die sie beraten, usw verletzt o.Ä. haben. Hauptfall in der Praxis ist auch hier die Verletzung der in § 832 BGB geregelten **Haftung des Aufsichtspflichtigen.** Wie dargestellt (s. Rn 5) wird die Aufsichtspflicht bei der Betreuung in Einrichtungen zunächst auf die Einrichtung übertragen, diese wiederum überträgt die Aufsichtspflicht auf ihre Beschäftigten weiter. Somit kann der oder die konkrete Beschäftigte unmittelbar nach § 832 BGB auf Schadensersatz von den geschädigten Personen in Anspruch genommen werden. Im Zusammenhang der von der Rechtsdogmatik entwickelten Grenzen der Aufsichtspflicht (*Münder* et al. 2020, Kap. 8) haftet die aufsichtspflichtige Fachkraft nach § 832 BGB nur dann, wenn die aufsichtsbedürftigen Kinder selbst einen Körper- oder Sachenschaden erlitten oder anderen Personen zugefügt haben und dieser Schaden ursächlich auf die Aufsichtspflichtverletzung zurückzuführen ist.

17.2 Rechtsfolgen für die Anstellungsträger

17.2.4 Strafrechtliche Folgen

Stärker im Fokus öffentlichen Interesses stehen bei Verstößen gegen fachliche Standards die strafrechtlichen Folgen; Ausgangspunkte waren und sind Strafverfahren gegen Sozialarbeiter, Sozialpädagogen, Amtsvormünder, Amtspfleger (ausführlich *Meysen* in FK-SGB VIII Anhang II Rn 9 ff).

Ungeachtet der teilweise berechtigten Kritik gegenüber manch juristischen Aussagen ist aufgrund der Rechtsprechung und -literatur zweifelsohne von **einer Garantenpflicht der Fachkräfte des Trägers der öffentlichen Jugendhilfe** für die von ihnen betreuten Kinder und Jugendlichen auszugehen, sofern im konkreten Einzelfall die entsprechenden Voraussetzungen erfüllt sind: Der konkreten Person muss aufgrund ihrer besonderen Beziehung **(Garantenstellung)** zum geschützten Rechtsgut (Leben und Gesundheit des Kindes) im Einzelfall eine spezielle **Rechtspflicht zum Tätigwerden** (Erfolgsabwendungspflicht, sog. Garantenpflicht) obliegen. Diese Rechtspflicht muss fahrlässig (also sorgfaltswidrig) oder vorsätzlich nicht erfüllt worden sein, worauf der Schaden ursächlich (Kausalität) zurückzuführen ist. Der strafrechtliche Vorwurf knüpft also an das Unterlassen möglicher, der Fachkraft erkennbarer und zumutbarer Maßnahmen an, mithilfe derer ein Schaden für Leib und Leben des betreuten Kindes hätte abgewendet werden können.

Aus dem SGB VIII ergibt sich für **alle Mitarbeiter*innen des Trägers der öffentlichen Jugendhilfe** (Fachkräfte des ASD, Abteilungsleitung, Leitung des JA, aber auch Verantwortliche des kommunalen Trägers wie Sozialdezernat, Bürgermeisteramt usw) die Pflicht, den grundlegenden Handlungsauftrag aus Art. 6 Abs. 2 GG (»Wächteramt«) zum Schutz von Kindern, wie er insb. in den **§§ 8a, 37 Abs. 3, 42 ff. SGB VIII** normativ konkretisiert ist, umzusetzen. Diese Pflichten treffen nicht nur die Letzten in der Kette, die fallzuständigen Fachkräfte, sondern alle genannten Personen in der Kommunalverwaltung, wobei die Pflichten entsprechend der jeweils unterschiedlichen Beziehung zu den hilfesuchenden und betreuten Personen durchaus unterschiedlich sind. So ist es etwa vorrangig die Pflicht der **administrativ Verantwortlichen**, ein dem Bedarf angemessenes Hilfeangebot vorzuhalten (§ 79 SGB VIII – Kap. 18.1) und die Arbeit im JA so zu organisieren, dass die Mitarbeiter*innen unter Berücksichtigung von Fallzahlen, Krankheits- und Urlaubsvertretung sich im erforderlichen Maße um die Betreuung kümmern können. Hierzu gehört gemäß § 72 SGB VIII der Einsatz **besonders qualifizierter Fachkräfte im ASD** (Kap. 15.3), sowie die kontinuierliche Sicherstellung einer entsprechenden Fortbildung. Wo angemessene **Hilfen fehlen**, wo sie aus Kostengründen nicht ausreichend und intensiv genug angeboten werden, wo die Ausstattung des JA (wegen Fallzahlen usw) nicht ausreichend ist, ist dies **zu dokumentieren** und im Hinblick auf die Gewährleistungspflicht der Kommune (Kap. 18.1) von den Fachkräften **zu beanstanden**.

Von besonderer Bedeutung ist dies für die fallverantwortlichen Fachkräfte. Hier wird sich die **Garantenstellung der einzelnen Fachkraft** meist aus einer (zumindest stillschweigend) geschlossenen Betreuungsvereinbarung oder aus der tatsächlichen, faktischen Übernahme besonderer Schutzpflichten ergeben Mit der Übernahme eines Falles sind die Mj. zunächst der fallführenden Fachkraft des JA anvertraut, bei Einbeziehung privater/freier Träger ebenso der für die Mj. zuständigen Fachkraft. Diese ihnen obliegenden Pflichten erfüllen die Fachkräfte durch **fachgerechtes Handeln**. Einleitend wurde schon darauf hingewiesen, dass sich in der Kinder- und Jugendhilfe die Fachlichkeit nicht an den Ergebnissen messen lässt, da es hier keine linearen Umsetzungen wissenschaftlich-empirischen Regelwissens gibt. Gemessen werden kann die Fachlichkeit sozialer Arbeit in erster Linie an der **Einhaltung des richtigen und normativ vorgeschrieben Verfahrens** bei der Entscheidung über die notwendige Intervention und der anschließenden Leistungsgewährung (Kap. 17.1 Rn 1 , grundlegend *Jordan* ZfJ 2001, 48 ff.; *Merchel* ZfJ 2003, 49 ff.; *Trenczek* ZfJ 2002, 384). Fachberatung, kollegiale Fallberatungen und Supervision können dabei helfen, die eigene Einschätzung der Gefährdungssituation und die Angemessenheit des eigenen Handlungskonzepts zu überprüfen. Aber der Versuch, Teamentscheidungen zum verbindlichen Entscheidungskriterium zu machen, täuscht darüber hinweg, dass sich die einzelne Fachkraft nicht ihrer individuellen Verantwortung entledigen kann. Dies ist nicht einmal bei einer Weisung von Vorgesetzten der Fall.

Wichtige, interessante Entscheidungen:
- *Zu den Rechtsfolgen bei Verletzung fachlicher Standards:* BSG 27.7.2004 – B 7 SF 1/03 R – SGb 2005, 236 ff.; BGH 21.10.2004 – III ZR 254/03 – JAmt 2005, 35 f.

Weiterführende Literatur
- *Zu Rechtsfolgen bei Verletzung fachlicher Standards: Meysen* in FK-SGB VIII Anhang II

6. Teil: Kinder- und Jugendhilfe im sozial- und gesellschaftspolitischem Kontext

Kinder- und Jugendhilferecht bedeutet nicht nur Auslegung und Anwendung von Gesetzen. Jugendhilfe hat für ihr eigenes Feld Gestaltungs- und Planungsverpflichtungen. Hier ist die Kinder- und Jugendhilfe in den größeren Zusammenhang von Sozial- und Gesellschaftspolitik eingebunden.

18. Gesamtverantwortung des öffentlichen Trägers – §§ 79 - 81 SGB VIII

Das SGB VIII benennt die Gesamtverantwortung der öffentlichen Jugendhilfeträger und ihre Verpflichtung zur Planung ausdrücklich als Aufgabe und macht damit deutlich, dass Jugendhilfe auch fachliche und politische Gestaltung ist. Eine wichtige Grundlage hierfür sind über den Einzelfall hinausgehende Erkenntnisse; dazu dienen die Erhebungen der Kinder- und Jugendhilfestatistik.

Ausführlich behandelte Bestimmungen:

- Zur Gesamtverantwortung und Jugendhilfeplanung: §§ 79–81 SGB VIII
- Datenerhebung für die Kinder- und Jugendhilfestatistik: §§ 98–103 SGB VIII

18.1 Die Gesamtverantwortung

Mit der Aussage, dass die Träger der öffentlichen Jugendhilfe (also örtliche und überörtliche – Kap. 15.1) die **Gesamtverantwortung** haben, macht § 79 Abs. 1 SGB VIII deutlich, dass die öffentlichen Träger dafür zu sorgen haben, dass die im SGB VIII vorgesehenen Leistungen und Aufgaben erfüllt werden können. Von besonderer Bedeutung ist die ausdrücklich erwähnte **Planungsverantwortung** (die in § 80 SGB VIII nochmals gesondert angesprochen wird – Kap. 18.2). Gesamtverantwortung und Planungsverantwortung bedeuten, dass die örtlichen und überörtlichen Träger der öffentlichen Kinder und Jugendhilfe mittel- und langfristige Handlungsstrategien zur Realisierung der im Gesetz geregelten Leistungen und anderen Aufgaben zu entwickeln haben. Sie beinhalten auch die **Finanzverantwortung** und die **Finanzplanung**, d.h. die vorausschauende Bereitstellung der finanziellen Ressourcen, um die Leistungsansprüche der Anspruchsinhaber erfüllen und die anderen Aufgaben, Einrichtungen und Dienste gewährleisten zu können. Damit verbunden ist eine fachliche **Erfolgskontrolle**, also die Überprüfung, inwiefern die geplanten, durch finanzielle Mittel umgesetzten Strategien die angestrebten Ziele erreicht haben (dazu das umfangreiche Modellprojekt unter www.wirkungsorientierte-jugendhilfe.de). Die örtlichen Träger der öffentlichen Kinder – und Jugendhilfe haben im Rahmen ihrer Personal-, Organisations- und Finanzhoheit (hierzu Kap. 15; *Trenczek* et al. 2018, 171 f.) sicherzustellen, dass diese Gesamtverantwortung realisiert werden kann. Daraus ergibt sich für den öffentlichen Träger die Pflicht zur sorgfältigen Prüfung und Abwägung dessen, was an Angeboten und Leistungen auf dem Gebiet der Jugendhilfe notwendig ist. Der **Hinweis auf fehlende finan-**

zielle Mittel erlaubt es dem öffentlichen Träger nicht, sich dieser Verpflichtungsverantwortung zu entziehen. In solchen Fällen sind die notwendigen Angebote und Leistungen zu benennen und deutlich zu machen, wie aufgrund der engen finanziellen Mittel die Handlungsstrategien des öffentlichen Trägers aussehen. Gesamtverantwortung und Planungsverpflichtung, Finanzplanung und Finanzverantwortung sind eher unjuristische Begriffe. Das bedeutet aber nicht, dass die öffentlichen Jugendhilfeträger hier rechtlich völlig frei wären. Aus der Verpflichtungsverantwortung folgt für die kommunale Vertretungskörperschaft auch, entsprechend Mittel zur Verfügung zu stellen, damit das JA als zuständige Fachbehörde seine Aufgabe erfüllen kann (dazu OVG NI 12.1.1999 – 4 M 1598/98 – NVwZ-RR 1999, 383).

4   Angesichts der Finanzknappheit überlegen die kommunalen Gebietskörperschaften zunehmend den Einsatz neuer zielgerichteter Methoden um die Planung, Durchführung und Kontrolle des Verwaltungshandelns stärker an den beabsichtigten und realen Ergebnissen ausrichten zu können. Insbesondere die bessere Ressourcennutzung ist einer der wesentlichen Aspekte in diesem Zusammenhang. Hier greifen viele Träger zur sog. **Budgetierung der Mittel:** Mit der Zurverfügungstellung eines finanziell begrenzten Budgets müssen die jeweiligen Ämter ihre Aufgaben erfüllen. Eine solche Wahrnehmung der Finanzverantwortung und Finanzplanung ist grundsätzlich rechtlich zulässig. Sie findet jedoch ihre **Grenze** an den **rechtlichen Vorgaben des SGB VIII:** Leistungen, die mit einem Rechtsanspruch versehen sind, müssen erfüllt werden. Durch Budgetvorgaben können Rechtsansprüche nicht begrenzt werden: Rechtsansprüche sind budgetsprengend. Dies gilt eindeutig dort, wo individuelle Rechtsansprüche auf der Ebene von sog. Muss- bzw. Soll-Leistungen (Kap. 5.1.2) existieren. Auch bei (nur) objektiven Rechtsverpflichtungen (Kap. 5.1.1) muss sichergestellt werden, dass finanzielle Mittel in einem solchen Umfang vorhanden sind, dass auf jeden Fall noch eine gesicherte Aufgabenwahrnehmung möglich ist.

5   Bilden diese Rechtsverpflichtungen den Rahmen für die Handlungsmöglichkeit des öffentlichen Trägers, so ergibt sich für den **Rechtscharakter des § 79 SGB VIII,** dass der öffentliche Träger (nur) **objektiv-rechtlich verpflichtet** ist. Individuelle Rechtsansprüche (subjektiv-öffentliche Rechte), sei es einzelner Personen, sei es der freien Träger, ergeben sich aus dieser objektiven Rechtsverpflichtung nicht (h.M., *Tammen* in FK-SGB VIII Rn 7; *Wiesner* SGB VIII § 79 Rn 9 f.). Damit bleibt – wie bei objektiven Rechtsverpflichtungen immer (Kap. 5.1.1) – bei der Verletzung dieser objektiven Rechtsverpflichtungen nur die Möglichkeit des Einschreitens der Kommunalaufsichtsbehörde. Da der Gesetzgeber mit »erforderlich«, »geeignet«, »rechtzeitig« und »ausreichend« Begriffe verwendet, die dem öffentlichen Jugendhilfeträger Spielräume lassen, ist das Einschreiten der Kommunalaufsicht nur bei sehr eklatanten Verstößen möglich.

6   Dies gilt auch für **§ 79 Abs. 2 S. 2 SGB VIII.** Hiernach ist für die **Jugendarbeit** ein **angemessener Anteil** der Mittel zu verwenden. Auch hier handelt es sich (nur) um eine **objektive Rechtsverpflichtung.** Einzelne Jugendverbände können hieraus keine Rechtsansprüche auf finanzielle Berücksichtigung, Förderung ihrer Arbeit geltend machen. Dies gilt auch dann, wenn diese Bestimmung durch Landesrecht konkretisiert ist. Dies ist bisher nur in Berlin geschehen: Nach § 45 Abs. 2 AGKJHG Berlin ist ein Anteil von 10% für die Jugendarbeit vorgeschrieben, individuelle Rechtsansprüche ergeben sich aber auch hieraus nicht (so OVG Berlin 14.10.1998 - 6 S 2.94,98; VG Berlin 14.6.1999 – 20 A 30.99 – ZfJ 2000, 194 ff.).

18.2 Jugendhilfeplanung, Jugendhilfestatistik

18.2.1 Jugendhilfeplanung

Ausgehend von der Planungsverantwortung des § 79 SGB VIII formuliert § 80 SGB VIII ausdrücklich die Verpflichtung der Träger der öffentlichen Jugendhilfe zur Vornahme einer Jugendhilfeplanung. Diese Verpflichtung bezieht sich auf alle Felder der Jugendhilfe. Sie ist in einem kontinuierlichen, methodisch durch **Kommunikation und Partizipation** (vgl. § 80 Abs. 3, 4 SGB VIII) gekennzeichneten **Prozess** vorzunehmen. In Abgrenzung zu einem schematischen Planungsverständnis bedeutet dies, dass es kaum »objektive« Vorgaben gibt, sondern dass Jugendhilfeplanung in weiten Bereichen ein Ergebnis von Aushandlungsprozessen, Interessenkonstellationen usw ist (zur Jugendhilfeplanung *Maykus/Schone* 2010). § 80 SGB VIII formuliert für die Jugendhilfeplanung die fachlich-programmatischen Vorgaben.

7

§ 80 Abs. 1 SGB VIII benennt zunächst die verschiedenen **Planungsschritte**: Bestandserhebung, Bedarfsermittlung und Schritte zur Bedarfsdeckung (im Einzelnen vgl. *Tammen* in: FK-SGB VIII § 80 Rn 9 ff.). Bisher durchgeführte Bestandserhebungen waren in ihrer Aussagekraft dadurch beeinträchtigt, dass oft die zu Grunde liegenden Daten nicht hinreichend aussagekräftig waren. Hier sind zukünftig größere Anstrengungen nötig, um geeignete planungsrelevante Grundlagen zu bekommen (Kap. 18.2.2). Auch die vom Gesetz zwingend geforderte Bedarfsermittlung unter Beteiligung der Betroffenen (Nr. 2) stellt hohe Anforderungen an die Planung. Schematische Richtzahlen (z.B. pro 50.000 Einwohner eine Erziehungsberatungsstelle oder Versorgungsquoten bei der Tagesbetreuung) genügen regelmäßig nicht. Die genannten Teilschritte erfordern keinen zwanghaften zeitlichen und planungslogischen Ablauf, sondern sind flexibel zu handhaben.

8

§ 80 Abs. 2 SGB VIII nennt in einer entwicklungsoffenen Aufzählung (»insbesondere«) weitere zentrale Zielvorgaben. So soll Jugendhilfe orts- und bürgernah organisiert, ein plurales Leistungsangebot sichergestellt werden, junge Menschen und Familien in gefährdenden Lebens- und Wohnbereichen besonders gefördert werden. Jugendhilfeplanung soll dazu beitragen, dass Aufgaben in Familie und Erwerbstätigkeit besser vereinbart werden können.

9

Vom **Rechtscharakter** her ist § 80 SGB VIII eine **objektive Rechtsverpflichtung** (Kap. 5.1.1): Die öffentlichen Jugendhilfeträger sind zur Planung verpflichtet, einzelne Bürger, freie Träger usw haben jedoch keinen individuellen Rechtsanspruch auf Planung (ausführlich *Smessaert/Münder* 2010). Auch der **Jugendhilfeplan** selbst entfaltet regelmäßig keine rechtliche Wirkung. In seinem **Rechtscharakter** ist er eine **fachliche, fachpolitische Willensbekundung**, ein verwaltungsinternes Planungsinstrument (VG Gera 11.9.2001 – GK 1016/99.GE – ThürVBl 2002, 181 ff.). So ergeben sich auch dann, wenn ein Jugendhilfeplan vorliegt, keine Rechtsansprüche etwa auf Förderung.

10

Allerdings gibt es **Verzahnungen zwischen Jugendhilfeplanung und finanzieller Förderung** überall dort, wo die öffentlichen Träger ein Ermessen haben, wie z.B. bei der Entscheidung über die Förderung (Kap. 16.3.1.1). Bei der Ausübung des Ermessens (hinsichtlich z.B. der Verteilung von Mitteln) haben sie sich an den in den Jugendhilfeplänen festgelegten Zielsetzungen und Prioritäten zu orientieren (vgl. BVerwG 30.12.1996 – 5B 27/96 – FEVS 47, 529 ff.); auch dort, wo sie u.a. nach Bedarf Plätze vorzuhalten oder ein bedarfsgerechtes Angebot an Plätzen zur Verfügung zu stellen haben (§ 24 Abs. 1 und 4 SGB VIII – Kap. 8.2.3), sind die in § 80 Abs. 2 Nr. 1 und 4

11

für die Jugendhilfeplanung genannten programmatischen Vorgaben zu berücksichtigen und bei der Entscheidung über die Förderung zu beachten (BVerwG 25.4.2002 – 5C 18.01 – NDV-RD 2002, 100 ff.). Allerdings ist das Vorliegen einer Jugendhilfeplanung keine zwingende Voraussetzung für die Förderung von Trägern und Einrichtungen (BVerwG 25.4.2002 – 5 C 18/01 – BVerwGE 116, 226 ff. Rn 21 ff.; OVG RP 4.9.1997- 12 A 10610/97 – FEVS 48, 208 ff.).

12 Die meisten **Ausführungsgesetze der Länder** beinhalten zusätzliche Bestimmungen. Schwerpunkte sind die Bildung von Unterausschüssen der Jugendhilfeausschüsse zur Jugendhilfeplanung, die Bildung von Arbeitsgemeinschaften zwischen öffentlichen und freien Trägern zur Jugendhilfeplanung, die angemessene Beteiligung von jungen Menschen und ihren Familien an der Jugendhilfeplanung u.a. Aber auch aus diesen landesrechtlichen Bestimmungen ergibt sich hinsichtlich des Rechtscharakters der Jugendhilfeplanung und der Jugendhilfepläne nichts Weitergehendes.

18.2.2 Datenerhebung und Jugendhilfestatistik – §§ 98–103 SGB VIII

13 Die Ausführungen zur Planungsverantwortung lassen erkennen, wie wichtig die solide Erhebung und der Bestand von empirischen Daten sind (ausführlich *Schilling* 2011, Kap. 4.1; *Schäfer* in: FK-SGB VIII Vor Kap. 7 Rn 6 ff.). Die §§ 98–103 SGB VIII regeln die statistischen Erhebungen für die Kinder- und Jugendhilfe.

14 Die Vorschriften beruhen auf den Vorgaben des Bundesstatistikgesetzes. So muss **rechtlich** geregelt sein: Erhebungsmerkmale, Art der Erhebung, Berichtszeitraum, Auskunftspflichten, Anonymisierung und Verhinderung der Re-Identifizierung von Daten. Außerdem wurden die vom Bundesverfassungsgericht in seiner Entscheidung zum Volkszählungsgesetz (1 BvR 209 u. a./83 – 15.12.1983 – BVerfGE 65, 1) getroffenen Grundaussagen zum informationellen Selbstbestimmungsrecht (Kap. 14) berücksichtigt.

15 Ausgehend davon werden Zweck und Umfang der Erhebung (§ 98 SGB VIII), die Erhebungsmerkmale sowie die Hilfsmerkmale (§§ 99, 100 SGB VIII), die Zeiträume der Erhebung (§ 101 SGB VIII), die Auskunftspflichten (§ 102 SGB VIII) und die datenschutzrechtlich besonders wichtige Frage der Übermittlung der Daten (§ 103 SGB VIII) geregelt.

16 Aus Zweck, Umfang und den einzelnen Erhebungsmerkmalen ergibt sich, dass sich die Statistik schwerpunktmäßig neben der Förderung von Kindern in Tageseinrichtungen und Kindertagespflege auf die Situation **problembelasteter junger Menschen und ihrer Familien** konzentriert. Eine allgemeine Darstellung von Entwicklungstendenzen in der Lebenslage von Kindern, Jugendlichen und Familien (also auch solchen, die nicht von der Jugendhilfe betroffen sind) findet nicht statt. Darüber hinaus sind die **Nutzungsmöglichkeiten beschränkt**. Zum einen werden durch die Bundesstatistik die erheblichen Unterschiede, die zwischen den verschiedenen Ländern und Kommunen in deren Leistungsfähigkeit bestehen, tendenziell nivelliert. Zum anderen deswegen, weil aufgrund der Statistik kein Zusammenhang zwischen den (belastenden) Lebenslagen von Kindern und Jugendlichen und den Leistungen der Jugendhilfe hergestellt werden kann. Einschränkungen ergeben sich auch daraus, dass die Erhebung der Daten selbst nicht sorgfältig genug erfolgt. Dies ist ein Indiz dafür, dass die Bedeutung der Daten den einzelnen Fachkräften oft nicht hinreichend klar ist. Zu tun hat dies mit der Ausrichtung weiter Felder der Kinder- und Jugendhilfe auf Hilfen, Unterstützungen und Aufgabenwahrnehmungen in Einzelfällen. Darüber wird »vergessen«, dass Einzelfälle

in soziale und gesellschaftliche Zusammenhänge eingebettet sind. Das führt dann dazu, dass die Bedeutung der Erhebung von Sozialdaten den einzelnen Fachkräften nicht plausibel, bisweilen gar überflüssig erscheint (*Lüders* 1997).

Das **Statistische Bundesamt** (https://www.destatis.de) veröffentlicht die erhobenen Daten in der **Fachserie 13:** »**Sozialleistungen**«, **Reihe 6:** »**Jugendhilfe**«. In Teil 1 werden – jeweils jährlich – in 5 Teilstatistiken die Ergebnisse zu den erzieherischen Hilfen usw, Adoptionen, Pflegschaften, Vormundschaften, Beistandschaften, Pflegeerlaubnis, Vaterschaftsfeststellungen, Sorgerechtsentzügen; vorläufigen Schutzmaßnahmen; sowie Gefährdungseinschätzungen veröffentlicht. Teil 2 stellt jeweils zweijährig (ab 2015) in 3 Teilstatistiken die Angebote der Jugendarbeit dar. Teil 3 enthält in 4 Teilstatistiken jährlich Kinder und tätige Personen in Einrichtungen der Kindertagesbetreuung, in öffentlich geförderter Kindertagespflege und den gemeinsam durchgeführte Tagespflege, sowie 2-jährig (ab 2014) in sonstigen Einrichtungen. Teil 4 enthält jährlich die Angaben zu den Ausgaben und Einnahmen für Einzel- und Gruppenhilfen sowie für Einrichtungen.

Für die solide Wahrnehmung der Gesamtverantwortung und der Planungsverantwortung und damit für eine inhaltlich gestaltende Sozial- und Jugendpolitik ist es notwendig, **vor Ort Daten sozialräumlich** bezogen, differenziert nach verschiedenen Bereichen und verschiedenen Problemlagen zu erheben, um so eine **Erfolgskontrolle** des Personal- und Finanzeinsatzes vornehmen zu können. Denn immerhin werden im Bereich der Kinder- und Jugendhilfe nicht unbeachtliche Ressourcen verausgabt – wie das letzte Kap. (Kap. 19) zeigen wird.

Wichtige, interessante Entscheidungen:
- *Zur rechtlichen Bedeutung von Jugendhilfeplänen:* BVerwG 30.12.1996 – 5 B 27/96 – FEVS 47, 529 ff.
- *Zur Verzahnung von Planung und Förderung:* BVerwG 25.4.2002 – 5 C 18.01 – NDV-RD 2002, 100 ff.

Weiterführende Literatur
- *Zur Jugendhilfeplanung: Maykus/Schone* 2010
- *Zum Rechtscharakter von Jugendhilfeplanung und Jugendhilfeplänen: Smessaert/Münder* 2010
- *Zur Kinder- und Jugendhilfestatistik: Schilling* 2011, Kap. 4.3

19. Jugendhilfe als kinder- und jugendpolitische Gestaltungsaufgabe

1 Kinder- und Jugendhilfe bedeutet nicht nur Leistungen, Aufgaben für einzelne Menschen, sondern auch die Wahrnehmung einer kinder- und jugendpolitischen Gestaltungsaufgabe. Welchen Stellenwert die verschiedenen Felder der Jugendhilfe haben, welche finanziell-ökonomischen Dimensionen die Jugendhilfe insgesamt und insbesondere bei den Kommunen als Träger der öffentlichen Jugendhilfe hat und wie die Bedeutung der Kinder- und Jugendhilfe in unserer Gesellschaft ist – dazu bedarf es den Blick über den juristischen Tellerrand hinaus.

19.1 Die Bedeutung der einzelnen Felder der Kinder- und Jugendhilfe

2 Die Benennung der Leistungen und Aufgaben im Gesetzestext bzw. in einem Rechtslehrbuch sagt noch nichts aus über die Wichtigkeit der einzelnen Arbeitsbereiche der Kinder- und Jugendhilfe. Erste Informationen zur **Bedeutung der einzelnen Arbeitsfelder** können aus den Zahlen über das Personal der Jugendhilfe und über die Ausgaben der Jugendhilfe gewonnen werden.

3 Einschlägige statistische Ergebnisse müssen genau und vorsichtig interpretiert werden. Bei Zahlen über die Beschäftigten wird zum Teil nicht hinreichend zwischen Vollzeit- und Teilzeitarbeitsstellen unterschieden, was zu Verzerrungen führt. Zudem ist – vornehmlich beim Vergleich über eine länger Zeit – zu beachten, dass sich Art und Methoden der statistischen Methoden immer wieder ändern, so dass solche Vergleiche nur eingeschränkt möglich sind (zu statistischen Ergebnissen in den früheren Jahren vgl. die jeweiligen Vorauflagen).

4 Unter Berücksichtigung dieser Aspekte lassen sich Erkenntnisse über die Bedeutung der einzelnen Arbeitsfelder in der Kinder- und Jugendhilfe aus den **Ausgaben der Jugendhilfe** entnehmen (Tab. 12).

19.1 Die Bedeutung der einzelnen Felder der Kinder- und Jugendhilfe

Tab. 12: Ausgaben der Träger der öffentlichen Jugendhilfe 2018 insgesamt nach Leistungsbereichen*

Art des Leistungsbereichs	Ausgaben absolut (in 1.000 EUR)	in %
Jugendarbeit	1.972.599	3,9
Jugendsozialarbeit	660.341	1,3
Erzieherische Kinder- und Jugendschutz, Förderung der Erziehung in der Familie	833.447	1,6
Tagesbetreuung insgesamt	33.682.460	66,2
Hilfe zur Erziehung, Eingliederungshilfe, Hilfe für junge Volljährige, vorläufige Schutzmaßnahmen	12.599.961	24,7
Mitarbeiterfortbildung	25.710	0,05
sonstige Ausgaben (Mitwirkung in Verfahren vor den Familien-/Jugendgerichten, Adoptionsvermittlung, Amtspflegschaft, Amtsvormundschaft und Beistandschaft	1.100.984	2,16
Ausgaben gesamt	50 875 502	100

*Angaben ohne Personalausgaben der Jugendhilfeverwaltung

Es handelt sich hier nur um die Ausgaben der Träger der öffentlichen Jugendhilfe. Bei den eher allgemeinen und offenen Angeboten (Tagesbetreuung, Beratung usw) bringen die **freien Träger** nicht unerhebliche eigene Mittel ein, während in den Bereichen, in denen es um traditionelle Rechtsansprüche geht (Hilfen zur Erziehung), regelmäßig eine Vollfinanzierung der Arbeit auch der freien Träger durch die öffentlichen Träger stattfindet (Kap. 16.3 und 16.4).

Aus diesen Überblicken ergibt sich, dass in der Kinder- und Jugendhilfe zwei Arbeitsfelder eindeutig dominieren: mit fast 2/3 der Ausgaben ist die **Tagesbetreuung** für Kinder das Schwergewicht der Jugendhilfe und mit mehr als 1/4 der Ausgaben ist die **Hilfe zur Erziehung, Eingliederungshilfe, Hilfe für junge Volljährige** und die vorläufigen Schutzmaßnahmen der zweite bedeutsame Bereich. Dabei ist zu beobachten, dass die Tagesbetreuung einen ständig wachsenden Anteil einnimmt (2017: 64,9%; 2018: 66,2%), während der Anteil andere Bereiche trotz Steigen der Ausgaben abnimmt (HzE und vorläufige Schutzmaßnahmen von 25,9% im Jahr 2017 auf 24,7% im Jahr 2018) bzw. im Übrigen im Wesentlichen konstant bleibt.

Ein Blick auf die Entwicklung macht auch deutlich, wie sich Rechtsänderungen auswirken: Der Anstieg der Tagesbetreuung für Kinder ist (noch deutlicher in den alten Bundesländern) erkennbar auf die Einführung und den Ausbau des Rechtsanspruches auf Förderung in einer Tageseinrichtung (Kap. 8.2.3) zurückzuführen. Andererseits haben die eher präventiven, ambulanten Leistungen zumindest quantitativ nicht so große Bedeutung gewonnen, dass dies bei der o.a. statischen Betrachtung erkennbar würde. Das gilt auch für den Bereich der Hilfen zur Erziehung selbst. Dort dominiert nach wie vor die außerfamiliale Unterbringung insbesondere in Form der Heimerziehung (Kap. 9.5) und stellt hier unter finanziellen Gesichtspunkten den quantitativ größten Bereich dar.

19.2 Die Finanzierung der Kinder- und Jugendhilfe – die ökonomischen Dimensionen

8   Das Personal will bezahlt, die Einrichtungen finanziert werden – die Kinder- und Jugendhilfe kostet entsprechend. Die Kosten sind kontinuierlich gestiegen, sie betrugen 2018 bei den Trägern der öffentlichen Jugendhilfe (Tab. 12) 50,87 Mrd. EUR (ohne Personalkosten). Die Personalausgaben der Jugendhilfeverwaltung betrugen 2018 insg. 167.187.000 EUR und damit die Gesamtausgaben der Jugendhilfe etwas mehr als 51 Mrd. EUR. Es gibt jedoch nicht nur **Ausgaben**, sondern auch **Einnahmen**: Für das Jahr 2018 betrugen die Einnahmen etwas mehr als 3.5 Mrd. EUR (vornehmlich die Elternbeiträge für die Tagesbetreuung) und damit die reinen Ausgaben 47,5 Mrd.

9   Kinder- und Jugendhilfe ist fast ausschließlich eine kommunale Angelegenheit (Kap. 15.1), deswegen müssen diese Kosten von den Kommunen aufgebracht werden. Und zwischen den Kommunen gibt es erhebliche Unterschiede. Die Aufbereitung des entsprechenden Zahlenmaterials auf kommunaler Ebene ist schwierig und mit vernünftigem Arbeitsaufwand kaum zu leisten. Dies liegt in erster Linie daran, dass die Kommunen die einzelnen Einnahmen und Ausgaben in ihren Haushalten ganz unterschiedlich etatisieren und deswegen Vergleichsmöglichkeiten nur mithilfe eigener Erhebungen hergestellt werden können.

10 Da Kinder- und Jugendhilfe im Wesentlichen eine Aufgabe der örtlichen Träger ist (§ 69 SGB VIII i.V.m. Landesrecht; vgl. Kap. 3.1.2 und Kap. 15), ist es nicht verwunderlich, dass die kommunalen Gebietskörperschaften (kreisfreie Städte, Landkreise) bisweilen über die Kosten der Kinder- und Jugendhilfe stöhnen und klagen. Zum Teil ist dies auch verständlich. So gelten sämtliche Bestimmungen des SGB VIII für alle Kommunen – unabhängig von deren jeweiliger finanzieller Leistungsfähigkeit. Und da die Einnahmen in der Kinder- und Jugendhilfe durch die Kostenbeteiligung (Kap. 16.5) nur gering sind, muss die Finanzierung der Kosten der Jugendhilfe wesentlich durch die eigenen kommunalen Mittel erfolgen.

11 Die **Kommunen** haben hierzu zwei Arten von **Einnahmequellen**:
- sog. aufgabenunspezifische Einnahmen, also Einnahmen, die sie unabhängig von Aufgaben erzielen, die sie zu erledigen haben und die sie deswegen für alle ihre Aufgaben verwenden können. Hierzu zählen insb. die kommunalen (Real-, Verbrauchs- und Aufwands-) Steuern, Anteile an der Einkommenssteuer und ein landesgesetzlich festzulegender Anteil an den Gemeinschaftssteuern. Faktisch hat hier die Gewerbesteuer Auswirkungen auf die unterschiedliche Finanzkraft der Gemeinden.
- sog. **aufgabenspezifische Finanzzuweisungen**: diese sind Einnahmen der Kommunen, die sie für die Wahrnehmung spezifischer Aufgaben erhalten.

12 Die Leistungen der Kinder- und Jugendhilfe werden weitgehend aus den aufgabenunspezifischen Einnahmequellen finanziert. Das bedeutet für die Gebietskörperschaften, die z.B. geringe Gewerbesteuereinnahmen haben, eine erhebliche Belastung. Wegen der Konjunkturabhängigkeit der Gewerbesteuer bedeutet es aber auch für die anderen Kommunen starke Einkommensschwankungen. Deswegen wurde (insb. im Zusammenhang mit der Verankerung des Rechtsanspruches auf den Besuch eines Kindergartens) die Forderung erhoben, derartige Leistungen der Jugendhilfe durch aufgabenspezifische Zuweisungen für die örtlichen Träger der Jugendhilfe zu finanzieren. Auf landesverfassungsrechtliche Ebene ist in allen Flächenstaaten eine aufgabenspezifische Kostenentlastung vorgesehen – das **Konnexitätsprinzip**: Wenn eine Aufgabenübertra-

gung vom Land auf die Kommunen stattfindet, ist für die Kommunen ein finanzieller Ausgleich vorzusehen; ob ein voller oder nur ein angemessener Ausgleich erfolgen muss, ist von Land zu Land unterschiedlich geregelt (z.B. Art. 71 Abs. 3 Landesverfassung Baden-Württemberg). Dieses Konnexitätsprinzip greift aber nur dann, wenn vom Land auf die Kommune eine Aufgabenübertragung stattfindet. Damit ist es im SGB VIII meist ohne Bedeutung, denn hier nimmt fast nur der Bund Regelungen vor. Außerdem legt der Bund seit dem 10.12.2008 auch nicht mehr fest, wer Träger der öffentlichen Kinder- und Jugendhilfe ist (dies geschieht durch die Länder, s. Kap. 15.1). Die Tatsache, dass trotz der Bedeutung, die die Ausgaben der Kinder- und Jugendhilfe für die Kommunen haben, eine dauerhafte aufgabenspezifische Finanzzuweisung für Aufgaben der Kinder- und Jugendhilfe für die Kommunen nicht existiert, hat wohl auch damit zu tun, dass der gesamtgesellschaftliche Stellenwert der Kinder- und Jugendhilfe eher gering ist.

19.3 Der gesamtgesellschaftliche Stellenwert

Die bisherigen Zahlen sagen nur etwas über Kinder- und Jugendhilfe selbst aus. Um diese Zahlen bewerten zu können, bedarf es zum einen des Vergleichs in der Zeitdimension und zum anderen des Vergleichs mit anderen Sozialleistungsbereichen. Eine dafür geeignete Größe ist das **Sozialbudget**.

Zur besseren Überschaubarkeit der Sozialleistungen erstellt die Bundesregierung – federführend das BMAS – ein Sozialbudget. In diesem werden fast alle Leistungen der sozialen Sicherung zusammengestellt. Das **Sozialbudget** gliedert sich u.a. nach **institutionellen Kriterien**. Bei den »Institutionen« i.S.d. Sozialbudgets handelt es sich um die verschiedenen Leistungsbereiche, so z.B. eben auch um die Jugendhilfe. Materialien dazu finden sich in den jährlichen Veröffentlichungen des BMAS zur Arbeits- und Sozialstatistik bzw. in den regelmäßig erstellten Sozialberichten des BMAS (ausführlich *Bäcker* et al. 2010, Band 1, 93 ff.; s. nachfolgende Tab. 13).

Tab. 13: Jugendhilfe und Sozialbudget

Jahr*	Jugendhilfe (reine Ausgaben) in Mrd. EUR	Sozialbudget	
		in Mrd. EUR	Anteil der Jugendhilfe in Prozent
1991	10,9	395,6	2,7
2000	17,3	608,5	2,8
2010	25,6	771,5	3,3
2018*	46,5	995,9	4,5

* Zahlen für 2018 nur vorläufig

Die Ergebnisse sind auch hier mit Vorsicht und Genauigkeit zu interpretieren. So muss ein Anstieg nicht bedeuten, dass die Leistungen erhöht worden sind, sondern kann z.B. bedeuten, dass die Arbeitslosigkeit angestiegen ist, während gleichzeitig möglicherweise die Leistungen für Arbeitslosigkeit gekürzt wurden.

Für die Jugendhilfe ergibt sich ein kontinuierlicher Anstieg des Anteils am Sozialbudget. Insgesamt darf jedoch nicht übersehen werden, dass die Kinder- und Jugendhilfe ein eher kleiner Bereich des Sozialbudgets ist, der Anteil der Jugendhilfe beträgt im Jahr 2018 nur 4,5%.

6. Teil: Kinder- und Jugendhilfe im sozial- und gesellschaftspolitischem Kontext

17 2018 wurden in Deutschland ca. 995,9 Mrd. EUR für **Sozialleistungen** ausgegeben. Diese absolute Zahl sagt aber noch nichts darüber aus, wie hoch der Anteil dieser Sozialleistungen an allen in Deutschland produzierten Gütern und Dienstleistungen ist. Um dies zu errechnen, müssen die Sozialleistungen ins Verhältnis zum wirtschaftlichen und finanziellen Leistungsniveau einer Gesellschaft gesetzt werden. Die dafür maßgebliche Größe ist das **Bruttoinlandsprodukt**, die Summe aller im Inland produzierten Güter und Dienstleistungen. Dieses betrug 2018 in Deutschland 3.344,4 Mrd. €. Setzt man die gesamten Sozialleistungen zu diesem Bruttoinlandsprodukt in Bezug, so erhält man die **Sozialleistungsquote**. Sie betrug für 2018 29,8 %, somit beträgt der Anteil der Kinder und Jugendhilfe am Bruttoinlandsprodukt 1,35 %.

18 Auch die Sozialleistungsquote darf nicht falsch interpretiert werden etwa in der Weise: Je höher die Sozialleistungsquote, desto sozialer eine Gesellschaft. Denn der Anstieg der Sozialleistungsquote kann durch steigende soziale Probleme und Risiken, durch die Verschiebung im Altersaufbau der Bevölkerung, durch Zuwanderung von außen, durch die Entwicklung der Löhne und Gehälter, durch Veränderungen im Leistungsbereich (seien es Kürzungen, seien es Ausweitungen) usw beeinflusst werden (vgl. dazu Bäcker et al. 2010, Band 1, 105 ff.).

19 Die vorgestellten Daten führen zu einem ernüchternden Blick auf die gesamtgesellschaftliche Bedeutung der Kinder- und Jugendhilfe nach einer über hundertjährigen (Kap. 3.2) gesetzlichen Entwicklung. Das vergangene Jahrhundert war ein Jahrhundert, in dem sich der Aufstieg der Kinder- und Jugendhilfe zu einem etablierten Rechtsgebiet des Sozialleistungsrechts abspielte: Mit dem SGB VIII hat die Kinder- und Jugendhilfe ihren gegenwärtigen rechtlichen Abschluss gefunden. Damit haben wir einen verbindlichen Rechtsrahmen für das sozialpädagogische Handeln. Dieses Handeln muss auf konkrete soziale Situationen reagieren und damit wird sich auch der Rechtsrahmen immer wieder ändern müssen. So sind trotz dieses vorläufigen Abschlusses im SGB VIII immer noch alte Diskussionen von Bedeutung: Die Frage um die Familienorientierung oder die eigenständige Aufgabe der Kinder- und Jugendhilfe, die Auseinandersetzung um die Stellung der freien Träger seien es privat-gemeinnützige, seien es privat-gewerbliche, und die immer wieder zu gehende Gratwanderung zwischen Sozialleistungsangeboten und staatlichem Wächteramt (Kap. 4). Neue Diskussionen werden die Weiterentwicklung des Kinder- und Jugendhilferechts beeinflussen: So die Inklusion, die Bedeutung der Tagesbetreuung vornehmlich bei Grundschulkindern, das Verständnis des Kinderschutzes, die Zuwanderung Minderjähriger, neue Finanzierungswege, die Vereinbarkeit des nationalen Rechts mit dem europäischen Unionsrecht.

20 So ist die Darstellung des Kinder- und Jugendhilferechts eine historische Momentaufnahme. Da die gesellschaftlichen und sozialen Verhältnisse sich ändern werden, wird sich auch das Kinder- und Jugendhilferecht ändern müssen (zu den Reformbedarfen s. Kap. 3.2.4.3).

Weiterführende Literatur:
- Kolvenbach 1997; Bäcker et al. 2010

Literaturverzeichnis

Angegeben sind nur Bücher und andere Monographien bzw. Beiträge in Sammelwerken; Beiträge aus Zeitschriften werden aus Platzgründen nicht im Literaturverzeichnis, sondern nur mit dem abgekürzten **Zeitschriftentitel** im Text angegeben (bitte beachten Sie insofern die verwendeten Akronyme und anderen Kürzel im Abkürzungsverzeichnis).

Kommentare werden im Text in der aktuellen Ausgabe (aber ohne Jahresangabe) mit § und Rn zitiert.

Statistische Angaben über die Praxis der Kinder- und Jugendhilfe stammen aus der aktuellen Ausgabe der vom Statistischen Bundesamt online veröffentlichten Zahlenwerke (www.destatis.de - Statistiken der Kinder- und Jugendhilfe) und werden im Folgenden mit Ausnahme von Sonderveröffentlichungen nicht ausdrücklich mit einer gesonderten Literaturangabe aufgelistet.

Albert, M./Hurrelmann, K./Quenzel, G. 2015: Jugend 2015: Eine neue Generation? In: Shell Deutschland Holding 2015, 33 ff.
Arbeitsgemeinschaft für Forensische Altersdiagnostik (AGFAD) der Deutschen Gesellschaft für Rechtsmedizin 2004: Empfehlungen für die Altersdiagnostik bei Jugendlichen und jungen Erwachsenen außerhalb des Strafverfahrens, Münster
Arbeitsgemeinschaft Jugendhilfe (AGJ) 2008: Kinder- und Jugendhilferecht von A-Z; München
Arbeitsgemeinschaft für Kinder- und Jugendhilfe – AGJ (Hrsg.) 2012: Aufarbeitung der Heimerziehung in der DDR (Band 1: Bericht; Band 2: Expertisen), Berlin
Arbeitsgemeinschaft für Kinder- und Jugendhilfe – AGJ (Hrsg.) 2014: Junge Volljährige nach der stationären Hilfe zur Erziehung. Leaving Care als eine dringende fach- und sozialpolitische Herausforderung in Deutschland. Diskussionspapier der Arbeitsgemeinschaft für Kinder- und Jugendhilfe – AGJ, Berlin
Arbeitsgemeinschaft Jugendhilfe (AGJ) und Bundesagentur für Arbeit 2005: Das SGB II und seine Auswirkungen auf die Kinder- und Jugendhilfe. Empfehlungen für die kommunale Ebene der Kinder- und Jugendhilfe und für die Arbeitsgemeinschaften (ARGEn); Berlin
Arbeitsgemeinschaft der Obersten Landesjugendbehörden – AG OLJB (Hrsg.) 2016: Grundsätze für die Anerkennung von Trägern der freien Jugendhilfe nach § 75 SGB VIII [https://www.agjf.de/index.php/rahmenbedingungen.html?file=files/cto_layout/Material/Basiswissen/Rahmenbedingungen/Grundsa%CC%88tze%20fu%CC%88r%20die%20Anerkennung.pdf]
Arbeitskreis Inobhutnahme in der IGfH (Hrsg.) 2013: Inobhutnahme konkret, 2. Auflage, Frankfurt a. M. (zit. AKI)
Arbeitskreis HochschullehrerInnen Kriminologie/Straffälligenhilfe in der Sozialen Arbeit (AK KrimSoz) (Hrsg.) 2013: Kriminologie und Soziale Arbeit. Ein Lehrbuch. Weinheim
Arbeitsstelle Kinder- und Jugendhilfestatistik (AKJ^{Stat}**)** 2017: Kindertagesbetreuung vor Ort: Regionale Unterschiede bei der Kindertagesbetreuung - Betreuungsatlas 2017; Dortmund
Autorengruppe Bildungsberichterstattung 2018: Bildung in Deutschland 2018. Ein indikatorengestützter Bericht mit einer Analyse zu Wirkungen und Erträgen von Bildung; Bielefeld
Ausschuss der Vereinten Nationen für die Rechte von Menschen mit Behinderungen 2015: Abschließende Bemerkungen über den ersten Staatenbericht Deutschlands (CRPD/C/DEU/CO/1), 13. Tagung, 25.3. – 17.4.2015 [http://www.gemeinsam-einfach-machen.de/GEM/DE/AS/UN_BRK/Staatenpruefung/CO_Staatenpruefung_deutsch.docx?__blob=publicationFile&v=5 (Abruf am 9.11.2019)]
Baader, M./Götte, P./Gippert, W. 2018: Familie und Migration; Berlin
Baake, D. 2007: Jugend und Jugendkulturen. Darstellung und Deutung. 5. Aufl., 2007 Weinheim

Literaturverzeichnis

Bäcker, G. et al. 2008: Sozialpolitik und soziale Lage in Deutschland, Band 1: Grundlagen, Arbeit, Einkommen, und Finanzierung, Wiesbaden,

Bäcker, G. et al. 2010: Sozialpolitik und soziale Lage in Deutschland, Band 2: Gesundheit, Familie, Alter, soziale Dienste, 4. Aufl., Wiesbaden

Balloff, R. 2018: Kinder vor dem Familiengericht, Baden-Baden, 3. Aufl.

Banafsche, M. 2010: Das Recht der Leistungserbringung in der Kinder- und Jugendhilfe zwischen Korporatismus und Wettbewerb, Hamburg

Barabas, F. 2003: Beratungsrecht. Ein Leitfaden für Beratung, Therapie und Krisenintervention, 2.Aufl., Frankfurt/Main

Bauer, P./Weinhardt, M. 2014: Perspektiven sozialpädagogischer Beratung; Weinheim/Basel

Bavendiek, U./Flock, B./Geske, G. (Hrsg.) 2015: Handreichung Tagesgruppen, Frankfurt/M.

Bayerisches Landesjugendamt 2004: Trennung und Scheidung. Arbeitshilfe für die Praxis der Jugendhilfe zu den Beratungs- und Mitwirkungsaufgaben gemäß §§ 17, 18 Abs. 3, 50 SGB VIII, München

Bayerisches Landesjugendamt 2007: Tagesgruppen – Fachliche Empfehlungen zur Erziehung in Tagesgruppen gemäß § 32 SGB VIII – Beschluss des Landesjugendhilfeausschusses vom 09.10.2007, München

Bayerisches Landesjugendamt 2009: Fachliche Empfehlungen zur Inobhutnahme von Kindern und Jugendlichen gemäß § 42 SGB VIII; München 2007; geändert durch Beschluss des Vorstands des Landesjugendhilfeausschusses am 21.09.2009.

Bayerisches Landesjugendamt 2009a: Sozialpädagogische Diagnose. Arbeitshilfe zur Feststellung des erzieherischen Bedarfs. München

Bayerisches Landesjugendamt 2010: Vollzeitpflege Empfehlungen des Bayerischen Landkreistags und des Bayerischen Städtetags für die Vollzeitpflege nach dem SGB VIII, Inkrafttreten zum 1.1.2010, München

Bayerisches Landesjugendamt 2013: Sozialpädagogische Diagnose - Tabelle & Hilfeplan Arbeitshilfe für die Praxis der Hilfe zur Erziehung, München

Bayerisches Landesjugendamt 2015: Tagespflege - Empfehlungen des Bayerischen Landkreistags und des Bayerischen Städtetags für die Kindertagespflege nach dem SGB VIII und dem BayKiBiG, Inkraftttreten zum 1.1.2015, München

Behlert, W. 2018: Migrations- und Asylrecht, in: *Trenczek et al.* 2018, 654 ff.

Behlert, W. /Tammen, B. /Trenczek, T. 2018: Familienrecht, in: *Trenczek et al.*, 2018, 300 ff.

Behnisch, M./Lotz, W./Maierhof, G. 2013: Soziale Gruppenarbeit mit Kindern und Jugendlichen; Theoretische Grundlagen - methodische Konzepte - empirische Analyse; Weinheim.

Belardi, N./Akgün, L./Gregor, B./Pütz, T./Neef, R./Sonnen F. 2011: Beratung. Eine sozialpädagogische Einführung, 6. Aufl., Weinheim/Basel

Bender, D./Lösel, F. 2005: Misshandlung von Kindern: Risikofaktoren und Schutzfaktoren; in: *Deegener, G./Körner, W.* (Hrsg.): Kindesmisshandlung und Vernachlässigung. Ein Handbuch; Göttingen, 2005, 317

Berliner Rechtshilfefonds Jugendhilfe (BRJ) e. V./ Berliner Beratungs- und Ombudsstelle (BBO) 2020: Rechtsanspruch und Wirklichkeit – Ombudschaft als Machtausgleich; Abschlussbericht des Modellprojekts 2014-2017

Bertelsmann-Stiftung 2016: Kinderarmut. Kinder im SGB-II-Bezug in Deutschland; Gütersloh

Betz, T./Diller, A./Rauschenbach, T. 2010: Kita-Gutscheine. Ein Konzept zwischen Anspruch und Realisierung; DJI München

Böckenförde, E.-W. 1980: Elternrecht – Recht des Kindes – Recht des Staates; in: Essener Gespräche zum Thema Staat und Kirche; Münster 1980, 54 ff.

Boetticher, v. A. 2003: Die frei-gemeinnützige Wohlfahrtspflege und das europäische Beihilfenrecht, Baden-Baden

Boetticher, v. A. 2006: Europäisches Wettbewerbsrecht und Dienstleistungsproduktion in der Kinder- und Jugendhilfe, in: *Hansen* 2006, 137 ff.

Boetticher, v. A. 2020: Das neue Teilhaberecht, 2. Aufl., Baden-Baden

Literaturverzeichnis

Boetticher, v. A./Kuhn-Zuber, G. 2019: Rehabilitationsrecht – ein Studienbuch für soziale Berufe, Baden-Baden

Boetticher, v. A./Münder, J. 2009: Kinder- und Jugendhilfe und europäischer Binnenmarkt, Baden-Baden 2009

Böhnisch, L. /Münchmeier, R. 1999: Wozu Jugendarbeit? Weinheim

Bornemann, R./Erdemir, M. 2017. Jugendmedienschutz-Staatsvertrag, Baden-Baden

Bothmer, H. v./Fülbier, P. 2001: Ansätze zur Weiterentwicklung der Berufsausbildung Benachteiligter, in: *Fülbier/Münchmeier* 2001, 504 ff.

Braun, K.-H./Wetzel, K. 2018: Schule und Soziale Arbeit in Otto, H.-U./Thiersch, H. (Hrsg.): Handbuch Sozialarbeit/Sozialpädagogik; 6. Aufl. 2018, 1325 ff.

Brinks, S./Dittmann, E./Müller, H. (Hrsg.) 2016: Handbuch unbegleitete minderjährige Flüchtlinge. Frankfurt.

Bürger, U. 2015: Kinder- und Jugendhilfe im demografischen Wandel. Herausforderungen und Perspektiven der Förderung und Unterstützung von jungen Menschen und deren Familien in Baden-Württemberg – Fortschreibung 2015. Stuttgart (Kommunalverband für Jugend und Soziales/Landesjugendamt)

Büte, D. 2005: Das Umgangsrecht bei Kindern geschiedener oder getrennt lebender Eltern, 2. Aufl., Berlin

Bundesagentur für Arbeit 2017b: Kinder in Bedarfsgemeinschaften. Nürnberg Juni 2017.

Bundesarbeitsgemeinschaft der Leitenden Klinikärzte für Kinder- und Jugendpsychiatrie, Psychosomatik und Psychotherapie e.V. (BAG KJPP) 2015: Methoden der Altersfeststellung bei unbegleiteten minderjährigen Flüchtlingen; Gemeinsame Stellungnahme der kinder- und jugendpsychiatrischen Fachgesellschaft und der Fachverbände DGKJP, BKJPP, BAG KJPP; Berlin (2.11.) 2015

Bundesarbeitsgemeinschaft der Landesjugendämter 2010: Fachliche Empfehlungen zur Betriebserlaubniserteilung nach §§ 45 ff. SGB VIII für individualpädagogische Betreuungsstellen, Erziehungsstellen, Projektstellen, sozialpädagogische Lebensgemeinschaften u.ä

Bundesarbeitsgemeinschaft der Landesjugendämter 2013: Beteiligung von Kindern und Jugendlichen im Rahmen der Betriebserlaubniserteilung für Einrichtungen der Erziehungshilfe - 2. aktualisierte Fassung

Bundesarbeitsgemeinschaft der Landesjugendämter (BAGLJÄ) 2014/2017: Handlungsempfehlungen zum Umgang mit unbegleiteten minderjährigen Flüchtlingen. Inobhutnahme, Clearingverfahren und Einleitung von Anschlussmaßnahmen; Mainz [aktualisierte Fassung 2017]

Bundesarbeitsgemeinschaft der Landesjugendämter (BAGLJÄ) 2014a: Empfehlungen zur Adoptionsvermittlung; 7. Aufl., Kiel

Bundesarbeitsgemeinschaft der Landesjugendämter (BAGLJÄ) 2015: Empfehlungen – Qualitätsmaßstäbe und Gelingensfaktoren für die Hilfeplanung gemäß § 36 SGB VIII, beschlossen auf der 118. Arbeitstagung der Bundesarbeitsgemeinschaft Landesjugendämter vom 6. bis 8. Mai 2015 in Kiel, Mainz

Bundesarbeitsgemeinschaft der Landesjugendämter (BAGLJÄ) 2016: Handlungsleitlinien für Kinderschutzkonzepte zur Prävention und Intervention in Kindertageseinrichtungen; Münster

Bundesarbeitsgemeinschaft der überörtlichen Träger der Sozialhilfe (BAGüS), 2009a: Orientierungshilfe zu den Schnittstellen der Eingliederungshilfe nach dem SGB XII zu anderen sozialen Leistungen (»Schnittstellenpapier«), Münster (zitiert BAGüS 2009a)

Bundesarbeitsgemeinschaft Neue Ambulante Maßnahmen in der DVJJ (BAG) (Hrsg.) 1992: Ambulante Maßnahmen und sozialpädagogische Jugendhilfeangebote für junge Straffällige; Bonn

Bundesarbeitsgemeinschaft Neue Ambulante Maßnahmen in der DVJJ (BAG) (Hrsg.) 2000: Neue Ambulante Maßnahmen. Grundlagen – Hintergründe – Praxis; Bonn

Bundesfachverband Unbegleitete Minderjährige Flüchtlinge e.V. (BumF) (Hrsg.) 2009: Handlungsleitlinien zur Inobhutnahme gemäß § 42 SGB VIII. Standards für den Umgang mit unbegleiteten minderjährigen Flüchtlingen; 4. Auflage, München

Literaturverzeichnis

Bundesfachverband unbegleitete minderjährige Flüchtlinge (BumF) 2016a: Factfinding zur Situation von Kindern und Jugendlichen in Erstaufnahmeeinrichtungen und Notunterkünften, Studie im Auftrag des Deutschen Komitees für UNICEF, Köln, Februar 2016.

Bundesfachverband unbegleitete minderjährige Flüchtlinge (BumF) 2017: 18 – und dann? Arbeitshilfe zur Beantragung von Hilfen für junge Volljährige; München aktualisiert: Febr. 2017.

Bundesfachverband unbegleitete minderjährige Flüchtlinge e.V (BumF) 2019: Alterseinschätzung – Rechtlicher Rahmen, fachliche Standardsund Hinweise für die Praxis (Autorinnen: Nerea González Méndez de Vigo, Irmela Wiesinger); Berlin.

Bundesinstitut für Bevölkerungsforschung (2016): Bevölkerungsentwicklung. Daten, Fakten, Trends zum demografischen Wandel. Wiesbaden.

Bundesministerium für Arbeit und Sozialordnung (Hrsg.) 2017: Lebenslagen in Deutschland. Der 5. Armuts- und Reichtumsbericht der Bundesregierung, Berlin (April 2017)

Bundesministerium für Familie, Senioren, Frauen und Jugend (Hrsg.) 2002: Elfter Kinder- und Jugendbericht. Bericht über die Lebenssituation junger Menschen und die Leistungen der Kinder- und Jugendhilfe in Deutschland. Berlin. www.bmfsfj.de/doku/Publikationen/kjb/data/download/11_Jugendbericht_ gesamt.pdf; [21.08.12]

Bundesministerium für Familie, Senioren, Frauen und Jugend (Hrsg.) 2002a: Bereitschaftspflege – Familiäre Bereitschaftsbetreuung, Empirische Ergebnisse und praktische Empfehlungen; SR Band 231, Stuttgart

Bundesministerium für Familie, Senioren, Frauen und Jugend (Hrsg.) 2009: Wie erreicht Familienbildung und Familienberatung muslimische Familien? 2. Aufl., Berlin

Bundesministerium für Familie, Senioren, Frauen und Jugend (Hrsg.) 2012: Zeit für Familie - 8. Familienbericht; Familienzeitpolitik als Chance einer nachhaltigen Familienpolitik; Berlin

Bundesministerium für Familie, Senioren, Frauen und Jugend (Hrsg.) 2013: 14. Kinder- und Jugendbericht - Bericht über die Lebenssituation junger Menschen und die Leistungen der Kinder- und Jugendhilfe in Deutschland, Berlin (s.a. BT-Drs. 17/12200)

Bundesministerium für Familie, Senioren, Frauen und Jugend (Hrsg.) 2014: Kinder- und Jugendhilfe - Achtes Buch Sozialgesetzbuch; 5. Aufl. Berlin [online erhältlich über https://www.bmfsfj.de/blob/94106/00a03f47fcbe076829ad6403b919e93b/kinder--und-jugendhilfegesetz---sgb-viii-data.pdf]

Bundesministerium für Familie, Senioren, Frauen und Jugend (Hrsg.) 2015: Fünfter Bericht zur Evaluation des Kinderförderungsgesetzes Kurzfassung; Berlin

Bundesministerium für Familie, Senioren, Frauen und Jugend (Hrsg.) 2017: Zwischen Freiräumen, Familie, Ganztagsschule und virtuellen Welten – Persönlichkeitsentwicklung und Bildungsanspruch im Jugendalter; 15. Kinder- und Jugendbericht - Bericht über die Lebenssituation junger Menschen und die Leistungen der Kinder- und Jugendhilfe in Deutschland, Berlin (s.a. BT-Drs. 18/11050)

Bundesministerium für Familie, Senioren, Frauen und Jugend (Hrsg.) 2017a: Kindertagesbetreuung Kompakt – Ausbaustand und Bedarf; Berlin

Bundesministerium für Familie, Senioren, Frauen und Jugend (Hrsg.) 2019: Handbuch Kindertagespflege; aktualisierte Fassung; Berlin [www.handbuch-kindertagespflege.de/]

Bundesregierung 2019: Zweiter und dritter Staatenbericht der Bundesrepublik Deutschland zum Übereinkommen der Vereinten Nationen über die Rechte von Menschen mit Behinderungen vom 18.7.2019, BT-Drs. 19/11745 [https://www.bmas.de/SharedDocs/Downloads/DE/Thema-Internationales/staatenbericht-un-behindertenrechtskonvention.pdf?__blob=publicationFile&v=1 (Abruf am 9.11.2019)].

Bundeszentrale für politische Bildung (bpb) /Statistisches Bundesamt (Destatis)/Wissenschaftszentrum Berlin für Sozialforschung (WZB) (Hrsg.) 2018: Datenreport 2018. Ein Sozialbericht für die Bundesrepublik Deutschland. Bonn

Bussmann, K.-D. 2005: Verbot elterlicher Gewalt gegen Kinder – Auswirkungen des Rechts auf gewaltfreie Erziehung; in: *Deegener, G./Körner, W.* (Hrsg.): Kindesmisshandlung und Vernachlässigung. Ein Handbuch. Göttingen 2005, 243.

Literaturverzeichnis

Calmbach, M./Borgstedt, S./Bochard, I./Thomas, P./Flaig, B. 2016: Wie ticken Jugendliche? 2016; Lebenswelten von Jugendlichen im Alter von 14 bis 17 Jahren in Deutschland. Wiesbaden

Claasen, G. 2000: Der Anspruch ausländischer Kinder und Jugendlichen auf Hilfen gemäß Kinder- und Jugendhilfegesetz – SGB VIII, in: *PRO ASYL* (Hrsg.): Menschenwürde mit Rabatt – Leitfaden und Dokumentation zum Asylbewerberleistungsgesetz, 2. Aufl., Frankfurt/Main

Coelen, Th./Otto, H.-U. (Hrsg.) 2008: Grundbegriffe der Ganztagsbildung. Das Handbuch. Wiesbaden

Coester, M. 1986: Kindeswohl als Rechtsbegriff; in: Vierter Deutscher Familiengerichtstag (Hrsg.), Brühler Schriften zum Familienrecht; Band 4, Bielefeld 1986, 31.

Conen, M.-L./Cecchin, G. : Wie kann ich Ihnen helfen, mich wieder loszuwerden? Heidelberg 5. Aufl. 2018

Cornel, H. 2018a: Haftentscheidungshilfe und Untersuchungshaftvermeidung, in *Cornel* et al. (Hrsg.), 299 - 311.

Cornel, H. 2018: Der Erziehungsgedanke im Jugendstrafrecht: Historische Entwicklungen. In: Handbuch Jugendkriminalität, herausgegeben von Bernd Dollinger und Henning Schmidt-Semisch, Wiesbaden, S. 533–558

Cornel, H./Kawamura-Reindl, G./Sonnen, B. (Hrsg.) 2018: Handbuch der Resozialisierung, 4. Aufl., Baden-Baden

Cornel, H./Trenczek, T. 2019: Strafrecht und Soziale Arbeit, Baden-Baden.

Correll, L./Lepperhoff, J. (Hrsg.) 2019: Frühe Bildung in der Familie. Strategien in Familienbildung und Kindertageseinrichtungen; Weinheim

Cremer, H. 2011: Die UN-Kinderrechtskonvention. Geltung und Anwendbarkeit in Deutschland nach der Rücknahme der Vorbehalte, Hrsg.: Deutsches Institut für Menschenrechte, Berlin.

Deegener, G. 2014: Kindesmissbrauch – Erkennen, helfen, vorbeugen; Weinheim

Deegener, G./Körner, W. (Hrsg.) 2005: Kindesmisshandlung und Vernachlässigung. Ein Handbuch; Göttingen,

Deinet, U. /Icking, M. (Hrsg.) 2018: Jugendhilfe und Schule. Analysen und Konzepte für die kommunale Kooperation; Leverkusen-Opladen

Deinet, U./Sturzenhecker, B. (Hrsg.) 2013: Handbuch offener Jugendarbeit, 4. Aufl., Wiesbaden

Dettenborn, H. 2014: Kindeswille und Kindeswohl; 4. Aufl., München.

Deutscher Bundestag – Wissenschaftlicher Dienst (BT-WD) 2016: Leistungen und andere Aufgaben der Kinder- und Jugendhilfe Zum Anspruch ausländischer Kinder nach inner-, über- und zwischenstaatlichem Recht; WD 9 - 3000 - 012/16; Berlin

Deutscher Bundestag – Wissenschaftlicher Dienst (BT-WD) 2018: Zur Entwicklung der Risiken von Scheidung und Trennung in verschiedenen Familien- und Lebensformen; WD-9-053-18; Berlin

Deutscher Paritätischer Wohlfahrtsverband Gesamtverband e.V. (DPWV) 2016: Zeit zu handeln. Bericht zur Armutsentwicklung in Deutschland 2016. Berlin [http://www.der-paritaetische.de/armutsbericht/download-armutsbericht/ (Abruf 07.03.2016)].

Deutscher Verein für öffentliche und private Fürsorge (Hrsg.) 2017: Fachlexikon der sozialen Arbeit, 8. Aufl., Baden-Baden/Frankfurt, Main

Deutsches Jugendinstitut - DJI 2011: Das Jugendgerichtshilfeb@rometer. Empirische Befunde zur Jugendhilfe im Strafverfahren in Deutschland; Arbeitsstelle Kinder- und Jugendkriminalitätsprävention 2011: München

Deutsches Jugendinstitut - DJI 2014: Die öffentliche Kinderbetreuung für unter Dreijährige: (Eltern-)Bedarfe 2013 und ihre Veränderungen zwischen 2012 und 2013. Befunde der ersten und zweiten KiföG-Bundesländerstudie, München

Deutsches Jugendinstitut - DJI 2020: DJI-Kinder- und Jugendmigrationsreport 2020. Datenanalyse zur Situation junger Menschen in Deutschland; München

Deutsches Kinderhilfswerk, Deutscher Kinderschutzbund, UNICEF Deutschland 2018: Kinderrechte ins Grundgesetz – ein Argumentationsleitfaden; Berlin 2018

Diller, A./Leu, H./Rauschenbach, T. (Hrsg.) 2004: Kitas und Kosten. Die Finanzierung von Kindertageseinrichtungen auf dem Prüfstand, München

Diller, A./Leu, H./Rauschenbach, T. (Hrsg.) 2010: Wie viel Schule verträgt der Kindergarten? Annäherung zweier Lernwelten; DJI, München

Dilling, H./Mombour, W./Schmidt, M. H. (Hrsg.) 2015: Internationale Klassifikation psychischer Störungen. ICD-10 Kapitel V (F). Klinisch diagnostische Leitlinien, 10. Aufl., Bern

Dollinger, H. /Schadbach, M. 2013: Jugendkriminalität - Eine Einführung; Wiesbaden

Dollinger, H./Schmidt-Semisch, H. (Hrsg) 2018: Handbuch Jugendkriminalität; 3. Aufl. Wiesbaden

Düring, D./Krause, H.-U./Peters, F./Rätz, R./Rosenbauer, N./Vollhase, M. (Hrsg.): 2014: Kritisches Glossar Hilfen zur Erziehung. Frankfurt.

Ehlke, C. (2020): Care Leaver aus Pflegefamilien. Die Bewältigung des Übergangs aus der Vollzeitpflege in ein eigenverantwortliches Leben aus Sicht der jungen Menschen; Weinheim

Eisenberg, U. 2018: Jugendgerichtsgesetz, 20. Aufl., Beck, München

Eschelbach, D./Nickel, D. 2016: Örtliche Zuständigkeit und Kostenerstattung in der Jugendhilfe – Ein Praxiskommentar, DV, Berlin

Euteneuer, M./Sabla, K.-P./ Uhlendorff, U. 2015: Familienpolitik, Soziale Arbeit mit Familien und Familienbildung; in *Otto, H.-U./Thiersch, H.* (Hrsg.): Handbuch der Sozialarbeit/Sozialpädagogik, 6. Aufl., München 2018, 390 ff.

Fasselt, U./Schellhorn, H. 20207: Handbuch Sozialrechtsberatung; 5. Auflage, Baden-Baden

Fegert, J./Schrapper, C. (Hrsg.) 2004: Handbuch Jugendhilfe – Jugendpsychiatrie, Weinheim/ München

Fegert, J./Wolff, M. (Hrsg.) 2002: Sexueller Missbrauch durch Professionelle in Institutionen. Prävention und Intervention. Ein Werkbuch, Münster

Fendrich, S./Pothmann, J./Tabel, A. 2018: Monitor Hilfen zur Erziehung; hrsg. von Arbeitsstelle Kinder und Jugendhilfestatistik (AKJ Stat); Eigenverlag Forschungsverbund DJI/TU Dortmund, Dortmund (regelmäßige Aktualisierungen auf http://www.hzemonitor.akjstat.tu-dortmund.de

Feierabend, S./Rathgeb, T./Reutter, T. 2017: JIM 2018. Jugend, Information, Medien. Basisuntersuchung zum Medienumgang 12- bis 19-Jähriger in Deutschland. Stuttgart: Medienpädagogischer Forschungsverbund Südwest.

Fischer, V./Springer, M. (Hrsg.) 2011: Handbuch Migration und Familie. Grundlagen für die Soziale Arbeit mit Familien. Schwalbach

Freese, J./Göppert, V./Paul, M. (Hrsg.) 2011: Frühe Hilfen und Kinderschutz in den Kommunen. Praxisgrundlagen, Wiesbaden

Fröhlich-Gildhoff, K./Rönnau-Böse, M. 2014: Resilienz; 3. Aufl. München

Früchtel, F./Roth, E. (2017): Familienrat und inklusive, versammelnde Methoden des Helfens; Heidelberg

Fuchs-Rechlin, K. 2013: Personalausstattung in KiTas – genauer hingeschaut. In: *KomDat Jugendhilfe*, 16. Jg., Heft 1.

Fülbier, P. 2001: Jugendberufshilfe – quantitative und qualitative Dimensionen, in: *Fülbier/ Münchmeier* 2002, 486 ff.

Fülbier, P./Münchmeier, R. (Hrsg.) 2001: Handbuch Jugendsozialarbeit, Münster, 2. Aufl. 2002

Fülbier, P./Schmandt, R. 2001: Jugendwohnen – Leben, Arbeiten, Wohnen, in: *Fülbier/Münchmeier* 2001, 571 ff.

Gängler, H. 2018: Jugendverbände und Jugendpolitik; in *Otto, H.-U./Thiersch, H.* (Hrsg.): Handbuch Sozialarbeit/Sozialpädagogik; 6. Aufl. 2018, 739 ff.

Gathen, M. von zur/Liebert, J. 2016: Auswirkungen von Armut auf die Lebenswirklichkeit und Entwicklung von Kindern und Jugendlichen. In: DPWV 2016, 35 ff.

Geiger, K. 2019: Personalgewinnung. Personalentwicklung. Personalbindung. Eine bundesweite Befragung von Kindertageseinrichtungen, Weiterbildungsinitiative Frühpädagogische Fachkräfte, WiFF Studien, Band 32, München.

Geis, M. 1997: Die öffentliche Förderung sozialer Selbsthilfe, Baden-Baden

Literaturverzeichnis

Geulen, D. 1977: Das vergesellschaftete Subjekt. Zur Grundlegung der Sozialisationstheorie. Frankfurt/M.

Goldberg, B./Trenczek, T. 2014: Jugend und Delinquenz, in *AKKrimSoz* (Hrsg.): Kriminologie und Soziale Arbeit; Juventa, Weinheim 2014, 263 ff.

Grabow, M. 2017: Vormundschaft, in: Deutscher Verein für öffentliche und private Fürsorge (Hrsg.), Fachlexikon Soziale Arbeit, 8. Auflage, München, 2017, S. 972 f.

Greese, D. et al. 1993: Allgemeiner Sozialer Dienst, Münster

Häschel, K. (2017): Kitainklusion - Wege zur gelingenden Umsetzung; Weinheim

Hansbauer, P. (Hrsg.) 2002: Neue Wege in der Vormundschaft. Diskurse zu Geschichte, Struktur und Perspektiven der Vormundschaft, Münster

Hansbauer, P. 2018: Vormundschaft/Pflegschaft, in: Hans--Uwe Otto, Hans Thiersch (Hrsg.), Handbuch Soziale Arbeit, 6. Auflage, München, 2018, S. 1814 ff.

Hansbauer, P./ Hensen, G./ Müller, K./ von Spiegel, H. 2009: Familiengruppenkonferenz, Eine Einführung. Weinheim und München

Hansbauer, P./Mutke, B./Oelerich, G. 2004: Vormundschaft in Deutschland – Trends und Perspektiven, Opladen

Hansbauer, P./Stork, R. 2017: Ombudschaften für Kinder und Jugendliche – Entwicklungen, Herausforderungen und Perspektiven. Materialien zum 15. Kinder- und Jugendbericht. In: Sachverständigenkommission 15. Kinder- und Jugendbericht (Hrsg.): Materialien zum 15. Kinder und Jugendbericht. Zwischen Freiräumen, Familie, Ganztagsschule und virtuellen Welten – Persönlichkeitsentwicklung und Bildungsanspruch im Jugendalter. München: Deutsches Jugendinstitut, 2017, S. 155–201.

Hansen, R./Knauer, R./Sturzenhecker, B. 2012: Partizipation in Kindertageseinrichtungen – So gelingt Demokratiebildung mit Kindern!, Weimar/Berlin

Hasenclever, C. 1978: Jugendhilfe und Jugendgesetzgebung seit 1900, Göttingen

Hauck, K./Noftz, W. 1991: Sozialgesetzbuch VIII, Kinder- und Jugendhilfe. Kommentar. Loseblattsammlung, Berlin 1991 ff.; Stand 2015 (zitiert: Bearbeiter in: Hauck/Noftz)

Havighurst, R. J. 1948/1972: Developmental Tasks and Education. 3. Aufl. New York.

Haynes, J. M./Bastine, R./Link, G./Mecke, A. 2010: Scheidung ohne Verlierer. Ein neues Verfahren, sich einvernehmlich zu trennen. Mediation in der Praxis, 4. Aufl., München

Heilmann, S./Salgo, L. 2002: Verfahrenspflegschaft und Vormundschaft für Minderjährige – Ergänzung oder Widerspruch?, in: *Hansbauer* 2002, 181 ff.

Heiner, M. (Hrsg.) 2004: Diagnostik und Diagnosen in der Sozialen Arbeit. Ein Handbuch; Frankfurt

Heinz, W. (2017): Kriminalität und Kriminalitätskontrolle in Deutschland. Stand: Berichtsjahr 2015; Version 1/2017. Konstanzer Inventar Sanktionsforschung [http://www.ki.uni-konstanz.de/kis/(Abruf 15.10.2019)].

Herriger, N. 2014: Empowerment in der Sozialen Arbeit ; 5. Aufl. Stuttgart

Hilbert, C./ Bandow, Y./ Kubisch-Piesk, K./Schlizo-Jahnke, H. 2011: Familienrat in der Praxis – ein Leitfaden. Deutschen Verein für öffentliche und private Vorsorge e.V., Berlin

Hinte, W./Treeß, H. 2011: Sozialraumorientierung in der Jugendhilfe, 2. Auflage, Berlin

Hofmann, R./ Donath, P. 2017: Gutachten bezüglich der ausdrücklichen Aufnahme von Kinderrechten in das Grundgesetz nach Maßgabe der Grundprinzipien der UN-Kinderrechtskonvention; Deutsches Kinderhilfswerk e.V., Koordinierungsstelle Kinderrechte, Berlin

Hohmann, J./Morawe, D. 2012: Praxis der Familienmediation. Typische Probleme mit Fallbeispielen und Formularen bei Trennung und Scheidung, Köln, 2. Auflage

Homfeld, H./Schulze-Krüdener, J. 2015: Elternarbeit in der Heimerziehung; München

Hoops, S./Permien, H. 2003: Evaluation des Pilotprojekts Ambulante Intensive Begleitung (AIB), DJI München

Höynck, T./Leuschner, F. 2014: Das Jugendgerichtsbarometer. Ergebnisse einer bundesweiten. Befragung von Jugendrichtern und Jugendstaatsanwälten. Kassel:

Hübner, A. 2010: Freiwilliges Engagement als Lern- und Entwicklungsraum; Wiesbaden

Hundmeyer, S./Pimmer-Jüsten, B. 2019: Aufsichtspflicht in Kindertageseinrichtungen, Neuwied

Hundt, M. 2020: Praxishandbuch Familie und Migration - Migrationsrecht, Familienrecht, Kinder- und Jugendhilfe, Köln

Hurrelmann, K. 2015: Einführung in die Sozialisationstheorie. 11. Aufl. Weinheim.

ISA Planung und Entwicklung GmbH (Hrsg.) 2009: Wirkungsorientierte Jugendhilfe. Band 9 – Praxishilfe zur wirkungsorientierten Qualifizierung der Hilfen zur Erziehung, Münster

ISA Planung und Entwicklung GmbH (Hrsg.) 2010: Wirkungsorientierte Jugendhilfe. Abschlussbericht der Evaluation des Bundesmodellprogramms „Qualifizierung der Hilfen zur Erziehung durch wirkungsorientierte Ausgestaltung der Leistungs-, Entgelt- und Qualitätsvereinbarungen nach §§ 78a ff. SGB VIII", Münster

Internationale Gesellschaft für erzieherische Hilfen (IGfH) (Hrsg.) 2010: Neue Manifest zur Pflegekinderhilfe; Frankfurt

Jeand'Heur, B. 1993: Verfassungsrechtliche Schutzgebote zum Wohl des Kindes und staatliche Interventionspflichten aus der Garantienorm des Art. 6 Abs. 2 Satz 2 GG, Berlin

Jestaedt, M. 2011: Das Kinder- und Jugendhilferecht und das Verfassungsrecht, in: *Münder/Wiesner/Meysen*, Kap. 1.5

Jordan, E. 1987: 65 Jahre (Reichs)Jugendwohlfahrtsgesetz – Ausgangssituationen und Entwicklungen, in: Jordan, E./Münder, J. 1987, S. 19-36

Jordan, E./Münder, J. (Hrsg.) 1987: 65 Jahre (Reichs-)Jugendwohlfahrtsgesetz, Münster

Jordan, E./Maykus, S./Stuckstätte, E. 2015: Kinder- und Jugendhilfe., 4. Aufl., Weinheim

Kähler, H./Zobrist, P. 2014: Soziale Arbeit in Zwangskontexten. Wie unerwünschte Hilfe erfolgreich sein kann, München-Basel, 2. Aufl.

Kepert, J./Kunkel, P.-C. 2018: Kinder- und Jugendhilferecht - Fälle und Lösungen; Baden-Baden, 6. Aufl.

Kiesewetter, S. 2017: Mediation in internationalen Familienkonflikten; in Trenczek et al. (Hrsg.) 2017, 529 ff.

Kinderschutz-Zentrum Berlin e.V. 2009: Kindeswohlgefährdung. Erkennen und Helfen.11. Auflage, Berlin

Kindhäuser, U. 2017: Strafgesetzbuch – Lehr- und Praxiskommentar; 7. Aufl. Baden-Baden

Kindler H./Helming E./Meysen T./Jurczyk K. (Hrsg.) 2011: Handbuch Pflegekinderhilfe. München: Deutsches Jugendinstitut e.V.

Kindler H./Lillig, S../Blüml, H./Meysen T./Werner, A. (Hrsg.) 2006: Handbuch Kindeswohlgefährdung nach § 1666 BGB und Allgemeiner Sozialer Dienst (ASD); München: Deutsches Jugendinstitut e.V.

Klausch, P. 2017: Arbeitsgemeinschaft für Jugendhilfe, in: *Deutscher Verein für öffentliche und private Fürsorge* 2017, 55 ff.

Klein, J./Macsenaere, M. (Hrsg.) 2015: InHAus 2.0, Individualpädagogische Hilfen im Ausland und ihre Nachhaltigkeit; Freiburg

Kölbl, D. 2018: Wenn Mädchen zu Müttern werden. Eine sozialpädagogische Betrachtung; 2. Auflage, Baden-Baden

Kolpinghäuser, Verband der … eV 2012: Jugendwohnen in Deutschland; Mainz (zitiert: Kolping 2012)

Kolvenbach, F. 1997: Die Finanzierung der Kinder- und Jugendhilfe. Zur Empirie eines vernachlässigten Themas, in: *Rauschenbach/Schilling* 1997a, 367 ff.

Kolvenbach, F.-J. 2004: Leistungen der Jugendhilfe für junge Volljährige, in: *Statist. Bundesamt* (Hrsg.) Wirtschaft und Statistik 4/2004, 1 ff.

Krabbe. H. 2017: Mediation in hoch eskalierten Partnerkonflikten/häusliche Gewalt; in Trenczek et al. (Hrsg.) 2017, 533 ff.

Krabbe, H./Thomsen, C. 2017: Familien-Mediation und Kinder, 4. Aufl., Köln

Krahmer, U./ Trenk-Hinterberger, P. (Hrsg) 2020: Sozialgesetzbuch I – Allgemeiner Teil, 4. Aufl., Baden-Baden (zitiert: Autor in LPK-SGB I)

Krahmer, U. (Hrsg) 2020: Sozialdatenschutzrecht, Handkommentar, 4. Aufl., Baden-Baden (zitiert: Autor in HK-SozDatenschutzR)

Literaturverzeichnis

Kreft, D./Lukas, H. et al. 1993: Perspektivenwandel der Jugendhilfe, Band 1 Forschungsergebnisse; Band 2 Expertisentexte (zitiert mit Autorennamen), 2. Aufl., Nürnberg

Kreft, D./Mielenz, I. (Hrsg.) 2017: Wörterbuch Soziale Arbeit, 8. Aufl., Weinheim

Kreyenfeld, M./Spieß, C. K./Wagner, G. 2011: Finanzierungs- und Organisationsmodelle institutioneller Kinderbetreuung: Analysen zum Status quo und Vorschläge zur Reform, Neuwied.

Krieger, W. 1994: Der Allgemeine Sozialdienst, Weinheim/München

Kronauer, M. 2010: Inklusion – Exklusion. Eine historische und begriffliche Annäherung an die soziale Frage der Gegenwart. In: Kronauer, M. (Hrsg.): Inklusion und Weiterbildung. Reflexionen zur gesellschaftlichen Teilhabe in der Gegenwart. Bielefeld 2010, 24 ff.

Kruse, W. 2016: Mein Kind ist behindert–diese Hilfen gibt es; Überblick über Rechte und finanzielle Leistungen für Familien mit behinderten Kindern, hrsg. vom Bundesverband für körper- und mehrfachbehinderte Menschen, Düsseldorf

Kuhls, A./Glaum, J./Schröer, W. (Hrsg.) 2014: Pflegekinderhilfe im Aufbruch. Aktuelle Entwicklungen und neue Herausforderungen in der Vollzeitpflege; Weinheim

Kunkel, P.-C./Kepert, J./Pattar, A. 2018: Sozialgesetzbuch VIII – Kinder- und Jugendhilfe, Lehr- und Praxiskommentar, 7.Aufl., Baden-Baden

Leven, I./Quenzel, G./Hurrelmann, K. 2015: Familie, Bildung, Beruf, Zukunft: Am liebsten alles. In: Shell Deutschland Holding 2015, 47 ff.

Leven, I./Schneekloth, U. 2015: Freizeit und Internet: zwischen klassischem „Offline" und neuem Sozialraum. In: Shell Deutschland Holding 2015, 111 ff.

Lindner, W. (Hrsg.) 2009: Kinder- und Jugendarbeit wirkt – Aktuelle und ausgewählte Evaluationsergebnisse der Kinder- und Jugendarbeit, Wiesbaden 2. Aufl.

Lindner, W./Thole, W./Weber, J. (Hrsg.) 2003: Kinder- und Jugendarbeit als Bildungsprojekt, Opladen

Lindner, W. 2018: Jugendarbeit; in: Hans--Uwe Otto, Hans Thiersch (Hrsg.), Handbuch Soziale Arbeit, 6. Auflage, München, 2018, 708 ff.

Liesching, M./Schuster, S. 2011: Jugendschutz. Kommentar. 5. Aufl. München

Lode, M. 2010: Die soziale Absicherung von Tagespflegepersonen, Berlin

Lorz, R. 2003: Der Vorrang des Kindeswohls nach Art. 3 der UN-Kinderrechtskonvention in der deutschen Rechtsordnung. Hrsg.: National Coalition für die Umsetzung der UN-Kinderrechtskonvention in Deutschland (NC), Rechtsträger Arbeitsgemeinschaft für Jugendhilfe (AGJ), Berlin

Lorz, R. A. 2010: Expertise „Nach der Rücknahme der deutschen Vorbehaltserklärung: Was bedeutet die uneingeschränkte Verwirklichung des Kindeswohlvorrangs nach der UN-Kinderrechtskonvention im deutschen Recht?" National Coalition für die Umsetzung der UN-Kinderrechtskonvention in Deutschland (Hrsg.), Berlin

Lüders, C. 1997: Ungenützte Chancen, Thesen zum Umgang der Sozialpädagogik mit der Jugendhilfestatistik, in: *Richter/Coelen* 1997, 103 ff.

Ludwig, H. 2014: Diagnose und Prognose in der Sozialen Arbeit mit straffällig gewordenen Menschen. In: AK KrimSoz 2014, 176 ff.

Luxburg, H. Graf v. 2014: Trennung und Scheidung einvernehmlich gestalten, 5. Aufl., Köln

Maas, U. 1996: Soziale Arbeit als Verwaltungshandeln, 2. Aufl., Weinheim/München 1996

Mamier, J. et al. 2002: Organisatorische Einbettung von Jugendhilfeaufgaben in die Kommunalverwaltung, in: *Sachverständigenkommission* (Hrsg.) Elfter Kinder- und Jugendbericht, Band 1, 265 ff.

Marthaler, T. 2009: Erziehungsrecht und Familie, Weinheim/München

Maykus, S./Beck, A. et al. (Hrsg.) 2016: Inklusive Bildung in Kindertageseinrichtungen und Grundschulen, Empirische Befunde und Implikationen für die Praxis, Wiesbaden

Maykus, S./Schone, R. (Hrsg.) 2010: Handbuch der Jugendhilfeplanung, 3. Aufl., Wiesbaden

Menk, M., Schnorr, V., Schrapper, C. 2013: Woher die Freiheit bei all dem Zwange? Langzeitstudie zu (Aus)Wirkungen geschlossener Unterbringung in der Jugendhilfe; Weinheim & München 2013

Menne, K. 2017: Erziehungsberatung als Hilfe zur Erziehung, Weinheim

Literaturverzeichnis

Menne, K./Weber, M. (Hrsg.) 2011: Professionelle Kooperation zum Wohle des Kindes. Hinwirken auf elterliches Einvernehmen im familiengerichtlichen Verfahren (FamFG), Weinheim

Merchel, J. 1994: Von der psychosozialen Diagnose zur Hilfeplanung: Aspekte des Perspektivenwandels in der Erziehungshilfe; Institut für Soziale Arbeit e.V. (ISA), Münster 1994, 44-63

Merchel, J. 2006: Hilfeplanung bei den Hilfen zur Erziehung § 36 SGB VIII, 2. Aufl., Stuttgart

Merchel, J. 2008: Trägerstrukturen in der Sozialen Arbeit, 2. Aufl. Weinheim/München

Merchel, J. 2019: Handbuch Allgemeiner Sozialer Dienst, 3. Aufl., München

Merchel, J./Reismann, H. 2004: Der Jugendhilfeausschuss, Weinheim/München

Metz, N./Richard, B.. 2018: Jugend und Jugendkulturen; in *Otto, H.-U./Thiersch, H.* (Hrsg.): Handbuch Sozialarbeit/Sozialpädagogik; 6. Aufl. 2018, 723 ff.

Meysen, T. (Hrsg.) 2014: Das Familienverfahrensrecht – FamFG. Praxiskommentar mit Einführung, Erläuterungen, Arbeitshilfen, Köln, 2. Aufl.

Meysen, T./Beckmann, J. 2013: Rechtsanspruch U3 - Förderung in Kita und Kindertagespflege, Baden-Baden

Meysen, T./Beckmann, J./Reiß, D./Schindler, G. 2014: Recht der Finanzierung von Leistungen der Kinder- und Jugendhilfe. Rechtlicher Rahmen und Perspektiven im SGB VIII, Baden-Baden

Meysen, T./Eschelbach, D. 2012: Das neue Bundeskinderschutzgesetz, Baden-Baden

Meysen, T./Schönecker, L./Kindler, H. 2009: Frühe Hilfen im Kinderschutz. Rechtliche Rahmenbedingungen und Risikodiagnostik in der Kooperation von Gesundheits- und Jugendhilfe, Weinheim/München

Michl, W./Seidel, H. 2018: Handbuch Erlebnispädagogik, München

Mielenz, I. 2017: Selbsthilfe/Selbstorganisation, in. Kreft/Mielenz 2017, 802 ff.

Moch, M. 2018: Hilfen zur Erziehung; in: Hans--Uwe Otto, Hans Thiersch (Hrsg.), Handbuch Soziale Arbeit, 6. Auflage, München, 2018, 632 ff.

Möbius, T./Klawe, W. 2003: AIB – Ambulante Intensive Begleitung. Handbuch für eine innovative Praxis in der Jugendhilfe, Weinheim

Mollenhauer, K./Uhlendorff, U. 2012: Sozialpädagogische Diagnosen 1. Über Jugendliche in schwierigen Lebenslagen, 4. Auflage, Weinheim

Mollik, R. 2016: OWi-Verfahren wegen Schulverweigerung – Zwischen Anspruch, Wunsch und Wirklichkeit. „Weil sich was ändern muss – Bildungschancen sichern!" ZJJ 2016, 168 ff.

Monopolkommission 2014: Eine Wettbewerbsordnung für die Finanzmärkte - Zwanzigstes Hauptgutachtender Monopolkommission gemäß § 44 Abs. 1 Satz 1 GWB – 2012/2013 – (https://www.monopolkommission.de/images/PDF/HG/HG20/HG_XX_gesamt.pdf), Abruf am 20.03.2020

Moos, M./Schmutz, E. 2012: Hilfen Praxishandbuch Zusammenarbeit mit Eltern in der Heimerziehung, Mainz

Moser, H. 2019: Einführung in die Medienpädagogik, 6. Aufl. Berlin

Mühlmann, T. 2014: Aufsicht und Vertrauen: Der Schutz von Kindern und Jugendlichen in stationären Einrichtungen der Jugendhilfe als Aufgabe überörtlicher Behörden. Münster

Müller, B. 2017: Sozialpädagogisches Können. Ein Lehrbuch zur multiperspektivischen Fallarbeit, 8. Aufl. Freiburg

Müller, B. /Schwabe, M. 2009: Pädagogik mit schwierigen Jugendlichen, Weinheim

Müller, C. W./Kentler, H./Mollenhauer, K./Giesecke, H. 1964: Was ist Jugendarbeit? Vier Versuche zu einer Theorie; München

Münchmeier, R. 2001: Jugend. In: Otto, H.-U./Thiersch, H.: Handbuch Sozialarbeit – Sozialpädagogik. 2. Aufl. Neuwied 2001, 816 ff.

Münder, J. 2001: Sozialraumorientierung und das Kinder- und Jugendhilferecht, in: *SOS-Kinderdorf (Hrsg.)* 2001, 6 ff.

Münder, J. 2002: Finanzierungsstrategien in der Kinder- und Jugendhilfe, in: *Sachverständigenkommission* (Hrsg.) Elfter Kinder- und Jugendbericht, Band 1, 2002, 105 ff.

Münder, J. (Hrsg.) 2017: Kindeswohl zwischen Jugendhilfe und Justiz. Zur Entwicklung von Entscheidungsgrundlagen und Verfahren zur Sicherung des Kindeswohls zwischen Jugendämtern und Familiengerichten; Weinheim/Basel (zitiert Münder et al 2017)

Literaturverzeichnis

Münder, J. (Hrsg.) 2020: Sozialgesetzbuch II – Grundsicherung für Arbeitsuchende, 7. Aufl., Baden-Baden (zitiert: Autor in LPK-SGB II)
Münder, J./Boetticher, v. A. 2003: Wettbewerbsverzerrungen im Kinder- und Jugendhilferecht im Lichte des europäischen Wettbewerbsrechts, Schriftenreihe des VPK-Bundesverbands, Band I, Berlin
Münder, J./Ernst, R./Behlert, W./Tammen, B. 2020: Familienrecht, 8. Aufl., München (in Vorbereitung)
Münder, J. et al. 1988: Frankfurter Kommentar zum Gesetz für Jugendwohlfahrt, 4. Aufl., Weinheim
Münder, J./Hofman, A. 2017: Jugendberufshilfe zwischen SGB III, SGB II und SGB VIII, Hans-Böckler-Stiftung, Study 353; Berlin
Münder, J./Meysen, T./Trenczek, T. (Hrsg.) 2019: Frankfurter Kommentar zum SGB VIII, 8. Aufl., Baden-Baden (zitiert Autor FK-SGB VIII)
Münder, J./Mutke, B./Seidenstücker, B./ Tammen, B./Bindel-Kögel, G. 2007: Die Praxis des Kindschaftsrechts in Jugendhilfe und Justiz, München
Münder, J./Ottenberg, P. 1999: Der Jugendhilfeausschuss, Münster
Münder, J./Wiesner, R./Meysen, T.: (Hrsg.) 2011: Kinder- und Jugendhilferecht – Handbuch, 2. Aufl. Baden-Baden (zitiert: Autor in: *Münder/Wiesner/Meysen* 2011)
Nentwig-Gesemann, I./Fröhlich-Gildhoff, K./Betz, T./Viernickel, S. (Hrsg.) 2016: Forschung in der Frühpädagogik IX. Schwerpunkt: Institutionalisierung früher Kindheit und Organisationsentwicklung, Freiburg
Nestmann, F./Sickendiek, U. 2018: Beratung; in: in: Hans--Uwe Otto, Hans Thiersch (Hrsg.), Handbuch Soziale Arbeit, 6. Auflage, München, 2018, 110 ff.
Neumann, V. 1992: Freiheitsgefährdung im kooperativen Sozialstaat, Köln et al.
Neumann, V./Nielandt, D./Philipp, A. 2004: Erbringung von Sozialleistungen und Vergaberecht? Gutachten im Auftrag des Deutschen Caritasverbandes und des Diakonischen Werks der EKD, Baden-Baden
Nikles, B. W. et al. 2011: Jugendschutzrecht – Kommentar zum JuSchG und zum Jugendmedienschutz – Staatsvertrag mit Erläuterungen zur Systematik und Praxis des Jugendschutzes, 3. Auflage, Neuwied
Nüsken, D. 2006: 18plus – Intention und Wirkungen des § 41 SGB VIII; Münster
Nationales Zentrum Frühe Hilfen (NZFH) (2015). Qualitätsrahmen Frühe Hilfen. Impuls des NZFH-Beirats zur Qualitätsentwicklung, Köln
Oberloskamp, H. (Hrsg.) 2017: Vormundschaft, Pflegschaft und Beistandschaft für Minderjährige; 4. Aufl., München
Oberloskamp, H. et al. 2011: Jugendhilferechtliche Fälle für Studium und Praxis, 12. Aufl., Neuwied/Kriftel
Oberloskamp, H./Borg-Laufs, M./Röchling, W./Seidenstücker, B. 2017: Gutachtliche Stellungnahmen in der sozialen Arbeit, Neuwied
Opielka M./Winkler M. 2009: Evaluation der Wirkungen der »Thüringer Familienoffensive« – Endbericht, Thüringer Ministerium für Soziales, Familie und Gesundheit, und Thüringer Kultusministerium, Erfurt
Ostendorf, H. 2015a: Jugendgerichtsgesetz; 10. Auflage, Köln
Ostendorf, H. 2015: Jugendstrafrecht, 8. Aufl. Baden-Baden
Otto, H.-U./Thiersch, H./Treptow, R./Ziegler, H. (Hrsg.) 2018: Handbuch der Sozialarbeit/Sozialpädagogik, 6. Aufl., München [sowie 2. Aufl. Neuwied 2001]
Paulitz, H. (Hrsg.) 2006: Adoption – Positionen, Impulse, Perspektiven, 2. Aufl., München
Peter, E. 2001: Das Recht der Flüchtlingskinder, Karlsruhe
Peterich, P. 2000: Zum sozialpädagogisch begründeten Umgang mit Jugendlichen und Heranwachsenden, die straffällig geworden sind, in: *BAG NAM* (Hrsg.) Neue Ambulante Maßnahmen. Grundlagen – Hintergründe – Praxis; Bonn, 2000, 120 ff.
Petersen, K. 2002: Qualität durch Fachlichkeit – das Leistungsprofil der Amtsvormünderinnen und Amtsvormünder, in: *Hansbauer* 2002, 130 ff.

Literaturverzeichnis

Peukert, D. 1986: Grenzen der Sozialdisziplinierung. Aufstieg und Krise der deutschen Jugendfürsorge 1878 – 1932, Köln

Peukert, R. 2012: Familienformen im Wandel, 8. Auflage, Wiesbaden

Pichlmeier, W./Rose, G. (Hrsg.) 2010: Sozialraumorientierte Jugendhilfe in der Praxis. Handreichung für kommunale Entscheidungsträger am Beispiel der Stadt Rosenheim. Kommunal-Verlag GmbH, Berlin.

Pieplow, L. 1989: Erziehung als Chiffre, in: *Walter, M.* (Hrsg.): Beiträge zur Erziehung im Jugendkriminalrecht, Köln, 1989, 5 ff.

Pohlmann-Rother, S./Franz, U./Lange, S. (Hrsg.) 2020: Kooperation von KiTa und Grundschule; 2. Aufl. Köln.

Polligkeit, W. 1905: Strafrechtsreform und Jugendfürsorge, Langensalza

Pörksen, J. 2011: Weiterentwicklung und Steuerung der Hilfen zur Erziehung – was wir wirklich wollen; (http://www.hamburg.de/contentblob/3162110/data/weiterentwicklung-hze-poerksen.pdf)

Prenzlow, R. (Hrsg.) 2016::. Elterliche Sorge und Umgang – Handbuch, 2. Aufl., Köln

Pretis, M. 2020: Frühförderung und Frühe Hilfen: Einführung in Theorie und Praxis; München

Proksch, R. 2004: Theorie und Praxis von Mediation in Familienkonflikten, Köln

Raila, P. 2012: „…und es beginnt ein neues Leben. Eine empirische Untersuchung zur Veränderung der innerweltlichen Situation vom Familien durch die Geburt eines behinderten Kindes; Augsburg 2012 (Kurzfassung https://www.familienhandbuch.de/familie-leben/familienformen/behinderung/EinbehindertesKindveraaendertdieFamilie.php; Abruf 25.07.2018)

Rauschenbach, T. 2009: Zukunftschance Bildung, Familie, Jugendhilfe und Schule in neuer Allianz, Neuwied

Rauschenbach, T./Schilling, M. (Hrsg.) 2005: Kinder- und Jugendhilfereport 2, Analysen, Befunde und Perspektiven, Weinheim

Richter, H.-E. 2012: Patient Familie. Ein Ratgeber für professionelle Helfer, Entstehung, Struktur und Therapie von Konflikten in Ehe und Familie, 2. Aufl., Gießen

Richter, M. 2018: Familienhilfe; in: *Otto, H.-U./Thiersch, H.* (Hrsg.): Handbuch Sozialarbeit/Sozialpädagogik; 6. Aufl. 2018, 383 ff.

Richter, J./Coelen, T. (Hrsg.) 1997: Jugendberichterstattung. Politik, Forschung, Praxis, Weinheim/München

Riekmann, W. 2011: Demokratie und Verein. Pädagogisierung - Politisierung - Professionalisierung - Potenziale demokratischer Bildung in der Jugendarbeit; Wiesbaden

Rietmann, S./Hensen, G. 2009: Werkstattbuch Familienzentrum. Methoden für die erfolgreiche Praxis; Wiesbaden

Ripke, L./Bastine, R. 2017: Mediation in Paarkonflikten, insb. bei Trennung und Scheidung; in *Trenczek/Lenz/Berning* (Hrsg.) 2017, 519 ff.

Römling-Irek, P./Waßmuth, H. 2017: Qualitäts-Check Kindertagespflege; Weinheim

Rosenkranz, M./Kammerl, R./Hirschhäuser, L./Schwinge, C./Hein, S./Wartberg, L. (2013): Risikofaktoren für Probleme mit exzessiver Computer- und Internetnutzung von 14- bis 17-jährigen Jugendlichen: Ergebnisse einer deutschlandweiten Repräsentativerhebung. Diskurs Kindheits- und Jugendforschung 2013, 87 ff.

Rothe, M. 2017 Sozialpädagogische Familien- und Erziehungshilfe; Stuttgart; 7. Aufl.

Rüting, W. 2012: Die Reform des Vormundschaftsrechts aus Sicht der Praxis und Jugendhilfe – Chancen, Perspektiven und Risiken; in: *Coester-Waltjen, D./Lipp, V./Schumann, E./Veit, B.* (Hrsg.): Alles zum Wohle des Kindes? Göttingen 2012, 129 ff.

Runder Tisch Heimerziehung (Hrsg.): „Heimerziehung in den 50er und 60er Jahren" Abschlussbericht; (AGJ) Berlin 2010

Sachse, C. 2011: Der letzte Schliff. Jugendhilfe/Heimerziehung in der DDR als Instrument der Disziplinierung (1945–1989); hrsg. Die Landesbeauftragte für Mecklenburg-Vorpommern für die Unterlagen des Staatssicherheitsdienstes der ehemaligen DDR, Schwerin 2011.

Sämann, J. 2014: Zur Debatte um die Infragestellung des Rechtsanspruches auf Hilfe zur Erziehung im Rahmen sozialraumorientierter Ansätze in der Kinder- und Jugendhilfe. In: sozial-

Literaturverzeichnis

raum.de (6) Ausgabe 1/2014 {http://www.sozialraum.de/zur-debatte-um-die-infragestellung-des-rechtsanspruches-auf-hilfe-zur-erziehung.php, 02.02.2015}

Salgo, S. et al. (Hrsg.) 2019: Verfahrensbeistandschaft. Ein Handbuch für die Praxis, 4. Auflage, Köln

Sarimski, K. 2011: Behinderte Kinder in inklusiven Kindertagesstätten; Stuttgart

Schellhorn, W. et al. (Hrsg.) 2016: SGB VIII/KJHG. Kommentar zum Sozialgesetzbuch VIII – Kinder- und Jugendhilfe, 5. Aufl., Neuwied

Scheuerer-Englisch, H./Hundsalz, A./Menne, K. (Hrsg.) 2014: Jahrbuch für Erziehungsberatung; Weinheim

Schilling, M. 2011: Kinder- und Jugendhilfestatistik, in: *Münder/Wiesner/Meysen* 2011, Kap. 4.2.

Schindler, G. 2011: Förderung der der Erziehungskompetenzen, in: *Münder/Wiesner/Meysen* 2011, Kap. 3.2

Schindler, G. 2011: Die Kostenbeteiligung in der Kinder- und Jugendhilfe, in: *Münder/Wiesner/Meysen* 2011, Kap. 5.5

Schlevogt, V./ Vogt, H. (Hrsg.) 2014: Wege zum Kinder- und Familienzentrum - Ein Praxisbuch; Berlin

Schleicher, H. 2014: Jugend- und Familienrecht, 14. Aufl., München

Schmid-Obkirchner, H. 2011: Besondere Vorschriften bei den individuellen Hilfen: Steuerungsverantwortung, Mitwirkung, Hilfeplan, Zusammenarbeit, in: *Münder/Wiesner/Meysen* 2011, Kap. 3.8

Schneider, U./Stilling, G./Woltering, C. 2016: Zur regionalen Entwicklung der Armut – Ergebnisse nach dem Mikrozensus 2015. In: DPWV 2016, 8 ff.

Schone, R. 1998: Kommunikation und Kooperation – Anforderungen an die Arbeitsweise des Allgemeinen Sozialen Dienstes im Kontext der Kindeswohlgefährdung; in: *Verein für Kommunalwissenschaften* (Hrsg.) 1998, 30 ff.

Schone, R. 2001: Formelle und informelle Verfahren zur Sicherung des Kindeswohls zwischen Jugendhilfe und Justiz; in: *Bay. LJA* (Hrsg.) Sozialpädagogische Diagnose, München 2001, 113 ff.

Schone, R./Tenhaken, W. 2012: Kinderschutz in Einrichtungen der Jugendhilfe; Weinheim

Schorlemer, S. v./Schulte-Herbrüggen, E. 2010: 1989 – 2009 – 20 Jahre UN-Kinderrechtskonvention. Erfahrungen und Perspektiven, Frankfurt

Schoyerer, G./Papst, C. 2015: Wie entwickelt sich die Kindertagespflege in Deutschland?; Weinheim

Schröer, W./Struck, N./Wolff, M. (Hrsg.) 2016: Handbuch – Kinder- und Jugendhilfe, 2. Aufl., Weinheim/München

Schruth, P./Pütz, T. (2009): Jugendwohnen. Eine Einführung in die sozialrechtlichen Grundlagen, das Sozialverwaltungsverfahren und die Entgeltfinanzierung. Weinheim und München

Schumann, B. 2002: Initiativen zur Gewinnung von Einzelvormündern, in: *Hansbauer* 2002, 210 ff.

Schnurr, S. 2018: Partizipation; in: *Otto/Thiersch* 2018, 1126 ff.

Schnurr, S. 2018a: Partizipation; in: Graßhoff G., Renker A., Schröer W. (Hrsg.) Soziale Arbeit. Wiesbaden 2018, S. 631-648.

Seckinger, M./Pluto, L./Gadow, C./van Santen, E. 2016:. Einrichtungen der offenen Kinder- und Jugendarbeit. Eine empirische Bestandsaufnahme, Weinheim

Seidenstücker, B. 1990: Jugendhilfe in der DDR, in: *Seidenstücker, B./Münder, J.*: Jugendhilfe in der DDR. Perspektiven einer Jugendhilfe in Deutschland, Münster

Sells, E./Baumann, H./Höhne, J. 2017: Kinder im SGB II Bezug. Eine Auswertung aktueller Daten der Bundesagentur für Arbeit; Policy Brief WSI · Nr. 15 ·10/2017, Wirtschafts- und Sozialwissenschaftliches Institut der Hans-Böckler-Stiftung, Düsseldorf

Senat Berlin 2013: Modellhafte Erprobung einer unabhängigen Ombudsstelle in der Berliner Jugendhilfe 2014/2015; Senatsdrucksache Stand 1/9/2013

Shell Deutschland (Hrsg.) 2010: Jugend 2010. Eine pragmatische Generation behauptet sich, 16. Shell Jugendstudie; Frankfurt/M.

Literaturverzeichnis

Shell Deutschland Holding (Hrsg.) 2015: Jugend 2015. Eine pragmatische Generation im Aufbruch. 17. Shell Jugendstudie. Frankfurt/Main.
Shell Deutschland Holding (Hrsg.) 2019: Jugend 2019. Jugendliche melden sich vermehrt zu Wort. 18. Shell Jugendstudie (Zusammenfassung). Frankfurt/Main.
Smessaert, A./Münder, J. 2010: Rechtliche Vorgaben zur Jugendhilfeplanung im SGB VIII und ihre Auswirkungen auf die Jugendhilfepläne, in: *Maykus/Schone* 2010, 157 – 188
SPI-SOS Kinderdorf e.V. (Hrsg.) 2005: Hilfeplanung reine Formsache?, München
Statistisches Bundesamt (Hrsg.) 2016: Alterung der Bevölkerung durch aktuell hohe Zuwanderung nicht umkehrbar; Pressemitteilung Nr. 021 vom 20.01.2016; Wiesbaden
Statistisches Bundesamt (Hrsg.) 2018: Bevölkerung und Erwerbstätigkeit. Bevölkerung mit Migrationshintergrund – Ergebnisse des Mikrozensus 2017; Wiesbaden
Statistisches Bundesamt (Hrsg.) 2018a: Der Personalschlüssel in Kindertageseinrichtungen 2018; Wiesbaden
Statistisches Bundesamt (Hrsg.) 2019: Schätzung für 2018: Bevölkerungszahl auf 83,0 Millionen gestiegen; Pressemitteilung Nr. 029 vom 25.01.2019; Wiesbaden
Statistisches Bundesamt (Hrsg.) 2019a: 14. Koordinierte Bevölkerungsvorausrechnung; Wiesbaden
Staub-Bernasconi, S. 2007: Soziale Arbeit als Handlungswissenschaft; Opladen.
Staub-Bernasconi, S. 2015: Soziale Arbeit als Disziplin und Profession. In: Neue disziplinäre Ansätze in der Sozialen Arbeit, hrsg. von Braches-Chyrek, R., Opladen 29015, 136–178
Strecker. C. 2014: Versöhnliche Scheidung; 5. Aufl. München
Struck, N./Galuske, M./Thole, W. (Hrsg.) 2003: Reform der Heimerziehung – Eine Bilanz, Opladen
Stüwe, G./Ermel, N./Haupt, S. 2016: Lehrbuch Schulsozialarbeit, 2. Aufl., Weinheim
Sünderhauf-Kravets, H. 2011: Adoptionsvermittlungsgesetz, in: *Münder/Wiesner/Meysen* 2011, Kap. 7.2
Sünderhauf-Kravets, H. 2011: Unterstützung in spezifischen Lebenslagen §§ 19 – 21 SGB VIII; in: *Münder/Wiesner/Meysen* Kap. 3.3
Tammen, B. 2011: Hilfe zur Erziehung; *Münder/Wiesner/Meysen* 2011 Kap. 3.5.
Tammen, B. 2011a: Eingliederungshilfe für seelisch behinderte Kinder und Jugendliche, *Münder/Wiesner/Meysen* 2011 Kap. 3.6.
Tammen, B. 2011b: Hilfe für junge Volljährige, *Münder/Wiesner/Meysen* 2011 Kap. 3.7.
Tammen, B. 2018: Sonstiges Sozialrecht; Kap. III-1 in: *Trenczek et al.* 2018, 632 ff.
Tammen, B./Trenczek, T. 2018: Jugendschutzrecht; in: *Trenczek et al.* 2018, 639 ff.
Tammen, B./Trenczek, T. 2018a: Aufsichtspflichten und Haftung; in *Trenczek et al.* 2018, Kap. V-1; S. 756 ff.
Textor, M. R./Bostelmann, A. 2019: Das KiTa-Handbuch; zuletzt aktualisiert Nov. 2019 [https://www.kindergartenpaedagogik.de/]
Thiersch, H. 2014: Lebensweltorientierte Soziale Arbeit. Aufgaben der Praxis im sozialen Wandel; 9. Auflage, Weinheim
Thiersch, R. 2018: Tagesbetreuung und Frühpädagogik in: *Otto/Thiersch* 2018, 780 ff.
Thole, W./Pothmann, J. 2020: Kinder- und Jugendarbeit. Eine Einführung. Weinheim 2. Aufl. 2020
Trenczek, T. 1996: Strafe, Erziehung oder Hilfe? Neue ambulante Maßnahmen und Hilfen zur Erziehung – Sozialpädagogische Hilfeangebote für straffällige junge Menschen im Spannungsfeld von Jugendhilferecht und Strafrecht, Forum, Bonn
Trenczek, T. 2002: Hilfen zur Erziehung: Leistungsvoraussetzungen und Rechtsfolgen, in: *Becker-Textor/Textor* (Hrsg.): SGB VIII Online Handbuch: www.sgbviii.de
Trenczek, T. 2003: Die Mitwirkung der Jugendhilfe im Strafverfahren. Konzeption und Praxis der Jugendgerichtshilfe, Münster
Trenczek, T. 2015: Unterschiedliche Logiken und Diskurse – Jugendhilfe im Kontext der strafrechtlichen Sozialkontrolle Anmerkungen zu einem schwierigen Kooperationsverhältnis. In: Rotsch, T./Brüning, J./Schady, J. (Hrsg.): Strafrecht, Jugendstrafrecht, Kriminalprävention in

Literaturverzeichnis

Wissenschaft und Praxis – Festschrift zum 70. Geburtstag für Heribert Ostendorf. Baden-Baden 2015, 877 ff.

Trenczek, T. 2017: Aufgaben, Funktionen und Kompetenzen von Mediatoren; Kap. 2.12 in Trenczek et al. 2017b, 182 ff.

Trenczek, T. 2018: Resozialisierung jugendlicher und heranwachsender Straftäter, in: *Cornel*, H. et al. (4. Aufl.) 2018, 119 -163.

Trenczek, T./Berning, D./Lenz, C./Will, H.-D. 2017: Mediation und Konfliktmanagement. Handbuch; 2. Aufl. Baden-Baden. (zitiert als Trenczek et al. 2017b)

Trenczek, T./Düring, D./Neumann-Witt, A. 2017: Inobhutnahme: Krisenintervention und Schutzgewährung durch die Jugendhilfe §§ 8a, 42 SGB VIII, Handbuch 3. Aufl., Stuttgart et al. (zitiert als Trenczek et al. 2017a)

Trenczek, T./Goldberg, B. (2016): Jugendkriminalität, Jugendhilfe und Strafjustiz – Mitwirkung der Jugendhilfe im strafrechtlichen Verfahren. Stuttgart 2016

Trenczek, T./Müller, S. 2018: Jugendhilfe und Strafjustiz - Jugendgerichtshilfe, in: *Otto/Thiersch* 2018, 715 ff.

Trenczek, T./Tammen, B./Behlert, W./von Boetticher, A. 2018: Grundzüge des Rechts, 5. Aufl. München/Basel

Uhlendorff, U. 2010: Sozialpädagogische Diagnosen III. Ein sozialpädagogisch-hermeneutisches Diagnoseverfahren für die Hilfeplanung, 3. Auflage, Weinheim

Uhlendorff, U./Euteneuer, M./Sabla K.-P. 2013: Soziale Arbeit mit Familien; München 2013

Urban-Stahl, U. 2011: Ombuds- und Beschwerdestellen in der Kinder- und Jugendhilfe in Deutschland. Eine Bestandsaufnahme unter besonderer Berücksichtigung des möglichen Beitrags zum „Lernen aus den Fehlern im Kinderschutz"; Beiträge zur Qualitätsentwicklung im Kinderschutz Band 1, Köln: herausgegeben vom Nationalen Zentrum Frühe Hilfen 2011

Urban-Stahl, U./Albrecht, M./Gross-Lattwein, S. 2018: Hausbesuche im Kinderschutz: empirische Analysen zu Rahmenbedingungen und Handlungspraktiken in Jugendämtern. Opladen

Urban-Stahl, U./Jann, N. 2014: Beschwerdeverfahren in Einrichtungen der Kinder- und Jugendhilfe, München; Basel

Vanistendael, S. 2003: Wachsen im Auf und Ab des Lebens, in: *Sturzbecher, D.*: Kinder stark machen ...; Potsdamer Beiträge zur Kinder- und Jugendforschung; Potsdam 2003, 7 ff.

Vierling, K. 2013: Förderung der elterlichen Erziehungskompetenz. Das Familienzentrum als Schnittstelle, Saarbrücken

Volkert, U. 2008: Die Kindertagesstätte als Bildungseinrichtung; Wiesbaden

Volf, I./Laubstein, C./Sthamer, E. 2019: Wenn Kinderarmut erwachsen wird ... AWO-ISS-Langzeitstudie zu (Langzeit-)Folgen von Armut im Lebensverlauf

Wabnitz, R. 2003: Recht der Finanzierung der Jugendarbeit und Jugendsozialarbeit, Baden-Baden

Wabnitz, R. 2009: Vom KJHG zum Kinderförderungsgesetz. Die Geschichte des Achten Buches Sozialgesetzbuch von 1991 – 2008, Berlin

Wabnitz, R. 2011: Die Subventionierung/Zuwendung; Entgelte, Vereinbarungsrecht §§ 77, 78a ff. SGB VIII, in: *Münder/Wiesner/Meysen* 2011, Kap. 5.3 und 5.4

Wabnitz, R. 2011a: Jugendschutzgesetz und Jugendmedienschutzgesetz, in: *Münder/Wiesner/Meysen*, Kap. 7.3; 2. Auflage Baden-Baden 2011

Wabnitz, R. /Fieseler, G./Schleicher, H. 2019: Gemeinschaftskommentar zum SGB VIII, Loseblattsammlung, Neuwied, Stand 76. Ergänzungslieferung, Juli 2019 (zitiert Bearbeiter GK-SGB VIII)

Wagenblass, J./Wüst, J. et al. 2014: proCuraKids – Förderung ehrenamtlicher Vormundschaften in Bremen – Abschlussbericht der Evaluierung; Bremen

Wallerstein, J./Lewis, J./Blakeslee, S. 2002: Scheidungsfolgen – die Kinder tragen die Last: eine Langzeitstudie über 25 Jahre, Münster

Walper, S. 2009: Trennung und Scheidung – Folgen für die Kinder im Spiegel deutscher Forschung, in: *Höfling, S.* (Hrsg.), Interventions for the Best Interest oft the Child in Family Law Procedures. Interventionen zum Kindeswohl, München, 2009, 29-57.

Walper, S. 2011: Die Folgen von Trennung und Scheidung für Kinder in Deutschland. Frühe Kindheit 2/2011, 3 ff.
Walper, S./Bien, W./Rauschenbach, T. 2015: Aufwachsen in Deutschland heute. Erste Befunde aus dem DJI-Survey AID:A 2015, München
Walper, S./Bröning, S. 2008: Bewältigungshilfen bei Trennung und Scheidung; in *Petermann, F. / Schneider, W.* (Hrsg.) Angewandte Entwicklungspsychologie (Enzyklopädie Psychologie, Serie V: Entwicklungspsychologie, Band 7), 2008, 571-604; Göttingen.
Walper, S./Fichtner, J./Normann, K. (Hrsg.) 2011: Hochkonflikthafte Trennungsfamilien. Forschungsergebnisse, Praxiserfahrungen und Hilfen für Scheidungseltern und ihre Kinder; 2. Aufl. Weinheim
Walper, S./Krey, M. 2011: Elternkurse zur Förderung der Trennungsbewältigung und Prävention von Hochkonflikthaftigkeit. Das Beispiel „Kinder im Blick". In Walper/Fichtner et al. 2011, 189-212; Weinheim
Walter, M./Neubacher 2011: Jugendkriminalität, 4. Aufl., Stuttgart
Weber, M./Schilling, H. (Hrsg.) 2012: Eskalierte Elternkonflikte; 2. Aufl., Weinheim,.
Wendelin, H. 2011: Erziehungshilfen im Ausland. Konzeptionen, Strukturen und die Praxis von intensivpädagogischen Auslandshilfen, Weinheim/Basel
Wendl, P./Dose, H.-J. 2019: Das Unterhaltsrecht in der familienrichterlichen Praxis; hrsg. von. H.-J. Dose, 10. Aufl. München
Wiesner, R. 1995: Über die Indienstnahme der Jugendhilfe für das Jugendstrafrecht; in: BMJ (Hrsg.) Grundfragen des Jugendkriminalrechts und seiner Neuregelung, 2. Aufl., Bonn, 1995, 144 ff.
Wiesner, R. 2012: Implementierung von ombudschaftlichen Ansätzen der Jugendhilfe im SGB VIII. Rechtsgutachten für die „Netzwerkstelle Ombudschaft in der Jugendhilfe" des Berliner Rechtshilfefonds Jugendhilfe (verfügbar über: www.brj-berlin.de/uploads/media/Rechts gutachten_2012_01.pdf)
Wiesner, R. 2013: Das Jugendamt im Schnittpunkt öffentlicher und privater Verantwortung für das Aufwachsen junger Menschen; in Eger, F./Hensgen, G. (Hrsg.): Das Jugendamt in der Zivilgesellschaft, Weinheim Basel 2013, S. 34 ff.
Wiesner, R. (Hrsg.) 2015: SGB VIII, Kinder- und Jugendhilfe, 5. Aufl., München (zitiert: Wiesner/ Bearbeiter – soweit nicht von Wiesner selbst bearbeitet)
Wiesner, R./Dittmar, A../Kössler, M. 2014: Tagespflegepersonen in sozialversicherungspflichtigen Angestelltenverhältnissen, Rechtsexpertise vom 5.3.2014 für das DJI, München
Wiesner, R./Grube, C./Kössler, M. 2013: Der Anspruch auf frühkindliche Förderung und seine Durchsetzung; 2. Auflage Wiesbaden
Witte, S. (Hrsg.) 2018: Erziehungsberatung, Standpunkte, Entwicklungen, Konzepte; Freiburg 2018
Wittke, V./Solf, C. 2007: Elternbeteiligung in Tagesgruppen; IGfH, Frankfurt
Zenz, G. 2002: Zusammenführung von Amtsvormundschaft und Beistandschaft in einer eigenständigen Interessenvertretungsbehörde?, in: *Hansbauer* 2002, 107 ff.
Zentrum für Europäische Wirtschaftsforschung (ZEW) 2009: Fiskalische Auswirkungen sowie arbeitsmarkt- und verteilungspolitische Effekte einer Einführung eines Betreuungsgeldes für Kinder unter 3 Jahren; Mannheim
Ziegenhein, U./Fegert, J.M.. 2008: Kindeswohlgefährdung und Vernachlässigung, 2. Auflage, München
Zitelmann, M. 2001: Kindeswohl und Kindeswille im Spannungsfeld von Pädagogik und Recht, Münster
Zitelmann, M./Schweppe, K./Zenz, G. 2004: Vormundschaft und Kindeswohl. Forschung mit Folgen für Vormünder, Richter und Gesetzgeber, Köln

Stichwortverzeichnis

Die Angaben verweisen auf die Kapitel des Buches (**fette Zahlen**) sowie die Randnummern innerhalb der einzelnen Kapitel (magere Zahlen).
Beispiel: § 9 Rn. 10 = **9** 10

Art. 6 GG **2** 22, 43 ff.
§ 1631b BGB **9** 49, **10** 29
§ 1666 BGB **9** 11, **10** 11, **12** 25
§ 1 SGB VIII **5** 11
§ 8a SGB VIII **3** 52, **4** 28 ff., Vor **10** 6
§ 38 JGG **12** 44 ff., 51
Abgabenordnung **16** 26
Abgrenzung
- Eingliederungshilfe **9** 70
- Jugendhilfe/Sozialhilfe **9** 53
- Jugendhilfe und Eingliederungshilfe für behinderte Menschen **3** 55, **4** 16
- seelische/geistige Behinderung **9** 55
Abschiebung **3** 28
Abstammungssachen **12** 16
Abweichendes Verhalten **12** 56, 70
Adoption **12** 40
Adoptionseinwilligung **12** 40
- Ersetzung **12** 41
Adoptionspflege **9** 44
Adoptionssachen **12** 16
Adoptionsverfahren **12** 40
Adoptionsvermittlung **12** 42
Adoptionsvermittlungsgesetz **3** 3, 8
Adressaten der Jugendhilfe **3** 16
- Junge Volljährige **3** 17
Ahndungsvorschlag **12** 59
Akteneinsicht **5** 27
Akteneinsichtsrecht **12** 67
Aktenvermerk **5** 35
Alkoholkonsum **6** 25
Alleinerziehende **7** 23, **9** 86
Allgemeiner Sozialdienst **15** 6 ff., 25 ff.
- Aufgaben **15** 27
Allgemeine Vorschriften **4** 2 f., 3 ff.
Alltagstheorien **12** 56
Allzuständigkeit
- Schutzauftrag **4** 27, 43
Altersangabe **2** 38
Altersdiagnostik **10** 37

Alterseinschätzung **10** 10, 37
Altersfeststellung
- s. Alterseinschätzung **10** 37
Amtsermittlungsgrundsatz **5** 27
Amtshaftungsanspruch **17** 4
Amtshilfe **12** 8
Amtspflegschaft **13** 17
- bei nichtehelichen Kindern **13** 3
- bestellte **13** 11
- gesetzliche **13** 11
- Mitwirkung im familiengerichtlichen Verfahren **12** 15a
- Sozialdatenschutz **14** 37
- Statistik **13** 12
Amtspflichtverletzung **8** 44
Amtsverschwiegenheit **14** 17
Amtsvormund
- Aufgaben **13** 18
- Aufsicht **13** 22
- Auswahl **13** 20
- Datenschutz **13** 18
- Jugendamt **13** 15 ff.
Amtsvormundschaft **3** 42, **13** 6, 15 ff.
- Beendigung **13** 16
- Berichtspflicht **13** 22
- bestellte **13** 11
- Fallzahl **13** 21
- gesetzliche **13** 11, 15
- Interessenskonflikt **12** 31, **13** 20
- Pflichten **13** 21
- Reform **13** 20
- Statistik **13** 12
- Weisungsrecht **13** 23
- Zuständigkeit **13** 16
Anamnese **12** 13
andere Aufgaben **4** 20 ff., Vor **10** 1 ff., **12** 5, **16** 4
- Beteiligung **16** 7
- Definition **4** 22
- Freie Träger Vor **10** 5
- Gesetzesvorbehalt Vor **10** 4
- Hoheitlicher Charakter Vor **10** 2
- öffentlich-rechtlicher Charakter **4** 22
- Schutz von Minderjährigen Vor **10** 3, 6
- Sozialdatenschutz **14** 2 ff.

377

Stichwortverzeichnis

– Zuständigkeit **Vor 10** 5
Anerkennung
– als freier Träger **4** 57
Anfechtungsklage **5** 45
Angelegenheiten des täglichen Lebens **9** 89
Anhaltspunkte
– für Kindeswohlgefährdung **4** 30, **9** 18, **12** 25
– gewichtige **4** 32
Anhörung
– des Jugendamtes **12** 12, 13
– des Minderjährigen **13** 19, 21
– im Verwaltungsverfahren **5** 27
Anklage
– Voraussetzungen **12** 57
Annahme als Kind **12** 40
Annexleistung **7** 45, **9** 91, 93
Anonyme Hinweise **4** 30
Anordnung, einstweilige **5** 53
Anrufung des Familiengerichts **4** 41, **12** 27 f.
– vorsorgliche **4** 33
Anschlusshilfe **10** 24
– minderjährige, unbegleitete Flüchtlinge **9** 86
Anspruchsberechtigte **3** 16, **4** 21, **5** 12
Anspruchsinhaber **3** 56 f., 57 f.
Anspruchskonkretisierung **5** 35, **9** 112
Antrag **5** 27, 30
– auf Entzug der elterlichen Sorge **12** 27
– auf Übertragung der Entscheidungsbefugnis auf ein Elternteil **9** 8
– förmlicher **5** 30
– Hilfe zur Erziehung **9** 121
Antragserfordernis **9** 121
Antrittsbesuch **9** 88
anvertraute Daten
– Einschränkung bei der Weitergabe **14** 33 ff.
Anwalt des Kindes **12** 34 ff.
Anweisung
– des Gerichts **7** 37, **9** 29, **12** 8, 27
– von Vorgesetzten **9** 113
Anwesenheitspflicht
– Jugendhilfe im Strafverfahren **12** 61 f.
Anwesenheitsrecht
– Jugendhilfe im Strafverfahren **12** 61 f.
Arbeiterjugend **3** 38

Arbeitsagentur **6** 17
Arbeitsgemeinschaft für Jugendhilfe **4** 63
Arbeitssuchende
– Verhältnis zur Jugendhilfe **4** 13
Armen- oder Fürsorgeamt **3** 39
Armut
– von Kindern **2** 11
Artikelgesetz **3** 49
Asylbewerber **3** 24, 27
– Aufenthalt **3** 24
Asylverfahren **3** 27
atypische Hilfeformen **9** 23
Aufenthalt
– geduldeter **3** 25 ff.
– gewöhnlicher **2** 39, **3** 21, 24, **15** 41 ff.
– Kinderschutzübereinkommen (KSÜ) **2** 39
– rechtmäßig **3** 25 ff.
– tatsächlicher **3** 21
Aufenthaltsbestimmungsrecht **9** 19, **12** 27
Aufenthaltsgestattung **3** 27
Aufenthaltsrecht **3** 23 ff.
Aufgaben
– andere **4** 22, **Vor 10** 1 ff.
– der Jugendhilfe **4** 20 ff.
– hoheitliche **4** 22, **Vor 10** 1
– öffentlich-rechtliche **4** 22
– Zuweisung von **3** 50
Aufgaben, andere
– s. andere Aufgaben **Vor 10** 1 ff.
Aufgabenbeschreibung **Vor 10** 4
Aufgabenwahrnehmung **16** 2 f.
Aufgabenzuweisung **3** 50, **5** 4
Aufnahmequote **10** 42
Aufsichtspflicht **17** 5, 7
Aufsichtsverfahren **5** 5, 37
Auftrag
– öffentlicher **16** 43 ff.
Aufwendungsersatz
– bei Selbstbeschaffung **17** 3
Ausbildung **2** 10, **3** 5, **6** 13
Ausbildungsabschluss **8** 13
Ausführungsgesetz **6** 28, **15** 2
– der Länder **3** 11
– zum SGB VIII **3** 11
Ausgaben
– in der Kinder und Jugendhilfe **9** 82
– öffentliche Jugendhilfe **19** 4 ff.
Aushandlungsprozess **5** 23, 34, **9** 103

Stichwortverzeichnis

Auskunftsrecht
- Bezüglich erhobener Daten 14 21

Ausland 3 9, 9 51

Ausländer 2 15
- Definition 3 22
- gewöhnlicher Aufenthalt 3 24.
- Jugendhilfeleistungen 3 29
- Rechtsstellung 2 33 ff., 3 22 ff.

Ausländerrecht 3 30 ff.
- Duldung 3 28

Auslegung 1 7, 5 8 f., 11, 49 ff., 9 126
- unbestimmte Rechtsbegriffe 2 36, 5 14

Auslegungsrichtlinie 3 15

Aussagegenehmigung 12 14, 14 42 ff.

Ausweisung 3 30 ff.

Autismus 4 12

Autonomie 9 126

Autonomiekonflikte 9 7

Babysitting 11 4

Barbetrag 9 95

barrierefrei 3 55

Bedarf
- erzieherischer 9 11
- Unterhalt 9 94

Beeinträchtigung 6 19

Befugnis 3 50, 4 25, Vor 10 4

Begriffsbestimmungen 3 17

Begriffsdefinitionen 3 16 f.

Begutachtung
- im Jugendstrafverfahren 12 45

Behindertenhilfe 3 55

Behinderung 2 16, 37, 9 13, 59 ff.
- Abweichung von § 2 SGB IX 9 59
- Beeinträchtigung der gesellschaftlichen Teilhabe 9 63
- drohende 9 54
- geistige 9 55
- Interdisziplinarität 9 60
- seelische 9 53, 61
- Zweigliedrigkeit 9 60

Behörde 13 10

Beihilferecht 16 40 ff.

Beistandschaft 7 23, 25, 13 2, 13, 14
- Sozialdatenschutz 14 37
- Statistik 13 12

Beleihung Vor 10 5

Benachteiligung 6 19

Beratung 5 15, 7 16, 52
- Datenschutz 14 34
- Inhalt 7 31
- in Not- und Konfliktlagen 4 5, 8
- Kinderschutzfachkraft 4 44
- Phasenmodell 7 18
- Vertraulichkeit 7 37
- von Vormündern 13 7 f.
- »weiche Leistung« 5 15

Beratungsangebot 7 20

Beratungsansprüche 7 16

Beratungshilfe
- anwaltliche 7 20

Beratungsstellen 7 16

Bereitschaftsdienst 4 31

Bereitschaftspflege 9 44, 10 16

Bericht, s. Stellungnahme 12 13
- anspruchskonkretisierender 5 35

Berichterstattung 12 64

Berichtspflichten
- im Strafverfahren 12 57

Berliner Rechtshilfefond 5 55, 57

Berufliche Qualifikation
- s. Fachkraft 8 13

Berufsausbildung 3 5

Berufsbildungsförderungsgesetz 3 5

Berufsbildungsgesetz 3 5

Berufsgeheimnisträger 4 47

Berufung 5 46

Beschaffungsvertrag 16 32
- Vergaberecht 16 44

Beschäftigungsmaßnahmen 6 17, 20, 9 2

Beschäftigungsverbot 11 19, 15 36

Beschleunigungsgebot 12 20

Beschwerde 5 39

Beschwerdemöglichkeit 5 56, 11 16

Beschwerdestellen 5 55

Besserungsanstalt 3 35

best interest of the child 12 37

Beteiligungsfähigkeit 9 106

Beteiligungsrechte 4 48
- unbegleitete Minderjährige 10 35

Betreute Wohnformen 9 47

Betreuung
- im jugendgerichtlichen Verfahren 12 64
- Inhalte und Ziele 9 36

Betreuungsbedarf 8 8

379

Stichwortverzeichnis

Betreuungsgeld 8 24
Betreuungshelfer 9 38
Betreuungspflicht
– im Strafverfahren 12 61
Betreuungsquote 8 8
Betreuung und Versorgung des Kindes in Notsituationen 7 41, 48
Betriebserlaubnis 11 2 ff., 12
– Erlöschen 11 17
– s. Einrichtungserlaubnis 11 1
– Widerruf 11 3
Betriebsgenehmigung
– s. Betriebserlaubnis 11 8
Betroffene
– als Koproduzent 5 34
– Sozialdatenschutz 14 15
Betroffenenbeteiligung 9 103
Betroffene Person 14 15
Beurkundung Vor 10 2
Beurteilungsspielraum 4 41, 5 49 ff., 9 126
Beweisantragsrecht 12 67
Beweismittel 5 27
Bildung 2 10, 6 6, 8 14
– Begriff, jugendhilfespezifisch 8 15
– demokratische 6 6
Bildungsniveau 2 17
Biographiearbeit 12 56
Budget, persönliches 8 53
Budgetierung 18 4
Bundesarbeitsgemeinschaft der freien Wohlfahrtspflege 4 59
Bundesgerichte 1 20
Bundesjugendkuratorium 15 49
Bundesjugendring 6 5
Bundeskinderschutzgesetz 4 27 ff.
Bundesministerium 1 21
Bundesprüfstelle für jugendgefährdende Medien 5 52, 6 26
Bundesteilhabegesetz 9 59
Bundesverwaltungsamt 10 42
Bundesweites Verteilungsverfahren
– s. Verteilungsverfahren 10 39
Bürgerrechte 2 23
Bürgerschaftliches Engagement 6 4, 7 4

care leaver 9 72
Caritas 4 59, 65
Clearingverfahren 10 35
Co-Produzent 9 27
Corona 2 32, 8 17
Daseinsvorsorge 16 10 f.
Datenbank
– juristische 1 18 ff.
Datenerhebung 14 12, 28, 18 13 ff.
Datenminimierung
– bei der Datenverarbeitung 14 23
Datenschutz 7 37
– Jugendhilfe im Strafverfahren 12 56
– Recht auf Berichtigung 14 24
– Recht auf Vergessenwerden 14 22
– Rechtfertigungsgrund 4 47
– s. Sozialdatenschutz 14 1
Datenschutzgrundverordnung 14 3
Datenspeicherung 14 12, 29
Datenübermittlung 14 12, 31 ff.
– anvertraute Daten 14 33
– Einschränkung im SGB VIII 14 32
Datenweitergabe
– Rechtfertigungsgrund 4 47
DDR
– Jugendhilfe 3 44
Defizitzuschreibung 9 35
demographische Entwicklung 2 5
Desistance-Forschung 12 71
Deutsche Nationalkomitee für internationale Jugendarbeit 6 5
Deutscher Bundesjugendring 4 60
Deutscher Jugendhilfetag 4 63
Deutsches Jugendinstitut 2 4
Deutsches Rote Kreuz 4 59
Deutsche Vereinigung für Jugendgerichte und Jugendgerichtshilfe 4 63
Devianz 12 70, 71
Diagnose 9 11, 75, 115
– psychosoziale 9 103, 12 13, 58
Diakonisches Werk 4 59, 65
Dienstleistung
– persönliche 4 21
– sozialpädagogische 5 24 f.
Dienstleistungsfreiheit 16 40 ff.
Digitalisierung 2 13
DIJuF 1 19, 21
Diskriminierungsverbot
– EU-Bürger 2 34

Stichwortverzeichnis

Diversion **12** 52, 59, 70
- Förderung der **12** 49, 57, 70
- frühzeitige Aktivitäten des JA **12** 52
- Zustimmung der Eltern **12** 46, 71

DJI **1** 21

Dokumentation **9** 115
- Gewichtige Anhaltspunkte **4** 36

Doppeltes Mandat **4** 27

Dreiecksverhältnis
- jugendhilferechtliches **16** 12 ff., 33
- Jugendkriminalrecht **12** 46

Drogenmilieu **9** 50

Drogen- und Suchtberatung **7** 16

DSGVO
- Anwendungsbereich **14** 10

Duldung
- Aufenthaltsrecht **3** 28

Dyskalkulie **4** 12, 18, **9** 71

Dyslexie **4** 18

Ehrenamt **6** 4

Ehrenamtliche Mitarbeiter **7** 4

Eigenleistung **16** 26

Eigenverantwortlichkeit **6** 16

Eignung, persönliche **15** 31 ff.
- Tätigkeitsuntersagung **15** 36

Eingliederungshilfe **7** 46, **9** 53 ff.
- Abgrenzung **9** 55
- Abgrenzungsprobleme **9** 70
- Anspruchsinhaber **9** 58
- Anspruchsvoraussetzungen **9** 54
- Anwendung des 1. Teils des SGB IX **9** 56
- Aufgaben **9** 66 f.
- Beeinträchtigung der gesellschaftlichen Teilhabe **9** 63
- für Menschen mit Behinderungen **4** 16
- Hilfeformen **9** 64
- Hilfeplan **9** 57
- Leistungen **9** 65 ff.
- Leistungskonkurrenz **9** 70
- Leistungsvoraussetzungen **9** 59 ff.
- Rechtsanspruch **9** 59
- Rechtsfolgen **9** 64 ff.
- Teilhabeplan **9** 57
- Verhältnis zu HzE **9** 54
- Vorschriften zur Koordinierung **9** 56

Eingriff **4** 19
- Rechtsgrundlage **4** 25

Eingriffsbefugnis **3** 50, **4** 25 f., **Vor 10** 4

Einnahmequelle
- der Kommunen **19** 11 f.

Einrichtung
- Begriff **11** 12
- Beschwerdemöglichkeit **11** 16
- der privaten/ freien Träger **4** 66
- Erlaubnis **11** 1 ff.
- Meldepflichten **11** 19
- personelle Mindestausstattung **11** 15

Einrichtungserlaubnis **11** 1 ff., **12** ff.
- Ausnahmen **11** 13
- Entzug **11** 18
- Erlöschen **11** 17
- Gewährleistungskriterien **11** 14
- Personelle Voraussetzungen **11** 15
- Rechtsanspruch **11** 14
- Voraussetzungen **11** 14 ff.
- Zuständigkeit **11** 18

Einschätzungsprärogative **4** 41, **5** 49

Einschätzungsspielraum **4** 41

Einstweilige Anordnung **12** 26

Einvernehmliche Regelung **5** 58, **7** 19, 20, 37, 52, **9** 90
- Vorrang **12** 6

Einwilligung
- in die Datenverarbeitung **14** 14 f.

Einzelbetreuung, intensive sozialpädagogische **9** 50

Einzelvormund **13** 6
- Beratung **13** 7
- Gewinnung **13** 7

Elterliche Sorge **12** 18, **13** 17
- einvernehmliche Regelung **7** 19
- gemeinsame **12** 32
- Interessenskollision **12** 35
- nach Trennung und Scheidung **7** 19
- Residenzmodell **12** 32
- Wechselmodell **12** 32

Eltern **7** 28, **12** 8, 27
- Ausfall durch Krankheit **7** 48
- Einbeziehung zur Klärung einer Kindeswohlgefährdung **4** 38
- einvernehmliche Regelungen **7** 19
- Erziehungsverantwortung **2** 22
- Gefährdungseinschätzung **4** 37 f.
- Kontakt mit **4** 38
- Mangelnde Kooperationsbereitschaft **9** 109
- Mitwirkung **9** 103, 114, 115
- nichtsorgeberechtigte **9** 114
- Rolle im Jugendstrafverfahren **12** 46

Stichwortverzeichnis

- Unterrichtung bei Inobhutnahme 10 11, 18
- Zustimmung im Rahmen der Diversion 12 46, 71

Elternarbeit 9 26, 36, 47, 10 18 f.
Elterninitiativen 8 9
Eltern-Kind-Verhältnis 2 21
Elternkonflikte
- einvernehmliche Regelungen 7 20
- eskalierte 7 20, 26, 12 32

Elternprimat 12 15a
Elternrecht 2 20, 22
- fremdnütziges Recht 2 22, 23

Elternverantwortung 2 22
Empowerment 9 117
Engagement
- bürgerschaftliches 6 4, 7 4

Entgeltübernahme 16 36
Entgeltvereinbarung 16 34 ff.
Entscheidungsfindung, kooperative 5 34
Entscheidungsvorschlag 12 22
Entwicklungsaufgaben 2 18
Entzug der elterlichen Sorge 12 27
Erfolgskontrolle 18 3 ff.
Erforderlichkeit
- bei der Datenverarbeitung 14 23

Ergänzungspflegschaft 13 2
Erlaubnis 11 1 ff., 2
- Verstoß gegen 11 2

Erlaubniserteilung
- Verwaltungsakt 11 3

Erlaubnispflicht
- Ausnahmen 11 13

Erlaubnisvorbehalt 11 2, 4, 17
Erlebnispädagogik 9 51
Ermächtigungsgesetz 3 41
Ermessen 5 17 f., 48, 12 5
- pflichtgemäßes 6 9

Ermittlungsverfahren
- Einbindung des JA 12 52

Erstaufnahme 10 33
- unbegleiteter minderjährige Flüchtlinge 10 12

Erstscreening 10 35
Erzieherin 8 13

Erzieherischer Bedarf 9 11, 12, 13, 107, 12 47
- Devianz 12 71

Erziehung 12 47
- Elternverantwortung 2 22
- gewaltfreie 7 12
- in der Familie 2 7

erziehungsbeauftragte Person 3 19, 6 24
Erziehungsbeistand 9 35 ff.
- Elternarbeit 9 36
- Inhalte und Ziele 9 36

Erziehungsberatung 7 5, 9 30, 85, 110
- zweiseitige Finanzierung 16 11

Erziehungsberechtigte
- Begriff 3 19

Erziehungsförderung 7 4
Erziehungsgedanke 12 47, 56
Erziehungshilfe
- Beteiligung 9 3
- Definition 9 5
- Dispositionsfreiheit der Anspruchsberechtigten 9 2
- Freiwilligkeit 9 2
- Hilfe nach Maß 9 23
- Hilfe und Kontrolle 9 3
- im Strafvollzug 9 23
- leistungsrechtliche Einheitlichkeit 9 76
- Partizipation 9 3
- Rechtsanspruch 9 4
- Rechtsstruktur 9 2
- s. a. Hilfe zur Erziehung 9 1
- s. Hilfe zur Erziehung 9 9
- Sozialleistungscharakter 9 2

Erziehungsklima
- Veränderung des 2 7

Erziehungsmaßregeln 3 36
Erziehungsrecht
- s. Erziehungsverantwortung 2 22
- staatliches 2 27

Erziehungsverantwortung
- der Eltern 2 22

EU-Bürger 2 34
EU-Grundrechtecharta 2 45, 14 5
EU-Recht 2 34
EU-Richtlinie Verfahrensgarantien in Strafverfahren 12 45
Europäische Menschenrechtskonvention 2 35
Europäischer Gerichtshof für Menschenrechte 2 35, 12 28

Stichwortverzeichnis

Europäische Union
- EU-Bürger 2 34
- Freizügigkeit 2 34
- Recht der 2 34

Europarecht 2 34
EU-Verordnungen 2 34
EWR-Staaten 2 34
Exklusion 2 16, 4 16
Fachaufsicht 5 37, 56
Fachgerechtes Handeln 17 11
Fachkraft 15 28 ff.
- Ausbildung 15 30
- Ausbildungsabschluss 8 13
- Garantenstellung 17 9
- Haltung 5 34
- Jugendhilfe im Strafverfahren 12 50
- Kindertagesstätte 8 13, 18
- Mitwirkung des JA im gerichtlichen Verfahren 12 10
- Mitwirkung im gerichtlichen Verfahren 12 50
- Teamentscheidungen 4 35
- Zusammenwirken mehrerer 4 35
- Zusatzausbildung 15 30

Fachkräftegebot 2 32, 15 28 ff.
Fachkräftemangel 8 13, 25
Fachliche Standards 5 23, 17 1 ff.
Fachteam 9 115
Fachverband 1 22
Fallzahl
- Amtsvormundschaft 13 21

FamFG 3 52, 12 11, 16
Familie
- als Sozialisationsort 4 5
- Begriff 7 10
- Belastungen 2 32
- Beratung 7 4
- demographische Entwicklung 2 5
- Erziehungsklima 2 7
- Formen 2 6
- Lebenslagen 2 2
- Schutz der 2 35
- überforderte 9 39

Familienberatung 7 4
Familienberichte 2 3
Familienbezogene Leistungen 7 2
Familienbildung 7 4
Familienfreizeit
- Familienerholung 7 6

Familiengericht 7 18, 12 16
- Eilentscheidung 10 11
- Entscheidungen 12 19
- Sorgerechtsentscheidungen 12 29

Familiengerichtliche Maßnahmen 12 19
Familiengerichtliches Verfahren 12 15 ff.
- Amtsermittlungsgrundsatz 12 27
- Datenschutz 12 21
- Verfahrensbeistand 12 34
- Verfahrensgrundsätze 12 20

Familiengerichtshilfe
- s. Mitwirkung des JA im familiengerichtlichen Verfahren 12 4

Familiengruppenkonferenz 9 117
Familienkonflikte 7 16
Familienmediation 7 20
familienorientierte Hilfen 9 85
Familienpolitik
- Verhältnis zur Kinder- und Jugendhilfe 2 29 ff.

Familienrat 9 117
Familienrecht 3 7
- Verhältnis zur Kinder- und Jugendhilfe 4 5 ff.

Familienselbsthilfe 7 4
familiensystemische Perspektive 9 26
Familienzentrum 7 4
Familienzusammenführung 10 36
Family Group Conference 9 117
Festhalten des Minderjährigen. 10 29
Finanzierung 16 21 ff., 19 8 ff.
- der Kinder- und Jugendhilfe 3 61
- dreiseitige 16 22 ff., 33
- Eingliederungshilfe 19 6
- EU-Recht 16 39
- Hilfe für junge Volljährige 19 6 ff.
- Hilfe zur Erziehung 19 6
- Mischfinanzierung 16 22 ff.
- Objektfinanzierung 8 53
- Subjektfinanzierung 8 53
- Tagesbetreuung 19 6
- Übertragung 16 7 f.
- zweiseitige 16 22 ff., 23 ff.

Finanzsituation 5 17
Finanzverantwortung 18 3 ff.
Finanzzuweisungen 19 11
Flüchtlinge
- minderjährige 10 32 ff., 37 ff.

Föderalismusreform 3 53, 8 51, 15 2

383

Stichwortverzeichnis

Förderangebote 7 2
Förderauftrag 4 24
Förderbedarf, sozialpädagogischer 9 71
Förderung
– Anspruch auf 6 10
– Gleichheitsanspruch 16 29
– Rechtsanspruch 16 28
– Voraussetzungen 16 26 f.
Förderung der Erziehung
– Reformbedarf 3 60
Förderungsleistungen 7 1 ff.
– Kostenregelung 7 14
– Landesregelungen 7 15
– Rechtscharakter 7 8
Formulare 5 30
Fortschreibung
– Hilfeplanung 9 20, 111
Fortsetzungshilfe 9 73, 76
foster care 9 43
Freie Träger 4 54, 6 4
– anerkannte 4 57
– Anerkennung 4 57 f.
– Begriff 16 5
– Beteiligung im Jugendhilfeausschuss 15 17
– Definition 4 55, 57
– Einrichtungen 4 66
– Mitwirkung des JA im gerichtlichen Verfahren 12 10
– Mitwirkung im Jugendhilfeausschuss 15 16 f.
– Plätze in Tageseinrichtungen 4 64
– Sozialdatenschutz 14 18
– Tätigkeitsausschluss vorbestrafter Personen 15 32 ff., 33 f.
– Trägerlandschaft 4 59 ff.
– Übertragung von Aufgaben **Vor** 10 5
Freiheitsentziehende Maßnahmen 10 26 ff.
Freiheitsentzug 9 49, 52, **10** 26 ff.
Freiwilligkeit 3 50, 4 21, 9 104
Freizeit
– Kommerzialisierung 2 12
– Online-sein 2 13
Freizügigkeit 2 34
fremdnütziges Recht 2 22, 23
Fremdunterbringung 9 42, 46, 87
Frühe Hilfen 4 45, 7 7, 9 24
Frühförderung 4 17
Frühpädagogik 8 2

Führungszeugnis 15 34
funktionaler Stellenbegriff
– beim Sozialdatenschutz 14 17
Fürsorge 3 32, 47
Fürsorgeabkommen
– zwischenstaatliche 2 41
Fürsorgeerziehung 3 36, 37, 42
Ganztagesplatz 5 18, 8 11
Ganztagsschulen 8 4
Garantenpflicht 17 9
Garantenstellung 17 9, 10 ff.
Gebietskörperschaft
– kommunale 3 12
Gebührenstaffelung 8 55
Geeignetheit von Leistungen 9 14, 75
Gefährdung des Kindeswohls (s. Kindeswohlgefährdung) 9 18
Gefährdungseinschätzung
– Anrufung des Familiengerichts 4 41
– Beurteilungsspielraum 4 41
– Dokumentation 4 36
– Eltern 4 37 f.
– Hausbesuch 4 39
– Hilfeangebote 4 40
– Inobhutnahme 4 42
– Partizipation 4 37 f.
– Prozesshaftigkeit 4 36
– Teamentscheidungen 4 35
– Verhältnismäßigkeitsgebot 4 41
Gefährdungsmeldung 12 25
– Umgang mit 4 28 ff.
Gefahr für Leib und Leben 10 28
Gefahr im Verzug 10 29
Geflüchtete Menschen
– s. minderjährige, unbegleitete Flüchtlinge 10 12
Geltungsbereich SGB VIII 3 16 ff.
– für Ausländer 3 22
– für Deutsche 3 21
– geographischer 3 9 ff.
– personeller 3 16, 20
– räumlicher 3 9 ff.
Gemeinden
– kreisangehörige 3 12, 53
Gemeinnützigkeitsprivilegien 16 46
Gemeinnützigkeitsverordnung 16 26
Gender 2 32, 6 19

Stichwortverzeichnis

Gericht 12 6
- Bundesgericht 1 20
- Systemzweck 12 7

Gerichtliche Überprüfung 5 47
Gerichtsgänger 12 65
Gerichtshilfe 12 4
Gerichtsverfahren
- Anhörung des Jugendamtes 12 13
- Funktionen des Jugendamts 12 15
- Jugendamt, verfahrensrechtliche Stellung 12 11
- Stellungnahme des Jugendamts 12 13
- Verfahrensbeteiligte 12 11

Gesamtverantwortung 5 16, 9 117, 18 2 ff.
- Kindertagesbetreuung 8 40

Geschäft der laufenden Verwaltung 15 14
- Vormundschaft 13 19

Geschlossene Unterbringung 9 49, 10 26 ff., 30
Gesetzesvorbehalt 3 50, **Vor 10** 4, 12 46
Gesetzgebung
- konkurrierende 3 11

Gesetzgebungskompetenz
- der Länder 3 10, 8 48
- des Bundes 3 10, 8 48

Gesetzgebungsverfahren
- SGB VIII 3 48

gesetzliche Vertretung
- von Minderjährigen 3 19, 13 3

Gesetzmäßigkeit
- des Verwaltungshandelns 5 25, 9 118

Gesetz zur Kooperation und Information im Kinderschutz 4 45
Gesundheit, seelische 9 61
Gesundheitsschutz 3 6
Gewalt, häusliche 2 32
Gewaltenteilung 9 118
Gewaltfreie Erziehung 7 12
Gewaltschutzsachen 12 16
Gewichtige Anhaltspunkte
- Dokumentation 4 36

Gewöhnlicher Aufenthalt 3 23 ff., 15 43
- Asylbewerber 3 24

Große Lösung 3 54, 55, 58, 9 13, 55
Großeltern 7 29
Großpflegestelle 11 7
Großtagespflegestelle 8 29, 11 5, 6

Grundgesetz
- Kinderrechte 2 42 ff.

Grundrechte 2 22, 25
- Drittwirkung 2 48
- Kinder als Träger von 2 23

Grundrechtssubjektivität von Kindern 2 23
Grundrichtung der Erziehung 4 5, 49
Grundsicherung für Arbeitssuchende 4 13
Haager Kinderschutzübereinkommen
- s. Kinderschutzübereinkommen (KSÜ) 2 38

Haftung
- des Aufsichtspflichtigen 17 7

Haftungsansprüche 17 4, 5
Haltung
- Fachkräfte 5 34
- sozialpädagogische 9 126

Handlungsfähigkeit 3 17, 5 27, 9 58
Handlungsgrundsätze 3 51
- s.a. Handlungsorientierung, 3 50
- sozialpädagogische 4 48, 50

Handlungsorientierung, sozialpädagogische 5 2, 11, 22, 23, 10 13, 15, 26, 12 5, 44, 55, 13 2

Hauptverhandlung 12 61 f.
- Verlesung des JGH-Berichts 12 62

Hausbesuch 4 39, 5 27
Haushaltshilfe 7 41, 48, 49, 9 39
Häusliche Gewalt 2 32
Hausverbot 6 25
Heilpädagogische Leistungen 9 68
Heimatjugendamt 10 19
Heimaufsicht 11 12 ff.
- Zutrittsrecht 11 19

Heimerziehung 9 46
- Reformbedarf 3 59

Heimkarriere 9 50
Heranwachsende 3 17, 12 58, 70
- Betreuung im Strafverfahren 12 64
- im Strafverfahren 12 68

Heranziehung zu den Kosten 16 56
Herausnahme des Kindes 10 14
Herkunft, ethnische 6 19
Hilfeakzeptanz 9 17, 108
Hilfebeziehung
- asymmetrische 5 22

Stichwortverzeichnis

Hilfe für junge Volljährige 9 72 ff.
- Abgrenzung zu SGB XII-Leistungen 9 80
- im Strafverfahren 12 68
- Leistungsvoraussetzungen 9 74
- Nachbetreuung 9 76, 79
- Rechtsfolgen 9 77
- Verhältnis zu Eingliederungshilfe für behinderte Menschen 4 16
- Verhältnis zu Hilfe zur Überwindung besonderer sozialer Schwierigkeiten 4 15

Hilfe nach Maß 9 14, 23
Hilfen aus einer Hand 4 14
Hilfen in schwierigen Lebenslagen 7 39
Hilfeplan 9 57, 107, 110 f.
- Fortschreibung 9 111
- Verwaltungsakt 9 112

Hilfeplanung 5 34, 9 107, 115, 12 46
- Fortschreibung 9 20
- im Rahmen der Inobhutnahme 10 19
- Problemakzeptanz/-kongruenz 9 108

Hilfeplanverfahren 9 115, 122, 10 18
Hilfe und Kontrolle 4 27, 9 2, 3
Hilfe zur Erziehung 9 1 ff., 98
- Abgrenzung zu anderen SGB-Leistungen 9 12
- Abgrenzung zu SGB II 9 12
- Abgrenzung zu SGB XII 9 12
- Akzeptanz 9 17
- Anlässe 9 86
- Annexleistungen 9 91
- Anspruchsinhaber 9 6
- Antrag 9 121
- atypische Hilfeformen 9 23
- atypische Hilfen 9 14
- Ausgaben 9 82
- Ausland 9 28
- Dauer 9 20, 12 46
- Definition 9 5
- Einheitlichkeit 9 22, 76, 78
- Elternarbeit 9 26
- Ermessen 9 27
- erzieherischer Bedarf 9 9
- familiensystemische Perspektive 9 26
- Freiwilligkeit 9 17 f.
- Fremdplatzierung 9 16
- Frühe Hilfen 9 24
- Geeignetheit 9 14, 17
- Hilfe nach Maß 9 23
- Idealtypen 9 22
- Interventionsschwelle 9 11
- Kosten der Erziehung 9 94
- Kurzprogrammatik 9 22

- Laufende Leistungen 9 94
- Lebensweltorientierung 9 21
- Leistungsvoraussetzungen 9 9 ff.
- Mitwirkung der Betroffenen 9 103
- Monitor 9 82
- Normalisierungsarbeit 9 21
- Notwendigkeit 9 15, 16
- Problemakzeptanz/-kongruenz 9 108
- Schutzverpflichtung 9 18
- Selbstbeschaffung 9 121
- Sorgerecht 9 19
- Sozialdatenschutz 14 2 ff.
- Sozialraumorientierung 9 21
- Statistik 9 81 ff., 84
- Tatbestandsvoraussetzungen 9 10
- Umfang 9 20
- Unterhaltsleistungen 9 94
- Versäulung 9 25
- Voraussetzungen 9 10
- Zuständigkeit 9 123

Hilfe zur Selbsthilfe 9 14, 39, 12 67
Hilfe zur Überwindung besonderer sozialer Schwierigkeiten 4 15
Historische Perspektive 3 32
hoheitlich 4 22
Hoheitliche Aufgaben 4 22, 26, **Vor** 10 1
Hoheitsrechte **Vor** 10 5, 18 3
Hort 8 3

ICD-10 9 61
Inaugenscheinnahme
- Alterseinschätzung 10 37

Individualbeschwerdeverfahren 2 36
Informationelles Selbstbestimmungsrecht 14 5, 20
Informationsbeschaffungspflicht
- Kindeswohlgefährdung 4 34

Informationspflicht
- über erhobene Daten 14 21

Informationstechnologien 2 13, 6 26
Inklusion 2 37, 3 14, 55, 6 3, 11, 9 13, 69, 12 48, 55
- Definition 3 14
- Große Lösung 9 13, 55

Inklusionshelfer 9 68
Inobhutnahme 4 42, 10 1 ff., 3
- Ablauf 10 25
- Alterseinschätzung 10 10, 37
- Anlass 10 10
- Anschlusshilfen 10 18

Stichwortverzeichnis

- Beendigung **10** 23 f., 31
- Befugnisse **10** 7, 14
- Begriff **10** 13
- Bereitschaftspflege **10** 16
- Beurlaubung **10** 24
- Chronologie **10** 25
- Dauer **10** 23
- Einschaltung der Polizei **4** 42
- Elternarbeit **10** 18 f.
- freier Träger **10** 8
- Handlungsorientierung, sozialpädagogische **10** 13, 15
- Heimatjugendamt **10** 19
- Hilfeplanung **10** 18, 19
- Kindeswohlgefahr **10** 11
- Kosten **10** 31
- Kostenbeteiligung **16** 48
- Krisenintervention **10** 7, 13
- Kritik **10** 5
- Notkompetenz **10** 17
- Personensorge **10** 17
- Rechtsanspruch **10** 7
- Rechtscharakter **10** 7
- Rechtsfolgen **10** 13
- Selbstmelder **10** 7, 10
- Statistik **10** 5
- unbegleitete Minderjährige **10** 12
- Unterbrechung **10** 24
- Unterbringung **10** 16
- Unterrichtung der Eltern **10** 11, 18
- Vertrauensperson **10** 15
- Verweildauer **10** 23
- Wegnahme des Kindes **10** 14
- Widerspruch der Eltern **10** 20, 22
- Zuführung des Mj **10** 15
- Zuständigkeit **10** 31
- Zwangsanwendung **10** 26
- Zwangsbefugnisse **10** 14

Integration **3** 14, **9** 21, **11** 16, **12** 48
- soziale **3** 14, **6** 3, 11, 13, 14, **9** 74, **12** 55

Intensive sozialpädagogische Einzelbetreuung **9** 50

Intensivprogramme, erlebnispädagogische **9** 51

Interdisziplinarität **1** 4, **9** 117, **12** 3, 23, 43

Interessensgegensätze
- s. Interessenskollision **2** 26

Interessenskollision
- Elterliche Sorge **12** 35
- Eltern - Kinder **2** 26
- Jugendamt **12** 31, 39

Interessenskonflikt **12** 31, **13** 20
- Jugendamt **13** 20

Interessenvertretung **12** 34

Internationale Gesellschaft für erzieherische Hilfen **4** 63

Internetnutzung **2** 13

Interventionsschwellen **9** 11

JGG **3** 4, **12** 43 ff.
- Novellierung **12** 45

JGG-Novelle **12** 56, 57

JGH
- s. Jugendhilfe im Strafverfahren **12** 43

JGH-Aufgaben
- s. Jugendhilfe im Strafverfahren **12** 44

JGH-Bericht
- Verlesung in der Hauptverhandlung **12** 62

JGH-Fachkraft **12** 50

Jugend
- als soziales Phänomen **2** 18
- Bildungsniveau **2** 17
- Definition **2** 8
- Einstellungen **2** 17
- Gesellschaftliche Teilhabe **2** 17
- Soziale Herkunft **2** 17

Jugendamt **3** 42, **Vor 10** 3, **15** 3 ff.
- als Behörde **3** 42
- als Rehabilitationsträger **9** 56
- als Sozialleistungsträger **12** 15a
- als Zeuge **12** 14
- Amtspfleger **12** 15a
- Anhörung im gerichtlichen Verfahren **12** 12
- Aufgaben **Vor 10** 4
- Aufgaben zum Schutz von Minderjährigen **Vor 10** 6 f., **10** 1 ff.
- Aufgabenzuweisung **3** 50, **5** 4
- Aufsicht **5** 37
- Ausstattung **15** 5
- Befugnis **3** 50, **4** 25, **10** 7
- Beistand **12** 15a
- Beistandschaft **13** 3
- Bereitschaftsdienst **4** 31
- Beschwerde **12** 12
- Doppelcharakter **10** 3
- Eingriffsbefugnis **Vor 10** 4
- Fachkraft **15** 28 ff.
- Funktionen **13** 3
- Funktionen im gerichtlichen Verfahren **9** 119, **12** 15

387

Stichwortverzeichnis

- Garantenstellung 17 9
- gesetzliche Vertretung 13 3
- Gestaltungsauftrag 5 5
- Historie 3 39 ff.
- Interessenskonflikt 13 20
- Jugendhilfe im Strafverfahren 12 43 ff.
- kommunale Selbstverwaltung 15 5
- Krisenintervention 10 7
- Kritik 4 27, 10 5, 12 28
- Maßnahmevorschlag 12 59
- Mitwirkung des JA im familiengerichtlichen Verfahren 12 15 ff.
- Mitwirkung im Adoptionsverfahren 12 40
- Mitwirkung im familiengerichtlichen Verfahren 12 15a
- Mitwirkung im Jugendgerichtsverfahren 12 43 ff.
- Mitwirkung im Strafverfahren 12 56
- Mitwirkung in gerichtlichen Verfahren 12 4 ff.
- Organisation 3 53, 7 38
- Organisationshoheit 9 119
- Personal 15 28 ff.
- Pflichtaufgaben 5 5, 7
- Primärzuständigkeit 10 34
- Rechte im Gerichtsverfahren 12 11
- Rechtsaufsicht 5 37
- Rechtsverpflichtungen 5 5
- Rollen im familiengerichtlichen verfahren 12 15a
- Schutz von Minderjährigen 10 1 ff.
- Sozialleistungsbehörde 12 46
- sozialpädagogische Fachbehörde 12 1, 8, 15 4
- und Gericht 12 8
- und Gerichte 9 119
- Verfahrensbegleitende Mitwirkung 12 51
- Verfahrensbeteiligter 12 11, 15
- verfahrensrechtliche Stellung 12 11
- Vermittlungsaufgaben 9 89
- Verwaltung 15 12 ff.
- Verwaltung des 15 24 ff.
- Vorläufige Maßnahmen zum Schutz von Kindern und Jugendlichen 10 1 ff.
- Vormund 13 10
- Vormundschaft 13 3
- Zweigliedrigkeit 3 53, 15 12

Jugendamtsgesetz 3 42
Jugendarbeit 3 38, 5 19, 6 3 ff.
- angemessener Mittelanteil 18 6
- Ausgaben 6 9
- Strukturmerkmale 6 3

Jugendarbeitsschutzgesetz 3 3
Jugendberichte 15 48
Jugendberufshilfe 4 13, 6 13
Jugendclub 6 3, 25
Jugendfeuerwehr 6 4
Jugendforschung 2 4 f.
Jugendfürsorgeämter 3 39
jugendgefährdende Medien 6 23, 26
jugendgefährdender Ort 6 24, 10 4
Jugendgefährdende Schriften 5 49, 51
Jugendgericht 12 44
Jugendgerichtsgesetz 3 4, 12 11, 44 ff.
- Novellierung 12 45, 56, 57
Jugendgerichtshilfe
- Begriff 12 4, 44
- s. Jugendhilfe im Strafverfahren 12 4
Jugendhaus, offenes 6 3, 25
Jugendhilfe
- Etat 9 82
- Fürsorge 3 47
- im Strafverfahren 12 44 ff.
- Kosten 9 82
- Ordnungspolitische Ausrichtung 3 46
- und Schule 6 12
- Verhältnis zur Sozialhilfe 4 14 ff.
- Vorrang vor Strafjustiz 12 70
- wirtschaftliche 9 113
- Zweckbindung 12 7, 51
Jugendhilfeausschuss 15 12 ff.
- Aufgaben 15 19
- beratende Mitglieder 15 18
- Kritik an der Beteiligung freier Träger 15 17
- Landesjugendhilfeausschuss 15 23
- Rechte 15 20 ff.
- Verfahrensrecht 15 22
- Verhältnis zur Vertretungskörperschaft 15 15
- Zusammensetzung 15 16 ff.
Jugendhilfeetat
- Hilfe zur Erziehung 9 82
- Jugendarbeit 6 2
Jugendhilfe im Strafverfahren 12 43 ff., 44 ff.
- Akronym JGH 12 44
- Anhörungsrecht 12 66
- Antrag auf Verzicht 12 61
- Anwesenheitspflicht 12 61
- Anwesenheitsrecht 12 61, 66
- Aufgaben 12 49

Stichwortverzeichnis

- Äußerungsrecht 12 66
- Berichtspflichten 12 57
- Betreuungsaufgaben 12 54, 64
- Betreuungspflicht 12 61
- Biographiearbeit 12 56
- Datenschutz 12 56
- Diversion 12 59, 70
- Ermittlungsaufgaben 12 55
- Fragerecht 12 67
- freie Träger 12 50
- Frühzeitiges Tätigwerden 12 54
- Gerichtsgänger 12 65
- Hinderungsgründe 12 61
- Informationsmaterialien 12 54
- Informationsrechte 12 66
- Lebensweltorientierung 12 56
- Leistungen 12 68 ff.
- Leistungsbewilligung 12 50
- Maßnahmevorschlag 12 59
- Organisation 12 50
- Sanktionsvorschlag 12 59
- Sozialpädagogik 12 54
- Stellungnahme 12 56
- Teilnahme an der Hauptverhandlung 12 61 f.
- Überwachungsaufgaben 12 63
- Untersuchungshaftvermeidung 12 60
- Verfahrensbeteiligte 12 67
- Verfahrensrechte 12 66
- Verfahrensrechtliche Stellung 12 66
- Verlesung des JGH-Berichts 12 62
- Vertrauensperson 12 53
- Verzicht auf Anwesenheit 12 61
- Verzicht auf JA 12 61
- Zeitpunkt der Einbindung 12 52
- Zweckbindung 12 51, 59

Jugendhilfeleistungen
- Interventionsschwellen 9 11

Jugendhilfeplan
- Rechtscharakter 18 10

Jugendhilfeplanung 18 2, 7 ff.
- Förderung 18 11
- Jugendarbeit 18 6
- Rechtscharakter 18 10

Jugendhilfepolitik 2 29, 19 1 ff.
Jugendhilfestatistik 18 7 ff., 13 ff.
Jugendhilfe und Justiz 12 2, 23, 44 ff., 70
- Kooperation 12 7, 19, 30
- unterschiedliche Perspektiven 12 7
- Verhältnis 12 8

Jugendhilfe und Schule 6 12
Jugendhilfe und Strafjustiz 12 43

Jugendkriminalität 12 44, 47, 48, 55, 56, 70, 71

Jugendkriminalrecht
- Dreiecksverhältnis 12 46

Jugendkultur 6 4
Jugendliche
- Abweichendes Verhalten 12 70
- ausländische 2 15
- Begriff 3 17
- besonders schwierige 9 49, 50, 52
- mit seelischer Behinderung 9 53 ff.
- Schutzbedürftigkeit 12 59
- strafrechtliche Verantwortlichkeit 12 58

Jugendmedienschutz 3 4, 5 49, 51, 6 26
Jugendmigrationsdienste 6 11
Jugendorganisationen 6 4
Jugendpflege 3 38, 6 3
- preußischer Erlass 3 38

Jugendphase 2 8
Jugendpolitik 19 1
Jugendpsychiatrie 9 49
Jugendrecht
- Teilgebiete 3 3 f.

Jugendring 6 5
Jugendschutz 6 23 ff., Vor 10 7
- in der Öffentlichkeit 6 23
- strafrechtliche Bestimmungen 6 23

Jugendschutzgesetz 3 8
Jugendschutzrecht 1 7, 3 4
Jugendschutzstelle 10 8, 16, 11 12
Jugendsozialarbeit 6 11 ff.
- Abgrenzungsprobleme 6 14
- Abgrenzung zu Hilfen zur Erziehung 6 15
- Ausgaben 6 28
- Ziel 6 11

Jugendstrafrecht 3 4, 17, 9 29, 34, 49, 12 43, 47
- Erziehungsgedanke 12 47
- Neue Ambulante Maßnahmen 9 34, 38
- Ziel und Zweck 12 47, 51

Jugendstrafrechtliche Sanktionen 12 43
- Dauer 12 46
- Vorschlag 12 59
- Ziel 12 47

Jugendstrafverfahren 12 43 ff.
- Anklage 12 57
- Begutachtung 12 45, 57
- Beistand 12 45
- freie Träger 12 50

Stichwortverzeichnis

- Hauptverhandlung 12 61 f.
- Information der jungen Menschen 12 54
- Notwendige Verteidigung 12 45
- Rolle der Eltern 12 46
- Vertrauensperson 12 45

Jugendverbände 6 4, 5
- Bildungsauftrag 6 6

Jugendwerkhof 3 44

Jugendwohlfahrtsgesetz 3 45 ff.

Jugendwohnen 6 11, 13, 21

Jugendzentrum 6 3, 25

Junger Mensch
- Begriff 3 17
- Handlungsfähigkeit im Sozialrecht 9 58
- mit Behinderung 2 37, 3 55, 4 16
- Mitwirkung im Verfahren 9 103

Junge Volljährige
- Begriff 3 17
- im Strafverfahren 12 64, 68, 70
- Örtliche Zuständigkeit 15 42

JuSchG 6 23 ff., Vor 10 7, 10 4

Justiz 12 2
- und Jugendhilfe 12 44 ff.

Justizsozialdienst 12 45

JWG 3 45, 12 44

Kann-Leistung 5 17

Katholische Soziallehre 4 68 f.

KICK 3 52

Kind
- als Grundrechtsträger 2 25
- Begriff 3 17
- Betreuung und Versorgung in Notsituationen 7 41, 48
- Grundrechtsträger 2 22 f., 23, 43
- mit seelischer Behinderung 9 53 ff.
- nichtehelich 3 33

Kinderarmut 2 11, 6 6

Kinderförderungsgesetz 3 52

Kinderfürsorge 3 42

Kinderfürsorgeämter 3 39

Kindergarten 8 3, 5

Kindergartenpflicht 8 15, 24

Kindergartenplatz
- Rechtsanspruch 3 52

Kindergeld 3 6, 9 98

Kinderhaus 11 12

Kinderkrippen 8 3

Kinderpolitik 2 29, 19 1

Kinderrechte 12 4
- Grundgesetz 2 42 ff.
- Grundgesetz-Regelungsentwurf 2 47
- National Coalition 2 36
- Staatszielbestimmung 2 46

Kinderrechtskonvention
- s. UN-Kinderrechtskonvention 2 31

Kinderschutz 4 27 ff., 6 23 ff., 10 7, 12 23 ff., 14 8
- Allzuständigkeit 4 43
- Beratungsanspruch 4 44, 46
- Berufsgeheimnisträger 4 47
- Datenschutz 4 47
- Frühe Hilfen 4 45
- Kooperation und Information 4 45
- Kooperation von FamG und JA 12 28
- Kritik in der Öffentlichkeit 12 28
- Landesrecht 4 45
- Mehr-Augen-Prinzip 4 36
- Netzwerkstrukturen 4 45
- Systematik rechtlicher Beziehungen 12 23
- Unterstützungsangebote 4 45
- Verfahrensstandards 4 28
- Verfahrensvorschriften 4 28
- Zuständigkeit 4 43

Kinderschutzfachkraft 4 36, 44

Kinderschutzrecht 3 4

Kinderschutzübereinkommen (KSÜ) 2 38 ff.
- Aufenthaltsort 2 39
- Rechtsfolgen 2 40
- Schutzmaßnahmen 2 40

Kinderschutzverfahren 12 25
- Einstweilige Anordnung 12 26
- Überprüfungspflicht des Gerichts 12 26

Kinderschutzverläufe
- Erkenntnisse 4 36

Kindertagesbetreuung 8 1 ff., 2 ff.
- Anspruchsberechtigte 8 38
- Bedarfskriterien 8 40
- Beitragsfreiheit 8 54
- Beteiligung der Erziehungsberechtigten 8 46
- Betreuungsquote 8 8
- Elterninitiativen 8 9, 47
- Erlass der Kostenbeteiligung 16 55
- Finanzierung 8 51 ff.
- Funktion 8 16
- Gebührensatzung 8 55
- Kinderschutzkonzepte 8 16
- Kostenbeteiligung 8 54
- Landesrecht 8 48
- Objektfinanzierung 8 53

Stichwortverzeichnis

- Planungsverantwortung 8 40
- Primäranspruch 8 42
- Qualität 8 12
- Rechtsanspruch 8 23 ff., 32 ff.
- Sekundäranspruch 8 43
- Selbstbeschaffung 8 43
- Sozialpädagogischer Aspekt 8 19
- Subjektfinanzierung 8 53
- Trägerschaft 8 50
- Verpflichtungsgrad der ~ 8 32
- Verschaffungsanspruch 8 41 f.

Kindertageseinrichtung 8 1 ff.
- Betreuungszeit 8 39
- Fachkräftemangel 8 25
- Formen 8 3, 4
- Gruppengröße 8 12, 45
- Gruppengrößen 8 39
- Personalschlüssel 8 12, 39, 45
- Qualitätssicherung 8 25
- Rechtsanspruch 8 32
- Statistik 8 7
- Terminologie 8 3
- Wohnortnähe 8 45

Kindertagespflege 8 1 ff., 20
- Definition 8 4
- Erlaubnisvorbehalt 11 4
- Formen 8 26
- Mindeststandards 11 4

Kindertagespflegeperson
- Geeignetheit 8 29

Kindertagesstätte
- Bildungsauftrag 8 14
- Fachkräfte 8 13, 18
- Funktion 8 16
- Öffnungszeit 8 18
- s.a. Kindertageseinrichtung 8 4 ff.

Kindertagesstättengebührensatzung 8 55
Kinder- und Jugendberichte 2 3
Kinder- und Jugendhilfe
- Andere Aufgaben **Vor** 10 1
- Arbeitsfelder 19 2 ff.
- Ausgaben 19 4
- Corona 2 32
- Fachliche Standards 5 23
- Fachverband 1 22
- Familienorientierung 4 7
- Finanzierung 19 8 ff.
- Gesamtgesellschaftlicher Stellenwert 19 13 ff.
- Handlungsgrundsätze 3 51
- Institutionen 1 21
- Internetquellen 1 16 ff.
- Kosten 3 61
- Leistungsbereiche **19** 4 ff.
- Ministerium 1 21
- Politik 2 29, **19** 1 ff.
- Rechtsprechung 1 20
- Schutzauftrag 4 24
- Sozialleistung 3 50
- Sozialpädagogische Orientierung 3 15, 50, 51
- Statistik 9 82
- Systemrelevanz 2 32
- Systemzweck 12 51
- Weiterentwicklung 3 52
- Zweckbestimmung 3 14 f., 15

Kinder- und Jugendhilfegesetz
- Gesetzgebungsverfahren 3 48 ff.

Kinder- und Jugendhilferecht 3 3, 16
- Adressaten und Zielgruppen 3 16
- Familienorientierung 3 57
- Historische Wurzeln 3 32
- Reformbedarf 3 54

Kinder- und Jugendhilfestatistik 9 81
Kinder und Jugendliche
- Beteiligungsrechte 4 48
- Lebenslagen 2 2, 12 56
- mit Behinderungen 2 16
- verfahrensrechtliche Stellung 4 48

Kinder- und Jugendpsychiatrie 9 49
Kinder- und Jugendschutz, erzieherischer 6 27

Kinder- und Jugendstärkungsgesetz 3 59
Kindesinteresse 2 36, 12 37
Kindesschutz
- zivilrechtlicher 12 23

Kindeswohl 4 32, 10 29, 11 9, 12 4
- Corona 2 32
- Primat 10 36
- Verfahrensbeistand 12 37
- Vorrang 2 31, 36

Kindeswohlgefahr 5 52, 10 11
Kindeswohlgefährdung 2 24, 9 11, 18, 10 4, 12 25
- Anonyme Hinweise 4 30
- Anrufung des Familiengerichts 4 41
- Aufgaben und Verfahren bei 4 28 ff.
- Definition 4 32
- Dokumentation 4 36
- Erörterung 12 25
- gewichtige Anhaltspunkte 4 30, 32, 33, 9 18, 12 25
- Informationsbeschaffungspflicht 4 34

Stichwortverzeichnis

- Inobhutnahme 4 42
- Interventionsschwellen 4 40
- latente 4 33
- Sozialdatenschutz 4 34, 36

Kindeswohlvorrang 2 36, 44, 48
Kindheit 2 8, 18
Kindschaftssachen 12 18
Kino 6 23
Kirchen
- Träger in der Jugendhilfe 4 55

Kirchliche Organisationen 3 38
KiTa 8 4
KJSG 5 56
KKG 4 27, 43 ff.
Klagearten 5 45
Klärungshilfe, sozialpädagogische 10 13
Klient
- Co-Produzent der Hilfe 9 27, 103, 107
- Partizipation 4 37 f.
- Rechtsstellung 4 25, 48

Kollegiale Fachberatung 17 11
Kommunalaufsicht 18 5
Kommunalbehörde 4 54
kommunale Selbstverwaltung 3 53, 9 119
Kommunale Träger
- finanzielle Leistungsfähigkeit 3 61
- Hoheitsrechte 18 3
- Organisationshoheit 9 119

Kommunalverfassungsstreit 15 20
Kommune 2 20, 3 12
- Einnahmequelle 19 11
- Steuereinnahmen 19 11

Konfliktberatung 7 11
Konflikthilfen 7 2
Konfliktregelung, einvernehmliche 12 6
Königsteiner Schlüssel 10 42
Konnexitätsprinzip 8 52, 9 118 f., 19 12
Konstruktivistisches Denken 12 6
Kontrolltheorie 12 71
Konventionen
- Internationale 2 35 ff.

Kooperation
- interdisziplinäre 9 60
- Jugendhilfe und Justiz 12 7 ff., 16, 19, 30
- Jugendhilfe und Schule 6 12
- mit Familiengericht 12 15a

Kooperation und Information im Kinderschutz 4 45
Koproduzent 5 23, 34
Korporatismus 4 70
Kostenbeiträge 16 52 ff.
- Erlass 16 54
- Staffelung 16 53

Kostenbeitragsverordnung 16 61
Kostenbeteiligung 16 47 ff.
- bei anderen Aufgaben 16 48
- bei Leistungen 16 48
- individuelle 16 56
- Pauschalierte 16 52
- Überblick 16 50 ff.
- Übergang von Ansprüchen 16 63
- Vorleistungspflicht des öffentlichen Trägers 16 62

Kosten der Erziehung 9 94
Kosten des Gerichtsverfahrens 7 20
Kostenerstattung 15 45 ff.
- Inobhutnahme 10 31

Kostenheranziehung
- Hilfe zur Erziehung 9 125

Kostenregelung 7 14
Kostentragung 5 16, 9 119
Kostenübernahme 5 31
Krabbelstuben 8 3
Krankenhilfe 9 100
Krankenversicherung 9 100
- Leistungen 9 70

Krankheit 7 48
- der Eltern 9 39
- ICD-10 9 61
- Klassifikation 9 61

Kriminalität 12 48
Kriminalitätstheorien
- Interaktionistische Ansätze 12 71

Kriminologie 12 55, 70
Krisenintervention 10 7, 13
- Bereitschaftsdienst 4 31

Landesjugendamt 5 37, 11 19, 15 11
Landesjugendhilfeausschuss 15 23
Landesjugendplan 6 28
Landesrecht 3 11
- Kooperation und Information im Kinderschutz 4 45

Landesrechtsvorbehalt 3 11, 6 28, 7 15
Landesverfassung 2 46

Stichwortverzeichnis

Landesverteilstelle 10 42
Landesvorbehalt
- Kindertagesbetreuung 8 48
- s.a. Landesrechtsvorbehalt 8 48

Landkreis 3 12
Lebenslagen
- von jungen Menschen und ihren Familien 2 2
- von Kindern und Jugendlichen 2 2 ff., 6 6

Lebenslaufforschung 12 71
Lebensmittelpunkt 2 39
Lebensphasenkonzept 2 8
Lebenswelt 9 115
- Diversität 2 19
- Pluralisierung 2 18, 19

Lebensweltorientierung 2 19, 9 14, 21, 51, 12 56
- Jugendhilfe im Strafverfahren 12 56

Legalbewährung 12 47
Legasthenie 4 12, 18, 9 71
Legitimation durch Verfahren 5 22 f.
Leistung 4 21, 5 1, 16 4
- Anspruchsberechtigter 3 16
- Anspruchsinhaber 3 57 f.
- Begriff 5 3, 9 78
- bei seelischer Behinderung 9 65 ff.
- Finanzierung 14 21, 16 21 ff.
- Freiwilligkeit 4 21
- laufende 9 94
- Maßnahmebegriff 4 21
- ohne individuelle Voraussetzung 14 10
- ohne individuelle Voraussetzungen 16 10 ff.
- Rechtsanspruch 4 21
- weiche 5 15, 7 1, 31
- zur Sozialen Teilhabe 9 67, 68
- zur Teilhabe an Bildung 9 67, 68
- Zuständigkeit 15 41

Leistungen und andere Aufgaben 4 20
- Öffentliche und freie Träger 4 26

Leistungsanspruch 5 12
Leistungsberechtigte 5 12, 14 15, 16 13 ff.
Leistungsbewilligung 3 16
Leistungsdreieck 9 124
Leistungsempfänger 3 16
- Rechtsstellung 4 48

Leistungserbringer 16 13 ff.
Leistungserbringung 16 2
Leistungsgewährung 3 16

Leistungskonkurrenz 9 70
Leistungssicherstellungsvereinbarung 8 36
Leistungsträger 16 13 ff.
Leistungsvereinbarung 16 34 ff.
Leistungsverpflichtung 4 25 f.
Leistungsvertrag 16 32
Leistungsverweigerung, systematische 9 73
Liberalismus 4 68 f.

Mädchen
- Benachteiligung 2 14

Mädchenhäuser 10 16
Mangelsituation 9 3
Maßnahme
- Begriff 4 21, 9 2

Maßnahmevorschlag 12 59
Mediation 7 20, 36, 38, 9 90, 12 6
- Anordnung der 7 20
- im Strafverfahren 12 69
- Trennung- und Scheidung 7 20, 12 20

Medien
- digitale 2 13
- Indizierung 6 26
- Jugendschutzbestimmungen 6 26
- neue 2 13, 6 26
- soziale 2 13

Medienpädagogik 6 26
Medienschutz 6 26
Mehr-Augen-Prinzip 4 35, 36
Mehrgenerationenhäuser 7 4
Mehrkosten 4 51, 9 105
Menschenrechte 2 23, 33
Migration 6 6
- von Kindern und Jugendlichen 2 15

Migrationshintergrund 2 15
Minderjährige 2 20
- als Grundrechtsträger 2 25, 26 ff.
- als Rechtsträger 2 22 f.
- Beratungsanspruch 4 8
- Beschwerdemöglichkeit 11 16
- Beteiligungsrechte 4 48
- Definition 2 38
- eigener Rechtsanspruch 4 8 f.
- Festhalten 10 29
- gesetzliche Vertretung 3 19
- Rechtliche Vertretung 7 25, 13 3
- Rechtsstellung 2 28 ff., 42, 3 56 f., 4 48, 5 27
- Schutz Vor 10 3

393

Stichwortverzeichnis

- Sicherung von Rechten und Interessen Vor 10 3
- Sozialdatenschutz 14 15
- unbegleitete 2 39, 10 32 ff., 37 ff.
- verfahrensrechtliche Stellung 4 5, 48
- Zugeführte 10 4

Minderjährige, unbegleitete Flüchtlinge 10 32 ff., 33 ff.
- Alterseinschätzung 10 37
- Anschlusshilfe 9 86
- Beteiligungsrechte 10 35
- Erstaufnahme 10 33
- Erstversorgung 10 12
- Familienzusammenführung 10 36
- Inobhutnahme 10 12
- Rechtliche Vertretung 10 38
- Verteilungsverfahren 10 39 ff.

Minderjährige Mutter 3 18

Minderjährigenrechte
- Internationale Regelungen 2 33

Minderjährigenschutz Vor 10 3, 7

Minderjährigenschutzabkommen
- s. Kinderschutzübereinkommen (KSÜ) 2 38 ff.

Missbrauch 10 11

Misshandlung 10 11

Mittagessensverpflegung 4 14

Mitwirkung
- der Jugendhilfe im gerichtlichen Verfahren 12 1
- von Eltern 9 103, 114, 115
- von jungen Menschen 9 103

Mitwirkung des JA
- im Adoptionsverfahren 12 40

Mitwirkung des JA im familiengerichtlichen Verfahren 12 15 ff.
- Anrufung des Familiengerichts 12 27
- Art und Weise 12 22
- Entscheidungsvorschlag 12 22
- Funktionen des Jugendamts 13 20
- Kindesschutz 12 23
- Rollen des Jugendamts 12 15a
- Trennungs- und Scheidungsverfahren 12 32
- Überschneidung zur Trennungs- und Scheidungsberatung 7 37
- Unterstützung 12 21
- Vertraulichkeit des Beratungsprozesses 7 37

Mitwirkung des JA im gerichtlichen Verfahren 12 4 ff.
- Fachkraft 12 50
- Freie Träger 12 10
- Sozialpädagogische Handlungsorientierung 12 5
- Vorrang des Kindeswohls 12 4
- Zuständigkeit 12 10

Mitwirkung des JA im Verfahren nach dem Jugendgerichtsgesetz
- s. Jugendhilfe im Strafverfahren 12 43

Mitwirkungspflicht 5 27
- des Leistungsberechtigten 5 27

Mitwirkungsrecht
- des JA im Strafverfahren 12 66

Mitwirkung und Beteiligung 9 103

Monitor Hilfen zur Erziehung 9 81

Mündel 13 8

Muss-Leistung 5 17

Mutter 3 16, 7 29
- junge 7 40
- minderjährige 3 18, 13 15
- unverheiratete 7 23

Mutter-Kind-Einrichtung 9 23

Nachbarschaftszentrum 7 4

Nachbetreuung 9 76, 79

National Coalition Kinderrechte 2 36

Nationalsozialismus 3 41
- Änderung Reichsjugendwohlfahrtsgesetz 3 43

Netzwerkstrukturen 4 45

Neue Ambulante Maßnahmen 9 34, 38, 12 59, 69 ff., 70
- Organisation 12 50

Nichtraucherschutz 6 25

Niederlassungsfreiheit 16 40 ff.

Niederschwellige Hilfe 5 32, 9 8, 110, 120

Normalisierungsarbeit 9 21

Notkompetenz 10 17

Notsituation 7 41, 48

Not- und Konfliktlage 4 8, 7 11

Notwehr 10 29

Notwendige Verteidigung 12 45

Obhut 10 13

Objektfinanzierung 8 53

Objektive Rechtsverpflichtung 5 5 f., 6 9, 7 9

Stichwortverzeichnis

Obliegenheit 5 27
Offenbarungsbefugnis 14 31
Öffentliche Träger 2 20
- Verhältnis zu freien Trägern 4 67, Vor 10 5
Ombud
- Begriff 5 54
Ombudschaft 3 59, 5 54 ff.
- Begriff 5 54
Ombudsstelle 5 55, 57, 58
Online-Portale 1 17 ff., 19, 23
Online-sein 2 13
Organisationshoheit 9 119, 18 3
Örtlicher Träger der Jugendhilfe 15 3
Örtliche Zuständigkeit
- s. Zuständigkeit 15 39

Paritätischer Wohlfahrtsverband 4 59
Partizipation 4 37 f., 48, 5 34, 6 3, 9 3, 103, 104, 117
Personalhoheit 9 119
Personalschlüssel
- Kindertageseinrichtung 8 12, 45
Personensorge
- Eingriffsvoraussetzungen 4 32, 37
- Entzug 12 27
- Familiengerichtliches Verfahren 12 17
- Inhalt 3 19
Personensorgeberechtigte 9 8
- Anspruchsinhaber 9 6
- Aufenthaltsbestimmungsrecht 9 19
- Begriff 3 18
Persönlichkeitsentwicklung 7 44, 9 74
Persönlichkeitserforschung 12 56, 64
Pfadfinder 6 4
Pflegeerlaubnis 9 42, 11 1 ff., 2 ff., 4
- Kontrollmöglichkeiten 11 11
- Rechtsanspruch 11 4, 5, 7
- Rücknahme 11 11
- Schutzzweck 11 9
- Widerruf 11 3
Pflegefamilie
- Antrittsbesuch 11 11
Pflegegeld 9 99
Pflegekinder 3 32
Pflegekinderaufsicht 3 42
Pflegekinderwesen 3 59
Pflegeperson 11 7, 10
- Kindeswohl 11 9

Pflegestelle
- Geeignetheit 11 8, 10
Pflege- und Haltekinderwesen 3 32
Pflegschaft 13 2
Pflichtaufgabe 5 7, 7 9
- öffentlicher Träger 6 8
Planungsverantwortung 18 3 ff.
- Kindertagesbetreuung 8 40
Polizei
- Einschaltung bei Kindeswohlgefährdung 4 42
- Information des JA 12 52
- Kooperation mit der 6 25
- Zuführung eines Minderjährigen 10 15
- Zwangsbefugnisse 10 14
Prävention 6 27, 9 121
- primäre 6 27
Primäranspruch 8 42
Primärprävention 6 27
Primärzuständigkeit 10 34
Primat der Kinder- und Jugendhilfe 10 34
private Träger 4 54, 16 5
privat-gewerbliche Träger 4 62
Problemakzeptanz 9 17, 108
Problembewältigung, einvernehmliche 12 6
Problemkongruenz 9 17, 108
Prognose 9 75
Programmsatz 5 3, 6 7, 7 8
Psychiatrie 9 49, 10 30
Psychische Störung 9 61

Qualitätsentwicklungsvereinbarung 16 34 ff.
Qualitätssicherung 9 110
- durch Verfahren 9 102
- Einrichtungen 11 2
- Kindertageseinrichtung 8 25

Rauchen in der Öffentlichkeit 6 25
Recht
- auf Vergessenwerden 14 22
- der Europäischen Union 2 34
- des Kindes auf gewaltfreie Erziehung 7 12
- im Bereich Sozialdatenschutz 14 35
- internationales 2 33 ff.
- subjektiv-öffentliches 5 8
- überstaatliches 2 33
- Zugang zum 5 55
- zwischenstaatliches 2 33

395

Stichwortverzeichnis

Recht auf Berichtigung 14 24
Rechte
- von Menschen mit Behinderungen 2 37
- von Minderjährigen 2 24, 25, 42

Rechtliche Vertretung
- Minderjährige 13 3
- Minderjährige, unbegleitete Flüchtlinge 10 38

Rechtsanspruch 5 8
- Eingliederungshilfe 9 59
- einklagbar 5 8
- Erziehungshilfen 9 4
- harter 5 15
- individueller 6 9 f., 7 27, 43
- Kindertagesbetreuung 8 23 ff., 32 ff.
- Minderjähriger 4 8
- Pflegeerlaubnis 11 5, 7
- Qualität 5 17

Rechtsanspruchsverdichtung 3 61
Rechtsanwendung im Einzelfall 5 21
Rechtsaufsicht 5 5, 37, 56
- bei Vormündern 13 8
- über Amtsvormund 13 22

Rechtsbegriff
- Auslegung 2 36, 5 14
- unbestimmter 1 4, 7, 5 14, 49 ff.

Rechtsberatung 7 36, 13 7
Rechtsberatungshilfe 7 36
Rechtscharakter einer Norm 5 11
Rechtsdienstleistung 7 36
Rechtsdienstleistungsgesetz 7 35
Rechtsfolgen
- bei Nichterfüllung von Rechtsansprüchen 8 41

Rechtsfürsorge, staatliche 13 5
Rechtshilfe 5 55
Rechtshilfefond 5 57
Rechtskontrolle 5 36
Rechtsmittelbelehrung 5 28
Rechtsnatur einer Aufgabe 4 22
Rechtsnorm
- Struktur 5 13
- unbestimmte Rechtsbegriffe 5 14

Rechtsprechung 1 20
Rechtsreflex 5 6
Rechtsschutz 5 36 ff., 9 126
- gegen Entzug der Einrichtungserlaubnis 11 18
- gerichtlicher 5 45

- Verteilungsverfahren 10 44
- vorläufiger 5 53
- Widerspruchsverfahren 5 38

Rechtsschutzgarantie 5 49, 51
Rechtsstellung
- Ausländer 2 33, 3 22
- der Klienten 4 48
- Klient 4 25
- Minderjährige 2 21, 28, 42, 3 56 f., 4 48
- Minderjähriger 5 27

Rechtsverpflichtung
- objektive 5 5

Recht und Soziale Arbeit 1 1, 12 2, 6
Reform, innere 3 61
Reformbedarf 3 54 ff.
Regelrechtsanspruch 5 17, 6 18, 7 43
Regelung
- einvernehmliche 12 6
- informelle 12 6

Rehabilitation
- medizinische 9 67

Rehabilitationsträger 9 56
Rehabilitation und Teilhabe 9 56
Reichsjugendwohlfahrtsgesetz 3 40 ff.
Reichsstrafgesetzbuch 1871 3 34
Residenzmodell 12 32
Resilienz 9 14, 12 71
Ressourcen 9 14
Ressourcenorientierung 12 6
Restorative Justice 9 117
Revision 5 46
Risikogesellschaft 2 19
RJGG 3 36
RJWG 3 36
Rolle der Eltern
- im Jugendstrafverfahren 12 46

Rollenkonflikt 12 31, 13 20
Rückfallvermeidung 12 70
Rückgriff des Arbeitgebers 17 6
Rückkehr in die Familie 9 87
Rücknahme
- Pflegeerlaubnis 11 11

Rufbereitschaft 10 8
Runder Tisch Heimerziehung 9 46

Sachverhaltsermittlung 5 27
Sachverständige 12 14

Stichwortverzeichnis

Sanktionsforschung **12** 70
Sanktionsvorschlag **12** 59
Satzungen
- kommunalen **3** 12
Schadensersatzansprüche
- gegen private/freie Träger **17** 5
- gegen Träger der öffentlichen Jugendhilfe **17** 4
Scheidung **7** 16, 19, **12** 32
Scheidungsantrag **7** 18
Scheidungsverbund **12** 32
Schulabschluss
- fehlender **2** 10
Schulabsentismus **2** 10
Schule **4** 10, **6** 12, **8** 4
- Abgrenzung zu Eingliederungshilfen **9** 71
- Verhältnis zur Jugendhilfe **4** 12
Schulpflicht **7** 42, 51
Schulsozialarbeit **4** 13, **6** 12
Schulverweigerung **2** 10, **9** 71
Schutz
- der Familie **2** 43
- von Minderjährigen **Vor 10** 3, 6 f., **10** 1 ff.
Schutzaufsicht **3** 36, 42
Schutzauftrag **4** 24, 27, **Vor 10** 6, **12** 48
- Allzuständigkeit **4** 27, 43
- Anrufung des Familiengerichts **4** 41
- Bereitschaftsdienst **4** 31
- Einschaltung der Polizei **4** 42
- Hilfeangebote **4** 40
- Inobhutnahme **4** 42
- Leistungen **4** 40, 41
- Outsourcing **9** 40
Schutzbedürftigkeit
- Jugendliche **12** 59
Schutzfaktoren **9** 14
Schutzgewährung **10** 13
Schutzmaßnahmen
- i.S.d. KSÜ **2** 40
Schutzrechte **2** 36
Schutzverpflichtung
- Erziehungshilfen **9** 18
Schutz von Minderjährigen **Vor 10** 6 f.
- s.a. Kinderschutz **Vor 10** 6
Schwangerschaft **7** 40
Schwangerschaftskonfliktberatung **4** 45, **7** 16

schwierige Fälle **9** 50, 52
Seelische Behinderung
- s. Eingliederungshilfe **9** 53 ff.
Seelische Störung **9** 61
Sekundäranspruch **8** 43
Selbstbeschaffung **5** 31, **9** 121, 122, **17** 3
Selbstbestimmung **3** 14
Selbstbestimmungsrecht, informationelles **14** 20
Selbsthilfegruppen **4** 61
Selbsthilfeobliegenheit **6** 16
Selbstmelder **10** 4, 5, 7, 10
Selbstverwaltungsaufgabe **5** 43
- kommunale **3** 12
Selbstverwaltungsträger **2** 20
- Organisationsregelungen **5** 43
SGB II **9** 94
- Abgrenzung zu HzE **9** 12
- Verhältnis zum SGB VIII **6** 16
- Verhältnis zu SGB VIII **4** 13
SGB V
- Abgrenzung **7** 49
SGB VII
- Abgrenzung **7** 49
SGB VIII
- Änderungen **3** 52
- Gesetzestext **1** 17
- Gliederung **4** 2
- Reform **2** 37, **3** 54 ff.
- Reformdiskussion **9** 13
- Struktur **4** 2
SGB IX
- Abgrenzung **7** 49
SGB XII **9** 94
- Abgrenzung **7** 46, 49, **9** 80
- Abgrenzung zu HzE **9** 12
Shell-Studien **2** 4
Sinus-Studien **2** 4
Soll-Leistung **5** 17
Sonderpädagogik **9** 71
Sorgekonzept, einvernehmliches **7** 19
Sorgerechtliche Maßnahmen **12** 28
Sorgerechtseingriff
- Voraussetzungen **4** 32, 37
Sorgerechtsentscheidungen
- Statistik **12** 29
Sorgerechtsentzug, kalter **9** 89
SOS-Kinderdorf **9** 47

Stichwortverzeichnis

Souterrain der Justiz **12** 44
Sozialanwalt **3** 15, 50, **12** 5
Sozialassistentin **8** 13
Sozialbudget **19** 13 ff.
Sozialdaten
- Definition **14** 11 f.
Sozialdatenschutz **5** 27, **14** 1 ff., 2 ff.
- Adressaten **14** 16
- Amtspflegschaft **14** 37
- Aussagegenehmigung **14** 42
- Begriffsdefinitionen **14** 10
- Bei Mitwirkung in Scheidungssachen **14** 39
- Beistandschaft **14** 37
- besondere Kategorien personenbezogener Daten **14** 13
- betroffene Person **14** 15
- Datenminimierung **14** 23
- Datenschutzgrundverordnung **14** 3
- Einwilligung **14** 14 f.
- Erforderlichkeitsgrundsatz **14** 23
- Erhebung bim Betroffenen **14** 21
- Erhebung und Speicherung **14** 27 ff.
- EU-Grundrechtecharta **14** 5
- freie Träger **14** 18
- Grundsätze für die Verarbeitung **14** 20
- im Jugendgerichtsverfahren **14** 41
- informationelles Selbstbestimmungsrecht **14** 20
- Integrität und Vertraulichkeit **14** 25
- Jugendhilfe und Justiz **14** 38 ff.
- Kinderschutz **14** 8, 40
- Kindeswohlgefährdung **4** 34, 36
- Mitwirkungspflicht **14** 7
- Nutzung und Übermittlung **14** 30 ff.
- Rechte der betroffenen Person **14** 35
- Richtigkeit **14** 24
- Speicherbegrenzung **14** 22
- Stelle, funktionale **14** 17
- Transparenzgebot **14** 20, 21
- und Soziale Arbeit **14** 5
- Verarbeitung **14** 12 ff.
- Vormundschaft **14** 37
- Zeugnisverweigerungspflicht **14** 44
- Zeugnisverweigerungsrecht **14** 42
- Zweckbindung **14** 22
Soziale Arbeit
- Fachliche Standards **5** 23
- im Souterrain der Justiz **12** 44
- im Zwangskontext **9** 104, **12** 69
- Koproduzenten **5** 23
- Transdisziplinarität **5** 23

Soziale Arbeit und Recht **1** 1, **12** 2, 6, 43
Soziale Gruppenarbeit **9** 32
- Kursform **9** 33
- Trainingskurs **9** 34
Soziale Herkunft **2** 17
Soziale Integration **3** 14, **12** 55
Sozialer Trainingskurs **9** 34
Sozialgeheimnis **14** 6, 11
Sozialgeldbezug **2** 11
Sozialgesetzbuch **3** 6
Sozialhilfe
- Verhältnis zur Jugendhilfe **4** 14 ff.
Sozialisation, altersgemäße **9** 11
Soziallehre
- Katholische **4** 68 f.
Sozialleistung **3** 50, **4** 19, **5** 2, 25, **9** 2 ff., **19** 17
Sozialleistungsquote **19** 17 ff.
Sozialleistungsrecht **3** 6
Sozialleistungsträger **5** 27
- Verhältnis zu anderen Sozialleistungsträgern **4** 10 ff.
Sozialleistungsverfahren **5** 27
Sozialleistungsverhältnis **5** 20
Sozialpädagogik **5** 2, 11, 22
- Handlungsorientierungen **10** 26, **12** 5
- im familiengerichtlichen Verfahren **12** 22
- im Gerichtsverfahren **12** 13
- im Rahmen staatlicher Rechtsfürsorge **13** 2
- im Strafverfahren **12** 44, 48, 51, 55, 59
- Krisenintervention **10** 7, 13
- psychosoziale Diagnose **12** 13
- Schutz von Minderjährigen **Vor** **10** 3
- Technologiedefizit **5** 23
- und Datenschutz **14** 5
- und Justiz **12** 8
Sozialpädagogische Fachbehörde
- Jugendamt **12** 8
Sozialpädagogische Familienhilfe **9** 39, 85
Sozialraumorientierung **9** 21
Sozialrecht **2** 1
Sozialrechtsverfahren **17** 3
Sozialverwaltungsrecht **9** 101
Sozialverwaltungsverfahren **5** 27
Sozialwissenschaftliche Forschung **2** 2 ff.
SPFH **9** 39, 85
Spielhalle **6** 24

Stichwortverzeichnis

Sportjugend 4 60, 6 4, 5
Spruchreife 5 47
Staat 2 20
Staatliches Wächteramt 2 20, 24, 4 5, 22
Staatsangehörigkeit 3 20 f.
Staatszielbestimmung 2 46, 3 14 f., 15
Stadt, kreisfreie 3 12
Standards
– fachliche/professionelle 5 23, 12 22, 17 1 ff.
Statistik 9 82
– Amtspflegschaft 13 12
– Amtsvormundschaft 13 12
– Beistandschaften 13 12
– Hilfen zur Erziehung 9 81 ff.
– Inobhutnahme 10 5
– Kindertageseinrichtung 8 7
– Kinder- und Jugendhilfe 9 81
– Kindeswohlgefährdungen 12 29
Statistisches Bundesamt 2 2
– Jugendhilfen 18 17
– Sozialleistungen 18 17
Stellungnahme 5 35, 12 13, 22
– im Strafverfahren 12 57
– Jugendhilfe im Strafverfahren 12 56
Steuereinnahmen 19 11
Steuerungsverantwortung 5 31, 9 118, 12 9, 27, 46, 68
Stiefeltern 7 29
Störung
– psychische 9 61
– seelische 9 61
– Teilleistungsstörung 9 71
Straffälligkeit 12 47
Strafhaft
– Aufenthalt 3 24
Strafmündigkeit 3 34
Strafrecht 12 43, 47
Strafrechtliche Folgen 17 8
strafrechtliche Verantwortlichkeit 3 36, 12 58
Strafverfahren
– Einbindung des JA 12 52, 53
– Mitwirkung des JA 12 43 ff.
– Vertrauensperson 12 53
Strafverteidigung 12 67
Subjektfinanzierung 8 53
subjektiv-öffentliches Recht 5 8

Subsidiarität 4 67 ff.
– des Jugendstrafrechts 12 70
– Entscheidung Bundesverfassungsgericht 4 69
Subsidiaritätsprinzip 4 68 ff.
Subsumtion 1 7, 5 21, 9 107
Subvention 16 24
Supervision 17 11
Systemrelevanz 2 32
Systemversagen 9 122
Systemzweck 12 51
Tagesbetreuung 2 9
Tagesbetreuungsausbaugesetz 3 52
Tageseinrichtung
– s. Kindertageseinrichtung 8 2
Tagesgruppe 9 41
Tagespflege
– Anzahl der Kinder 11 6
– Ausbildung 8 22
– Erlaubnis 11 4, 5
– Qualifizierung 8 22
– Rechtsanspruch 8 27
– Sozialversicherung 8 22
Tagespflegeperson
– Aufwendungsersatz 8 31
– Geeignetheit 8 28
– Geldleistung 8 30 f.
– Sozialversicherung 8 31
– Vermittlung von ~ 8 27
Taschengeld 9 95
Täter-Opfer-Ausgleich 12 69
tätige Personen
– der privaten/freien Träger 4 66
Tätigkeitsausschluss vorbestrafter Personen
– bei freien Trägern 15 33 f.
– Ehrenamtliche 15 33 f.
– Führungszeugnis 15 34
– Tätigkeitsuntersagung 11 19, 15 36
– Tätigkeitsuntersagung 11 19, 15 36
– Zuständigkeit 15 38
Teamentscheidungen 4 35
Teamkonferenz 9 113, 115
Technologiedefizit 5 23
Teilhabe
– am Arbeitsleben 9 67
– an Bildung 9 67 f.
– soziale 9 67 f.

Stichwortverzeichnis

- von Kindern mit seelischer Behinderung 9 53 ff.
Teilhabeanspruch 3 58
Teilhabeplan 9 56 f., 57, 116
Teilhaberechte 2 36
Teilleistungsstörung 4 18, 9 71
Teilnahme an der Hauptverhandlung 12 61 f.
Träger der Jugendhilfe 4 54 ff.
- freie Träger 4 54 ff., 12 50
- Kirchen 4 55
- Korporatismus 4 70
- öffentliche Träger 4 54 ff.
- örtliche 3 53, 15 2, 38
- private Träger 4 54 ff.
- privat-gewerbliche 4 55, 62
- Subsidiarität 4 67
- überörtliche 15 10
Transdisziplinarität 5 23
Transferleistungen 9 86
Transparenzgebot 14 21
Trennung 7 16, 19, 12 32
Trennungs- und Scheidungsberatung 7 17, 18, 20, 12 33
- Überschneidung zur Mitwirkung des JA im familiengerichtlichen Verfahren 7 37
Tripple-Mandat 4 27
Übergang von Ansprüchen 16 63
Überleitung von Ansprüchen 16 56 ff.
Übermittlungsbefugnis 14 31
überörtlicher Träger der Jugendhilfe 15 10
- in den Stadtstaaten 15 11
Übertragung von Aufgaben Vor 10 5
Umgang, begleiteter 7 32
Umgang mit Gefährdungsmeldungen 4 28 ff., 12 25
- Fachliche Standards 4 28
Umgangskonflikte 12 32
Umgangsrecht 7 26, 12 18
Umgangsregelung 12 32
- Beaufsichtigung 12 27
UN-Ausschuss für Kinderrechte 2 36
Unbegleitete Einreise 9 86
unbegleitete Minderjährige
- s. minderjährige, unbegleitete Flüchtlinge 10 35

Unbegleitete minderjährige Flüchtlinge
- s. minderjährige, unbegleitete Flüchtlinge 10 12
UN-Behindertenkonvention 2 37, 3 55, 9 55, 68
unbestimmter Rechtsbegriff 1 4, 7, 9 126
- s. Rechtsbegriff 5 14
UN-BRK 4 16
Unerlaubte Handlung 17 7
Unionsbürger 2 34
UN-Kinderrechtskonvention 2 31, 36, 44, 45, 5 55, 7 26, 9 11, 10 12, 12 4, 37
- Individualbeschwerdeverfahren 2 36
unmittelbare Inanspruchnahme von Hilfen 9 110, 120
Unterbringung 7 40, 9 42, 46
- Geeignetheit 10 16
- geschlossene 9 49, 10 26, 30
- im Rahmen der Inobhutnahme 10 13, 16
- öffentlich-rechtliche 10 27
Unterhalt
- einmalige Leistungen 9 96
- laufende Leistungen 9 94 ff.
- Leistungen zum 9 92 ff.
Unterhaltsansprüche 7 23, 24
Unterhaltsvorschuss 3 6, 7 24
Unterkunftskosten 9 94
Unterstützungsbedarf, erhöhter 6 19
Untersuchungshaft
- Alternativen 12 60
Untersuchungshaftvermeidung 9 49, 10 30
unverzüglich 10 15, 18
Väter 3 16, 7 29
Verantwortlichkeit, strafrechtliche 12 58
Verarbeitung von Daten 14 12 ff.
- Rechtmäßigkeit 14 12 ff.
Verbleibensanordnung 9 105
Verböserung 5 42
Verein 4 61
Vereinbarkeit von Familie und Beruf 8 19
Vereinigung der privat-gewerblichen Anbieter in der Kinder- und Jugendhilfe 4 62
Vereinsvormundschaft 13 4
Verfahren 5 21
- Legitimation durch … 5 22
- Methodisches Vorgehen 5 22
- Sozialpädagogische Fachlichkeit 5 23

Stichwortverzeichnis

Verfahrensbeistand 2 26, 12 31, 34 ff.
- Anregung durch das Jugendamt 12 36
- Aufgaben 12 37 f.
- Befugnisse 12 37
- Beteiligtenstellung 12 38
- Kindeswohl 12 37
- Regelbeispiele 12 35
- und JA 12 39
- Verpflichtung zur Bestellung 12 35
- Zeitpunkt der Bestellung 12 36

Verfahrensbeteiligte 12 67
- im Gerichtsverfahren 12 11
- Verfahrensbeistand 12 38

Verfahrensgrundsätze 12 20
Verfahrenspfleger 2 26
Verfahrensrechte
- des JA im Strafverfahren 12 66

Verfahrensvorschriften
- Sozialdatenschutz 14 2 ff.

Verfassungsrecht 2 20, 22, 3 10, 4 5
- Elternrecht 2 21 ff.
- Rechtsstellung Minderjähriger 2 21

Vergaberecht 16 40 ff., 43 f.
Verhaltensauffälligkeiten 9 35
Verhältnis
- Eltern - Kind 2 21 ff.
- Jugendhilfeleistungen und Eingliederungshilfen 3 55
- öffentliche und freie Träger 4 67, Vor 10 5

Verhältnis Jugendhilfe
- Krankenkasse 4 11
- zu anderen Sozialleistungsträgern 4 10
- zur Schule 4 10, 12

Verhältnismäßigkeitsgebot 10 28, 11 11, 18, 12 19, 23

Verhältnis öffentliche/freie Träger 4 67 ff., Vor 10 5

Verhältnis SGB II und SGB VIII 6 16, 20
Verkehrs- und Kontaktrechte 12 66
Verlesung des JGH-Berichts 12 62
Verletzung der Aufsichtspflicht 17 5
Verletzung fachlicher Standards
- Folgen für die Beschäftigten 17 6 f.
- Rückgriff gegenüber dem Arbeitnehmer 17 6
- strafrechtliche Folgen 17 8 ff.

Vermeidung der U-Haft 10 30

Vermittlung
- s. Mediation 12 69

Vermittlungsaufgaben 9 87, 89, 90
Vernachlässigung 10 11
Verpflichtungsklage 5 45
Verschaffungsanspruch
- Kindertagesbetreuung 8 41

Verstoß
- gegen Betriebserlaubnis 11 2

Verteidigung
- im Strafverfahren 12 45, 67
- notwendige 12 45

Verteilungsverfahren 10 12
- Ablauf 10 40
- Aufnahmequote 10 42
- Ausschluss 10 41
- bundesweites 10 39
- Fristen 10 42 f.
- Minderjährige, unbegleitete Flüchtlinge 10 39 ff.
- Rechtsschutz 10 44

Vertrag, gegenseitiger 16 32
Vertrauensperson 10 15
- im Jugendstrafverfahren 12 45, 53

Vertraulichkeit
- Beratung 7 37

Vertretungskörperschaft
- Verhältnis zum Jugendhilfeausschuss 15 15

Verwaltung
- Gesetzmäßigkeit 5 25, 26

Verwaltungsakt 5 21, 27, 28, 9 112, Vor 10 2, 10 8, 11 3, 12 50, 13 19, 23
- Erlaubniserteilung 11 3
- Form 5 28
- Rücknahme 5 29
- Widerruf 5 29
- Widerspruch 10 9
- Wirksamkeit 5 28
- Zugang 5 28

Verwaltungsaufbau 5 37, 43, 15 12
Verwaltungsgericht 5 45, 9 126
Verwaltungsgerichtliches Verfahren 5 45
Verwaltungshandeln
- schlichthoheitliches 5 27

Verwaltungskontrolle 5 5, 36
- interne 5 37

Verwaltungsmodernisierung 15 9
Verwaltungsrechtsweg 5 38

Stichwortverzeichnis

Verwaltungsverfahren 5 21, 22 ff., 27 ff.
- Abschnitte 5 26
- Anhörung 5 27
- Antrag 5 27
- Beginn 5 27
- Handlungsfähigkeit 5 27
- sozialrechtliche 5 27

Verwandtenpflege 9 15, 42

Verweildauer
- Inobhutnahme 10 23

Völkerrecht 2 33

Volljährige 2 20
- junge 3 17, 9 73, 74, 12 68

Volljährige, junge 3 17
- Beratungsanspruch 7 25
- im Strafverfahren 12 68

Volljährigenhilfe
- s. Hilfe für junge Volljährige 9 72

Vollzeitpflege 9 42 ff.
- Antrittsbesuch 11 11
- Erlaubnis 11 7
- laufende Leistungen 9 97
- Pauschalbeträge 9 98
- Pflegeerlaubnis 11 7
- Taschengeld 9 95
- Voraussetzungen 11 9

Vorbefassung, Verbot der 7 21

Vorbehalt des Gesetzes 3 50, 9 118, Vor 10 4, 12 46

Vorläufige Inobhutnahme 10 32 ff.
- Alterseinschätzung 10 37
- Clearingverfahren 10 35 f.
- Erstscreening 10 35
- Familienzusammenführung 10 36
- Primat des Kindeswohls 10 36
- Unterbringung 10 36
- Verteilungsverfahren 10 39 ff.

Vorläufige Maßnahmen zum Schutz von Kindern und Jugendlichen 10 1 ff.

Vorläufiger Rechtsschutz 5 53

Vorleistungspflicht des öffentlichen Trägers 16 62

Vormund 13 2 ff., 6

Vormundschaft 7 25, 13 2 ff.
- Amtsvormundschaft 13 6
- Anhörung des Minderjährigen 13 19
- Fallzahl 13 21
- Jugendamt 13 3
- Rechtsaufsicht 13 8, 22
- Reformdiskussion 13 5

- Sozialdatenschutz 14 37
- Übertragung auf Fachkraft 13 19

Vormundschaftsbestellung
- Anhörung des Minderjährigen 13 19

Vormundschaftsgericht 12 16

Vormundschaftswesen 3 33

Vorrang/Nachrang-Prinzip 4 71

Vorrang- und Beschleunigungsgebot 12 20

Vorratsdatenspeicherung 14 23

Vorverständnisse 1 2

Wächteramt, staatliches 2 20, 24, 4 5, 22

Waldkindergarten 8 4, 11 12

Wechselmodell 7 26, 12 32

Wegnahme des Kindes 10 14

Weisung
- des Gerichts 9 34, 38

Weisungsrecht von Vorgesetzten
- Amtsvormundschaft 13 23

Wettbewerbsrecht 16 39
- nationales 16 39 ff.

Widerruf
- Betriebserlaubnis 11 3
- der Einwilligung in die Datenverarbeitung 14 14

Widerspruch 5 38 ff., 9 126, 11 18
- Arten 5 41
- aufschiebende Wirkung 5 41
- Form 5 40
- Frist 5 40, 10 22
- gegen die Inobhutnahme 10 9, 20, 22

Widerspruchsbefugnis 5 39 ff.

Widerspruchsbehörde
- bei Selbstverwaltungsaufgaben 5 43

Widerspruchsbescheid
- Begründung 5 44

Widerspruchsrecht 5 38

Widerspruchsverfahren 5 38 ff.
- Abschaffung 5 38
- fakultatives 5 38

Widerstand 9 109

Wirtschaftliche Jugendhilfe 9 113

Wohnformen 6 21, 7 40 ff.
- für Mütter/Väter und Kinder 7 40, 44
- sonstige 11 12

Wohnsitz 3 21

Wohnung 4 39, 6 13

Stichwortverzeichnis

Wunsch- und Wahlrecht 3 51, 4 2, 48, 49 ff., 9 105
- Mehrkosten 4 53

Zentrale Wohlfahrtsstelle der Juden in Deutschland 4 59

Zeugen 12 14

Zeugnisverweigerungspflicht 14 44

Zeugnisverweigerungsrecht 12 14, 14 42 ff.

Ziele
- des SGB VIII 3 50

Zielgruppen 3 16

Zivilrecht 13 3

zivilrechtlicher Kinderschutz 12 23

Zuführung
- von Minderjährigen durch die Polizei 10 4, 15

Zugang zum Recht 5 55

Zugriffslösung 12 11

Zusammenarbeit bei Hilfen außerhalb der eigenen Familie 9 87

Zusammenschlüsse
- fachbezogen 4 63

Zusammenwirken mehrerer Fachkräfte 4 35, 9 113

Zuständigkeit 15 37 ff.
- Amtsvormundschaft 13 16
- Andere Aufgaben Vor 10 5, 15 44
- Bundesebene 15 48
- funktionale 15 4
- Hilfe zur Erziehung 9 123
- Inobhutnahme 10 31
- Jugendamtsverwaltung 15 14
- Jugendhilfeausschuss 15 13
- Landesebene 15 47
- Leistungen 15 41
- Leistungen für junge Volljährige 15 42
- Mitwirkung des JA im gerichtlichen Verfahren 12 10
- örtliche 15 39 ff., 41, 42
- sachliche 15 38 ff.

Zuständigkeitswechsel
- Antrittsbesuch 11 11

Zuwendung 16 24 f.

Zwang, unmittelbarer 10 26

Zwangsadoption 12 41

Zwangseingriff 4 21, 10 26
- Inobhutnahme 10 14

Zwangserziehung 3 35

Zwangskontext 9 104, 12 44, 47, 69

Zweckbestimmung 3 15

Zweckbindung 12 7, 51, 59
- bei der Datenverarbeitung 14 22

zweiseitige Finanzierung
- Erziehungsberatung 16 11

403